北京律师智库丛书
重大复杂案件研究专家组

民事二审再审改判案例

诉讼过程与争点剖析

（第二辑）

北京市律师协会／主编

法律出版社 | LAW PRESS
北京

图书在版编目(CIP)数据

民事二审再审改判案例：诉讼过程与争点剖析. 第二辑 / 北京市律师协会主编. -- 北京：法律出版社，2023
(北京律师智库重大复杂案件研究专家组)
ISBN 978-7-5197-7569-8

Ⅰ. ①民… Ⅱ. ①北… Ⅲ. ①民事诉讼-案例-中国 Ⅳ. ①D925.105

中国国家版本馆 CIP 数据核字(2023)第 027875 号

民事二审再审改判案例：
诉讼过程与争点剖析(第二辑)
MINSHI ERSHEN ZAISHEN GAIPAN ANLI:
SUSONG GUOCHENG YU ZHENGDIAN POUXI(DI-ER JI)

北京市律师协会 主编

责任编辑 赵明霞 王 斓
装帧设计 汪奇峰

出版发行 法律出版社
编辑统筹 法商出版分社
责任校对 晁明慧
责任印制 胡晓雅
经　　销 新华书店

开本 787 毫米×1092 毫米 1/16
印张 36.25 **字数** 770 千
版本 2023 年 6 月第 1 版
印次 2023 年 6 月第 1 次印刷
印刷 三河市兴达印务有限公司

地址：北京市丰台区莲花池西里 7 号(100073)
网址：www.lawpress.com.cn
投稿邮箱：info@lawpress.com.cn
举报盗版邮箱：jbwq@lawpress.com.cn
销售电话：010-83938349
客服电话：010-83938350
咨询电话：010-63939796

书号：ISBN 978-7-5197-7569-8
定价：118.00 元
凡购买本社图书，如有印装错误，我社负责退换。电话：010-83938349

本书编委会

北京律师智库重大复杂案件研究专家组

组　长

王　峥

副组长

谢炳光　许兰亭　毕文胜　吴　晨

刑事组组长

余　尘

成员

王兆峰　李向辉　林小建　常　铮　陈　俊　孙明经　刘　玲

民商一组组长

王文杰

成员

郝　萍　张雪梅　由莉雅　丁　琛　李　华　王　收

民商二组组长

李学辉

小组成员

张凤成　张亚梅　梁　枫　程　璇　李　梅　王正志　杨安进

秘书组秘书长

马　建

副秘书长

王　收　常　铮

成　员

陈　俊　张砾心　裴　娜

顾　问

高子程　王清友　张小炜　赵曾海　高警兵　刘卫东
张　峥　马慧娟　毕文胜　韩映辉　郝春莉　王志强

前　言

前车之鉴，后事之师。律师，以师名业，为人师表，执业技能之提升，工匠精神之修炼，诉讼经验之积累，是诉讼律师永远的话题、恒久的目标。5 年前，第十届北京市律师协会根据北京律师智库重大复杂案件专家组征集梳理，出版了《刑事、民事二审、再审改判案例》一书，在业界内外受到广泛关注，启迪良多，好评如潮。总结过去，发扬光大，第十一届北京市律师协会“智库专家组”再次征集案例，梳理成书，出版发行，是为第二辑。较之第一辑，在原有的刑事和民事改判案例基础上，又增加了行政诉讼、知识产权及执行异议改判案例类别。其内容基本覆盖诉讼范围内三大类型中的各类小的领域。希望通过对各类“改判案例”的展示、评析、总结，给青年律师以借鉴，给诉讼实务以参考，更好地服务行业，服务社会，服务大局。助推服务实效，光大行业形象。

两辑三类诉讼“改判案例”，第一辑是开创先河，第二辑是扩大、突破、创新。“改判案例”多数是在法律程序上或在实体上属于重大、疑难、复杂的案例。其中，专业与智慧，执着与诚信，策略与战术，可圈可点，见仁见智。正因如此，第二辑“改判案例”对业内人士助力提高办案水准、提升办案质效大有裨益，对法学院校学生了解司法实务同样具有实践意义。本书通过一个个活生生的“改判案例”，昭示了我国法治的公信力。努力践行习近平法治思想，助力落实习近平总书记关于“让人民群众在每一个司法案件中感受到公平正义”的指示精神，是全体法律人的神圣职责。希望本书能为职业修为精进、执业技能提升、促进公平正义贡献些微借鉴。

在此，特别感谢北京律师协会智库重大复杂案件专家组的全体成员，是你们的无私奉献、行业情怀、职业精神，使第二辑改判案例一书得以顺利成集出版。谨此，表达特别的谢意！

高子程

目　　录

土地房地产经济合同类

3　**《回购协议》《差额补足协议》的法律效力辨析**

——北京F投资公司与S集团、H投资公司等合同纠纷案

《回购协议》《差额补足协议》的法律效力；案涉“差额补足义务”的法律性质；S集团的责任范围

办案人：丁　琛　王圣飞　点评人：李　梅

41　**合同履行发生重大变化时如何适用可预见原则调整违约赔偿**

——B公司、A管理委员会合同纠纷案

合同履行过程中市场环境发生重大变化，依照合同约定计算的违约赔偿金额畸高，如何适用可预见原则予以调整

办案人：袁律师　李律师　点评人：吴　晨

89　**合作建房关系还是土地使用权转让关系**

——WFDA公司与某部第二干休所合资、合作开发房地产合同纠纷案

案涉合同的性质、效力；情势变更下合同履行认定

办案人：琚存旭　刘　凯　点评人：郝　萍

125　**房地产领域政策影响是否属于免责事由的判定**

——魏某诉济源TH置业有限公司等合同纠纷案

政策导致合同一方无法履行义务，是否应承担违约责任；房地产公司约定逾期违约责任，是否还应向第三人担责

办案人：刘滨艳　点评人：梁　枫

建设工程施工合同类

157 施工合同无效是否导致双方达成的结算无效

——华北建设集团公司与吴某林工程分包合同纠纷案

施工合同无效,双方达成的结算协议是否有效

办案人:刘建华　点评人:毕文胜

173 强制性招标工程界定对施工合同效力的影响以及未完工程具体施工范围的认定

——A 公司和 B 公司施工合同纠纷案

关于强制性招标工程界定对施工合同效力的影响问题,以及未完工程结算的具体范围问题

办案人:董宝成　点评人:王文杰

205 本案是否存在重复计算已付款数额的问题

——原告 A 公司诉被告 B 公司建设工程施工合同纠纷案

B 公司欠付 A 公司的工程款是否存在重复计算

办案人:马　娟　点评人:张砾心

228 建筑工程施工合同的效力

——A 建筑有限公司诉某市 a 置业有限公司建设工程施工合同纠纷

合同的效力及未竣工工程结算问题,工程量计算问题

办案人:李学辉　点评人:王　峥

金融借贷及公司股权类

269 如何认定越权担保的效力及责任承担

——鹤壁投资集团与河南大用公司、鹤壁农商行股权转让纠纷案

《股权转让四方协议》及补充协议的效力问题,鹤壁农商行为其股东提供的越权担保是否有效及法律责任如何承担

办案人:陈庆波　江　春　点评人:丁　琛

305 **股东在出资义务尚未到期前转让股权,是否属于“未履行或者未全面履行出资义务”**
——A 公司与 B 公司、C 公司股东出资纠纷案

B 公司在将其持有的 A 公司股权转让给 C 公司后,B 公司是否应就未届出资期限转让股权向 A 公司承担补足出资的责任

办案人:郝宽庆 点评人:张凤成

339 **仅依据金融机构的转账凭证提起民间借贷诉讼的举证责任承担**
——王某某 1 诉刘某某、杨某某民间借贷纠纷案

案涉银行转账凭证转款的法律性质,本案是否构成“一事不再理”,刘某某债务是否属于夫妻共同债务

办案人:许贵淳 点评人:李学辉

360 **再审法院撤销原生效调解书、发回重审后,原一审原告撤回起诉后再次起诉,是否构成重复起诉**
——GD 银行大连分行与 ZD 公司、构件公司金融借款合同纠纷案

再审撤销原生效调解书发回重审,一审原告撤诉再次起诉,是否属于《最高人民法院关于适用〈中华人民共和国民事诉讼法〉的解释》(2015)第 410 条法院不予受理的情形

办案人:张晓霞 点评人:李 华

382 **在申诉人未参与原审诉讼的情况下,法检机关依申请在审查阶段对存疑证据进行鉴定**
——A 公司与孟某甲、孟某乙、黄某、B 公司、C 公司典当纠纷案

原审判决是否剥夺黄某辩论权,孟某甲、孟某乙、黄某、B 公司、C 公司是否应在本案中承担责任

办案人:李佳芯、孟凡娟 点评人:张亚梅

426 **案外人利用信用卡预授权系统漏洞进行套现的行为所造成的损失应由发卡机构还是收单机构承担**
——HRB 银行股份有限公司与 HKS 农村信用合作联社委托合同纠纷案

发卡行和收单行是否构成委托代理合同关系,案外人利用信用卡预授权系统漏洞套现所造成的损失应谁来承担

办案人:李玉娟 点评人:由莉雅

456 **限制行为能力人签订的《个人额度借款合同》无效,监护人和出借人的过错责任如何认定与承担**
——A与B上诉甲银行北京××支行金融借款合同纠纷案
借款合同无效出借人是否有过错,监护人对于借款合同无效是否承担责任,借款合同的本金及利息损失如何认定
办案人:蔡子中 点评人:张雪梅

481 **债务人通过离婚协议对财产进行恶意转移,债权人是否可以通过行使撤销权撤销离婚协议中财产分割约定**
——原告李康健(化名)与被告武金宝(化名)、赵娟(化名)债权人撤销权纠纷案
债务人离婚协议对财产的分割是否构成恶意转移财产,是否符合债权人行使撤销权的法定情形,是否可以被撤销
办案人:于 哲 点评人:郝 萍

506 **依据《往来账项询证函》主张债权是否能够得到法律支持**
——DD影院(集团)有限公司与FY华影广告(深圳)有限公司广告合同纠纷案
原告以《往来账项询证函》为起诉依据向被告主张的债权,系原被告债权债务相互冲抵后余额,能否得到法律支持
办案人:陆峻熙 点评人:张雪梅

保险类

533 **车辆未定期进行安全技术检验,是否属于保险公司免责事由**
——北京北旅时代商务汽车租赁服务有限公司与北京公共交通控股(集团)有限公司第二客运分公司与阳光财产保险股份有限公司北京分公司机动车交通事故责任纠纷案
被告公司车辆未定期进行安全技术检验,不是事故发生的原因,保险公司能否据此免责
办案人:高 雷 点评人:王 收

551 **北京律师智库重大复杂案件研究专家组成员简介**

561 **办案人简介**

567 **后记**

土地房地产经济合同类

《回购协议》《差额补足协议》的法律效力辨析

——北京F投资公司与S集团、H投资公司等合同纠纷案

争议焦点

《回购协议》《差额补足协议》的法律效力;案涉"差额补足义务"的法律性质;S集团的责任范围。

关键词

基金　差额补足　债务加入　保证

案情简介

2015年12月14日,北京F投资管理有限公司(以下简称F投资公司)与CY控股有限公司(以下简称CY控股)共同成立ZS共享投资管理中心(有限合伙)(以下简称ZS合伙)。F投资公司与契约型基金委托人签订《G基金基金合同》,约定认购ZS合伙的有限合伙人份额,间接持有G公司的股权,且向基金委托人承诺支付保底收益,并以回售有限合伙份额方式予以兑现刚性兑付。2016年,F投资公司与CY(北京)投资有限公司(以下简称CY北京公司)签订《有限合伙份额回购协议》(以下简称《回购协议》),约定设立G大号私募股权投资基金(以下简称G基金),就此G基金于2017年11月13日成立,并于11月23日备案。《回购协议》中约定股权基金存续期满24个月后,CY北京公司或其指定的第三方必须回购F投资公司持有的全部ZS合伙份额。2016年11月,CY控股、CY北京公司、S集团有限公司(以下简称S集团)及F投资公司签署《有限合伙份额回购义务的差额补足协议》(以下简称《差额补足协议》),约定CY北京公司未按照《回购协议》约定履行回购价款支付义务,F投资公司有权要求S集团承担最高限额差额

补足义务。后F投资公司不仅怠于投后的管理职责,在投资时并未审核资金的需求和规模,未按照协议约定进行投资,亦未获得G基金新份额。且就该次投资事项,F投资公司仅将S集团承诺的差额补足金额作为吸收资金的上限,以差额补足义务为债权依据,而坚持不对主债务人提出诉讼主张。

基于上述事实,F投资公司向北京市××中级人民法院提起诉讼,主张集团应依《差额补足协议》第1条约定支付差额补足金2亿元,并支付利息。本案一审认可了《差额补足协议》《回购协议》的效力,并认定《差额补足协议》中S集团责任的性质为债务加入,向F投资公司支付差额补足款2亿元。

S集团、F投资公司均不服一审判决而提起上诉。二审中S集团、ZS合伙为呈现案件完整事实,均依法提交了新证据。S集团主张"《差额补足协议》约定的履行顺位及从属性、补充性,强制CY北京公司先履行义务,在CY北京公司不能履行义务时,S集团才进行差额补足"。二审法院认定"刚性兑付"对于《回购协议》和《差额补足协议》的效力以及协议主体作出差额补足意思表示的真实性没有影响;在签署协议当时的法律和司法解释没有规定的情况下,法院综合分析"差额补足义务"的性质应当认定为一般保证,且作为债权人的F投资公司并未在主债务履行期限届满日之后的6个月内对债务人CY北京公司、S集团提起诉讼或者仲裁。最终,二审法院支持了S集团的上诉请求,撤销一审判决并驳回F投资公司的全部诉讼请求。

案件历程

【一审判决书】

北京市××中级人民法院
民事判决书

(2020)京××民初375号

原告:北京F投资管理有限公司,住所地北京市海淀区。

法定代表人:王××,执行董事。

委托诉讼代理人:赵×,北京市××律师事务所律师。

委托诉讼代理人:文××,北京市××律师事务所实习律师。

被告:S集团有限公司,住所地北京市海淀区。

法定代表人:黄某2,执行董事。

委托诉讼代理人:丁琛,北京市高界律师事务所律师。

委托诉讼代理人:王圣飞,北京市高界律师事务所律师。

第三人:CY(北京)投资有限公司,住所地北京市朝阳区。

法定代表人:王×,执行董事。

委托诉讼代理人:姜×,女,该公司员工。

委托诉讼代理人:吴××,××(上海)律师事务所律师。

第三人:CY 控股有限公司,住所地北京市延庆区。

法定代表人:王×,执行董事。

委托诉讼代理人:褚××,女,该公司员工。

委托诉讼代理人:吴××,××(上海)律师事务所律师。

第三人:ZS 共享投资管理中心(有限合伙),住所地江西省樟树市。

执行事务合伙人:ZS 控股有限公司(委派代表:张××)。

委托诉讼代理人:褚××,女,CY 控股有限公司员工。

委托诉讼代理人:吴××,××(上海)律师事务所律师。

原告北京 F 投资管理有限公司(以下简称 F 投资公司)因与被告北京 S 集团有限公司(以下简称 S 集团)、第三人 CY(北京)投资有限公司(以下简称 CY 北京公司)、第三人 CY 控股有限公司(以下简称 CY 控股公司)、第三人 ZS 共享投资管理中心(有限合伙)(以下简称 ZS 合伙)合同纠纷一案,本院于 2020 年 9 月 8 日立案后,依法组成合议庭,于 2021 年 2 月 22 日、6 月 2 日公开开庭进行了审理,原告 F 投资公司的委托诉讼代理人赵×、文××,被告 S 集团委托诉讼代理人丁琛、王圣飞,第三人 CY 北京公司的委托诉讼代理人姜×,第三人 CY 控股公司、ZS 合伙的共同委托诉讼代理人褚××,第三人 CY 北京公司、CY 控股公司、ZS 合伙的共同委托诉讼代理人吴××到庭参加了诉讼。本案现已审理终结。

F 投资公司向本院提出诉讼请求:1. S 集团向 F 投资公司支付《有限合伙份额回购义务的差额补足协议》(以下简称《差额补足协议》)第 1 条约定的差额补足金 2 亿元,并支付利息(以 2 亿元为基数,按照全国银行间同业拆借中心公布的一年期贷款市场报价利率,自 2020 年 11 月 2 日计算至实际清偿之日);2. 诉讼费由 S 集团承担。

事实和理由:2015 年 12 月 14 日,F 投资公司与 CY 控股公司共同成立 ZS 合伙,CY 控股公司为普通合伙人,持有 1% 合伙份额,F 投资公司为有限合伙人,持有 99% 合伙份额。2016 年,F 投资公司与 CY 北京公司签订《有限合伙份额回购协议》(以下简称《回购协议》),约定 F 投资公司设立 G 六号私募股权投资基金(以下简称 G 基金),股权基金存续期满 24 个月后,CY 北京公司或其指定的第三方必须回购 F 投资公司持有的全部 ZS 合伙份额,回购总价款为 F 投资公司受让 ZS 合伙合伙份额的初始投资款以及依照 G 基金投资收益划付指令支付的 G 基金合同约定的业绩比较基准收益。2016 年 11 月,CY 控股公司、CY 北京公司、S 集团及 F 投资公司签署《差额补足协议》,约定CY北京公司未按照《回购协议》约定履行回购价款支付义务,F投资公司有权要求S集团承担最高限额差额补足义务,最高限额为2亿元。根据《回购协议》,CY北京公司应于2019年11月13日回购,但至今未履行,故F投资公司有权要求S集团承担差额补足义务。

S集团辩称:请求驳回F投资公司全部诉讼请求。1.《差额补足协议》是《回购协议》的从合同,因《回购协议》未生效,S集团不承担差额补足义务。F投资公司对ZS合伙投资之前,ZS合伙已经持有G公司(以下简称G公司)7%股权,且F投资公司以零对价取得ZS合伙的全部有限合伙份额,而《回购协议》《差额补足协议》约定的投资标的是募集资金后另行获得G公司5%股权,由于F投资公司未按照约定进行投资亦未获得G基金新份额,故《回购协议》未生效,S集团不承担差额补足义务。2.F投资公司要求支付回购款没有依据,其向ZS合伙支付的资金不属于对ZS合伙的出资,其要求回购的合伙份额不真实存在。合伙权益的实现实质上依赖于保底收益、刚性兑付,不是合伙关系。3.F投资公司基金募集金额仅为530万元,其他款项不属于基金资金,F投资公司要求S集团承担2亿元的差额补足义务无依据。G基金成立时的进账金额为530万元,备案时的进账金额为630万元,G基金封闭后,F投资公司募集资金的行为系其自行集资行为,S集团对此不承担差额补足义务。4.F投资公司隐瞒G基金已获部分清偿的事实,其提起的本案诉讼系虚假诉讼。根据G基金募集账户流水等内容,CY北京公司及其关联公司已清偿债务1.24亿元,且F投资公司在获得该部分清偿后,将CY北京公司列为债权人,向其分配比较基准收益,表明本案为虚假诉讼。5.F投资公司以G基金之名行借贷之实,F投资公司募集资金进行转贷、侵害第三人利益及违背社会公序良俗的行为无效,S集团无过错,不承担差额补足义务。案涉协议名为投资,实为借贷。第一,F投资公司、CY北京公司、CY控股公司恶意串通,骗取S集团签订《差额补足协议》,故《差额补足协议》无效。第二,以G基金作为借贷工具,扰乱市场,损害社会公共利益,应为无效,且F投资公司向不特定人吸纳资金为非法集资。6.F投资公司主张S集团承担的差额补足义务,其主张不属于《差额补足协议》约定的保证范围。7.《差额补足协议》为一般保证,因未约定保证期间,F投资公司应在主债务履行期限届满之日起6个月内对债务人提起诉讼,其起诉时已超过保证期间,S集团免除差额补足责任。且本案缺少必要共同被告,应追加主债务人参加诉讼,或驳回F投资公司的起诉。依据《差额补足协议》,应为CY北京公司未能或仍未支付回购价款之时才产生差额补足义务,故为一般保证,S集团享有先诉抗辩权。S集团并非与CY北京公司共同承担债务或承担连带责任,不构成连带保证或债务加入。如认定约定不明,则需依据《民法典》第686条第2款之规定,认定为一般保证。依据起诉状及《回购协议》,案涉主债务履行期限届满时间为2019年11月13日,F投资公司应在2020年5月13日之前提起诉讼或申请仲裁,其起诉已超过该时间。8. 即使 S 集团应承担责任，应免除部分责任。第一，F 投资公司在 G 基金募集期结束后继续募集，加重保证责任。第二，F 投资公司向投资人支付的比较基准收益应冲抵债务本金，S 集团对自然之债不承担支付比较基准收益的责任。第三，S 集团签订《差额补足协议》缺乏股东会决议，《差额补足协议》无效。9. G 基金委托 F 投资公司认购 ZS 合伙份额的目的是将投资标的作为借贷债务履行的让与担保物，因 F 投资公司坚持不对主债务人提出诉讼请求，在 F 投资公司放弃股权让与担保物优先受偿权益的范围内，S 集团应免除保证责任。

CY 北京公司、CY 控股公司、ZS 合伙述称，《差额补足协议》有效，CY 北京公司无法履行回购义务，S 集团应承担差额补足责任。

当事人围绕诉讼请求依法提交了证据，本院组织当事人进行了证据交换和质证。根据当事人陈述和经审查确认的证据，本院认定事实如下：

一、协议的约定

2016 年，CY 北京公司（甲方）、F 投资公司（代表 G 基金）（乙方）签订《回购协议》，约定：鉴于 F 投资公司拟设立 G 基金，其作为 G 基金的普通合伙人及管理人，以 G 基金定向投资于 ZS 合伙的有限合伙份额，间接投资于 G 公司 5% 的股权。第 1 条"回购标的"：乙方通过 G 基金投资持有的全部 ZS 合伙有限合伙份额。上述标的仅包含乙方通过 G 基金投资持有的 ZS 合伙有限合伙份额，不含乙方从其他方处受让或取得的非 G 基金的有限合伙份额。第 2 条"回购提议"：G 基金存续期满 12 个月后，甲方或其指定第三方可向乙方发出购买乙方通过 G 基金投资持有的全部 ZS 合伙有限合伙份额的"购买申请"；G 基金存续期满 24 个月后，甲方或其指定第三方必须回购乙方通过 G 基金投资持有的全部 ZS 合伙有限合伙份额。第 3 条"回购总价款"：乙方受让 ZS 合伙有限合伙份额的初始投资款以及依照 G 基金投资收益划付指令支付的该 G 基金合同约定的业绩比较基准收益。第 4 条"回购价款的支付方式"：1. 每年依照 G 基金投资收益划付指令支付约定的当年业绩比较基准收益；2. 在甲方或甲方指定的第三方同意回购受让乙方通过 G 基金投资持有的 ZS 合伙有限合伙份额并签署正式协议后 15 个工作日内，支付剩余的款项。剩余款项 = 回购总价款 − 已支付的业绩比较基准收益。第 5 条"工商变更"：甲方或甲方指定的第三方将有限合伙份额回购价款全部支付至乙方指定 G 基金托管账户后 10 个工作日内，乙方须协助配合甲方或甲方指定的第三方及 ZS 合伙办理相关的工商变更登记手续。如因乙方单方原因导致 ZS 合伙有限合伙份额的工商变更登记手续未能如期完成，乙方应赔偿因此给甲方造成的损失。

2016 年 11 月，S 集团（甲方）与 F 投资公司（代表 G 基金）（乙方）、CY 控股公司（丙方）、CY 北京公司（丁方）签订《差额补足协议》，约定：鉴于丁方与乙方签署了《回购协议》（详见附件 1），丁方或丁方指定的第三方在回购协议项下回购乙方通过 G 基金投资持有的全部ZS合伙有限合伙份额,间接持有G公司5%的股权。为保障丁方在《回购协议》中约定的义务的履行,甲方同意向乙方提供本协议约定的差额补足义务。一、甲方为丁方依据《回购协议》中约定的对有限合伙份额回购的义务承担最高限额差额补足义务。具体内容如下:1. G基金成立满24个月后,丁方或其指定第三方必须回购乙方通过G基金投资持有的全部ZS合伙有限合伙份额;若丁方未能按照《回购协议》的规定及时支付回购价款,则乙方有权利要求甲方按照《回购协议》中约定的回购价款进行差额补足;2. 差额补足金额 =《回购协议》中约定的回购总价款 - 丁方已向乙方支付的回购价款;3. 在任何情况下,甲方承担差额补足金额不超过2亿元,最高以2亿元为限,且该金额包括但不限于差额补足金、利息、违约金、赔偿金、费用等之合计。二、如果丁方未能按照《回购协议》的规定履行回购价款支付义务,则乙方有权要求甲方按照本协议的规定履行最高限额差额补足义务。甲方承诺在收到乙方书面通知后30个工作日内,根据书面通知所载金额代丁方支付《回购协议》项下应付资金。甲方应在不迟于上述支付日前,将本协议项下应付款项划付至乙方指定的账户。但在任何情况下,乙方要求甲方支付的金额不应超过本协议约定的最高限额。三、如果甲方按照本协议约定履行了最高限额差额补足义务,有权根据《补充协议》的约定行使追偿权。四、如因任何一方的原因导致本协议无效或任何一方违反本协议及补充协议的约定的,应赔偿其他三方因此所遭受的全部直接或间接损失。

2016年,S集团(甲方)与F投资公司(代表G基金)(乙方)、CY控股公司(丙方)、CY北京公司(丁方)、戊方马某1签订《补充协议》,约定:鉴于乙方代表G基金通过认购ZS合伙的有限合伙份额,间接投资G公司5%的股权。甲方为丁方依据《回购协议》中约定的有限合伙份额回购义务承担差额补足义务,并签署《差额补足协议》。若甲方按照《差额补足协议》的约定履行了最高限额差额补足义务,则甲方有权选择:1. 向丁方追偿差额补足金、违约金、为履行差额补足义务而支出的相关费用等甲方为履行差额补足义务所支付的全部款项,并且有权要求丁方赔偿甲方由此遭受的全部损失,该等损失包括但不限于利息、违约金、赔偿金以及甲方行使追偿权而支出的费用。或者2. 甲方亦有权获得乙方通过G基金投资持有的全部ZS合伙的有限合伙份额,从而间接持有G公司5%的股权。转让价款 = G公司经甲方指定的会计师事务所审计的上一年度的净利润 ×15 ×5%。若转让价款低于甲方为履行差额补足义务所支付的全部款项,则甲方获得乙方通过G基金投资持有的全部ZS合伙份额,且就低于的差额部分,甲方有权继续向丁方追偿。并且,甲方有权要求丁方赔偿甲方由此遭受的全部损失,该等损失包括但不限于利息、违约金、赔偿金以及甲方行使追偿权而支出的费用。即使转让价款高于或者完全相当于甲方为履行差额补足义务所支付的全部款项,甲方仍有权获得乙方通过G基金投资持有的全部ZS合伙份额,在此情况下,转让价款即等于甲方为履行差额补足义务所支付的全部款项。该《补充协议》还约定了丁方的逾期付款违约责任、甲方向丁方的回售权、戊方提供担保等事项。并约定《回购协议》《差额补足协议》与本协议不一致之处,以本协议为准,并且视为对《回购协议》《差额补足协议》的变更。

S集团认可《差额补足协议》系黄某1签署。诉讼中,S集团向本院出具一份有黄某2、黄某3签字的情况说明,载明2016年《差额补足协议》签署时,二人分别持有S集团10%股权,黄某1持有S集团80%股权,黄某1是S集团的法定代表人。2018年1月11日至今,S集团的股权结构为:黄某2持有60%股权,黄某3持有40%股权,黄某2任法定代表人、执行董事,黄某3任监事。《差额补足协议》在签署时未经股东会决议,S集团未就此事召开股东会。现黄某2、黄某3合计持有S集团100%股权,不同意追认《差额补足协议》。S集团工商信息显示,2014年2月28日S集团股东变更为黄某1(80%)、黄某2、黄某3,2018年1月11日S集团股东变更为黄某2、黄某3;2018年1月11日S集团法定代表人由黄某1更变为黄某2。

二、协议的履行

2017年11月27日至2018年9月29日,F投资公司通过G基金托管账户向ZS合伙支付19503万元,F投资公司主张该部分款项为购买ZS合伙有限合伙份额的价款。F投资公司称从G基金募集账户转入托管账户的金额是19535万元,32万元是银行收取的托管费用。诉讼中,ZS合伙向本院出具关于ZS合伙资金流向的说明,载明F投资公司受让了北京K公司持有的99%ZS合伙的合伙份额,间接持有G公司5%股权,按照基金合同完成了G公司股权的受让,F投资公司将G基金募集的资金作为间接通过ZS合伙持有G公司5%股权的对价款支付给K公司。在实际操作中,将募集资金汇入了ZS合伙账户,然后ZS合伙根据K公司的指令将募集资金进行了支付。支付对象和金额为:北京H公司收款770万元,K公司收款100万元,CY北京公司收款17462.893972万元,CY控股公司收款340万元,HX公司收款830万元。

2017年,CY控股公司与F投资公司(代表G基金)签订《ZS合伙合伙协议》(以下简称合伙协议),约定双方共同设立ZS合伙,F投资公司为有限合伙人,认缴出资2亿元,各合伙人的认缴出资额应在各支基金每期成立后5个工作日内分期缴付;CY控股公司为普通合伙人、执行事务合伙人,认缴出资10万元。

ZS合伙成立于2015年12月14日,2017年9月30日ZS合伙协议同意K公司将其占ZS合伙财产份额99%(对应原认缴出资990万元)转让给F投资公司,转让金额为0元。转让后F投资公司认缴990万元,于2020年12月30日前缴清。2017年10月19日F投资公司登记为ZS合伙合伙人。2016年4月15日,ZS合伙登记成为G公司的股东,持股比例为7%。2019年6月24日,G公司增资后,ZS合伙的持股比例变更为6.3%。

三、F投资公司的催收

2019年10月21日,F投资公司向S集团出具履行差额补足义务通知书,载明截至2019年10月10日,CY北京公司仍有回购款206665003.50元未划付至指定专户。请S集团在本通知书送达之日起30个工作日内履行差额补足义务,向指定专户支付差额款项,支付金额为按照《回购协议》和《差额补足协议》中约定的HS北京公司应付未付回的购款206665003.50元。2019年12月3日,S集团向F投资公司、CY北京公司出具对履行差额补足义务通知书的回复,载明其于2019年12月2日收到差额补足义务通知书,认为无须履行差额补足义务。

2020年7月22日,F投资公司向CY北京公司出具回购义务通知书,通知CY北京公司履行回购义务,载明截至2020年7月22日,仍有回购款95535230.14元未划付至专户。请在本通知书送达之日起30日内履行回购义务,支付金额为《回购协议》约定的应付未付的回购款共计95535230.14元。同日,F投资公司向S集团出具履行差额补足义务通知书,载明截至2020年7月22日,CY北京公司仍有回购款95535230.14元未划付至指定专户。请S集团在本通知书送达之日起30个工作日内履行差额补足义务,向指定专户支付差额款项,支付金额为按照《回购协议》和《差额补足协议》中约定的HS北京公司应付未付的回购款95535230.14元。2020年7月27日,S集团向F投资公司、CY北京公司出具对履行差额补足义务通知书的回复,载明其于2020年7月24日收到履行差额补足义务通知书,认为无须履行差额补足义务。2020年8月31日,CY北京公司向F投资公司出具回函,载明其于2020年7月22日收到回购义务通知书,但暂时无法履行。

2020年9月4日,F投资公司向CY北京公司出具回购义务通知书,通知CY北京公司履行回购义务,载明截至2020年9月4日,仍有回购款236250552.05元未划付至专户。请在本通知书送达之日起30日内履行回购义务,支付金额为《回购协议》约定的应付未付的回购款共计236250552.05元。2020年9月16日,CY北京公司向F投资公司出具回函,载明其于2020年9月16日收到回购义务通知书,但暂时无法履行。同日,F投资公司向S集团出具履行差额补足义务通知书,载明CY北京公司未向F投资公司支付任何回购款,故请S集团在本通知书送达之日起30个工作日内履行差额补足义务,向指定专户支付差额款项,支付金额为按照《回购协议》和《差额补足协议》中约定的差额补足金额2亿元。2020年9月21日,S集团向F投资公司、CY北京公司出具对履行差额补足义务通知书的回复,载明其于2020年9月17日收到履行差额补足义务通知书,认为无须履行差额补足义务。

四、G基金的情况

G基金成立于2017年11月13日,备案于2017年11月23日,基金管理人为F投资公司,托管银行为SH银行股份有限公司。F投资公司向本院提交了其与投资者王×、SH银行股份有限公司×分行签订的《G基金基金合同》以及《G基金基金合同之补充协议》范本，补充协议约定该基金比较基准收益为每年9.5%。

F投资公司向本院提交G基金部分交易信息，显示2019年4月至10月，部分投资人将份额转让给CY北京公司、H公司、北京SS资产管理有限公司、上海GM企业管理中心（有限合伙）、TS企业管理咨询中心（有限合伙）。

2019年4月24日，CY北京公司分两笔向G基金募集账户支付18318400元，F投资公司主张CY北京公司在回购期限届满前受让了部分基金份额，对应基金本金金额为1710000元。截至庭审辩论终结，CY北京公司支付了业绩比较基准收益19255719.16元。

五、案涉企业的情况

F投资公司成立于2015年11月20日，原股东为高×、侯××；2016年5月18日，F投资公司的股东变更为高×（持股60%）、CY北京公司（持股40%）；2018年10月17日，F投资公司的股东变更为高×（持股60%）、K公司（持股20%）、北京XY公司（持股20%）。

CY北京公司成立于2006年7月11日，2014年10月30日，股东变更为马某1（持股0.58333%）、HX公司（持股99.41667%）。根据HX公司的股东情况，其最终受益人为马某1。

CY控股公司成立于2012年8月23日，2015年8月4日，其股东由马某1变更为马某1(10%)、CY北京公司(90%)。

K公司成立于2015年12月25日，股东为赵×，2020年9月21日，股东变更为马某2（持股99%）、魏××（持股1%）。

H公司成立于2015年12月2日，原股东为贾×（持股100%），2020年5月12日，股东变更为马某2（持股100%）。

S集团主张CY北京公司、CY控股公司、K公司、XY公司、H公司均为马某1控制的关联企业，其主张上述公司的工商档案中的联系电话、企业邮箱等一致。S集团提交其公司员工与名为“HS秦××”之间的微信聊天记录，主张其中有一份CY控股公司2020年6月3日向S集团出具的《向北京HY体育发展有限公司申请营业执照正本、副本原件图片的说明》的复印件，证明马某2系CY控股公司指派，同时主张受让G基金份额的各个主体实际均是代表CY控股公司和CY北京公司。F投资公司不认可上述证据的证明目的。CY控股公司、CY北京公司、ZS合伙主张秦××无权限作出相关表述。

六、当事人的申请

诉讼中，F投资公司向本院申请向SH银行股份有限公司×分行调取G基金中《关于延长G基金募集期的公告》《临时开放日公告》，以证明F投资公司可以根据实际情况设置临时开放日临时开放对基金份额的申购。本院依据该申请向F投资公司代理人赵×开具调查令,SH银行股份有限公司×分行向本院邮寄了F投资公司分别于2018年7月17日、2018年7月23日、2018年8月14日、2018年8月17日、2018年8月27日、2018年9月3日、2018年9月10日、2018年9月17日、2018年9月21日、2018年9月25日、2018年9月29日出具的《关于G基金设立临时申购/赎回开放日的公告》复印件,载明G基金设立临时申购/赎回开放日,基金投资者已知悉。

诉讼中,S集团向本院提出以下申请:1.对F投资公司设立的G基金募集账户、托管账户进行专项审计,以确认G基金运营情况及余额;2.对ZS合伙进行审计,以确认其运营状况及资金流向;3.调取魏××、张××、黄××相关银行账户自2017年10月1日至今的交易记录,以查明相关银行账户与F投资公司及其关联公司之间是否有资金往来;4.调取ZS合伙账户自2017年10月1日至今的交易流水,以查明F投资公司支付给ZS合伙的资金流向。

针对S集团的第3项申请,F投资公司向本院出具情况说明,载明G基金募集账户分别向魏××、张××、黄××分配收益,因收益分配账户变化、老卡过期、银行系统升级原卡号注销等原因导致相关款项被退回至G基金募集账户。经向托管银行提交了分配账户变更说明函后,上述收益分别转给三人。

本院认为,根据双方当事人的诉辩意见,本院总结本案争议焦点并分别论述如下:

一、关于《差额补足协议》《回购协议》的效力问题。

F投资公司依据《差额补足协议》提起本案诉讼,S集团辩称《差额补足协议》《回购协议》均无效。首先,S集团主张《差额补足协议》《回购协议》依据G基金的相关协议而来,从本案事实来看,G基金涉及刚性兑付问题,且G基金实际是非法集资,故案涉协议无效。本院认为,S集团的上述主张缺乏事实依据,现有证据不足以证明G基金涉及非法集资问题,G基金是否涉及刚性兑付不影响本案中CY北京公司回购意思表示和S集团差额补足意思表示的真实性,故对S集团的该项主张,不予采信。其次,S集团主张F投资公司、CY北京公司、CY控股公司恶意串通,骗取S集团签订《差额补足协议》。就此本院认为,《差额补足协议》明确将《回购协议》作为附件,S集团在签署《差额补足协议》时,对《回购协议》的约定内容应属明知,同时,CY北京公司持股F投资公司的事实亦属对外公示情况,结合《回购协议》《差额补足协议》《补充协议》的约定内容,S集团在签约时,对其在《差额补足协议》项下的义务是明确确认的,其关于相关主体恶意串通的主张,缺乏有效证据支持,本院不予采信。最后,S集团主张《差额补足协议》未经S集团股东会决议,应属无效。S集团签署《差额补足协议》,为CY北京公司提供增信措施,应适用《公司法》第16条第1款的规定,本案中,S集团认可《差额补足协议》系其当时持股80%的股东黄某1签署,故《差额补足协议》已经S集团多数股东确认，其关于协议未经股东会决议应属无效的主张，不能成立。

综上，本院认为，《回购协议》《差额补足协议》系签约各方的真实意思表示，未违反法律法规的强制性规定，应属有效。

二、关于《差额补足协议》中S集团责任的性质问题。

《差额补足协议》中，约定的S集团的义务为"G基金成立满24个月后，丁方或其指定第三方必须回购乙方通过股权基金投资持有的全部ZS合伙有限合伙份额；若丁方未能按照《回购协议》的规定及时支付回购价款，则乙方有权利要求甲方按照《回购协议》中约定的回购价款进行差额补足"。F投资公司主张S集团属债务加入，S集团主张其系一般保证。本院认为，根据上述《差额补足协议》的行文，结合《补充协议》中对S集团追偿权的特殊约定，相关协议中并未将S集团的义务限定于保证责任，且S集团的债务并不具有从属性，故本案中，S集团应承担债务加入责任。

三、关于S集团在《差额补足协议》项下的责任范围问题。

根据《差额补足协议》《回购协议》的约定，CY北京公司应在G基金存续期满24个月后进行回购，G基金成立于2017年11月13日，现回购期已经届满，根据现有证据，CY北京公司未履行回购义务，F投资公司有权要求S集团按照《回购协议》中约定的回购价款进行差额补足。《回购协议》约定的回购价款计算方式为，F投资公司受让ZS合伙有限合伙份额的初始投资款以及依照G基金投资收益划付指令支付的该G基金合同约定的业绩比较基准收益－已支付的业绩比较基准收益。据已查明的事实，初始投资款为19503万元，G基金比较基准收益率为年9.5%，已支付的业绩比较基准收益为19255719.16元，按照投资期限和年收益率计算，截至本案庭审辩论终结，案涉回购价款已超过2亿元。

S集团就此提出多项抗辩意见：

第一，S集团主张《回购协议》未生效，F投资公司并未按照约定投资购买G公司股权，且回购的合伙份额并不真实存在。本院认为，结合《回购协议》《差额补足协议》《补充协议》的约定，G基金系投资于ZS合伙的有限合伙份额，从而间接投资于G公司5%的股权，现F投资公司代表G基金向ZS合伙实际支付了投资款，并获得了ZS合伙99%的合伙份额，实现了对G公司相应股权的间接投资，对S集团的该项抗辩意见，不予支持。

第二，S集团主张G基金成立时的募集资金仅为530万元，后续基金封闭期的进账金额，不属于差额补足的范围。本院认为，《差额补足协议》《回购协议》约定的回购总价款系以F投资公司受让ZS合伙合伙份额的初始投资款为基数，并非以G基金的募集资金作为计算依据，同时结合F投资公司向ZS合伙的付款情况及本院依F投资公司申请调取的《关于G基金设立临时申购/赎回开放日的公告》，S集团的主张明显不能成立，不予支持。

第三,S 集团主张 G 基金已经获得部分清偿。经审查,2019 年 4 月至 10 月期间,出现了部分投资人份额转让的情况,涉及受让份额的主体包括 CY 北京公司、H 公司、北京 SS 资产管理有限公司、上海 GM 企业管理中心(有限合伙)、TS 企业管理咨询中心(有限合伙)。上述款项往来发生于 G 基金回购期限届满前,故 F 投资公司关于上述款项往来系基金份额转让的主张,具有事实依据。S 集团主张上述款项实际用于了基金清偿,首先,应当指出,S 集团加入的是 CY 北京公司回购 ZS 合伙合伙份额的债务,与 G 基金的投资人清偿之间并非完全同一的法律关系。同时,受让份额的主体中北京 SS 资产管理有限公司、上海 GM 企业管理中心(有限合伙)、TS 企业管理咨询中心(有限合伙)系独立的案外公司,其受让基金份额的行为不能等同于基金清偿。其次,关于 H 公司受让部分,S 集团提交的现有证据,不足以证明 H 公司与 CY 北京公司、CY 控股公司存在关联关系或混同关系,故 H 公司受让的基金份额,尚不能认定为 CY 北京公司对 G 基金的清偿。最后,关于 CY 北京公司受让部分,CY 北京公司于回购义务到期前受让 1710 万元基金份额,成为 G 基金的投资人。回购义务到期后,CY 北京公司主张自己无能力履行回购义务,但若 S 集团履行差额补足义务后,CY 北京公司作为投资人,将有可能从 G 基金处获得分配。考虑到 G 基金收益分配的独立性和特殊性,CY 北京公司的回购债务与作为基金投资人的投资债权在本案中不适宜予以司法强制抵销,但 S 集团履行差额补足义务后,对 CY 北京公司相应投资份额的可实现债权部分将享有追偿权,F 投资公司作为 G 基金的管理人,在基金分配时亦应考虑上述实际情况。

第四,S 集团还提出了比较基准收益应冲抵债务本金及 ZS 合伙的合伙份额实际是让与担保物的抗辩意见,本院认为,S 集团的上述抗辩主张,缺乏法律依据,不予支持。

综上,因截至本案庭审辩论终结的回购价款已超过 2 亿元,根据《差额补足协议》中 S 集团差额补足金额不超过 2 亿元的约定,对 F 投资公司关于 S 集团应向其支付 2 亿元差额补足款的诉讼请求予以支持。F 投资公司主张 S 集团存在逾期支付差额补足款的情况,要求 S 集团支付逾期付款的利息损失,其上述主张,已超过《差额补足协议》中 S 集团的债务金额,且无合同明确依据,故对 F 投资公司的利息主张,不予支持。

四、关于 S 集团提出的申请。

诉讼中,S 集团提出了四项申请,分别为:1. 对 F 投资公司设立的 G 基金募集账户、托管账户进行专项审计,以确认 G 基金运营情况及余额;2. 对 ZS 合伙进行审计,以确认其运营状况及资金流向;3. 调取魏××、张××、黄××相关银行账户自 2017 年 10 月 1 日至今的交易记录,以查明相关银行账户与 F 投资公司及其关联公司之间是否有资金往来;4. 调取 ZS 合伙账户自 2017 年 10 月 1 日至今的交易流水,以查明 F 投资公司支付给 ZS 合伙的资金流向。经审查,S 集团的申请 1 和申请 2,根据在案证据，已查明相关事实，无须再进行审计。S集团的申请3和申请4，与本案的争议焦点无关联性。综上，对S集团的上述申请，均不予准许。

综上，依照《最高人民法院关于适用〈中华人民共和国民法典〉时间效力的若干规定》第1条第2款，《合同法》第107条（现《民法典》第577条），《最高人民法院关于适用〈中华人民共和国民事诉讼法〉的解释》第90条规定，判决如下：

一、被告S集团有限公司于本判决生效后10日内向原告F投资公司支付差额补足款2亿元；

二、驳回原告F投资公司的其他诉讼请求。

案件受理费1041800元，由被告S集团有限公司负担。

如不服本判决，可以在判决书送达之日起15日内，向本院递交上诉状，并按照对方当事人的人数提出副本，上诉于北京市××人民法院。

审 判 长　×××
审 判 员　×××
审 判 员　×××
2021年6月7日
法官助理　×××
书 记 员　×××

【代理词】

代　理　词

因原告F投资公司诉被告S集团、第三人CY北京公司、第三人CY控股公司、第三人ZS合伙合同纠纷一案，我们作为S集团的代理人，针对本案事实和法律适用，发表如下代理意见：

一、案涉差额补足责任的性质是一般保证；假设回购义务成立，因F投资公司未在保证期间提起诉讼，其已丧失了要求S集团承担保证责任的权利

（一）案涉差额补足责任的性质是一般保证

依照《全国法院民商事审判工作会议纪要》（法〔2019〕254号）第91条和《最高人民法院关于适用〈中华人民共和国民法典〉有关担保制度的解释》第36条的规定，差额补足责任的性质应依据差额补足责任约定的内容对应的法律关系予以确定。案涉

《差额补足协议》，约定关于S集团承担责任的表述为："如丁方（指CY北京公司）未能按照回购协议的规定及时支付回购价款，则乙方（指F投资公司）有权利要求甲方（指S集团）按照回购协议中约定的回购价款进行差额补足"；"差额补足金额=回购协议中约定的回购总价款-丁方已向乙方支付的回购价款"；"如果丁方未能按照回购协议的规定履行回购价款支付义务，则乙方有权要求甲方按照本协议的规定履行最高限额差额补足义务。甲方承诺在收到乙方书面通知（通知书格式见附件2）后的30个工作日内，根据书面通知所载金额代丁方支付回购协议项下应付资金"；"我司有权要求贵方按照差额补足协议的约定对CY北京公司未能支付的回购款履行差额补足义务"。

以上四条约定，均显示S集团承担差额补足责任，以CY北京公司"未能"支付回购价款为前提，在履行顺位上是CY北京公司先行履行，在CY北京公司"未能"履行且接到F投资公司书面通知后，才产生差额补足义务，差额补足的金额为CY北京公司未能支付部分。这些约定，均表明案涉差额补足责任具有补充支付的性质，符合一般保证的特征。《担保法》第17条第1款规定："当事人在保证合同中约定，债务人不能履行债务时，由保证人承担保证责任的，为一般保证。"《民法典》第687条第1款规定："当事人在保证合同中约定，债务人不能履行债务时，由保证人承担保证责任的，为一般保证。"

另外，案涉差额补足责任是对主债务的补充，以CY北京公司不履行义务为前提，与主债务之间存在从主关系，不具有与CY北京公司共同承担债务或承担连带责任的意思表示，不构成连带保证或债务加入。一般保证的保证人负补充责任，连带保证的保证人负连带责任，而本案无论是从承担责任的顺序，还是从承担责任的金额，均具有补充性质，而并非承担连带责任，故案涉保证责任不符合连带保证的特征。《民法典》第686条第2款规定："当事人在保证合同中对保证方式没有约定或者约定不明确的，按照一般保证承担保证责任。"同理，案涉差额补足责任亦不构成债务加入。根据司法观点，在实践中，如果相关增信文件将第三人履行债务的前提界定为债务人届期"不能""无法""无财产"履行债务，此时存在明显的履行顺位，符合《担保法》第17条关于一般保证的定义，应当认定为一般保证，而不得认定为债务加入；如果第三人履行债务并不以债务人届期未履行为前提，而是直接表明第三人代替债务人履行，才可以直接认定为债务加入。

（二）F投资公司未在保证期间提起诉讼，已丧失要求S集团承担差额补足责任的权利

当合同名称与合同约定的权利义务反映的法律关系不一致时，应以合同设立的权利义务内容确定法律行为的性质。案涉差额补足责任虽未使用保证责任这一名称，但确立的权利义务关系符合一般保证责任的特征，应按照一般保证的相关法律规定，确定各方的权利义务关系。

《民法典》第693条第1款规定："一般保证的债权人未在保证期间对债务人提起

诉讼或者申请仲裁的,保证人不再承担保证责任。”F投资公司要求S集团承担责任,应在保证期间内提起诉讼或申请仲裁,否则,S集团不再承担保证责任。《差额补足协议》未对保证期间作出约定,按照《民法典》第692条第2款的规定,“债权人与保证人可以约定保证期间,但是约定的保证期间早于主债务履行期限或者与主债务履行期限同时届满的,视为没有约定;没有约定或者约定不明确的,保证期间为主债务履行期限届满之日起六个月”。案涉差额补足责任的保证期间为主债务履行期限届满之日起6个月。F投资公司自认案涉主债务履行期限届满时间为2019年11月12日,则F投资公司有义务在2020年5月13日前提起诉讼或申请仲裁,否则,F投资公司丧失要求S集团承担差额补足责任的权利。事实上,F投资公司提起本案诉讼的时间不早于2020年9月3日,此时,已超过了法定的保证期间,F投资公司已丧失了要求S集团承担差额补足责任的权利。

二、F投资公司募集的资金至少已被清偿了124042379.4元,剩余债务余额远低于2亿元;F投资公司要求S集团承担2亿元的差额补足义务,明显与CY北京公司、CY控股公司串通骗取S集团承担保证责任

(一)F投资公司向投资人支付比较基准收益没有法律依据和合同依据,已支付金额应抵冲债务本金,S集团不承担支付比较基准收益的法律责任

私募基金作为投资工具,无论国家法律法规和政策,以及F投资公司提供的基金合同,均规定不得提供保本收益。以基金合同为例,明确约定“本基金不设置比较基准收益”。基金合同亦反复强调,“不保证基金财产中的认购本金不受损失,也不保证一定盈利及最低收益”。“基金委托人同意并确认,本基金为非保本型产品,极端情况下委托资金有发生亏损的风险。委托人确认,管理人未对基金本金不受损失或预期收益/业绩比较基准收益作出任何承诺。”以上显示出,F投资公司与投资人均明知私募基金不能设定保本收益。在此情形下,F投资公司与投资人签订补充协议,将比较基准收益约定在补充协议中,承诺保本收益,刚性兑付,违反国家金融监管规定,为无效的约定,由此形成的债务为自然之债,不属于S集团承担一般保证的范围。

并且,《民法典》第695条第1款规定:“债权人和债务人未经保证人书面同意,协商变更主债权债务合同内容,减轻债务的,保证人仍对变更后的债务承担保证责任;加重债务的,保证人对加重的部分不承担保证责任。”F投资公司通过签订抽屉合同的方式,对投资人承诺年化9.5%的收益,实质上是在基金合同之外增加了S集团承担差额补足责任的内容,超出了S集团的合理预期,加重了S集团的负担,S集团对加重的部分不承担保证责任。

(二)G基金募集账户交易记录和F投资公司函件内容显示,F投资公司募集的资金至少已被清偿了124042379.4元

G基金募集账户交易记录显示,CY北京公司及其关联公司向F投资公司支付资

金,F投资公司已偿还债务金额共计124042379.4元(2018年7月3日,第一轮分配,金额共计2617158.84元;2019年4月24日,第一轮清偿,金额共计18318400元;2019年7月11日,第二轮分配,金额共计16638561.03元;2019年8月20日至10月11日,第二轮清偿,金额共计86468259.55元)。

F投资公司否认对募集资金进行清偿,主张系基金份额的转让,但从F投资公司向S集团发出的三份《履行差额补足义务通知书》所列回购款的金额判断,所谓的份额转让,实质上是债务清偿。三份《履行差额补足义务通知书》所列回购款金额如下:(1)2019年10月21日的通知书,主张截至2019年10月10日回购款为206665003.5元;(2)2020年7月22日的通知书,主张截至2020年7月22日回购款为95535230.14元;(3)2020年9月16日的通知书,要求承担2亿元的差额补足义务(F投资公司于2020年9月4日向CY北京公司发出的通知书,主张截至2020年9月4日回购款为236250552.05元)。

F投资公司对其主张的回购款金额时增时减的原因,未作合理的说明。第一次通知书主张的回购款206665003.5元与第二次通知书主张的回购款95535230.14元之差为111129773.36元,与两轮清偿之和104786659.55元相近(如考虑利息因素,金额应进一步趋于一致),由此可以判断,CY北京公司及其关联公司向F投资公司支付钱款,实际上是对募集资金的清偿。

(三)F投资公司刻意隐瞒案涉债务清偿事实,以虚假诉讼的方式骗取S集团承担差额补足责任

F投资公司在起诉时,要求S集团承担2亿元的差额补足责任,隐瞒CY北京公司及其关联公司已向F投资公司支付124042379.4元的事实,同时否认H公司与CY北京公司的关联关系,也否认S集团提交F投资公司收到款项的证据,刻意隐瞒案件关键事实。

在S集团一再要求下,F投资公司才提供了募集账户的银行交易记录,显示CY北京公司及其关联公司已向F投资公司支付124042379.4元,用于F投资公司偿付案涉债务,但仍要求S集团承担2亿元的差额补足责任。并且,CY北京公司作为回购款义务的主债务人,在向F投资公司支付资金清偿债务后,F投资公司径行将CY北京公司列为S集团差额补足义务的债权人,即F投资公司要求S集团向主债务人承担差额补足责任。很明显,F投资公司提起的本案诉讼是虚假诉讼,骗取S集团承担保证责任。

以上代理意见,请合议庭考虑。

代理人:丁琛　王圣飞

2021年4月22日

【二审判决书】

北京市××人民法院
民事判决书

(2021)××终754号

上诉人(原审原告):北京F投资管理有限公司,住所地北京市海淀区。

法定代表人:王××,执行董事。

委托诉讼代理人:赵×,北京市××律师事务所律师。

委托诉讼代理人:周××,北京市××律师事务所实习律师。

上诉人(原审被告):S集团有限公司,住所地北京市海淀区。

法定代表人:黄某2,执行董事。

委托诉讼代理人:丁琛,北京市高界律师事务所律师。

委托诉讼代理人:王圣飞,北京市高界律师事务所律师。

原审第三人:CY(北京)投资有限公司,住所地北京市朝阳区。

法定代表人:王×,执行董事。

委托诉讼代理人:姜×,女,该公司员工。

原审第三人:CY控股有限公司,住所地北京市延庆区。

法定代表人:王×,执行董事。

委托诉讼代理人:褚××,女,该公司员工。

原审第三人:ZS共享投资管理中心(有限合伙),住所地江西省樟树市。

执行事务合伙人:ZS控股有限公司(委派代表:张××)。

委托诉讼代理人:褚××,女,CY控股有限公司员工。

上诉人北京F投资管理有限公司(以下简称F投资公司)与上诉人北京S集团有限公司(以下简称S集团)、原审第三人CY(北京)投资有限公司(以下简称CY北京公司)、原审第三人CY控股有限公司(以下简称CY控股公司)、原审第三人ZS共享投资管理中心(有限合伙)(以下简称ZS合伙)合同纠纷一案,不服北京市××中级人民法院(2020)京××初375号民事判决,向本院提起上诉。本院于2021年8月31日立案后,依法组成合议庭,公开开庭进行了审理。上诉人F投资公司的委托诉讼代理人赵×、周××,上诉人S集团的委托诉讼代理人丁琛、王圣飞,原审第三人CY北京公司的委托诉讼代理人姜×,CY控股公司、ZS合伙的共同委托诉讼代理人褚××到庭参加诉讼。本案现已审理终结。

F投资公司上诉请求:1.请求撤销一审判决第二项,依法改判S集团于判决生效后10日内向F投资公司支付差额补足款的利息(以2亿元为基数,按照全国银行间同业拆借中心公布的一年期贷款市场报价利率,自2020年11月2日计算至实际清偿之日);2.本案诉讼费用由S集团承担。

事实和理由如下:

一、原判决认定要求S集团支付逾期付款的利息损失无合同明确依据进而不支持F投资公司的请求系认定事实不清。

原审判决认定S集团应向F投资公司支付2亿元差额补足款。2020年9月16日F投资公司向S集团发送《履行差额补足义务通知书》,载明CY北京公司未向F投资公司支付任何回购款,故请S集团在本通知书送达之日起30个工作日内履行差额补足义务,向指定账户支付差额补足款项,支付金额为按照《有限合伙份额回购协议》(以下简称《回购协议》)和《有限合伙份额回购义务的差额补足协议》(以下简称《差额补足协议》)中约定的差额补足金额2亿元。2020年9月21日,S集团向F投资公司、CY北京公司出具对履行差额补足义务通知书的回复,载明其于2020年9月17日收到履行差额补足义务通知书,认为无须履行差额补足义务。《差额补足协议》第2条明确约定,"甲方承诺在收到乙方书面通知(通知书格式见附件2)后30个工作日内,根据书面通知所载金额代丁方支付回购协议项下应付资金",因此,S集团应最迟于2020年11月2日前支付2亿元差额补足款。S集团至今仍未支付,已经构成违约。

《合同法》第107条(现《民法典》第577条)规定:当事人一方不履行合同义务或者履行合同义务不符合约定的,应当承担继续履行、采取补救措施或者赔偿损失等违约责任。F投资公司有权要求S集团承担违约责任,赔偿F投资公司的损失。参照《最高人民法院关于审理建设工程施工合同纠纷案件适用法律问题的解释(一)》第26条"当事人对欠付工程价款利息计付标准有约定的,按照约定处理。没有约定的,按照同期同类贷款利率或者同期贷款市场报价利率计息"和《最高人民法院关于审理买卖合同纠纷案件适用法律问题的解释》(2020修正)第18条"违约行为发生在2019年8月20日之后的,人民法院可以违约行为发生时中国人民银行授权全国银行间同业拆借中心公布的一年期贷款市场报价利率(LPR)标准为基础,加计30%~50%计算逾期付款损失"的规定,S集团应当按照中国人民银行授权全国银行间同业拆借中心公布的一年期贷款市场报价利率支付利息。

二、逾期付款利息是S集团延迟支付差额补足款的违约责任,并非差额补足金额。

《差额补足协议》第1条第2款约定,"差额补足金额=回购协议中约定的回购总价款-丁方已向乙方支付的回购价款",所以,逾期付款利息是S集团延迟支付差额补足款给F投资公司造成的损失，并非差额补足金额。S集团延迟支付差额补足款，F投资公司有权要求S集团支付逾期付款利息。

综上所述，F投资公司认为原审判决认定事实认定不清、适用法律错误，请求二审法院支持F投资公司的上诉请求，依法改判，以维护法律的公平公正，维护F投资公司的合法权益。

S集团答辩称，请求驳回F投资公司的上诉请求。

第一，《差额补足协议》的性质是一般保证，约定S集团承担的差额补足金额不超过2亿元，在任何情况下均不得超过2亿元，F投资公司在2亿元之外要求支付利息没有法律和合同依据。

第二，《差额补足协议》已约定差额补足金、利息、违约金、赔偿金等在差额补足限额2亿元之内，F投资公司在2亿元之外提出了诉请主张，表明F投资公司自认2亿元之内的违约金、赔偿金不是差额补足债务的违约金、赔偿金，则只能是回购债务的违约金、赔偿金。既然F投资公司要求S集团为回购债务的违约金、赔偿金承担责任，表明F投资公司自认差额补足债务具有从属性，是回购债务的从债务，差额补足不是债务加入。一审判决将差额补足的性质认定为债务加入错误。

CY北京公司述称，认可F投资公司的意见。

CY控股公司述称，认可F投资公司的意见。

ZS合伙述称，认可F投资公司的意见。

S集团上诉请求：1. 撤销北京市××中级人民法院(2020)京××初375号民事判决；2. 改判驳回F投资公司的全部诉讼请求，或将案件发回一审法院重审。

事实与理由：

一、依据法律相关规定，认定S集团承担债务加入责任，须以明确的合同约定或S集团具有债务加入意思表示为前提，而相关协议中并无债务加入的约定或意思表示。一审判决认为"相关协议中并未将S集团的义务限定于保证责任，且S集团的债务并不具有从属性"，径行推定S集团应承担债务加入责任，缺乏基本的事实依据，背离S集团的意思表示，适用法律严重错误。案涉《差额补足协议》明显符合一般保证的特征，其性质是一般保证；一审判决将案涉《差额补足协议》定性为债务加入，该认定严重错误，导致判决结果出现重大错误。

（一）考察《差额补足协议》的文义及意思表示，结合协议目的、相关条款等，案涉差额补足的性质明显是一般保证，不是债务加入，具有明确的事实依据。

首先，《差额补足协议》中明确约定协议是"为保障丁方（CY北京公司）在回购协议中约定的义务的履行，甲方（S集团）同意向乙方（F投资公司）提供本协议约定的差额补足义务"。即为保证CY北京公司履行《回购协议》的主债务，S集团同意提供差额补足义务担保。其次，《差额补足协议》约定的核心内容是对主债务人不能履行的差额部分进行补足，“若丁方未能按照回购协议的规定及时支付回购价款，则乙方有权利要求甲方按照回购协议中约定的回购价款进行差额补足”，协议相关条款多处均使用“未能”的表述，即使在相关通知中，仍以CY北京公司“未能”为前提，且以“截至年____月____日，CY北京公司仍有回购款________元人民币未付”为条件，仅为补充性的履行顺位。最后，同时约定有反担保以及对债务人的追偿权。

特别需要说明的是，无论是相关协议还是《差额补足协议》，均无S集团债务加入、与债务人共同承担债务的约定或意思表示。

强制CY北京公司先履行义务，在CY北京公司不能履行义务时，S集团才进行差额补足，S集团不必然产生差额补足债务，即使承担，也仅承担差额部分。故此，案涉《差额补足协议》具有履行顺序和从属性、或然性、补充性等特征，符合法律关于一般保证的规定，应适用《担保法》的有关规定按照一般保证处理。

（二）根据《差额补足协议》约定的履行顺位及从属性、补充性，依据最高人民法院司法审判观点考察，案涉《差额补足协议》的性质明显是一般保证，不是债务加入。

《〈全国法院民商事审判工作会议纪要〉理解与适用》载明：在实践中，如果相关增信文件将第三人履行债务的前提界定为债务人届期“不能”“无法”“无财产”履行债务，此时存在明显的履行顺位，符合《担保法》第17条（现《民法典》第687条）关于一般保证的定义，应当认定为一般保证，而不得认定为债务加入。……如果第三人履行债务并不以债务人届期未履行为前提，而是直接表明第三人代替债务人履行，则可以直接认定为债务加入。

《最高人民法院民法典担保制度司法解释理解与适用》载明：在义务履行的顺位方面，一般保证具有补充性，即只有在主债务人不能履行债务之时，保证人方须履行债务或者承担责任，而债务加入并不具有补充性，债权人可以直接要求原债务人或债务加入人履行债务。因此，履行顺位之约定可以将一般保证和债务加入区分开来。在实践中，如果相关增信文件将第三人履行债务的前提界定为债务人届期“不能”“无法”“无财产”履行债务，此时存在明显的履行顺位，符合《民法典》第687条第1款关于一般保证的定义，应当认定为一般保证，而不得认定为债务加入。

依据最高人民法院司法审判观点，无论如何理解，均不能得出案涉《差额补足协议》系债务加入的结论。《差额补足协议》所作的权利义务安排，均是一般保证责任项下的权利义务安排，不改变一般保证责任的性质，符合《担保法》的规定，亦符合《民法典》关于保证制度的规定。

（三）考察差额补足债务产生的时间，案涉差额补足的性质是一般保证，不是债务加入。

债务加入作为一项法律行为，必然是债务加入人在债务加入时间节点本人作出的意思表示，不可能由第三人或债权人替代加入人作出债务加入之意思表示。案涉《差额补足协议》，不存在可以作为债务加入的时间节点，也就不可能成立债务加入。

《差额补足协议》约定，只有在回购义务人未支付回购款，且F投资公司为一定行为后，S集团才产生差额补足债务，故S集团在订立《差额补足协议》之时，不可能成立差额补足债务，也就不可能成立所谓的债务加入。而F投资公司向S集团发函之时，没有S集团之意思表示，更不可能成立债务加入，债务加入之成立不可能依赖于债权人所为之法律行为。故此，无论是订立《差额补足协议》之时，还是F投资公司发函之时，均不可能成立债务加入。案涉差额补足不存在债务加入之法律行为和时间节点，不可能成立债务加入。

相反，按《差额补足协议》的约定，《差额补足协议》订立时，S集团尚无须承担差额补足债务，仅在主债务履行期限届满未获清偿，且同时符合相关条件后，差额补足债务才能产生。此种承担责任的方式与保证人在订立保证合同后只承担保证责任，在特定情形下保证责任转化为保证债务的责任承担方式完全一致。故此，案涉《差额补足协议》的性质为一般保证。

（四）作为考察区分保证和债务加入的重要标准，S集团承担的债务内容是从属性债务，并不是与主债务人具有同一性的债务，由此，案涉《差额补足协议》的性质是一般保证，不是债务加入。

依据最高人民法院的司法审判观点：《最高人民法院民法典担保制度司法解释理解与适用》载明，第三人愿意承担的债务内容是具有从属性的债务还是与原债务具有同一性的，就成为区分保证和债务加入的重要标准。这种区分可以从两个方面加以把握：一方面，从债务数额来说，保证人往往约定的是承担主债务人不能履行的差额部分，而债务加入的约定数额往往是加入债务时的既有债务，与主债务人嗣后的履行情况没有关系；另一方面，保证范围的约定往往包括了违约金、损害赔偿金和实现债权的费用，而在债务加入中，债务加入人负担债务之范围以加入之时原债务的内容为限，对原债务人的违约责任不予负责。

具体考察本案，《差额补足协议》中约定的S集团承担的债务金额，是主债务人不能履行的差额部分，且与主债务人嗣后的履行状况密切相关，并不是债务加入应有的既有债务。差额补足的范围是“差额补足金、利息、违约金、赔偿金、费用等之合计”，包括了主债务人的违约责任等，与债务加入的原债务内容不具有同一性。由此，案涉《差额补足协议》的性质是一般保证，不是债务加入。

（五）一审判决无视案件重要事实，仅以“相关协议中并未将S集团的义务限定于保证责任，且S集团的债务并不具有从属性”为理由，武断推定S集团应承担债务加入责任，不仅缺乏基本的事实依据，而且适用法律严重错误。

F投资公司主张《差额补足协议》系债务加入，仅是空洞地主张，并未提出事实和法律适用方面的依据。相反，S集团就《差额补足协议》系一般保证的主张，详陈事实、充分说明了法律适用依据和观点。在此情况下，一审判决无视案件重要事实，回避S集团主张的事实和理由,同样空洞地认定"相关协议中并未将S集团的义务限定于保证责任,且S集团的债务并不具有从属性",甚至并未指出其所认定的事实依据,进而以这样缺乏基本事实依据的理由武断推定S集团承担债务加入责任,实属严重错误,亦有违"债务加入须有明确的合同约定或当事人意思表示"的法律常识认知。

毫无疑问,债务加入的责任远远重于一般保证责任。与《担保法》相比,《民法典》在立法倾向上已发生根本性变化,已由注重对债权人的利益保护向减轻担保人的责任转变,由此要求人民法院在没有明确事实依据、无法作出有说服力的合同解释的情况下,向责任较轻的方向进行推定。对于《民法典》实施之前我国立法尚未规定的"债务加入",依举重明轻原则,更需要人民法院以事实为依据、以法律为准绳,作出事实依据充分、有法律说服力的判决。基于一审判决的认定,S集团有充分的理由质疑一审判决的法律认知以及公平、公正。

二、F投资公司未在保证期间提起诉讼,保证责任已灭失,S集团无义务承担差额补足债务。一审判决认定S集团承担2亿元的差额补足债务,适用法律确有错误,F投资公司的全部诉讼请求应当被驳回。

案涉差额补足义务的性质属于一般保证,双方在《差额补足协议》中未约定保证期间。《担保法》第25条(现《民法典》第692条)第1款规定:一般保证的保证人与债权人未约定保证期间的,保证期间为主债务履行期限届满之日起6个月。第2款规定:在合同约定的保证期间和前款规定的保证期间,债权人未对债务人提起诉讼或者申请仲裁的,保证人免除保证责任。鉴于《差额补足协议》中未约定保证期间,故此,差额补足义务的保证期间应为主债务期限届满之日起6个月。

依据《差额补足协议》的约定,G六号私募股权投资基金(以下简称G基金)成立满24个月后,CY北京公司必须刚性回购F投资公司通过G基金持有的全部ZS合伙有限合伙份额。G基金成立时间为2017年11月13日。首先,考虑主债务履行期限届满日为2019年11月13日,该日期为S集团保证期间的始期。其次,考虑2019年12月2日S集团收到F投资公司寄送的《差额补足义务通知书》,《差额补足义务通知书》中要求"请贵方在本通知书送达之日起30个工作日内履行差额补足义务,向我方指定专户支付差额款项,支付金额为按照回购协议及差额补足协议中约定的CY北京公司应付未付的回购款95535230.14元",以"通知送达之日起30个工作日"为宽限期计算,主债务履行期限届满日为2020年1月14日,该日期为S集团保证期间的始期。无论是以2019年11月13日还是以2020年1月14日作为主债务履行期限届满日,在主债务履行期限届满日之后的6个月内,债权人F投资公司未对债务人CY北京公司、S集团提起诉讼或者仲裁,依法S集团免除保证责任,不承担差额补足的民事责任。

法律规定债权人必须在保证期间内主张权利的立法本意是平衡债权人与保证人之间的权利义务关系。保证合同作为单务合同,保证人承担保证责任,并没有相应的对价，故此在确定保证人承担义务的同时，应对债权人的权利进行必要的规范，防止保证人的负担过重，造成债权人与保证人之间的权利义务失衡。这是法律规定保证期间的价值所在。F投资公司未在主债务履行期限届满之日起6个月内起诉主债务人、S集团承担责任，超出了担保法规定的保证期间，则S集团保证责任免除。F投资公司要求S集团承担差额补足的责任，不符合法律规定，其请求应当被驳回。

三、案涉《G基金基金合同》、《G基金基金合同之补充协议》、《ZS合伙合伙协议》(以下简称合伙协议)、《回购协议》，系以"投资、回购"之名，虚构投资项目和资金用途，掩盖民间借贷、挪用借贷资金的真实意思表示和行为。一审判决未能根据相关协议具体内容、真实目的、实际履行情况，查清F投资公司、CY北京公司隐藏的真实意思表示和行为，忽略了F投资公司虚构投资项目和资金用途，以投资之名行借贷之实，案涉第三人挪用借贷资金，F投资公司的股东CY北京公司以回购方式予以清偿的性质，导致一审判决在协议效力、各方当事人责任承担、债权性质、债权金额等方面认定错误，判决已不可能正确。

(一)F投资公司与契约型基金委托人签订《G基金基金合同》，形式上约定认购ZS合伙的有限合伙人份额，间接持有G公司的股权，以股权投资获取风险收益。为规避监管，又私下签订《G基金基金合同之补充协议》，对G基金进行保底收益安排，将原基金合同中的"(九)本基金不设置比较基准收益"，改为"本基金比较基准收益为每年9.5%"。2018年6月27日，CY北京公司依约向部分基金委托人支付保底收益分配2950679.50元。承诺向基金委托人支付保底收益，并以回售有限合伙份额方式予以兑现刚性兑付，基金委托人依赖于保底收益、刚性兑付投资本金及收益承诺进行所谓的投资，并无投资买入ZS合伙的有限合伙份额并承担投资风险的意思表示。

(二)F投资公司签署《合伙协议》，所持有的ZS合伙的财产份额系于2017年9月30日受让所得，对价为0元。F投资公司以零对价受让ZS合伙99%的有限合伙份额，表明20010万元的合伙协议并不是真实的合伙协议，或者并非各合伙人真实意思表达的合伙协议。

(三)为保证"刚性兑付"，F投资公司与CY北京公司签订《回购协议》，约定CY北京公司以固定的价格购买所谓的"有限合伙份额"，从而实现F投资公司的套现离场。在此交易过程中，因F投资公司所募集的资金不承担经营方面的风险，固定收益的实质是利息，回购方CY北京公司实质上是最终的债务人。故此，回购方CY北京公司通过F投资公司融资进行投资，在两年期满后偿还债务实现对G公司5%股权的持有，是以私募之名，行借贷之实。F投资公司与CY北京公司交易的实质是F投资公司向公众吸收存款等方式取得的资金，然后垫资取得ZS合伙的有限合伙份额，期满后CY北京公司以受让合伙企业财产份额的形式，向F投资公司还本付息。

(四)从资金支付来看,F投资公司并未向有限合伙份额的转让人K公司支付,而是将全部款项19502万元支付给ZS合伙,ZS合伙自认“根据K公司的指令将到账资金支付给北京H公司7700000元、K公司1000000元、CY北京公司174628939.72元、CY控股公司3400000元、HX公司8300000元”,CY北京公司等成为借贷资金的实际借款人或使用人。可见,相关协议确定的投资项目并不真实存在,亦未履行,借贷资金被案涉第三人挪用。

以上事实表明,案涉《G基金基金合同》《G基金基金合同之补充协议》《合伙协议》《回购协议》,系以“投资、回购”之名,虚构投资项目和资金用途,掩盖F投资公司以投资之名向CY北京公司等行借贷之实,案涉第三人挪用借贷资金,F投资公司的股东CY北京公司以回购方式予以清偿的真实意思表示和行为。F投资公司持有G公司5%股权的真实目的,是担保其借贷债权实现。而一审判决仅依据相关协议的名称和文字表述,以“投资、回购”之外观,认定协议效力、债权性质、债权金额、责任承担,已不可能正确。

四、依据《回购协议》《差额补足协议》相关约定,S集团基于F投资公司以合规的私募股权基金取得ZS合伙的有限合伙份额、间接持有G公司5%股权的投资行为,以及CY北京公司回购ZS合伙的有限合伙份额、间接持有G公司5%股权之交易,作出为CY北京公司支付相应价款承担差额补足义务的意思表示。显然,F投资公司、CY北京公司隐藏的真实意思表示和实施的行为与S集团的意思表示大相径庭。

相关协议显示的交易架构是:CY北京公司看好G公司的上市前景,拟投资持有ZS合伙持有的G公司5%股权,暂时缺少投资资金,故与F投资公司商定,由F投资公司募集私募基金投资取得ZS合伙的有限合伙份额,间接持有投资标的,CY北京公司有权在12个月后回购、24个月后以刚性回购的方式实现投资目的。

在此缔约背景下,F投资公司、CY北京公司签订《回购协议》,约定:鉴于2.F投资公司作为一家专业的私募基金管理公司,拟设立G基金,F投资公司作为G基金的普通合伙人及管理人,以G基金定向投资于ZS合伙的有限合伙份额,间接投资于G公司5%的股权。第1条有限合伙份额回购标的。CY北京公司或其指定的第三方在本协议项下回购F投资公司的有限合伙份额为F投资公司通过G基金投资持有的全部ZS合伙有限合伙份额。上述标的仅包含F投资公司通过G基金投资持有的ZS合伙有限合伙份额,不含F投资公司从其他方处受让或取得的非G基金的有限合伙份额。第2条有限合伙回购提议。G基金存续期满12个月后,CY北京公司或其指定第三方可向F投资公司发出购买F投资公司通过G基金投资持有的全部ZS合伙有限合伙份额的“购买申请”;G基金存续期满24个月后,CY北京公司或其指定第三方必须回购F投资公司通过G基金投资持有的全部ZS合伙有限合伙份额。第12条成立和生效。本协议自双方签字并加盖公章之日起成立,自F投资公司发起设立的

G 基金取得 ZS 合伙有限合伙份额且间接持有 G 公司 5% 的股权之日起生效。S 集团依据《回购协议》签订《差额补足协议》。

以上约定表明,S 集团作出差额补足意思表示所对应的义务条件须满足以下:一是 F 投资公司作为基金业协会登记的专业私募基金管理公司,应以合规募集的资金进行投资;二是 F 投资公司须以 G 基金投资 ZS 合伙有限合伙份额,间接持有 G 公司 5% 股权;三是 CY 北京公司到期后回购有限合伙份额、支付约定的价款,履行不能。

显然,F 投资公司、CY 北京公司隐藏的真实意思表示和实施的行为与 S 集团的意思表示大相径庭。虚构投资项目和资金用途,行借贷和挪用借贷资金之实,即使外观上满足了 F 投资公司取得 ZS 合伙有限合伙份额、间接持有 G 公司 5% 股权之条件,亦不属于 S 集团意思表示范围。F 投资公司的主张超出了 S 集团的差额补足义务范围(具体见以下第五部分、第六部分、第七部分意见)。

五、F 投资公司通过受让取得的 ZS 合伙有限合伙份额,不属于《回购协议》《差额补足协议》约定的回购份额,S 集团不应当承担差额补足责任。一审判决 S 集团承担责任超出了 S 集团的意思表示,与事实不符,亦于法无据。

首先,F 投资公司向 ZS 合伙支付的资金不是投资出资,而是借贷资金,由此取得的有限合伙份额不是《回购协议》约定的回购份额。其次,F 投资公司以受让方式取得 ZS 合伙财产份额,本应向转让方 K 公司支付款项,却向 ZS 合伙支付款项,ZS 合伙自称在获取资金后按照 K 公司的指令打入 CY 北京公司等账户,即 F 投资公司向 ZS 合伙支付资金,与其取得合伙份额之间不存在对应关系。最后,按照实际实施的交易,F 投资公司从原有限合伙人 K 公司受让获得有限合伙份额,本应向 K 公司支付全部款项,却以零对价受让,亦无对应关系。由此表明,F 投资公司取得的 ZS 合伙 99% 有限合伙份额,不属于《回购协议》《差额补足协议》约定的范围。

S 集团签订《差额补足协议》,不代表 S 集团为 F 投资公司与 ZS 合伙、CY 北京公司的所有交易负责,也并不意味着 F 投资公司向 ZS 合伙支付的所有资金均是协议约定的应当清偿的债权。没有真实的投资交易、未以投资方式间接持有 G 公司 5% 股权的资金,并不在差额补足的范围之内。因 F 投资公司向 ZS 合伙支付资金的交易,不是协议约定的投资,与协议约定的回购份额亦无关,S 集团在此情形下不应当承担差额补足责任。

六、F 投资公司以私募基金旗号,违反法律、基金合同约定自行超额募集的资金不是私募基金,其主张的回购价款不属于差额补足所担保的债权范围。即使 S 集团应当承担责任,因 F 投资公司不正当地以 S 集团承担最高限额保证为目的超额募集资金,恶意加重 S 集团的保证责任,亦应免除 S 集团的责任。

《G 基金基金合同》约定:“五、基金份额的募集(一)基金份额的募集期间。本基金募集期间自基金份额发售之日起不超过 2 个月,募集期间由基金管理人决定,基金管理人有权决定依据发售情况延期或提前结束。但延长期限最长不得超过1个月。六、基金的成立与备案(一)基金的备案。基金管理人应当自募集期限届满或提前终止销售之日起20个工作日内向中国证券投资基金业协会申请备案,并及时向托管人提供取得办结备案手续的有关证明文件。七、基金的申购和赎回(一)申购和赎回场所。本基金封闭运作,在募集期结束之后,将不接受任何申购和赎回(包括违约赎回)。(二)申购和赎回的开放日和时间。除中国证券监督管理委员会及基金业协会另有规定外,本基金不设固定开放日。管理人可根据实际情况设在募集期内设置临时开放日,临时开放日对基金份额开放申购和赎回(包括违约退出),具体安排是基金管理人需提前5个工作日告知托管人及行政管理服务商,募集期内临时开放日每周不超过一次。"

《证券投资基金法》第94条第1款规定:非公开募集基金募集完毕,基金管理人应当向基金行业协会备案。

故此,G基金在备案时,按照《证券投资基金法》的规定、《G基金基金合同》的约定,已处于封闭状态,募集期后不得开放,此后筹集的资金,不属于G基金募集的范围。F投资公司向SH银行发送的《关于延长G基金募集期的公告》《临时开放日公告》,属于F投资公司与SH银行私相授受,明显违反《证券投资基金法》的规定和《G基金基金合同》的约定,不具有合法性,不能成为私募基金募集合法的依据。一审判决依据既违法又违约的材料,判令S集团承担责任,于法无据。

G基金成立于2017年11月13日,备案于2017年11月23日。G基金截至备案时,募集金额为530万元。G基金封闭后,F投资公司打着G基金的旗号募集的资金,并不是法律意义上的G基金,而是F投资公司的自行集资行为,这种违反法律规定以及基金合同约定自行超额筹集的资金不属于私募基金,不是CY北京公司的回购对象,更不是S集团差额补足的对象,也远远超出了S集团缔结协议之时的合理预期,S集团不承担责任。

在《G基金基金合同》明确约定"在募集期结束后不接受任何申购和赎回"的情况下,F投资公司出于不正当目的,在募集期结束后募集巨额资金,严重违反法律规定、基金合同约定,恶意加重S集团的保证责任,进而提出S集团支付差额补足金2亿元的主张,于法无据。此等责任,理应由F投资公司承担。在F投资公司过错范围内,S集团免除差额补足的责任。

七、F投资公司与马某1实际控制的关联公司共同虚构了G公司投资项目和资金用途,恶意串通,骗取S集团承担差额补足义务,《差额补足协议》依法无效。

(一)案涉ZS合伙、CY北京公司、CY控股公司、H公司、K公司、HX公司,均为马某1实际控制的关联企业,CY北京公司系F投资公司股东。

本案证据显示,S集团之外的各企业均具有关联关系。从股权结构来看,ZS合伙、

CY 北京公司、CY 控股公司、HX 公司、马某 1 相互交叉持股,马某 1 为实际控制人、最终受益人;从经营决策权和代表权来看,公司均不设董事会,CY 北京公司、CY 控股公司执行董事、法定代表人为马某 1、张 × ×,交叉任职,HX 公司的执行董事、法定代表人为马某 1 的父亲马某 3,H 公司在 ZS 合伙的委派代表是张 × ×,H 公司、K 公司的法定代表人马某 2 受 CY 控股公司指派在关联公司交叉任职;从业务和经营地址来看,CY 北京公司、CY 控股公司、H 公司、K 公司均为投资业务,办公电话、企业邮箱、实际营业地址等一致;从财务资金来看,自认"根据 K 公司的指令将到账资金支付给 H 公司、K 公司、CY 北京公司、CY 控股公司、HX 公司",财务混同。此外,CY 北京公司持有 F 投资公司 4% 股权。

可见,相关企业具有极为密切的关联关系,马某 1 实际控制的关联公司达到了混同程度。

(二)F 投资公司与马某 1 实际控制的关联公司共同虚构了 G 公司投资项目和资金用途,恶意串通,转移投资资金。

本案交易过程显示,F 投资公司筹集的资金并未以投资方式取得 ZS 合伙有限份额,间接投资于 G 公司,也不以 CY 北京公司回购、最终持有 G 公司股权为投资目的,而是以投资为名行借贷之实,F 投资公司对此情形事先知情,甚至私下与私募基金委托人约定保底收益,即在订立《差额补足协议》时,F 投资公司和 ZS 合伙、CY 北京公司虚构了 G 公司的投资项目,实际实施借贷行为。

资金的使用用途条款是以资金支付为标的的合同的重要组成部分,虚构资金用途,将增加资金偿还以及资产安全方面的风险,严重损害保证人的合法权益。F 投资公司和 ZS 合伙、CY 北京公司在明知吸收的资金不投资于 G 公司 5% 股权的情况下,应如实向 S 集团说明情况,使 S 集团对资金用途存在的风险作出判断,并据此决定是否向 F 投资公司承担差额补足义务。F 投资公司与 ZS 合伙、CY 北京公司通过虚构投资 G 公司项目的方式,利用关联关系将投资资金转移给马某 1 实际控制的关联企业使用,骗取 S 集团承担差额补足义务,背离了 S 集团的真实意思表示,严重损害 S 集团利益,构成债权人与债务人恶意串通、骗取保证的情况。

(三)F 投资公司未以投资 G 公司 5% 股权的资金需求为依据,而以 S 集团承担 2 亿元责任为依据超额筹集资金,表明具有骗取保证的主观恶意。

在投资项目中,F 投资公司是债权人,且是专业的股权投资机构,投资 G 公司 5% 股权须用多少资金,如何保证资金不被他用,是 F 投资公司需要审核并确定的事项,进行投后管理也是其重要职责。但是,F 投资公司在投资时并未审核资金的需用规模,而仅以 S 集团承诺的差额补足金额作为吸收资金的上限,违反法律规定、基金合同约定,以 G 基金的名义超额吸收资金,恶意利用 S 集团承担 2 亿元的差额补足责任。在投入资金未按约定使用的情况下,F 投资公司理应中止资金支付,对存在的风险采取补救措施,切实保护投资人的合法权益。但是,F投资公司对马某1控制的关联公司挪用资金的情形一直未有异议,仍持续、多次向ZS合伙支付资金。事实表明,F投资公司吸收资金不以投资G公司5%股权为目的,而以S集团承担2亿元债务为目的,具有骗取S集团承担保证责任的主观恶意。

(四)F投资公司与马某1实际控制的关联公司共同主导了借贷资金的清偿行为,表明F投资公司是挪用资金的参与者。

从借贷资金清偿情况来看,清偿资金主要来源于马某1实际控制的关联公司,清偿对象特定,支付方式是向F投资公司的银行账户支付,而不是正常、合理地向有限合伙份额的转让人账户支付,表明清偿行为由F投资公司与马某1实际控制的关联公司共同实施,再次印证了F投资公司与马某1之间具有特殊的关系,F投资公司与马某1实际控制的关联公司共同策划并实施了整个骗取S集团承担保证责任的交易。F投资公司并非挪用资金的局外之人,对资金挪用情况自始知情并配合,F投资公司与ZS合伙、CY北京公司之间存在通谋骗取保证之行为。

(五)F投资公司坚持不起诉主债务人,进一步凸显其主观恶意。

F投资公司未起诉CY北京公司承担回购义务,也未要求CY控股公司、ZS合伙等承担其相应的责任,而是径自起诉S集团承担差额补足义务。在一审法院释明后坚持不起诉主债务人,进一步凸显出F投资公司与CY控股公司、CY北京公司等之间存在恶意串通、骗取保证的行为。

需要说明的是,《回购协议》是主合同,约定的回购债务是主债务,《差额补足协议》是从合同,约定的债务是从债务。承担差额补足,必然需要对《回购协议》知情。但本案争议的焦点之一在于,F投资公司与马某1实际控制的关联企业虚构投资项目和资金用途,没有以约定方式取得的ZS合伙有限合伙份额,是否属于CY北京公司回购的对象,是否属于S集团的意思表示及承诺的差额补足范围。故此,F投资公司与马某1控制的关联公司之间恶意串通,S集团不承担责任,与S集团是否对《回购协议》知情无关。

八、F投资公司关于资金余额的主张前后矛盾,主张的金额不真实。一审判决在认定资金余额时没有扣除已清偿部分和虚假部分,认定的资金余额确有错误。

(一)F投资公司主张的回购款金额前后矛盾,差距巨大,金额不真实,一审判决未进行核查。

F投资公司作为原告,应对其主张的债权金额提供证据予以证明。但F投资公司在诉前三次发函,要求S集团承担的金额差距巨大,分别是206665003.50元、95535230.14元、236250552.05元。为何出现如此重大的资金差额,F投资公司并未提供差额合理性的依据,表明F投资公司主张的金额不真实,不能作为定案依据。一审判决未认真核实债权资金余额,认定事实不清。

（二）CY 北京公司等向 F 投资公司支付资金，属于 CY 北京公司及其指定的第三方以受让合伙份额方式偿还债务的行为。一审判决违背常识将其认定为 G 基金份额转让，事实认定确有错误。

第一，如上所述，F 投资公司与案涉第三人名为“投资、回购”实为民间借贷的性质、行为，任何 G 基金合伙份额的转让、受让，只是外观上的形式，实质只能是债务清偿。

第二，G 基金份额转让，应由转让人和受让人进行交易，CY 北京公司等应将转让款直接支付给转让方，无须 F 投资公司参与价款交易，只有清偿债务才需要将资金支付给 F 投资公司。一审判决违背常识，在没有任何证据情况下作出基金份额转让认定，实属错误。

第三，CY 北京公司是 F 投资公司代表的契约型 G 基金债权的主债务人，CY 北京公司以份额转让方式通过 F 投资公司向 G 基金的投资人支付的款项，必然是对 G 基金债权的清偿。一审判决不仅未对 CY 北京公司的此种行为予以正确判断，反而认定为“CY 北京公司作为投资人的份额受让”，进而作出相关认定，形成主债务人清偿的债务变为“新债”的法律结果，实在违反常识。

第四，S 集团提供的证据显示，CY 北京公司的员工不仅认可是 CY 北京公司清偿债务，而且提供了全部的银行转账凭证，假设并非由 CY 北京公司主导，其员工不可能取得其他交易主体的银行交易记录。商事交往中由辅助人协助沟通，符合交易习惯，CY 北京公司员工可以提供准确的交易资料，说明交易由 CY 北京公司主导，并非 F 投资公司主张的 G 基金份额转让。

第五，F 投资公司将资金向特定人分配，显示交易完全由马某 1 控制的关联公司、F 投资公司共同实施，不是资金支付方和接收方双方的意思表示，不可能是基金份额转让交易。

九、F 投资公司提供资金的真实来源和去向是案件的重要事实，是认定债权性质、债权金额、当事人责任承担的重要依据。而交易中明显违背常理的操作，足以产生高度的合理怀疑。一审法院对 S 集团提出的四项申请不予准许，导致一审判决认定事实不清，申请二审法院依法调取证据，还原事实真相。

本案证据显示，各个交易环节中的款项支付与交易对象均不对应，F 投资公司未给出合理解释，也未提供相应证据。F 投资公司诉前三次主张债权余额存在巨大金额差异，仅依据 F 投资公司提供的募集账户、托管账户流水信息，并不能证明 G 基金债权总额、债权余额。特别是，G 基金的资金打入 ZS 合伙后，ZS 合伙自称“按照 K 公司的指令打入 CY 北京公司、H 公司、K 公司、CY 控股公司、HX 公司账户”，没有提供任何证据证明。

此外，F 投资公司提供的银行账户交易记录显示，G 基金投资人魏××、张××、黄××收到资金后，又将资金转回，F投资公司再行将资金支付至三人的其他账户。正常情况下不可能出现此种操作，F投资公司极有可能操控魏××、张××、黄××的账户，为扩大所谓的基金规模而进行自己交易。并且，F投资公司给出的资金退回理由不能成立，老卡过期、原卡号注销等，显示的结果均不会是转账交易，只有人为操作，才会出现转账交易。

在足以产生高度合理怀疑的情况下，就与本案争议焦点密切关联的事实问题，S集团提出相关申请，但一审法院不予准许，导致一审判决认定事实不清。

十、《合伙协议》《G基金基金合同》《回购协议》因"损害社会公共利益""违反公序良俗"而无效。一审判决按照"G基金比较基准收益为年9.5%"计算回购价款，事实上认定了G基金"刚性兑付"条款为有效条款，违反法律法规的强制性规定和公序良俗。

首先，F投资公司与案涉第三人以定向投资为名的虚假意思表示，所签订的《合伙协议》《G基金基金合同》《回购协议》无效。其次，其虚假意思表示隐藏的民间借贷行为，不仅因F投资公司作为私募基金牌照公司参与其中，与ZS合伙、CY控股公司、CY北京公司以私募基金这一金融投资工具行借贷之实，严重背离资源配置和融资服务实体经济的大局，违背"投资有风险"的本质，更因F投资公司安排其股东CY北京公司以回购形式对投资者承诺刚性兑付，变相突破私募基金管理人不得向投资者承诺投资本金不受损失的行业管理底线。如果容忍这样的"投资"结构存在，认可其效力，极易引发系统性风险，形成市场乱象，必然损害社会公共利益。因此，相关协议因"损害社会公共利益""违反公序良俗"而无效。

《G基金基金合同》《回购协议》《差额补足协议》均无比较基准收益金额的约定，所谓的比较基准收益为年9.5%的约定，出现在《G基金基金合同之补充协议》之中，是抽屉协议，且有刚性兑付的内容。

《全国法院民商事审判工作会议纪要》（法〔2019〕254号）第92条规定："信托公司、商业银行等金融机构作为资产管理产品的受托人与受益人订立的含有保证本息固定回报、保证本金不受损失等保底或者刚兑条款的合同，人民法院应当认定该条款无效。受益人请求受托人对其损失承担与其过错相适应的赔偿责任的，人民法院依法予以支持。实践中，保底或者刚兑条款通常不在资产管理产品合同中明确约定，而是以'抽屉协议'或者其他方式约定，不管形式如何，均应认定无效。"

一审判决认定G基金的比较基准收益为年9.5%，事实上认定"抽屉协议"为有效协议，违反了法律的规定，违背了《全国法院民商事审判工作会议纪要》第92条的精神，适用法律确有错误。

十一、F投资公司持有ZS合伙有限合伙份额、间接持有G公司5%股权所隐藏的真实目的，是为其借贷债权占有让与担保物。因F投资公司坚持不对主债务人提出诉讼请求,放弃了主债务人自己提供的担保物实现,在F投资公司放弃股权让与担保物优先受偿权益的范围内,S集团免除保证责任。

《物权法》第176条规定:被担保的债权既有物的担保又有人的担保的,债务人不履行到期债权人应当按照约定实现债权;没有约定或者约定不明确,债务人自己提供物的担保的,债权人应当先就该物的担保实现债权;第三人提供物的担保的,债权人可以就物的担保实现债权,也可以要求保证人承担保证责任。第218条规定:质权人可以放弃质权。债务人以自己的财产出质,质权人放弃该质权的,其他担保人在质权人丧失优先受偿权益的范围内免除担保责任,但其他担保人承诺仍然提供担保的除外。

虽然F投资公司形式上已登记为ZS合伙的唯一有限合伙人、间接享有G公司5%的股东权益,但实质上享有的是让与担保物权,其仅为名义所有权人。CY北京公司系ZS合伙全部有限合伙份额的回购人,其是让与担保物的实际所有权人,且G基金的绝大部分款项(174628939.72元)为CY北京公司所接受,CY北京公司也是G基金债权的主债务人。故此,F投资公司占有的ZS合伙99%有限合伙份额、G公司5%股权让与担保物,为主债务人CY北京公司自己提供。

基于CY北京公司作为主债务人承诺回购项下存在物保、人保的混合担保,即ZS合伙99%有限合伙份额、G公司5%股权让与担保物,S集团为回购义务履行提供的差额补足的一般保证,且未对担保实现顺序进行约定。因股权让与担保物为主债务人自己提供,根据《物权法》第176条确定的"债务人提供物的担保强制优先"规则,债权人F投资公司应先以股权让与担保物优先受偿,之后才能就未获得清偿部分向S集团主张保证责任。现F投资公司放弃股权让与担保物优先受偿权,向S集团主张责任,在F投资公司放弃股权让与担保物优先受偿权益的范围内,S集团免除保证责任。

十二、基于S集团一般保证人的法律地位,F投资公司坚持仅起诉S集团,人民法院应当驳回起诉。

《最高人民法院关于适用〈中华人民共和国民法典〉有关担保制度的解释》第26条第1款规定,债权人未就主合同纠纷提起诉讼或者仲裁,仅起诉一般保证人的,人民法院应当驳回起诉。基于S集团在本案中一般保证人的法律地位,经一审法院释明后F投资公司坚持不起诉主债务人CY北京公司,人民法院应当驳回F投资公司的起诉。

综上,一审判决认定事实和适用法律确有重大错误,请求二审法院依法撤销一审判决,改判驳回F投资公司的全部诉讼请求,或者发回一审法院重审。

F投资公司辩称:

一、《差额补足协议》的性质。

S集团通过《差额补足协议》加入到有限合伙份额回购关系中,所以《差额补足协议》应认定为债务加入。

《民法典》第552条规定,第三人与债务人约定加入债务并通知债权人,或者第三人向债权人表示愿意加入债务,债权人未在合理期限内明确拒绝的,债权人可以请求第三人在其愿意承担的债务范围内和债务人承担连带债务。《合同法》第84条(现《民法典》第551条)规定,债务人将合同的义务全部或者部分转移给第三人的,应当经债权人同意。《差额补足协议》第1条第1款、第2款和第2条则为相关的合同依据。具体理由如下:

F投资公司、S集团、CY控股公司、CY北京公司共同签订的《差额补足协议》第1条第1款约定"若丁方(CY北京公司)未能按照回购协议的规定及时支付回购价款,则乙方有权利要求甲方(S集团)按照回购协议中约定的回购价款进行差额补足",第2条约定"如果丁方未能按照回购协议的规定履行回购价款支付义务,则乙方有权要求甲方按照本协议的规定履行最高额差额补足义务。甲方承诺在收到乙方书面通知后的30个工作日内,根据书面通知所载金额代丁方支付回购协议项下应付资金"。从该约定来看,S集团愿意按照回购协议中的约定向F投资公司支付回购款,愿意"代丁方支付回购协议项下应付资金"就是S集团加入到CY北京公司的回购款支付义务之中的意思,是并存的债务承担。《差额补足协议》第1条第3款约定S集团支付的回购款金额不超过2亿元。所以,《差额补足协议》第1条、第2条的约定明确表明S集团以其自身名义按照回购协议的约定向F投资公司支付不超过2亿元回购款的意思表示。《差额补足协议》的约定系债务加入。

"未能"应结合"按照回购协议的规定及时"进行理解,"未能"字样是与"按时"结合在一起使用,不能将其理解为确实无力偿还借款的客观能力的约定,仅是表明履行差额补足义务的时间,到该时间节点即"有权利要求甲方(S集团)按照《回购协议》中约定的回购价款进行差额补足"。

F投资公司、S集团、CY控股公司、CY北京公司、马某1在差额补足协议签订的同时,签订的《补充协议》第1条第2款中约定,S集团可获得G基金的有限合伙份额,该约定亦表明,S集团对有限合伙份额回购义务的共同承担行为。

《补充协议》中明确约定,马某1"提供担保","担保方式为连带责任保证",可见各方对担保、保证有清晰的理解,是可以明确约定的,但作为同时签订的《回购协议》却只字未提"担保""保证"字眼,由此可以反推《回购协议》的约定不是保证,更进一步证明回购协议中的约定系债务加入。

最高人民法院(2005)民二终字第200号案中有关"判断一个行为究竟是保证还是并存的债务负担,应当根据具体情况确定。如果承担人承担债务的意思表示中有较为明显的保证含义,可以认定为保证;如果没有,则应当从保护债权人利益的立法目的出发,认定为并存的债务负担"的裁判要旨,可大致将二者区分标准总结为:如需被定性为保证,则需要具体、明确的相应意思表示;否则,在无其他特殊情况下则会被认定为债务加入。(2018)最高法民终867号案中也采纳了相同观点,认为:"在当事人意思表示不明时,应斟酌具体情事综合判断,如主要为原债务人的利益而为承担行为的,可以认定为保证,承担人有直接和实际的利益时,可以认定为债务加入。"在2021年2月22日一审法院庭审过程中,一审法院询问S集团为何要与F投资公司及第三人签署债务的"差额补足协议",S集团回答:实际情况是,第一,实际上是回购义务人及CY控股公司欠S集团10余亿元,为了保证其偿还。第二,当时马某1说是一个上市项目可以获得收益,获得收益后可以偿还S集团。由此可见,S集团基于自身利益而负担差额补足义务,有直接和实际的利益,并非保证行为,应当认定为债务加入。

综上,从《回购协议》《补充协议》的文义来看,支付有限合伙份额回购款系CY北京公司的义务,CY北京公司应按照《回购协议》承担回购义务。《差额补足协议》明确S集团只需补足2亿元,S集团愿意按照《回购协议》中的约定向F投资公司支付回购款,愿意代CY北京公司支付回购协议项下应付资金。F投资公司、S集团、CY控股公司、CY北京公司签署了《差额补足协议》,CY北京公司并未脱离有限合伙份额回购关系,F投资公司亦未明确表示免除CY北京公司的回购义务,S集团作为有限合伙份额回购协议外的第三人向F投资公司承诺承担CY北京公司的有限合伙份额回购款的差额补足义务,其行为并非创设新的债权债务关系,而是加入到有限合伙份额回购关系中,所以《差额补足协议》应认定为并存的债务承担,即债务加入。

二、退一步讲,即便S集团承担保证责任,也应该是连带保证责任。《差额补足协议》第1条第1款……若丁方(即CY北京公司)未能按照《回购协议》的规定及时支付回购价款,则乙方(即F投资公司)有权利要求甲方(即S集团)按照"回购协议"中约定的回购价款进行差额补足……"S集团抓着"未能"两字做文章,但是该主张是片面的,"未能"应结合"按照'回购协议'的规定及时"进行理解,应理解为连带责任。《差额补足协议》是各方当事人真实意思的表示,未违反法律、行政法规的强制性规定,应属合法有效,S集团应当照合同约定履行。

三、S集团应该支付2亿元差额补足金并支付相应利息。

《差额补足协议》第1条第1款约定,若丁方(CY北京公司)未能按照《回购协议》的规定及时支付回购价款,则乙方(F投资公司)有权利要求甲方(S集团)按照《回购协议》中约定的回购价款进行差额补足。第3款约定,"在任何情况下,甲方承担差额补足金额不超过2亿元,最高以2亿元为限",CY北京公司未能按照《回购协议》约定支付回购款,所以F投资公司有权要求S集团按照《差额补足协议》约定支付2亿元的差额补足金。《差额补足协议》第2条约定"如果丁方未能按照《回购协议》的规定履行回购价款支付义务,则乙方有权要求甲方按照本协议的规定履行最高额差额补足义务。甲方承诺在收到乙方书面通知后的30个工作日内,根据书面通知所载金额代丁方支付《回购协议》项下应付资金”。F投资公司发送了书面通知,但S集团拒绝按照约定支付2亿元补偿金,构成违约,F投资公司有权要求S集团按照银行间同业拆借中心公布的贷款市场报价利率支付利息,以弥补F投资公司及投资人损失。目前G基金已经逾期较长时间,投资人一直要求F投资公司积极维权,每周都要询问相关进展,并且发生过部分投资人向公安机关报案的情况。作为私募基金管理人,F投资公司一直尽力安抚投资人情绪,但投资人众多且情况复杂,F投资公司维稳压力巨大。综上所述,请求法院依法驳回S集团的上诉请求,支持F投资公司的上诉请求。

CY北京公司述称,不同意S集团的上诉请求,请求二审法院依法驳回。

CY控股公司述称,不同意S集团的上诉请求。

ZS合伙述称,不同意S集团的上诉请求。

F投资公司向一审法院提出诉讼请求:1.S集团向F投资公司支付《差额补足协议》第1条约定的差额补足金2亿元,并支付利息(以2亿元为基数,按照全国银行间同业拆借中心公布的一年期贷款市场报价利率,自2020年11月2日计算至实际清偿之日);2.诉讼费由S集团承担。

(一审法院查明事实、本院认为内容略,详见一审判决书。)

二审中,S集团、ZS合伙均依法提交了证据。本院组织当事人进行了交换证据和质证。对于当事人对真实性无异议的证据,本院予以确认并在卷佐证。

本院经审理查明的事实与一审法院审理查明的事实一致。

本院认为,一审判决对于案涉《回购协议》《差额补足协议》的效力认定正确,本院予以确认。

S集团主张G基金属于“刚性兑付”,涉嫌非法集资,《回购协议》和《差额补足协议》依据G基金相关协议而来,故《回购协议》和《差额补足协议》亦应无效。本院认为,G基金是否属于“刚性兑付”对于《回购协议》和《差额补足协议》的效力没有影响,亦不影响CY北京公司的回购意思表示和S集团作出的差额补足意思表示的真实性。S集团还主张F投资公司与马某1实际控制的关联公司恶意串通,骗取S集团承担差额补足义务。对此,本院认为,S集团提交的证据不能证明F投资公司与相关公司之间恶意串通、骗取S集团提供担保,故S集团此项关于《差额补足协议》无效的上诉理由,本院不予采信。

S集团在本院审理期间,向本院申请调取ZS合伙以及魏××、张××、黄××的银行账户交易记录,并申请对ZS合伙以及G基金募集账户、托管账户进行专项审计,本院认为,S集团的上述申请与本案不具备关联性,本院对S集团的上述申请,均不予准许。

案涉《差额补足协议》中,并未明确“差额补足义务”是保证还是债务加入,故判断该协议的性质,应根据协议主要内容,尤其是对差额补足义务的界定予以综合分析认定。《最高人民法院关于适用〈中华人民共和国民法典〉时间效力的若干规定》第3条规定:“民法典施行前的法律事实引起的民事纠纷案件,当时的法律、司法解释没有规定而民法典有规定的,可以适用民法典的规定,但是明显减损当事人合法权益、增加当事人法定义务或者背离当事人合理预期的除外。”《民法典》施行前,关于第三人向债权人提供差额补足的性质问题,当时的法律和司法解释没有规定。《最高人民法院关于适用〈中华人民共和国民法典〉有关担保制度的解释》对此有明确规定,且不存在明显减损当事人合法权益、增加当事人法定义务或者背离当事人合理预期等情形。故本案可以适用《民法典》以及相关司法解释的规定。《最高人民法院关于适用〈中华人民共和国民法典〉有关担保制度的解释》第36条第1款、第2款、第3款规定:“第三人向债权人提供差额补足、流动性支持等类似承诺文件作为增信措施,具有提供担保的意思表示,债权人请求第三人承担保证责任的,人民法院应当依照保证的有关规定处理。第三人向债权人提供的承诺文件,具有加入债务或者与债务人共同承担债务等意思表示的,人民法院应当认定为《民法典》第552条规定的债务加入。前两款中第三人提供的承诺文件难以确定是保证还是债务加入的,人民法院应当将其认定为保证。”

《差额补足协议》在鉴于条款中约定:“为保障丁方(CY北京公司)在回购协议中约定的义务的履行,甲方(S集团)同意向乙方(F投资公司)提供本协议约定的差额补足义务。”《差额补足协议》中约定的差额补足义务是指:“若丁方(CY北京公司)未能按照回购协议的规定及时支付回购价款,则乙方(F投资公司)有权要求S集团按照回购协议中约定的回购价款进行差额补足。”“如果甲方(S集团)按照本协议约定履行了最高限额差额补足义务,有权根据《补充协议》的约定形式追偿权。”从上述约定内容来看,S集团是对主债务人CY北京公司不能履行的差额部分承担责任,而且S集团承担责任后,有权行使追偿权。上述约定亦符合保证合同从属性的法律特征。故《差额补足协议》符合保证合同的法律特征,该合同性质应为保证合同。

《最高人民法院关于适用〈中华人民共和国民法典〉有关担保制度的解释》第25条规定:“当事人在保证合同中约定了保证人在债务人不能履行债务或者无力偿还债务时才承担保证责任等类似内容,具有债务人应当先承担责任的意思表示的,人民法院应当将其认定为一般保证。”案涉《差额补足协议》将S集团履行债务的前提界定为债务人CY北京公司届期“未能”履行债务,存在明显的履行顺位,符合《最高人民法院关于适用〈中华人民共和国民法典〉有关担保制度的解释》第25条关于一般保证的定义,故S集团向F投资公司提供的保证应当认定为一般保证。F投资公司主张,从《差额补足协议》约定看,S集团愿意按照回购协议中的约定向F投资公司支付回购款,愿意“代丁方支付《回购协议》项下应付资金”就是S集团加入到CY北京公司的回购款支付义务之中的意思,是并存的债务承担。对此,本院认为,该约定的前提依然是CY北京公司未能按照《回购协议》的规定履行回购价款支付义务,即CY北京公司不能履行回购义务时,S集团才会代CY北京公司履行。S集团承担责任后,还有权行使追偿权。上述约定亦符合一般保证合同的定义。F投资公司的相关主张不能成立。此外,《补充协议》中对于S集团追偿权的约定,是对于追偿权实现方式的约定,并不影响对于案涉差额补足义务应为一般保证的性质的认定。

《担保法》第25条规定:“一般保证的保证人与债权人未约定保证期间的,保证期间为主债务履行期届满之日起6个月。在合同约定的保证期间和前款规定的保证期间,债权人未对债务人提起诉讼或者申请仲裁的,保证人免除保证责任;债权人已提起诉讼或者申请仲裁的,保证期间适用诉讼时效中断的规定。”案涉《差额补足协议》中未约定保证期间,故保证期间应为主债务履行期届满之日起6个月。依据《差额补足协议》的约定,G基金成立满24个月后,CY北京公司或其指定的第三方必须履行回购义务。依据一审法院查明的事实,G基金成立于2017年11月13日,主债务履行期届满之日为2019年11月12日。自2019年11月13日起6个月内,作为债权人的F投资公司并未对债务人CY北京公司提起诉讼或仲裁。对此,F投资公司在本院审理期间亦予以认可。保证期间是保证人对已确定的主债务承担保证责任的期间,债权人只能在此期间内向保证人行使请求权,保证人也只在此期间内才承担保证责任,如果债权人的请求是在此期间外,则保证人不再承担保证责任。故对于F投资公司依据《差额补足协议》向S集团提出的相关诉讼请求,不应予以支持。S集团的上诉请求成立,本院予以支持。基于上述论述,F投资公司的上诉请求和理由均不能成立,本院不予支持。

综上所述,S集团的上诉请求成立,本院予以支持。F投资公司的上诉请求和理由均不能成立。依据《担保法》第6条、第17条第1款、第25条,《民事诉讼法》第170条第1款第2项之规定,判决如下:

一、撤销北京市××中级人民法院(2020)××初375号民事判决;

二、驳回F投资公司的全部诉讼请求。

一审案件受理费1041800元,由F投资公司负担(已交纳);二审案件受理费1092643元,由F投资公司负担(已交纳55843元,其余1036800元于本判决生效之日起7日内交纳)。财产保全费5000元,F投资公司负担(已交纳)。

本判决为终审判决。

审判长 魏 ×

审判员 夏××

审判员 杨××

2021年12月24日

法官助理 龚××

书记员 张××

书记员 王××

办案总结

办理这个案件时，恰逢《民法典》《最高人民法院关于适用〈中华人民共和国民法典〉有关担保制度的解释》出台与生效。

本案涉及的差额补足问题，在《民法典》施行之前，并没有相关规定，我们能依据的只有《民法典》以及对差额补足有明确规定的司法解释。《最高人民法院关于适用〈中华人民共和国民法典〉时间效力的若干规定》规定了《民法典》施行前的法律事实引起的民事纠纷案件可以适用《民法典》的情形及例外，据此我们迅速确定了本案可以适用《民法典》及相关司法解释的规定。

确定了法律依据，接下来的问题就是，在适用《民法典》及司法解释的前提下，如何抗辩才能保障我方委托人的利益。本案为合同纠纷案件，且案涉《差额补足协议》约定不明确，所以其法律性质必然成为双方争议的焦点。在《最高人民法院关于适用〈中华人民共和国民法典〉有关担保制度的解释》出台前，业界对于《差额补足协议》的性质认定大致存在三种观点：①债务加入；②保证；③具有独立的合同性质。第三种观点因其模糊指向性以及增添司法负担的可能性而未被采纳，而站在我方利益角度，债务加入的定性也应当排除。故而，将案涉《差额补足协议》定性为保证且为一般保证，才能最大限度地维护我方当事人的权益。梳理协议内容，正好可以对应《最高人民法院关于适用〈中华人民共和国民法典〉有关担保制度的解释》第 36 条中应当认定为保证的情形：协议约定我方是对主债务人不能履行的差额部分承担责任，而且我方承担责任后，有权行使追偿权。显然，此类约定亦符合保证合同从属性的法律特征。此外，协议将我方履行债务的前提界定为债务人届期“未能”履行债务，存在明显的履行顺位，符合《最高人民法院关于适用〈中华人民共和国民法典〉有关担保制度的解释》第 25 条关于一般保证的定义。因而，案涉协议的性质应当为保证，且为一般保证。

一审法院案不顾案涉协议的条款文义与当事人的真实意思表示，径行推定协议性质为债务加入，适用法律严重错误，导致判决结果出现重大错误。在二审阶段中，经过我方不断努力，对争议焦点条分缕析，二审法院最终作出判决，全盘推翻一审判决。

本案处理结果在《担保法》适用上具有重大突破，对《民法典》实施前形成的法律关系，突破性地适用《民法典》和担保制度司法解释，使差额补足的情况有了清晰的法律定位，在债务加入与保证的辨别和《民法典》适用等方面均具有重要的指导意义。

专家点评

1. 一审阶段概要

一审法院认为《差额补足协议》《回购协议》有效，G 基金是否涉及“刚性兑付”不影响本案中 CY 北京公司回购意思表示和 S 集团差额补足意思表示的真实性；根据上述《差额补足协议》的行文,结合《补充协议》中对S集团追偿权的特殊约定,相关协议中并未将S集团的义务限定于保证责任,应承担债务加入责任;案涉回购价款已超过2亿元;S集团还提出了比较基准收益应冲抵债务本金及ZS合伙的有限合伙份额实际是让与担保物的抗辩意见缺乏法律依据,不予支持,判决S集团支付差额补足款2亿元。

2. 二审阶段概要

二审法院认定案涉《回购协议》《差额补足协议》有效;《差额补足协议》中,并未明确"差额补足义务"是保证还是债务加入,故判断该协议的性质,应根据协议主要内容,尤其是对差额补足义务的界定予以综合分析认定;《差额补足协议》符合保证合同的法律特征,应认定为保证合同;《差额补足协议》中未约定保证期间,故保证期间应为主债务履行期届满之日起6个月;F投资公司未在此期间内行使请求权,保证人不再承担担保责任。故最终判决撤销一审判决,驳回F公司的全部诉讼请求。

3. 二审改判的主要观点分析

《民法典》施行前,关于第三人向债权人提供差额补足的性质问题,法律和司法解释没有规定。但《民法典》施行后,《最高人民法院关于适用〈中华人民共和国民法典〉有关担保制度的解释》对此已有明确规定。故二审法院在审理此案时,把焦点问题定位在能否适用《民法典》及相关司法解释上。依据《最高人民法院关于适用〈中华人民共和国民法典〉时间效力的若干规定》,认定本案不存在明显减损当事人合法权益、增加当事人法定义务或者背离当事人合理预期等情形,可以适用《民法典》以及相关司法解释的规定。最终依据《最高人民法院关于适用〈中华人民共和国民法典〉有关担保制度的解释》第36条第1款、第2款、第3款规定认定S集团承诺的义务属于保证责任,而不是债务加入。

4. 案件亮点分析

承办律师牢牢把握住新法适用的这一关键点,吃透法条要旨,仔细研读案涉协议的条款文义,结合当事人的真实意思表示,正向引导二审法院审查并认定相关协议的性质,从而取得了胜诉的结果。此外,值得强调的是,虽然承办律师提出的基金成立及募集程序问题、投资人资金来源及去向、是否涉嫌虚构投资项目等问题在本案中没有纳入法院的审查范围,但无疑给其他律师提供了新的视角和思路,具有很高的借鉴意义。

审核人、点评人:李梅(北京律师智库重大复杂案件研究专家组成员)
复核人:马建(北京律师智库重大复杂案件研究专家组秘书长)

合同履行发生重大变化时如何适用可预见原则调整违约赔偿

——B 公司、A 管理委员会合同纠纷案

争议焦点

合同履行过程中市场环境发生重大变化，依照合同约定计算的违约赔偿金额畸高，如何适用可预见原则予以调整。

关键词

合同　赔偿损失　可得利益　可预见原则

案情简介

乙市 B 公司(以下简称 B 公司)系 92.79 亩工业用地(以下简称案涉土地)使用权人。××省级经济开发区 A 管委会(以下简称 A 管委会)为开拓道路，需要占用 B 公司 28.8 亩土地，双方于 2013 年 10 月 20 日签订《A 占用乙市 B 公司土地补偿协议书》(以下简称《土地补偿协议》)，约定 B 公司将 28.8 亩道路地块无偿给予 A 管委会使用，A 管委会保证协助 B 公司将剩余 63.9 亩地块土地用途变更为商住用地，并按照土地部门的挂牌起始价顺利摘牌，容积率为 2.5。双方就违约责任约定：如 A 管委会不能保证 B 公司按照土地部门的挂牌起始价摘得剩余地块，则超过土地部门挂牌起始价部分由 A 管委会全额返还给 B 公司。

2015 年 6 月 30 日，A 管委会与 B 公司签订《A 占用乙市 B 公司土地补充协议》(以下简称《补充协议》)，约定鉴于容积率由 2.5 调整为 1.7，A 管委会同意为 B 公司争取一系列优惠政策；关于 28.8 亩道路用地，A 管委会需按照原土地性质按照评估价格给予 B 公司一次性补偿。2017 年 2 月 17 日，甲市国土资源局与 B 公司签订《收回国有建设用地使用权协议书》,约定以评估价27217960元的价格收回92.79亩土地。

2017年7月13日,甲市国土资源局对案涉地块进行拍卖,挂牌起始价为108746661元。案涉土地最终被某地产集团有限公司以成交总价款500008313元拍得,超出挂牌起始价391261652元。

土地成交后,B公司要求A管委会向其支付391261652元。经多次协商,A管委会同意暂参照甲市〔2017〕6号文件给予土地补偿,并先后向B公司共支付土地补偿款6500万元。后因双方就土地补偿款无法达成一致,B公司于2018年11月28日向一审法院起诉,请求A管委会支付土地溢价款326261652元及相应利息。

一审法院经开庭审理,认为双方并未就案涉问题达成最终协议,案涉《土地补偿协议》有效,A管委会应当按照协议约定将超出土地挂牌起始价部分支付给B公司。考虑到拍卖价格在竞拍中大幅上扬,超出双方订立合同时能够预见的范围,因此应当扣除A管委会依法应当上交的部分,按照B公司自认的19%予以扣减,再扣除已经支付的6500万元,应为251921938.12元。一审法院于2020年1月6日作出一审判决,判决A管委会向B公司支付251921938.12元及相应利息。

A管委会与B公司均不服一审判决,向最高人民法院(以下简称二审法院)提起上诉。二审法院确定争议焦点为B公司的土地补偿款项应当如何确定。二审法院认为,案涉地块的市场行情发生了双方在缔约时不能预见的变化,以原协议的约定确定土地补偿款超出了双方能够预见或应当预见的范围,依法应予限缩。从双方当事人协商过程来看,A管委会自愿根据甲市〔2017〕6号文件确定的按照变更规划用途重新招拍挂后增值收益的50%向B公司支付土地补偿款,二审法院予以尊重,据此A管委会应向B公司支付案涉土地净收益22564.8053万元的50%即11282.40265万元,扣除已经支付的6500万元后,还需支付4782.40265万元。二审法院于2020年1月6日作出二审判决,改判A管委会向B公司支付47824026.5元及相应利息。与一审判决相比,A管委会应付款项及利息共计减少3.2亿元。

案件历程

【一审判决书】

××省××人民法院

民事判决书

(2018)×××第204号

原告:乙市B公司,住所地乙市经济开发区。

法定代表人:韩某,董事长。

委托诉讼代理人:××,该公司总经理。

委托诉讼代理人:××,××律师事务所律师。

被告:××省级经济开发区A管委会,住所地××××路××号。

负责人:刘某,该管委会主任。

委托诉讼代理人:××,××(××市)律师事务所律师。

委托诉讼代理人:×××,×××律师事务所律师。

原告乙市B公司(以下简称B公司)与被告××省级经济开发区A管委会(以下简称A管委会)合同纠纷一案,本院于2018年12月3日立案后,依法适用普通程序,于2019年1月16日公开开庭进行了审理。原告B公司的委托诉讼代理人××、××,被告A管委会的委托诉讼代理人××、×××到庭参加诉讼。本案现已审理终结。

B公司向本院提出诉讼请求:1.判令A管委会立即向B公司返还土地溢价款326261652元,并支付相应利息(利息以未付土地溢价款为基数,按照人民银行同期贷款利率自2017年7月14日起计算至实际给付之日止);2.本案所产生的诉讼费、保全费、律师费、公告费等各项实现债权的费用由A管委会全部承担。事实和理由:B公司于2006年12月31日取得位于××省级经济开发区××路北、××路东近92.8亩土地的使用权,土地性质为工业用地。2012年4月10日,A管委会成立,对B核心区进行统一规划,该地块规划调整为商住用地。为开拓×××路,A管委会占用B公司位于×××路以东28.8亩的土地用于修建道路,双方于2013年10月20日签订《占用乙市B公司土地补偿协议书》(以下简称土地补偿协议),约定B公司无偿提供28.8亩的土地用于道路建设,A管委会协助B公司将剩余63.9亩土地的工业用地变更为商住用地并确保B公司以土地部门的挂牌起始价顺利摘牌。协议第3条约定A管委会若不能保证B公司按照土地部门的挂牌起始价摘得剩余地块(即JY17-5、JY17-6两块地,共63.9亩),则超出土地部门的挂牌起始价部分由A管委会全额返还给B公司。2015年6月30日,A管委会与B公司又签订《占用乙市B公司土地补充协议》,约定建设×××路所占B公司28.8亩道路用地按照原土地性质、由土地部门指定的评估公司出具的评估价格给予B公司一次性补偿;A管委会协助B公司争取市规划部门与市政府支持通过该公司的规划设计方案,确保B公司在××路、××路商业网点用房面积;剩余63.9亩土地按现行基准地价进行评估拍卖,摘牌时超出部分仍按原协议执行,同时为确保顺利摘牌,由B公司一次性摘牌。上述合同签订后,B公司将××路所占地块交付A管委会使用,A管委会启动了两宗土地的招拍挂工作,后因土地历史批文等原因,土地规划问题迟迟得不到解决。后经B公司多次督促,直至2017年7月13日,甲市国土部门才对该两宗用地进行公开拍卖,因市场火爆,最终被C公司高价竞得。后A管委会根据合同约定支付B公司土地溢价款6500

万元,后续资金未再继续支付,B 公司虽多次与 A 管委会进行协商,但 A 管委会一直以各种理由拒绝。目前 A 管委会仍拖欠 B 公司 326261652 元土地溢价款未予支付(溢价款 391261652 元 - 已付款 65000000 元)。

A 管委会辩称,不同意 B 公司的全部诉请,B 公司的请求没有任何事实协议及法律依据,不能成立。1. B 公司要求支付土地价款及利息无协议依据。案涉双方已经于 2018 年 5 月 19 日签订了《乙市 B 公司土地补偿协议之补充协议二》(以下简称《补充协议二》)。根据双方的该补充协议二及之前协议,A 管委会已经支付给 B 公司款项合计 7276 万元,依据该补充协议二,B 公司已经承诺收取该协议约定的 2000 万元款项后不再向 A 管委会主张任何款项。双方已经就付款争议达成最终合议解决结果,B 公司当前起诉属于恶意违约,其请求不能成立,相应的款项利息请求也不具有权利基础。2. B 公司系因自身原因及过错导致土地补偿协议及其补充协议的相关约定无法落实,A 管委会无任何过错。第一,案涉原登记在 B 公司名下的 92.79 亩工业用地已经被甲市国土资源局依法收回,就此 B 公司与甲市国土资源局于 2017 年 2 月 17 日签订了收回国有建设用地使用权协议书,B 公司同时获得了相应的土地补偿费 2721.796 万元,因此 B 公司对于案涉土地已经没有任何权益基础。第二,因上述 B 公司自身原因,丧失了补充协议第 2 条约定的案涉土地使用权,同时导致 2015 年 6 月 30 日双方签订的土地补偿协议相应内容无法实现。补充协议第 2 条约定该地块 63.9 亩土地须按照现行基准地价进行评估拍卖,摘牌时超出部分仍按照原协议执行,因此依据该约定 63.9 亩土地是按照 2015 年现行的基准地价进行评估拍卖,现行基准地价是依据 2015 年案涉土地为工业用地用途确定,而 B 公司当前已经将案涉土地使用权交由国土局收回后按照商住用地进行拍卖,补充协议约定的第 2 条是指在 63.9 亩土地按照 2015 年工业用地基准地价进行评估拍卖的前提下,才涉及摘牌时超出部分按照原协议执行的情形。现在 B 公司的工业用地使用权已经丧失,直接导致该条款约定的评估拍卖前提不能成立,因此 B 公司无权主张摘牌时超出部分的款项,B 公司的当前请求不符合协议约定。第三,B 公司未能完成自身应当一次性摘牌的义务,应当自负相应后果。同样依据补充协议第 2 条,为确保顺利摘牌约定了 B 公司负有一次性摘牌的义务,B 公司在竞拍过程中未能一次性摘牌更是主动放弃竞价,B 公司应当自担后果。B 公司放弃自身权利在先,又要求 A 管委会承担差价,于理无据,显失公平。3. A 管委会一直善意履约为无过错方,考虑到 B 公司在新区道路建设方面的支持,已经先后向 B 公司拨款合计高达 7276 万元,案涉土地补偿协议的约定本意是 B 公司基于向 A 管委会无偿提供 28.8 亩道路地块的使用进而获得相关补偿,但是经由双方补充协议约定,该无偿借用已经变为有偿,B 公司获得了 A 管委会支付的补偿款项,而后 B 公司包括 28.8 亩道路地块在内的全部工业用地使用权已经被依法收回,B 公司也因该收回获得了 3000 万元的补偿,因此从 2013 年 10 月 20 日双方签订补偿协议借用28.8亩道路地块至2017年2月17日B公司的土地使用权被收回,不到4年时间,A管委会已经就此向B公司支付了7276万元,B公司更是基于已经被收回的土地使用权前后合计获得相应款项近亿元。同时基于双方之间的土地补偿协议及补充协议的约定A管委会仅仅负有相应协助义务,当前B公司无视自身对于协议的违反,无视土地使用权已经被依法收回的现实,再次提起高达3亿元的诉求,显失公平。其请求不合法不合理,不应支持。基于事实公平,A管委会保留向B公司提起相应主张的权利。

当事人围绕诉讼请求依法提交了证据,本院组织当事人进行了证据交换和质证。

B公司提交证据如下:证据一:《A管委会占用B土地补偿协议书》1份。证明目的:为开拓×××路,A管委会无偿占用B公司位于××路以东28.8亩的土地用于修建道路,A管委会协助B公司将剩余63.9亩土地的工业用地变更为商住用地,并使B公司以土地部门的挂牌起始价顺利摘牌,容积率为2.5。若A管委会不能使B公司按照土地部门的挂牌起始价摘得剩余63.9亩地块,则超出土地部门的挂牌起始价部分由A管委会全额返还给B公司。

证据二:《A管委会占用B公司土地补充协议》1份。证明目的:在该地块规划过程中,规划局要求该项目规划地块容积率调低和土地基准价提高,致使B公司收益减少,双方于2015年6月30日又签订《补充协议》,约定:A管委会协助B公司争取市规划部门与市政府支持通过该公司的规划设计方案,剩余63.9亩土地按现行基准地价进行评估、拍卖,摘牌时超出部分仍按原协议执行。A管委会所占B公司28.8亩道路用地按照原土地性质、由土地部门指定的评估公司出具的评估价格给予B公司一次性补偿。

证据三:《收回国有建设用地使用权协议书》1份。证明目的:上述协议签订后,A管委会启动对剩余63.9亩土地的招拍挂工作,后因土地历史批文等原因,土地规划问题迟迟得不到解决,直到2017年年初,甲市国土资源局才解决,使其具备土地挂牌条件。据此,甲市国土资源局与B公司签订《收回国有建设用地使用权协议书》,甲市国土资源局收回B公司土地使用权。

证据四:涉案两宗地块网上拍卖挂牌起始价和成交结果图2张。证明目的:2017年7月13日,位于××省级经济开发区××路以东的两宗地块在网上进行拍卖,两宗地块都被C公司高价竞得,成交总价款为500008313元,挂牌起始价为108746661元,超出挂牌起始价391261652元。

证据五:B公司分别于2017年8月5日、2017年9月26日、2017年11月27日、2017年12月25日、2018年2月7日向A管委会发送请示报告5份。证明目的:除A管委已经向B公司支付的土地溢价款6500万元外,剩余土地溢价款326261652元未再继续支付,经B公司多次催要,A管委会一直拒绝支付,已构成违约。

证据六:××省××经济开发区管理委员会给原告发送的《××省××经济开发区管理委员会关于给予乙市B公司预拨土地补偿款建议的函》《关于给予乙市B公司预拨土地补偿款的回复函》各一份。证明目的:××省××经济开发区管理委员会与A管委会是一套班子两个牌子,实际为同一主体。A管委会同意按照即国资优(2007)6号文件给予补偿,如果B公司对此数额有异议,A管委会建议B公司通过司法诉讼途径解决,根据司法判决多退少补。

A管委会质证称,对证据一、证据二的真实性没有异议,但是主张证据一第2条第2点对应的约定,已经被证据二补充协议第2条进行了变更,同时证据二的第2条约定了B公司的一次性摘牌义务。对证据三的真实性、合法性、关联性没有异议。B公司明确自认了其国有土地使用权92.79亩已经被依法收回的事实。对证据四的真实性认可,该拍卖系国土资源局依法收回B公司工业用地使用权之后,以商住用地的土地用途依法进行拍卖,与本案争议焦点涉及的双方之间协议约定应当按照2015年现行基准地价进行拍卖,证明双方之间补充协议约定的第2条因B公司原因无法落实。B公司也没有履行一次性摘牌义务。对证据五真实性认可,对关联性、证明目的不认可。该组证据中的相应报告均为B公司的单方意思表示,对双方无拘束力。对证据六的真实性认可,对证明目的不认可。××省××经济开发区管理委员会与A管委会不是同一民事主体,同时该两份函件均是在双方2018年5月19日签订补充协议二之前,双方已经基于该补充协议二达成最终款项解决方案。

A管委会提交证据如下,证据一、证据二分别是B公司证据一、证据二。证明目的:依据协议约定,B公司无权要求A管委会支付土地溢价款。证据三是双方签订的补充协议二,证明双方已经达成协议,依据补充协议二,A管委会向B公司拨付补偿款2000万元,B公司承诺收到款项后,不再向A管委会主张原补偿协议中的款项。证据四与B公司证据三一致,证明B公司的案涉工业用地使用权已经被依法收回。

B公司质证称,对证据一、证据二的真实性无异议,对证明目的有异议,以B公司主张为准。对证据三的真实性无异议,但是对A管委会的证明目的有异议。该协议中明确约定原协议未尽事宜暂无解决方案,根据第3条约定,对于未尽事宜B公司同意通过司法途径协商解决,因此该协议仅仅是领取2000万元补偿款的协议,并不是最终的处理方案,最终的处理以司法途径解决为准,该补充协议的内容与B公司提交的证据六相互印证内容一致,对于双方未能协商解决的后续补偿款事宜,双方愿意通过司法途径确定并多退少补,所以A管委会的证明目的与协议内容不符。对证据四的真实性无异议,对于证明目的有异议。该土地收回协议签订时为了履行双方签订的协议和补充协议约定的内容,只有B公司和××国土资源部门签订土地收回协议书,A管委会才可以对案涉土地进行招拍挂,因此签订土地收回协议是双方在履行本案所涉协议,并不是A管委会主张的在B公司的土地被收回之后不再享有任何权利,签订该协议也符合补充协议第5条的约定。

B公司主张:1.案涉土地成交总价款为500008313元,挂牌起始价为108746661元,超出挂牌起始价391261652元。付款为2017年9月30日支付500万元,2017年12月27日4000万元,2018年5月20日即补充协议二签订之后支付2000万元,合计6500万元。2.2017年9月7日和9月8日甲市国土资源局支付的土地补偿款分别是15673231元和11544729元,合计27217960元,包含28.8亩道路土地的补偿。另一部分是63.9亩土地被国土资源局收储土地的补偿款。该上述款项与B公司主张的溢价款无关。3.2015年9月28日支付了500万元,2015年10月11日支付200万元,2016年1月29日支付76万元,合计776万元。该费用是在挂牌出让前由于土地容积率减少由A管委会支付的损失补偿,该费用不应计算在土地溢价款范围内。4.利息应自2017年7月14日开始起算,计算标准为同期贷款利率,理由是7月13日土地被拍卖,因此应于次日返还溢价款。

A管委会主张,对于案涉土地拍卖的成交价和起始价予以认可,合计支付应为7276万元,B公司认为776万元是竞拍前的,是依据补充协议将无偿借用变为有偿使用而发生,除该款项之外,A管委会认为其余款项B公司都没有获得的基础。

B公司主张,案涉土地使用权是甲市国土资源局拍卖的,所得款项只需要一部分交到省里和市里,交给省里的是3%的农田水利建设基金,地铁建设基金的10%、交通建设基金的6%上交给乙市,其余的全部由A管委会实际获得。根据协议约定A管委会同意将净差价全部返还,实际上已经包括将其地方财政应得相关规费和基金全部返还,不应扣减上述比例的款项。

A管委会在法庭规定的时间内,未提交其掌握的案涉土地使用权拍卖获得的资金流转、应上交的比例及数额等情况。

本院认为,第一,双方当事人提交的证据中,合同履行中签订的协议等主要证据相同或者相互认可真实性,双方的争议仅为证明目的方面的不同认识。对于双方无异议的证据和事实,与本案具有直接关联性,本院依法予以确认。

第二,对于A管委会基于案涉土地使用权拍卖所获得的资金及应上交比例,B公司提交相应文件后,作为证据持有人的A管委会未提交证据予以反驳,对B公司提交的证据及证明目的,应认定为当事人的自认,本院依法予以确认。由此可以认定,本案土地使用权拍卖后,应上交的款项比例为19%。

第三,对于付款数额中争议的776万元,因该笔款项系案涉土地使用权拍卖前支付,A管委会主张属于先行支付借款后转为付款,但没有提供直接的证据予以证实。B公司不予认可,主张该笔款项属于容积率减少形成,与土地拍卖溢价无关。因土地容积率的减少可能导致挂牌起始价的降低,对溢价款也具有一定影响,且A管委会的主张缺乏证据支持,故该笔款项不应认定为支付土地溢价款。由此,可认定A管委会已经支付的土地溢价款为65000000元。

根据当事人陈述和经审查确认的证据,本院认定事实如下:

2013年10月20日,B公司与A管委会签订《土地补偿协议》,主要内容为:因A管委会建设A地,开拓×××路,须占用B公司位于××路北、××路东,土地用途为工业用地的国有用地。第1条补偿内容,即国用(2006)第549号《国有土地使用证》范围内涉及土地,A管委会共占有B公司土地28.8亩,B公司剩余63.9亩(最终以土地部门出具的勘测定界图为准)。第2条双方承诺。1.B公司将道路地块无偿给予A管委会使用,A管委会使用的土地在办理土地手续时B公司积极协助,包括盖章签字等。2.A管委会保证协助B公司将剩余地块土地用途变更为商住用地,并按照土地部门的挂牌起始价顺利摘牌,容积率为2.5。A管委会保证B公司在×××路、××路临路建设商业网点用房。3.在本协议签订后7日内,B公司应向A管委会交付道路地块,无条件积极配合办理相关手续。4.B公司竞得剩余地块,保证在半年内启动开发此地块,并向A管委会交纳开发保证金1000万元,待B公司启动开发后A管委会一次性全额返还给B公司。第3条违约责任。1.B公司如不能按照本协议约定将该地块交付给A管委会,则每拖延一天,B公司应按照拖延施工进度给A管委会所造成损失的金额双倍给予赔偿。2.若A管委会不能保证B公司按照土地部门的挂牌起始价摘得剩余地块,则超过土地部门的挂牌起始价部分由A管委会全额返还给B公司。3.B公司在半年内不能开发剩余地块,A管委会将根据相关法规收取B公司土地闲置费,并不返还B公司交纳的开发保证金,如二年内仍不能开发剩余地块,A管委会将有权依法收回B公司竞得的剩余地块。协议签订后,B公司将道路地块交付A管委会。

2015年6月30日,A管委会与B公司签订《补充协议》,主要内容为:鉴于A管委会规划建设的×××路占用B公司位于××路北、××路东,土地用途为工业用地的28.8亩国有用地,经双方协商于2013年10月20日签订《土地补偿协议》,协议约定:B公司将28.8亩道路地块无偿给予A管委会使用;A管委会保证协助B公司将剩余地块用途变更为商住用地,并按照土地部门的挂牌起始价顺利摘牌,容积率为2.5。但在该地块规划实施当中,规划局要求该项目规划地块容积率由2.5调整为1.7,致使该地块63.9亩土地建筑面积减少约3.4万平方米,按每平方米收益1000元计算,该公司63.9亩土地共计减少收益3400万元。加之B公司将28.8亩道路用地无偿提供给予A管委会使用,致使B公司32000余平方米无法建设,按每平方米收益1000元计算,B公司减少收益3200万元。同时按该地块2014年地级由三级提升至一级,现在招拍挂每亩评估价格约为160万元左右,每亩价格招拍挂增加约30万元,63.9亩土地共计增加1900多万元。上述三个原因致使B公司总计减少收益8500多万元。为此,B公司提出对原协议进行补充,经双方协商,签订下列补充条款:一、A

管委会协助B公司争取市规划部门和市政府支持通过该公司的房地产开发设计方案，确保其在×××路、××路商业网点用房面积。二、该地块63.9亩土地需按现行基准地价进行评估拍卖，摘牌时超过部分仍按照原协议执行；同时为确保顺利摘牌，由B公司一次性摘牌。三、A管委会负责为B公司建设项目办理基础设施配套费缓缴手续，并在基础设施配套费缓缴的前提下负责办理B公司建设项目的施工许可证。基础设施配套费待B公司项目取得预售许可证4个月内付清。四、经过小区外墙道路的硬化、绿化、景观由A管委会负责投资建设，并将各类管网（给水、排水、燃气、供暖气及强弱电）配套至B公司小区用地红线，所需费用及手续由A管委会负责，否则B公司可自行施工建设，所有投入由A管委会负担。五、关于28.8亩道路用地，A管委会须按照该土地原土地性质、由土地部门指定的评估公司出具的评估价格给予B公司一次性补偿。

2017年2月17日，甲市国土资源局与B公司签订《收回国有建设用地使用权协议书》。因规划调整要求，甲市国土资源局收回B公司使用的国有建设用地。一、收回国有建设用地位置及面积：该土地位于××路东侧，土地证号为即国用（2006）第549号，土地面积为61859平方米（合92.79亩）。二、收回国有建设用地费用：土地补偿费27217960元，第三附着物补偿费0元，拆迁补助费0元，共计27217960元。三、交付土地时间：政府批准收回建设用地之日，即为B公司交付土地时间。待该宗地的处置资金到位后1个月内，将收回国有建设用地费用27217960元支付给B公司。

2017年7月13日，甲市国土资源局对案涉两宗土地进行公开拍卖，最终拍卖的JY17－5地块以楼面地价6721元/平方米成交，竞买总价163192601元；拍卖的JY17－6地块以楼面地价6702元/平方米成交，总金额336815712元。两宗地块都被C公司竞得，拍卖成交总价款为500008313元，挂牌起始价为108746661元，超出挂牌起始价391261652元。

拍卖成交后，双方以往来函件等形式进行沟通，B公司主张A管委会应支付土地溢价款391261652元。2017年12月22日，案外人A管委会向B公司出具《××省××经济开发区管理委员会关于给予乙市B公司预拨土地补偿款建议的函》，内容为：为妥善解决B公司92.79亩土地补偿事宜，A管委会成立的专题临时协调小组在征求国土、财政等单位意见的基础上，本着实事求是、切实为企业解决困难的原则，提出解决土地补偿的建议，并于12月21日下午办公会议通过，现将函告B公司，如无不同意见，按照以下建议进行补偿。1.由贵委专题临时协调小组牵头与B公司谈判，明确对方同意暂参照即国资优〔2017〕6号文件给予其土地补偿。同时要将前期拨付的土地补偿款共计3997.796万元扣除，剩余款项分两次拨付给B公司。B公司在收到首次拨款后保证配合现土地使用权人C公司开工建设。2.待区委、区政府专题研究B公司土地补偿后，按照区委、区政府的意见，本着“多退少补”的原则给予土地补偿。

3. B公司如对土地补偿款数额有异议,建议通过司法诉讼途径解决。4. 以上建议方案须管委专题临时协调小组成员和B公司谈判,达成一致意见后签订备忘录。

2017年12月26日,A管委会向B公司出具《关于给予乙市B公司预拨土地补偿款的回复函》,内容为:B公司于2017年12月25日提交的《乙市B公司关于××省级经济开发区管理委员会预拨土地补偿款建议函的回复函》已收悉。A管委会于2017年12月26日上午召开了开发区管委会第41次办公会议就补偿方案再次进行了研究,现将意见函复如下:1. A管委会暂参照即国资优〔2017〕6号文件给予土地补偿,同时将前期拨付的土地补偿款共计3997.796万元扣除,剩余款项分两次拨付给B公司。为缓解B公司目前资金紧张状况,先行拨款4000万元补偿款,待区委、区政府专题研究或司法途径确定后,按照"多退少补"的原则,拨付剩余补偿款。2. A管委会先行拨付的4000万元补偿款要优先用于解决该土地事件涉及的经济问题,贵公司将付款计划提报A管委会审核通过后,拨付此款项。

2017年9月30日、2017年12月27日、2018年5月20日,A管委会分别向B公司支付500万元、4000万元和2000万元。

2018年5月19日,A管委会与B公司签订《补充协议二》,主要内容为:一、A管委会于本协议签署后5日内,向B公司拨付补偿款20000000元,B公司收款前须向A管委会开具合法有效的收据。二、B公司承诺,本补充协议第1条约定的款项收到后,原协议中的未尽事宜在形成最终解决方案以前,不再向A管委会主张原补偿协议中的其他款项。三、双方就原协议履行过程中所产生的未尽事宜,B公司同意通过司法途径协商解决。

以上事实,有双方签订的《土地补偿协议》《补充协议》《补充协议二》等协议,双方往来信函、当庭陈述等在案为凭,已经庭审质证和本院审查,可以采信。

本院认为,本案争议的焦点问题为:1. A管委会与B公司是否已经就案涉土地补偿问题达成最终协议;2. A管委会应否向B公司支付土地补偿款;3. A管委会应支付的款项数额及利息的认定。

关于第一个焦点问题。A管委会主张双方已经达成协议,由A管委会支付B公司2000万元款项,案涉土地使用权问题双方已协商解决,B公司无权再主张权利。但是根据经审理认定的事实,对于该2000万元,双方仅仅约定的是由A管委会先行支付给B公司,并明确了B公司可向司法机关主张权利,该款项仅为双方约定B公司在提起诉讼前所获得的最后一笔款项,因此,该协议不具备可以证实双方已协商解决争议且B公司无权主张工程款的证明效力,故对于A管委会的该项主张,依法不予支持。

关于第二个焦点问题。《民法总则》第156条规定:"民事法律行为部分无效,不影响其他部分效力的,其他部分仍然有效。"根据经审理认定的事实,A管委会和B公司基于开拓道路用地问题达成协议,在B公司无偿提供道路使用土地后,作为对B公司的补偿,由A管委会负责将案涉剩余土地使用权由工业用地转为商住用地,并保障B公司以挂牌起始价取得案涉土地。案涉协议第2条第2款约定:"A管委会保证协助B公司将剩余地块土地用途变更为商住用地,并按照土地部门的挂牌起始价顺利摘牌,容积率2.5。"第3条第2款约定,"若A管委会不能保证B公司按照土地部门的挂牌起始价摘得剩余地块,则超过土地部门的挂牌起始价部分由A管委会全额返还给B公司"。尽管本案中双方对于A管委会保障B公司以挂牌起始价取得案涉土地的效力存在争议,但该约定并未得以实际履行,也未因该约定影响了案涉土地使用权的拍卖秩序。双方对于B公司不能按照土地管理部门的挂牌起始价摘得剩余地块后,超出部分由A管委会返还给B公司的约定,实质上是对于A管委会占用B公司土地后,将该土地转性出让给B公司履行不能情况下的一种替代补偿方式,双方的真实意思表示为土地使用权原为B公司所有,基于道路占地并将剩余土地使用权转性后的受益归属B公司。该意思表示不违反国家法律、行政法规的强制性规定,不违背公序良俗,应认定有效。合同履行中,B公司已经按照约定将自己名下的土地用于了道路建设及交付甲市国土部门收储,不再享有案涉土地的任何权益。A管委会基于该土地出让取得相应的土地使用权拍卖价款,A管委会应当按照协议约定,将其持有的超出土地挂牌起始价的部分支付给B公司。A管委会关于不应进行支付的理由不能成立,本院不予采信。

关于第三个焦点问题。尽管双方在协议中约定超出挂牌起始价的部分A管委会全额返还给B公司,但是基于案涉土地使用权竞拍中,拍卖价格大幅上扬,B公司也主张由于价格太高无力开发,该情形系A管委会、B公司在签订合同时难以预料到的变化,由于土地出让金包含需要上交财政的资金,如果全额支付,可能超出了双方订立合同时所能够预见的范围,将会给A管委会造成较大损失,也不符合双方所订立合同中由B公司享有案涉土地利益的本意。因此,A管委会将所得土地溢价款支付给B公司时,应当扣除应上交的款项。对于上交款项的认定,根据双方在庭审中的举证,由于A管委会未按期提供其所掌握的资金及上交比例,应当按照B公司所自认的19%的比例予以扣减。对于拍卖起始价以内的部分,因已由B公司承担,不再扣减。超出起始价的部分,经双方确认数额为391261652元,扣减19%后,为316921938.12元,扣除已经支付的65000000元,为251921938.12元,A管委会应当支付给B公司。如A管委会认为还存在其他确应扣除的款项,可根据政府规定和双方协议另行主张扣减。对于利息的计算问题,因双方对先期支付的款项曾达成协议,在B公司主张司法救济前不再主张支付剩余款项,故案涉款项的利息计算,应以B公司提起本案诉讼时开始计算为宜,按照中国人民银行同期同类贷款基准利率计算至实际付清之日。

对于B公司提出的保全费、律师费、公告费等诉讼请求,其未提供证据证明,缺乏事实依据,本院不予支持。

综上,依照《民法总则》第143条、第156条,《合同法》第60条、第107条的规定,判决如下:

一、A管委会于本判决生效后10日内支付B公司款项251921938.12元及利息(自2018年12月3日起按照中国人民银行同期同类贷款基准利率计算至实际付清之日);

二、驳回B公司的其他诉讼请求。

如果未按本判决指定的期间履行给付金钱义务,应当按照《民事诉讼法》第253条的规定,加倍支付迟延履行期间的债务利息。

案件受理费1673109元,由B公司负担573109元,由A管委会负担1100000元。

如不服本判决,可以在判决书送达之日起15日内,向本院递交上诉状,并按照对方当事人或者代表人的人数提出副本,上诉于中华人民共和国最高人民法院。

审判长　×××

审判员　×××

审判员　×　×

2019年1月30日

书记员　×××

【民事上诉状】

民事上诉状

上诉人(一审被告):××省××经济开发区管理委员会(原为××省级经济开发区A管理委员会)。

住所地:××市××区×××。

负责人:刘某,××省××经济开发区管理委员会主任、党工委书记。

被上诉人(一审原告):乙市B公司。

住所地:××市××区×××。

法定代表人:韩某,董事长。

上诉人××省××经济开发区管理委员会(原××省级经济开发区A管理委员会,以下简称A管委会)与被上诉人乙市B公司(以下简称B公司)合同纠纷一案,A管委会不服××省××人民法院(以下简称一审法院)于2019年1月30日作出的

(2018)×××第204号民事判决书(以下简称一审判决),现依法提起上诉。

上诉请求:

1.依法撤销(2018)×××第204号民事判决书,改判驳回被上诉人的诉讼请求。

2.依法判令本案一审、二审诉讼费用由被上诉人承担。

事实与理由:

一、一审法院认定《A占用乙市B公司土地补偿协议书》(以下简称《土地补偿协议》)和《A占用乙市B公司土地补充协议》(以下简称《补充协议》)关于土地出让的相关约定有效系适用法律错误

(一)《土地补偿协议》和《补充协议》本质上是土地收储协议与土地出让协议,而A管委会无权作为出让方与B公司签订土地出让协议,《土地补偿协议》和《补充协议》关于土地出让的相关约定因而无效

《土地补偿协议》第2条第1款约定:"乙方(B公司)将道路地块无偿给予甲方(A管委会)使用。"第2条第2款约定:"甲方(A管委会)保证协助乙方(B公司)将剩余土地用途变更为商住用地,并按照土地部门的挂牌起始价顺利摘牌,容积率为2.5。"第3条第2款约定:"若甲方(A管委会)不能保证乙方(B公司)按照土地部门的挂牌起始价摘得剩余地块,则超出土地部门的挂牌起始价部分由甲方(A管委会)全额返还给乙方(B公司)。"《补充协议》第2条约定:"该地块63.9亩土地需按现行基准地价进行评估拍卖,摘牌时超出部分仍按照原协议执行;同时为顺利摘牌,由乙方(B公司)一次性摘牌。"第5条约定:"关于28.8亩道路用地,甲方(A管委会)需按照该土地原土地性质、由土地部门指定的评估公司出具的评估价格给予乙方一次性补偿。"(见一审A管委会提交证据1、2,一审卷宗第73~78页)

根据上述约定,A管委会在有偿收回案涉土地的前提下,保证B公司能够通过挂牌程序以挂牌起始价取得其中63.9亩土地变更为商业用地后的土地使用权,其约定本质上是土地使用权的收储和协议出让土地使用权。《最高人民法院关于审理涉及国有土地使用权合同纠纷案件适用法律问题的解释》(2005年8月1日生效)第2条规定:"开发区管理委员会作为出让方与受让方订立的土地使用权出让合同,应当认定无效。本解释实施前,开发区管理委员会作为出让方与受让方订立的土地使用权出让合同,起诉前经市、县人民政府土地管理部门追认的,可以认定合同有效。"因此,A管委会作为开发区管理委员会,并非土地管理部门,依法无权就土地出让签订协议,《土地补偿协议》和《补充协议》关于土地出让的相关约定无效。

(二)《土地补偿协议》和《补充协议》关于土地出让的相关约定违反法律、行政法规的强制性规定,因而无效

根据前述约定,《土地补偿协议》和《补充协议》关于土地出让相关约定的本意是突破国有土地使用权公开招拍挂的相应规定,双方协议由B公司以挂牌起始价取得

案涉商住性质出让土地,在摘牌价格高于起始价的情况下差额由A管委会承担。上述约定显然与《物权法》第137条(现《民法典》第347条)第2款[①]的规定相悖。尽管最终B公司并未拍得案涉土地,但双方的约定违反了《合同法》第52条[②]第5款(现已被《民法典》第153条的内容涵盖)的规定,关于以挂牌起始价进行土地出让的约定自始无效。

(三)《土地补偿协议》和《补充协议》中关于全额返还超出土地部门的挂牌起始价部分的约定因损害国家利益而无效

A管委会与B公司关于超出土地部门的挂牌起始价部分全额返还的约定实际上系变相减免了B公司应当缴纳的土地出让金,让B公司以低成本拿地,使得原本通过正常土地招拍挂程序应为国家财政收入的土地出让金减少,造成国有资产的重大流失,严重损害了国家利益,因而无效。

(四)一审法院一方面认可"保障B公司以挂牌起始价取得案涉土地"这一约定无效,另一方面又认定不能以挂牌起始价取得案涉土地的违约责任条款有效,本身就存在矛盾

1. 从一审判决来看,一审法院认可"保障B公司以挂牌起始价取得案涉土地"的约定无效

一审法院在认定第二个争议焦点部分时表述为:"《民法总则》第156条(现《民法典》第156条)规定:'民事法律行为部分无效,不影响其他部分效力的,其他部分仍然有效。'……尽管本案中双方对于A管委会保障B公司以挂牌起始价取得案涉土地的效力存在争议,但该约定并未得以实际履行,也未因该约定影响了案涉土地使用权的拍卖秩序。双方对于B公司不能按照土地管理部门的挂牌起始价摘得剩余地块后,超出部分由A管委会返还给B公司的约定……该意思表示不违反国家法律、行政法规的强制性规定,不违背公序良俗,应认定有效。"

一审法院对于"保障B公司以挂牌起始价取得案涉土地"这一约定的效力问题认定为"双方存在争议",看似既未认定该约定有效,也未认定该约定无效,但一审法院同时援引了《民法总则》第156条(现《民法典》第156条)的规定,显然一审法院真实意思是认为"保障B公司以挂牌起始价取得案涉土地"的约定无效,只是该条款部分无效不影响合同其他条款的效力。

---

① 《物权法》(已废止)第137条第2款规定:"工业、商业、旅游、娱乐和商品住宅等经营性用地以及同一土地有两个以上意向用地者的,应当采取招标、拍卖等公开竞价的方式出让。严格限制以划拨方式设立建设用地使用权。采取划拨方式的,应当遵守法律、行政法规关于土地用途的规定。"

② 《合同法》(已废止)第52条规定:"有下列情形之一的,合同无效:(一)一方以欺诈、胁迫的手段订立合同,损害国家利益;(二)恶意串通,损害国家、集体或者第三人利益;(三)以合法形式掩盖非法目的;(四)损害社会公共利益;(五)违反法律、行政法规的强制性规定。"

另外，一审法院还认为“保障B公司以挂牌起始价取得案涉土地”这一约定并未实际履行，未影响拍卖秩序。但合同条款是否有效并不取决于其是否实际履行。《合同法》第56条第1款（现已被《民法典》第155条的内容所涵盖）规定：“无效的合同或者被撤销的合同自始没有法律约束力。”因此，合同无效的结果是自始无效，即合同从订立起对双方就没有约束力，合同是否实际履行，都不应影响对合同效力的判定，一审法院明显适用法律错误。

2. 在基础条款无效的情况下，认定基础条款的违约条款有效，显属自相矛盾

根据《土地补偿协议》，第2条“甲乙双方的承诺”第2款约定的是A管委会保障B公司按照土地部门的挂牌起始价摘牌，第3条“违约责任”下第2款约定的是如果B公司不能按照土地管理部门的挂牌起始价摘得剩余地块后，超出部分由A管委会返还给B公司。由此可以看出，《土地补偿协议》第2条第2款是基础条款，而第3条第2款则是针对第2条第2款的违约条款，第3条第2款并非独立条款，其存在的基础就是第2条第2款，两者的效力必然是一致的，要么同时有效，要么同时无效，不可能存在前者有效、后者无效的情形。一审法院以《民法总则》第156条（现《民法典》第156条）的规定强行割裂两者的联系，认定基础条款无效而违约条款有效，系适用法律错误。

综上所述，《土地补偿协议》和《补充协议》关于土地出让的相关约定因违反法律强制性规定、损害国家利益而无效，A管委会和B公司对于合同部分条款的无效均负有责任，对于双方的缔约过失导致的损失应当按照过错责任分担。一审法院适用法律严重错误。

二、即便《土地补偿协议》和《补充协议》有效，上述协议也并未约定B公司主动退出竞拍导致第三人拍得案涉土地情况下的责任承担，一审法院突破合同约定，以推定方式曲解双方真实意思表示，将全部土地溢价款判由B公司享有，系认定事实和适用法律错误

一审法院认为：“双方对于B公司不能按照土地管理部门的挂牌起始价摘得剩余地块后，超出部分由A管委会返还给B公司的约定，实质上是对于A管委会占用B公司土地后，将该土地转性出让给B公司履行不能情况下的一种替代补偿方式……A管委会基于该土地出让取得相应的土地使用权拍卖价款，A管委会应当按照协议约定，将其持有的超出土地挂牌起始价的部分支付给B公司。”上述认定存在以下错误：

（一）即使法院认定双方合同有效，也应当按照合同约定严格履行，一审法院以推定的方式曲解双方签订合同有关条款的本意，与事实严重不符

根据双方签订合同的真实意思表示，即使法院认定A管委会与B公司签订的《土地补偿协议》及《补充协议》有效，上述合同也仅约定了B公司高于底价摘牌取得案涉土地的后果，而并没有约定B公司主动退出竞拍导致第三方摘得案涉土地的后果。

《土地补偿协议》第3条第2款约定:"若甲方(A管委会)不能保证乙方(B公司)按照土地部门的挂牌起始价摘得剩余地块,则超出土地部门的挂牌起始价部分由甲方(A管委会)全额返还给乙方(B公司)。"

首先,从合同原文来看,该条款的适用前提是"若甲方不能保证乙方按照土地部门的挂牌起始价摘得剩余地块",而非"若甲方不能保证乙方摘得剩余地块",因此该条款是针对《土地补偿协议》第2条第2款"按照挂牌起始价顺利摘牌"的违约条款,即B公司取得案涉土地、但B公司摘牌价格超过挂牌起拍价后双方对于超出起拍价部分金额如何处理的约定,绝非对于B公司未取得案涉土地的救济条款。

其次,根据双方协议约定,超出挂牌起始价部分由A管委会"返还"给B公司。从该条款的文字表述可见,"返还"的前提是"支付"。在B公司未通过招拍挂程序取得案涉土地使用权的情况下,当然不会导致A管委会"返还"超出挂牌起始价部分的结果。

最后,从双方真实意思表示来看,在A管委会同意对B公司竞拍价格兜底,B公司仅需支付挂牌起始价的情况下,无论是A管委会还是B公司在签订《土地补偿协议》和《补充协议》时,都不可能预见到B公司竟然会放弃竞拍案涉土地,当然也不可能对此进行约定。双方能够预见到的,仅是存在第三方参与竞价,导致摘牌价格高于挂牌起始价,因此也只可能约定摘牌价格高于挂牌起始价情况下的补偿方式。

综上所述,《土地补偿协议》和《补充协议》并没有对B公司主动放弃竞拍、第三方拍得案涉土地后的责任承担进行任何约定,一审法院以推定的方式解读合同条款,背离了双方真实意思表示,属于事实认定错误。

(二)一审法院错误地将B公司主动放弃竞拍案涉土地的违约行为认定为合同履行不能,并要求A管委会在没有任何违约行为的情况下承担高昂的违约责任,缺乏合同和法律依据,系事实认定和适用法律的重大错误

首先,从实际履行情况来看,在B公司顺利参与公开竞拍且A管委会同意对拍卖差价兜底的情况下,除非B公司主动放弃竞拍,否则B公司不存在任何履行不能的可能性。而实际上也确实是因为B公司主动放弃竞拍,《土地补偿协议》和《补充协议》才未能得以继续履行,即导致合同不能履行的原因完全在于B公司。

其次,根据《合同法》第107条[①](现《民法典》第577条)、第108条(现《民法典》第578条)的规定[②],合同一方承担违约责任的前提条件应是不履行合同、不按约履行

---

① 《合同法》(已废止)第107条规定:"当事人一方不履行合同义务或者履行合同义务不符合约定的,应当承担继续履行、采取补救措施或者赔偿损失等违约责任。"

② 《合同法》(已废止)第108条规定:"当事人一方明确表示或者以自己的行为表明不履行合同义务的,对方可以在履行期限届满之前要求其承担违约责任。"

合同或明示、暗示不履行合同。但在本案中,A管委会不存在任何不履约或不完全履约的行为,根本不存在违约行为,当然不应承担任何违约责任。

最后,导致合同无法继续履行的责任方实际上正是B公司,B公司主动放弃竞拍,拒不履行合同,在此前提下,B公司反而要求A管委会承担巨额违约责任,一审判决对此竟然予以支持,严重忽视合同约定、有违法律规定,对A管委会明显不公。

(三)B公司在主动放弃竞拍案涉土地后,无须承担《土地补偿协议》和《补充协议》的后续义务,无须投入开发资金,也不用承担任何开发风险,却可以享有全部的土地溢价款,显然已经严重背离了合同本意

需要提示合议庭注意的是,B公司在《土地补偿协议》下的主要合同义务都集中在竞拍取得案涉土地之后。《土地补偿协议》第2条第4款约定:"乙方竞得剩余地块,保证在半年内启动开发此地块,并向甲方交纳开发保证金1000万元。"第3条第3款约定:"乙方在半年内不能开发剩余地块,甲方将根据相关法规收取乙方土地闲置费,并不返还乙方交纳的开发保证金,如二年内仍不能开发剩余地块,甲方将有权依法收回乙方竞得的剩余地块。"根据上述约定,B公司的主要合同义务在于拍得土地后的后续开发义务,即如果B公司顺利拍得案涉土地,其首先要支付超过1亿元的拍卖底价,其次要交纳开发保证金1000万元,接着还需要在半年内投入大量资金对案涉土地进行开发,而鉴于房地产项目审批手续复杂、开发周期漫长、开发风险巨大的特点,加之房地产行业近年来并不景气,B公司以挂牌起始价取得案涉土地的同时,也需要承担对案涉土地进行投资开发的巨大风险。

而根据一审法院的判决,B公司主动放弃竞拍后,其不但无须支付高达1亿元的拍卖底价,还能够得到远超土地拍卖底价的土地溢价款,且无须承担任何投资开发的风险,即B公司通过多轮竞拍提高土地成交价款但最终放弃竞拍案涉土地,不但没有任何损失,反而获益巨大,这明显不符合合同的真实意思表示。A管委会之所以与B公司签订《土地补偿协议》和《补充协议》,让出土地溢价部分的利益,从合同约定的B公司的后续合同义务来看,根本目的是招商引资,盘活闲置土地,鼓励民营企业在当地创造价值。若根据一审法院判决,B公司在无须投资、开发的情况下仍然向A管委会主张全部土地溢价款,这完全违背了双方签订合同的根本目的,B公司在不承担合同的主要后续开发义务的情况下却独享土地升值的巨大利润,将导致双方利益的严重失衡。

(四)土地出让价款畸高系双方在签订合同时无法预见的重大变化,因此土地溢价部分不应由B公司单独享有

再退一步说,即便人民法院认为合同本意就是B公司主动放弃拍得案涉土地的情况下,全部土地溢价部分也都应由B公司取得,鉴于双方分别于2013年、2015年签订《土地补偿协议》和《补充协议》,而案涉土地于2017年才公开拍卖,当时的土地价

值已经大大增长，案涉土地的拍卖底价就高达1亿元，加之第三方以高于土地拍卖底价5倍的高价竞拍取得案涉土地，显然第三方的拍卖价格是远超双方预期的（否则B公司也不会有借口退出竞拍）。众所周知，我国土地价格近年来不断激增，其增长速度更是呈指数型，该等情形已经不属于正常的商业风险，而是双方订立合同时无法预见的重大变化。因该等变化导致的土地溢价部分全部归B公司所有并非签约时双方的真实意思表示，即便认定合同有效，从公平原则出发，依据《最高人民法院关于适用〈中华人民共和国合同法〉若干问题的解释（二）》第26条[①]的规定，土地溢价部分理应由双方共享，而非由B公司单独享有。

至于具体的分配方案，可以参照A管委会与B公司于2017年12月就土地补偿事宜进行谈判后，双方达成的方案，即暂按即国资优〔2017〕6号文件支付土地补偿（见一审B公司提交证据6，一审卷宗第89～90页）。而根据即国资优〔2017〕6号文件（见二审A管委会提交证据33，第193页），对于闲置出让用地，经土地权利人申请，土地补偿费可以按照变更规划用途重新招拍挂后增值收益的50%确定，增值收益为土地成交价格扣除按规定应计提的各项基金及相关费用（不含补偿费）。按照该规定，本案案涉土地增值收益为252951213元（即土地成交价格500008313元－计提基金247057100元＝252951213元），土地补偿费应为增值收益的50%，即126475606.5元，扣除A管委会实际已经支付的土地补偿款7276万元，以及原甲市国土资源局已经按照评估价格支付的土地补偿款27217960元，A管委会仅需另行支付26497646.5元。

三、《土地补偿协议》约定违约金过分高于B公司的实际损失，B公司未举证证明其存在任何实际损失，因此人民法院应当依法予以调减

即使人民法院认定，在B公司主动放弃拍得案涉土地的情况下，A管委会仍应承担向B公司支付案涉土地全部溢价款项的违约责任系《土地补偿协议》和《补充协议》的真实意思表示，也符合《合同法》的相关规定，在违约金高达3.9亿元，且B公司未举证证明其存在任何实际损失的情况下，人民法院至少应当依法予以调减。

首先，B公司于2006年取得案涉土地，按《国有土地使用权出让合同》第10条的约定，B公司应当在案涉土地上建设车间（见二审A管委会提交证据1，第3页），但其多年来一直未进行任何开发（见二审A管委会提交证据32，第162～170页），案涉土地属于典型的闲置土地，按照《国用土地使用权出让合同》第31条约定属于可以无偿收回的土地（见二审A管委会提交证据1，第8页）；其次，B公司2006年取得案涉

① 《最高人民法院关于适用〈中华人民共和国合同法〉若干问题的解释（二）》第26条："合同成立以后客观情况发生了当事人在订立合同时无法预见的、非不可抗力造成的不属于商业风险的重大变化，继续履行合同对于一方当事人明显不公平或者不能实现合同目的，当事人请求人民法院变更或者解除合同的，人民法院应当根据公平原则，并结合案件的实际情况确定是否变更或者解除。"

92.79亩土地时仅交纳土地出让金5021342元(见二审A管委会提交证据1,第3页),而原甲市国土资源局收回案涉92.79亩土地过程中依法依规履行了评估手续,地上物补偿款加上土地补偿款共计27686462元(见二审管委会提交证据6、10、11,第24页、第54~57页),已经是B公司取得土地时支付价款的5.5倍,再加上A管委会已经向B公司支付的7276万元,B公司通过土地收储已经取得超过1亿元,是其取得土地时支付价款的20倍,B公司非但没有任何损失,反而取得了高额收益;最后,A管委会征用28.8亩土地系出于道路建设的公共利益,并非用于商业开发。在A管委会不存在任何过错,且B公司未举证证明其存在损失的情况下,根据《合同法》第114条第2款[①]和《最高人民法院关于适用〈中华人民共和国合同法〉若干问题的解释(二)》第29条[②]的规定,人民法院应当大幅调减违约金。

至于B公司的预期利益,双方于2013年10月20日签署的《土地补偿协议》第2条第2款约定:"甲方保证协助乙方将剩余土地(即63.9亩)变更为商住用地……容积率为2.5。"2015年6月30日双方签署的《补充协议》鉴于条款表述为:"……在该地块规划实施当中,规划局要求该项目规划地块容积率由2.5调整为1.7,致使该地块63.9亩土地建筑面积减少约3.4万平方米,按每平方米收益1000元计算,该公司63.9亩土地供给减少收益3400万元。加之乙方将28.8亩道路用地无偿提供给予甲方使用,致使该公司32000余平方米无法建设,按每平方米收益1000元计算,该公司减少收益3200万元。同时因该地块2014年地级由三级提升至一级,现在招拍挂每亩评估价格为160万元左右,而2013年签协议时每亩评估价格为130万元左右,每亩价格招拍挂增加30万元左右,63.9亩土地共计增加1900多万元。上述三原因致使该公司总计减少收益8500多万元。为此,乙方提出对原协议进行补充……"

根据上述约定可知,在2013年10月20日双方签署《土地补偿协议》时,B公司可预见到的建设用地面积为63.9亩(合4.26万平方米),规划容积率为2.5,建筑面积最高可达到4.26万平方米×2.5=10.65万平方米。按照B公司预计的每平方米收益1000元计算,总收益最高不应超过10.65万平方米×1000元/平方米=10650万元,即预期利益最高不应超过10650万元。考虑到B公司需要承担的开发风险,以及需要承担的30%~60%土地增值税,B公司实际能够取得的收益应当低于预期最高收益。而如前所述,B公司已经取得的土地补偿款、土地溢价款已经超过1亿元,足以

① 《合同法》(已废止)第114条第2款规定:"约定的违约金低于造成的损失的,当事人可以请求人民法院或者仲裁机构予以增加;约定的违约金过分高于造成的损失的,当事人可以请求人民法院或者仲裁机构予以适当减少。"

② 《最高人民法院关于适用〈中华人民共和国合同法〉若干问题的解释(二)》第29条规定:"当事人主张约定的违约金过高请求予以适当减少的,人民法院应当以实际损失为基础,兼顾合同的履行情况、当事人的过错程度以及预期利益等综合因素,根据公平原则和诚实信用原则予以衡量,并作出裁决。当事人约定的违约金超过造成损失的百分之三十的,一般可以认定为合同法第114条第2款规定的'过分高于造成的损失'。"

补偿B公司的预期利益。因此,B公司无权另行主张双方在签约时无法预见的其他补偿。

四、一审法院对案件基本事实认定存在多处错误,应予纠正

(一)一审法院认定B公司无偿提供道路使用土地,系认定事实错误

一审法院认为:"根据经审理认定的事实,A管委会和B公司基于开拓道路用地问题达成协议,在B公司无偿提供道路使用土地后,作为对B公司的补偿……"

根据《土地补偿协议》第2条第1款的约定,A管委会与B公司最初约定是B公司无偿提供28.8亩道路用地。但双方在《补充协议》中已经对此约定进行了变更,双方同意就28.8亩道路用地,A管委会按照原土地性质(即工业用地)、由土地部门指定的评估公司出具的评估价格给予B公司一次性补偿,且A管委会也依约评估并支付了28.8亩的土地补偿款,因此B公司并非无偿提供道路使用土地,其已收取了足额的土地补偿款。

(二)一审法院对案涉土地使用权拍卖价款上交比例认定错误

一审法院以B公司提交证据认定本案土地使用权拍卖后应上交的比例为19%,系认定事实错误。

甲市为乙市下属区市,根据《乙市财政局、乙市国土资源和房屋管理局关于进一步规范土地出让收支管理的通知》(×财综〔2018〕0028号,以下简称《乙市土地出让收支管理》,见二审A管委会提交证据31,第160~161页)规定:"各级财政和国土资源管理部门要按照国家、省、市规定的标准和时间,足额计提相关专项资金,并按规定用途使用。(一)从土地出让收入中计提的专项资金。从土地出让收入中要计提以下专项资金:1.农业土地开发资金。按国有土地出让平均纯收益的20%和土地面积计提。2.国有土地收益基金。按照土地出让总价款的5%计提。3.地铁建设基金。按照土地出让总价款的10%计提。4.交通建设基金。按照土地出让总价款的6%计提。(二)从土地出让收益中计提的专项资金。1.廉租住房保障资金。按照土地出让收益20%计提。2.教育资金。按照土地出让收益10%计提。3.农田水利建设资金。按照土地出让收益10%计提。"

需要特别提示法庭注意的是,B公司一审中提交的国家、省、市关于土地各项基金提取的文件和通知中,关于土地基金提取比例与二审A管委会提交的《乙市土地出让收支管理》相关规定完全一致:1.关于农业土地开发基金,根据一审B公司提交的《××省人民政府关于将部分土地出让金用于农业土地开发有关问题的通知》,计提比例为省国有土地出让平均纯收益的20%(见一审卷宗第109页,第1条);2.关于国有土地收益基金,根据一审B公司提交的《××省人民政府办公厅关于贯彻国办发〔2006〕100号文件进一步规范国有土地使用权出让收支管理的意见》(鲁政办发〔2007〕38号),计提比例为土地出让总收入的5%(见一审卷宗第112页,第3条);

3. 关于廉租住房保障金,根据一审B公司提交的《国务院关于解决城市低收入家庭住房困难的若干意见》(国发〔2007〕24号),计提比例不得低于土地出让净收益的10%(见一审卷宗第92页,第三段);4. 关于农田水利建设基金,根据一审B公司提交的《财政部、水利部关于从土地出让收益中计提农田水利建设资金有关事项的通知》(财综〔2011〕48号),计提比例为土地出让收益的10%(见一审卷宗第96页,第1条);5. 关于教育基金,根据一审B公司提交的《财政部、教育部关于从土地出让收益中计提教育资金有关事项的通知》(财综〔2011〕62号),计提比例为土地出让收益的10%(见一审卷宗第99页,第1条);6. 关于地铁建设基金,根据一审B公司提交的《乙市轨道交通土地资源开发利用管理办法》,计提比例为土地使用权出让金额的10%(见一审卷宗第108页,第20条);7. 关于交通建设基金,根据一审B公司提交的《关于印发〈乙市交通建设基金提取管理办法〉的通知》(×政办发〔2012〕11号),计提比例为土地出让合同金额的6%(见一审卷宗第104页,第6条)。

根据A管委会提交的《甲市财政局关于经济开发区管委申请拨付土地净收益等事宜的办理意见》附件二《甲市财政局提供的A部分土地处置资金情况表》(见二审A管委会提交证据30,第152页),案涉A、B两出让地块严格按照《乙市土地出让收支管理》规定(见附表1)计提土地相关基金共计247057100元,与土地出让价款500008313元相比,计提基金比例高达49.41%。A管委会就案涉土地使用权拍卖后的价款实际净收入为土地出让价款500008313元扣减计提基金247057100元,再扣减土地补偿费,最终净收益仅为225648053元。

附表1:

土地出让金各项基金提取比例及金额				
序号	基金名称	实际提取金额/万元	实际提取比例	法律规定提取比例
1	农业土地开发基金	34.82	土地出让平均纯收益的20%	土地出让平均纯收益的20%
2	国有土地收益基金	2500.04	土地出让总价款的5%	土地出让总价款的5%
3	廉租住房保障金	4723.57	土地出让收益的10%	土地出让收益的20%
4	农田水利建设基金	4723.57	土地出让收益的10%	土地出让收益的10%
5	教育基金	4723.57	土地出让收益的10%	土地出让收益的10%
6	地铁建设基金	5000.09	土地出让总价款的10%	土地出让总价款的10%
7	交通建设基金	3000.05	土地出让总价款的6%	土地出让总价款的6%

综上所述,无论是B公司在一审中提交的证据,还是A管委会在二审中补充提交的证据均显示,案涉土地计提基金比例远远超过19%。一审法院未查明一审中B公

司提交的证据,仓促认定A管委会对19%扣减比例自认,并且以此为判决依据,系认定事实严重错误,依法应予纠正。

(三)一审法院认为776万元不属于土地溢价款,而是针对容积率变化的额外补偿,不符合《土地补偿协议》、《补充协议》、《乙市B公司土地补偿协议之补充协议二》(以下简称《补充协议二》)的约定,系事实认定与法律适用错误

一审法院认为:"对于付款数额中争议的776万元,因该笔款项系案涉土地使用权拍卖前支付……因土地容积率的减少可能导致挂牌起始价的降低,对溢价款也具有一定影响,且A管委会的主张缺乏证据支持,故该笔款项不应认定为支付土地溢价款。"一审法院该认定与合同和事实均不符,应予纠正。

首先,双方于2015年6月30日签订《补充协议》后,A管委会系基于积极履行《土地补偿协议》和《补充协议》的诚意,于2015年9月至2016年1月19日陆续向B公司支付776万元。尽管该部分款项系于案涉土地拍卖之前支付,但本质上仍是为履行《土地补偿协议》和《补充协议》而支付的款项。

其次,双方在《补充协议》中已经明确约定了对于土地容积率减少的补偿方案。《补充协议》鉴于条款明确写明因案涉土地批复容积率减少、土地起拍价格提高,双方约定的补偿方案是:1.28.8亩土地由无偿收储变为有偿收储;2.A管委会同意为B公司办理基础设施配套费缓缴手续;3.A管委会负责投资建设配套设施;4.A管委会协助B公司争取通过房地产开发设计方案。且《补充协议》明确约定,63.9亩土地按现行基准地价进行评估拍卖,摘牌时超出部分仍按照原协议执行。因此,双方在《补充协议》中从未约定A管委会需要因容积率的减少而额外支付《土地补偿协议》约定外的任何其他款项,A管委会不可能在没有任何合同依据的情况下无端支付776万元。

最后,在《补充协议二》(见一审A管委会提交证据3,一审卷宗第66页)中,双方在鉴于条款第2条中也明确了,A管委会于2015年9月至2017年12月拨付土地补偿款5276万元,其中就包括了A管委会于2015年9月至2016年1月向B公司支付的土地补偿款776万元。如果B公司不认可该776万元系基于《土地补偿协议》支付的土地补偿款的组成部分,认为该笔款项系土地容积率减少的额外补偿,不可能同意将基于《土地补偿协议》支付的4500万元与该776万元混为一谈。

综上,一审法院的认定不符合合同约定及事实情况,A管委会已向B公司支付的土地补偿款应为7276万元。

结合以上事实,退一万步说,即使按照一审法院的逻辑,在基金计提比例正确、已付款金额认定正确的情况下,A管委会仅需另行支付391261652元×(1-49.41%)-72760000元=125179269.75元。

综上所述,一审法院认定事实错误,适用法律不当,严重损害国家利益。根据《民事诉讼法》第170条之规定,上诉人请求二审法院撤销(2018)×××第204号民事判

决书，改判驳回被上诉人的诉讼请求，判决被上诉人承担本案一、二审诉讼费用。

此致

中华人民共和国最高人民法院

上诉人：A管委会

代理人：×××

2019年12月16日

【代理意见及土地补偿款计算说明】

代理意见及土地补偿款计算说明

尊敬的审判长、审判员：

北京××律师事务所接受××省××经济开发区管理委员会（原××省级经济开发区A管理委员会，以下简称A管委会）的委托，指派袁律师、李律师作为其与乙市B公司（以下简称B公司）合同纠纷一案（以下简称本案）的代理人。作为A管委会的代理人，针对合议庭归纳的本案争议焦点，B公司的土地补偿款项应当如何认定，发表代理意见如下：

一、双方关于"保证乙方按照土地部门的挂牌起始价顺利摘牌"和"超出土地部门的挂牌起始价由甲方全额返还"显属无效条款，人民法院应当依职权进行审查

A管委会与B公司关于保证B公司摘牌的约定，本质上是突破国有土地使用权公开招拍挂的规定，由双方协议约定B公司以挂牌起始价取得案涉63.9亩土地，而非通过正常市场竞争确定土地出让价格。本案代理人之一袁华之律师连续8年担任北京市评标专家，对土地出让招拍挂拥有丰富阅历，根据本案代理人对类似本案抽屉协议的了解，A管委会作为第三方，能够保证B公司顺利摘牌的方式，通常情况下包括吓阻潜在竞争方或承诺部分返还土地出让价款两种，而无论是上述哪一种方式，都损害了潜在第三方公平竞标的权利，且双方规避商住用地必须通过公开竞价方式出让的强制性规定，擅自协议约定变更土地性质，违反了《物权法》第137条第2款[①]（现《民法典》第347条）的规定。尽管最终B公司主动放弃拍得案涉63.9亩土地，但双

① 《物权法》（已废止）第137条第2款规定："工业、商业、旅游、娱乐和商品住宅等经营性用地以及同一土地有两个以上意向用地者的，应当采取招标、拍卖等公开竞价的方式出让。严格限制以划拨方式设立建设用地使用权。采取划拨方式的，应当遵守法律、行政法规关于土地用途的规定。"

方关于保证B公司以挂牌起始价摘牌的约定本身违反了《合同法》第52条(现已被《民法典》第153条和第155条的内容所涵盖)的规定,因而自始无效,人民法院应当依职权予以审查。至于B公司提及的“履行治愈规则”,针对的仅是形式存在瑕疵的合同,对于无效合同,无论双方是否实际履行,都不影响对合同效力的认定。

因此,在上述条款无效的情况下,B公司无权依据“超出土地部门的挂牌起始价由甲方全额返还”的约定主张土地补偿款,A管委会已经支付的除27217960元以外的部分,B公司还应当予以返还。

另外,双方的上述约定实质上推高了案涉63.9亩土地的中标价格,已经损害了中标人中海集团的利益,中海集团极有可能会向A管委会主张索赔,如人民法院认定双方约定有效,A管委会将面临向两方赔偿的困境,造成A管委会的重大损失。

二、退一步说,即便上述合同条款有效,B公司也已经按《收回国有建设用地使用权协议书》的约定取得了92.79亩的土地补偿款27217960元,B公司无权依据《A占用乙市B公司土地补偿协议书》(以下简称《土地补偿协议》)和《A占用乙市B公司土地补充协议》(以下简称《补充协议》)另行主张土地补偿款

(一)双方关于“返还超出土地部门的挂牌起始价”约定的真实意思是为了有效吓阻、劝退潜在竞争者,并非对土地补偿的约定,对此B公司也当庭予以认可

如前所述,为了尽可能保证B公司以拍卖底价取得63.9亩土地,双方签署《土地补偿协议》,其目的显然是吓阻可能存在的潜在竞争者。根据B公司在庭审中的陈述,B公司认可,即使其以5亿元高价实际拍得案涉63.9亩地块,A管委会也无须返还超出挂牌起始价部分,因此双方的真实意思表示并非以“返还超出土地部门的挂牌起始价”为对B公司的补偿,B公司无权以此主张土地补偿款。

且63.9亩工业用地被收储后,B公司就无权再主张该土地的任何增值价款。案涉63.9亩土地溢价款3.9亿元系土地规划用途变更为商住用地后产生的增值利益,系通过市场公开竞价产生,属于国有利益,与A管委会或B公司均无关,双方即使约定由B公司享有土地溢价款,该等约定也必然无效。

(二)双方明确知晓相关约定存在重大法律、政策和市场风险,因此在签署《土地补偿协议》和《补充协议》后,双方实际已经通过《收回国有建设用地使用权协议书》再次明确土地补偿款系通过评估确定,与土地出让款无关

双方于2013年10月20日签署的《土地补偿协议》中约定,B公司将28.8亩道路地块无偿给予A管委会使用;在2015年6月30日的《补充协议》中,双方约定对28.8亩道路用地,A管委会按照原土地性质由评估公司评估后给予B公司一次性补偿。而2017年2月17日,甲市国土资源局与B公司签署《收回国有建设用地使用权协议书》,约定甲市国土资源局应根据评估结果向B公司支付92.79亩土地的土地补偿费27217960元。(见一审卷宗第73~80页)

由此可见,原《土地补偿协议》和《补充协议》中即使存在对土地补偿的约定,且人民法院认为相关约定有效,该等约定也已经被《收回国有建设用地使用权协议书》的约定所取代,甲市国土资源局已经按约向B公司支付了92.79亩土地对应的土地补偿款27217960元(见二审A管委会提交证据8、10、11,第26~52页、第54~57页),B公司无权主张其他土地补偿款。

(三)A管委会向B公司支付的7276万元并非基于认可原《土地补偿协议》和《补充协议》的效力,或认可B公司的主张,而是由于B公司持续上访对A管委会正常工作造成严重影响,并恶意阻挠中海集团开工建设,胁迫A管委会付款

B公司主张A管委会支付7276万元的行为根据"履行治愈规则"应视为对B公司主张的认可,但事实上双方并未达成一致,A管委会仅是迫于B公司上访、阻挠第三人开工建设的压力,基于维稳考虑暂时支付了部分款项,在A管委会向B公司的两次发函中,A管委会也始终强调,最终将通过"多退少补"的原则确定土地补偿款(见一审卷宗第89~90页)。

综上所述,甲市国土资源局支付27217960元土地补偿款后,B公司已经依约取得了应得的土地补偿款,其无权主张A管委会另行支付土地补偿款。A管委会已经支付的7276万元,根据双方约定的"多退少补"原则,B公司还应当返还。

三、再退一步说,即便《收回国有建设用地使用权协议书》无效,双方依据《土地补偿协议》和《补充协议》确定土地补偿款,B公司同意将92.79亩土地收储的对价,就是取得63.9亩土地变性之后的开发收益,而非B公司所称的差价补偿

(一)即便依据《土地补偿协议》和《补充协议》确定土地补偿款,根据双方签订的合同内容可以看出,B公司预期收益就是63.9亩土地变性后的相应开发收益

《土地补偿协议》第2条第1款约定:"乙方(B公司)将道路地块无偿给予甲方(A管委会)使用。"第2条第2款约定:"甲方(A管委会)保证协助乙方(B公司)将剩余土地用途变更为商住用地,并按照土地部门的挂牌起始价顺利摘牌,容积率为2.5。"《补充协议》第2条约定:"该地块63.9亩土地需按现行基准地价进行评估拍卖,摘牌时超出部分仍按照原协议执行;同时为顺利摘牌,由乙方(B公司)一次性摘牌。"第5条约定:"关于28.8亩道路用地,甲方(A管委会)需按照该土地原土地性质、由土地部门指定的评估公司出具的评估价格给予乙方一次性补偿。"(见一审A管委会提交证据1、2,一审卷宗第73~78页)

根据上述约定,2013年10月20日签订《土地补偿协议》时,双方同意,B公司无偿提供28.8亩土地,A管委会将63.9亩土地变性为商住用地,保证B公司以挂牌起始价拍得,B公司在该协议下实际取得的收益就是63.9亩商住用地的开发收益(扣除其支付的土地拍卖底价)。2015年6月30日,因土地容积率下调、土地拍卖底价上涨,双方签署《补充协议》变更了《土地补偿协议》的部分条款,约定28.8亩由无偿提

供变更为有偿提供,补偿方式为按照原土地性质评估后给予一次性补偿,并于2016年1月29日对全部92.79亩土地进行评估,于2016年4月10日支付92.79亩土地补偿款27217960元,其中,28.8亩土地对应补偿款为8447863.43元(见二审A管委会提交证据8、10、11,第26~52页、第54~57页)。

因此,如果不考虑最终双方实际履行的是甲市国土资源局与B公司签署的《收回国有建设用地使用权协议书》,以及《土地补偿协议》与《补充协议》无效的情形,双方在签署《补充协议》后达成的协议是,B公司同意由国土部门收储92.79亩土地,以换取63.9亩土地的后续开发收益。

(二)双方关于"若甲方不能保证乙方按照土地部门的挂牌起始价摘得剩余地块,则超出土地部门的挂牌起始价部分全额返还"的约定,并非在第三方摘得案涉地块情况下对于92.79亩土地的差价补偿,而是对于乙方超出挂牌起始价摘牌的补偿

首先,该条款是违约条款,需结合《土地补偿协议》第2条第2款"甲方保证协助乙方将剩余土地用途变更为商住用地,并按照土地部门的挂牌起始价顺利摘牌"的约定进行理解。从第2条第2款的约定来看,双方的真实意思是确保B公司"以挂牌起始价"拍得案涉63.9亩土地,而鉴于案涉土地系通过挂牌出让,在无法排除所有竞争者的情况下,A管委会同意在B公司以超出挂牌起始价的价格拍得63.9亩土地的情况下,对于B公司多支出的土地出让价款进行返还。

其次,根据B公司在庭审中承认,双方于2013年10月20日签订《土地补偿协议》时,案涉地块根本无人问津,双方的预期就是B公司直接以拍卖底价摘牌,或在有个别竞争对手参与竞拍,B公司以略高于拍卖底价(正常情况下不会高于拍卖底价的30%,至多不高于拍卖底价的50%)的价格拍得案涉63.9亩土地的情况下,A管委会返还B公司实际拍卖价格与拍卖底价的差额。双方既然不可能预见到土地出让价款远远高于拍卖底价,甚至达到拍卖底价5倍价款的情况,又怎么可能在合同中约定所谓的差价补偿?这既不符合合同的原意,也不符合B公司自认的签约时的背景情况,人民法院不应予以采信。

(三)以《补充协议》鉴于条款为依据可以计算出B公司对63.9亩土地变性后的开发收益的预期,即在正常履约的情况下,B公司能够得到的最大收益不应超过7242万元

双方于2013年10月20日签署的《土地补偿协议》第2条第2款约定:"甲方保证协助乙方将剩余土地(即63.9亩)变更为商住用地……容积率为2.5。"2015年6月30日双方签署的《补充协议》鉴于条款表述为:"……在该地块规划实施当中,规划局要求该项目规划地块容积率由2.5调整为1.7,致使该地块63.9亩土地建筑面积减少约3.4万平方米,按每平方米收益1000元计算,该公司63.9亩土地供给减少收益3400万元……"

根据上述约定可知，在2013年10月20日双方签署《土地补偿协议》时，B公司可预见到的建设用地面积为63.9亩(合4.26万平方米)，规划容积率为2.5，建筑面积最高可达到4.26万平方米×2.5=10.65万平方米。按照B公司预计的每平方米收益1000元计算，总收益最高不应超过10.65万平方米×1000元/平方米=10650万元。而在双方签署《补充协议》时，B公司可预见到的总收益已经降为4.26万平方米×1.7×1000元/平方米=7242万元(需要说明的是，规划容积率降低系正常商业风险，不应由A管委会承担)。考虑到B公司需要承担的开发风险，以及需要承担的30%~60%土地增值税，B公司实际能够取得的收益应当低于预期最高收益。

(四)即便B公司拍得案涉地块，其开发收益也不可能达到B公司庭审中所说的4亿元。B公司一方面主张不想拍得案涉地块，参与竞拍只是为了履行协议；另一方面又主张拍得案涉地块能够取得巨大的开发收益，显属自相矛盾，其主张不应被采信

B公司的一名代理人在庭审中主张，如果B公司拍得案涉地块，开发收益可以达到4亿元。但其另一名代理人在庭审中同时主张，B公司实际并不想拍得案涉地块，如果不是因为基于合同约定迫不得已，B公司都不愿意参与竞拍。B公司代理人的两次主张显然自相矛盾，如果拍得案涉地块可以达到如此巨额收益，那么B公司没有任何理由主动退出竞拍。

案涉63.9亩(合4.26万平方米)土地按出让时容积率1.7测算，建筑面积应为7.242万平方米，以住宅为例，根据百度查询，甲市经济开发区在售楼盘买卖均价为8500元/平方米，低于甲市全部区域的均价10160元/平方米(见附件甲市楼盘销售价格)，均远低于B公司代理人在庭审中主张的20000元/平方米。即便按照甲市整体平均价格10160元/平方米计算，B公司开发后的总收入应为10160元/平方米×72420平方米=735787200元。根据B公司的自认，其如果拍得案涉地块，A管委会无须向其返还任何差价，那么仅扣除土地出让价款5亿元(不含交易费、契税、印花税)，B公司的收益就仅剩余2.36亿元。考虑到前期报建费、土地及配套设施、管理、营销、财务、税费等各项费用，单位建筑面积成本至少3000元/平方米(B公司在庭审中主张成本4000元/平方米~5000元/平方米)，合计21726万元，B公司的收益尚不足2000万元。

综上所述，双方签署《土地补偿协议》和《补充协议》时，B公司能够取得的最高收益预期不超过7242万元，而从目前拍卖价格来看，即便B公司顺利拍得案涉土地，其收益也没有超过签约时的最高预期。因此，B公司主张92.79亩土地的对价就是3.9亿元，显然与双方的真实意思表示不符。且在B公司已经取得超过1亿元土地补偿款的情况下，如果人民法院判决A管委会继续支付土地补偿款的，将会造成国有资产的重大流失，A管委会的相关负责人势必会被追究刑事责任。

四、鉴于土地拍卖价格出现了双方在订立合同时无法预见的大幅上涨，且B公司

系出于自身放弃拍得案涉63.9亩土地,因此A管委会不应承担任何违约责任,B无权基于其对原合同的错误理解主张全部土地溢价款

(一)合同履行过程中,第三方以畸高的价格拍得案涉土地,属于双方都无法预见的情形

根据双方在庭审中陈述,双方均认可最终中海集团以5亿元的高价拍得案涉63.9亩土地系双方在订立合同时无法预见的情形。如前所述,B公司也认可签约时双方都认为案涉地块的拍卖不存在竞争,双方预期是B公司以拍卖底价或略高于底价的价款拍得案涉63.9亩土地。B公司同时承认其系基于自身资金不足、无力开发的原因在竞拍过程中主动放弃拍得案涉63.9亩土地,进一步佐证了客观情况发生了重大变更,原协议已经不具备继续履行的条件,因此A管委会不应按照《土地补偿协议》约定承担违约责任。

(二)A管委会已经向B公司支付超过1亿元的土地补偿款,已经超出B公司签约时的最大预期收益,足以弥补B公司的全部损失

如前所述,双方签署《土地补偿协议》和《补充协议》时,B公司同意由甲市国土资源局收储全部92.79亩土地的对价是取得63.9亩土地变性后的开发收益,而该等收益最高也不应超过7242万元。考虑到B公司开发风险和房屋买卖过程中需要承担的30%~60%土地增值税,B公司实际能够取得的收益应当低于7242万元。

鉴于B公司目前已经取得的土地补偿款达到100446462元(包括甲市国土局支付土地补偿款27217960元、鑫诚恒业代为支付地上物补偿款468502元及A管委会支付土地补偿款7276万元),在B公司主动放弃拍得63.9亩土地的情况下,A管委会已支付的款项已经超过了B公司的预期最高对价,因此B公司不存在任何损失,也无权继续主张补偿。

(三)再退一步说,在《土地补偿协议》和《补充协议》没有约定的情况下,A管委会至多可以根据双方之前暂时达成的协议,参照即国资优〔2017〕6号、即国资优〔2017〕7号文件对B公司进行补偿

A管委会与B公司于2017年12月就土地补偿事宜进行谈判后,双方达成方案,暂按即国资优〔2017〕6号文件支付土地补偿(见一审B公司提交证据6,一审卷宗第89~90页),而即国资优〔2017〕7号文件系对即国资优〔2017〕6号文件的补充与细化,因此,A管委会至多可以参照即国资优〔2017〕6号、〔2017〕7号文件对B公司进行补偿。根据即国资优〔2017〕7号文件,对于闲置出让用地,土地补偿费和地上附着物可不经过上述评估方式确定,经土地权利人申请,土地补偿费可以按照变更规划用途重新招拍挂后增值收益的50%确定,增值收益为土地成交价格扣除按规定应计提的各项基金及相关费用(不含补偿费)。按照该规定,本案案涉63.9亩土地增值收益为252951213元(即土地成交价500008313元-计提基金247057100元=252951213

元),28.8 亩土地增值收益为 0 元,因此 92.79 亩土地补偿费应为整体增值收益的 50%,即 126475606.5 元,扣除 B 公司实际已经取得的土地补偿款 100446462 元,A 管委会仅需另行支付 26029144.5 元。

至于 B 公司提出的抗辩,主张案涉地块系由于政府方原因导致 2006 年至 2013 年没有进行开发,因此并非闲置土地,主张应当就 92.79 亩而非 63.9 亩土地增值收益的 50% 计算,主张即国资优〔2017〕7 号文件不应适用于 2013 年的协议,主张应计提基金不包括可能返还 A 管委会的部分基金等。A 管委会认为,首先,B 公司未提交任何证据证明案涉 92.79 亩土地闲置长达 7 年时间系由于政府方原因导致;其次,根据即国资优〔2017〕7 号文件,应按照土地变更规划用途重新招拍挂之后的增值收益的 50% 计算土地补偿款,案涉 92.79 亩土地中,只有 63.9 亩土地进行了重新招拍挂,存在增值收益,剩余 28.8 亩的规划用途是道路建设,因此不存在任何增值收益,计取土地补偿款没有依据;再次,即国资优〔2017〕6 号、〔2017〕7 号文件虽然于 2017 年作出,但双方在往来函件中同意暂按即国资优〔2017〕6 号文件确定土地补偿款,因此可以参照该文件;最后,关于可能返还 A 管委会的各项基金,根据国务院、省、市的规定,无论是 B 公司提及的地铁基金、交通基金、水利基金,还是剩余的农业土地开发基金、国有土地收益基金、廉租住房保障金、教育基金,都属于专项基金,不得随意挪用。以农业土地开发基金为例,根据《国务院关于将部分土地出让金用于农业土地开发有关问题的通知》的规定,农业土地开发专项基金应当纳入财政预算,实行专项管理,设立专账分账核算,挪用专账资金的,应当追缴并追究有关人员的责任。因此,无论基金是否上交省、市,A 管委会都无权挪用,因此应当按照即国资优〔2017〕7 号文件规定扣减全部基金后确定增值收益,并确定土地补偿款。

综上所述,双方关于"保证乙方按照土地部门的挂牌起始价顺利摘牌"和"超出土地部门的挂牌起始价由甲方全额返还"的约定无效,B 公司不但无权主张 A 管委会依据其对合同的错误理解支付土地补偿款,还应当返还 A 管委会已经支付的 7276 万元。即便人民法院认定上述约定有效,由于 B 公司系主动放弃拍得案涉 63.9 亩土地,且 A 管委会已经充分补偿 B 公司,B 公司不存在任何损失,因此 B 公司无权要求 A 管委会承担违约责任。

上诉人:A 管委会

代理律师:×××

2019 年 12 月 19 日

【二审判决书】

中华人民共和国最高人民法院
民事判决书

(2019)最高法民终9××号

上诉人(一审原告):乙市B公司。住所地:××省乙市甲市×××。

法定代表人:韩某,该公司董事长。

委托诉讼代理人:×××,×××律师事务所律师。

委托诉讼代理人:×××,×××律师事务所律师。

上诉人(一审被告):××省××经济开发区管理委员会。住所地:××省×××××。

负责人:刘某,该管委会主任。

委托诉讼代理人:袁律师,北京××律师事务所律师。

委托诉讼代理人:李律师,北京××律师事务所律师。

上诉人乙市B公司(以下简称B公司)因与上诉人××省××经济开发区管理委员会(原为××省级经济开发区A管理委员会,以下简称开发区管委会或A管委会)合同纠纷一案,不服××省××人民法院(2018)×××第204号民事判决,向本院提起上诉。本院受理后依法组成由审判员张××担任审判长,审判员××、×××参加合议的合议庭公开开庭审理了本案,法官助理×××协助办理本案,书记员×××担任法庭记录。上诉人B公司的委托诉讼代理人×××、××,上诉人A管委会的委托诉讼代理人袁华之、李颖超到庭参加了诉讼。本案现已审理终结。

B公司上诉请求:1.请求依法在原审判决第一项的基础上改判开发区管委会再行支付74339713.88元;2.一、二审诉讼费用由开发区管委会负担。事实与理由:原审判决未按照当事人在合同中的约定判令开发区管委会向B公司支付超出挂牌起始价的全部价款,主动扣减了19%的上交财政比例的74339713.88元,违反了当事人在合同中约定的本意,应当予以纠正。根据《A占用乙市B公司土地补偿协议书》(以下简称《土地补偿协议》)第3条和《A占用乙市B公司土地补充协议》(以下简称《补充协议》)的约定,开发区管委会应当将超出土地部门的挂牌起始价部分全额返还给B公司,这是双方当事人的真实意愿,应当予以尊重。原审判决以超出当事人订立合同时可预见的范围为由,主动扣减19%的上交财政资金,违反了当事人的合同约定。

开发区管委会答辩称,双方关于"保证乙方按照土地部门的挂牌起始价顺利摘牌"及"超出土地部门的挂牌起始价由甲方全额返还"的约定无效,B公司不但无权主张A管委会依据其对合同的错误理解支付土地补偿款,还应当返还A管委会已经支付的7276万元。即便人民法院认定上述约定有效,由于B公司系主动放弃拍得案涉63.9亩土地,且A管委会已经充分补偿B公司,B公司不存在任何损失。请求驳回B公司的上诉请求。

开发区管委会上诉请求:1.依法撤销(2018)×××第204号民事判决书,改判驳回B公司的诉讼请求。2.依法判令本案一、二审诉讼费用由B公司承担。事实与理由:上诉人开发区管委会与B公司合同纠纷一案,一审法院认定事实错误,适用法律不当。理由如下:一、关于《土地补偿协议》和《补充协议》的效力问题。(一)双方签订的《土地补偿协议》和《补充协议》部分条款已违反法律强制性规定,应认定无效。《土地补偿协议》第2条第2款约定:"甲方保证协助乙方将剩余土地用途变更为商住用地,并按照土地部门的挂牌起始价顺利摘牌,容积率为2.5。"第3条第2款约定:"若甲方不能保证乙方按照土地部门的挂牌起始价摘得剩余地块,则超出土地部门的挂牌起始价部分由甲方全额返还给乙方。"《补充协议》第2条约定:"该地块63.9亩土地需按现行基准地价进行评估拍卖,摘牌时超出部分仍按照原协议执行;同时为顺利摘牌,由乙方一次性摘牌。"上述约定,因违反《土地管理法》第56条、《城市房地产管理法》第18条、《建设用地容积率管理办法》第4条、《招投标法》第55条、《合同法》第52条第2项的强制性规定而无效。具体分析如下:1.根据《土地管理法》第56条、《城市房地产管理法》第18条的规定,改变土地用途,需经城市规划行政主管部门、土地行政主管部门同意并报原批准用地的人民政府批准。因此,《土地补偿协议》第2条第2款约定:"甲方保证协助乙方将剩余土地用途变更为商住用地"的约定无效。2.根据《建设用地容积率管理办法》第4条的规定,改变容积率,属于人民政府城乡规划主管部门的主管范畴。因此,《土地补偿协议》第2条第2款"甲方保证协助乙方……容积率为2.5"的约定无效。3.《土地补偿协议》第2条第2款约定:"按照土地部门的挂牌起始价顺利摘牌",违反《招投标法》的强制性规定,损害不特定的其他投标者的利益。根据《招投标法》第55条、《合同法》第52条第2项的规定,该约定无效。4.《土地补偿协议》第3条第2款约定:"若甲方不能保证乙方按照土地部门的挂牌起始价摘得剩余地块,则超出土地部门的挂牌起始价部分由甲方全额返还给乙方",该条款属于违约条款。首先,因《土地补偿协议》第2条第2款约定的基础条款无效,故本条款约定的违约条款亦属无效。其次,该地块经过规划部门变更土地用途,调整容积率,土地大幅增值。在B公司未按照法律规定履行审批手续并补交因变更土地用途而调整的土地使用权出让金的情况下,双方约定将土地升值部分及拍卖溢价部分全部支付给B公司,根据《合同法》第52条第2项的规定,该约定无效。一审法院一方面认定双方对于开发区管委会保障B公司以挂牌起始价取得案涉土地的效力存在争议,另一方面又认定双方基于上述基础条款约定的违约条款有效,逻辑错误,互相矛盾,侵害开发区管委会的合法权益,将造成国有资产的流失。(二)一审法院以推定的方式曲解双方签订合同有关条款的本意,造成国家财产的重大流失。1. 双方约定《土地补偿协议》第2条第2款、第3条第2款的背景和原因。当时地产市场仍处于低迷期(2013~2015年两年内,新区已进储备库的土地无投资商问津投资开发。期间,为加快推进新区土地出让,回笼新区建设资金,新区推出了招商激励政策,对成功引进投资开发商,最终经过招拍挂程序出让土地的部门和个人给予1000元/亩的奖励。同时书面请示市政府安排相关部门,帮助解决拍卖出让中的瓶颈问题,畅通拍卖渠道,尽快完成捆绑储备用地的拍卖出让,确保储备用地及早完成拍卖出让和新区建设的顺利推进。2015年2月5日,新区对位于潍蓝路以北的106亩住宅用地进行拍卖,结果无人参与竞拍,由新区下设的国有公司摘牌。因此,《土地补偿协议》第2条第2款、第3条第2款约定:"若甲方不能保证乙方按照土地部门的挂牌起始价摘得剩余地块,则超出土地部门的挂牌起始价部分由甲方全额返还给乙方。"双方的上述约定,是基于招商激励目的,真实意思表示是要求B公司拍中案涉土地,故承诺其实际履行的拍卖成交总价款仅为挂牌起始价。2. 即使法院认定双方合同有效,也应当按照合同约定严格履行,一审法院以推定的方式曲解双方签订合同有关条款的本意,与事实严重不符。根据双方签订合同的真实意思表示,即使暂且将《土地补偿协议》和《补充协议》的上述条款认定为有效,因B公司未按照协议约定摘牌,已构成违约,所以其无权主张"返还"土地溢价款及相应利息。(1)双方签订的《土地补偿协议》第3条第2款约定:"若甲方不能保证乙方按照土地部门的挂牌起始价摘得剩余地块,则超出土地部门的挂牌起始价部分由甲方全额返还给乙方。"首先,报价摘牌只能由B公司在拍卖中竞价完成。B公司在拍卖中最终未能报价摘牌,属于对自己权利的放弃,不得要求开发区管委会返还溢价部分。其次,根据双方协议约定,超出挂牌起始价部分由开发区管委会"返还"给B公司。从该条款的文字表述可见,"返还"的前提是"支付"。而B公司并未摘得涉案土地,其当然不会"支付"拍卖价款。没有"支付"的前提条件,当然不存在"返还"的结果。因此,即使双方协议的上述条款有效,也因B公司违约而不得适用。(2)双方签订的《补充协议》第2条约定:"该地块63.9亩土地需按现行基准地价进行评估拍卖,摘牌时超出部分仍按照原协议执行;同时为顺利摘牌,由乙方一次性摘牌。"从该约定可见,双方已经预见到可能因涉案土地拍卖竞争激烈而导致成交价超出起始价的情形,故约定由B公司一次性摘牌,属于B公司应当履行的义务。B公司不但没有充分研判涉案土地拍卖形势,并报出合理的价格确保顺利摘牌,反而在最后竞价中主动放弃报价,明显构成违约。因B公司自身违约造成其未摘得涉案土地的损失,依法不当由开发区管委会承担责任。因此,B公司在并未按照协议约定摘牌并"支付"土地拍卖价款的情况下,要求开发区管委会按照其摘牌付款的情形向其"返还"土地拍卖溢价款,缺乏事实和法律依据,依法应予驳回。一审法院认为:“对于A管委会占用B公司土地后,将该土地转性出让给B公司履行不能情况下的一种替代补偿方式,双方的真实意思表示为土地使用权原为B公司所有,基于道路占地并将剩余土地使用权转性后的收益归属B公司。”一审法院的上述认定,以推定代替双方合同的明确约定,严重违背了双方签订合同有关条款的本意,侵害了上诉人的合法权益。此外,开发区管委会按照城市规划修建道路占用B公司土地的行为,已经由双方签订的《补充协议》约定由无偿使用变更为有偿使用,进一步证明一审法院“基于道路占地并将剩余土地使用权转性后的受益归属B公司”的认定是错误的。3.一审判决严重损害上诉人的合法权益,造成国家财产的重大流失。根据《土地管理法》第47条的规定,征收土地的,按照被征收土地的原用途给予补偿。自协议签订后,开发区管委会为缓解B公司资金紧张,避免引发社会矛盾,已经陆续向B公司支付土地补偿款7276万元(开发区管委会分别于2015年9月25日向B公司支付500万元,于2015年10月19日向B公司支付200万元,于2016年1月29日向B公司支付76万元,于2017年9月30日向B公司支付500万元,于2017年12月27日向B公司支付4000万元,于2018年5月19日向B公司支付2000万元,以上共计7276万元)。此外,××区土地收储国土局依据《收回国有建设用地使用权协议书》向B公司支付土地补偿款2721.7960万元。综上,B公司已获得土地补偿款共计9997.796万元。根据开发区管委会第13次、第28次、第38次、第41次办公会议纪要的规定,支付上述款项的前提是,待区委、区政府专题研究或司法途径确定后,按照“多退少补”的原则进行补偿,开发区管委会对超过有关规定支付的款项,保留依法追回的权利。二、关于双方争议的付款数额776万元的性质问题。《乙市B公司土地补偿协议之补充协议二》(以下简称《补充协议二》)的内容充分说明自2015年9月开始开发区管委会基于善意履行合同,同时为缓解B公司资金紧张,避免引发社会矛盾,预先向B公司支付土地补偿款,截至2018年5月已经向B公司支付土地补偿款共计7276万元。其中包含2015年9月25日向B公司支付的500万元,于2015年10月19日向B公司支付的200万元,于2016年1月29日向B公司支付的76万元。关于该笔款项的定性,B公司并未提交任何证据,一审法院片面支持B公司主张的该笔款项属于容积率减少所形成,毫无事实依据。三、关于拍卖所得土地出让金须上交财政的资金比例问题。一审法院“对于上交款项的认定,应当按照B公司所自认的19%的比例予以扣减”的认定错误。本案于2019年1月16日开庭后,根据庭审情况,开发区管委会已向一审法院提交了《甲市财政局关于经济开发区管委的协办意见》,该证据已充分证明:“扣除土地补偿费等储备费用2730.316万元、按规定提取土地相关基金24705.71万元(包括农业土地开发资金34.82万元、国有土地收益基金2500.04万元、社会保险储备金0万元、廉租住房保障金4723.57万元、农田水利建设资金4723.57万元、教育资金4723.57万元、地铁建设基金5000.09万元、预提交通建设基金3000.05万元)后,土地净收益为22564.8053万元。"一审法院按照B公司所自认的19%的比例对土地收益款予以扣减,严重背离事实,极大损害了国家利益,依法应予纠正。

B公司答辩称,《土地补偿协议》和《补充协议》系各方当事人的真实意思表示,内容不违反法律、行政法规的强制性规定,依法应当认定为合法有效。开发区管委会在已经开始履行合同的情况下,二审中提出合同无效的抗辩,意在规避自身的违约责任,有违诚信原则,依法不应予以支持。

××省××人民法院一审查明:2013年10月20日,B公司与A管委会签订《土地补偿协议》,主要内容为:因A管委会建设开拓×××路,需占用B公司位于××路北、××路东,土地用途为工业用地的国有用地。第1条补偿内容。即国用(2006)第549号国有土地使用证范围内涉及土地,A管委会共占有B公司土地28.8亩,B公司剩余63.9亩(最终以土地部门出具的勘测定界图为准)。第2条双方承诺。1.B公司将道路地块无偿给予A管委会使用,A管委会使用的土地在办理土地手续时B公司积极协助,包括盖章签字等。2.A管委会保证协助B公司将剩余地块土地用途变更为商住用地,并按照土地部门的挂牌起始价顺利摘牌,容积率为2.5。A管委会保证B公司在×××路、××路临路建设商业网点用房。3.在本协议签订后7日内,B公司应向A管委会交付道路地块,无条件积极配合办理相关手续。4.B公司竞得剩余地块,保证在半年内启动开发此地块,并向A管委会交纳开发保证金1000万元,待B公司启动开发后A管委会一次性全额返还给B公司。第3条违约责任。1.B公司如不能按照本协议约定将该地块交付给A管委会,则每拖延一天,B公司应按照拖延施工进度给A管委会所造成损失的金额双倍给予赔偿。2.若A管委会不能保证B公司按照土地部门的挂牌起始价摘得剩余地块,则超过土地部门的挂牌起始价部分由A管委会全额返还给B公司。3.B公司在半年内不能开发剩余地块,A管委会将根据相关法规收取B公司土地闲置费,并不返还B公司交纳的开发保证金,如二年内仍不能开发剩余地块,A管委会将有权依法收回B公司竞得的剩余地块。协议签订后,B公司将道路地块交付A管委会。

2015年6月30日,A管委会与B公司签订《补充协议》,主要内容为:鉴于A管委会规划建设的×××路占用B公司位于××路北、××路东,土地用途为工业用地的28.8亩国有用地,经双方协商于2013年10月20日签订《土地补偿协议》,协议约定:B公司将28.8亩道路地块无偿给予A管委会使用;A管委会保证协助B公司将剩余地块用途变更为商住用地,并按照土地部门的挂牌起始价顺利摘牌,容积率为2.5。但在该地块规划实施当中,规划局要求该项目规划地块容积率由2.5调整为1.7,致使该地块63.9亩土地建筑面积减少约3.4万平方米,按每平方米收益1000元计算,该公司63.9亩土地共计减少收益3400万元。加之B公司将28.8亩道路用地无偿提供给予A管委会使用,致使B公司32000余平方米无法建设,按每平方米收益1000元计算,B公司减少收益3200万元。同时按该地块2014年地级由三级提升至一级,现在招拍挂每亩评估价格为160万元左右,每亩价格招拍挂增加30万元左右,63.9亩土地共计增加1900多万元。上述三原因致使B公司总计减少收益8500多万元。为此,B公司提出对原协议进行补充,经双方协商,签订下列补充条款:一、A管委会协助B公司争取市规划部门和市政府支持通过该公司的房地产开发设计方案,确保其在×××路、××路商业网点用房面积。二、该地块63.9亩土地需按现行基准地价进行评估拍卖,摘牌时超过部分仍按照原协议执行;同时为确保顺利摘牌,由B公司一次性摘牌。三、A管委会负责为B公司建设项目办理基础设施配套费缓缴手续,并在基础设施配套费缓缴的前提下负责办理B公司建设项目的施工许可证。基础设施配套费待B公司项目取得预售许可证4个月内付清。四、经过小区外墙道路的硬化、绿化、景观由A管委会负责投资建设,并将各类管网(给水、排水、燃气、供暖气及强弱电)配套至B公司小区用地红线,所需费用及手续由A管委会负责。否则B公司可自行施工建设,所有投入由A管委会负担。五、关于28.8亩道路用地,A管委会需按照该土地原土地性质、由土地部门指定的评估公司出具的评估价格给予B公司一次性补偿。

2017年2月17日,甲市国土资源局与B公司签订《收回国有建设用地使用权协议书》。因规划调整要求,甲市国土资源局收回B公司使用的国有建设用地。一、收回国有建设用地位置及面积:该土地位于××路东侧,土地证号为即国用(2006)第549号,土地面积为61859平方米(合92.79亩)。二、收回国有建设用地费用:土地补偿费27217960元,第三附着物补偿费0元,拆迁补助费0元,共计27217960元。三、交付土地时间:政府批准收回建设用地之日,即为B公司交付土地时间。待该宗地的处置资金到位后1个月内,将收回国有建设用地费用27217960元支付给B公司。

2017年7月13日,甲市国土资源局对案涉两宗土地进行公开拍卖,最终拍卖的JY17-5地块以楼面地价6721元/平方米成交,竞买总价163192601元;拍卖的JY17-6地块以楼面地价6702元/平方米成交,总金额336815712元。两宗地块都被C公司竞得,拍卖成交总价款为500008313元,挂牌起始价为108746661元,超出挂牌起始价391261652元。

拍卖成交后,双方以往来函件等形式进行沟通,B公司主张A管委会应支付土地溢价款391261652元。2017年12月22日,案外人A管委会向B公司出具《××省××经济开发区管理委员会关于给予乙市B公司预拨土地补偿款建议的函》,内容为:为妥善解决B公司92.79亩土地补偿事宜,A管委会成立的专题临时协调小组在征求国土、财政等单位意见的基础上,本着实事求是、切实为企业解决困难的原则,提出解决土地补偿的建议,并于12月21日下午办公会议通过,现将函告B公司,如无不同意见,按照以下建议进行补偿。1.由管委会专题临时协调小组牵头与B公司谈判,明确对方同意暂参照即国资优〔2017〕6号文件给予其土地补偿。同时要将前期拨付的土地补偿款共计3997.796万元扣除,剩余款项分两次拨付给B公司。B公司在收到首次拨款后保证配合现土地使用权人C公司开工建设。2.待区委、区政府专题研究B公司土地补偿后,按照区委、区政府的意见,本着"多退少补"的原则给予土地补偿。3.B公司如对土地补偿款数额有异议,建议通过司法诉讼途径解决。4.以上建议方案需管委会专题临时协调小组成员和B公司谈判,达成一致意见后签订备忘录。

2017年12月26日,A管委会向B公司出具《关于给予乙市B公司预拨土地补偿款的回复函》,内容为:B公司于2017年12月25日提交的《乙市B公司关于××省级经济开发区管理委员会预拨土地补偿款建议函的回复函》已收悉。A管委会于2017年12月26日上午召开了开发区管委会第41次办公会议就补偿方案再次进行了研究,现将意见函复如下:1.A管委会暂参照即国资优〔2017〕6号文件给予土地补偿,同时将前期拨付的土地补偿款共计3997.796万元扣除,剩余款项分两次拨付给B公司。为缓解B公司目前资金紧张状况,先行拨款4000万元补偿款,待区委、区政府专题研究或司法途径确定后,按照"多退少补"的原则,拨付剩余补偿款。2.A管委会先行拨付的4000万元补偿款要优先用于解决该土地事件涉及的经济问题,贵公司将付款计划提报A管委会审核通过后,拨付此款项。

2017年9月30日、2017年12月27日、2018年5月20日,A管委会分别向B公司支付500万元、4000万元和2000万元。

2018年7月19日,A管委会与B公司签订《补充协议二》,主要内容为:一、A管委会于本协议签署后5日内,向B公司拨付补偿款20000000元,B公司收款前需向A管委会开具合法有效的收据。二、B公司承诺,本补充协议第1条款约定的款项收到后,原协议中的未尽事宜在形成最终解决方案以前,不再向A管委会主张原补偿协议中的其他款项。三、双方就原协议履行过程中所产生的未尽事宜,B公司同意通过司法途径协商解决。

一审法院另查明,本案土地使用权拍卖后,应上交的款项比例为19%,A管委会已经向B公司支付的土地溢价款为65000000元。

2018年12月3日,B公司诉至一审法院,请求:1.判令A管委会立即向B公司返还土地溢价款326261652元,并支付相应利息(利息以未付土地溢价款为基数,按照中国人民银行同期贷款利率自2017年7月14日起计算至实际给付之日止);2.本案所产生的诉讼费、保全费、律师费、公告费等各项实现债权的费用由A管委会全部承担。

××省××人民法院一审认为,本案争议的焦点问题为:1.A管委会与B公司是否已经就案涉土地补偿问题达成最终协议;2.A管委会应否向B公司支付土地补偿款;3. A 管委会应支付的款项数额及利息的认定。

关于第一个焦点问题。A 管委会主张双方已经达成协议,由 A 管委会支付 B 公司 2000 万元款项,案涉土地使用权问题双方已协商解决,B 公司无权再主张权利。但是根据经审理认定的事实,对于该 2000 万元,双方仅仅约定的是由 A 管委会先行支付给 B 公司,并明确了 B 公司可向司法机关主张权利,该款项仅为双方约定 B 公司在提起诉讼前所获得的最后一笔款项,因此,该协议不具备可以证实双方已协商解决争议且 B 公司无权主张工程款的证明效力,故对于 A 管委会的该项主张,依法不予支持。

关于第二个焦点问题。《民法总则》第 156 条(现《民法典》第 156 条)规定:"民事法律行为部分无效,不影响其他部分效力的,其他部分仍然有效。"根据经审理认定的事实,A 管委会和 B 公司基于开拓道路用地问题达成协议,在 B 公司无偿提供道路使用土地后,作为对 B 公司的补偿,由 A 管委会负责将案涉剩余土地使用权由工业用地转为商住用地,并保障 B 公司以挂牌起始价取得案涉土地。案涉协议第 2 条第 2 款约定:"A 管委会保证协助 B 公司将剩余地块土地用途变更为商住用地,并按照土地部门的挂牌起始价顺利摘牌,容积率 2.5。"第 3 条第 2 款约定,"若 A 管委会不能保证 B 公司按照土地部门的挂牌起始价摘得剩余地块,则超过土地部门的挂牌起始价部分由 A 管委会全额返还给 B 公司"。尽管本案中双方对于 A 管委会保障 B 公司以挂牌起始价取得案涉土地的效力存在争议,但该约定并未得以实际履行,也未因该约定影响案涉土地使用权的拍卖秩序。双方对于 B 公司不能按照土地管理部门的挂牌起始价摘得剩余地块后,超出部分由 A 管委会返还给 B 公司的约定,实质上是对于 A 管委会占用 B 公司土地后,将该土地转性出让给 B 公司履行不能情况下的一种替代补偿方式,双方的真实意思表示为土地使用权原为 B 公司所有,基于道路占地并将剩余土地使用权转性后的受益归属 B 公司。该意思表示不违反国家法律、行政法规的强制性规定,不违背公序良俗,应认定有效。合同履行中,B 公司已经按照约定将自己名下的土地用于道路建设及交付甲市国土部门收储,不再享有案涉土地的任何权益。A 管委会基于该土地出让取得相应的土地使用权拍卖价款,A 管委会应当按照协议约定,将其持有的超出土地挂牌起始价的部分支付给 B 公司。A 管委会关于不应进行支付的理由不能成立,该院不予采信。

关于第三个焦点问题。尽管双方在协议中约定超出挂牌起始价的部分 A 管委会全额返还给 B 公司,但是基于案涉土地使用权竞拍中,拍卖价格大幅上扬,B 公司也主张由于价格太高无力开发,该情形系 A 管委会、B 公司在签订合同时难以预料到的变化,由于土地出让金包含需要上交财政的资金,如果全额支付,可能超出了双方订立合同时所能够预见的范围,将会给 A 管委会造成较大损失,也不符合双方所订立合同中由 B 公司享有案涉土地利益的本意。因此,A 管委会将所得土地溢价款支付给 B 公司时,应当扣除应上交的款项。对于上交款项的认定,根据双方在庭审中的举证,由于A管委会未按期提供其所掌握的资金及上交比例,应当按照B公司所自认的19%的比例予以扣减。对于拍卖起始价以内的部分,因已由B公司承担,不再扣减。超出起始价的部分,经双方确认数额为391261652元,扣减19%后,为316921938.12元,扣除已经支付的65000000元,为251921938.12元,A管委会应当支付给B公司。如A管委会认为还存在其他确应扣除的款项,可根据政府规定和双方协议另行主张扣减。对于利息的计算问题,因双方对先期支付的款项曾达成协议,在B公司主张司法救济前不再主张支付剩余款项,故案涉款项的利息计算,应以B公司提起本案诉讼时开始计算为宜,按照中国人民银行同期同类贷款基准利率计算至实际付清之日。对于B公司提出的保全费、律师费、公告费等诉讼请求,其未提供证据证明,缺乏事实依据,该院不予支持。

综上,依照《民法总则》第143条、第156条(现《民法典》第143条、第156条),《合同法》第60条、第107条(现《民法典》第509条、第577条)的规定,该院于2019年1月30日作出(2018)×××第204号民事判决:一、A管委会于本判决生效后10日内支付B公司款项251921938.12元及利息(自2018年12月3日起按照中国人民银行同期同类贷款基准利率计算至实际付清之日);二、驳回B公司的其他诉讼请求。如果未按本判决指定的期间履行给付金钱义务,应当按照《民事诉讼法》第253条的规定,加倍支付迟延履行期间的债务利息。一审案件受理费1673109元,由B公司负担573109元,由A管委会负担1100000元。

本院对一审法院查明的事实予以确认。

本院二审另查明:2017年5月8日,甲市国有资产优化处置工作联席会议办公室印发《甲市盘活闲置和低效利用土地工作规程的通知》(即国资优〔2017〕6号),主要采用政府收回纳入储备重新办理土地出让手续、协议收购或者嫁接改造等方式盘活闲置和低效利用土地,具体执行中的问题由该市国有资产优化处置工作联席会议办公室负责解释。2017年6月29日,甲市国有资产优化处置工作联席会议办公室印发《关于进一步鼓励盘活闲置和低效利用土地推动新旧动能转换的通知》(即国资优〔2017〕7号),载明:对政府收回纳入储备的闲置和低效利用出让土地以,经土地使用权人申请,土地补偿费和地上附着物补偿费可以按照变更规划用途重新招拍挂后增值收益的50%确定,原为划拨用地的按照增值收益的25%确定。增值收益为土地成交价格扣除按规定应计提的各项基金及相关费用(不含补偿费)等土地储备和出让成本后的余额。

2017年7月13日,案涉地块挂牌出让,B公司参与竞拍,至最后一轮放弃竞价,案涉地块被C公司竞得。就放弃竞拍的原因,B公司在二审庭审中述称,如果按照5亿余元的价格竞拍,其无力开发案涉地块。

2017年9月18日,甲市国土资源局向甲市财政局出具关于的情况说明:C公司竞得案涉土地使用权,成交总价款为 50000.8313 万元,扣除土地补偿费等储备费用 2730.316 万元、按规定提取土地相关基金 24705.71 万元(包括:农业土地开发资金 34.82 万元、国有土地收益基金 2500.04 万元、社会保险储备金 0 元、廉租住房保障金 4723.57 万元、农田水利建设资金 4723.57 万元、教育资金 4723.57 万元、地铁建设基金 5000.09 万元、预提交通建设基金 3000.05 万元)后,土地净收益为 22564.8053 万元。

2019 年 1 月 22 日,××省级经济技术开发区召开区委常委会会议,决定撤销 A 管委会,其资产财务、债权债务、经济合同和所属企业,由开发区管委会承接。

本院认为,本案二审争议的焦点问题是:B 公司的土地补偿款项应当如何确定。

本院认为,双方当事人签订的《土地补偿协议》《补充协议》《补充协议二》均系当事人的真实意思表示,其内容不违反法律、行政法规的强制性规定,依法应当认定为合法有效。上诉人开发区管委会关于《土地补偿协议》《补充协议》无效等上诉理由不能成立,本院不予支持。根据《土地补偿协议》的约定,B 公司将其受让的 28.8 亩土地无偿给予开发区管委会使用后,开发区管委会负有协助 B 公司将案涉 63.9 亩土地用途变更为商住用地并按照土地部门的挂牌起始价顺利摘牌,若开发区管委会不能保证 B 公司按照前述价格顺利摘得地块,则超过挂牌起始价部分由开发区管委会全额返还给 B 公司。前述协议签订后,B 公司如约将 28.8 亩土地交由开发区管委会使用,但开发区管委会在案涉 63.9 亩土地挂牌出让并实际收到出让金之后,未能依约向 B 公司支付土地补偿款,应当承担相应的违约责任。关于违约责任范围的确定问题,《合同法》第 113 条(现《民法典》第 584 条)规定:“当事人一方不履行合同义务或者履行合同义务不符合约定,给对方造成损失的,损失赔偿额应当相当于因违约所造成的损失,包括合同履行后可以获得的利益,但不得超过违反合同一方订立合同时预见到或者应当预见到的因违反合同可能造成的损失。”本案中,《土地补偿协议》签订于 2013 年 10 月 20 日,但案涉地块直至 2017 年 7 月 13 日才挂牌出让,在这期间,案涉地块的市场行情发生了双方当事人在缔约当时均不能预见的变化,以至于 B 公司自认其无力以竞拍成交价格进行商业开发。本案中,《土地补偿协议》和《补充协议》均是根据协议当时即 2013 年、2015 年土地市场行情和开发区管委会的通行补偿方法而签订的,这一点为双方当事人所不争。由此可见,从双方当事人作为理性商人的合理预期来看,上述协议签订时土地市场的供求行情是当事双方进行协议磋商的事实基础。因此,在土地行情已经发生了根本性变化的情况下,以 2017 年土地竞拍价格作为土地补偿款项的判断基准,确实超出了 B 公司和开发区管委会在订立合同时能够预见或者应当预见的范围,依法应当加以限缩。就本案中当事人在缔约时能够遇见或应当预见的补偿款项返还范围而言,根据双方当事人在本案中关于 2013 年和 2015 年当地土地市场的行情交投清淡的陈述,可以认定在《土地补偿协议》和《土地补充协议》签订之时,双方当事人能够预见的最大返还金额,不至于与挂牌起始价有较大幅度的偏离。上诉人B公司关于应当按照挂牌起始价与竞拍成交价的差额向其支付补偿款的上诉理由,并无相应的法律依据,本院不予支持。但从本案中当事人的协商过程来看,开发区管委会自愿根据《关于进一步鼓励盘活闲置和低效利用土地推动新旧动能转换的通知》(即国资优〔2017〕7号)确定的按照变更规划用途重新招拍挂后增值收益的50%向B公司支付土地补偿款,系其对自身权利的处分,本院予以尊重。据此,开发区管委会应当向B公司支付案涉土地的净收益为22564.8053万元的50%,即11282.4026万元,扣除开发区管委会已经支付的6500万元后,开发区管委会还需向B公司支付4782.40265万元,并应自一审起诉日即2018年12月3日之日起,按照中国人民银行同期贷款利率计付利息至实际支付日止。

综上,上诉人B公司的上诉理由不能成立,本院不予支持。上诉人开发区管委会的上诉理由部分成立,本院予以支持。原审判决认定事实基本清楚,但因适用法律错误,导致案件处理结果不当,本院予以纠正。依照《民事诉讼法》第170条第2项之规定,判决如下:

一、变更××省××人民法院(2018)×××第204号民事判决第一项为:××省××经济开发区管委会于本判决生效后10日内支付乙市B公司款项47824026.5元及利息(自2018年12月3日起按照中国人民银行同期同类贷款基准利率计算至实际付清之日止);

二、维持××省××人民法院(2018)×××第204号民事判决第二项。

如果未按本判决指定的期间履行给付金钱义务,应当按照《民事诉讼法》第253条规定,加倍支付迟延履行期间的债务利息。

一审案件受理费1673109元,由B公司负担77%,即1288294元,由开发区管委会负担384815元;二审案件受理费2086607元,由B公司负担1701792元,由开发区管委会负担384815元。

本判决为终审判决。

审 判 长　×××
审 判 员　×××
审 判 员　×××
2020年1月6日
法官助理　×××
书 记 员　×××

【再审答辩状】

再审答辩状

再审答辩人(一审被告、二审上诉人):××省××经济开发区管理委员会(原为××省级经济开发区A管理委员会)。

住所地:××市××区×××。

单位负责人:周某,××省××经济开发区管理委员会主任。

再审被答辩人(一审原告、二审上诉人):乙市B公司。

住所地:××市××区×××。

法定代表人:韩某,董事长。

答辩人××省××经济开发区管理委员会(原××省级经济开发区A管理委员会,以下简称A管委会)就贵院受理的其与再审申请人乙市B公司(以下简称B公司)合同纠纷一案[案号:(2021)最高法民申328号,以下简称本案]中,B公司提出的再审申请答辩如下,望合议庭予以采纳。

一、B公司未在二审判决发生法律效力后6个月内申请再审,贵院应当依法裁定驳回其再审申请

《民事诉讼法》第205条规定:当事人申请再审,应当在判决、裁定发生法律效力后6个月内提出;有本法第200条第一项、第三项、第十二项、第十三项规定情形的,自知道或者应当知道之日起6个月内提出。《最高人民法院关于适用〈中华人民共和国民事诉讼法〉审判监督程序若干问题的解释》第11条规定:人民法院经审查再审申请书等材料,认为申请再审事由成立的,应当进行裁定再审。当事人申请再审超过民事诉讼法第205条规定的期限,或者超出民事诉讼法第200条所列明的再审事由范围的,人民法院应当裁定驳回再审申请。

本案二审判决于2020年1月6日作出,A管委会于2020年3月30日收到二审判决书,B公司与A管委会同处于××经济开发区,收到二审判决的时间与A管委会应当基本一致。而根据B公司在《再审申请书》上的落款日期,B公司直至2020年12月31日才申请再审,显然已经超过《民事诉讼法》第205条规定的6个月再审申请期限,贵院依法应当裁定驳回其再审申请。

二、贵院在二审中事实认定正确,A管委会与B公司签订合同时双方均无法预见土地价格变化,本案的土地拍卖价格畸高并非由正常的市场行情、商业风险导致。B公司未拍得案涉土地的原因系B公司主动放弃,非A管委会责任

(一)案涉土地拍卖价格大幅上扬并非市场原因、商业风险导致,属于双方在签约时均不能预见的变化,贵院在二审中事实认定正确

A管委会与B公司于2013年签订《土地补偿协议》,2015年签订《补充协议》,从

上述协议约定及B公司二审陈述中可以看出,双方在签约时对于B公司拍得案涉土地的价格预期是等于或略高于起拍价,在签约时双方均认为案涉地块拍卖不存在竞争。而从2017年案涉土地拍卖的实际情况来看,案涉土地拍卖竞价者众多,最终的成交价已经是起拍价的整整5倍,高出了4亿元。从A管委会和B公司当庭陈述均可以看出,双方当事人对案涉土地价格变化如此之快是完全没有预期的。案涉土地价格的大幅上涨,显然已经超出了双方能够预见的市场原因、商业风险,B公司站在土地价格疯涨历史发生后的今天,以所谓的"全国性房地产价格上涨已经成为常识,是一个众所周知的市场规律"来掩盖本案案涉土地拍卖时双方对土地的价格上涨、案涉土地拍卖价格畸高毫无预期的事实情况,完全是颠倒是非黑白。B公司的主张与其二审当庭陈述相悖,也与客观事实不符,不应被采信。

(二)B公司在竞拍过程中主动放弃竞拍的违约行为是导致第三人拍得案涉土地、合同无法履行的根本原因,其应当承担相应的后果。案涉土地原性质为工业用地,××国土部门已经按照土地收储标准向B公司支付了土地补偿费,现B公司主张获得案涉土地按照商业、住宅土地性质拍卖而来的土地收益,实属不劳而获,违背了A管委会与B公司签约的本意

根据A管委会与B公司签订的《土地补偿协议》第3条第2款约定:"若甲方(A管委会)不能保证乙方(B公司)按照土地部门的挂牌起始价摘得剩余地块,则超出土地部门的挂牌起始价部分由甲方(A管委会)全额返还给乙方(B公司)。"即在案涉土地拍卖价格略高于挂牌起始价情况下,A管委会仍保证B公司以底价拍得案涉土地。然而B公司在竞拍过程中主动放弃竞拍土地,导致案外人拍得案涉土地,《土地补偿协议》的上述约定显然不适用于该等情形。B公司在二审中陈述,其放弃竞拍是由于"竞拍价格过高,无力开发案涉地块"。这一陈述一方面再次印证了B公司对于竞拍价格高达5亿元没有任何预期,另一方面也证明了B公司系基于其自身原因考虑放弃竞拍,导致合同无法履行,因此作为违约方,B公司无权要求A管委会按照其正常拍得土地的情形支付土地溢价款。

正如A管委会在二审中多次强调的,从《土地补偿协议》和《补充协议》约定来看,B公司需要承担的义务主要集中在竞拍取得案涉土地之后,即《土地补偿协议》第2条第4款约定:"乙方竞得剩余地块,保证在半年内启动开发此地块。"第3条第3款约定:"乙方在半年内不能开发剩余地块,甲方将根据相关法规收取乙方土地闲置费,并不返还乙方缴纳的开发保证金,如二年内仍不能开发剩余地块,甲方将有权依法收回乙方竞得的剩余地块。"B公司如果顺利拍得案涉土地,其首先要支付超过1亿元的拍卖底价,接着还需要在半年内投入大量资金对案涉土地进行开发,而基于房地产项目审批手续复杂、开发周期漫长、开发风险巨大的特点,加之房地产行业近年来并不景气,B公司投资开发可能需要承担极大的风险。而如果B公司主动放弃竞拍,不

但无须支付超过1亿元的拍卖底价,还能够得到远超土地拍卖底价的全部土地溢价款,且无须承担任何投资开发的风险,因此其未拍得案涉土地不但没有任何损失,反而获益巨大。而反观A管委会,其之所以与B公司签订《土地补偿协议》与《补充协议》,让出土地溢价部分的利益,根本目的是招商引资,盘活闲置土地,鼓励B公司在当地创造价值。B公司在无须投资、开发或承担任何风险的情况下仍然向A管委会主张全部土地溢价款,完全背离了双方签订合同的根本目的,B公司在不承担合同的主要后续开发义务的情况下却独享土地升值的巨大利润,将导致双方利益的严重失衡。

(三)A管委会依据即国资优〔2017〕6号文件精神、二审生效判决及维护社会稳定的考虑,已向B公司支付了高额款项,B公司就案涉土地已经获利高达1.5亿元,远超其签约时能够预见的最大利益

B公司在2003年至2013年取得案涉土地期间一直未按土地出让合同约定对案涉土地进行开发利用,案涉土地处于闲置状态长达10年,本就符合无偿收回土地使用权的条件。A管委会出于加快城市建设,对辖区内的低效利用土地进行重新规划处理,促进道路修建和通畅的目的,与B公司签署了《土地补偿协议》协商收回B公司闲置土地进行道路建设。同时,为了促进当地发展,A管委会的原意是希望案涉土地重新招拍挂后,B公司对案涉土地投资开发建设,符合即国资优〔2017〕6号文件精神及规定。

B公司将案涉土地闲置多年后,一方面取得了92.79亩工业用地的土地补偿款27217960元,另一方面又通过上访、阻挠第三人开工建设的方式从A管委会取得7276万元款项。二审判决生效后,A管委会依据即国资优〔2017〕6号文件精神以及出于尊重二审生效判决、维护社会稳定的考虑,已按照二审生效判决再次向B公司支付了4782万元及相应利息,至此B公司已经就案涉土地取得高达1.5亿元的款项,但B公司仍贪得无厌,再次通过再审试图主张2.78亿元的土地溢价款。B公司既未支付案涉土地出让金,又不承担案涉土地后续开发义务,妄图直接获取国有土地使用权的拍卖收益,是完全违背双方真实意思、空手套白狼的不诚信行为,不应得到贵院支持。

三、贵院在二审中适用法律正确,B公司的再审申请应当被驳回

(一)贵院在二审中适用《合同法》第113条(现《民法典》第584条)规定正确

正如前文所述,土地价格飙涨并不是市场规律,其变化之大任何人都无法预见。更何况在案涉土地拍卖时又出现B公司主动放弃竞拍土地,案外人以高出起拍价5倍的价格拍得案涉土地,前述情况均是B公司和A管委会在签订合同时无法预见也不应当预见的。因此,贵院在二审中适用《合同法》第113条(现《民法典》第584条)规定系适用法律正确。

(二)B公司的再审申请不符合合同约定和公平原则,B公司已经得到了远高于案涉土地按规定正常收储的土地补偿,若支持B请求,将导致严重给付失衡

如前所述,B公司就案涉地块已经取得高达1.5亿元的款项,相较于案涉土地收储前按照相关法律法规及客观市场评估价值的27686462元(案涉土地原土地性质为工业用地),A管委会已向B公司支付了B公司拥有案涉土地使用权按正常收储标准土地补偿款的5倍有余,B公司已获得了充分的土地补偿。案涉土地变更土地性质后,经过拍卖程序,其土地净收益仅为225648053元,相较于土地拍卖价格,其扣减比例达54.87%。而B公司罔顾土地收益需要扣除相应税款等事实,要求将土地拍卖价与起拍价的差价直接支付给B公司,若支持B公司请求,无疑是在支持B公司不劳而获的行为,B公司无任何依据获得案涉土地因土地性质变更而带来的收益。无论是法律规定还是我国对于土地政策的指导方针,B公司的主张都是与之背道而驰的。

(三)退一步讲,B公司自认"本案土地溢价款的支付属于合同义务,是基于双方协议约定的合同替代补偿方案",本案《土地补偿协议》和《补充协议》只约定了B公司拍得土地的情形,并没有约定B公司未拍得土地的处理条款,B公司主动放弃竞拍案涉土地导致合同无法履行不应当适用合同约定

B公司和A管委会在签订《土地补偿协议》和《补充协议》时只约定了B公司通过土地拍卖获得案涉土地使用权的情形,即《土地补偿协议》第3条第2款约定:"若甲方(A管委会)不能保证乙方(B公司)按照土地部门的挂牌起始价摘得剩余地块,则超出土地部门的挂牌起始价部分由甲方(A管委会)全额返还给乙方(B公司)。"合同并未约定在B公司未能拍得土地的情形下双方如何处理。从双方真实意思表示来看,在A管委会同意对B公司竞拍价格兜底,B公司仅需支付挂牌起始价的情况下,无论是A管委会还是B公司在签订《土地补偿协议》和《补充协议》时,都不可能预见到B公司放弃竞拍案涉土地,当然也不可能对此进行约定。双方能够预见到的,仅是存在第三方参与竞拍,导致拍卖价格略高于挂牌起始价,因此也只会约定拍卖价格略高于挂牌起始价情况下B公司取得案涉土地的解决方式。B公司面对案涉土地拍卖价格飙升的情形,哄抬土地价格后又放弃竞拍案涉土地,背离了双方签订合同时的真实意思表示,向A管委会要求土地拍卖所有收益,贪婪之心昭然若揭,其再审申请不应得到贵院支持。

综上所述,贵院在二审中认定事实、适用法律正确,B公司再审申请超过6个月期限,且无事实及法律依据,请求贵院依法驳回B公司的再审申请,维护A管委会的合法权益。

此致

中华人民共和国最高人民法院

××省××经济开发区管理委员会

代理人:×××

2021年3月25日

【再审裁定书】

中华人民共和国最高人民法院
民事裁定书

(2021)最高法民申328号

再审申请人(一审原告、二审上诉人):乙市B公司,住所地××省乙市甲市经济开发区。

法定代表人:韩某,该公司董事长。

委托诉讼代理人:×××,×××律师事务所律师。

委托诉讼代理人:×××,×××律师事务所律师。

被申请人(一审被告、二审上诉人):××省××经济开发区管理委员会,住所地××省××区。

负责人:周某,该管委会主任。

委托诉讼代理人:袁律师,北京××律师事务所律师。

委托诉讼代理人:李律师,北京××律师事务所律师。

再审申请人乙市B公司(以下简称B公司)因与被申请人××省××经济开发区管理委员会(原××省级经济开发区A管理委员会,以下简称开发区管委会)合同纠纷一案,不服本院(2019)最高法民终987号民事判决,向本院申请再审。本院依法组成合议庭对本案进行了审查,现已审查终结。

B公司申请再审称,原判决认定的基本事实缺乏证据证明、适用法律错误,依据《民事诉讼法》第200条第2项、第6项的规定申请再审,请求撤销本院(2019)最高法民终987号民事判决,依法再审。理由如下:(1)无证据证明土地行情超出了双方在订立合同时能够预见或者应当预见的范围,混淆了"商业风险"与"情势变更"的概念,事实认定错误,符合《民事诉讼法》第200条第2项应当再审的情形。(2)本案土地溢价款属于合同义务,而非违约损失赔偿,原判决错误适用《合同法》第113条(现《民法典》第584条)关于违约损失"不得超过违反合同一方订立合同时预见到或者应当预见到的因违反合同可能造成的损失"的规定,属于法律适用确有错误。

开发区管委会提交书面意见称,原判决认定事实、适用法律正确,开发区管委会与B公司签订合同时双方均无法预见土地价格变化,本案的土地拍卖价格畸高并非由正常的市场行情、商业风险导致。B公司未拍得案涉土地的原因系B公司主动放弃,而非开发区管委会责任。且B公司未在二审判决发生法律效力后6个月内申请再审,应当依法驳回其再审申请。

本院认为,根据案件事实和法律规定,B公司的再审申请超过法定申请再审期限,理由如下:

根据《民事诉讼法》第205条关于当事人申请再审,应当在判决、裁定发生法律效力后六个月内提出;有本法第200条第一项、第三项、第十二项、第十三项规定情形的,自知道或者应当知道之日起六个月内提出以及《最高人民法院关于适用〈中华人民共和国民事诉讼法〉的解释》第127条的规定,《民事诉讼法》第205条规定的6个月为不变期间,不适用诉讼时效中止、中断、延长的规定。经查,本院(2019)最高法民终987号民事判决书于2020年1月6日作出,当事人最后签收的日期为2020年3月30日即该判决书发生法律效力。B公司于2021年1月7日依据《民事诉讼法》第200条第2项、第6项的再审事由向本院申请再审,已经超过法定申请再审期限。

综上,B公司向本院申请再审未在法定期限内提出,依照《民事诉讼法》第204条第1款,《最高人民法院关于适用〈中华人民共和国民事诉讼法〉的解释》第395条第2款之规定,裁定如下:

驳回B公司的再审申请。

审 判 长　×××
审 判 员　×××
审 判 员　×××
2021年3月31日
法官助理　×××
书 记 员　×××

办案总结

律师在本案中的具体做法和办案经验如下:

一、充分收集案件材料，提交大量新证据，弥补一审证据不足的缺陷

根据与A管委会的充分沟通，本团队律师了解到，本案虽然争议金额高达3.26亿元，但一审法院仅开庭一次，且在开庭后14天就作出一审判决，导致A管委会在一审中准备时间不足、准备不充分，大量涉及基本事实的重要证据均未提交，最终导致一审判决对A管委会非常不利。为打好有准备之仗，首先，本团队律师在接受委托前赴现场勘验，实地考察案涉地块现状；其次，在接受委托后第一时间向二审法院申请阅卷，将一审卷宗、二审卷宗均予以调取；再次，根据一审情况向A管委会发出三次补充材料清单，充分收集案件相关材料；最后，与A管委会多次沟通，深入了解案件相关事实。在充分收集资料的基础上，本所律师梳理出6组共34份证据，包括各方协议、政府会议纪要、土地补偿款支付凭证、土地评估报告、拍卖出让公告、卫星遥感图片、公证书等，将案件基本事实充分予以展示。同时，为便于合议庭了解案件基本脉络，本团队律师还以思维导图的模式制作了大事记、上诉代理意见脉络图。

在二审审理中，B公司代理人以我方在二审中提交的证据不属于新证据为由请求合议庭不予采纳，合议庭考虑到新的证据对案件实体处理有直接影响，因此对我方进行训诫后对新证据予以审查和采信。需要说明的是，2020年5月1日起施行的《最高人民法院关于民事诉讼证据的若干规定》已经删除了原证据规则中第41条至第46条关于“新的证据”的规定，不再限制当事人在二审中提交证据。

二、不断完善诉讼策略，从多个角度争取合议庭认可

本团队律师从接受委托到本案正式开庭过程中，在团队内部多次就本案召开讨论会，在一次次的会议、模拟法庭中不断完善诉讼策略。为避免单一上诉理由无法得到合议庭认可而导致败诉，本团队律师准备了多重上诉理由，以逻辑顺序予以连贯，在前一个理由无法得到支持的情况下，以“退一步说”的方式争取下一个理由得到合议庭的支持。从逻辑顺序上，本团队律师以合同效力问题先行，然后以“一审判决与双方真实意思表示不符”“A管委会并非合同违约方不应承担违约责任”争取不承担违约责任，再以“B公司不履行合同后续义务却取得全部收益显失公平”“土地价格畸高系双方在签约时无法遇见的重大变化”“违约金过分高于实际损失”为由争取减少违约责任。最后，二审法院部分接受了我方的上诉理由，大幅调减了A管委会应付款项。从本案中可以看出，在制定诉讼策略时，应当尽量避免单一诉讼策略，以“组合拳”方式出击，给合议庭尽可能多的选择项，以便合议庭选取最合适的支持理由。

三、紧抓主要问题

本案为合同纠纷案件，双方主要的争议焦点是B公司未拍得案涉土地的情况下，A管委会是否应当向B公司支付成交价与拍卖底价的差额。

本团队律师认为，B公司未拍得案涉土地是由于土地价格发生了双方在签约时无法预见的大幅上涨，要求A管委会仍按照原约定支付差额超出了双方可以预见的损失的范畴。二审法院采纳了本团队律师的这一观点，对一审判决予以改判。

专家点评

本案在法律适用上的焦点问题是损失赔偿额的确定。《合同法》第130条(现《民法典》第584条)规定,“当事人一方不履行合同义务或者履行合同义务不符合约定,给对方造成损失的,损失赔偿额相当于因违约造成的损失,包括合同履行后可以获得的利益,但不得超过合同一方订立合同时预见到或者应当预见到的因违反合同可能造成的损失”。根据本案查明的事实,违约方为A管委会,应赔偿因其违约给B公司造成的损失。争议问题在于,B公司并未拍得案涉土地,在案外人以较高的溢价款拍得土地情况下,损失赔偿额如何确定?

在确定“损失赔偿额”时,应当首先确定“损失”的范围,损失包括“直接损失”和“间接损失”两部分,直接损失是现实的财产损失,间接损失又称为可得利益损失,指守约当事人失去了可以预期获得的利益。[①] 本案B公司主张A管委会应依照《土地补偿协议》约定以土地溢价款作为损失赔偿额的计算依据,根据本案事实,该主张系对间接损失的赔偿,并非对直接损失的赔偿。根据《土地补偿协议》的约定,其前提是B公司取得案涉土地的挂牌出让使用权,如B公司摘牌的价格高于挂牌价,则A管委会将溢价款赔付给B公司。该约定的情景如发生,B公司为取得土地多支付了费用,系B公司的直接损失。但案涉土地挂牌出让时,由案外人高价拍得,B公司并未取得土地,因此B公司在本案中的主张系对间接损失的主张。

审判实践中,在对间接损失进行赔偿时,尤其需注意限制性因素的适用。最高人民法院在《关于当前形势下审理民商事合同纠纷案件若干问题的指导意见》第10条中规定:“人民法院在计算和认定可得利益损失时,应当综合运用可预见原则、减损原则、损益相抵原则以及过失相抵规则等,从非违约方主张的可得利益损失总额中扣除违约方不可预见的损失、非违约方不当扩大的损失、非违约方因违约获得的利益、非违约方亦有过失所造成的损失以及必要的交易成本。……”据此,虽《民法典》规定的可预见原则对直接损失和间接损失都可使用,但在对间接损失进行赔偿时应当得到更为充分和广泛的适用。

本案代理律师充分运用了可预见原则提出限缩赔偿额的抗辩,也得到了最高人民法院的认可。本案在可预见原则的适用上具有典型意义,律师如能全面掌握可预见原则和其他相关原则在间接损失赔偿额计算和认定中的适用情形,可为当事人在间接损失赔偿额问题上提供更有效和全面的代理服务,亦可为法院辨法析理提供更准确的意见。

审核人、点评人:吴晨(北京律师智库重大复杂案件研究专家组副组长)

复核人:李学辉(北京律师智库重大复杂案件研究专家组民事二组组长)

---

① 参见法信网:《中华人民共和国合同法第一百一十三条释义》。转引自吴高盛主编:《〈中华人民共和国合同法〉释义及使用指南》,中国民主法制出版社2014年版。

合作建房关系还是土地使用权转让关系

——WFDA 公司与某部第二干休所合资、合作开发房地产合同纠纷案

争议焦点

案涉合同的性质、效力;情势变更下合同履行认定。

关键词

社会主义核心价值观　社会主义法治思想

案情简介

某部河东第二离职干部休养所(以下简称干休所)拟对坐落于 TJ 市某区 ××路 60 号 47107.5 平方米土地进行房地产开发,由干休所提供合作建房所需土地,由合作方出资,并按照约定比例,双方各自取得建成后房屋。通过竞价并经过某后勤部正式批复,天津 WFDA 房地产开发有限公司(以下简称 WFDA)成为干休所开发合作方。后双方发生争议,争议标的 13.2 亿元。具体如下:

2007 年 4 月,干休所与 WFDA 签订《合作建房协议书》,双方合作建房事项进入实质履行阶段。干休所未能及时将案涉土地原住户进行搬迁,导致土地使用权手续迟迟未能办理至 WFDA 名下,双方合同履行受阻。在此期间,双方针对合作开发房地产事项,通过向上级机关及天津市土地主管部门汇报、请示,试图推进合同履行。

经过双方共同努力,2013 年 6 月,合作开发房地产项目一期项目竣工交付,全部房屋交由干休所取得,干休所启动二期土地搬迁工作。

2016 年 3 月,干休所以政策要求为由,决定将二期土地供应方式由直接变更登记交付转换为交由土地管理部门以招拍挂方式交付。在此情况下,将导致出现巨额土地出让

金,且该出让金的受益主体仍然为干休所,双方对此产生巨大分歧。

分歧期间,干休所与 WFDA 进行了数十次会商,并请相关专家进行关于争议处理的论证,但针对巨额土地出让金的承担,最终双方仍然未能达成一致。2017 年,干休所坚持以招拍挂方式进行二期土地供应,经过数轮竞价,WFDA 最终以 13.2 亿元(12.3 亿余元军队空余地转让收入和 8000 多万元土地出让金)的价格竞得二期土地。

至此,在本次合作开发房地产过程中,干休所提供了一期土地,WFDA 提供了数亿元建设费用,建成一期房屋由干休所全部取得;干休所提供了二期土地,取得了 12.3 亿余元军队空余地转让收入,WFDA 需继续出资进行房屋建设。

WFDA 于 2017 年向某高级人民法院提起诉讼,某高级人民法院作出(2017)×民初×7 号民事判决,干休所与 WFDA 均不服,向最高人民法院提出上诉;最高人民法院经审理,作出(2018)最高法民终 853 号民事裁定书,裁定本案发回重审;某高级人民法院重审后,作出(2019)×民初 1×号民事判决,干休所与 WFDA 均不服,再次向最高人民法院提出上诉,WFDA 委托北京市乾坤律师事务所代理重审二审,本案经最高人民法院审理,作出(2020)最高法民终 439 号判决。干休所与 WFDA 均接受最高人民法院判决,并主动履行了判决义务。

案件历程

【一审判决书】(提供案例律所仅代理重审二审阶段)

某高级人民法院
民事判决书

(2019)×民初 1×号

原告:天津 WFDA 房地产开发有限公司,住所地天津市。

法定代表人:孙××,该公司董事长。

委托诉讼代理人:梅××,天津××律师事务所律师。

委托诉讼代理人:李××,天津××律师事务所律师。

被告:某部河东第二离职干部休养所,住所地天津市。

主要负责人:刘××,该干部休养所所长。

委托诉讼代理人:杨×,天津××律师事务所律师。

委托诉讼代理人:易××,天津××律师事务所律师。

原告天津WFDA房地产开发有限公司(以下简称WFDA公司)与被告某部河东第二离职干部休养所(以下简称某部第二干休所)合资、合作开发房地产合同纠纷一案,某高级人民法院于2018年5月8日作出(2017)×民初×7号民事判决。双方当事人均不服该判决,上诉至最高人民法院。最高人民法院于2018年12月29日作出(2018)最高法民终853号民事裁定,撤销(2017)×民初×7号民事判决,将本案发回重审。本院于2019年2月18日立案后,依法适用普通程序,公开开庭进行了审理。原告WFDA公司的委托诉讼代理人梅××、李××,被告某部第二干休所的委托诉讼代理人易××到庭参加诉讼。本案现已审理终结。

WFDA公司向本院提出诉讼请求:1.依法判令某部第二干休所向WFDA公司支付其缴纳的涉讼军队空余土地转让费13.2亿元;2.判令某部第二干休所以WFDA公司实际投资总额18766.7056万元为基数,给付WFDA公司自2013年12月9日至2017年2月7日的违约金6339.3931万元;3.诉讼费由某部第二干休所承担。事实和理由:WFDA公司于2006年7月15日通过竞拍方式获得与某部第二干休所合作建房资格。2007年4月28日,双方签订了《合作建房协议书》,约定:WFDA公司负责为某部第二干休所建设住宅投入所需的全部资金;双方按照WFDA公司68%、某部第二干休所32%的比例对土地及房屋进行分成;一期工程由WFDA公司全部出资建设,二期工程由WFDA公司开发建设。一期工程建成后的全部房屋均由某部第二干休所支配,WFDA公司在二期工程建成后还应无偿拨付给某部第二干休所地上房屋4604平方米,地下车位及库房不少于5523平方米,土地使用权及规划和各种审批手续由某部第二干休所负责,费用由WFDA公司承担。WFDA公司于2006年7月拨付了3005万元履约保证金。2008年10月WFDA公司委派施工队进入现场勘查之后,一期工程进入设计、审批程序。经双方配合,2012年5月经济适用房施工完毕达到交付条件后,某部第二干休所又要求WFDA公司对住宅进行精装修及绿化景观工程施工。WFDA公司被迫同意于2012年10月进入精装修阶段,又于2013年3月26日多投入2890余万元交付某部第二干休所用于房屋的精装修。WFDA公司历时7年投入巨资履行完毕全部合同义务,而某部第二干休所取得了42543.95平方米房屋,暂估值约为8亿元(不含土地价值)。某部第二干休所为此获得上级表彰及肯定,其应向WFDA公司无条件履行交付二期土地义务,但因其所辖干部及家属拒绝搬迁致使WFDA公司取得27164.8平方米土地权利不能实现,其行为构成违约,应按约定向WFDA公司支付违约金(详见违约金计算方法)。为配合某部第二干休所工作,WFDA公司签订了协议书及相关文件,满足了某部第二干休所的要求,获取了27164.8平方米土地竞得人资格。此时,某部第二干休所应无条件将土地交付给WFDA公司,但其拒绝履行义务并要求WFDA公司先交纳国家收益8292.796万元。此外,某部第二干休所还要求WFDA公司先向其交纳113707204元土地拍卖价款,否则拒绝履行合同义务。综上,双方签订的《合作建房协议书》、《合作建房补充协议书》(以下简称《补充协议》)及《会议纪要》等一系列文件均符合法律、法规规定,合法有效。WFDA公司依约履行了全部义务,某部第二干休所享受了全部权利,WFDA公司应取得27164.8平方米的土地使用权或者拍卖收益,而某部第二干休所拒绝履行义务,严重侵犯了WFDA公司的合法权益。为维护自身合法权益,恳请法院支持WFDA公司的诉讼请求。

某部第二干休所辩称:1. WFDA公司要求某部第二干休所向其支付13.2亿元军队空余土地转让费的主张不应得到支持。某部第二干休所与WFDA公司签订的《合作建房协议书》和《补充协议》均属于合资、合作开发房地产合同。因WFDA公司不具备房地产开发经营资质且未经地方政府批准而无效。13.2亿元是WFDA公司应当支付的挂牌出让"二期"土地的款项,是WFDA公司依据招拍挂相关合同应当支付的款项,与合作建房协议之间没有关联。WFDA公司自愿参加"二期"土地使用权竞买以及案外人河南WL置业有限公司(以下简称河南WL公司)在WFDA公司参加竞买前转让了其所持有的WFDA公司全部股份的行为,均表明"二期"土地招拍挂与本案所涉合作建房无关。2. 某部第二干休所不存在逾期搬迁的违约行为,因此不应承担支付违约金的责任。"一期"工程交付使用后6个月内未完成"二期"地块范围内住户的搬迁工作的责任不在某部第二干休所,土地过户手续未经地方政府审批通过前,搬迁工作是否依约完成,对"二期"工程进度均不产生影响。《合作建房协议书》第15条约定,WFDA公司应在取得军用土地补办出让手续许可证之日25个月内完成"一期"工程。2007年1月30日,某土地管理局颁发了前述许可证,按照约定,WFDA公司应在2009年2月27日完成"一期"工程。但事实上,"一期"工程直至2013年6月9日才交付使用,逾期交付3年多。逾期交付"一期"工程的直接后果是不能及时安置"二期"地块范围内的住户,致使"二期"地块范围内住户多次上访,拒绝搬迁,最终导致某部第二干休所未能在约定时间完成搬迁工作。在土地未过户到WFDA公司名下前,不存在"二期"工程是否能继续进行的问题,更谈不上工程进度问题。《合作建房协议书》和《补充协议》均属无效,WFDA公司依据上述协议中的条款主张某部第二干休所支付违约金,缺乏依据。综上,WFDA公司的诉讼请求缺乏事实和法律依据,请求法院驳回其诉讼请求。

本院原一审时组织双方当事人进行了证据交换和质证。

本院原一审经审理查明:依照某国有土地使用证东地字12号地证记载,本案涉讼土地坐落于TJ市河东区某院内,用地面积47107.5平方米。

2006年7月15日,某部第二干休所向案外人河南WL公司出具《竞得人确认书》,确认河南WL公司成为某部第二干休所房屋总面积42200平方米、造价11377

万元的合作建房开发商。该确认书签发即视为双方合作开始。

2006年7月18日，某部第二干休所与河南WL公司签订《合作建房协议书》，约定双方合作建设某部第二干休所位于TJ市某区××路60号的住宅项目。

2006年7月28日，某部第二干休所与河南WL公司就开发商变更情况签署说明，确认：根据国家对房地产开发行业的有关要求，异地开发项目需在项目所在地注册公司，河南WL公司已于7月28日在TJ市河东区工商分局注册了全资公司，名称为WFDA公司，待批准后，由该公司办理本项目的一切事务。

2006年10月24日，某部(批复)：关于某部第二干休所与地方合作建房立项事，同意某部第二干休所利用涉讼土地与河南WL公司合作修建房屋。

WFDA公司于2006年7月28日在TJ市工商行政管理局河东分局注册成立。

2007年1月30日，某土地管理局向TJ市国土资源和房屋管理局出具了军用土地补办出让手续许可证确认土地受让方为WFDA公司，需要TJ市国土资源和房屋管理局补办出让手续，免交土地出让金。

2007年4月18日，某部第二干休所(甲方)与WFDA公司(乙方)签订《合作建房协议书》，协议约定：双方同意合作建设某部第二干休所住房项目(以下简称涉讼项目)，建筑总面积131800平方米(以规划部门批准为准)；甲方负责提供位于TJ市某区××路60号土地，坐落标号为京字第5××1号，基地面积47107.5平方米。拆除建筑面积20958平方米。乙方负责提供建设经费2.17亿元.合作建房项目统一规划，两期建设。双方按32%∶68%的比例分成，甲方占32%，分得的房屋建筑面积不少于42200平方米(含住宅、办公、商用、服务、设备间、地下车库)，乙方占68%，分得建筑面积为89600平方米。如果规划条件变更，造成建房总面积减少，甲方分得房屋建筑面积不受影响，即甲方分得建筑面积不少于42200平方米。乙方为涉讼项目所建42200平方米房屋必须符合国家和天津市建筑设计规范，达到住用和办公条件。……甲方在一期工程验收合格并达到入住条件后，6个月内负责二期工程涉及的地上建筑物及其他附着物的拆迁，达到“三通一平”。甲方负责办理军队合作建房的报批手续，领取军用土地补办出让手续许可证，按规定应上交的土地转让费、土地管理费，由乙方将该资金足额汇入甲方账户，由甲方上交总部。乙方负责向有关部门申请办理合作建房项目的计划、规划、建设及其他有关事宜，发生费用由乙方承担。乙方负责合建项目的设计和施工，发生的费用由乙方承担。……乙方自取得军用土地补办出让手续许可证后6个月内不投资兴建(6个月不办理土地过户和规划手续)该项目，甲方有权无偿收回土地使用权，履约担保资金归甲方所有。……本协议自双方签字盖章起成立，自甲方上级机关批准，且军用土地补办出让手续许可证下发后生效。

2007年4月28日，某后勤部基建营房部向××交通学院出具《关于某部第二干休所与地方合作建房变更合作方事》(营房〔2007〕157号),同意某部第二干休所与地方合作建房项目变更合作单位,合作方由河南WL公司变更为该公司在TJ市注册的全资公司WFDA公司。合作单位变更后,其他合作建房条件不变。

2007年4月28日,某部第二干休所致函TJ市规划局《关于申请建设老干部住房和附属用房的请示》,主要内容:某部第二干休所拟对坐落于TJ市某区××路60号的现有老干部住宅进行改造,总后勤部于2006年10月24日给予批复《关于某部第二干休所与地方合作建房立项事》批准项目立项。并于2007年1月30日,总后勤部土地管理局核发了军用土地补办出让手续许可证。因没有上级专项经费且自有经费不足,可以通过现有土地盘活,进行合作建设,某部第二干休所与河南WL公司(WFDA公司)进行合作建房,希望TJ市规划局给予大力支持,办理规划相关手续。

2007年6月29日,TJ市国土资源和房屋管理局向某部第二干休所出具《关于某部第二干休所老干部住房改造项目用地意见的复函》(津国土房函字〔2007〕274号),函复如下:"……考虑你单位改造项目的实际情况,为支持解决离休干部住房紧张问题,该地块实施公开出让时,可将有关离休干部住房和附属用房建设的具体要求作为出让条件,约定由竞得人负责实施建设并承担建设资金,以保证离休干部住房建设的尽快实施。三、鉴于该地块《军用土地补办出让手续许可证》的有效期至2007年6月30日止,请你单位抓紧与天津市土地整理中心联系,共同研究落实土地公开出让条件等具体事宜。"

2007年8月6日,TJ市国土资源和房屋管理局致函某部第二干休所《关于某部第二干休所老干部住房改造项目办理土地手续有关意见的复函》(津国土房函〔2007〕359号),函复如下:"就你单位老干部住房和附属用房改造项目用地手续办理问题,我局已于6月29日进行了答复,鉴于以上情况,建议你单位抓紧与TJ市土地整理中心联系,研究确定土地公开出让条件等具体事宜,确保老干部新住房建设尽快实施。"

2007年10月22日,某部第二干休所致函WFDA公司《再次督促开发商尽快办理土地过户手续的函》,内容为:2007年10月10日,某部第二干休所已向WFDA公司提出尽快办理土地过户手续的意见,2007年10月16日,学院办公会就这一问题提出如下意见,11月底前,开发商在土地过户手续上不能取得实质性进展,学院视为开发商无能力实施建设干休所老十部住房改造项目,而自行考虑其他方案。就此函WFDA公司回函:"目前所发生的项目土地过户手续不能按双方协议约定办理,是因为天津市政府相关部门不执行贯彻国家三部委等文件规定所致。双方均为此事做出了大量努力,并且双方均正在积极助力通过有关渠道向总后勤部及国家有关部委请示,请求与天津市领导和部门尽快协调解决土地过户手续的问题。"

2007 年 12 月 28 日，某部第二干休所向 WFDA 公司送达关于限期解除《合作建房协议书》函："某部第二干休所曾两次函告 WFDA 公司，要求在 2007 年 11 月底前，土地过户手续必须取得实质性进展，但至今尚未完成土地过户相关手续，故向 WFDA 公司提出：务必于 2007 年 12 月 31 日前，正式办理土地过户手续，否则，视为贵公司违约解除双方签订的《合作建房协议书》。"WFDA 公司在 2008 年 1 月 18 日向某部第二干休所回函："在办理合作建房土地过户手续时间上，WFDA 公司在 2008 年 2 月 2 日之前将过户资料上报土地部门领取土地过户受理通知书，29 日之前将合作建房土地过户工作办理完毕，同时出台合作建房项目的工作程序和进度方案。由于在办理以上工作中，地方政府发放及上报资料均以贵所为主，望贵所积极配合工作，同时安定好老干部。WFDA 公司确保按期提前完成上述工作。"

2008 年 1 月 26 日，某部第二干休所向 WFDA 公司致函终止《合作建房协议书》。2008 年 2 月 16 日，WFDA 公司复函，不同意终止《合作建房协议书》，且提出该项目 TJ 市国土资源和房屋管理局已经于 2008 年 2 月 2 日正式受理，TJ 市国土资源和房屋管理局正在与 TJ 市规划局用地处沟通，项目已取得实质性进展。

2008 年 4 月 30 日，TJ 市规划局致函某部第二干休所《关于调整某部第二干休所部分用地规划性质意见的函》，函复如下："某部第二干休所位于河东区万东路以西，展阳路以南，占地约 4.7 公顷。……其用地维持现状规模，不再扩大。我局原则同意你单位在所述的用地范围内建设住宅，请严格国家技术规范和规划要求，落实相应的配套设施，按规定程序办理相关审批手续。"

2008 年 7 月 10 日，TJ 市国土资源和房屋管理局再次致函某部第二干休所《关于某部第二干休所老干部住房改造项目用地意见的函》，函复如下："一、关于老干部回迁住房和附属用房用地部分，在取得总后勤部批准建设手续后，同意维持现有划拨方式由你单位实施建设，相关规划建设手续请你单位向规划、建设管理部门等申请办理。二、关于拟建设商品房用地部分，应当按照国家和我市军队空余土地转让的相关政策办理用地手续。……"

2008 年 8 月 2 日，TJ 市规划局致函某部第二干休所《关于某部第二干休所老干部住房改造项目规划意见的函》，函复如下："原则同意你单位利用现状自有用地改造建设老干部住房项目……待该项目与拟出让用地界限确定后，可按程序办理该项目《选址意见书》手续。"

2009 年 9 月 17 日，某部第二干休所老干部住房改造项目取得建设用地规划许可证。2010 年 4 月 7 日，某部第二干休所老干部住房改造项目取得军队工程建设项目施工许可证，工程符合施工条件，准予施工。

2010 年 7 月 8 日，某部第二干休所（甲方）、WFDA 公司（乙方）就 2007 年 4 月 18

日签订的《合作建房协议书》中的部分相关条款未尽事宜,签订《补充协议》:主合同中该土地基地面积为47107.5平方米。甲乙土地分割比例为32%:68%,即甲方实际分得划定土地面积为15478.9平方米,乙方实际分得划定土地面积为31628.6平方米。甲方授权乙方实际办理分得划定土地出让和规划手续,所发生费用由乙方负责。甲方在符合法律法规的条件下向乙方提供甲方所持有的办理登记手续所需相关文件资料……乙方负责给甲方出资,甲方负责建设建筑面积为42484.83平方米的回迁用房……(一期工程)乙方按照《合作建房协议书》的约定,住宅楼应按照军队经济适用房的装修标准装修后交付甲方。……甲方全面负责一期工程的现场施工组织工作。协议还约定了一期工程的付款约定。同时约定,如乙方不按本协议第4条的约定期限支付款项,逾期支付或不予支付定期款项,由此产生的一切损失均由乙方负担,并承担主合同第25条约定的滞纳金和赔偿金的责任。如果甲方不履行本补充协议所约定的责任,而导致一期工程不能按期竣工,则每延期一天向乙方支付一期工程总造价万分之一的违约金,并承担赔偿损失责任。……乙方对于甲方在一期工程交付使用后的6个月内不能完成涉及二期地块范围内的住房搬迁工作,则甲方第一个月每延期一天承担乙方向甲方投资总额的万分之一的违约赔偿责任,第二个月违约金增加至日万分之二,第三个月增至日万分之三,赔偿至甲方全面完成各项约定应尽义务之时。

涉讼工程一期开工时间为2010年4月10日,WFDA公司于2013年6月9日将一期工程交付给某部第二干休所,一期工程竣工时间为2013年6月8日。某部第二干休所认可WFDA公司直接向其支付款项为15673.7550万元。

2013年11月26日,WFDA公司向某部第二干休所发出《关于催促剩余住户尽快搬迁的函》,主要内容如下:自2006年合作老干部余房改造项目以来,历时8年……达到入住条件,但按照安排,9月20日是所有住户搬迁完的最后期限,至今仍有十几户没有搬走,甚至多次阻止旧房搬迁工作。WFDA公司自2006年7月交付3000万元保证金开始,已经投入2亿元,如不能尽快解决剩余住户的搬迁工作将严重拖延工程进度,并给WFDA公司造成巨大损失。依据协议,如住户不能搬迁,某部第二干休所将面临巨额赔偿及法律责任。

2013年12月5日,某部第二干休所向军事交通学校出具《关于住房改造搬迁入住工作有关问题的汇报》,内容为:"我所住房改造合作建房项目,目前90%以上的住户已入住新居,但仍有少数住户未搬迁入住。按照《补充协议》约定,某部第二干休所应在年底前完成住户的搬迁入住工作,对此开发方多次催促某部第二干休所并于2013年11月26日致函,要求按协议履行相关事宜。同时也停止了对一期回迁用房后期建设资金的投入……"

2014年3月25日,WFDA公司向某部第二干休所送达律师函,函件主要内容为:

双方自2007年合作建房，在合同履行期间，WFDA公司按照协议约定，投资2余亿元，建设一期回迁用房（一期工程）全部竣工，2013年4月13日，回迁用房全部竣工，并交付使用。按照《合作建房协议书》第9条的约定，某部第二干休所应当在一期工程验收合格并达到入住条件后，6个月内负责二期工程所涉及的地上建筑物及其他附着物的拆迁，达到“三通一平”（即2013年10月13日之前二期工程所涉土地达到“三通一平”），但截至2014年3月25日，某部第二干休所休没有按照《合作建房协议书》第9条履行自己的义务，没有把二期工程所涉及的土地及其他附着物拆迁完毕，没有达到“三通一平”条件。

2015年3月30日，某部第二干休所与WFDA公司召开会议，在会议记录中，某部第二干休所明确：坚决按照双方合同的约定履行义务，严格执行总后勤部现有关于干休所合作建房一系列批复，无条件把二期土地过户到WFDA公司名下。土地过户过程中所需要的文件和资料，干休所积极提供，立即办理。

2015年4月23日，甲方某部第二干休所、乙方WFDA公司签订《再次补充协议》，约定：“一、比例分成的约定。1. 土地的比例分成：甲乙双方按32%:68%的比例分成。2. 地上房屋的比例分成，待二期建成后，以一期、二期的建筑面积之和，双方按照32%:68%的比例分成。甲方已分得的一期地上房屋面积36290.86平方米，如超出3.2的分成比例，不再退还乙方。3. 地下建筑物的比例分成：待二期建成后，以一期和二期建筑面积之和（以规划验收数据为依据），甲乙双方按32%:68%的比例分成。甲方已分得的一期地下建筑物面积6253.09平方米，如超出32%的分成比例，不再退还乙方。……以往比例分成与本协议不一致的地方，以本协议为准。”

WFDA公司于2017年10月17日取得房地产开发暂定资质证书，参照四级资质承担开发建设任务。2016年3月10日，WFDA公司以挂牌地块竞买申请书向TJ土地交易中心、某部第二干休所申请参与涉讼地块国有建设用地使用权的挂牌竞买。2016年3月16日，某部第二干休所、WFDA公司、TJ土地交易中心签署挂牌地块成交确认书，WFDA公司以13.2亿元竞买涉讼地块。

2017年9月20日，TJ市国土资源和房屋管理局与WFDA公司签订的《TJ市国有建设用地使用权出让合同》约定：出让宗地编号为津东万（挂）2016-020，出让宗地面积为27164.8平方米，出让用途为城镇住宅、商服……出让土地成交价款为132000万元，包括土地出让金和军队空余土地转让收入。其中土地出让金8292.7960万元交付出让人，军队空余土地转让收入123707.2040万元交付某部第二干休所。

2017年9月30日，某部第二干休所（甲方）与WFDA公司（乙方）签订《军队空余土地转让协议》，甲方转让给乙方的地块位于TJ市河东区万东路与规划晨光道交口，宗地编号津东万（挂）2016-020，面积为27164.8平方米……

2017 年 10 月 16 日,某部第二干休所出具军队空余土地转让收入款齐证明,证明 WFDA 公司向某部第二干休所交齐了津东万(挂)2016－020 号宗地的军队空余土地转让收入 123707.2040 万元(壹拾贰亿叁仟柒佰零柒万贰仟零肆拾元整),2017 年 11 月 6 日,TJ 市国土资源和房屋管理局亦出具款齐证明,证明 WFDA 公司按照土地出让合同交齐了土地出让金 8292.7960 万元(捌仟贰佰玖拾贰万柒仟玖佰陆拾元整)。

2016 年 1 月 26 日,某后勤部 TJ 第一离职干部休养所变更为训练管理部 TJ 第一离职干部休养所。2017 年 12 月 29 日,再次更名为某部第二干休所。

财政部、国家土地管理局、中国人民解放军总后勤部 1993 年 7 月 7 日颁布《关于军队有偿转让空余军用土地有关问题的通知》(财综字〔1993〕159 号),其第 2 条规定,军队依法转让、出租土地使用权,包括以土地使用权为条件与地方合建、换建房屋……用地单位需持解放军土地管理局制发的军用土地补办出让手续许可证,按照国家有关规定,到当地县级以上土地管理部门补办土地使用权出让手续,办理土地变更登记。在补办土地出让手续时免交土地出让金。

2007 年 1 月 31 日,国土资源部、财政部、总后勤部下发《关于加强军队空余土地转让管理有关问题的通知》(国土资发〔2007〕29 号),该通知规定:"为进一步加强军队空余土地转让管理,规范土地转让行为,严格执行经营性用地招标拍卖挂牌出让制度……军队空余土地可采取以下三种模式:(一)由当地政府收购储备,再由政府统一出让;(二)直接在当地的土地有形市场公开转让,由军队与土地所在地的市、县人民政府国土资源管理部门协商一致后共同实施,招标拍卖挂牌的具体事务性工作可由当地国土资源管理部门承办;(三)由军队单位按照总后勤部的有关规定,确定受让人,市、县国土资源管理部门按规定与受让人签订《国有土地使用权出让合同》,按市场价格核定土地出让收益。具体采用哪种模式,由军队单位与土地所在地的市国土资源管理部门协商后,在申报军队空余土地转让计划时一并上报总后勤部审批。……未经总后勤部批准并确认许可的,各级国土资源管理部门不得办理有关手续。具体办法由总后勤部另行制定。五、规范军队空余土地转让收益分配和管理。……军队空余土地由当地国土资源管理部门实行招标拍卖挂牌转让的,转让收入归军队所有。军队应当按照规定支付土地出让业务费等相关费用。土地出让业务费等相关费用,统一并入土地出让收入,全额交入地方国库,纳入地方政府预算,实行收支两条线管理。军队空余土地由军队自行组织公开转让的,转让收入归军队所有。受让人与当地国土资源管理部门签订国有土地出让合同时,应当按照规定交纳土地过户中的有关费用,并全额交入地方国库,纳入地方政府预算,实行收支两条线管理。……本通知下发之前,已领取《军用土地补办出让手续许可证》的,可按原有规定办理,并在 2007 年 6 月 30 日前办理完毕。"

判决如下:"一、某部河东第二离职干部休养所于本判决生效之日起15日内向天津WFDA房地产开发有限公司支付其交纳的涉讼军队空余土地转让收入的123707.2040万元的50%,即61853.602万元;二、某部河东第二离职干部休养所于本判决生效之日起15日内以15673.7550万元为基数自2013年12月9日起至2016年3月15日(827天)按照日万分之二计算(共计2592.43908万元)向天津WFDA房地产开发有限公司支付违约金;三、驳回天津WFDA房地产开发有限公司其他诉讼请求。如果某部河东第二离职干部休养所未按本判决指定的期间履行给付金钱义务,应当加倍支付迟延履行期间的债务利息。案件受理费6641800元,由某部河东第二离职干部休养所负担3320000元,由天津WFDA房地产开发有限公司负担3321800元。"

WFDA公司及某部第二干休所均不服该判决,上诉至最高人民法院。最高人民法院于2018年12月29日作出(2018)最高法民终853号民事裁定,裁定:撤销某高级人民法院(2017)×民初×7号民事判决;本案发回某高级人民法院重审。

本院重审期间经审理查明:WFDA公司就一期工程向案外人支付精装修工程款及其他各项工程费用共计28939507元。WFDA公司就其中的28356805.05元提交了其与案外人签订的合同、其对外支付款项的凭证、记账凭证及案外人向其出具的发票等予以证明;对于其中的582701.70元,WFDA公司未提交相应证据予以证明……WFDA公司提交的证据可以证明其主张的已就一期工程向案外人支付了28356805.05元,对其主张,本院予以确认。

除上述事实以外,双方当事人均表示对原一审判决即(2017)×民初×7号民事判决中查明的其他事实无异议,本院对原一审判决查明的事实予以确认。

本院认为,本案系合资、合作开发房地产合同纠纷,争议焦点为:1.WFDA公司与某部第二干休所签订的《合作建房协议书》和《补充协议》是否合法有效;2.某部第二干休所是否应向WFDA公司支付13.2亿元;3.某部第二干休所是否应向WFDA公司承担违约责任。

1.关于《合作建房协议书》和《补充协议》是否合法有效的问题

《合作建房协议书》和《补充协议》系双方当事人的真实意思表示,且不违反法律、行政法规的强制性规定,应当认定为合法有效。WFDA公司在签订该两份协议书时虽未取得房地产开发资质,但其于2017年10月17日已经取得了房地产开发暂定资质证书,故某部第二干休所以WFDA公司不具备房地产开发资质主张该两份协议无效,依据不足。双方合作开发的"一期"老干部回迁住房和附属用房用地部分,经总后勤部批准建设手续后,TJ市国土资源和房屋管理局同意某部第二干休所维持原有划拨方式实施建设,双方就该部分的合作合法有效。双方合作开发的"二期"商品房用地部分,应按照国家和TJ军队空余土地转让的相关政策办理用地手续。WFDA公司已通过参加国有建设用地使用权的挂牌竞买,并向TJ国土资源和房屋管理局交纳土地出让金及向某部第二干休所交付军队空余土地转让收入后,成为“二期”商品房用地的使用权人。综上,双方签订的《合作建房协议书》和《补充协议》应为有效协议。

2. 关于某部第二干休所是否应向WFDA公司支付13.2亿元的问题

按照某部第二干休所与WFDA公司在《合作建房协议书》和《补充协议》中的约定,双方合作的本意是WFDA公司为某部第二干休所投资建设一期回迁住房,在其履行投资建设回迁住房的义务后,WFDA公司有权取得涉讼二期土地的使用权并进行房地产开发。依照财政部、国家土地管理局、总后勤部于1993年7月7日颁布的《关于军队有偿转让空余军用土地有关问题的通知》(财综字〔1993〕159号)第5条的规定,双方签订《合作建房协议书》时,WFDA公司仅需取得解放军土地管理局制发的军用土地补办出让手续许可证即可取得涉讼土地的使用权,而到县级以上土地管理部门补办土地使用权出让手续时免交土地出让金。按照上述规定,WFDA公司依约履行出资义务并取得军用土地补办出让手续许可证后,即有权取得涉讼二期土地的使用权,而涉讼土地已经取得军用土地补办出让手续许可证,故WFDA公司有权取得涉讼二期地块土地使用权,且免交土地出让金。2007年1月31日,国土资源部、财政部、总后勤部下发《关于加强军队空余土地转让管理有关问题的通知》(国土资发〔2007〕29号),该通知明确规定:“为进一步加强军队空余土地转让管理,规范土地转让行为,严格执行经营性用地招标拍卖挂牌出让制度;但通知下发前,已领取《军用土地补办出让手续许可证》的,可按原有规定办理,并在2007年6月30日前办理完毕。”依据该通知规定,涉讼土地使用权需经过招标拍卖挂牌程序才能办理至WFDA公司名下,但如能在2007年6月30日前将涉讼土地办理至WFDA公司名下,则无须交纳土地出让金。至2007年6月30日,涉讼土地未能办理至WFDA公司名下。此后,某部第二干休所曾向WFDA公司表达解除《合作建房协议书》的意思表示,但WFDA公司不予认可。而双方此后再次签署《补充协议》和《再次补充协议》就合作建房事宜进行约定及双方在一期工程施工过程中的一系列行为,可以认定双方认可在涉讼土地须经过招拍挂的方式来竞得的情况下,继续进行合作建房。因办理军队空余土地出让手续的相关规定发生了重大变化,且双方未能在规定时间内办理完毕土地出让手续,WFDA公司在原来的约定之外额外支出土地出让金和军队空余土地转让收入13.2亿元。对于未能将涉讼土地及时办理至WFDA公司名下的责任,双方均主张系对方原因所致,但均未提交充分证据证明各自的主张。因土地政策变化及在规定期间未能及时办理过户手续,均无法归责于任何一方当事人,故对于由此产生的土地出让金和军队空余土地转让收入13.2亿元,应由双方当事人进行分担。双方当事人没有约定如何分担该13.2亿元，但双方当事人在《合作建房协议书》和《补充协议》中约定了按照某部第二干休所32%、WFDA公司68%的分配比例对涉讼土地及建成的房屋进行分配。故，对于双方在约定之外额外发生的13.2亿元土地出让金和军队空余土地转让收入，应参照双方对于收益分配比例的约定，按照某部第二干休所承担32%、WFDA公司承担68%的比例进行分担。故某部第二干休所应向WFDA公司支付13.2亿元的32%，即42240万元。WFDA公司关于由某部第二干休所支付全部13.2亿元的主张，缺乏依据，本院不予支持。

3. 关于某部第二干休所是否应向WFDA公司承担违约责任的问题

双方当事人签订的《补充协议》第5条第3款约定："WFDA公司对于某部第二干休所一期工程交付使用后的6个月内不能完成涉及二期工程地块范围内的住户搬迁工作，则某部第二干休所第一个月每延期一天承担WFDA公司向某部第二干休所投资总额的万分之一的违约赔偿责任，第二个月违约金增加至日万分之二，第三个月增至日万分之三，赔偿至某部第二干休所全面完成各项约定应尽义务之时。"依据上述约定，某部第二干休所在WFDA公司依约交付一期工程后6个月内应当完成二期工程地块内住户搬迁工作。双方均认可一期工程交付时间为2013年6月9日，故某部第二干休所应于2013年12月8日完成搬迁工作。某部第二干休所提交的TJ国有建设用地使用权挂牌出让文件中的《天津市国有建设用地使用权挂牌出让公告说明》第1条载明："该地块出让范围内除一处临时板房外，其余地上物已全部清除。"根据该证据，应认定某部第二干休所于2016年3月15日已完成二期土地开发前的住户搬迁工作。某部第二干休所未按合同约定完成搬迁工作，应当按照上述合同约定的违约金计算基数及计算标准向WFDA公司支付自2013年12月9日起至2016年3月15日止的违约金。WFDA公司直接向某部第二干休所支付156737550元，向案外人支付精装修工程款及其他各项工程费用28356805.05元，该两部分均系WFDA公司对涉讼工程的投入，均应计入计算违约金的基数。某部第二干休所对于WFDA公司直接向其支付的156737550元予以认可，但不认可WFDA公司向案外人支付的款项数额，理由为该部分款项未经其确认，其并不知情。因双方当事人均认可一期工程的装修标准从原来合同约定的经济适用房标准变更为精装修标准且因此增加的投入均系WFDA公司支付，故WFDA公司就装修标准增加而支出的费用应计入其投资总额；WFDA公司就一期工程建设向案外人支付的咨询服务费、招标代理费及建设安装费等，亦应计入其投资总额。综上，上述费用均应计入计算某部第二干休所应当向WFDA公司支付违约金的计算基数，即185094355.05元。某部第二干休所仅以其未参与上述款项的支付，不能确认款项支付的客观性和合理性为由，主张该部分款项数额不应计入违约金计算基数，缺乏依据，本院不予支持。某部第二干休所抗辩约定违约金标准过高，但不能举证证明其主张，故对其该项主张本院不予支持。WFDA公司主张违约金给付至起诉时止,缺乏事实和法律依据,本院不予支持。因此,某部第二干休所应以185094355.05元为基数,自2013年12月9日起至2014年1月8日止,按照日万分之一的标准;自2014年1月9日起至2月8日止,按照日万分之二的标准;自2014年2月9起日至2016年3月15日止,按照日万分之三的标准,向WFDA公司支付违约金。

综上,判决如下:

一、本判决生效之日起15日内,某部第二干休所向WFDA公司支付42240万元;

二、本判决生效之日起15日内,某部第二干休所以185094355.05元为基数,自2013年12月9日起至2014年1月8日止按照日万分之一的标准,自2014年1月9日起至2月8日止按照日万分之二的标准,自2014年2月9日起至2016年3月15日止按照日万分之三的标准,向WFDA公司支付违约金;

三、驳回WFDA公司其他诉讼请求。

如果某部第二干休所未按本判决指定的期间履行给付金钱义务,应当加倍支付迟延履行期间的债务利息。

案件受理费6641800元,由某部第二干休所负担3000000元,由WFDA公司负担3641800元。

如不服本判决,可在判决书送达之日起15日内,向本院递交上诉状,并按对方当事人的人数提出副本,上诉于最高人民法院。

【上诉状或答辩状】

上　诉　状

上诉人(一审原告):天津WFDA房地产开发有限公司,住所地TJ市河东区卫国道×××号1702A。

法定代表人:孙××,该公司董事长。

委托代理人:琚存旭,北京市乾坤律师事务所律师。

委托代理人:刘凯,北京市乾坤律师事务所律师。

被上诉人(一审被告):某部河东第二离职干部休养所,住所地天津市。

主要负责人:刘××,该干部休养所所长。

上诉人天津WFDA房地产开发有限公司(以下简称WFDA)因与被上诉人某部河东第二离职干部休养所(以下简称某部第二干休所)合资、合作开发房地产合同纠纷一案,不服某高级人民法院作出的(2019)×民初1×号民事判决,特提起上诉。

上诉请求：

1. 请求依法判令撤销某高级人民法院作出的(2019)×民初1×号民事判决第一项，依法改判被上诉人向上诉人返还军队空余土地转让收入123707.2040万元；被上诉人支付上诉人交纳的土地出让金8292.7960万元。

2. 请求依法判令被上诉人赔偿上诉人利息损失(以军队空余土地转让收入123707.2040万元为基数，支付自2017年11月6日起至实际付清之日止的利息；以土地出让金8292.7960万元为基数，支付自2017年10月16日起至实际付清之日止的利息；上述利息2019年8月19日前的均按同期中国人民银行公布的贷款基准利率计付，2019年8月20日之后的均按同期全国银行间同业拆借中心公布的贷款市场报价利率计付)。

3. 一审、二审案件受理费均由被上诉人承担。

事实和理由：

一审判决对基本事实认定错误，导致某部第二干休所以“零投入”巧取了巨额不当利益。

重审判决认定，“因土地政策变化及在规定期间未能及时办理过户手续，均无法归责于任何一方当事人，故对由此产生的土地出让金和军队空余土地转让收入13.2亿元，应由双方当事人进行分担”。[(2019)×民初×5号判决书第40页倒数第6行至倒数第3行]。

一审法院的上述认定存在严重错误，具体如下：

1. 某部第二干休所无偿提供47107.5平方米土地是双方合作建房的前提和基础，更是其在合作建房中的唯一价值。

《合作建房协议书》(证据目录第一册证据4,6页)第3条约定：“甲方(某部第二干休所)负责提供位于TJ市某区××路60号，坐落编号为京津字第5××1号，基地面积为47107.5平方米。拆除建筑面积为20958平方米。”第4条约定：“乙方(WFDA公司)负责提供建设经费2.17亿元。”

《关于总后TJ第一干休所与地方合作建房立项事》[总后勤部(批复)](后营〔2006〕846号)(证据目录第一册证据18-1，第50页)规定：“××交通学院：院务〔2006〕106号请示悉。经研究，同意TJ第一干休所利用位于TJ市某区××路60号、京津字第5××1号坐落的47107.5平方米土地(拆除房屋20958平方米)，与河南WL置业有限公司(已变更为WFDA公司)合作修建131800平方米房屋，工程投资21700万元及其他有关税费全部由WFDA公司承担。房屋建成后，军地双方按3.2:6.8比例分成。”

《土地划分协议书》(证据目录第二册证据27,163页)第5行约定：“依照《军用土地补办出让手续许可证》(〔2007〕军地证字第139号)的要求，合建用地军地分割比例为32%:68%，甲方分得土地面积为14178平方米，折合21.27亩，其中甲方地界内的土地为19.67亩,土地使用权性质为划拨,不过户;另有1.6亩土地从乙方的商业用房占地中分得,过户到乙方的土地面积为33995平方米(含规划道路占用2800平方米),折合50.99亩,办理土地过户手续。"

《会议纪要》(2015年3月30日14:30至18:00,证据目录第九册证据46-2,第946页)最后一段记录:"天津总后第一干休所(已变更为某部第二干休所):干休所郑重承诺:坚决按照双方合同的约定履行义务,严格执行总后现有关于干休所合作建房一系列批复,无条件地把二期土地过户到WFDA名下。土地过户过程中所需要的文件和资料,干休所积极提供,立即办理。"

根据上述证据可知,某部第二干休所无偿提供约定土地是其合作价值,只有某部第二干休所依约履行了供地义务,某部第二干休所才有资格取得合作建房面积32%权益的权利。也只有这样,双方的合作才可以符合市场经济下的等价有偿原则。

2.政策变化不能免除某部第二干休所的履约供地义务。

《合同法》(1999)第6条(现《民法典》第7条)规定:"当事人行使权利、履行义务应当遵循诚实信用原则。"第8条(现《民法典》第119条和第136条)规定:"依法成立的合同,对当事人具有法律约束力。当事人应当按照约定履行自己的义务,不得擅自变更或者解除合同。"第60条(现《民法典》第509条)规定:"当事人应当按照约定全面履行自己的义务。当事人应当遵循诚实信用原则,根据合同的性质、目的和交易习惯履行通知、协助、保密等义务。"第107条(现《民法典》第577条)规定:"当事人一方不履行合同义务或者履行合同义务不符合约定的,应当承担继续履行、采取补救措施或者赔偿损失等违约责任。"

《合作建房协议书》第3条约定:"甲方(某部第二干休所)负责提供位于天津市某区××路60号,坐落编号为京津字第5××1号,基地面积为47107.5平方米。拆除建筑面积为20958平方米。"以及第4条的约定:"乙方(WFDA公司)负责提供建设经费2.17亿元。"

《会议纪要》(2015年3月30日14:30至18:00,证据目录第九册证据46-2,第946页)最后一段记录:"天津总后第一干休所(已变更为某部第二干休所):干休所郑重承诺:坚决按照双方合同的约定履行义务,严格执行总后现有关于干休所合作建房一系列批复,无条件地把二期土地过户到WFDA名下。土地过户过程中所需要的文件和资料,干休所积极提供,立即办理。"该会议纪要的时间是2015年3月30日,在《关于加强军队空余土地转让管理有关问题的通知》(国土资发〔2007〕29号)政策发布后。根据该通知第二段:"为进一步加强军队空余土地转让管理,规范土地转让行为,严格执行经营性用地招标拍卖挂牌出让制度",某部第二干休所在已明知二期土地需要进行"招拍挂"的情形下,仍坚持了无条件把二期土地过户到WFDA名下的承诺。

根据上述可知,无论是依据法律的规定,还是按照双方《合作建房协议书》中的约定,抑或某部第二干休所在《会议纪要》(证据46-2)中的承诺,某部第二干休所均应无偿提供二期土地。政策的变化,所带来的仅仅是提供土地程序的变化,并非免除某部第二干休所提供土地的义务。如果某部第二干休所取得了军队空余土地转让收入123707.2040万元,必然出现了某部第二干休所"零投入,既得房,又得钱"的客观事实,这也显然严重违反《合作建房协议书》的约定和双方合作建房的本意。

3.某部第二干休所占有军队空余地土地使用权出让金违反《合作建房协议书》的约定。

《中国人民解放军总后勤部基建营房部(批复)》(营房〔2007〕57号)规定:"天津第一干休所分得的42200平方米房屋,用作老干部住房和干休所附属用房。该项目上交土地转让费1944万元。望认真履行合同,办好有关手续。"

《合作建房补充协议书》(2010年7月8日)第1条第5款约定:"其中1944万元已作为土地转让费用上交总后,甲方实际控制的履约担保金为1056万元。"

一审法院判决忽略了一个重要事实,即上诉人已经支付过1944万元土地转让费用,同时又通过向被上诉人分配房产的方式支付了土地使用权对价,被上诉人占有的123707.204万元是对一块土地重复支付对价,被上诉人不仅一地两卖,而且搞了"空手道"。

根据《合作建房协议书》《合作建房补充协议书》《会议纪要》的约定,被上诉人应当无条件地把二期土地过户到WFDA名下。但是被上诉人在没有兑现其供地承诺的情况下,先是取得了一期全部建筑,接着又取得了123707.204万元土地出让金,未来还将取得二期的部分建筑。被上诉人没有向上诉人提供一寸土地,没有体现任何价值,这已经不仅仅是违约行为了,这完全违背了公序良俗和社会主义核心价值观。所以,对被上诉人而言,或者提供土地,或者自行支付土地出让金,之后再获取相应利益才符合合同的约定。

我们恳请二审法院注意,政策变动前,涉案土地使用权由被上诉人拥有,可以直接办理使用权变更手续。政策变动后,土地仍是原土地,土地使用权仍然由被上诉人拥有,如果被上诉人自己向自己支付土地使用权出让金,不会给被上诉人造成任何负担和损失,被上诉人是可以完成供地义务的。而实际情况是,上诉人帮助被上诉人垫付了土地出让金,使土地变更手续得以完成,使双方合作得以继续,那么被上诉人将出让金全额返还上诉人后,双方即可回到《合作建房协议书》约定的正确状态,被上诉人没有任何损失,双方矛盾迎刃而解。显然,一审法院判决要求被上诉人投入4.2亿元,表面上看是按合同约定比例出资,实际上是经不起推敲的。

4.上诉人支付的8292.7960万元土地出让金是由于某部第二干休所没有履行供地义务造成的,应当由被上诉人承担。

根据双方《合作建房协议书》等合同的约定,被上诉人负责供地。

《关于军队有偿转让空余军用土地有关问题的通知》(〔1993〕财综字第159号)第2条规定:"军队依法转让、出租土地使用权,包括以土地使用权为条件与地方合建、换建房屋,兴办合资合作企业,出售、出租地上建筑物、其他附着物等,用地单位需持解放军土地管理局制发的《军用土地补办出让手续许可证》,按照国家有关规定,到当地县级以上土地管理部门补办土地使用权出让手续,办理土地变更登记。在补办土地出让手续时免交土地出让金。"

显然,被上诉人原本可以在免交土地出让金的情况下供地,但是由于政策变化和被上诉人的原因,被上诉人没有供地,导致上诉人为双方合作额外垫付了8292.796万元土地出让金。上诉人认为,不论政策如何变化,在涉案宗地招拍挂之前,土地使用权人始终是被上诉人,为合作提供土地的义务人只能且必须是被上诉人,因该义务发生的开支只能且必须由被上诉人承担,被上诉人只能且必须返还上诉人垫付的土地出让金。其他理由同上。

综上所述,上诉人认为:

《合作建房协议书》和《合作建房补充协议书》是有效合同,双方应当继续按照"某部第二干休所提供合作建房土地,WFDA提供合作资金"的合作本意履行约定,一审法院认定某部第二干休所提供二期土地所产生的土地出让金和军队空余土地转让收入13.2亿元,由双方当事人进行分担,显然自相矛盾。上诉人认为涉讼的军队空余土地转让收入123707.2040万元是双方为了满足政策要求,帮助被上诉人完成供地义务,由上诉人垫付的空转资金。这是被上诉人的变通履约方式。被上诉人已经通过分配房产取得了土地使用权对价及其他相关收益,被上诉人应当无条件将该款项全额退还给上诉人。涉诉的土地出让金8292.7960万元的目的是取得土地使用权,而提供二期土地使用权,属于某部第二干休所的合同义务,由于未履行合同义务所带来的责任,则应当由履行义务一方予以承担。被上诉人应当向上诉人返还该款项。

上诉人还认为,双方的合作应当遵循最基本的等价有偿、公平交易、诚实信用、权利义务相一致等原则,然而,按照某高级人民法院重审判决内容,最终所带来的法律后果是某部第二干休所在涉讼土地上零投入(一期土地通过分配建筑面积的方式已经全部取回,二期土地未提供)却取得巨额收入(一期土地变为4万余平方米房屋,同时出卖二期土地取得123707.204万元的收入),重审判决显然存在重大错误,上诉人是绝不能服判的。

关于某部第二干休所应当赔偿WFDA利息损失。

如前所述,上诉人认为被上诉人应当归还其占有的123707.204万元和政府部门收取的8292.796万元。

根据《合同法》(1999)第107条(现《民法典》第577条)的规定:"当事人一方不履行合同义务或者履行合同义务不符合约定的,应当承担继续履行、采取补救措施或者赔偿损失等违约责任。”

据此，至少上诉人的前述资金的利息在受偿范围内，上诉人要求被上诉人以军队空余土地转让收入123707.2040万元为基数，支付自2017年11月6日起至实际付清之日止的利息；以土地出让金8292.7960万元为基数，支付自2017年10月16日起至实际付清之日止的利息；上述利息2019年8月19日前的均按同期中国人民银行公布的贷款基准利率计付，2019年8月20日之后的均按同期全国银行间同业拆借中心公布的贷款市场报价利率计付。

总之，上诉人认为，一审判决存在认定事实错误，导致判决不公，没有保护守约方利益，支持了违约方不诚信的行为，不利于建立诚信有序的市场经济秩序。为了保护上诉人的合法权益，请求贵院在查明事实的基础上依法支持上诉人的全部上诉请求。

此致

中华人民共和国最高人民法院

答 辩 状

答辩人：天津WFDA房地产开发有限公司，住所地TJ市河东区卫国道134号1702A。

法定代表人：孙××，该公司董事长。

委托代理人：琚存旭，北京市乾坤律师事务所律师。

委托代理人：刘凯，北京市乾坤律师事务所律师。

上诉人某部河东第二离职干部休养所（以下简称某部第二干休所）与上诉答辩人天津WFDA房地产开发有限公司（以下简称WFDA公司）合资、合作开发房地产合同纠纷一案已由贵院依法受理，针对某部第二干休所的上讼请求，WFDA公司答辩如下：

1.本案所涉合作开发建房协议有效

《最高人民法院关于审理涉及国有土地使用权合同纠纷案件适用法律问题的解释》第15条规定，合作开发房地产合同的当事人一方具备房地产开发经营资质的，应当认定合同有效。当事人双方均不具备房地产开发经营资质的，应当认定合同无效。但起诉前当事人一方已经取得房地产开发经营资质或者已依法合作成立具有房地产开发经营资质的房地产开发企业的，应当认定合同有效。

某部第二干休所在上诉中认为依据上述规定，双方始于2006年的合作建房事项所签订的《合作建房协议书》为无效，该观点显然片面地理解了上述司法解释。由于房地产开发投资周期长、工程量大、占有资金多的自身特点,同时房地产开发还会涉及质量、环境、安全等方面的要求,另外,房地产开发也关乎人民群众的切身利益和社会公共利益,因此对于房地产开发进行经营资质限制是必要的。但针对合作开发房地产事项,考虑到房地产合作开发合同的履行过程,如合同双方在签署合同时均无房地产开发经营资质,但一方在合作过程中可以取得房地产开发经营资质或者已依法合作成立具有房地产开发经营资质的房地产开发企业的,仍然可以满足开发资质管理需求。

就本案而言,某部第二干休所与 WFDA 公司于 2007 年 4 月 18 日签订《合作建房协议书》,针对合作事项,双方实际开发过程分为了两期,第一期未涉及土地性质变更,在以某部第二干休所为主体取得规划、建设等手续后,由 WFDA 公司出资,双方共同进行了一期建设,一期建设已于 2013 年 6 月 28 日竣工验收并交付某部第二干休所,故双方的一期建设不涉及房地产开发事项,也无须“房地产开发经营资质”。双方合作的二期将涉及房地产开发事项,但由于军用土地管理政策变动,直至 2016 年 3 月 16 日,WFDA 公司才通过招拍挂形式拍得双方合作开发房地产所需的土地使用权,后 WFDA 公司与某部第二干休所针对 123707.2040 万元军队空余地转让收入的款项支付问题发生争议,为避免出现更大无法预估的损失,WFDA 公司在 2017 年 11 月 16 日交清竞拍土地全部款项 13.2 亿元。在此期间,为履行合作开发事宜,WFDA 公司于 2017 年 10 月 17 日取得了房地产开发暂定资质证书,因此,针对双方合作的房地产开发经营事项已具备了资质条件。某部第二干休所认为 WFDA 公司发起诉讼的时间早于取得暂定资质证书就导致合同无效,显然属于狭隘地理解了该司法解释,合同无效的直接后果是交易成本的扩大和社会财产的巨大浪费,因此,在平衡合同自由与社会公共利益的基础上,立法和司法均应当为当事人的意思自治拓展更为广阔的领域和空间,故该规定中“起诉前”不应狭隘地理解为首次立案前,即使在案件审理过程中,一方取得相关资质,从鼓励交易角度出发,也应属于认定合同有效的情况。另外,该案件属于发回重审案件,而对于重审案件是完全按照一审案件程序进行的,在本案发回重审前,WFDA 公司已取得房地产开发暂定资质,故某部第二干休所基于该规定认为双方所签订的合同无效是错误的。

《最高人民法院关于审理涉及国有土地使用权合同纠纷案件适用法律问题的解释》第 16 条规定,土地使用权人未经有批准权的人民政府批准,以划拨土地使用权作为投资与他人订立合同合作开发房地产的,应当认定合同无效。但起诉前已经办理批准手续的,应当认定合同有效。

某部第二干休所基于该规定认为双方所签订的合同无效同样属于认识错误。根据《土地管理法》之规定,国家机关用地和军事用地,城市基础设施用地和公益事业用地,国家重点扶持的能源、交通、水利等基础设施用地可以通过划拨方式取得土地使用权,而进行房地产合作开发经营显然已超出原适用范围,故应当经过有批准权的人民政府批准。

就本案而言,某部第二干休所与WFDA公司进行合作建房,是为了解决和改善离退休老干部用房,并取得了某部的相关批复,对于一期工程,也取得了规划、建设等手续并竣工交付,二期开发所需的土地也已通过招拍挂程序供应至WFDA公司名下,故双方合作协议所需的相关审批手续均已完备,某部第二干休所基于该规定认为双方所签订的合同无效同样是错误的。

2. 股权变动不影响法人主体享有相关权利或承担相关义务,某部第二干休所应当继续全面履行合同义务

诚如某部第二干休所所述,本案所述合作建房事项最初是由河南WL置业有限公司(以下简称河南WL公司)通过竞价方式取得本案所涉合作开发事项。根据当时政策,进行房地产开发需在开发项目所在地注册公司,故河南WL公司全资设立了WFDA公司。2007年4月18日,某部第二干休所与WFDA公司签订了本案所涉《合作建房协议书》,并于2007年4月28日经总后勤部批准,本案所涉合作开发事项主体变更为WFDA公司。至此,本案所涉合作开发事项的主体完全变更为某部第二干休所与WFDA公司,后续相关手续办理及一期房屋建设,均由WFDA公司参与、完成。

《民法总则》第57条(现《民法典》第57条)规定,法人是具有民事权利能力和民事行为能力,依法独立享有民事权利和承担民事义务的组织。

《民法总则》第60条(现《民法典》第60条)规定,法人以其全部财产独立承担民事责任。

《公司法》第3条规定,公司是企业法人,有独立的法人财产,享有法人财产权。公司以其全部财产对公司的债务承担责任。有限责任公司的股东以其认缴的出资额为限对公司承担责任;股份有限公司的股东以其认购的股份为限对公司承担责任。

《公司法》第4条规定,公司股东依法享有资产收益、参与重大决策和选择管理者等权利。

根据上述法律规定可以确认,WFDA公司作为企业法人,有独立的法人财产,具有民事权利能力和民事行为能力,依法独立享有民事权利和承担民事义务,并以其全部财产独立承担民事责任。无论WFDA公司的股东是河南WL公司还是其他主体,均不影响WFDA公司的相关权利义务,而作为WFDA公司的股东,依法享有的是资产收益、参与重大决策和选择管理者等权利。故某部第二干休所以WFDA公司股东出现变化,导致合同履行基础不存在的观点也显然是错误的。

另外,WFDA公司参与招拍挂程序竞买二期土地并不属于独立于双方《合作建房协议书》之外的行为,而是合作建房事项的继续。双方《合作建房协议书》的合作本意即某部第二干休所向合作建房事项供地,WFDA向合作建房事项提供资金,双方针对

开发建成后房屋进行分配。2007 年 1 月 30 日,解放军土地管理局向 TJ 市国有资源和房屋管理局出具了军用土地补办出让手续许可证,确认土地受让方为 WFDA 公司,土地面积为 47107.5 平方米,即双方合作开发所需的全部土地使用权均过户给合作方WFDA 公司。由于手续迟迟未办理完毕,导致一期工程拖延至 2010 年 4 月 10 日方才开工,直至2013 年 6 月 28 日一期工程竣工交付。自双方 2007 年 4 月确定合作开发建房至2013 年 6 月一期工程竣工交付,在长达 7 年多时间内,相关土地政策的变化是大概率事件,但针对某部第二干休所的供地义务,双方从未达成过变更意见,相反,在 2015 年 3 月的会议纪要中,某部第二干休所仍然表示"无条件把二期土地过户至WFDA 名下",尽管由于政策发生部分变化而导致供地方式发生了变化,但供地方式的变化并不会导致某部第二干休所无法供地,故通过招拍挂程序竞买二期土地是合作开发事项的延续,而并不是独立于双方所签订的之外的独立事项。

在《合作建房协议书》等协议有效的前提下,某部第二干休所的合同义务就是完成二期土地供应,WFDA 公司参与招拍挂竞买并拍得二期土地应当视为某部第二干休所向合作建房事项履行供地义务,那么由此所产生的在合作双方之间发生流转的资金也必然属于一方垫付的空转资金,该资金应当予以全额返还。如果按照某部第二干休所上诉状所主张的招拍挂是独立事项,那么将带来某部第二干休所没有向合作建房事项供地的结果,该结果对于某部第二干休所而言显然属于严重违约行为,此种情况下,双方所签订的《合作建房协议书》又如何处理呢?显然,认定 WFDA 公司通过招拍挂程序竞买二期土地是双方合作开发事项的延续对于处理目前的困境更加具有合理性。另外,无论是原审一审还是重审一审,某高级人民法院也均认为招拍挂供地属于双方延续《合作建房协议书》,否则也不会将 13.2 亿元认定为额外支出,但遗憾的是某高级人民法院仅仅看到了额外支出 13.2 亿元,并没有看到其中 12.3 亿元又流转回某部第二干休所,如果按照 13.2 亿元为合作事项的额外支出这个逻辑,那么流转回某部第二干休所的 12.3 亿元则属于合作事项的额外收入,也应当予以进行分配。

3. 某部第二干休所迟延搬迁二期土地住户属于违约行为,应当按照合同约定承担违约责任,且应当以 WFDA 公司实际投入成本为违约金计算基数

某部第二干休所在其上诉状中罔顾事实,置 2010 年 7 月 8 日双方所签订的《合作建房补充协议书》(以下简称《补充协议》)基础于不顾。诚然,2007 年 4 月双方所签订的《合作建房协议书》中约定了"一期建设工期 25 个月,自乙方取得《军用土地补办出让手续许可证》算起",但该条件确立的基础是 WFDA 公司可以根据军用土地补办出让手续许可证直接取得合作建房所需土地使用权,也只有在取得土地使用权后,一期工程才能办理相关建设手续,完成施工。但实际情况是军用土地补办出让手续许可证取得后,某部第二干休所始终不能把合作建房土地过户登记至 WFDA 公司名

下，导致双方合作事项根本无法开展。经过双方多方面的努力，直至2010年4月，双方合作建房的一期工程才取得了建设项目施工许可证，一期工程方才具备最基本的开工条件。

为了合作建房事项本意的实现，2010年7月8日，双方签订了《补充协议》，《补充协议》第2条明确了某部第二干休所负责合作项目一期工程设计、招标代理、监理、桩基工程的组织实施工作并全面负责一期工程的现场施工组织工作，包括施工过程中的进度、安全、质量、工期、文明施工等事项的监督、检查落实工作，同时约定了一期工程的具体开工时间和竣工时间。显然本次补充协议是为了继续实现《合作建房协议书》，在面对一期土地暂时无法登记至WFDA公司名下的基础上，对一期房屋建设的具体实施进行了变更。此种情况下，某部第二干休所以《合作建房协议书》中所约定的"一期建设工期25个月，自乙方取得《军用土地补办出让手续许可证》算起"岂不是无稽之谈？

另外，在一期房屋施工过程中，某部第二干休所为了取得更大的利益，单方要求将经济适用房装修标准调整为精装修标准，为了继续推进合作建房事项，WFDA公司也只得继续承担精装修工程所需的投入，双方针对精装修事项又签订了《补充协议》。WFDA公司组织对一期房屋进行了精装修，导致一期房屋建设成本在15673.7550万元的基础上又增加了28939507元，但令人无法想象的是，某部第二干休所在本次发回重审期间，针对双方就精装修而签订的《补充协议》的真实性矢口否认，这是WFDA公司始料未及的。但针对一期工程精装修的结果，某部第二干休所又是欣然接受的，如果某部第二干休所否认WFDA公司为一期工程所进行的精装修投入，那请问这一期精装修难道是凭空出来的？还是在WFDA公司仅仅承担15673.7550万元基础上就能实现精装修呢？某部第二干休所如此不负责任的态度值得我们深思。针对精装修工程所支付的28939507元，WFDA公司在本案重审期间提交了与案外人签订的合同、对外支付款项的凭证、记账凭证及案外人出具的发票。此时，某部第二干休所简单地以其未参与精装修工程，对相关证据的真实性、合法性、关联性均不予认可。或许有人会认为这是诉讼技巧，但在某部第二干休所认可精装修事实的基础上，又不提供其他证据否认WFDA公司的证据，且也不对该工程提出造价鉴定申请，此种技巧也不过再次彰显其为了实现自身利益最大化而置最基本的诚实守信原则于不顾，与社会主义核心价值观背道而驰。同时，由于精装修工程的增加，一期工程的最终竣工交付时间变更为2013年6月。综上，某部第二干休所以《合作建房协议书》中的建设周期对其违约事实进行否认显然属于混淆视听。

根据原审所查明的基本情况，双方对于一期竣工交付时间无争议，且2010年7月8日，在双方所签订的《补充协议》中第5条明确约定某部第二干休所在一期工程交付使用后的6个月内不能完成二期工程地块范围内的住户搬迁工作的相关违约责任，那么某部第二干休所在确实存在违约的情况下，理应按照双方约定承担相关的违约责任。而且，在2013年12月5日，某部第二干休所向其当时的上级机关××交通学院报请的《关于住房改造搬迁入住工作有关问题的汇报》中明确写明“按照《合作建房补充协议书》的相关约定，一期回迁用房交付使用后6个月内，干休所完成二期地块住户的搬迁入住工作，如果延期，第一个月每延期一天需向开发方支付总投资额的万分之一的违约赔偿，第二个月违约金增加至日万分之二，第三个月增至日万分之三，赔偿直至全面完成各项约定应尽之时，据此测算，如延期6个月，干休所需向开发方支付违约金约1140万元”，那么这1140万元是如何得出的呢？计算方法就是用2.1亿元×3‱×180天，而2.1亿元中有3000万元是WFDA公司交纳的保证金，剩余1.8亿元即为WFDA公司对于一期工程的总投入，显然，在2013年12月5日，某部第二干休所不但知晓其违约行为可能带来的违约责任，而且对于WFDA针对一期工程投入1.8亿元是确认的。遗憾的是，某部第二干休所在当时尚可诚信面对合作建房事项，但在法庭上却对于基本事实矢口否认，令人遗憾。

正是由于某部第二干休所未及时完成二期地块范围内的住户搬迁工作，进而导致二期地块供地时间迟延，同时，由于在2013年12月至2016年3月，人工工资及物价始终处于上涨区间，那么针对合作建房事项，必然导致WFDA公司开发建设成本的持续增加，显然给WFDA公司带来了巨额损失，故某部第二干休所应当依照双方约定承担违约责任。

综上所述，某部第二干休所与WFDA公司签订的《合作建房协议书》和《补充协议》系双方的真实意思表示，且不违反法律、行政法规的强制性规定，应当认定为合法有效，一审法院认为某部第二干休所逾期搬迁构成违约所查明的事实清楚，适用法律准确，但对于某部第二干休所通过供地自WFDA公司处额外取得123707.2040万元并导致WFDA公司额外支付8292.796万元未能准确查明，故请求贵院在依法查明事实的情况下，驳回某部第二干休所的上诉请求并支持WFDA公司的上诉请求。

此致

中华人民共和国最高人民法院

【二审判决书】

中华人民共和国最高人民法院
民事判决书

(2020)最高法民终439号

上诉人(一审原告):天津WFDA房地产开发有限公司,住所地TJ市河东区卫国道134号1702A。

法定代表人:孙××,该公司执行董事。

委托诉讼代理人:琚存旭,北京市乾坤律师事务所律师。

委托诉讼代理人:刘凯,北京市乾坤律师事务所律师。

上诉人(一审被告):某部河东第二离职干部休养所,住所地TJ市某区××路60号。

负责人:刘××,该干部休养所所长。

委托诉讼代理人:杨×,天津××律师事务所律师。

委托诉讼代理人:易××,天津××律师事务所律师。

上诉人天津WFDA房地产开发有限公司(以下简称WFDA公司)因与上诉人某部河东第二离职干部休养所(以下简称某部第二干休所)合资、合作开发房地产合同纠纷一案,不服某高级人民法院(以下简称一审法院)(2019)×民初1×号民事判决(以下简称一审判决),向本院提起上诉。本院于2020年4月24日立案后,依法组成合议庭,于2020年7月27日公开开庭进行了审理。WFDA公司的委托诉讼代理人琚存旭、刘凯,某部第二干休所的委托诉讼代理人杨×、易××到庭参加诉讼。本案现已审理终结。

WFDA公司上诉请求:1. 撤销一审判决第一项,改判某部第二干休所向WFDA公司返还军队空余土地转让收入123707.2040万元,某部第二干休所支付WFDA公司交纳的土地出让金8292.7960万元;2. 判令某部第二干休所赔偿WFDA公司利息损失(以军队空余土地转让收入123707.2040万元为基数,支付自2017年10月16日起至实际付清之日止的利息,以土地出让金8292.7960万元为基数,支付自2017年11月6日起至实际付清之日止的利息);3. 一审、二审案件受理费均由某部第二干休所承担。事实和理由:(一)一审判决认定基本事实错误,某部第二干休所以零投入获取了巨额不当利益。1. 某部第二干休所无偿提供47107.5平方米土地是双方合作建房的前提和基础。根据《合作建房协议书》、《关于总后天津第一干休所与地方合作建房立项事》、《土地划分协议书》以及2015年3月30日《会议纪要》等证据材料能够证明只有某部第二干休所依约履行了供地义务,才有资格取得合作建房面积32%的权益,双方的合作才符合市场经济下的等价有偿原则。2. 政策变化不能免除某部第二干休所的供地义务。无论是依据法律规定还是按照《合作建房协议书》的约定,抑或某部第二干休所在《会议纪要》中的承诺,某部第二干休所均应无偿提供二期土地。政策的变化所带来的仅仅是提供土地程序的变化,并非免除某部第二干休所提供土地的义务。如果某部第二干休所取得了军队空余土地转让收入 123707.2040 万元,就会出现其"零投入,既得房,又得钱"的客观事实,违反《合作建房协议书》的约定和双方合作建房的本意。3. 某部第二干休所占有军队空余地土地使用权出让金违反《合作建房协议书》。根据《某后勤部基建营房部(批复)》(营房〔2007〕57 号)、《合作建房协议书》、《合作建房补充协议书》(以下简称《补充协议》)和《会议纪要》,WFDA 公司已经支付过 1944 万元土地转让费用,同时又通过向某部第二干休所分配房产的方式支付了土地使用权对价,某部第二干休所占有的 123707.204 万元是对一块土地重复支付对价。某部第二干休所应当无条件地把二期土地过户到 WFDA 公司名下。但是某部第二干休所在没有兑现其供地承诺的情况下,先后取得了一期全部建筑及 123707.204 万元土地出让金,未来还将取得二期部分建筑。政策变动前,案涉土地使用权由某部第二干休所拥有,可以直接办理使用权变更手续。政策变动后,土地使用权仍然由某部第二干休所有,某部第二干休所可以完成供地义务。而 WFDA 公司帮助某部第二干休所垫付了土地出让金,使土地变更手续得以完成,双方合作得以继续,某部第二干休所应将出让金全额返还 WFDA 公司。4. WFDA 公司支付的 8292.7960 万元土地出让金是因某部第二干休所没有履行供地义务造成的,应当由某部第二干休所承担。某部第二干休所原本可以在免交土地出让金的情况下供地,但是由于政策变化和某部第二干休所的原因,某部第二干休所没有供地,导致 WFDA 公司为双方合作额外垫付了 8292.796 万元土地出让金。为合作提供土地的义务人是某部第二干休所,因该义务发生的开支应由某部第二干休所承担,某部第二干休所应返还 WFDA 公司垫付的土地出让金。《合作建房协议书》和《补充协议》是有效合同,双方应当继续按照"某部第二干休所提供合作建房土地,WFDA 提供合作资金"的合作本意履行约定。(二)某部干休所应当赔偿 WFDA 公司的利息损失。某部第二干休所应当归还其占有的 123707.204 万元和政府部门收取的 8292.796 万元,前述资金的利息也应在受偿范围内。

某部第二干休所辩称:(一)WFDA 公司第一项上诉请求中的"依法改判被上诉人返还军队空余土地转让收入 123707.2040 万元"的主张,变更了其一审诉讼请求,实际上提出了一项新的诉讼请求,不属于二审审理范围,该项上诉请求应予驳回。WFDA 公司一审诉讼请求为"依法判令被告向原告支付其交纳的涉诉军队空余土地转让费用 13.2 亿元"。一审时 WFDA 公司认为,军队空余土地转让收入是应当无偿过户到其名下的土地使用权产生的收益,既然该土地使用权没有无偿过户到其名下,那么该土地使用权产生的收益就应当按照合同约定比例进行分配。二审时WFDA公司认为,军队空余土地转让收入是其垫付的资金,要求某部第二干休所进行返还。分配收益和返还垫付的款项完全是两个不同的诉请和法律关系。WFDA公司应当就此说明理由。WFDA公司一审的分配收益诉请和上诉要求返还垫付款项的诉请完全是两个不同的诉请和法律关系,返还垫付款项的诉请实际上是一项新的诉讼请求。请求二审法院驳回WFDA公司的该上诉请求。(二)WFDA公司第一项上诉请求中的"被上诉人支付上诉人缴纳的土地出让金8292.7960万元"以及第二项"请求依法判令被上诉人赔偿上诉人利息损失"的请求,属于新增加的独立诉讼请求,不属于二审审理范围,应予驳回。WFDA公司一审诉请是:要求某部第二干休所向其支付涉诉军队空余土地转让费用13.2亿元以及依据合同主张的违约金。其中,并没有主张其交纳的土地出让金,也没有主张赔偿利息损失。因此,该上诉请求属于新增加的独立诉讼请求,请求二审法院驳回WFDA公司的该上诉请求。(三)在规定的期限内未能办理土地使用权过户手续应当归责于WFDA公司,WFDA公司应当承担由此产生的一切责任。合作建房项目的计划、规划、建设及其他有关事项、土地过户和规划手续等均应由WFDA公司负责办理。某部第二干休所与WFDA公司的一系列往来函件内容也能够证明应由WFDA公司办理土地使用权过户手续。某部第二干休所已经按照《合作建房协议书》第10条约定办理了军队合作建房的报批手续,领取了军用土地补办出让手续许可证,但WFDA公司却未能按照约定办理土地使用权过户手续,最终导致《合作建房协议书》约定的47107.5平方米土地使用权未能过户到WFDA公司名下,WFDA公司应当承担由此产生的一切责任。2008年1月26日某部第二干休所在《关于终止"合作建房协议书"的函》中提出解除合作,但2008年2月16日WFDA公司回函不同意终止,最终导致现今局面的出现。(四)WFDA公司支付13.2亿元,是其2016年3月参加"津东万(挂)2016-020号宗地"使用权出让竞标,成为竞得人后应当履行的付款义务,与《合作建房协议书》无关。WFDA公司在上诉状中主张其参加前述宗地使用权出让竞标是帮助某部第二干休所完成供地义务并垫付空转资金,而要求某部第二干休所返还垫付的款项没有事实和法律依据。1.该13.2亿元是WFDA公司依据招拍挂相关合同应当支付的款项,与履行《合作建房协议书》无关。《挂牌出让文件》以及WFDA公司签署的《挂牌地块竞买申请书》《挂牌地块成交确认书》等相关文件内容显示,宗地土地使用权竞标程序独立于《合作建房协议书》。某部第二干休所明确告知WFDA公司竞标与《合作建房协议书》无关,并且多次要求WFDA公司按照竞标文件的规定,履行竞得者的义务。2.WFDA公司参加"津东万(挂)2016-020号宗地"使用权出让竞标,以及案外人河南WL置业有限公司(以下简称河南WL公司)在WFDA公司报名参加竞标前,转让了其所持的在WFDA公司处全部股份,进一步证明了前述宗地使用权出让竞标与本案所涉合作建房无关。

3. 前述宗地土地使用权人系中国共产党中央军事委员会后勤保障部（原中国人民解放军总后勤部），并非某部第二干休所。军队空余土地转让收入123707.2040万元最终将支付给后勤保障部，某部第二干休所没有权利处分该款项。土地出让金8292.7960万元交给了TJ市国土资源和房屋管理局，某部第二干休所并未收取该款项，不存在向WFDA公司返还的问题。（五）某部第二干休所不存在违约行为，不应按照《合作建房协议书》的约定向WFDA公司支付违约金。1.《合作建房协议书》和《补充协议》等合同无效，WFDA公司不能依据该协议书的条款要求某部第二干休所支付违约金。2. 未能在一期工程交付使用后6个月内完成二期地块范围内住户的搬迁工作的责任不在某部第二干休所；并且，在土地过户手续未经地方政府审批通过前，搬迁工作是否按约完成，对后续工作进度没有任何影响。

某部第二干休所上诉请求：1. 撤销一审判决，改判驳回WFDA公司的全部诉讼请求；2. 本案的全部诉讼费用由WFDA公司承担。事实和理由：（一）某部第二干休所与WFDA公司签订的《合作建房协议书》和《补充协议》等合同属于合作开发房地产合同，因WFDA公司不具备房地产开发经营资质以及未经地方政府批准而无效。1. WFDA公司在本案起诉前没有取得房地产开发经营资质，《合作建房协议书》应依法认定为无效。某部第二干休所的单位性质决定了其不具备房地产经营开发资质，只有WFDA公司在本案起诉前取得房地产开发经营资质，《合作建房协议书》才为有效协议。2017年1月17日一审法院对本案进行立案受理，本案起诉9个月后，2017年10月17日WFDA公司取得房地产开发暂定资质证书。2.《合作建房协议书》未经地方政府批准而无效。《合作建房协议书》所涉的土地使用权性质为军用、划拨，用该土地合作建房，必须取得军队和地方政府的双重批准，案涉土地虽然取得了军内审批手续，但未取得地方政府的批准，《合作建房协议书》无效。3.《合作建房协议书》的地方政府审批义务应由WFDA公司负责，某部第二干休所对于最终未能办理地方政府审批手续不存在过错。4. WFDA公司申办房地产开发经营资质，并不需要其名下有土地使用权，其未能取得房地产开发经营资质，不是某部第二干休所原因所致。（二）WFDA公司的原股东河南WL公司将其持有的WFDA公司股份全部转让之时，某部第二干休所与WFDA公司之间的合作建房基础就不复存在。《合作建房协议书》和二期土地使用权招拍挂程序之间不具备关联性。一审法院依据《合作建房协议书》判决二期土地使用权转让费13.2亿元的分担，没有事实和法律依据。某部第二干休所与WFDA公司签订《合作建房协议书》的基础是河南WL公司系WFDA公司全资股东。河南WL公司在WFDA公司参加挂牌竞买之前，转让了其持有的WFDA公司的全部股权，至此某部第二干休所与WFDA公司之间合作建房的基础不复存在。WFDA公司自愿参加二期土地使用权竞买的行为与履行《合作建房协议书》没有任何关联性。某部第二干休所与WFDA公司之间从未就二期土地使用权竞买事宜属于履行《合作建房协议书》的一部分达成过一致意见，且某部第二干休所明确告知WFDA公司二期土地使用权竞买与《合作建房协议书》无关，多次要求其按照挂牌文件的规定履行竞得者的义务。（三）某部第二干休所不存在违约行为，不应按照《合作建房协议书》的约定向WFDA公司支付违约金。1.《合作建房协议书》第15条约定，WFDA公司应在取得军用土地补办出让手续许可证之日起25个月内完成一期工程。2007年1月30日解放军土地管理局颁发了前述许可证，WFDA公司应在2009年2月27日完成一期工程。但一期工程逾期交付3年多，导致不能及时安置二期地块范围内的住户，致使二期地块范围内住户多次上访，提出额外要求，给搬迁工作额外增加了难度，最终导致在约定时间内未能完成搬迁。2.土地过户手续未经地方政府审批通过前，搬迁工作是否按约完成，对后续工作进度没有影响，不会给WFDA公司造成经济损失。3.《合作建房协议书》和《补充协议》等合同无效，一审法院依据无效协议判令某部第二干休所支付违约金，无事实和法律依据。

WFDA公司辩称：（一）本案所涉合作开发建房协议有效。1.《合作建房协议书》约定双方开发过程分为了两期，一期工程不涉及土地性质变更，以某部第二干休所为主体取得规划、建设等手续后，由WFDA公司出资进行。一期建设已于2013年6月28日竣工验收并交付某部第二干休所，故一期建设不涉及房地产开发事项，也无须房地产开发经营资质。二期将涉及房地产开发事项，但由于军用土地管理政策变动，在某部第二干所表示将按照双方约定无条件供地的基础上，WFDA公司于2016年3月16日通过招拍挂形式拍得双方合作开发房地产所需的土地使用权，并于2017年11月16日垫付竞拍土地全部款项13.2亿元。在此期间，为履行合作开发事项，WFDA公司于2017年10月17日取得了房地产开发暂定资质证书，双方合作的房地产开发经营事项已具备了资质条件。某部第二干休所认为WFDA公司提起诉讼的时间早于取得暂定资质证书就导致合同无效错误。在本案发回重审前，WFDA公司已取得房地产开发暂定资质，双方所签订的合同有效。2.某部第二干休所与WFDA公司进行合作建房，是为了解决和改善离退休老干部用房，取得了总后勤部的相关批复，对于一期工程，也取得了规划、建设等手续并竣工交付，二期开发所需的土地也已通过招拍挂程序供应至WFDA公司名下，故双方合作建房所需的相关审批手续均已完备，某部第二干休所基于该规定认为双方所签订的合同无效同样是错误的。（二）股权变动不影响法人主体享有相关权利或承担相关义务，某部第二干休所应当继续全面履行合同义务。1.本案所涉合作建房事项最初是由河南WL公司通过竞价方式取得，根据当时政策，进行房地产开发需在开发项目所在地注册公司，故河南WL公司全资设立了WFDA公司。2007年4月18日某部第二干休所与WFDA公司签订了案涉《合作建房协议书》，2007年4月28日经批准，本案所涉合作建房事项主体变更为WFDA公司。至此，本案所涉合作建房协议的主体已变更为某部第二干休所与WFDA公司，后续相关手续办理及一期房屋建设,均由 WFDA 公司参与、完成。WFDA 公司作为企业法人,有独立的法人财产,具有民事权利能力和民事行为能力,依法独立享有民事权利和承担民事义务,并以其全部财产独立承担民事责任。无论 WFDA 公司的股东是河南 WL 公司还是其他主体,均不影响 WFDA 公司的相关权利义务。2. WFDA 公司参与招拍挂程序竞买二期土地并不属于独立于双方《合作建房协议书》之外的行为,而是合作建房事项的继续。双方《合作建房协议书》的合作本意即某部第二干休所向合作建房事项供地,WFDA 向合作建房事项提供资金,双方针对开发建成后房屋进行分配。双方自 2007 年 4 月确定合作开发建房,直到 2013 年 6 月一期工程竣工交付,在长达 7 年多的时间内,相关土地政策的变化是大概率事件,但针对某部第二干休所的供地义务,双方从未达成过变更意见,在 2015 年 3 月的《会议纪要》中,某部第二干休所仍然表示“无条件把二期土地过户至 WFDA 名下”,尽管由于政策发生部分变化而导致供地方式发生了变化,但供地方式的变化并不会导致某部第二干休所无法供地。3. 在《合作建房协议书》等文件有效的前提下,某部第二干休所的合同义务就是完成二期土地供应,WFDA 公司参与招拍挂竞买并拍得二期土地应当视为某部第二干休所向合作建房事项履行供地义务,那么由此所产生的在合作双方之间发生流转的资金也必然属于一方垫付的空转资金,该资金应当予以全额返还。(三)某部第二干休所迟延搬迁二期土地住户属于违约行为,应当按照合同约定承担违约责任,且应当以 WFDA 公司实际投入成本为违约金计算基数。1.《合作建房协议书》中虽约定了一期建设工期 25 个月,自 WFDA 公司取得军用土地补办出让手续许可证算起。但该条件确立的基础是 WFDA 公司可以根据军用土地补办出让手续许可证直接取得合作建房所需的土地使用权,也只有在取得土地使用权后,一期工程才能办理相关建设手续,进而完成施工。但军用土地补办出让手续许可证取得后,某部第二干休所始终不能把合作建房土地过户登记至 WFDA 公司名下,导致双方合作事项根本无法开展。直至 2010 年 4 月,一期工程才取得了建设项目施工许可证。2010 年 7 月 8 日双方签订《补充协议》,在一期土地暂时无法登记至 WFDA 公司名下的情况下,对一期房屋建设的具体实施进行了变更。2. 在一期房屋施工过程中,某部第二干休所要求将经济适用房装修标准调整为精装修标准,双方针对精装修事项又签订了《补充协议》。WFDA 公司组织对一期房屋进行了精装修,最终一期房屋建设成本在 15673.7550 万元的基础上又增加了 28939507 元。由于精装修工程的增加,一期工程的最终竣工交付时间变更为 2013 年 6 月。3. 根据原审所查明的事实,双方对于一期竣工交付时间无争议,且《补充协议》第 5 条约定了某部第二干休所在一期工程交付使用后的 6 个月内不能完成二期工程地块范围内的住户搬迁工作的相关违约责任。2013 年 12 月 5 日,某部第二干休所向其当时的上级机关 × × 交通学院报请的《关于住房改造搬迁入住工作有关问题的汇报》中明确写明了向 WFDA 公司支付违约金。

2013年12月5日，某部第二干休所不但知晓其违约行为可能带来的违约责任，而且对于WFDA针对一期工程投入1.8亿元是确认的。由于某部第二干休所未及时完成二期地块范围内的住户搬迁工作，进而导致二期地块供地时间迟延，同时，由于在2013年12月至2016年3月，人工工资及物价始终处于上涨区间，给WFDA公司带来了巨额损失，故某部第二干休所应当依照双方约定承担逾期搬迁的违约责任。

WFDA公司向一审法院提出诉讼请求：1.依法判令某部第二干休所向WFDA公司支付其交纳的涉讼军队空余土地转让费13.2亿元；2.判令某部第二干休所以WFDA公司实际投资总额18766.7056万元为基数，给付WFDA公司自2013年12月9日至2017年2月7日的违约金6339.3931万元；3.诉讼费由某部第二干休所承担。

WFDA公司及某部第二干休所均不服原一审判决，上诉至最高人民法院，最高人民法院2018年12月29日作出(2018)最高法民终853号民事裁定：撤销一审判决；本案发回一审法院重审。

除原一审查明的案件事实外，一审法院重审期间另查明：WFDA公司就一期工程向案外人支付精装修工程款和其他各项工程费用共计28939507元。WFDA公司就其中的28356805.05元提交了其与案外人签订的合同，其对外支付款项的凭证、记账凭证及案外人向其出具的发票等予以证明；对于其中的582701.70元，WFDA公司未提交相应证据予以证明。某部第二干休所表示，因其未参与上述过程，故对于WFDA公司提交上述证据的真实性、合法性及关联性均无法确认，不认可WFDA公司主张上述款项支付的客观性和合理性。WFDA公司提交的证据可以证明其主张的已就一期工程向案外人支付了28356805.05元，对其主张，一审法院予以确认。

本院二审查明的事实与一审法院查明的事实相同。

本院认为，根据当事人的上诉和答辩情况，本案二审争议的焦点问题是：一、案涉《合作建房协议书》《补充协议》的性质、效力问题；二、WFDA公司要求某部第二干休所向其支付13.2亿元本金及相应利息的主张应否支持；三、一审判决关于某部第二干休所应承担违约责任的认定是否正确。具体分析认定如下：

一、关于案涉《合作建房协议书》《补充协议》的性质、效力问题

双方当事人对彼此之间法律关系的性质和案涉多份合同的效力问题，认识上存在分歧。WFDA公司主张双方之间始终是合作建房关系，案涉多份合同均合法有效。某部第二干休所认为双方之间先后存在两个独立的法律关系，项目一期建设时双方是合作建房关系，至二期建设时已经是土地使用权转让关系，案涉合同应当认定无效。本院认为，虽然WFDA公司在签订《合作建房协议书》《补充协议》时无房地产开发资质，但于2017年10月17日已取得了房地产开发暂定资质证书，某部第二干休所以WFDA公司不具备房地产开发资质主张该两份协议无效，理据不足。从协议的约

定内容和实际履行情况分析,双方的真实意思表示就是由某部第二干休所提供土地、WFDA公司出资金,案涉项目建成后按约定比例各自分得相应面积的房屋,故WFDA公司关于双方始终系合作建房关系的观点是有道理的,应予支持。项目二期的土地之所以由WFDA公司通过"招拍挂"方式取得,是因国家对军队使用空余土地的管理政策发生变化所致,并非某部第二干休所主张的双方之间变成了土地使用权转让关系。综上,双方所签案涉协议系彼此真实意思表示,且不违反法律、行政法规的强制性规定,应当认定为合法有效。另外,某部第二干休所上诉提出WFDA公司原始股东将公司股份全部转让故合作建房基础已不复存在,WFDA公司关于股权变动不影响法人主体享有相关权利及承担相应义务的答辩意见,理由成立,予以采信。

二、关于WFDA公司要求某部第二干休所向其支付13.2亿元本金及相应利息的主张应否支持的问题

某部第二干休所称WFDA公司上诉增加了诉讼请求,该部分不属于二审审理范围应予驳回。本院认为,以"招拍挂"方式取得案涉项目二期土地使用权时,WFDA公司支出的13.2亿元土地价款系由123707.2040万元军队空余土地转让费和8292.7960万元土地出让金两部分构成。因双方当事人对上述款项的处理问题无法达成共识,遂引发本案。从WFDA公司在一审和二审阶段提出的主张分析,其一审起诉要求某部第二干休所支付13.2亿元军队空余土地转让费,是就该13.2亿元整体性提出主张,二审上诉是将总额13.2亿元的款项按支付明细分成123707.2040万元军队空余土地转让费和8292.7960万元土地出让金两部分并分别提出了权利主张。虽然说法和角度有所不同,但其提起本案诉讼,为解决该13.2亿元款项在双方当事人之间应当如何处理这一核心问题的主要目的没有变化,一审、二审的诉讼利益是一致的。因此,WFDA公司关于13.2亿元本金部分的主张,不存在二审增加诉讼请求的情况。不过,WFDA公司上诉提出的13.2亿元应当计取利息的主张,其在一审时并未明确提出,本院对此部分内容不予审理。

关于该13.2亿元款项在双方当事人之间应当如何处理的问题。首先,2007年1月31日,国土资源部、财政部、中国人民解放军总后勤部下发《关于加强军队空余土地转让管理有关问题的通知》指出,"本通知下发之前,已领取《军用土地补办出让手续许可证》的,可按原有规定办理,并在2007年6月30日前办理完毕。"案涉项目在该通知下发前已经取得军用土地补办出让手续许可证,属于2007年6月30日前可以仍然按原有1993年文件规定办理即免交土地出让金的情形。对于实际上未在政策缓冲期内完成二期土地过户的责任问题,双方当事人各执一词,又均未能充分举证证明系对方责任所致。一审法院认为双方均应承担相应的责任,认定并无不当。其次,因政策发生变化,导致与双方当事人最初签订合同时相比,取得二期项目土地使用权的费用大幅增加。WFDA公司支付了土地出让价款13.2亿元,其中8292.7960万元作

为土地出让金由当地政府收取,123707.2040万元作为军队空余土地转让收入由某部第二干休所取得。从双方合同约定、实际履行情况以及此后形成的多次会议纪要的内容看,无法查明双方之间关于这些增加的费用应当如何处置的真实意思表示。不过,鉴于双方在政策出台后仍然继续签订协议、进行项目建设、通过"招拍挂"方式取得二期土地使用权,故对该增加的投入应当在双方当事人之间作出妥善处理。另外,依一审判决结果,某部第二干休所完全实现原合同目的外,还实际获得了巨额军队空余土地转让收入,所得一期房屋还由经济适用房标准变成了精装修房屋交付。而作为合同的另一方当事人,WFDA公司在原合同义务全部履行的基础上,又为取得项目二期土地增加巨额支出,还在项目一期建设中增加了2800余万元装修等款项的投入。两相比较,双方当事人之间的利益分配结果,显失公允。综合上述原因并结合本案实际情况,本院认为,对项目二期土地使用权的出让价款13.2亿元,应由双方当事人各半承担,即WFDA公司承担6.6亿元、某部第二干休所承担6.6亿元。因土地价款已由WFDA公司交纳完毕,某部第二干休所已经收取了123707.2040万元军队空余土地转让收入,故某部第二干休所需向WFDA公司返还6.6亿元。某部第二干休所要求驳回对方该项诉讼请求的主张,理据不足。WFDA公司关于某部第二干休所应向其足额返还13.2亿元款项的主张,亦缺乏依据,不予支持。

三、一审判决关于某部第二干休所应承担违约责任的认定是否正确的问题

一审法院认为,某部第二干休所因未如期完成二期地块内的搬迁工作,应向WFDA公司承担违约责任。根据双方所签《补充协议》第5条第3款约定,某部第二干休所在WFDA公司交付一期工程后6个月内应当完成二期工程地块内住户搬迁工作,否则将承担违约责任。因案涉一期工程交付于2013年6月9日,故某部第二干休所最迟应于2013年12月8日完成搬迁工作。一审法院在查明某部第二干休所于2016年3月15日才完成二期地块内住户搬迁的基础上,认定其在二期地块住户搬迁问题上构成违约,应当向WFDA公司支付自2013年12月9日起至2016年3月15日止的违约金,结论正确。

为建设案涉项目一期工程,WFDA公司直接向某部第二干休所支付156737550元、向案外人支付精装修工程款及其他各项工程费用28356805.05元合计185094355.05元。对一期精装修工程款及其他各项工程费用的数额,某部第二干休所以未经其确认、不知情为由不予认可。鉴于双方均认可一期工程的装修标准从原合同约定的经济适用房标准变更为精装修标准且因此而增加的投入均系WFDA公司支付,加之其他向案外人支付的咨询服务费等相关费用系用于一期工程建设,故一审法院将上述款项计入WFDA公司的投资总额进行违约金的计算,并无不当。某部第二干休所上诉关于其不存在违约行为、未能如期搬迁系对方一期工程逾期交工所致、案涉协议无效故不应支付违约金等主张,缺乏事实和法律依据,不予支持。

综上所述,某部第二干休所的上诉请求不成立,不予支持。WFDA 公司的部分上诉请求成立,依法应予支持。本院依照《民事诉讼法》第 170 条第 1 款第 2 项规定,判决如下:

一、维持某高级人民法院(2019)×民初 1×号判决第二项;

二、撤销某高级人民法院(2019)×民初 1×号判决第三项;

三、变更某高级人民法院(2019)×民初 1×号判决第一项"本判决生效之日起 15 日内,某部河东第二离职干部休养所向天津 WFDA 房地产开发有限公司支付 42240 万元"为"本判决生效之日起 15 日内,某部河东第二离职干部休养所向天津 WFDA 房地产开发有限公司支付 6.6 亿元";

四、驳回 WFDA 公司的其他诉讼请求。

如未按照本判决指定的期间履行给付金钱义务,应当依照《民事诉讼法》第 253 条规定,加倍支付迟延履行期间的债务利息。

一审案件受理费 6641800 元,由某部第二干休所、WFDA 公司各负担 3320900 元。二审案件受理费 7325618 元,由某部第二干休所、WFDA 公司各负担 3662809 元。

本判决为终审判决。

审 判 长　刘××

审 判 员　汪××

审 判 员　赵××

2020 年 12 月 30 日

法官助理　柳　×

书 记 员　武××

办案总结

办案律师在二审重审前接受 WFDA 委托,经查阅案件相关证据,认为本案难点在于:①案涉主体情况复杂,决策程序困难;②案涉项目时间跨度巨大,土地价格暴增;③土地开发政策及军队体系管理出现变化,双方均无责推进合同履行困难。

经过反复研讨,办案律师在开庭前形成代理思路,以法律对公平交易秩序的保护作为突破基础,以社会主义核心价值观与民事活动诚信原则的互动为抓手,具体如下:

(1)关于案涉合同效力问题。最高人民法院及某高级人民法院对于 WFDA 与干休所就案涉土地所签订的《合作建房协议书》及《合作建房补充协议》的效力均持肯定态度,意味着争议双方主张权利义务的基础来源于《合作建房协议书》及《合作建房补充协议》。

(2)WFDA 与干休所合作建房的基础在于在当时的历史条件和政策允许范围内,由干休所提供合作开发所需土地,由 WFDA 提供开发所需资金。开发完毕后,按照约定比例进行建成房屋分配。干休所取得收益的原因是其以自身享有的土地使用权作价进行了投入,如果干休所未能无偿提供合作开发项目所需土地,其取得收益将成为无投入基础上获利,严重破坏市场公平交易秩序。

(3)某高级人民法院的二审判决中,对于干休所已经无偿取得一期房屋这一事实进行了查明,我们要建立穿透式思维,以合作双方的真实意思表示为基础,结合市场等价有偿的基本规律,通过对合作双方自身价值的分析,找到合作根源,探求真实法律关系。。

(4)WFDA 已通过竞价方式,以 13.2 亿元的价格竞得二期地块,但竞价取得与《合作建房协议书》中的无偿取得并不矛盾。WFDA 之所以竞价取得,是由于土地使用权取得方式变化,而且其中约 12.3 亿元的交费对象是干休所,干休所应当将取得的 12.3 亿元全额返还给 WFDA,才符合双方针对涉案地块合作建房的本意。

(5)按照某高级人民法院的二次判决结果,《合作建房协议书》有效的基础上干休所仅仅返还了其取得收入中的 50% 或 32% 部分,即可以根据有效的协议取得 WFDA 投资建成总面积的 32%,显然与双方合作本意不一致,也显失公平。是非评判,要深入到合同履行过程中去,通过对合同履行情况的法律价值进行分析,精准判断双方纠纷根源。

(6)某高级人民法院在重审期间,并未完全领会最高人民法院意见,最高人民法院在裁定中的表述为"但是在实际处理时,并未综合考虑双方在两期建设中的投入和分配情况,判决结果明显与双方约定的分配比例不符"。根据上述意见,最高人民法院显然是注意到本次合作建房双方分配利益的基础,某高级人民法院仅仅判断出最高人民法院可能依据《涉及国有土地使用权合同纠纷案件适用法律问题的解释》第 17 条,进而直接适用了双方约定收益分配比例进行了判决,完全忽略了"综合考虑双方在两期建设中的投入"这一问题,使该判决显失公平,更不符合社会主义核心价值观及民事活动所要求的诚信原则。

(7)针对向某国土局交纳的 8000 余万元,可以视为"投资数额超出合作开发房地产合同的约定",因为合作双方均无法预见基于政策变化所带来的超额投资,也就是说,针对此款项,可以参照双方收益分配比例进行承担。

(8)根据以上情况,从双方合作真实意思判定是否应当返还 12.3 亿元并支付 8000 余万元的出发点,以收益分配比例为分担超额投资的判定依据,在尊重上述事实的基础上,被法院确认有效的《合作建房协议书》才具备继续履行的基础,也符合了最高人民法院判定本案立场。

专家点评

WFDA 与干休所合资、合作开发房地产合同纠纷一案,历经某高级人民法院一审、最高人民法院二审、某高级人民法院重审一审、最高人民法院重审二审,最终由最高人民法院于 2020 年 12 月 30 日作出终审判决,定分止争。本案时间跨度大,争议焦点多,案件流程长,证据复杂,牵涉问题广,涉案标的特别巨大,办案律师在重重压力下,将民法原则和经济学原理相结合,取得重大突破,帮助委托人争取回 3 亿余元的利益。

案件涉及军队使用军用土地与国有企业合作开发房地产项目,时间跨越 14 年之久,根据经济社会的发展,国家的政策、法律法规也出现了新的调整,土地开发政策及军队体系管理出现变化,双方合作开发房地产期间,土地开发政策逐步建立健全,配套法律法规逐步完善,程序要求趋于严格,同时,人民军队体系管理政策也出现重大变化,对于资产管理从相对宽松的备案审批方式调整为严格的报批报审流程,在合作基础和资产价格发生变化后,合同的履行变得困难,案件主体之间产生了纠纷争议。

办案律师在重审二审前接受委托,组织团队对案件进行仔细研读讨论,按时间顺序梳理出案件有关证据,找出案件难点并逐一突破。代理意见中,办案律师以尊重当事人双方的合作初衷为出发点,通过双方合作自身价值找到双方合作的根源并详细列举了双方在合同履行过程中的履行情况,制作案件收益对比图,将 WFDA 与干休所的投入、收益进行了直观的对比,有理有据地让重审二审法官更直观地感受到一审判决的不妥。

本案的亮点在于办案律师开创性地在案件上诉状和代理词中引入了"社会主义核心价值观",将"社会主义法治思想"与个案纠纷相结合,体现了法律人维护社会公平正义的专业素养,用超高的专业水平帮助委托人挽回了巨大的经济损失。同时,最高人民法院的判决结果,也彰显了社会主义法治体系下的公平、公正。

审核人:郝萍(北京律师智库重大复杂案件研究专家组成员)

复核人:张雪梅(北京律师智库重大复杂案件研究专家组成员)

房地产领域政策影响是否属于免责事由的判定

——魏某诉济源TH置业有限公司等合同纠纷案

争议焦点

政策导致合同一方无法履行义务，是否应承担违约责任；房地产公司约定逾期违约责任，是否还应向第三人担责。

关键词

股权转让　违约金　房产交付　违约责任

案情简介

一、合同签订履行情况

1. 2015年6月13日，魏某（甲方）与尚某芳、邓某真（乙方）签订《股权转让合同》，乙方受让魏某所持济源TH置业有限公司（以下简称TH公司）股权，TH公司、河南邓氏ST置业有限公司（以下简称ST公司）、邓某义作为担保方（丙方）在协议签字、盖章。协议约定以房产折顶147322962.50元款项，并约定了违约责任。

2. 2015年6月16日，TH公司、ST公司、尚某芳、邓某真、魏某共同向济源市房管局提出申请，将TH公司所开发的TH天安广场项目、ST公司所开发的山水世界城项目以下房源备案登记到魏某芳名下。

3. 2015年6月26日，魏某与尚某芳、邓某真及TH公司、ST公司、邓某义签订《股权转让合同补充协议》，约定"附件一、附件二房源清单表中所列明的交房时间必须确保，否则所造成相关的违约责任由尚某芳、邓某真及TH公司承担。"

4. 2017年12月3日，魏某（甲方）与TH公司（乙方）签订《协议书》，约定甲、乙双方原股权转让协议约定的1号楼延迟交房违约责任暂时截至2017年11月30日,剩余未完工程乙方应于2017年12月30日前完成,塔吊拆除乙方应于2018年4月30日前完成……若因此给甲方造成损失,则视为乙方违约,乙方按原股权转让协议承担逾期交房的违约责任。

5. 2018年7月16日,济源市金天公证处作出(2018)豫济金证内民字第384号公证书,证明TH天安广场1号楼塔吊于2018年7月7日实际拆除。

二、魏某一审起诉请求

1. 判令被告支付未按协议约定干完剩余工程(截至起诉前)、塔吊逾期拆除(截至2018年7月6日)、零散户逾期交房及逾期办证等违约金总计48467705元(截至起诉前),剩余违约金另案起诉;2. 被告ST公司、邓某义对前述项承担连带担保清偿责任;3. 由被告承担本案的诉讼费用。

一审判决:(1)TH公司于判决生效之日起10日内支付魏某逾期拆除1号楼塔吊的违约金4964009元;(2)驳回魏某的其他诉讼请求。

三、原被告均上诉

原审原告魏某上诉请求:依法撤销一审判决,改判支持其一审全部诉讼请求。

TH公司上诉请求:(1)依法撤销一审判决第一项,改判驳回魏某要求其支付逾期拆除1号楼塔吊的违约金4964009元的诉讼请求;(2)由魏某承担本案全部诉讼费用。

二审期间,TH公司再次重申交付问题并提交4份新证据,证明TH公司尽了催促义务,系由于政府原因塔吊不能拆除。

四、二审裁判结果

1. 撤销河南省某中级人民法院(2018)豫9×民初×2号民事判决。

2. 驳回魏某的诉讼请求。

案件历程

【一审判决书】

河南省某中级人民法院

民事判决书

(2018)豫9×民初×2号

原告:魏某,女,1970年××月××日出生,汉族,住济源市。

委托诉讼代理人:赵××,河南×××律师事务所律师。

委托诉讼代理人:张××,河南×××律师事务所律师。

被告:邓某真,女,1986年××月××日出生,汉族,住济源市。

被告:尚某芳,女,1989年××月××日出生,汉族,住济源市。

被告:TH公司,住所地济源市。

法定代表人:聂某丽,该公司总经理。

被告:ST公司,住所地济源市愚公路88号。

法定代表人:卢某合,该公司总经理。

被告:邓某义,男,1951年×月×日出生,汉族,住济源市。

以上五被告的委托诉讼代理人:李××,河南××律师事务所律师。

原告魏某诉被告邓某真、尚某芳、TH公司、ST公司、邓某义合同纠纷一案,本院于2018年8月22日立案受理后,依法组成合议庭,公开开庭进行了审理。原告的委托诉讼代理人赵××、张××,被告邓某真、尚某芳、TH公司、ST公司、邓某义的委托诉讼代理人李××以及TH公司的法定代表人聂某丽到庭参加诉讼。本案现已审理终结。

原告魏某向本院提出诉讼请求:1.请求判令被告尚某芳、邓某真、TH公司支付未按协议约定干完剩余工程(截至起诉前)、塔吊逾期拆除(截至2018年7月6日)、零散户逾期交房及逾期办证等违约金总计48467705元(截至起诉前),剩余违约金另案起诉;2.ST公司、邓某义对前述项承担连带担保清偿责任;3.五被告承担本案的诉讼费用。事实与理由:2015年6月13日原告将其在被告TH公司持有的股份转让给了被告尚某芳、邓某真二人(当时的股东),并签署了股权转让协议,该协议约定:股权转让价为177322962.50元,支付方式为:(1)支付现金3000万元,在合同签订之日起120日内支付2000万元,在合同签订180日内支付1000万元;(2)被告TH公司同意被告尚某芳、邓某真剩余款项股权转让款147322962.50元以其所有的房产折顶股份转让款给原告并约定交付的具体时间;(3)邓某真、尚某芳未能履行协议约定的全部义务的,按照违约金额的日千分之一承担违约责任;(4)TH公司、ST公司、邓某义对邓某真、尚某芳应履行的全部义务承担连带担保责任。2015年6月26日,被告邓某真、尚某芳、TH公司、ST公司、邓某义又与原告签署了股权转让补充协议,协议约定了具体的房产折顶股权转让款的具体楼栋位置以及房号,其中:TH天安广场21号楼为61套,交房时间为2016年1月31日前,办理房产证日期为2016年6月30日前;TH天安广场22号楼1套、25号楼10套、28号楼6套,交房时间为2016年5月30日前,办理产权证时间为2016年10月31日前;山水世界城15套,交房时间为2015年7月31日前,办理产权证时间为2015年12月31日前;TH天安广场1号楼交房日期为2016年12月30日前,办理产权证日期为2017年5月30日前;TH天安广场西侧门面房交房日期为2016年5月30日前,办理产权证日期为2016年10月31日前;半山春景房屋1套,交房日期为2015年12月31日前,办理产权证日期为2016年3月31日前。在该协议中又约定,所抵押给原告的房屋,如果连续停工30天以上,或者不能确保在该协议附件所列明的交房时间交房,原告有权要求五被告按照股权转让合同约定承担违约责任。2017年12月3日,被告TH公司又与原告签署了协议书,协议书约定:①1号楼剩余未完工程应于2017年12月30日前完成;②塔吊拆除应于2018年4月30日前完成,如被告未按照本协议约定完成义务,视为被告违约;③被告未及时和第三方签订商品房买卖合同及办理房屋登记手续的,视为被告违约;④如违约被告均应按照股权转让协议约定承担每日千分之一的违约金。上述几份协议签订后,五被告并未按照协议约定履行自己应尽的义务,给原告造成了很大损失,故特诉至贵院,敬请依法支持原告的诉讼请求。

被告邓某真、尚某芳、TH公司、ST公司、邓某义辩称:一、被告不存在任何违约行为,不应当承担违约责任,且原告要求被告按照每日千分之一承担违约金的诉求也不明确,按2015年6月13日的合同约定,应按股权违约金额为基数,原告要求按照1号楼的房屋总价值为基数按日千分之一计算违约金没有事实依据,也与合同约定不符。二、原告主张权利的依据是2017年12月3日和被告TH公司签订的协议书,而该协议中邓某真、尚某芳、邓氏公司、邓某义四被告均没有签字,该协议的效力不应当及于该四被告,因此请求驳回原告的诉讼请求。

原告魏某向本院提供的证据有:

证据1:2015年6月13日签订的股权转让协议,甲方转让方为魏某,乙方受让方为尚某芳、邓某真,丙方担保方为TH公司、ST公司、邓某义,证明:原被告股权转让关系成立,被告邓某真、尚某芳应将股权转让协议中以房顶款的房屋(147322962.5元)折顶给原告或原告指定的人员。

证据2:2015年6月26日签订的股权转让合同补充协议,签订人与证据1相同。证明:邓某真、尚某芳、TH公司应将TH天安广场21号楼在2016年1月30日前交付;22、25、28号楼和TH天安广场西侧门面房在2016年5月30日前交付;山水世界城1、3、9、13、15号楼在2015年7月31日前交付;半山春景房屋在2015年12月31日前交付。TH公司、ST公司、邓某义对本协议义务承担连带担保责任。

证据3:2017年12月3日魏某与TH公司签订的协议书,证明:①TH公司在2018年12月30日前完成1号楼剩余工程;②2018年4月30日前应将1号楼塔吊拆除;③原告将TH公司交付给原告的房屋向第三方出售时,TH公司应及时和第三方签署商品房买卖合同及办理房屋登记手续;④逾期按照股权转让协议承担逾期交房的违约责任。

证据4:2017年12月4日1号楼房屋需要和第三人签订商品房买卖合同请求,证明:原告在2017年12月4日已经向TH公司请求注销预售登记、签订商品房买卖合同办理备案登记。

证据5:2018年9月13日房屋信息查询告知单,证明:1、9、10、17、21、22、24、25、26、27、28号楼的具体备案时间(详见列表)。

证据6:济源市金天公证处(2018)豫济金证内民字第384号公证书,证明:TH公司拆除塔吊的时间为2018年7月7日。

证据7:被告TH公司与第三方签订的合同13份,证明:被告与第三方签订的合同约定违约金最低为千分之一,说明千分之一违约金是被告的交易习惯。

被告对原告提供的证据质证意见如下:对原告提供证据1、2、3、4、5、6真实性均无异议。但对原告证据证明对象有异议,结合原告的诉讼请求,具体意见如下:1.对原告主张的未完工工程,原告主张从2017年12月31日至2018年1月28日计算未完工工程的违约金,根据2017年12月30日双方协议约定,该部分工程应于2017年12月30日完工,其目的是不影响原告向外出售1号楼180套房产,而实际被告2017年12月15日已经完成了1号楼的扫尾工程,同日,被告TH公司和原告实际控制的公司(河南LF建设工程有限公司,以下简称LF公司)针对1号楼180套房产签订了备案注销协议书(该180套房产在此之前,根据原告的要求已备案登记在LF公司名下),此后原告即陆续以被告TH公司的名义向外出售房产,故被告不存在超过2017年12月30日才干完扫尾工程的问题。2.原告主张的塔吊拆除,被告TH公司于2018年4月25日已经向济源市建管局提出拆除塔吊的申请,因塔吊属于重型起重设备,安装、拆除均需要到建管部门进行备案,未经批准不得拆除,且2017年年底至2018年上半年,因全国进行大气污染整治,河南省及济源市均明令禁止建筑工地施工行为,基于该政府行为,涉案塔吊直至2018年7月6日才被拆除,但根据2017年12月3日双方签订合同的目的,即该合同附件第3条第5项约定,拆除塔吊是为了防止因塔吊未拆除可能影响原告出售房屋,以及给原告造成人身或财产的损害,而事实上,虽然涉案塔吊因政府行为未能及时拆除,但并没有给原告造成任何损失也没有影响原告房屋的出售,对此无论是法定免责条件,还是从合同的约定以及是否给原告造成损失来判断,原告该项诉讼请求均不应当支持。3.1号楼签订售房合同的违约责任,对此原告提供一份由邓某清签字的、未显示具体时间的TH公司的表和2017年12月4日由邓某清、尚某虹签字的房价表,邓某清是TH公司的财务总监,尚某虹是魏某丈夫,但该组证据并不作为证明是原告通知被告TH公司签订售房合同的依据。事实上该180套房产在2017年12月4日前已经按照原告的要求登记在LF公司名下,并和LF公司签订了商品房买卖合同,2017年12月4日仅是双方依据2017年12月3日协议书第3条的约定,原告如需将该180套房产另行出售给第三人,需要将原登记在LF公司名下的房产予以注销,然后由原告另行寻求第三人购买该批房产,有第三人愿意购买时,第三人再与TH公司签订新的商品房买卖合同。故原告提供的该组证据仅能证明,注销180套房产原登记时需要提供的材料和原告对外出售该批房产时的价格,也就是说原告在房产未出售给第三人前被告根本不可能也没办法签订新的商品房买卖合同。本案事实是,从2017年12月9日起至2018年3月9日原告才将涉案房屋全部卖完,被告也均是按照原告的请求及时和第三人按照2017年12月3日协议第3条的约定签订了房屋买卖合同,不存在逾期签订1号楼售房合同的违约责任。4.零散户售房合同的违约金,原告根据其提供的该批房产在不动产管理局登记的日期和股权转让合同中约定的交房日期之间的差额来计算违约天数,对此该批房产按照股权转让协议的约定,早在2015年6月26日已经交付给原告,由原告对外进行出售,由购买者和被告TH公司签订商品房买卖合同,原告庭审中提供的证据,仅能证明原告将该批房产实际出售,不能证明被告TH公司逾期交房,事实上TH公司也不存在逾期交房。5.逾期办证的违约金,该诉求所提供的证据实际上和第四项诉求相同,其中针对1号楼的违约金问题,根据原告提供的2017年12月3日协议书显示,1号楼延期交房的违约责任已经计算到2017年11月30日,且原告对此已另案提起诉讼。根据该协议约定,该批房产什么时间办证是由原告自己决定的,而根据原告提供的证据5显示该批房产已经于2018年1月前后统一出售给第三人,原告从未主张过将该批房产办理房产证至原告名下。虽然2015年6月26日股权转让补充协议的附件中约定1号楼办理房产证的时间为2017年5月30日以前,但该时间段前该批房产已实际登记在原告指定的人(LF公司)名下,其也不可能要求办理房产证,同时原告已经针对1号楼逾期交房提起诉讼,现又以逾期办证提起诉讼,显然属于违约金的重复计算。并且按照双方2017年12月3日协议第5条的约定,该批房产的备案手续为360个工作日,这也说明双方针对原2017年5月30日约定的办证时间进行了重新约定。原告主张的是21、22、25、28号楼涉及的房产均需要原告对外出售明确业主后,再根据业主的要求或被告与业主签订的合同约定办理房产证,双方在原股权转让合同补充协议附件中约定的办证日期,仅是为了限制被告必须在该时间段前使房产具备办证的条件,使原告达到顺利销售房产的目的,事实上原告不会也不可能将该批房产直接登记在自己名下。综上,原告提供的以上六组证据均不能证明其诉讼请求,不应得到法庭支持。对证据7的真实性无异议,但认为与本案无关,没有可比性、可参考性,违约金的约定属于双方当事人的约定,不能因某方当事人与第三方的行为,来对比合同双方的权利义务。

被告邓某真、尚某芳、TH公司、ST公司、邓某义向本院提供的证据有:

第一组证据:2017年12月3日原告和被告TH公司签订的协议书一份,证明:被告TH公司已按照协议约定充分履行了自己的合同义务,且原告主张的塔吊拆除目的是不影响房屋销售。

第二组证据:证据1:2017年12月15日TH公司与LF公司共同向济源市房管局递交的商品房买卖合同备案注销申请180套需注销登记房产的登记表复印件(原件在市房管局);证据2:原告将1号楼涉及的180套房产分别出售后的明细表(系被告自己制作)及商品房预售合同,以上共同证明涉案的180套房产,被告已经按照原告的要求及时和第三人签订了商品房买卖合同,履行了2017年12月3日协议书第3条的约定。

第三组证据:证据1:2017年12月1日河南省环境污染防治攻坚领导小组办公室下发的《紧急通知》和2017年11月30日河南省建设厅印发的《河南省住房和城乡建设厅关于进一步冬季扬尘污染防治工作的紧急通知》;证据2:2018年4月25日被告TH公司以及施工单位河南省大地建筑安装装饰有限公司和拆装单位济源市昌和起重设备租赁安装有限公司共同向济源市建委提交的要求拆除TH天安广场1、5号楼塔吊的备案手续复印件(原件在市住建局),该组证据共同证明虽然原被告双方在2017年12月3日的协议中约定应于2018年4月30日前拆除完毕,双方在签订合同前,政府已明令通知施工工地不得施工,所以才导致塔吊延期拆除,但事实上被告并未违背协议约定的时间,在2018年4月25日就提出了拆除申请,该组证据的其他证明方向同被告对原告证据的质证意见。

第四组证据:两份申请及预售登记注销申请表,证明:被告分别在2015年6月16日、6月24日向济源市房管局申请将21、22、25、28号、1号楼、25号楼商业备案登记在原告指定的魏某芳名下。

第五组证据:21、22、25、28号楼预售登记注销登记表,证明:被告在2015年6月17日就21、22、25、28号楼已与魏某芳签订了商品房预售合同,并经济源市房管局备案。

第六组证据:1号楼商品房买卖合同备案注销申请,证明:被告在2015年6月24日将1号楼房产登记备案在魏某芳名下后,2015年11月24日应原告要求,又将1号楼房产变更登记在LF公司名下。

第七组证据:1号楼商品房预售合同180份,证明:被告已按原告房屋销售时间及时和业主签订了全部的购房合同,不存在逾期签订售房合同的情形。

第八组证据:21、22、25、28号楼商品房预售合同78份,证明:原被告双方签订合同后,被告已经将该批房屋预售给原告指定的魏某芳名下,后根据原告的房屋销售情况,被告已经就该批房屋和相应的业主签订了商品房预售合同,并交付了房屋。

第九组证据:(2017)豫民终1213号民事判决书,证明:涉案1号楼因逾期交付房屋,法院已判决被告以1号楼的总价值为基数,按日千分之一承担从2016年12月30日计算至实际付清之日止的违约金。

第十组证据:涉案房产多次变更登记的房管局电子档案,提交是为了让法院便于了解房屋登记情况,没有其他证明对象。

第十一组证据:17份商品房买卖合同,显示原告于2016年3月开始出售21号楼的房屋,2017年5月开始出售28号楼的房屋。证明:在2016年3月开始涉案的21号楼已经符合交房条件,被告是按照原告对外销售的情况和时间,才能根据股权转让协议第5条第4项和新业主签订新的售房合同,即涉案房屋什么时间销售出去是由原告决定的,故不能以最终和业主签订的新售房合同显示的时间来计算交房逾期的天数。另补充,如李林的买卖合同,附件显示21号楼于2016年5月19日已符合交房条件,不能说签订买卖合同迟,就是不符合交房条件,只能说明原告未能及时找到买房的人。

第十二组证据:22、25、28号楼已完工工程交接单,证明:涉案的22、25、28号楼均是由魏某实际控制的LF公司负责施工,该三栋楼分别于2018年2月27日、2018年2月26日、2017年6月1日交接,该三栋楼均因LF公司的延期施工,导致原告主张的相应房屋无法按期交付,对原告关联企业逾期施工的后果,不应当转嫁给被告承担逾期交房的责任。

原告对被告提供的证据质证后,认为:对第一组证据的真实性无异议,但对证明对象有异议,认为该组证据不能证明其履行了合同约定的义务,以及塔吊拆除的目的。对第二组证据中的证据1的真实性无异议;证据2中1号楼的明细是被告自己单方制作的,对购房户真实性无异议,上边没有合同登记备案时间,合同签订时间有些与原告在不动产档案局查询的合同备案时间不符,但与购房合同中显示的时间相符。对第三组证据中证据1文件的真实性无异议,但该文件没有明确要求停止施工;对证据2中的拆除审查表的真实性无异议,这属于被告迟延申请,如果被告在签订合同时及时申请,在2018年4月30日前完全可以将塔吊拆除完毕。对第四组证据的真实性无异议,对证据证明对象有异议,证据上显示登记在魏某芳名下,不等于已经履行股权转让协议第5条第4项约定的内容。对第五组证据的真实性无异议,注销申请登记表明确21号楼2套、28号楼1套、25号楼1套,退房申请21-1-220U、22-13-1301、25-8-801,28-1102-1103,但不能证明履行的是股权转让协议第5条第4项的约定内容。对第六组证据的真实性无异议,但对证明对象有异议,具体同对第四组证据的质证意见。对第七组证据的180套售房合同的真实性无异议,因为股权转让合同中第5条第4项是原告通知被告之日起5日内与业主签订商品房买卖合同,原告提供的第四份证据可以证明原告于2017年12月4日通知了被告,被告未在5日内与原告销售给第三人的购房户签订商品房买卖合同,原告从2017年12月9日计算违约金,是按照股权转让协议约定给足了约定时间。对第八组证据售房合同的真实性无异议,但对证明对象有异议,因为被告已经按照双方2015年6月26日签订的股权转让合同补充协议附件中约定的交房日期交房,这与原告向法院提供的证据5相互印证,可以证明被告逾期交房。对第九组证据的真实性无异议,但对证明对象有异议,原告在本次诉讼中要求的不是逾期交房违约金，而是1号楼逾期签订合同的违约金。对第十组证据，原告提供的第五组证据，济源市不动产登记中心对涉案所有房屋的登记备案时间有明确记载，故不再去核对该组证据的真实性。对第十一组证据，对真实性无异议，但是对证明对象有异议，理由如下：被告认为最早交房是2016年5月19日，以此推定21号楼在此之前已全部符合交房条件，原告认为签订合同迟的原因是被告不能及时到房管局注销之前与魏某芳签订的商品房买卖合同，而不是原告找不到买受人，所以被告提供的证据不能证明被告已按约定交付了房屋。对第十二组证据的真实性不清楚，三份交接单是LF公司与TH公司之间的建设施工合同关系，他们之间是否履行建设施工合同中的义务，与本案被告能否按约定时间交房没有因果关系。未按约定时间交房，即应当承担违约责任。

本院经审查，认为：对于原告提供的证据1至证据7，被告对其真实性无异议，本院对以上证据的真实性予以认定。对于被告提供的第一组至第九组证据、第十一组证据，原告对其真实性无异议，本院对以上证据的真实性予以认定；对被告提供的第十组证据，被告未表明证明对象，本院不予审查；对于被告提供的第十二组证据，因系TH公司与LF公司之间的合同关系，与本案无关，本院不予认定。

根据原被告的诉辩意见和本院确认的有效证据，本院认定事实如下：2015年6月13日，原告魏某与被告尚某芳、邓某真签订股权转让合同，被告尚某芳、邓某真（乙方）受让原告魏某（甲方）所持TH公司股权，被告TH公司、邓氏公司、邓某义作为担保方（丙方）在协议签字、盖章。协议第2条“股权转让支付方式”约定“（一）甲乙双方商定：甲方以总价壹亿柒仟柒佰叁拾贰万贰仟玖佰陆拾贰元伍角整（小写：¥177322962.50）转让所拥有的TH公司的45%股权，该款项按照下列方法支付：（1）支付3000万元现金，具体支付时间为：在合同签订之日起120日内乙方向甲方付2000万元现金；在合同签订之日起180日内乙方向甲方支付1000万元现金。（2）剩余的壹亿肆仟柒佰叁拾贰万贰仟玖佰陆拾贰元伍角整（小写：¥147322962.50），乙方以位于房产（具体位置、房号、交房日期、竣工备案日期、办理房产证等日期见附件）折顶给甲方或甲方指定的人员。”第5条“乙方保证及承诺”约定“（五）乙方和ST公司须在2015年7月30日前，解除LF公司为其在中原信托借款合同中提供的位于曼哈顿的房产抵押。逾期，如不能办理解押手续，乙方应当按照该抵押物总值(1.52亿元)为基数，每逾期一日承担千分之一的违约金……”第6条“违约责任”约定“（二）若乙方未按照本合同约定的期限及附件约定期限履行相应义务的，或违反本合同约定的其他义务或乙方所做的保证和承诺，逾期应以转让股权违约金额为基数，以每日千分之一的违约金承担违约责任……”第8条“合同生效及其他”约定“（四）丙方对乙方在本合同中应履行的全部义务承担连带保证责任，即乙方不履行金钱支付义务、房屋顶款的转让登记义务以及未按照合同约定划转给甲方售房款的，由担保人承担支付、履行义务以及违约责任”。

2015 年 6 月 16 日,TH 公司、邓氏公司、尚某芳、邓某真、魏某共同向济源市房管局提出申请,内容为:“经 TH 公司、ST 公司及所有股东同意,现申请将 TH 公司所开发的 TH 天安广场项目、ST 公司所开发的山水世界城项目以下房源到你局申请备案登记到魏某芳名下,具体房源清单见附件一、附件二;所有附件中所列的房源未经魏某芳本人签字同意,不得对外另行销售和办理相关房产权属登记或变更手续,请你局予以批准和配合,为感!魏某在此申请书下方另行批注:因此房产在办理房产权属登记或变更手续(业主)而使开发商交纳的二次税费由魏某承担。承诺人:魏某,2015 年 6 月 16 日。”

2015 年 6 月 26 日,原被告再次签订股权转让合同补充协议,约定“四、附件一、附件二房源清单表中所列明的交房时间必须确保,否则所造成相关的违约责任由乙方及 TH 公司承担”。其中附件一载明:TH 天安广场 21 号楼 61 套房屋交房日期为 2016 年 1 月 31 日以前,竣工备案日期为 2016 年 4 月 30 日以前,办理房产证时间为 2016 年 6 月 30 日以前;22 号楼 1301 号房屋、25 号楼 10 套房屋、28 号楼 6 套房屋交房日期为 2016 年 5 月 30 日以前,竣工备案日期为 2016 年 8 月 31 日以前,办理房产证时间为 2016 年 10 月 31 日以前。该补充协议后附件一的清单上显示的房源信息与 2015 年 6 月 16 日申请后附件一中 TH 天安广场 21、22、25、28 号楼的房屋信息一致。

2017 年 12 月 3 日,魏某(甲方)与 TH 公司(乙方)签订协议书,约定:双方就 TH 天安广场 1 号楼交接的相关事宜,经协商达成以下协议:1. 经甲乙双方协商,在乙方履行完以下义务时,甲、乙双方原股权转让协议约定的 1 号楼延迟交房违约责任暂时截至 2017 年 11 月 30 日。2. 剩余未完工程(未完工程:窗户、外墙涂料、不锈钢栏杆、天然气、防火门、屋面工程、交房区域围挡防护、消防工程等图纸内容)乙方应于 2017 年 12 月 30 日前完成,塔吊拆除乙方应于 2018 年 4 月 30 日前完成,如果乙方未完成本协议约定的义务,则视为乙方违约,乙方按原股权转让协议承担逾期交房的协约责任。其中室内走廊、前室、大堂土建装修及楼梯间涂料由甲方施工,费用由乙方承担,如甲方不能按期完成,责任由甲方负责。3. 乙方将约定房屋交付给甲方后,甲方向第三人出售时,乙方应及时和第三方签署商品房买卖合同及办理房屋登记手续。否则视为乙方违约,乙方按原股权转让协议承担逾期交房的违约责任。……5. 本协议约定的房屋,双方约定于本协议签订之日起 360 个工作日内验收及备案手续办理结束。若因此给甲方造成损失,则视为乙方违约,乙方按原股权转让协议承担逾期交房的违约责任。……附件二、乙方保证:1. TH 天安广场 1 号楼实际未完成施工统计(不限于此)及图纸设计内容保证于 2017 年 12 月 30 日前全部完成;2. 小区道路,水、电、燃气、网络、有线等保证于 2018 年 4 月 1 日前达到使用条件及同意使用文件,暖气随同整个小区供暖,同时交纳需交纳的相关费用;3. 竣工备案证书于本协议签订之日起 360 个工作日内验收及备案手续办理结束;4. 整栋楼的不动产证:售房合同约定的工作日。三、乙方对未达到售房合同约定交房标准的保证:……5. 因未达到售房合同约定交房标准而提前交房;1)塔吊未拆除,导致甲方或第三方人身或财产损失或伤害的,均由乙方承担一切法律与经济责任,与甲方或第三方无任何责任。同时保证于2018年4月30日前将塔吊拆除,以消除安全隐患……

TH天安广场1号楼陆续出售,TH公司向本院提供180份售房合同证明其已按原告房屋销售时间及时和业主签订了全部的购房合同。该购房合同第8条约定的交付期限为:"出卖人应当在2019年5月1日前,依照国家和地方人民政府的有关规定,将具备下列第1种条件,并符合本合同约定的商品房交付买受人使用:1. 该商品房经验收合格。……"第15条关于产权登记的约定:出卖人应当在商品房交付使用后360日内,将办理权属登记需由出卖人提供的资料报产权登记机关备案。如因出卖人的责任,买受人不能在规定期限内取得房地产权属证书的,双方同意按下列第2项处理:……2. 买受人不退房,出卖人按已付房款价款的0.1%向买受人支付违约金。……

2018年7月16日,济源市金天公证处作出(2018)豫济金证内民字第384号公证书,证明TH天安广场1号楼塔吊于2018年7月7日实际拆除。

本院认为:原被告签订的股权转让合同、补充协议以及原告与TH公司签订的协议书,系各方当事人的真实意思表示,不违反法律、行政法规的强制性规定,合法有效,各方当事人均应按合同约定履行义务。

一、关于原告请求的1号楼未按协议约定干完剩余工程的违约金。2017年12月3日,原告与TH公司签订的协议书第2条约定:"剩余未完工程(未完工程:窗户、外墙涂料、不锈钢栏杆、天然气、防火门、屋面工程、交房区域围挡防护、消防工程等图纸内容)乙方应于2017年12月30日前完成……"原告认为TH公司未按协议约定完成上述剩余工程,TH公司称其已按协议约定于2017年12月15日完成,并提供证据证明其于2017年12月30日前已开始对外签订房屋买卖合同。原告称其提供的公证书中显示2018年7月3日,TH天安广场西北角处楼房有工人正在施工,说明1号楼当时尚未完工,被告认为此公证书中显示的塔吊是1号楼与5号楼共同使用,而且原告提供此公证书的目的在于证明塔吊未拆除,并非1号楼尚未完工。对此,本院认为,该公证书载明"公证事项:保全证据。申请人魏某于2018年7月2日委托张建交向本处申请对TH天安广场1号楼的塔吊拆除情况进行保全证据公证",说明该公证书原本要证明的是1号楼塔吊拆除情况,公证人员并未关注1号楼是否仍在施工。根据该公证书所附照片中"TH天安广场1号、5号楼施工现场总平面图"可以看出,涉案塔吊确系1号楼、5号楼共同使用,从该公证书内容及所附照片来看,无法清楚看出1号楼是否仍在施工、具体施工内容。综上,原告对于自己的主张,有责任提供证据,所以原告应当举证证明被告未按协议约定干完协议书中所列明的剩余工程,存在违约行为,因原告未能提供充分证据证明,对该项诉讼请求,本院不予支持。

二、关于原告请求的1号楼未按约定签订合同的违约金。原告称其已于2017年12月4日向被告TH公司发出申请,请求注销预售登记并及时与购房户签订房屋买卖合同,但TH公司未及时办理,故请求TH公司支付其相应的违约金3624488元。因原告提供的证据4(两页)中,其中第一页有被告TH公司财务人员邓某清的签名,但内容仅能体现办理预告登记注销、合同注销、商品房预售合同备案、银行面签、去房管局和不动产办理抵押时,需要加盖公章、法人章等,并未能体现系原告向TH公司申请注销预售登记,并要求与购房户签订房屋买卖合同的内容;第二页有原告丈夫尚某虹、被告TH公司财务人员邓某清的签名,但内容仅载明1号楼售房备案价幅度,同样不能体现原告的证明对象。故原告的此项请求缺乏证据证明,本院不予支持。

三、关于原告请求的零散户逾期交房违约金。原告所列违约金明细表中涉及TH天安广场21号楼61套房屋、22号楼1301号房屋、25号楼10套房屋、28号楼6套房屋,因2015年6月26日双方签订的股权转让合同补充协议中,关于上述房屋约定有具体的交房日期、竣工备案日期、办理房产证日期,原告称上述交房日期中约定的交房条件是商品房经验收合格,被告认为主合同和补充协议对交房条件都没有约定,双方对于所谓交房日期中的交房标准陈述不一。事实上,原告取得上述房屋的目的是变现折抵股权转让协议中被告欠其的股金,所以自2015年6月16日原被告共同向房管局提出申请,将上述房源备案登记到魏某芳名下时起,原告已实际控制了上述房屋,可以向第三人出售,避免上述房屋被被告私自处分,有利于原告实现房屋折抵股金。原告现在主张被告支付其上述房屋的逾期交房违约金,因缺乏交房条件的明确约定,便无从证实被告存在逾期交房的违约行为,且事实上原告已实际控制了上述房屋,并无损害原告合同利益的情形。综上,原告此项请求证据不足,本院不予支持。

四、关于原告请求的逾期办证违约金。首先,关于1号楼的办证时间,2017年12月3日原告与TH公司就1号楼交接事宜签订的协议书约定"竣工备案证书于本协议签订之日起360个工作日内验收及备案手续办理结束""整栋楼的不动产证:售房合同约定的工作日",该协议书改变了补充协议附表中列明的竣工备案日期、办理房产证日期,其中办理产权证的期限为"售房合同约定的工作日",而TH公司与第三人签订的商品房买卖合同约定的产权登记日期为"商品房交付使用后360日内",交付使用期限则为2019年5月1日前,故原告要求被告支付自2017年5月30日起的1号楼逾期办证违约金,与合同约定不符,本院不予支持。其次,关于21号楼61套房屋、22号楼1301号房屋、25号楼10套房屋、28号楼6套房屋的逾期办证违约金,股权转让合同补充协议第4条约定,附件一、附件二房源清单表中所列明的交房时间必须确保,否则所造成相关的违约责任由乙方(尚某芳、邓某真)及TH公司承担。上述条文中,只载明因未确保交房时间而造成的相关违约责任由乙方和TH公司承担,并未涉及逾期办证产生的违约责任，事实上原告系将房屋出售给案外人，由被告TH公司与案外人重新签订房屋买卖合同，在TH公司与案外人重新签订的房屋买卖合同中，约定了办理房产证日期，同时约定了违约责任，如TH公司逾期办理房产证，则应向案外人承担相应的违约责任。所以，原告本案中向被告主张逾期办证违约金缺乏合同依据，本院不予支持。

五、关于原告请求的逾期拆除塔吊的违约金。2017年12月3日原告与TH公司签订的协议书中约定，塔吊拆除TH公司应于2018年4月30日前完成，如果TH公司未按本协议约定完成义务，则视为TH公司违约，TH公司按原股权转让协议承担逾期交房的违约责任。事实上，1号楼的塔吊于2018年7月7日实际拆除，TH公司逾期拆除67天，TH公司辩称因天气、政府原因导致拆除工作缓慢，不影响合同的约定，另辩称约定及时拆除塔吊的目的是保证安全，事实上未影响安全，故不应计算违约金，但协议书第2条中并未对TH公司所述情形进行约定，而是以固定日期确定塔吊拆除的时间，所以TH公司的上述辩称理由不能成立，本院不予采信。原告要求按照1号楼总价74089686元的千分之一计算每日违约金符合合同约定，本院予以支持，该项违约金共计4964009元。但上述按期拆除塔吊的合同义务超出了股权转让协议的约定范围，系原告与TH公司之间的约定，2017年12月3日的协议没有邓某真、尚某芳、ST公司、邓某义的签字认可，故原告请求邓某真、尚某芳、ST公司、邓某义对此承担连带责任，缺乏证据支持，本院不予支持。

综上所述，依照《合同法》第8条、第107条、第109条、第114条第1款（现《民法典》第119条、第136条、第577条、第579条、第585条第1款），《民事诉讼法》第64条第1款之规定，判决如下：

一、被告TH公司于本判决生效之日起10日内支付原告魏某逾期拆除1号楼塔吊的违约金4964009元；

二、驳回原告魏某的其他诉讼请求。

如果未按照本判决指定的期间履行金钱给付义务，应当依照《民事诉讼法》第253条之规定，加倍支付延迟履行期间的债务利息。

案件受理费284139元，由原告魏某负担237627元，TH公司负担46512元。

如不服本判决，可以在判决书送达之日起15日内，向本院递交上诉状，并按对方当事人的人数提出副本，上诉于河南省高级人民法院。

审判长　商　×

审判员　王××

审判员　林××

书记员　孟××

【答辩状(二审)】

答 辩 状

答辩人(一审被告):邓某真,女,现住沁园办事处,电话15××××××××××。

答辩人(一审被告):尚某芳,女,现住山水世界城TH办公楼宿舍,电话18××××××××××。

答辩人(一审被告):TH公司。

法定代表人:聂某丽,总经理,住所:济源市。

答辩人(一审被告):ST公司。

法定代表人:卢某合,总经理,住所:济源市。

答辩人(一审被告):邓某义,男,现住济水苑,电话13××××××××××。

原告魏某诉被告TH公司、邓某真、尚某芳、邓某义、ST公司合同纠纷案,济源市中级人民法院作出(2018)豫9×民初×2号判决书后,原告魏某与被告TH公司均提起上诉,答辩人认为应当驳回原告魏某的上诉请求,并依法改判。理由如下:

一、一审法院认定原告"未能提供充分证据证明没有在2017年12月30日前完成"正确

判决书第5页第16行原告提交的证据6公证书证明"TH公司拆除塔吊的时间为2018年7月7日",公证人员并未关注1号楼是否仍在施工,照片也无法看清楚。因此,一审判决认定上诉人"未能提供充分证据证明"正确。

二、原告没有证据证明1号楼没有按照约定时间签订《商品房买卖合同》

1. 一审判决第5页第8行原告提交的证据4"2017年12月4日1号楼房屋需要和第三人签订商品房买卖合同请求",证明:原告在2017年12月4日已经向TH公司请求注销预售登记、签订商品房买卖合同办理备案登记。该证据并不是"申请",没有标题也没有请求内容,并不能体现原告向TH公司申请注销预售登记并要求与购房户签订房屋买卖合同的意思表示。

2. 原告提交的证据3"2017年12月3日协议书"第3条约定:"甲方(魏某)向第三人出售时,乙方(TH公司)应及时和第三方签署《商品房买卖合同》及办理房屋登记手续",足以证明只有在原告向甲方提出明确申请时,才需要TH公司与第三方履行签署合同的义务。原告提供的证据5"房屋信息查询告知单"恰恰证明TH公司一直在履行协助魏某与第三方买受人办理登记备案手续的义务。因此,原告魏某的此项请求缺乏证据证明。

三、一审判决不支持原告诉求"零散户逾期交房违约金"事实清楚、证据充分

1. 原告提交的证据1"2015年6月13日股权转让合同"第8条第4项约定,申请

人以房顶款的义务是指“房屋顶款的转让登记义务”,没有约定交房义务、交房条件及交房时间。

2. 原告提交证据2“2015年6月26日股权转让合同补充协议”仅列明交房时间,并没有约定交房条件和违约责任的承担方式,原告要求我们支付逾期交房日千分之一违约责任没有依据。

3. 被告提交的证据1“2017年12月3日的协议书”没有约定零散户交房时间及相关违约责任,故原告魏某诉求零散户逾期交房违约金没有合同依据。

按照合同相对性原则,即使承担逾期交房违约责任,也是向第三方即房屋的实际买受人而不是原告。事实上,原告取得涉案房屋的目的是变现折抵股权转让协议中的股金,TH公司于2015年6月16日就将全部房屋备案至魏某芳名下,此时原告就已经实际控制了该房屋,并随时可以对外出售,折价变现。故一审判决正确。

四、一审判决认为原告请求逾期办证违约金缺乏合同依据正确

1. 被告提交的证据1“2017年12月3日的协议书”附件二第3、4条明确约定“竣工备案证书于本协议签订之日360个工作日内验收及备案手续办理结束,整栋楼的不动产证为售房合同约定的工作日”,改变了原告提交证据2“2015年6月26日股权转让合同补充协议”附件中列明的竣工备案日期、办理房产证日期,其中办理产权证的期限为“售房合同约定的工作日”,而TH公司与第三人签订的《商品房买卖合同》约定的产权登记日期为“商品房交付使用后360日内”,因此,魏某要求我们自2017年5月30日支付逾期办证违约金没有合同依据。

2. 被告提交的证据1“协议书”第5条约定“若因此给甲方(魏某)造成损失,则视为乙方(TH公司)违约”,原告没有证据证明其有损失。TH公司与第三人签订房屋买卖合同中约定了逾期办证的违约责任,因此应当向第三人即房屋实际买受人承担相应的违约责任,而不是向原告魏某承担责任。

五、2017年12月3日的协议书是原告与TH公司双方签订的,没有被告邓某真、尚某芳、邓某义、ST公司的签字认可。因此,原告魏某依据该协议书起诉,与邓某真等其他被上诉人无关,他们不应承担连带责任。

综上所述,原告魏某的上诉请求没有依据,请贵院依法维护答辩人的合法权益,驳回其上诉请求,并依法改判驳回原告魏某塔吊拆除违约金的诉讼请求。

此致

河南省高级人民法院

答辩人:TH 公司

邓某真　尚某芳　邓某义

ST 公司

代理人:

年　月　日

【二审判决书】

河南省高级人民法院
民事判决书

(2019)豫民终534号

上诉人(一审原告):魏某,女,1970年××月××日出生,汉族,住郑州市。

委托诉讼代理人:赵××,河南×××律师事务所律师。

委托诉讼代理人:张××,河南×××律师事务所律师。

上诉人(一审被告):TH 公司,住所地济源市。

法定代表人:聂某丽,该公司总经理。

委托诉讼代理人:刘滨艳,北京市××律师事务所律师。

委托诉讼代理人:邹××,北京市××律师事务所律师。

被上诉人(一审被告):邓某真,女,1986年××月××日出生,汉族,住济源市。

被上诉人(一审被告):尚某芳,女,1989年××月××日出生,汉族,住山西省垣曲县。

被上诉人(一审被告):ST 公司,住所地济源市。

法定代表人:卢某合,该公司总经理。

被上诉人(一审被告):邓某义,男,1951年××月××日出生,汉族,住济源市。

以上四被上诉人共同委托诉讼代理人:刘滨艳,北京市××律师事务所律师。

以上四被上诉人共同委托诉讼代理人:邹××,北京市××律师事务所律师。

上诉人魏某因与上诉人TH公司及被上诉人邓某真、尚某芳、ST公司、邓某义合同纠纷一案，不服河南省某中级人民法院（以下简称一审法院）（2018）豫9×民初×2号民事判决，向本院提起上诉。本院于2019年2月18日立案受理后，依法组成合议庭，公开开庭进行了审理。上诉人魏某的委托诉讼代理人赵××，上诉人TH公司及被上诉人邓某真、尚某芳、ST公司、邓某义共同委托的诉讼代理人刘滨艳、邹××，被上诉人邓某义均到庭参加诉讼。本案现已审理终结。

魏某上诉请求：依法撤销一审判决，改判支持其一审全部诉讼请求。事实和理由如下：一、一审法院认定其对于1号楼施工"未能提供充分证据证明在2017年12月30日前完成"是错误的。魏某在一审提供的公证文书不仅能证明塔吊未按约定时间拆除，而且能证明在2018年7月6日前仍有工人在施工，由于该楼工程未完工，至今未能进行竣工验收和消防验收；2018年9月，TH公司仍在对1号楼地板、墙面进行施工，并未施工完毕。二、1号楼未按约定时间签订商品房买卖合同的事实是存在的。根据魏某提供的相关证据证明：TH公司应该在接到魏某通知之日起5日内为魏某销售给第三人的房屋签订商品房买卖合同，魏某是在2017年12月4日向TH公司送达了解除原房屋买卖协议，与第三人签订商品房买卖合同，由于TH公司在2017年12月4日接到魏某通知后，在通知第二页上由尚某虹和邓某清签字的1号楼备案房价，正是魏某卖出去后，TH公司要求不管魏某销售价格再少，也必须按照TH公司要求的价格签订合同，这充分证明TH公司未能在5日内为魏某售出的房屋办理撤销原合同签订新合同的义务，应该承担违约责任。三、零散户逾期交房的事实存在，一审判决却不予认定，是错误的。当时这些零散户的房屋登记备案到魏某芳名下，只是在房管局做了登记，以防止TH公司擅自将房屋卖给他人。但不是备案在魏某芳名下就可以认定为交付了房屋，只有具备竣工验收和消防设施验收并具备装修条件才是交房。1号楼的交付就足以说明备案到魏某芳名下并不是实际交付房屋。一审判决认为在2015年6月16日魏某与TH公司共同向房管局提出申请，将上述房源备案到魏某芳名下时起，魏某已经实际控制了房屋，可以向第三人出售并无损害魏某合同利益的情形，是错误的。四、关于逾期办证违约金，一审法院认为缺乏合同依据的认识是错误的。魏某提供的证据中，TH公司已经明确约定了办证期间，就应按照约定的时间办理房屋产权证，一审法院以2017年12月3日签订的《协议书》中"竣工备案证书于本协议签订之日起360个工作日内验收及备案手续办理结束"，改变原补充协议附表中列明的竣工备案日期是认识错误。五、邓某真、尚某芳、ST公司、邓某义应承担连带责任。2015年6月26日所签协议的担保方仍是邓某义、TH公司和ST公司。2017年12月3日的协议中没有邓某真、尚某芳、邓某义、ST公司签字盖章，但没有修改《股权转让合同》和《股权转让合同补充协议》中其应该承担的担保责任，且邓某义是实际控制人。一审法院认为邓某真、尚某芳、ST公司、邓某义不应承担连带责任是错误的。

TH公司、邓某真、尚某芳、ST公司、邓某义辩称:一、一审法院认定魏某对于1号楼施工"未能提供充分证据证明没有在2017年12月30日前完成"正确。公证人员并未关注1号楼是否仍在施工,照片也无法看清楚,该公证书并不能证明1号楼尚未完工。二、魏某没有证据证明1号楼没有按照约定时间签订商品房买卖合同。魏某提交的证据4,并不是申请,没有标题也没有请求内容,并不能体现魏某向TH公司申请注销预售登记并要求与购房户签订房屋买卖合同的意思表示。魏某提交的证据3,足以证明只有在魏某向TH公司提出明确申请时,才需要TH公司与第三方履行签订合同的义务。魏某提供的证据5,恰恰证明TH公司一直在履行协助魏某与第三方买受人办理登记备案手续的义务。三、一审判决不支持魏某诉求"零散户逾期交房违约金"事实清楚、证据充分。根据案涉《股权转让合同》第8条第4项约定,邓某真、尚某芳以房顶款的义务是指"房屋顶款的转让登记义务",没有约定交房义务、交房时间。案涉《股权转让合同补充协议》仅列明交房时间,没有约定交房条件和违约责任的承担方式。魏某要求其支付逾期交房日千分之一的违约责任没有依据。2017年12月3日的《协议书》没有约定零散户交房时间及相关违约责任,魏某诉求零散户逾期交房违约金没有合同依据。且按照合同相对性原则,即使承担逾期交房违约责任,也是向第三方即房屋的实际买受人承担而不是向魏某承担。事实上,魏某取得涉案房屋的目的是变现折抵股权转让合同中的股金,TH公司于2015年6月16日就将全部房屋备案至魏某芳名下,此时魏某就已经实际控制了该房屋,并随时可以对外出售,折价变现。四、一审判决认为魏某请求逾期办证违约金缺乏合同依据是正确的。2017年12月3日的《协议书》附件中约定,整栋楼的不动产证为售房合同约定的工作日,改变了《股权转让合同补充协议》中约定的办证日期。TH公司与第三方签订的商品房买卖合同约定的产权登记日期为"商品房交付使用后的360日内",魏某要求自2017年5月30日支付逾期办证违约金没有合同依据;TH公司与第三方签订的商品房买卖合同还约定了逾期办证的违约责任,即使存在逾期办证,也应当向房屋实际买受人承担相应的违约责任,而不是向魏某承担责任。五、2017年12月3日的《协议书》是魏某与TH公司双方签订的,没有邓某真、尚某芳、邓某义、ST公司的签字认可。魏某依据该协议书起诉,与邓某真等其他被上诉人无关,不应承担连带责任。综上,应当驳回魏某的上诉请求。

TH公司上诉请求:1.依法撤销一审判决第一项,改判驳回魏某要求其支付逾期拆除1号楼塔吊的违约金4964009元的诉讼请求;2由魏某承担本案全部诉讼费用。事实及理由如下:一、TH公司逾期拆除涉案塔吊不构成根本性违约,没有给魏某造成任何损失,也没有影响魏某的合同目的,故魏某要求TH公司支付逾期拆除1号楼塔吊的违约金4964009元,不应支持。双方约定涉案塔吊应于2018年4月30日前拆除,其合同目的是及时出售1号楼的房屋和担心涉案塔吊给魏某及他人造成危害。而事实上,1号楼的房屋尚未到4月30日已经全部出售完毕。二、一审判决TH公司按原股权转让协议承担“逾期交房”的违约责任,属于重复判决。2017年12月3日的《协议书》约定的本意是只承担一次违约责任,该协议约定的义务包括1号楼剩余未完工程、塔吊拆除、及时和第三人签署商品房买卖合同、及时将按揭款转入魏某指定账户、按约定办理验收及备案手续,即使没有完成上述义务的一项或几项,都仅需承担一次违约责任,而不应当分别重复多次承担违约责任。本院(2017)豫民终1213号民事判决,判令TH公司承担1号楼逾期交房违约金,以7598.4051万元为基数,按日千分之一计算至实际付清之日止。该判决已经生效,本案一审判决再次判决TH公司承担1号楼逾期交房的违约责任,是重复判决。三、关于认定逾期拆除塔吊的原因事实不清。涉案塔吊属于特种设备,在拆除时必须上报政府建设管理部门,而TH公司在2018年4月25日已经上报拆除,但因环保问题未获批准,才拖延至2018年7月6日,可见逾期拆除塔吊是受不可抗的政策影响导致。四、案涉几份协议均未对逾期交房的违约责任作出明确约定,一审判决将违约金基数确定为1号楼总价及按日千分之一比例计算均没有合同依据,而且日千分之一的违约金比例年息高达36.5%,过高,依法应当予以减少。

魏某辩称,TH公司混淆了“违约金”和“损失赔偿”两个概念及法律规定:是否构成根本性违约以及是否给守约方造成损失,是是否可以解除合同的必要条件,而不是是否承担违约责任的必要条件。从2017年12月3日的《协议书》第2条约定可以看出,双方约定如逾期拆除塔吊则需要按原《股权转让协议》的约定承担逾期交房的违约金,并没有约定因违约产生的损失赔偿,即TH公司只要在约定期限内没有按规定拆除塔吊,即具有违约事实,构成违约行为,应按约定承担违约金,与是否构成根本性违约和违约造成的损害无关,也与是否影响合同目的没有关系。因此,TH公司逾期拆除塔吊已明显构成违约的事实,按照约定应支付违约金。

魏某向一审法院起诉请求:1.判令邓某真、尚某芳、TH公司支付未按协议约定干完剩余工程(截至起诉前)、塔吊逾期拆除(截至2018年7月6日)、零散户逾期交房及逾期办证等违约金总计48467705元(截至起诉前),剩余违约金另案起诉;2.ST公司、邓某义对前述项承担连带担保清偿责任;3.五被告承担本案的诉讼费用。

一审法院认定事实:2015年6月13日,魏某(甲方)与尚某芳、邓某真(乙方)签订《股权转让合同》,尚某芳、邓某真受让魏某所持TH公司股权,TH公司、ST公司、邓某义作为担保方(丙方)在协议签字、盖章。协议第2条“股权转让支付方式”约定:“(一)甲乙双方商定:甲方以总价壹亿柒仟柒佰叁拾贰万贰仟玖佰陆拾贰元伍角整(小写:¥177322962.50)转让所拥有的TH公司的45%股权,该款项按照下列方法支付:(1)支付3000万元现金,具体支付时间为:在合同签订之日起120日内乙方向甲方付2000万元现金;在合同签订之日起180日内乙方向甲方支付1000万元现金。(2)剩余的壹亿肆仟柒佰叁拾贰万贰仟玖佰陆拾贰元伍角整(小写:¥147322962.50),乙方以位于房产(具体位置、房号、交房日期、竣工备案日期、办理房产证等日期见附件)折顶给甲方或甲方指定的人员。”第5条“乙方保证及承诺”约定:“(五)乙方和ST公司须在2015年7月30日前,解除河南省LF置业有限公司为其在中原信托借款合同中提供的位于曼哈顿的房产抵押。逾期,如不能办理解押手续,乙方应当按照该抵押物总值(1.52亿元)为基数,每逾期一日承担千分之一的违约金……”第6条“违约责任”约定:“(二)若乙方未按照本合同约定的期限及附件约定期限履行相应义务的,或违反本合同约定的其他义务或乙方所做的保证和承诺,逾期应以转让股权违约金额为基数,以每日千分之一的违约金承担违约责任……”第8条“合同生效及其他”约定:“(四)丙方对乙方在本合同中应履行的全部义务承担连带保证责任,即乙方不履行金钱支付义务、房屋顶款的转让登记义务以及未按照合同约定划转给甲方售房款的,由担保人承担支付、履行义务以及违约责任。”

2015年6月16日,TH公司、ST公司、尚某芳、邓某真、魏某共同向济源市房管局提出申请,内容为:“经TH公司、ST公司及所有股东同意,现申请将TH公司所开发的TH天安广场项目、ST公司所开发的山水世界城项目以下房源到你局申请备案登记到魏某芳名下,具体房源清单见附件一、附件二。所有附件中所列的房源未经魏某芳本人签字同意,不得对外另行销售和办理相关房产权属登记或变更手续,请你局予以批准和配合,为感!魏某在此申请书下方另行批注:因此房产在办理房产权属登记或变更手续(业主)而使开发商交纳的二次税费由魏某承担。承诺人:魏某,2015年6月16日。”

2015年6月26日,魏某与尚某芳、邓某真及TH公司、ST公司、邓某义再次签订《股权转让合同补充协议》,约定:“四、附件一、附件二房源清单表中所列明的交房时间必须确保,否则所造成相关的违约责任由尚某芳、邓某真及TH公司承担。”其中附件一载明:TH天安广场21号楼61套房屋交房日期为2016年1月31日以前,竣工备案日期为2016年4月30日以前,办理房产证日期为2016年6月30日以前;22号楼1301号房屋、25号楼10套房屋、28号楼6套房屋交房日期为2016年5月30日以前,竣工备案日期为2016年8月31日以前,办理房产证日期为2016年10月31日以前。该补充协议后附件一的清单上显示的房源信息与2015年6月16日申请后附件一中TH天安广场21、22、25、28号楼的房屋信息一致。

2017年12月3日,魏某(甲方)与TH公司(乙方)签订《协议书》,约定:双方就TH天安广场1号楼交接的相关事宜,经协商达成以下协议:1.经甲乙双方协商,在乙方履行完以下义务时,甲、乙双方原股权转让协议约定的1号楼延迟交房违约责任暂时截至2017年11月30日。2.剩余未完工程(未完工程:窗户、外墙涂料、不锈钢栏杆、天然气、防火门、屋面工程、交房区域围挡防护、消防工程等图纸内容)乙方应于2017年12月30日前完成,塔吊拆除乙方应于2018年4月30日前完成,如果乙方未完成本协议约定的义务,则视为乙方违约,乙方按原股权转让协议承担逾期交房的违约责任。其中室内走廊、前室、大堂土建装修及楼梯间涂料由甲方施工,费用由乙方承担,如甲方不能按期完成,责任由甲方负责。3. 乙方将约定房屋交付给甲方后,甲方向第三人出售时,乙方应及时和第三方签署商品房买卖合同和办理房屋登记手续。否则视为乙方违约,乙方按原股权转让协议承担逾期交房的违约责任。……5. 本协议约定的房屋,双方约定于本协议签订之日起360个工作日内验收及备案手续办理结束。若因此给甲方造成损失,则视为乙方违约,乙方按原股权转让协议承担逾期交房的违约责任。……附件二、乙方保证:1. TH天安广场1号楼实际未完成施工统计(不限于此)及图纸设计内容保证于2017年12月30日前全部完成;2. 小区道路,水、电、燃气、网络、有线等保证于2018年4月1日前达到使用条件及同意使用文件,暖气随同整个小区供暖,同时交纳需交纳的相关费用;3. 竣工备案证书于本协议签订之日起360个工作日内验收及备案手续办理结束;4. 整栋楼的不动产证:售房合同约定的工作日。三、乙方对未达到售房合同约定交房标准的保证:……5. 因未达到售房合同约定交房标准而提前交房:1)塔吊未拆除,导致甲方或第三方人身或财产损失或伤害的,均由乙方承担一切法律与经济责任,与甲方或第三方无任何责任。同时保证于2018年4月30日前将塔吊拆除,以消除安全隐患……

TH天安广场1号楼陆续出售,TH公司向一审法院提供180份售房合同证明其已按魏某房屋销售时间及时和业主签订了全部的购房合同。该购房合同第8条约定的交付期限为:出卖人应当在2019年5月1日前,依照国家和地方人民政府的有关规定,将具备下列第1种条件,并符合本合同约定的商品房交付买受人使用:1. 该商品房经验收合格。……第15条关于产权登记的约定:出卖人应当在商品房交付使用后360日内,将办理权属登记需由出卖人提供的资料报产权登记机关备案。如因出卖人的责任,买受人不能在规定期限内取得房地产权属证书的,双方同意按下列第2项处理:……2. 买受人不退房,出卖人按已付房款价款的0.1%向买受人支付违约金。……

2018年7月16日,济源市金天公证处作出(2018)豫济金证内民字第384号公证书,证明TH天安广场1号楼塔吊于2018年7月7日实际拆除。

一审法院认为:案涉的股权转让合同、补充协议以及魏某与TH公司签订的协议书,系各方当事人的真实意思表示,不违反法律、行政法规的强制性规定,合法有效,各方当事人均应按合同约定履行义务。

一、关于魏某请求的1号楼未按协议约定干完剩余工程的违约金。2017年12月3日,魏某与TH公司签订的《协议书》第2条约定:"剩余未完工程(未完工程:窗户、外墙涂料、不锈钢栏杆、天然气、防火门、屋面工程、交房区域围挡防护、消防工程等图纸内容)乙方应于2017年12月30日前完成……"魏某认为TH公司未按协议约定完成上述剩余工程,TH公司称其已按协议约定于2017年12月15日完成,并提供证据证明其于2017年12月30日前已开始对外签订房屋买卖合同。魏某称其提供的公证书中显示2018年7月3日,TH天安广场西北角处楼房有工人正在施工,说明1号楼当时尚未完工,TH公司及邓某真、尚某芳、ST公司、邓某义认为此公证书中显示的塔吊由1号楼与5号楼共同使用,而且魏某提供此公证书的目的在于证明塔吊未拆除,并非1号楼尚未完工。对此,一审法院认为,该公证书载明"公证事项:保全证据。申请人魏某于2018年7月2日委托张建交向本处申请对TH天安广场1号楼的塔吊拆除情况进行保全证据公证",说明该公证书原本要证明的是1号楼塔吊拆除情况,公证人员并未关注1号楼是否仍在施工。从该公证书所附"TH天安广场1号、5号楼施工现场总平面图"中可以看出,涉案塔吊确系1号楼、5号楼共同使用,从该公证书内容及所附照片来看,无法清楚看出1号楼是否仍在施工、具体施工内容。综上,魏某对于自己的主张,有责任提供证据,所以魏某应当举证证明TH公司未按协议约定干完协议书中所列明的剩余工程,存在违约行为,因魏某未能提供充分证据证明,对该项诉讼请求,不予支持。

二、关于魏某请求的1号楼未按约定签订合同的违约金。魏某称其已于2017年12月4日向TH公司发出申请,请求注销预售登记并及时与购房户签订房屋买卖合同,但TH公司未及时办理,故请求TH公司支付其相应的违约金3624488元。因魏某提供的证据4(两页)中,其中第一页有TH公司财务人员邓某清的签名,但内容仅能体现办理预告登记注销、合同注销、商品房预售合同备案、银行面签、去房管局和不动产办理抵押时,需要加盖公章、法人章等,并未能体现系魏某向TH公司申请注销预售登记,并要求与购房户签订房屋买卖合同的内容;第二页有魏某丈夫尚某虹、TH公司财务人员邓某清的签名,但内容仅载明1号楼售房备案价幅度,同样不能体现魏某的证明对象。故魏某的此项请求缺乏证据证明,一审法院不予支持。

三、关于魏某请求的零散户逾期交房违约金。魏某所列违约金明细表中涉及TH天安广场21号楼61套房屋、22号楼1301号房屋、25号楼10套房屋、28号楼6套房屋,因2015年6月26日双方签订的《股权转让合同补充协议》中,关于上述房屋约定有具体的交房日期、竣工备案日期、办理房产证日期,魏某称上述交房日期中约定的交房条件是商品房经验收合格,TH公司及邓某真、尚某芳、ST公司、邓某义认为主合同和补充协议对交房条件都没有约定,双方对于所谓交房日期中的交房标准陈述不一。事实上,魏某取得上述房屋的目的是变现折抵股权转让协议中被告欠其的股金,所以自2015年6月16日各方共同向房管局提出申请,将上述房源备案登记到魏某芳名下时起,魏某已实际控制了上述房屋,可以向第三人出售,避免上述房屋被被告私自处分,有利于魏某实现房屋折抵股金。魏某现在主张TH公司等被告支付其上述房屋的逾期交房违约金，因缺乏交房条件的明确约定，便无从证实TH公司等被告存在逾期交房的违约行为，且事实上魏某已实际控制了上述房屋，并无损害魏某合同利益的情形。综上，魏某此项请求证据不足，不予支持。

四、关于魏某请求的逾期办证违约金。首先，关于1号楼的办证时间，2017年12月3日魏某与TH公司就1号楼交接事宜签订的《协议书》约定："竣工备案证书于本协议签订之日起360个工作日内验收及备案手续办理结束""整栋楼的不动产证：售房合同约定的工作日"，该协议书改变了补充协议附表中列明的竣工备案日期、办理房产证日期，其中办理产权证的期限为"售房合同约定的工作日"，而TH公司与第三人签订的商品房买卖合同约定的产权登记日期为"商品房交付使用后360日内"，交付使用期限则为2019年5月1日前，故魏某要求TH公司等被告支付自2017年5月30日起的1号楼逾期办证违约金，与合同约定不符，不予支持。其次，关于21号楼61套房屋、22号楼1301号房屋、25号楼10套房屋、28号楼6套房屋的逾期办证违约金，《股权转让合同补充协议》第4条约定，附件一、附件二房源清单表中所列明的交房时间必须确保，否则所造成的相关违约责任由乙方（尚某芳、邓某真）及TH公司承担。上述条文中，只载明因未确保交房时间而造成的相关违约责任由乙方及TH公司承担，并未涉及逾期办证产生的违约责任，事实上魏某系将房屋出售给案外人，由TH公司与案外人重新签订房屋买卖合同，在TH公司与案外人重新签订的房屋买卖合同中，约定了办理房产证日期，同时约定了违约责任，如TH公司逾期办理房产证，则应向案外人承担相应的违约责任。所以，魏某本案中向TH公司等被告主张逾期办证违约金缺乏合同依据，不予支持。

五、关于魏某请求的逾期拆除塔吊的违约金。2017年12月3日魏某与TH公司签订的《协议书》中约定，塔吊拆除TH公司应于2018年4月30日前完成，如果TH公司未按本协议约定完成义务，则视为TH公司违约，TH公司按原股权转让协议承担逾期交房的违约责任。事实上，1号楼的塔吊于2018年7月7日实际拆除，TH公司逾期拆除67天，TH公司辩称因天气、政府原因导致拆除工作缓慢，不影响合同的约定，另辩称约定及时拆除塔吊的目的是保证安全，事实上未影响安全，故不应计算违约金，但协议书第2条中并未对TH公司所述情形进行约定，而是以固定日期确定塔吊拆除的时间，所以TH公司的上述辩称理由不能成立，该院不予采信。魏某要求按照1号楼总价74089686元的千分之一计算每日违约金符合合同约定，予以支持，该项违约金共计4964009元。但上述按期拆除塔吊的合同义务超出了股权转让协议的约定范围，系魏某与TH公司之间的约定，2017年12月3日的协议没有邓某真、尚某芳、ST公司、邓某义的签字认可，故魏某请求邓某真、尚某芳、ST公司、邓某义对此承担连带责任，缺乏证据支持，不予支持。

综上所述，依照《合同法》第8条、第107条、第109条、第114条第1款（现《民法典》第119条、第136条、第577条、第579条、第585条第1款),《民事诉讼法》第64条第1款之规定,该院判决:一、TH公司于判决生效之日起10日内支付魏某逾期拆除1号楼塔吊的违约金4964009元;二、驳回魏某的其他诉讼请求。如果未按照判决指定的期间履行金钱给付义务,应当依照《民事诉讼法》第253条之规定,加倍支付迟延履行期间的债务利息。案件受理费284139元,由魏某负担237627元,TH公司负担46512元。

本院二审期间,当事人围绕上诉请求依法提交了证据。本院组织当事人进行了证据交换和质证。TH公司提交4份证据:1.河南省大地建筑安装装饰有限公司与济源市昌和起重设备租赁安装有限公司于2018年4月24日就TH天安广场1号楼、5号楼塔机拆卸签订的塔机拆卸协议;2.TH公司于2018年4月30日向济源市昌和起重设备租赁安装有限公司发送的催促函;3.TH公司于2018年5月22日向济源市昌和起重设备租赁安装有限公司发送的施工催促函;4.济源市昌和起重设备租赁安装有限公司于2018年6月15日向TH公司发送的函。证明:TH公司尽了催促义务,系由于政府原因塔吊不能拆除。魏某对该4份证据的真实性没有异议,但对证明对象有异议,并认为如果TH公司从2017年12月3日签署协议时办理拆除相关手续,到2018年4月30日完全可以完成塔吊拆除义务。各方对上述4份证据的真实性无异议,本院予以确认。本院除对一审查明的事实予以确认外,另确认以下事实:2018年4月24日,河南省大地建筑安装装饰有限公司与济源市昌和起重设备租赁安装有限公司就TH天安广场1号楼、5号楼塔机拆卸签订了塔机拆卸协议,约定的拆卸时间为2018年4月25日至4月30日。该塔机拆卸于2018年4月25日经济源市建设工程管理处审批通过。由于政策影响,自2017年12月起,济源市昌和起重设备租赁安装有限公司不能进行起重设备的安装、拆卸作业工作。

2015年6月13日签订的《股权转让合同》第5条"乙方保证及承诺"第4项约定:"如乙方(邓某真、尚某芳)顶给甲方(魏某)的房屋,甲方需要出售给第三人时,在甲方告知乙方之日起,5日内乙方应无条件配合将之前与甲方签署的商品房买卖合同共同到房管局办理撤销手续,按照甲方指定的第三人资料齐全后7日内重新签订商品房买卖合同,同时开具销售不动产统一发票,并办理购房的一切手续,但如因甲方该销售行为导致税务机关要求重新缴纳的相关税费,该费用由甲方承担。"2015年6月26日签订的《股权转让合同补充协议》第2条约定:"乙方(邓某真、尚某芳)及担保方同意甲方(魏某)另设一销售处,用于出售乙方抵给甲方的房屋(在项目附近)。"第3条约定:《股权转让合同》第5条第4项的乙方应为TH公司。

魏某与邓某真、尚某芳、邓某义、TH公司、ST公司股权转让纠纷一案,一审法院于2017年9月26日作出(2017)豫96民初5号民事判决。各方均不服,向本院提出上诉。本院于2018年10月23日作出(2017)豫民终1213号民事判决,判决:邓某真、尚某芳于判决生效后10日内支付魏某股权转让款4881624元及逾期支付违约金(按日千分之一计算),邓某义、TH公司、ST公司对上述款项承担连带保证责任;尚某芳、邓某真、ST公司于判决生效后10日内支付魏某逾期办理解除曼哈顿房产抵押手续的违约金(以1.52亿元为基数,按日千分之一从2015年7月31日计算至2016年9月5日,总额以6475.2万元为限),邓某义、TH公司对上述违约金承担连带保证责任;TH公司于判决生效后10日内给付魏某股权转让款(以房顶款)违约金(TH天安广场1号楼逾期交房的违约金以7598.4051万元为基数,按日千分之一从2016年12月31日计算至实际付清之日止;TH天安广场25号楼(商业)逾期交房违约金以1197.0550万元为基数,按日千分之一从2016年5月31日计算至实际付清之日止,其中2017年3月20日之前的两项违约金总额以932万元为限),ST公司、邓某义对上述违约金承担连带保证责任。

本院认为,根据双方诉辩意见确定本案的争议焦点为:魏某的诉讼请求是否应予支持。

一、关于魏某诉请的1号楼未按协议约定时间干完剩余工程的违约金是否应予支持问题。当事人对自己提出的主张,有责任提供证据。2017年12月3日,魏某与TH公司签订的《协议书》第2条约定:剩余未完工程,TH公司应于2017年12月30日前完成。魏某认为TH公司未按协议约定完成上述剩余工程,依据的是其提供的公证书中的描述。但该公证书中描述的内容为:2018年7月3日,公证员等人到达TH天安广场最西北角处,见到最西北角楼房的正南方有塔吊,有工人正在施工。该公证书并未明确说明工人施工的地点和内容,该公证书所附照片也无法清楚看出1号楼是否仍在施工和具体施工内容,且该公证书原本要证明的是1号楼塔吊拆除情况,公证人员并未关注1号楼是否仍在施工。故该公证书并不能证明TH公司未按协议约定干完1号楼剩余工程。魏某上诉称2018年9月,TH公司仍在对1号楼进行施工,但未予提供证据予以证明。故魏某提供的证据并不能证明1号楼未在协议约定时间完工,且根据2017年12月3日的《协议书》约定,1号楼剩余未完工程等的违约责任包含在1号楼延迟交房违约责任中,另案已经判决TH公司支付魏某1号楼逾期交房的违约金(以7598.4051万元为基数,按日千分之一从2016年12月31日起计算至实际付清之日止),本案不应再重复支持,综上,对该项诉讼请求,本院不予支持。

二、关于魏某诉请的1号楼未按约定签订合同的违约金是否应予支持问题。魏某称其已于2017年12月4日向TH公司发出申请,请求注销预售登记并及时与购房户签订房屋买卖合同,但TH公司未及时办理,故请求TH公司支付其相应的违约金3624488元。本案中,TH公司将房产折顶给魏某或魏某指定的人员后,相关的房产向第三方出售系由魏某负责,魏某出售给第三方时,应告知TH公司,由TH公司配合将与魏某或魏某指定的人员签订的商品房买卖合同到房管局备案撤销,然后TH公司与第三方签订商品房买卖合同。魏某提供的相关证据,仅能体现办理预告登记注销、合同注销、商品房预售合同备案、银行面签、去房管局和不动产办理抵押时,需要加盖TH公司公章、法人章等,并未能体现系魏某向TH公司申请注销预售登记,并要求与购房户签订房屋买卖合同的内容。魏某上诉称TH公司要求不管魏某销售价格再少,也必须按照TH公司要求的备案价格签订合同,但并未提供证据予以证明,且现有证据表明1号楼存在合同销售价格低于双方商定的备案价格的情况。故魏某的此项请求缺乏证据证明,本院不予支持。

三、关于魏某诉请的零散户逾期交房违约金是否应予支持问题。魏某所列零散户逾期交房违约金明细表中涉及TH天安广场21号楼61套房屋、22号楼1301号房屋、25号楼10套房屋、28号楼6套房屋。2015年6月26日签订的《股权转让合同补充协议》中,针对上述房屋约定有具体的交房日期、竣工备案日期、办理房产证日期,但并未约定交房条件;魏某认为交房条件是商品房整体竣工备案经验收合格,TH公司及邓某真、尚某芳、ST公司、邓某义认为主合同和补充协议对交房条件都没有约定,房产备案登记在魏某或魏某指定的人员名下时,股权转让款支付义务已经完成。本案魏某取得上述房屋的目的是对外出售折抵股权转让款,双方之间是房产折抵股权转让款的关系,而非房屋买卖合同关系,魏某主张交房条件为整体竣工备案经验收合格与补充协议中约定的既有交房日期又有竣工备案日期相矛盾。而且商品房对外出售有预售模式,上述房屋折抵给魏某后由其负责向第三方出售,自2015年6月16日各方共同向房管局提出申请,将上述房源备案登记到魏某芳名下时起,魏某已实际控制了上述房屋,并可以向第三方出售变现;从魏某所列零散户逾期交房违约金明细表中也显示,案涉21号楼、22号楼、25号楼、28号楼均存在在交房日期之前售出并备案到第三方的情况。魏某所列零散户逾期交房的违约金计算期限是从约定交房日期到备案到第三方日期,由于上述房屋应由魏某对外出售,现有证据证明在约定交房日期之前只要售出可以备案到第三方,故魏某主张的违约金计算期限也缺乏依据。综上,案涉21号楼、22号楼、25号楼、28号楼缺乏交房条件的明确约定,且事实上魏某已将部分上述房屋在约定的交房日期之前对外出售,并无损害魏某合同利益的情形,魏某主张邓某真、尚某芳、TH公司存在零散户逾期交房行为并按照从约定交房日期到备案到第三方日期计算违约金,缺乏依据,本院不予支持。

四、关于魏某诉请的逾期办证违约金是否应予支持问题。关于1号楼的办证时间,2017年12月3日魏某与TH公司签订的《协议书》约定,整栋楼的不动产证办理期限为售房合同约定的工作日,该协议书改变了案涉补充协议附表中列明的办理房产证日期,而TH公司与第三方签订的商品房买卖合同约定的产权登记日期为"商品房交付使用后360日内",交付使用期限则为2019年5月1日前,故魏某要求邓某真、尚某芳、TH公司支付自2017年5月30日起的1号楼逾期办证违约金,缺乏依据,不予支持。关于案涉21号楼、22号楼、25号楼、28号楼的逾期办证违约金,案涉《股权转让合同补充协议》仅载明因未确保交房时间而造成的相关违约责任由邓某真、尚某芳及TH公司承担,并未涉及逾期办证产生的违约责任。本案魏某取得上述房屋的目的是对外出售折抵股权转让款,双方之间是房产折抵股权转让款的关系,而非房屋买卖合同关系,事实上魏某将房屋出售给案外人后,在TH公司与案外人重新签订的房屋买卖合同中,均约定了办理房产证日期和违约责任,如TH公司逾期办理房产证,则应向案外人承担相应的违约责任。而且魏某主张的逾期办证违约金计算期限是从约定办证日期到备案到第三方日期,也缺乏依据。故魏某的该项诉请缺乏依据,本院不予支持。

五、关于魏某诉请的逾期拆除塔吊的违约金是否应予支持问题。2018年4月24日,河南省大地建筑安装装饰有限公司与济源市昌和起重设备租赁安装有限公司就TH天安广场1号楼、5号楼塔机拆卸签订了塔机拆卸协议,约定的拆卸时间为2018年4月25日至4月30日。但由于政策影响,自2017年12月起,济源市昌和起重设备租赁安装有限公司不能进行起重设备的安装、拆卸作业工作,直至2018年7月7日将塔吊实际拆除。该塔吊未能按照2017年12月3日魏某与TH公司签订的《协议书》约定于2018年4月30日前拆除,系由于政策原因,也未导致魏某或第三方损失或伤害,相关的1号楼房屋魏某已在2018年4月30日前对外出售完毕;且根据2017年12月3日的《协议书》约定,该塔吊拆除违约责任包含在1号楼延迟交房违约责任中,计算标准均是1号楼逾期交房的违约责任,另案已经判决TH公司支付魏某1号楼逾期交房的违约金(以7598.4051万元为基数,按日千分之一从2016年12月31日起计算至实际付清之日止),本案不应再重复支持。综上,对该项诉讼请求,本院不予支持。

综上所述,魏某的上诉请求不能成立,应予驳回;TH公司的上诉请求成立,予以支持。依照《民事诉讼法》第64条第1款、第170条第1款第2项规定,判决如下:

一、撤销河南省某中级人民法院(2018)豫9×民初×2号民事判决;

二、驳回魏某的诉讼请求。

一审案件受理费284139元,二审案件受理费284139元,均由魏某负担。

本判决为终审判决。

审判长　史××

审判员　秦××

审判员　李××

2019年6月18日

法官助理　魏××

书记员　翟××

办案总结

刘滨艳律师在参与本案过程中,与委托人进行了多次交谈,并反复研究卷宗资料,对合同履行过程中产生的各类文件逐一审查,从《股权转让合同》、《股权转让合同补充协议》、《协议书》、公证书等,到上网查阅当时环境情况、政府文件等,对本案前因后果有了相当充分的认识和判断。结合专业经验,紧紧抓住对方的心态,辅以相关法律分析,最终保护了委托人的利益。

本案涉及很多问题需要解决,如什么才算是房产交付。政府因素与不可抗力、是否违约、违约金等一系列问题,一个环节没有处理好都可能导致上诉失败。只有将委托人的事情当成自己的事情来做,用尽一切能量,终会还给委托人一个公平正义!

专家点评

本案是一起由股权转让和建筑工程施工、交付、办证、拆除等事项引发的合同纠纷民事案件。

(1)一审阶段概要。案件一审由河南省某市中级人民法院审理,判决支持了原告所主张的逾期拆除 1 号楼塔吊的合同违约金近 500 万元,驳回了原告其他大部分诉讼请求。案件一审宣判后,双方当事人均提起上诉。

(2)二审阶段概要。二审中,河南省高级人民法院接收了 TH 公司提交的新证据,对案件事实和法律关系进行了查明和重新梳理。二审支持了 TH 公司的上诉请求,改判驳回原审原告魏某的诉讼请求。本案二审中所指出的一审主要错误是:涉案塔吊系政策原因无法拆除,其违约责任已经包含在 1 号楼延迟交房的违约责任中另案处理,因此一审法院判决支付违约金有误。

(3)二审改判一审的主要观点分析。本案的二审改判点是“TH 公司是否应承担案涉 1 号楼塔吊逾期拆除的违约责任”,二审法院认为,该塔吊系由于政策原因无法拆除,并未导致原审原告或第三方遭受损失,且其违约责任已经包含在 1 号楼延迟交房的违约责任中另案处理,因此一审法院判决 TH 公司支付塔吊延期拆除违约金有误,改判 TH 公司无须支付相应款项。

(4)案件焦点。本案的焦点是,双方当事人签订的《协议书》以固定日期规定塔吊拆除的最晚时间,但因政策原因无法拆除的,施工方是否应承担违约责任;房地产公司已与买受人约定逾期办证的违约责任,是否还应向第三人承担责任。

(5)案件亮点。本案二审撤销一审判决并改判,认可了 TH 公司提出的,其已尽催促义务,系因政策原因导致合同无法履行,因而无须承担违约责任的观点,否认了一审中对合同约定作机械理解、认为固定期限约定不能因政府原因而免责的观点。

(6)案件难点。一是对公司一方已尽到催促义务进行证明较为困难,本案二审中 TH 公司提交了《塔机拆卸协议》《催促函》《施工催促函》《济源市昌和起重设备租赁安装有限公司向 TH 公司发送的函》4 份新证据,加上一审阶段已提交的政府《紧急通知》等文件,成功使二审法院改判;二是从合同的基本原则和订立目的出发进行说理,主张逾期交房的违约责任应当指向房屋的实际买受人而非第三人(原告)。

（7）法律风险提示及建议。合同的履行方在受到政策因素等不可抗力影响而无法履行合同约定时，有被合同相对方主张违约责任、被法院判令承担该违约责任的风险。为尽可能避免上述情况出现，当事人应在面临不可抗力、预计合同履约困难时积极履行告知、催促等义务，并妥善留存证据，进行充分举证。

审核人、点评人：梁枫（北京律师智库重大复杂案件研究专家组成员）

复核人：程璇（北京律师智库重大复杂案件研究专家组成员）

建设工程施工合同类

施工合同无效是否导致双方达成的结算无效

——华北建设集团公司与吴某林工程分包合同纠纷案

争议焦点

施工合同无效，双方达成的结算协议是否有效。

关键词

劳务分包　合同效力　结算协议　申请抗诉　提审再审改判

案情简介

2008年6月1日，华北建设集团公司作为发包人将其总承包的赛娜湖康体综合楼工程的劳务部分分包给自然人（包工头）吴某林，为此双方签订了一份《建设工程施工劳务分包合同》。华北建设集团公司指定其北京建筑工程分公司具体实施。

合同签订后，吴某林组织施工队依照约定完成了工程。2008年12月22日，华北建设集团公司项目经理王某利与吴某林就劳务费数额进行了结算，双方签署了《北京赛娜湖康体综合楼工程劳务结算》，并最终确认吴某林的劳务费数额为人民币壹佰捌拾伍万元整（¥1850000.00）。

2009年1月13日，华北建设集团公司向吴某林支付了壹佰叁拾伍万元（¥1350000.00）劳务费，尚欠伍拾万元（¥500000.00）。此后，虽经申请人多次催要，但华北建设集团公司仍拒不支付剩余欠款。

2009年10月，吴某林以建设工程施工合同纠纷向北京市某区人民法院（以下简称一审法院）起诉华北建设集团公司，一审法院以（2009）×民初字第0××××号民事判决驳回其诉讼请求。吴某林不服，向北京市某中级人民法院（以下简称二审法院）提起上诉,后被二审法院以(2010)×中民终字第139××号民事判决判决维持原判。

吴某林于2011年1月向北京市高级人民法院申请再审,北京市高级人民法院于2012年12月28日作出驳回再审申请裁定[裁定书编号:(2012)高民申字第016××号]。

2014年6月,吴某林向北京市检察院提起审判监督申请。

2014年12月,北京市检察院向北京市高级人民法院提起抗诉。

2015年1月,北京市高级人民法院裁定提审本案。

2015年7月,北京市高级人民法院以(2015)高民抗提字第929号民事判决书依法改判,判决支持吴某林的诉讼请求,判决理由是:"吴某林因本人不具有劳务作业的企业资质致使《建筑工程施工劳务分包合同》无效,但该合同无效并不等于作为双方确认的北京赛娜湖康体综合楼工程劳务结算也是无效的,原判对此认定有误,本院再审予以纠正。"

案件历程

【一审判决书】

北京市某区人民法院
民事判决书

(2009)×民初字第0××××号

原告:吴某林。

委托代理人:刘建华,北京市华一律师事务所律师。

被告:华北建设集团公司北京建筑工程分公司,住所地北京市海淀区。

负责人:陈某库,董事长。

委托代理人:贾某,华北建设集团公司员工,住北京市海淀区。

被告:华北建设集团公司,住所地保定市新市区。

法定代表人:张某田,董事长。

委托代理人:陈某库,华北公司副总经理,住北京市海淀区。

委托代理人:贾某,华北建设集团公司员工,住北京市海淀区。

原告吴某林与被告华北建设集团公司北京建筑工程分公司(以下简称北京分公司)、华北建设集团公司(以下简称华北公司)建筑工程合同纠纷一案,本院受理后,依法由审判员朱和平独任审判,公开开庭进行了审理。原告与被告北京分公司的负责人陈某库及其委托代理人贾某、华北公司的委托代理人陈某库、贾某到庭参加诉讼。

本案现已审理终结。

原告诉称:2008年6月,被告将其承包的赛娜湖康体综合楼工程的部分劳务分包给我,我依照约定完成了工程。2008年12月22日,被告的项目经理王某利与我就劳务费数额进行了结算,最终确认我的劳务费数额为185万元,并签订了北京赛娜湖康体综合楼工程劳务结算协议。之后,被告拒不支付我的劳务费,我只好向延庆县(今北京市延庆区,下同)劳动和社会保障局求助。2009年1月13日,在延庆县劳动和社会保障局与发包方的监督下,被告支付给我劳务费135万元。对于尚欠的50万元劳务费,我多次向被告索要未果。我为被告提供了劳务,被告对我的劳务费数额也进行了确认,被告拒不履行给付我劳务费的义务,已构成违约。因此,我要求被告给付我劳务费50万元,同时我要求被告给付我自2009年8月20日至付清劳务费之日的逾期付款利息。

被告北京分公司辩称,北京赛娜湖康体综合楼工程,是华北公司与建设方签订的施工合同,对外发包也是华北公司。我分公司不具有法人资格,与本案没有关系。

被告华北公司辩称,我公司与原告没有劳务合同关系,我公司不同意原告的诉讼请求,请法院驳回原告的诉讼请求。

经审理查明,2008年5月28日,北京赛娜湖文化发展有限公司将其北京赛娜湖康体综合楼的建设工程发包给华北公司,并签订了建设工程施工合同。2008年6月1日,被告华北公司授权的王某利与原告签订了赛娜湖康体综合楼建设工程施工劳务分包合同。合同约定:工程地点为北京市延庆县水利局大院;劳务费单价为每平方米380元;建筑面积4500平方米;合同价款为171万元;开工日期为2008年5月20日,竣工日期为2008年7月20日。另外,双方在合同中对其他事项进行了约定。自2008年5月20日起,原告为被告华北公司提供了劳务。2008年12月22日,原告与王某利签订北京赛娜湖康体综合楼工程劳务结算,总计工程劳务结算为185万元,但被告华北公司未给原告劳务费。2009年1月,原告及在北京赛娜湖康体综合楼工程工地的劳务人员向北京市延庆县劳动和社会保障局反映被告华北公司拖欠工资一事。经北京市延庆县劳动和社会保障局的协调,被告华北公司支付给原告工资135万元。2009年11月2日,原告诉至本院,要求二被告给付剩余的劳务费50万元,同时要求二被告给付利息。本案在审理中,被告华北公司对本案管辖权提出异议。本院依法驳回了被告华北公司对本案管辖权提出的异议。华北公司不服上诉至北京市某中级人民法院。2010年2月,北京市某中级人民法院驳回了被告华北公司的上诉,维持原裁定。诉讼中,原告提供了赛娜湖康体综合楼建设工程施工劳务分包合同、北京赛娜湖康体综合楼工程劳务结算、被告华北公司给王某利出具的授权委托书、收条等证据材料,证明劳务费的数额为185万元,被告华北公司已支付135万元,尚欠50万元。被告华北公司给王某利出具的授权委托书的内容为:“本人张某田系华北建设集团有限公司法定代表人,现授权王某利为我公司的法定代理人,负责北京赛娜湖康体综合楼工程施工和洽谈、履约等事宜。有效期至工程结束。2008年5月4日。”另外,该委托书上盖有华北公司和张某田的印章。原告与王某利签订的劳务结算的内容为:“北京赛娜湖康体综合楼工程劳务结算:1.主体结构建筑面积4794.72m^2,大写四千七百九十四点七二平方米,合同价款380/m^2。计算公式4794.72×380=1821993.6元,大写一百八十二万一千九百九十三点六元,扣除二层柱子用工725.77工日×55元/工日(按合同价)=39917.35元,大写三万九千九百一十七点三五元,总计:1821993.6-39917.35=1782076.25元,大写一百七十八万二千零七十六点二五元。2.回填土:67923.75元,大写六万七千九百二十三点七五元,总计工程劳务结算为1850000元,大写一百八十五万元整。此据。华北建设赛娜湖项目部:王某利,劳务队签字:吴某林。2008年12月22日。”北京分公司认为原告提供的上述证据材料与其没有关系。被告华北公司认可自己在延庆县劳动和社会保障局给付原告工资135万元,但不认可王某利与原告签订的劳务结算,称该合同和结算上没有印章,同时称王某利没有签订合同和签订劳务结算的权限。被告华北公司提供了其与北京赛娜湖文化发展有限公司签订的建设工程施工合同,证明王某利有签订合同的权利,没有其他权限。原告称该合同就是王某利代表华北公司签订的,认可该合同。被告华北公司还提供了收条和结算单,证明已一次性结清劳务费。原告对此认可。经被告华北公司申请,本院调取了延庆县劳动和社会保障局处理此案时的相关材料。延庆县人力资源和社会保障局的监察科科长牛某阳称其单位处理此案时,经调解华北公司给了工人工资135万元;杨某兴向延庆县劳动和社会保障局反映工资一事时称被拖欠的工人工资为149.4万元、欠材料费和租赁费30多万元,共计185万元。原告认可牛某阳、杨某兴所述的情况,称149.4万元的工资中包括管理人员的工资,135万元只是工人工资。原告称包括自己在内的管理人员胡某伦、王某林未领到工资,但未提供相关证据。被告北京分公司和被告华北公司不认可杨某兴所述的情况。被告华北公司承认其给付原告等人工资135万元。本院从延庆县人力资源和社会保障局调取的工资表中显示吴某林、王某林已领取了工资,该表中没有胡某伦的名字。原告称工资表中没有写胡某伦。原告称其起诉要求给付的50万元是材料费和租赁费,并提供了一份由委托代理人杨某兴与北京巨才设备租赁有限公司第一分公司签订的建筑施工物资租赁合同复印件。被告北京分公司、华北公司认为该合同与本案属不同的法律关系,不予质证。本院向原告释明,要求原告提供材料费和租赁费的其他相关证据。原告称该款已与王某利结算,其没有必要再提供材料费和租赁费的相关证据。原告坚持要求被告北京分公司、华北公司给付劳务费50万元,被告北京分公司、华北公司则不同意。双方各持己见,未能协议解决。

上述事实,有当事人的陈述、赛娜湖康体综合楼建设工程施工劳务分包合同、北京赛娜湖康体综合楼劳务结算、授权委托书、收条、调查笔录、延庆县人力资源和社会保障局的案卷材料等证据材料在案佐证。

本院认为,根据被告华北公司给王某利出具的授权委托书,能够认定王某利有权对外签订劳务分包合同,并负责结算。因原告本人不具有劳务作业的企业资质,故其与被告华北公司签订的劳务分包合同无效。根据查明的事实,原告为被告华北公司提供了劳务,并与王某利进行了结算。对于被告华北公司欠原告等人劳务费一事,经延庆县人力资源和社会保障局调解,被告华北公司已结清了原告等人的工资。原告称自己和管理人员未领到工资,但工资表显示,管理人员也已领取了工资。原告称其本人未领到工资,未向本院提供相关证据。原告根据其与王某利签订的劳务结算,起诉要求被告北京分公司、华北公司给付劳务费。诉讼中,原告又称其起诉要求被告北京分公司、华北公司给付的50万元是材料费和租赁费。双方在劳务结算中未写材料费和租赁费,经本院释明,原告未提供材料费和租赁费的相关证据。综合全案证据,原告要求被告北京分公司、华北公司给付劳务费,证据不足,本院不予支持。综上所述,依照《民事诉讼法》第64条的规定,判决如下:

驳回原告吴某林的诉讼请求。

案件受理费4400元,由原告吴某林负担,已交纳。如不服本判决,可在判决书送达之日起15日内,向本院递交上诉状,并按对方当事人的人数提出副本,上诉于北京市某中级人民法院。

审判员　朱××

书记员　徐　×

2020年6月9日

【民事上诉状】

民事上诉状

上诉人:吴某林。

住址:四川省南充市顺庆区。

被上诉人:华北建设集团公司。

法定代表人:张某田。

地址:保定市新市区。

被上诉人:华北建设集团公司北京建筑工程分公司。

负责人:陈某库。

地址:北京市海淀区厂洼街七号院一号楼。

上诉请求:

1. 撤销一审法院判决,改判被上诉人支付上诉人劳务费人民币50万元,并支付自2009年8月20日起直至付清之日起的逾期付款利息。

2. 诉讼费由被上诉人承担。

事实与理由:

上诉人因与被上诉人发生劳务分包合同纠纷向北京市某地区人民法院(以下简称一审法院)提起诉讼。2010年6月12日,一审法院作出了(2009)×民初字第0××××号民事判决书。上诉人认为:一审法院在事实认定及法律适用均存在错误,判决结果有失公允,具体如下:

一、一审法院无视双方已经就劳务费问题达成的《北京赛娜湖康体综合楼工程劳务结算》(以下简称《工程劳务结算》),一方面认定该《工程劳务结算》有效,另一方面又依据《民事诉讼法》第64条(以上诉人无法提供证据为由)驳回了上诉人的诉讼请求,其认定事实与适用法律相互矛盾,判决明显错误。

2008年12月22日,就上诉人承包的赛娜湖康体综合楼工程的劳务费数额,双方进行了结算并签署了《工程劳务结算》,确认上诉人的劳务费数额为人民币壹佰捌拾伍万元整(¥1850000)。被上诉人一方是其代理人王某利。

一审法院认定:“本院认为,根据被告华北建设集团公司给王某利出具的授权委托书,能够认定王某利有权对外签订劳务分包合同,并负责结算。”据此,双方签署的《工程劳务结算》应属真实有效。因此,上诉人已经就自己的诉讼主张完成了举证责任,无须再另行举证。

鉴于一审法院就《工程劳务结算》的组成部分询问上诉人,因此,上诉人如实地向一审法院阐明了劳务费用的成本组成包括人工费、材料费、机械费、租赁费等。上诉人的陈述与一审法院在延庆县劳动和社会保障局调查的情况完全一致。同时,上诉人将与北京巨才设备租赁有限公司签订的建筑施工物资租赁合同提交给了一审法院。实际上,在本案中,依据双方签署的《建筑施工劳务分包合同》第一部分第1条的约定,本案劳务分包的范围为“扩大的劳务分包”,劳务作业内容包括:施工、机械设备、辅助材料、各种模板、脚手架的租赁等。

上诉人认为:一审法院询问的上述事实实际上与本案属于不同的法律关系,即上诉人在履行劳务分包合同中与其他第三人发生法律关系并支出的相关成本费用与本案双方劳务分包合同的结算并无任何法律关系,上诉人的劳务费用应当以双方达成的结算数额为准，因此，上述事实无须再进行举证。对此，被上诉人也持相同意见。

因此，一审法院在双方已经就工程劳务结算达成一致，并且被上诉人未就此提出异议的情况下，竟然要求上诉人就与本案毫无关系的法律关系和事实进行举证，并以“双方在劳务费结算中未写材料费和租赁费”驳回了上诉人的诉讼请求，显然是将本案的劳务合同法律关系和上诉人与第三人的法律关系混为一谈，并错误地适用了举证责任的法律规定，导致错判。依据一审法院的判决，试问：

1. 一审法院判决驳回上诉人的诉讼请求，那么请问双方达成一致的《工程劳务结算》将被置于何地？

2. 假如上诉人提交的证据能够证明上诉人支付的材料、租赁等费用超出了上诉人请求的50万元，那么请问一审法院是否会支持超出50万元的部分？

因此，在双方当事人已经达成《工程劳务结算》的情形下，一审法院竟然无视当事人的意思自治，强行要求上诉人就与本案毫无关系的法律关系进行举证，并以不能举证为由驳回上诉人的诉讼请求是完全错误的。

二、本案中，被上诉人应当就已经向上诉人结清劳务费用承担举证责任。

本案中，被上诉人向法院提交了支付给上诉人135万元的收条。正如一审法院向延庆县劳动和社会保障局监察科科长牛某阳调查的事实一样，该135万元是“工人工资135万元”。如上所述，在本案的劳务分包合同中，上诉人的分包范围是“扩大的劳务分包”，劳务费成本中工人工资只是其中的一部分，还包括材料费、机械费、租赁费等。在实际劳务分包中，劳务费中还可能包括窝工费、违约金、各种损失费用等，因此，《工程劳务结算》确定的数额是双方就各种费用达成的最终结算数额。实际上，由于延庆县劳动和社会保障局只负责依法维护工人的工资，而并不负责追讨所有的劳务费，因此，被上诉人支付的仅仅是工人工资部分，而不是全部的劳务费。上诉人认可被上诉人“支付工人工资135万元”的事实，但并不认可已经“结清劳务费”。一审法院认定“原告对此认可”，与事实不符。

退一步讲，在双方已经就劳务费一致确认为185万元的情况下，如果被上诉人认为其已经结清劳务费作为抗辩，那么被上诉人应当就其抗辩事由承担举证责任。一审法院在被上诉人没有提出任何证据的情况下，反而要求上诉人就劳务费数额承担不合理、不必要的举证责任，明显违反了举证责任的规定，并导致错判。

综上所述，本案双方当事人已经就劳务费数额问题达成了一致，而被上诉人并未就其已经结清劳务费的事实提供任何证据。一审法院在基本事实清楚的情况下，无视双方达成的《工程劳务结算》，越俎代庖，将本案的劳务分包法律关系与上诉人跟其他第三人的法律关系混为一谈，错误地要求上诉人就与本案毫无关系的事实进行举证，对本应承担举证责任的被上诉人毫无证据的情况下，判决驳回了上诉人的诉讼请求，其判决结果是错误的，导致严重损害了上诉人的合法权益。因此，上诉人依法提起上诉,请求上级法院依法予以改判。

此致

北京市某中级人民法院

上诉人:吴某林

2010年6月××日

【二审判决书】

北京市某中级人民法院
民事判决书

(2010)×中民终字第139××号

上诉人(原审原告):吴某林。

委托代理人:刘建华,北京市华一律师事务所律师。

被上诉人(原审被告):华北建设集团公司北京建筑工程分公司,住所地北京市海淀区。

负责人:陈某库,董事长。

被上诉人(原审被告):华北建设集团公司,住所地河北省保定市新市区。

法定代表人:张某田,董事长。

上述二被上诉人委托代理人:贾某,华北建设集团公司职工,住所地北京市海淀区。

上诉人吴某林因建设工程施工合同纠纷一案,不服北京市某地区人民法院(2009)×民初字第0××××号民事判决,向本院提起上诉。本院依法组成合议庭审理了本案,现已审理终结。

2009年10月,吴某林以其为华北建设集团公司北京建筑工程分公司(以下简称华北建设北京分公司)、华北建设集团公司提供劳务后,华北建设北京分公司、华北建设集团公司以已付劳务费135万元,余款50万元至今未付为由,诉至原审法院,要求华北建设北京分公司、华北建设集团公司给付该款并支付逾期付款利息。华北建设北京分公司以其不具有法人资格,涉案工程系华北建设集团公司与业主签订为由,请求驳回吴某林的诉讼请求。

华北建设集团公司以其与吴某林之间不存在合同关系为由,请求驳回吴某林的诉讼请求。

原审法院经审理后确认:(略)。

判决后,吴某林不服,以原判认定事实与适用法律前后矛盾,判决不公为由,上诉至本院,请求撤销原判,支持其在原审法院所提诉讼请求。华北建设北京分公司、华北建设集团公司同意原判。

经审理查明:2008 年 5 月 4 日,华北建设集团公司法定代表人张某田出具授权委托书,授权王某利负责北京赛娜湖康体综合楼工程的施工、洽谈、履约事宜,有效期至工程结束。

2008 年 5 月 28 日,北京赛娜湖文化发展有限公司与华北建设集团公司签订建设工程施工合同,双方约定华北建设集团公司承包建设北京赛娜湖康体综合楼工程,承包方式为施工总承包,合同价款为 25385924 元。王某利作为华北建设集团公司的委托代理人在上述合同上签字确认。

2008 年 6 月 1 日,王某利与吴某林签订建设工程施工劳务分包合同,合同涉案内容约定,劳务分包范围为扩大的劳务分包,劳务作业人数 150 人,建筑面积 4500 平方米,合同价款为 171 万元,开工日期为 2008 年 5 月 20 日,竣工日期为 2008 年 7 月 20 日。

合同签订后,吴某林组织人员进场施工。

2008 年 12 月 22 日,王某利与吴某林签订北京赛娜湖康体综合楼工程劳务结算单,双方确认工程劳务结算为 185 万元。

此后,因华北建设集团公司拖欠劳务费,为此双方经北京市延庆县劳动和社会保障局调解,华北建设集团公司给付吴某林劳务费 135 万元,余款 50 万元至今未付。

审理中,原审法院调取了延庆县劳动和社会保障局处理此案时的相关材料。延庆县劳动和社会保障局监察科科长称,杨某兴反映拖欠的工人工资为 149.4 万元,欠材料费和租赁费 30 余万元,共计 185 万元。吴某林认可监察科科长及杨某兴的陈述,并称 149.4 万元当中包括管理人员的工资,135 万元只是工人工资。吴某林称包括自己在内的管理人员胡某伦、王某林和吴某林未领到工资。原审法院从延庆县劳动和社会保障局调取的工资表中显示,吴某林、王某林已经领取了工资,该工资表中没有胡某伦的名字。吴某林称工资表中没有写胡某伦。后,吴某林又称其起诉的 50 万元是材料费和租赁费,并提交杨某兴与北京巨才设备租赁有限公司第一分公司签订的建筑施工物资租赁合同复印件。华北建设集团公司、华北建设北京分公司以该证据与本案不属于同一法律关系为由不予质证。原审法院经释明,要求吴某林提交材料费、租赁费的其他证据,吴某林则以其与王某利进行了结算,无须再提交其他相关证据为由拒绝提交。

上述事实,有双方当事人陈述、建设工程施工合同、劳务分包合同、劳务结算单、授权委托书、延庆县劳动和社会保障局卷宗材料等相关证据在案佐证。

本院认为:因吴某林作为个人不具有工程劳务分包的相应资质,因此其与华北建设集团公司就赛娜湖康体综合楼签订的建设工程施工劳务分包合同以及其与王某利签订的结算单应当认定为无效。

关于华北建设集团公司拖欠吴某林工人工资一节,鉴于双方间纠纷业已经延庆县劳动和社会保障局调解结清了工人工资,吴某林虽称尚欠部分人员工资,但其所述与法院查明的事实相悖,后吴某林又称拖欠的50万元款项的性质属于材料费、租赁费,此节经原审法院释明后,吴某林不能提交确信证据证明其所述,故吴某林要求华北建设集团公司给付拖欠的劳务费50万元的诉讼请求,证据不足,本院不能支持。原审法院综合全案证据判决驳回吴某林的诉讼请求适当。吴某林的上诉理由,缺乏事实依据,其上诉要求,本院予以驳回。综上所述,依据《民事诉讼法》第153条第1款第1项之规定,判决如下:驳回上诉,维持原判。

一审案件受理费4400元,由吴某林负担(已交纳)。

二审案件受理费8800元,由吴某林负担(已交纳)。

本判决为终审判决。

审　判　长　刘　×
审　判　员　肖　×
代理审判员　吕××
2010年10月28日

【再审判决书】

北京市高级人民法院
民事判决书

(2015)高民抗提字第929号

抗诉机关:北京市人民检察院。

申诉人(一审原告、二审上诉人):吴某林,住所地四川省南充市。

委托代理人:刘建华,北京暻灏律师事务所律师。

委托代理人:陈慧雯,北京暻灏律师事务所律实习律师。

被申诉人(一审被告、二审被上诉人):华北建设集团公司北京建筑工程分公司,住所地北京市海淀区。

负责人:陈某库,经理。

被申诉人(一审被告、二审被上诉人):华北建设集团公司,住所地保定市新市区。

法定代表人:张某田,董事长。

委托代理人:陈某库,男,华北建设集团公司副总经理。

委托代理人:孙某广,男,华北建设集团公司法务。

申诉人吴某林因与被申诉人华北建设集团公司北京建筑工程分公司(以下简称北京分公司)、华北建设集团公司(以下简称华北公司)建设工程施工合同纠纷一案,不服北京市某中级人民法院(2010)×中民终字第139××号民事判决,向北京市人民检察院申诉。北京市人民检察院于2014年12月19日作出京检民(行)监(2014)110××××××××号抗诉书,向本院提出抗诉。本院于2015年1月22日作出(2015)高民抗字第757号民事裁定,提审本案。本院依法组成合议庭,公开开庭审理了本案。北京市人民检察院指派代理检察员吴某、贾某兴出庭。吴某林的委托代理人刘建华、陈慧雯,北京分公司的法定代表人兼华北公司的委托代理人陈某库,华北公司的委托代理人孙某广到庭参加了诉讼。本案现已审理终结。

2009年11月,吴某林起诉至北京市某地区人民法院称,2008年6月,被申诉人将其承包的赛娜湖康体综合楼工程的部分劳务分包给我,我依照约定完成了工程。2008年12月22日,被申诉人的项目经理王某利与我就劳务费数额进行了结算,最终确认我的劳务费数额为185万元,并签订了北京赛娜湖康体综合楼工程劳务结算协议。之后,被申诉人拒不支付我的劳务费,我只好向延庆县劳动和社会保障局求助。2009年1月13日,在延庆县劳动和社会保障局与发包方的监督下,被申诉人支付给我劳务费135万元。对于尚欠的50万元劳务费,我多次向被申诉人索要未果。我为被申诉人提供了劳务,被申诉人对我的劳务费数额也进行了确认,被申诉人拒不履行给付我劳务费的义务,已构成违约。因此,我要求被申诉人给付我劳务费50万元,同时我要求被申诉人给付我自2009年8月20日起至付清劳务费之日止的逾期付款利息。

北京分公司辩称,北京赛娜湖康体综合楼工程,是华北公司与建设方签订的施工合同,对外发包也是华北公司。我分公司不具有法人资格,与本案没有关系。

华北公司辩称,我公司与吴某林没有劳务合同关系,我公司不同意吴某林的诉讼请求,请法院驳回吴某林的诉讼请求。

北京市某地区人民法院一审经审理查明,(略)。

北京市某地区人民法院一审认为,(略)。

判决后,吴某林不服,以一审判决认定事实与适用法律前后矛盾,判决不公为由,上诉至北京市某中级人民法院,请求撤销一审判决,支持其在一审法院所提诉讼请求。北京分公司、华北公司同意一审判决。

北京市某中级人民法院二审查明的事实与一审查明的事实一致。

北京市某中级人民法院二审认为,因吴某林作为个人不具有工程劳务分包的相应资质,因此其与华北公司就赛娜湖康体综合楼签订的建设工程施工劳务分包合同以及其与王某利签订的结算单应当认定为无效。关于华北公司拖欠吴某林工人工资一节,鉴于双方间纠纷业已经延庆县劳动和社会保障局调解结清了工人工资,吴某林虽称尚欠部分人员工资,但其所述与法院查明的事实相悖,后吴某林又称拖欠的50万元款项的性质属于材料费、租赁费,此节经原审法院释明后,吴某林不能提交充分证据证明其所述,故吴某林要求华北公司给付拖欠的劳务费50万元的诉讼请求,证据不足,法院不能支持。北京市某中级人民法院于2010年10月28日作出(2010)×中民终字第139××号民事判决:驳回上诉,维持原判。一审案件受理费4400元,由吴某林负担。二审案件受理费8800元,由吴某林负担。

北京市人民检察院抗诉认为,(1)原判确认吴某林与王某利签订的结算单应当认定为无效,系适用法律确有错误。根据华北公司给王某利出具的授权委托书,能够认定王某利有权对外签订劳务分包合同,并负责结算。双方当事人参照原合同并依据事实达成的结算协议,是在双方的真实意思表示下对相关事实行为作出的确认。现吴某林因本人不具有劳务作业的企业资质致使《建筑工程施工劳务分包合同》无效,但该合同无效并不等于作为双方确认事实使用的《北京塞纳湖康体综合楼工程劳务结算》也是无效的。(2)原判要求吴某林就华北公司拖欠的劳务费50万元承担举证责任,并在吴某林未提供费用证据的情况下判决驳回其诉讼请求,属于适用法律确有错误。本案中华北公司未主动审查吴某林是否具有建筑资质,将工程分包给不具备相应资质条件的施工人的行为,违反了法律的相关规定,对造成合同无效负有主要过错责任。吴某林不具备相应资质条件,与华北公司签订建筑工程施工劳务分包合同并施工,对合同无效也负有过错责任。但吴某林作为施工方付出了劳动,因此施工方应得到合理补偿。延庆县劳动和社会保障局调解结清的工人工资并不等于吴某林要求华北公司给付的劳务费。华北公司在延庆县劳动和社会保障局支付的135万元并不是华北公司支付全部劳务费的证据,原判在此基础上要求吴某林承担举证责任,举证责任分配不当,适用法律确有错误。

吴某林申请再审称,(1)双方签署的《建筑工程施工劳务分包合同》无效,并不必然导致双方签署的《北京塞纳湖康体综合楼工程劳务结算》无效。(2)原判要求吴某林提供工程支出的材料费、租赁费证据没有法律依据,亦超出了当事人诉讼请求的范围。(3)北京分公司是涉案工程的实际施工人,故应成为本案被告。请求再审改判。

北京分公司辩称,北京赛娜湖康体综合楼工程,是华北公司与建设方签订的施工合同,对外发包也是华北公司。我分公司不具有法人资格,与本案没有关系。

华北公司辩称,本案是劳务合同纠纷,双方间纠纷业已经延庆县劳动和社会保障局调解结清了,吴某林称50万元款项的性质属于材料费、租赁费,但其并未提供证据予以证明,故原判驳回吴某林的诉讼请求并无不当,请求维持原判。

本院再审查明,2008年6月1日,华北公司授权的王某利与吴某林签订了建设工程施工劳务分包合同。合同分包范围约定:扩大劳务分包。包括小型工具、机械、模板、脚手管、租赁及防护用品。原发包方塔吊等机械施工劳务方可使用,结算时按市场租赁价相应扣除。合同第2条第6款约定:采用第4种方式计价的,劳务费单价为380元/平方米,建筑面积为4500平方米。合同价款共计171万元。合同第2条第8款规定:劳务费包含内容为:①工人工资;②劳务统筹费用;③劳务保护费用;④管理费用;⑤各项保险费用;⑥临时费用;⑦文明施工及环保费用;⑧利润;⑨税金。合同第6条标准规范约定:除本工程总(分)包合同另有约定外,本合同适用标准规范如下:①《建筑工程施工及验收规范》(JGJ107-2003);②GB50010-2002。

另查,吴某林于2009年11月2日向一审法院提起诉讼。涉案工程由于发包方原因尚未全部竣工。

本院再审查明的其他案件事实与原审查明事实一致。

上述事实,有当事人的陈述、赛娜湖康体综合楼建设工程施工劳务分包合同、北京赛娜湖康体综合楼劳务结算、授权委托书、收条、调查笔录、延庆县劳动和社会保障局的案卷材料等证据在案佐证。

本院认为,本案的主要焦点问题包括:涉案合同的性质;吴某林与王某利就赛娜湖康体综合楼签订的结算单是否有效,是否对华北公司有约束力;华北公司是否应支付给吴某林剩余劳务费。

涉案合同的性质问题。华北公司与吴某林签订的建设工程施工劳务分包合同约定:订立本合同依照《合同法》《建筑法》;工程名称:赛娜湖康体综合楼;本合同适用标准规范如下:①《建筑工程施工及验收规范》(JGJ107-2003);②GB50010-2002。从上述合同内容分析,符合建设工程施工合同的特征。华北公司称本案是劳务合同纠纷,因未提供证据证明,本院不予采信。

吴某林与王某利签订的结算单是否有效,是否对华北公司有约束力的问题。根据华北公司给王某利出具的授权委托书,能够认定王某利有权代表华北公司对外签订劳务分包合同,并负责结算。本案合同约定的总价款为171万元,王某利与吴某林结算时,增减相关费用后,工程劳务费为185万元,双方结算费用与合同约定基本相符,且是双方的真实意思表示,结算单对华北公司有约束力。现吴某林因本人不具有劳务作业的企业资质致使《建筑工程施工劳务分包合同》无效,但该合同无效并不等于作为双方确认的北京赛娜湖康体综合楼工程劳务结算也是无效的,原判对此认定有误,本院再审予以纠正。

华北公司是否应支付吴某林剩余劳务费的问题。华北公司称,双方间纠纷业已经延庆县劳动和社会保障局调解结清了,支付给吴某林的135万元就是双方一揽子解决纠纷的全部费用。根据赛娜湖工地施工队所有在施人员工资表反映,135万元只是发放给工人的工资,双方合同约定劳务费除工人工资外还包括劳务统筹费用、管理费用、各项保险费用等,故华北公司在未提供充分证据证明双方纠纷已全部解决,仅凭支付的135万元工资表并不能证明已向吴某林支付全部劳务费,其仍应承担剩余款项的支付义务。原判要求吴某林承担剩余款项的举证责任,举证责任分配不当,本院予以纠正。

《最高人民法院关于审理建设工程施工合同纠纷案件适用法律问题的解释》第17条规定:"当事人对欠付工程价款利息计付标准有约定的,按照约定处理;没有约定的,按照中国人民银行发布的同期同类贷款利率计息。"该解释第18条规定:"利息从应付工程价款之日计付。当事人对付款时间没有约定或者约定不明的,下列时间视为应付款时间:(一)建设工程已实际交付的,为交付之日;(二)建设工程没有交付的,为提交竣工结算文件之日;(三)建设工程未交付,工程价款也未结算的,为当事人起诉之日。"根据本案的具体情况,华北公司欠付的劳务费利息应从吴某林2009年11月2日起诉之日起算。

另,赛娜湖康体综合楼建设工程施工劳务分包合同是华北公司与吴某林签订,王某利亦是华北公司授权委派,现吴某林起诉北京分公司要求其承担民事责任依据不足,本院不予支持。

综上,依照《民事诉讼法》第170条第1款第2项、第207条第1款的规定,判决如下:

一、撤销北京市某中级人民法院(2010)×中民终字第139××号民事判决及北京市某区人民法院(2009)×民初字第0××××号民事判决。

二、华北建设集团有限公司于收到本判决书后15日内给付吴某林劳务费50万元及利息(利息自2009年11月2日起至劳务费给付之日止按中国人民银行的同期贷款利率计算)。

三、驳回吴某林的其他诉讼请求。

如未按本判决指定的期间履行给付金钱义务,应当按照《民事诉讼法》第253条之规定,加倍支付迟延履行期间的债务利息。

一审案件受理费4400元,二审案件受理费8800元均由华北建设集团有限公司负担(于本判决生效后15日内交纳)。

本判决为终审判决。

审 判 长 李 ×
审 判 员 范 ×
代理审判员 韩××
2015年7月10日
书 记 员 陈 ×

办案总结

这既是一个标的额不大(50万元)、事实清晰,但是法律适用却易发生错误的案件,也是一个诉讼成本与诉讼收益极不匹配,连当事人都已经放弃的案件。

在决定接受代理这个案件时,我自己的心态是很轻松的。我方当事人作为包工头签署了一份劳务分包合同,属于无资质的实际施工人承包建设工程,属于合同无效,最高人民法院的司法解释对此有明确规定;双方已经签署了《北京赛娜湖康体综合楼工程劳务结算》,工程价款无争议。本案可以说事实依据清晰、法律依据明确,结果毫无悬念。

然而,此案的发展却远超我的预测——从2009年10月起诉到2015年7月取得北京市高级人民法院的胜诉改判,前后经历了6年。期间一次次对法院判决的失望和无法维护当事人权利的职业内疚,直到在最后那一刻才得以舒缓:一方面惊讶于自己竟然如此韧性坚持,另一方面发现自己的心态已经历练得波澜不惊。

本案能从一审、二审、再审、抗诉直至提审,走完了所有的法律救济程序,并在最终取得胜诉判决,我要感谢我的当事人,6年的时间里,尽管他已经失去了信心,但是他从未对我有任何抱怨;我要感谢北京市人民检察院的检察官,没有他们的专业造诣、明察秋毫和有错必纠的勇气,本案也许等不到公正判决。

本案有着典型的意义。

1. 北京市高级人民法院认为:自然人(包工头)因不具有劳务作业的企业资质致使《建筑工程施工劳务分包合同》无效,但该合同无效并不等于作为双方确认的《北京赛娜湖康体综合楼工程劳务结算》也是无效的。

合同效力问题是法律对合同各方达成的合意以及意欲实现的合同目的的评价,属于法律适用问题;规定合同无效的法律目的在于否认合同各方当事人所达成的合意并消灭其要达到的合同目的。

合同双方就事实问题达成的确认属于事实认定问题,只存在查证是否属实的问题。

合同无效并不能导致双方对已经发生的客观事实的确认也归于无效;《北京赛娜湖康体综合楼工程劳务结算》属于对已完工程的工程量及工程价款数额的事实确认,不应适用合同效力认定的规则,否则就是适用法律错误。

2. 关于举证责任的分配,负有举证义务的一方在未能完成其应当承担的举证义务时,举证责任不能转移,即法院不能将推翻其主张的举证义务分配给另一方。

本案中,法院认为对于经过双方确认的给付义务,义务人仅仅履行了部分义务,却以全部义务已经履行完毕为理由抗辩剩余义务的履行,此时,举证责任应当在义务人一方,而不应该将剩余义务未履行的举证责任分配给权利人一方。

专家点评

本案是一个经过了一审、二审、再审、抗诉、抗诉后再审,历经 6 年后取得颠覆性判决的案例。案件标的不高,但是代理律师一直陪伴当事人走到最后取得了胜诉判决,代理人对当事人认真负责的态度和对法律的信仰值得肯定。

本案的案情并不复杂,本案没有争议的事实是,原被告双方签订了一份施工劳务分包合同,原告组织人员为被告进行了施工,施工完成后双方签字确认了劳务结算。因原告不具有劳务作业的企业资质,所以原告、被告双方签订的劳务分包合同无效。

但是,本案一个关键的问题是双方签订的施工劳务分包合同无效,双方签订的劳务结算是否也无效?对于这一问题的不同认识,导致了法院不同的审判思路和法律适用,以及大相径庭的裁判结果。

原一审、二审、再审法院的审判思路是认定双方签订的施工劳务分包合同无效,双方签订的劳务结算也无效。这一点,虽然在原一审法院的判决中没有明确表述,但在原二审法院的判决中是明确认定的。因此,法院关注的焦点是原告实际发生的支出是多少?如果原告无法证明自己的实际支出,原告就要承担举证不能的责任。因此,原一审法院要求原告明确其主张的费用明细,要求原告提供材料费和租赁费的相关证据,如果原告不能提供相关证据,原告就要承担举证不能的责任。在此前提下,原一审、二审及再审法院不支持原告的诉讼请求就是顺理成章的了。

但是,原一审、二审及再审法院没有认真地审查双方签订的劳务结算的性质。双方签订的劳务结算首先是双方真实的意思表示,其次纵观整个案件的诉讼过程,被告一方从未提出对劳务结算内容的质疑,这说明双方劳务结算的内容是真实的,是对原告的劳务付出的真实测算的反映,双方签订劳务结算是双方真实的意思表示,是对事实的确认,是合法有效的。

那么双方签订的施工劳务分包合同无效是否导致双方签订的劳务结算无效呢?从现行的法律来看,法律并没有作出这样的规定,因此,原一审、二审及再审法院认定劳务结算无效没有法律依据。

此外,本案还有一些问题值得探讨。例如,第一,关于涉案合同的性质,是劳务合同还是建设工程施工合同?第二,被告向原告支付原告等人的工资是否能够覆盖或者代替劳务费?第三,本案举证责任的分配也是值得研究的问题。

审核人、点评人:毕文胜(北京律师智库重大复杂案件研究专家组副组长)

复核人:张砾心(北京律师智库重大复杂案件研究专家组成员)

强制性招标工程界定对施工合同效力的影响以及未完工程具体施工范围的认定

——A 公司和 B 公司施工合同纠纷案

争议焦点

关于强制性招标工程界定对施工合同效力的影响问题，以及未完工程结算的具体范围问题。

关键词

阴阳合同　实际施工人　造价鉴定　工程价款　二审改判

案情简介

2016 年 10 月，A 公司和 B 公司签订《建设工程施工合同》，由 A 公司承建 B 公司开发的某县某五金建材博览城工程。2016 年年底至 2017 年年初，A 公司将工程交由周某某进行投资、施工和管理，双方签订了《工程承包合同书》。2017 年 3 月 17 日，B 公司、A 公司签订《补充协议》，就 2016 年 10 月 25 日签订的施工合同相关内容作相应调整。2017 年 3 月 22 日，涉案一期工程招投标情况向某县建设工程招投标管理办公室备案。2017 年 6 月 10 日，周某某施工的基础及主体结构分部验收合格，完成了合同范围内工程施工。案发前，B 公司已实际使用案涉工程。2017 年 10 月 16 日，因工程结算问题，周某某起诉 A 公司和 B 公司至河北省某中级人民法院，主张给付工程款 3500 万元（后增加至 42652763 元）及其他权利。

河北省某中级人民法院经审理，一审判决主要内容为：一、A 公司自判决生效后 10 日内支付周某某工程款 39155674.85 元及利息（利息按照中国人民银行发布的同期同类贷款利率计算,自2017年10月16日起算至履行完毕之日止);二、B公司在欠款39155674.85元(注:尚不含质量保修金3492638.15元,周某某可按约定另行主张)及利息(利息按照中国人民银行发布的同期同类贷款利率计算,自2017年10月16日起算至履行完毕之日止)范围内承担连带支付责任。

B公司、A公司均不服,上诉至河北省高级人民法院依法进行了改判,主要改判内容为:一、变更河北省某中级人民法院(2017)冀0×民初第7×号民事判决第1项为:A公司自本判决生效后10日内支付周某某工程款19438179.73元及利息(利息按照中国人民银行发布的同期同类贷款利率计算,自2017年10月16日起算至履行完毕之日止);二、变更河北省某中级人民法院(2017)冀0×民初第7×号民事判决第二项为:B公司在欠款19438179.73元及利息(利息按照中国人民银行发布的同期同类贷款利率计算,自2017年10月16日起算至履行完毕之日止)范围内对周某某承担连带给付责任。

至此,历时近两年的诉讼尘埃落定,二审较一审核减案款2000余万元(超过一审案款的1/2),基本实现了公平、正义。

案件历程

【一审判决书】

河北省某中级人民法院
民事判决书

(2017)冀0×民初第7×号

原告:周某某。
委托诉讼代理人:张某某,某某律师事务所律师。
委托诉讼代理人:李某某,某某律师事务所律师。
被告:A公司,住所地安徽省。
法定代表人:朱某某,该公司总经理。
委托诉讼代理人:仇某某,该公司法律顾问。
被告:B公司,住所地河北省。
法定代表人:高某某,该公司董事长。
委托诉讼代理人:李某某,河北某律师事务所律师。
委托诉讼代理人:董某某,北京市某某律师事务所律师。

第三人:陈某。

原告周某某与被告A公司、被告B公司、第三人陈某建设工程施工合同纠纷一案,本院于2017年10月16日立案后,依法适用普通程序,于2017年12月6日、2018年9月28日、2019年5月17日三次公开开庭进行了审理。在本案审理过程中,B公司向本院提出反诉申请,但未在本院指定的期限内预交案件受理费,本院按撤回反诉处理。本案第一次开庭,原告周某某及其委托诉讼代理人,被告A公司的委托诉讼代理人,被告B公司的委托诉讼代理人李某亭到庭参加诉讼。陈某以第三人身份于2018年6月8日向本院申请参加诉讼,本院遂第二次开庭,原告周某某及其委托诉讼代理人,被告A公司的委托诉讼代理人,被告B公司的委托诉讼代理人陶某某、李某某,第三人陈某到庭参加了诉讼。第三次开庭,原告周某某及委托诉讼代理人,被告A公司的委托诉讼代理人,被告B公司的委托诉讼代理人董某某,第三人陈某到庭参加了诉讼。本案现已审理终结。

周某某向本院提出诉讼请求:1.依法确认周某某享有建设工程价款优先受偿权;2.判令两被告支付工程欠款3500万元(最终以工程造价鉴定为准)及利息(利息按中国人民银行同期同类贷款利率计算,自2017年6月20日起至履行完毕止);3.本案案件受理费、鉴定费、保全费、保险费及律师费由两被告承担。2019年4月25日,周某某将诉讼请求第2项金额3500万元确认为42652763元。

事实和理由:涉案工程某五金建材博览城位于某市某路与阳光大街交叉路口,工程分一期和二期,共20幢楼。一期工程包括2-1#、3#、4#、5#、8#、11#、14#、17#、19#、20#;二期工程包括1#、6#、7#、9#、10#、12#、13#、15#、16#、18#。被告B公司是建设单位,被告A公司是土建和水电安装工程的承包单位。2016年10月25日,被告B公司与A公司签订《河北省建设工程施工合同》,对工程质量、工期、价款等作出约定。2017年3月17日,被告B公司与A公司又签订《补充协议》,对工程质量、工程价款结算作出调整。

2016年12月5日,被告A公司将工程交由原告周某某投资、管理和施工。2017年3月1日,被告A公司与原告周某某签订《工程承包合同书》。2017年6月10日,原告周某某完成了合同范围内的工程。被告B公司因未取得建设用地规划许可证、建设工程规划许可证等,一方面拖延竣工验收、结算、拒付工程价款,另一方面将房屋销售并交付业主使用、装修和经营。截至起诉,被告B公司通过A公司支付工程款2200万元,尚欠工程款3500万元。

A公司答辩称,对被答辩人诉求确认其对案涉建设工程价款优先受偿的请求,答辩人并无异议。针对其要求支付工程款3500万元的问题,答辩人认为案涉工程是否欠款及欠付数额,应由案涉当事人进行结算确定,如有争议,可以委托第三方进行审计。但答辩人并非建设主体,亦不欠付工程款,被答辩人诉求答辩人支付工程款没有道理,本着实事求是原则,和谐解决分歧,亦便于法庭客观公正处理本案,答辩人就以下几个问题,说明如下。

1. 关于原告周某某实际施工人的身份问题。答辩人与被告B公司在2017年3月17日签订建设工程施工合同(合同落款日期为2016年10月25日)。工程的具体事宜由原告周某某具体实施,答辩人予以协助,客观地说,案涉项目工程是答辩人与原告周某某合作完成的。

2. 关于答辩人和原告周某某实际完成的工程量问题。答辩人和原告已经严格按照2016年10月25日的建设工程施工合同的约定,完成了合同项下的工程,具体问题答辩人愿意与原告周某某、被告B公司进行落实衔接。

3. 关于工程验收和使用情况的问题。客观地说,答辩人与原告周某某已经完成了合同约定的工程内容,但由于多方面原因,案涉工程没有完全进行竣工验收,但各方均有尽快落实的意愿。现场现状表明,被告B公司已经搬进4号、5号楼经营办公。购房户、租赁户亦陆续入驻装修经营。

4. 关于答辩人与原告周某某实际收到的工程款问题。截至本次诉讼,被告B公司支付各种款项25204450元。

5. 关于案涉工程款欠付问题。答辩人认为,具体欠付多少应与各方协商结算,如有分歧可以申请法院委托第三方进行审计确定。

B公司答辩称,1. 被答辩人诉讼主体不适格,应当依法驳回起诉。《民事诉讼法》第119条明确规定了起诉条件。本案属于建设工程施工合同纠纷,答辩人除了在2016年10月25日与A公司签订过一份编号为2016-H52-013的《河北省建设工程施工合同》,并不欠被答辩人一分钱建设工程款。2. 被答辩人诉称的"A公司将工程交由原告进行投资、管理和施工"的事实并不存在。《河北省建设工程施工合同》主要内容为答辩人作为发包人,A公司作为承包人,建设"某建材五金博览城1~20号楼"。A公司是唯一的主体工程施工方,并不存在其他任何第三方投资人和第三方施工人。A公司未履约完成主体施工及扫尾工程,答辩人不得不将项目余下工程量及工程质量缺陷整改自行施工。3. 被答辩人诉称答辩人"通过A公司支付工程款2200万元,尚欠工程款3500万元"不认可。答辩人与A公司关于"某建材五金博览城"建设工程施工合同暂定总价为3999万元,按照约定节点应支付2600万元,A公司并未全部完成合同约定的工程量,答辩人却已超额支付2710多万元,被答辩人并未就其说辞提供任何证据。4. 被答辩人恶意提起虚假诉讼,答辩人保留追究其法律责任以及要求其赔偿经济损失的权利。被答辩人以侵占B公司财产和获取非法利益为目的,申请冻结B公司3500万元存款,查封价值4700多万元的房屋,不仅严重侵犯了B公司的财产权,还严重妨害了司法机关正常的诉讼活动,浪费了司法资源,影响了司法公正和司法效率。

陈某向本院提出诉讼请求:1. 判令A公司、B公司支付剩余工程款3500万元;2. 诉讼费由A公司、B公司承担。

事实和理由:申请人也是涉案工程实际施工人,参与了涉案工程的实际施工,已收到工程款10158408元,尚欠3500万元。

周某某答辩称,A公司将承包B公司的全部工程转包给其本人,不可能再转包给陈某,陈某与A公司之间无挂靠或分包或转包合同,其不具备实际施工人的身份。

A公司答辩称,陈某不是实际施工人,与A公司之间只是委托关系。

B公司答辩称,本案第三人陈某与本案原告周某某是本案涉案工程的总包人和施工单位A公司的内部职工,不是涉案工程的实际施工人,亦不是本案适格的诉讼主体,请法院驳回第三人及原告的起诉。

周某某为证明其诉讼主张,提交了以下证据:1～18(略)。

周某某对B公司提交的证据发表以下质证意见:(略)。

第三人陈某对鉴定意见书不发表意见,认为属于其施工的工程款应向其支付。

河北某造价咨询有限公司的鉴定人员出庭接受当事人询问,并说明情况。

经上述双方当事人举证、质证及当庭陈述,本院确认如下事实:2016年10月25日,A公司和B公司签订《河北省建设工程施工合同》,由A公司承建B公司开发的某五金建材博览城工程。工程名称:高巛五金建材博览城1～20号楼。工程内容:B公司提供的施工图纸范围内的土建工程(桩基工程另定)、水电安装工程(甲方另行招投标的工程:外墙涂料或真石漆、门窗、幕墙、钢结构、室外管网附属工程、景观绿化、二次精装修、送配电工程、消防工程、电梯工程、弱电智能化工程)。工程质量标准合格创省或市级优质工程,质量达到省或市级优质工程奖励0.5%,未达到罚0.75%,不再收取奖励费率。合同价款(暂定)叁仟玖佰玖拾玖万元(3999万元)。结算方式为总包工包料方式,按时结算,执行河北省2012年定额三类工程取费标准;不计取二次搬运费及远途施工增加费;社会保障费及排污费由甲方代付,乙方不计取;土方工程按综合单价取定,综合单价为40元/立方米,该综合单价包含场地平整、土方回填、土方开挖、场内短驳、分场内外运输、场外清洁、渣土办理手续、税金等一切费用;工程计量以基础垫层底面投影面积乘以开挖深度计算;人工费调整按河北省2012年定额执行,不再执行2012年以后的调整政策;材料价格按当地建设行政主管部门的信息指导价为准,其中钢筋、商品混凝土、水泥等主材按实际报验单材料品牌施工期间材料信息价算术平均值;没有信息价的由甲乙双方认质认价,以甲方批准的价格为准。乙方提供的工程结算书经甲方审核后总价款下浮:土建总造价下浮12%、水电安装总造价下浮20%。价款调整方法工程变更、技术核定单、工程洽商等按照河北省2012年定额三类工程取费。

2016年10月19日,该涉案工程举行奠基仪式,2016年10月29日B公司将开工说明发给A公司,2016年12月5日,A公司将工程交由周某某进行投资、施工和管理,实际负责工程施工。2016年12月7日,该涉案工程取得建设用地规划许可证。2017年1月13日,工程取得建设工程规划许可证。2017年2月,B公司履行招投标程序。2017年2月22日,A公司取得中标通知书。2017年2月23日,工程取得建设工程施工许可证。2017年3月1日,A公司与周某某签订《工程承包合同书》,将工程1~20号楼交由周某某进行实际施工,工程价款采用可调价款,合同暂定价为3999万元,最终以实际结算为准。出资形式,周某某全额出资,亏损部分由周某某自行承担。利润分成,按纯利润的1:9分成,A公司为10%,周某某为90%。计算方式以主合同签订的计价方式进行结算。

2017年3月17日,B公司、A公司签订《补充协议》第2条约定,承包人在确保2016年10月25日签订《河北省建设工程施工合同》中约定的工期节点要求完成前提下,发包人同意就2016年10月25日签订的施工合同相关页码、内容作如下调整,如达不到工期节点要求,不作调整(如有个别栋号在2017年4月20日封顶,但不影响2017年6月22日竣工验收,仍可作如下调整):①将第8页第4条工程质量标准改为:合格,不处罚;安全、施工改为合格,不处罚。②将第84页第9.7.1条第4项改为:除社会保障费按实际发生为准以及土建总造价下浮12%改为10%以外,其他内容不变。《补充协议》第3条约定,发包人与承包人2017年2月23日签订的某建材五金博览城项目施工合同仅作为办理工程建设备案手续,不作为其他用处。《补充协议》第4条约定,发包人与承包人签订本补充协议即日起,承包人无条件配合发包人办理建设工程报建、备案以及配合发包人进行财务相关手续工作,如工程质量监督安全报监、施工合同备案等工作,承包人如不履行上述配合义务,则本协议第2条之所有内容不再调整和履行,仍按照原2016年10月25日签订施工合同执行,且承担一切经济损失和法律责任。《补充协议》第5条约定,本补充协议与2016年10月25日签订的施工合同具有同等法律效应。

2017年3月22日,涉案一期工程招投标情况向某建设工程招投标管理办公室备案。施工过程中,存在工程量变更、技术核定资料单。2017年6月10日,周某某施工的基础分部、主体结构分部验收合格,完成了合同范围内工程施工。起诉前B公司已实际使用涉案工程。

2019年4月15日,河北某造价咨询有限公司根据法院委托,出具河北某鉴字〔2019〕117号某建材五金博览城1~20号工程造价鉴定意见书,鉴定金额为78759755元,鉴定意见一:按土建总造价下浮12%,水电按照总造价下浮20%,下浮后金额为68520003元。鉴定意见二:按土建总造价下浮10%,水电按照总造价下浮20%下浮,下浮后金额为69852763元。

2017年9月27日,原告周某某向本院申请诉前财产保全,本院依法冻结B公司名下207368.43元,查封涉案房产2-2#、3#楼全部房产以及17#楼36套房产。诉讼中,依B公司申请,经B公司与周某某协商,B公司3天内将100万元打入河北省某中级人民法院账户作为解除查封房产的置换条件,本院解除涉案工程2-2#、3#、17#楼共计20套房产的查封,并置换查封B公司未查封的同等价值的20套房产,冻结B公司在某县农村商业银行账户存款80万元。2017年12月1日,B公司提起反诉,因B公司未交纳反诉费,本院按B公司自动撤回反诉处理。

另查明,第三人陈某与A公司之间未签订工程转包或分包合同,陈某与周某某之间亦无转包或分包关系。B公司不认可陈某实际施工人身份。

再查明,2017年6月30日,安徽A责任公司变更名称为A公司。诉讼期间,B公司向A公司支付200万元,A公司、周某某认可共收到工程款27204450元,该款项均按照周某某要求支付完毕。B公司主张截至2018年11月26日其向A公司共支付33301710元。

根据双方当事人陈述、举证、质证,本案争议焦点归纳如下:①关于涉案合同效力的问题。②关于周某某、陈某是否具备实际施工人身份的问题。③关于工程价款如何认定,已付多少工程款,欠款利息应否支持、如何计算的问题。④关于周某某是否享有工程款优先受偿权的问题。

一、关于涉案合同效力问题

本院认为,《合同法》第52条规定,违反法律、行政法规的强制性规定的合同无效。《招标投标法》第43条规定,在确定中标人前,招标人不得与投标人就投标价格、投标方案等实质性内容进行谈判。本案中,B公司、A公司在招投标之前即2016年10月25日就建设工程实质性内容进行谈判,并签订《河北省建设工程施工合同》,后双方为配合政府招投标程序及办理合同备案手续,在2017年2月23日签订《施工合同》,2017年3月17日双方又签订《河北省建设工程施工合同》的《补充协议》,上述合同及补充协议因违反《招标投标法》的相关规定而无效。但由于该合同及补充协议系双方真实意思表示,双方实际履行的也是该合同及补充协议,所以应以该合同及补充协议的约定作为工程价款的结算依据。《最高人民法院关于审理建设工程施工合同纠纷案件适用法律问题的解释》第4条规定,承包人非法转包、违法分包建设工程或者没有资质的实际施工人借用有资质的建筑施工企业名义与他人签订建设工程施工合同的行为无效。A公司与周某某在2017年3月1日签订的《工程承包合同书》,周某某作为个人不具有建筑承包资质,A公司将涉案工程全部转包给周某某个人施工,其行为违背了法律规定,故该转包行为无效。

二、关于周某某、陈某是否具备实际施工人身份问题

本院认为，关于实际施工人身份认定问题，应结合合同实际履行情况、施工过程中购买材料、支付工人工资、参与建设工程承包合同磋商、谈判、订立、施工中的投资或收款行为等予以综合审查认定。本案工程基础验收合格记录、主体结构验收合格记录、施工图纸、工程联系单、材料采购单、材料款支付凭证、项目部人员工资发放凭证等原件均由周某某掌握，A公司与周某某签订的《工程承包合同书》，以及A公司于2016年12月5日致函B公司等证据，能够认定涉案工程由周某某负责投资、管理及施工，故对周某某实际施工人的身份予以认定。《最高人民法院关于审理建设工程施工合同纠纷案件适用法律问题的解释》第26条规定，实际施工人以转包人、违法分包人为被告起诉的，人民法院应当依法受理。实际施工人以发包人为被告主张权利的，人民法院可以追加转包人或者违法分包人为本案当事人。发包人只在欠付工程价款范围内对实际施工人承担责任。根据上述法律规定，周某某有权向A公司、B公司主张欠付工程款。B公司虽对周某某实际施工人身份提出异议，但无充分证据反驳周某某实际施工人的身份，故对B公司的反驳理由本院不予采信。第三人陈某主张其为涉案工程的实际施工人，但其提交的证据不能证明其与A公司存在分包或转包关系，且B公司、A公司、周某某均不认可陈某实际施工人身份。陈某在本案中以实际施工人身份主张工程款的理由不成立，本院不予支持，其可另行主张权利。

三、关于工程价款如何认定，已付多少工程款，欠款利息应否支持、如何计算问题

本院认为，本案中，原告周某某提供了涉案工程现状照片、视听资料，证明涉案工程在起诉时已相继交付部分业主装修经营使用，B公司虽对该证据不予认可，但未提交相关证据予以反驳，且在本案诉讼中，B公司递交的当事人送达地址确认书上其书写的送达地址也是涉案房产5#楼，B公司申请置换解封被查封的房产时，其提供的证据亦显示业主已实际使用了该涉案房产。因此，依据《最高人民法院关于审理建设工程施工合同纠纷案件适用法律问题的解释》第2条、第13条、第14条的规定。周某某要求B公司支付工程款符合法律规定。按照《河北省建设工程施工合同》及《补充协议》的约定，该涉案工程价款暂定价3999万元，土建总造价下浮12%改为10%。后因工程款产生争议，原告周某某申请对工程造价进行司法鉴定。经本院委托河北某造价咨询有限公司进行鉴定，鉴定意见二即按下浮10%计算，工程总造价为69852763元。B公司对该工程造价鉴定意见书提出异议，并要求补充鉴定，但该鉴定是经当事人一方申请，由法院依法委托，鉴定机构、鉴定人员具有合法资格、资质，鉴定程序合法，鉴定材料经各方当事人质证，且鉴定人员出庭接受质询，B公司提出的异议及补充鉴定不符合《最高人民法院关于民事诉讼证据若干规定》第27条的规定，本院不予支持，对该工程造价鉴定意见书予以采信。在本院依法委托河北某造价咨询有限公司评估期间，B公司自行委托河北某造价咨询有限责任公司出具的《工程造价咨询报

告》，该报告系B公司单方委托，周某某、A公司对报告所依据的材料未质证，亦未参与出具报告的程序，该《工程造价咨询报告》缺乏客观性、合法性，不具有证明效力，本院对该《工程造价咨询报告》不予采信。

B公司已付工程款金额的问题。B公司主张已付工程款33301710元，A公司仅认可27204450元，对于其余款项B公司未汇入A公司账户，付款凭证也未经A公司、周某某签字、盖章或追认，本院不予认可。本院认定B公司已经支付给A公司、周某某的工程款为27204450元。

关于工程欠款及承担的问题。涉案工程总价款69852763元，其中工程质量保修金5%即3492638.15元，按照《河北省建设工程施工合同》约定应予扣留，该工程欠款为39155674.85元（工程总价款69852763元－已付款27204450元－5%质量保修金3492638.15元）。本院对周某某主张的工程欠款39155674.85元应予以支持，对余下的5%质量保修金3492638.15元，由周某某按照约定另行主张。B公司主张涉案工程存在未完工部分由其组织施工，该部分工程款应相应扣除，但其没有提供充分证据予以证明，本院不予支持。

对于工程欠款如何承担的问题。《最高人民法院关于审理建设工程施工合同纠纷案件适用法律问题解释二》第24条规定，实际施工人以发包人为被告主张权利的，人民法院应当追加转包人或者违法分包人为本案第三人，在查明发包人欠付转包人或者违法分包人建设工程价款的数额后，判决发包人在欠付建设工程价款范围内对实际施工人承担责任。B公司作为发包人，A公司作为非法转包人，应对周某某工程欠款承担连带责任。

关于利息问题。原告周某某要求按照2017年6月20日计算工程欠款利息没有法律依据，本院不予支持。本院按周某某起诉请求之日即2017年10月16日按照中国人民银行发布的同期同类贷款利率计息。

四、关于周某某是否享有工程款优先受偿权的问题

本院认为，《最高人民法院关于审理建设工程施工合同纠纷案件适用法律问题的解释二》第21条规定，承包人建设工程价款优先受偿的范围依照国务院有关行政主管部门关于建设工程价款范围的规定确定。承包人就逾期支付建设工程价款的利息、违约金、损害赔偿金等主张优先受偿的，人民法院不予支持。第22条规定，承包人行使建设工程价款优先受偿权的期限为6个月，自发包人应当给付建设工程价款之日起算。参照河北省高级人民法院关于《建设工程施工合同案件审理指南》第6条建设工程优先受偿权第33项规定，实际施工人在总包人或非法转包人怠于主张工程价款时，主张建设工程价款就工程折价或拍卖的价款优先受偿的，人民法院应予以支持。本案工程主体验收合格时间为2017年6月10日，合同约定竣工时间为2017年6

月22日,周某某于2017年10月16日向本院起诉主张权利,上述时间均未超过法律规定的6个月期限,故原告周某某主张工程价款优先受偿权符合法律规定,应予以支持。

综上所述,依据《合同法》第52条,《招标投标法》第3条、第4条、第43条,《最高人民法院关于审理建设工程施工合同纠纷案件适用法律问题的解释》第2条、第13条、第14条、第26条,《最高人民法院关于审理建设工程施工合同纠纷案件适用法律问题的解释二》第21条、第22条、第24条,参照河北省高级人民法院关于《建设工程施工合同案件审理指南》第6条第33项,《民事诉讼法》第64条之规定,判决如下:

一、A公司自本判决生效后10日内支付周某某工程款39155674.85元及利息(利息按照中国人民银行发布的同期同类贷款利率计算,自2017年10月16日起算至履行完毕之日止);

二、B公司在欠款39155674.85元及利息(利息按照中国人民银行发布的同期同类贷款利率计算,自2017年10月16日起算至履行完毕之日止)范围内承担连带支付责任;

三、原告周某某就工程款39155674.85元对"某建材五金博览城1~20号楼"建设工程折价或者拍卖的价款优先受偿;

四、驳回原告周某某的其他诉讼请求;

五、驳回第三人陈某的诉讼请求。

如果未按本判决指定的期间履行给付金钱义务,应按照《民事诉讼法》第253条规定,加倍支付迟延履行期间的债务利息。

案件受理费255064元,鉴定费490000元,共计745064元,由B公司、A公司负担;第三人申请费17400元,由第三人陈某负担。

如不服本判决,可以在判决书送达之日起15日内,向本院递交上诉状,并按对方当事人或者代表人的人数提出副本,上诉于河北省高级人民法院。

审判长　杨××

审判员　董××

审判员　解××

2019年9月9日

书记员　魏××

【代理词】

代 理 词

尊敬的审判长、审判员:

按照庭审安排,本代理人除坚持上诉状、补充上诉状、庭审记录、B公司二审证据及情况说明一览表、关于B公司案件一审后出现的新情况及一审遗漏问题(详见证据第四部分)的书面意见暨部分代理意见等文件的观点,做如下补充:

一、为维护建筑市场秩序,打击“明招暗定”行为,根据“建筑合同司法解释二”的相应条款,本案应突破当事人“意思表示真实”的法律窠臼,按中标文件进行结算,否则,相关法律条文“形同虚设”,起不到相应的“规范”“示范”“纠错”作用。所以,原审思维方式“僵化、老化”应予纠正,具体内容及理由详见上诉状。

二、案涉工程因各种原因并未完全按照A公司和B公司签订的合同范围施工,且因A公司未完工提前撤场而变得愈加复杂,需厘清事实,纠正错误。

主要表现:有些部位如防滑坡道和散水洽商变更了,有些部位如防水保温B公司另行分包了,有些部位如水电安装施工人找到B公司单独决算了(当然基于合同的授权和A公司的同意),有些部分如粉刷地面及其他部位因为A公司提前撤场由B公司继续组织了施工,具体内容详见B公司二审证据第三部分第二组[监理单位盖章的证明;监理亲自核查的2017年8月5日截至2017年8月4日某建材五金博览城未完工程及工程质量缺陷未整改明细清单(8月4日现场照片与视频为凭);2019年2月15日,“安装工程未完成部分”]以及B公司2019年3月17日的《对鉴定征询意见稿的异议及对本案的简要意见》第三部分(主体、二次结构、装饰工程部分:变形缝、钢爬梯由甲方施工;楼地面工程由甲方施工;外墙内保温未施工,改为外墙外保温工程,由甲方分包,外墙无抹灰,内墙抹灰;屋面防水、屋面保温工程由甲方分包,屋面板以上所有工程均分包;垂直运输费,应按照比例予以扣除;塔吊、施工电梯应以施工单位在行政主管部门备案资料为准;4#楼外墙脚手架工程量偏大)。

安装工程部分:5#楼3~5层进户线未施工,仅预留管,户内未穿线。5#楼3层弱电桥架未安装,4、5层桥架未施工;应急照明、指示灯由甲方施工,施工单位仅穿线;所有空调冷凝水未施工。1~4号楼3~5层进户线未施工,仅预留管,公共部分仅穿线,灯具、开关插座未安装,户内分户盘芯和照明灯具未安装,户内回路线未穿。应急照明、指示灯由甲方施工,施工单位仅穿线;所有给水管保温未施工;1~20#楼商铺分户箱、开关插座,根据甲方实际分户情况,按照甲方要求施工,未按设计图纸施工;6~20号楼卫生间通风器、筒灯、室外壁灯、应急照明、指示灯、应急系统回路电源线未施工,施工单位仅预埋管道;1~4#楼,直行电梯电缆由甲方施工,1~4#楼3~5层主电缆由甲方施工,电表箱、主电柜由甲方施工;20#楼泵房给水管由甲方施工,4－1#楼顶屋面水箱给水管未施工。上述部分涉及的鉴定金额近2000万元。

也就是说如不将上述事实厘清,纠正错误,A公司和周某某会通过“欺骗”司法机关的方式,利用司法手段“额外”“不劳而获”近2000万元,这是任何被侵害利益的当事人(B公司)所不能接受的,也是考验我们司法机关司法智慧的关键时刻。

三、案涉工程因各种原因并未完全按照图纸施工,且两者差距巨大,如不复核,错案难免。

未按图施工的主要表现:

在B公司2019年3月17日的《对鉴定征询意见稿的异议及对本案的简要意见》第三部分有展示,除下面内容,其余详见第1条内容:

例如:按照异议表述,外墙内保温未施工(图纸设计的内保温),改为外墙外保温工程(实际也未施工);外墙无抹灰,内墙抹灰;1～20#楼商铺分户箱、开关插座,根据甲方实际分户情况,按照甲方要求施工,未按设计图纸施工等;

更为典型的是:针对屋面保温,图纸设计的是“保温在下、防水在上”,为查明案情,代理人庭后经询问沈某平及组织现场破拆(有照片和视频作为二审补充新证据提供法庭),发现顺序完全颠倒:“防水在下、保温在上”。这也就是说,暂且把防水保温由谁决算放在旁边不说,这种具体施工顺序、方式和鉴定机构该项鉴定依据(图纸)的施工顺序、方式大相径庭了,甚至于“风马牛不相及”了。

更为尴尬的是,按照该项目实际施工方法展示的施工顺序“防水在下、保温在上”,参照一审鉴定报告第2页第10行“鉴定范围为竣工图纸范围内的土建工程(不含外墙保温、屋面防水以上部分)”的表述,因“屋面保温”在“防水以上”故不属本案鉴定范围,那么该部分鉴定金额应从鉴定总金额“剔除”,鉴定机构因作“无用功”多收取的“鉴定费”应予退还。

之所以出现这种“低级错误”,本代理人认为,各方都有责任,但鉴定机构“过错重大”:出现异议后不发出“核对工作函”、不要求双方补充相关鉴材、不去现场实际勘验勘查。

解决及弥补方法:为便于查明案件事实,望二审法院首先让各方当事人提供哪些具体部位由其具体施工的证据;然后组织各方当事人及鉴定机构亲临现场,查验具体施工情况,根据双方意见、现场实际情况重新确定鉴定依据和标准。

四、本案A公司提前撤场的事实清楚,证据确实充分,已形成证据链条。原审鉴定机构按照全部工程按图施工完毕从而得出的鉴定结论违背了基本的案件事实,故不应被采信;同时,原审法院忽视了“条件成就”的法律规定,按照工程按时完成给予土建10%(而不是12%)下浮的认定纵容了“违约者”,使“违约者”在“条件不成就时”因违约获得了“不利益”,这有违法律的公平、公正,具体陈述如下:

支持上诉人上述主张的具体的证据有:

1. 本案核心证据之一是有监理签字、监理单位盖章的两份证据:一是2017年8月5日“截至2017年8月4日某建材五金博览城未完工程及工程质量缺陷未整改明细清单(8月4日现场照片与视频为凭)”;二是2019年2月15日,“安装工程未完成部分”。

2. 2020年5月10日邢台某监理有限公司出具的“证明”。

3. 沈某某、彭某某的证言(见B公司提交证据第三部分第一组,2019年6月27日某法院庭审笔录第8~10页)。

4. 作为代表A公司在现场组织施工的陈某的庭审描述(很具有证明效力),见2020年7月30日庭审笔录第19页第3行:“陈某:没有问题。开始是我找他来干的活,没签合同,到时候每(没)人管了,拿不到钱了,我自己把钱要回来。撤场时防水和保温是否做了?陈某:先做的防水再做的保温。撤场时保温还没开始。”

5. 其他在A公司撤场后,B公司无奈继续施工的证据,详见B公司证据第三部分第二组、第六组1~2、第七组2~4等。

6. 一审提供的A公司的两份承诺书(见证据第二部分第三组。其10%未完工的表述不准确,应远高于该数额)。

7. 证据第三部分,第十一组:河北省建设工程竣工验收报告,其日期为2018年11月13日。

所以,原审鉴定机构按照全部工程按图施工完毕得出的鉴定结论缺乏基本的事实基础,既不专业,更不负责,何来公正?

原审土建下浮10%依据的是《补充协议》第2条,可是却错误地理解了该条内容及相关法律规定。该条约定施工人确保某五金博览城工程2016年10月25日签订的施工合同中约定的工期节点要求完成前提下,发包人同意就2016年10月25日签订的施工合同相关页码内容作如下调整,如达不到工期节点要求,不作调整(如有个别栋号在2017年4月20日封顶,但不影响2017年6月22日竣工验收,仍可作如下调整)。第84页9.7.1(4)其他:除社会保障费按实际发生为准以及土建总造价下浮12%改为10%以外,其他内容不变。而2016年10月25日合同第8页第3条的工期节点明确规定“2017年6月22日前竣工验收通过合格”。从法学理论来讲,土建由12%上浮至10%是附条件的民事行为,所附条件是一种客观存在,不受主观因素影响,不受双方是否有过错影响,除非对方有证据证明B公司刻意阻止该条件成就,那么双方应受该条件限制。本案的实际情况是竣工验收合格的时间是2018年11月13日,未达约定的“2017年6月22日前竣工验收通过合格”这一条件,所以土建上浮的“条件未成就”,原审无视该规定和相关法律规定,擅自上浮土建价款,使案款增加130万元,这是极不公平的,损害了B公司的合法权益,应予纠正。

另外,从公平角度讲,A 公司一方扔下一个烂摊子提前撤场,构成导致迟延验收的主要原因,如还让其享受上浮待遇则使其获得额外的不利益,更加有违公平正义。

五、A 公司和做防水、保温的沈某某既无合同,也无协议,更未就价款、付款、交付等内容进行约定,在 A 公司驻场代表陈某收回交付沈某某的 10 万元之时,双方经济关系已经协商终止,这种关系已恢复不能。

陈某要求沈某某退回 10 万元后,沈某某遂与 B 公司就防水和保温签订了书面合同、进行了具体施工、进行了具体结算、进行了最终的付款,该合同关系也因为已履行完毕而业已消灭。

所以,如果把 B 公司撤场时沈某某所做防水算在 A 公司名下,这既违背了沈某某已和 A 公司"和平分手"的事实,也会打破沈某某和 B 公司已"结婚生子"的事实,更存在履行不能(因为沈某某和 A 公司的权利义务自始至终未明确约定),还会使 B 公司面临"娶一个媳妇付两份聘礼"的尴尬和风险,这对其是极不公平的,还可能形成 A 公司和周某某在防水保温方面既未投资也未管理,却能"不劳而获"的"奇葩"怪相发生。

根据沈某某和 B 公司的合同及结算、付款证据(详见 B 公司证据第三部分第七组 3),双方实际的工程发生额仅为 272.77 万元,项目没有做内墙保温(这也是 B 公司敢于再三要求法院现场勘查的原因),说明该项目在防水保温方面有"未按图施工"的成分。所以,鉴定机构"脱离实际""按图索骥"得出的该部分约 700 余万元的鉴定金额与 272.77 万元差距巨大。

六、关于水电安装部分,由 B 公司和水电实际施工人进行决算具有合同依据;该决算,是 A 公司、水电实际施工人、B 公司在充分协商的基础上进行的,是水电实际施工人和 B 公司核对工程量后作出的真实意思表示,没有损害 A 公司和周某某的实质性利益,且案款已支付完毕,望二审法院认可其效力,理由如下:

1. 该决算、付款具有合同依据,理由如下:2017 年 5 月 19 日,水电实际施工人等与 A 公司及周某某一方签订"水电安装施工合同",其中第 5 条及"注:1"约定 A 公司仅收取水电工程款总额的 8% 作为管理费、配合费,不再收取任何费用;甲方委托乙方全权与建设单位做案涉工程水电部分的最终决算。这种授权是明确的且对各方均具有法律约束力,如未被撤销则始终存在,无论愿意与否,A 公司和周某某都要认可该决算金额的,而不问多少,更不管诉讼与否。

2. 双方决算金额基于实际施工量而非图纸,比鉴定结论更加客观真实。诉讼及鉴定过程中(鉴定开始的时间是 2017 年年底),水电施工尚在进行,因此水电的实际工程量清单(形成于 2018 年 6 月 5 日)不可能向鉴定机构提供,鉴定机构仅依据施工图纸进行鉴定,所以才会出现包含豪华吊灯等违背常识的鉴定结论 900 余万元。人民法院如有疑问,可查看一审卷宗的鉴材是否包括水电项目 2018 年 6 月 5 日的 5 份

“已完成工程量”清单则是非分明了。

3. 水电决算结果是在A公司、水电实际施工人多次找B公司反复协商的基础上形成的，基于已完工程量清单这一客观依据，是真实、客观、公平公正的。水电隐名投资人（合同签订者暨双方联络者胡某某）与A公司的蒿某某经理，即本案代理人在案件诉讼过程中的2018年9月19日的微信记录中明确显示，A公司让水电实际施工人找B公司，蒿经理的原话是“上次商定的意见是B接受，你是同意和知道的，你还要找一下B吧”“这种解决方式我们是同意的”“上一次在B公司我们不是同他们见了面吗？我们同意，怎么办，只要B同意就行”。从上述原始表述不难看出，A公司和水电实际施工人多次主动找B公司协商解决水电决算和款项问题，当然上述协商是在双方核对工程量之后，在工程量清单的基础上进行的，是基于他们的真实意思表示。

4. 双方决算没有损害A公司及周某某什么利益。因A公司水电整体转包给水电实际施工人仅收取8%的管理费，B公司与水电实际施工人按照5份“已完成工程量”清单进行的决算，结算金额570万元，与我方就该部分的鉴定金额630万元出入不大，双方差距60万元，其8%仅4.8万元，对A公司和周某某利益影响不大。

5. 该案款已支付完毕，如推倒重来，势必产生新一轮的纠纷和诉讼，势必会产生新的矛盾，既浪费司法资源，更不利于社会稳定！

七、关于B公司、A公司及某顺公司对水泥款785万元的三方协议，经某法院处理，已执行完毕，其中的585万元没有计入一审案款，望二审查明后扣除为盼，理由如下：

1. 截至2019年6月10日，A公司因该项目总计购买某顺公司水泥核款785万元，由B公司代付400万元，该款项在B公司向法院提交的付款目录（详见证据第三部分第九组1、第九组2的两本付款明细）中以两个200万元的形式支付，时间分别为2017年12月29日、2018年10月25日。其中2017年12月29日的200万元，A公司承认收到，2018年10月28日的200万元不承认收到。所以，通过该三方协议，A公司承认收到了2018年这笔200万元。除去上述400万元外，A公司尚欠某顺公司385万元未付。通过三方协商，由B公司代付某顺公司这385万元，就相当于B公司支付了A公司同等数额的工程款。

2. 该协议已被生效判决确定且已执行完毕。协议签订后，因B公司未及时付款，某顺公司以该协议为证据起诉了B公司，法院认可了该协议的法律效力，支持了某顺公司主张，该案已被生效法律文书确定且已执行完毕。

3. 该协议涉及的585万元应从本案扣除。因各种原因，双方当事人均没有及时将上述情况向一审法院提供，存在疏忽，所以没有计入一审判决案款。但是这份协议确定及执行情况是一种客观存在，望二审改判时加以扣除为盼。

八、关于一审后出现的新情况及一审遗漏的付款金额问题,也就是说B公司二审证据及情况说明一览表(第四部分总计26项)涉及内容,B公司在一审提出了自己的主张并提交了相关证据。可惜的是一审法院采取了“A认可即计入,A不认可即否认”的原则,而不去核实具体的证据,就每一项付款证据的证明效力进行确认,对B公司极不公平。

在此,请求二审法院明镜高悬,不犯一审法院的错误,审核每一份支付证据的真伪,逐一判明其效力,公平、公正的处理本案!

针对一审是否存在该方面的问题,我们举几个比较典型的例子就能辨明真伪了:

1.2018年2月5日,因A公司拖欠农民工工资,某县住建局直接从B公司的保证金账户扣除89万元予以支付,该扣款有理有据,一审A公司竟然也不认可,一审法院也就未计入案款,显然违背了基本的生活法则。

2.2018年10月25日,B公司接到A公司的委托书,委托支付某顺公司水泥款200万元,在一审中A公司也未承认,一审也未计入,直到2019年6月10日的“三方协议”之时,A公司才认账。

3.2018年1月27日,A公司收到B公司15万元的检测费,有收条,A公司又没有确认,该款也未计入一审案款。

4.其中大部分付款,有具有A公司授权、在现场代表A公司的陈某的签字确认,详见表格,A公司都不承认,一审也未计入。所以,法院若支持他们的主张,那么社会的基本诚信将荡然无存!

九、B公司证据充分,其后续施工行为是“止损”和“自我救济”而非“擅自使用”;A公司和周某某没有足够的证据和理由支持各自主张,其所主张的“擅自使用即视为竣工”存在理解错误。

通过庭审发现,除B公司外,其余各方证据寥寥,反驳B公司意见仅能一概否定,但拿不出确实的证据和理由,显然违背了《民事诉讼法》“反驳对方也要有相应的证据”这一基本要求。对方的依据无非就是“擅自使用即视为竣工”这一推定原则,却忽略了法律规定该原则涉及的“建设工程”应是“已经完工”后“能使用”的,而不是“半拉子工程”。

周某某起诉的法律依据无非《建筑施工合同司法解释(一)》第14条[当事人对建设工程实际竣工日期有争议的,按照以下情形分别处理:(一)建设工程经竣工验收合格的,以竣工验收合格之日为竣工日期;(二)承包人已经提交竣工验收报告,发包人拖延验收的,以承包人提交验收报告之日为竣工日期;(三)建设工程未经竣工验收,发包人擅自使用的,以转移占有建设工程之日为竣工日期],却忽略了该条存在的前提是“有争议”,即“竣工这个事实”无法通过证据证明。

所以,周某某等认为B公司于2017年10月初已实际占有了项目(这种理解有问题,实际情况并非如此,只是B公司的一种宣传而已,而不问自身2017年8月4日提前撤场的事实),认为根据该法律条文可推定“竣工”,可以按合同范围起诉索要“全款”了,所以信心满满去起诉了。但是,其忽视了有大量证据证明项目并未完工:1.防水做了10000平方米左右,保温未开始(详见监理未完工程量清单及沈某某证言),沈某某于2018年1月10日开始与B公司签订的防水、保温合同,与B公司重新建立合同关系继续施工(详见证据对应部分,且这里的表述不作为认可沈某某与A公司及周某某存在合同关系的事实);2.水电尚在施工,水电实际施工人和B公司核对工程量的时间为2018年6月5日(详见证据对应部分,这里的表述不排斥水电与B公司后来单独结算的事实);3.粉刷只刷了二层以下,彭某汉和B公司签订合同继续施工(详见证据相应部分);4.地面仅做了1/3,B公司组织王某某等人继续施工(详见证据对应部分)等,其他未完部分略(详见证据清单及对应证据)。所有这些都是经过监理签字的“未完工程量清单”等证据加以固定的,是经证据证明不应存在“争议的”。

其过程是在A公司撤场后的第二天,B公司即请求作为“独立第三方”的监理人员将“未完工程量逐一登录”,并拍摄了照片和视频(见证据第三部分第二组),对未完工程起了固定和量化作用。这已经尽到了应有的注意义务。为防止项目“烂尾”,B公司无奈组织人员继续施工直至完工,这是一种合乎情理的“止损”和“自我救济”行为,与法律规定的“擅自使用”(前提是能使用)具有天壤之别;如果将这种“止损”和“自我救济”后的完善工作作为“提前撤场的违约者”索要“全额工程款”的标的进行处理的话,那真是“天理难容”了。因为“提前撤场的违约者”不仅获取了“自身未完工程量”的价款,还“攫取了”“自我救济者”因完善未完工程而付出的价款。如该情形发生,“提前撤场的违约者”的获利是“双倍的”,“自我救济者”的损失也是“双倍的”。

十、经我方聘请鉴定机构依据工程实际完成情况(而非图纸、非全部完成)进行的鉴定复核,一审鉴定机构在整个鉴定过程中,就主体、二次结构、装修、安装均存在或多或少的失误问题,夸大工程量1600多万元(详见其专家意见等文件),故B公司要求复核一审采纳的鉴定结果,去伪存真,以保护当事人合法权益,维护法律尊严!

十一、A公司上诉主张的陈某是实际施工人及A公司是项目实施者的理由成立。但A公司主张其不应承担付款责任的理由不成立,因为B公司自始至终认可A公司是合同相对人,是总包方。与之相反,B公司始终不承认周某某作为实际施工人的事实。

综上,望二审法院明镜高悬,纠正一审错误,公正公平裁判本案。

以上意见望采纳,谢谢!

代理人　董宝成

北京××律师事务所律师

2020年7月31日

【二审判决书】

河北省高级人民法院

民事判决书

(2020)冀民终87号

上诉人(原审被告):B公司,住所地河北省。

法定代表人:高某某,该公司董事长。

委托诉讼代理人:陈×,该公司副总经理。

委托诉讼代理人:董宝成,北京市德怀律师事务所律师。

上诉人(原审被告):A公司,住所地安徽省。

法定代表人:朱某某,该公司总经理。

委托诉讼代理人:蒿某某,该公司副经理。

委托诉讼代理人:仇某某,该公司法律顾问。

被上诉人(原审原告):周某某。

委托诉讼代理人:张某某,安某某律师事务所律师。

委托诉讼代理人:李某某,某某律师事务所律师。

原审第三人:陈某。

委托诉讼代理人:郑某某,某某律师事务所律师。

委托诉讼代理人:崔某某,某某律师事务所律师。

上诉人B公司、上诉人A公司因与被上诉人周某某、原审第三人陈某建设工程施工合同纠纷一案,不服河北省某中级人民法院(2017)冀0×民初第7×号民事判决,向本院提起上诉。本院于2020年3月2日立案后,依法组成合议庭,公开开庭对本案进行了审理。B公司委托诉讼代理人陈×、董宝成,A公司委托诉讼代理人,周某某及其委托诉讼代理人,原审第三人陈某及其委托诉讼代理人到庭参加诉讼。本案现已审理终结。

B公司上诉请求撤销原判,发回重审或依法改判双方按备案的合同、招标文件、投标文件、中标通知书等进行结算。事实与理由:第一部分,原审认定事实有误。一、被上诉人一方并未将案涉合同履行完毕,存在合同违约情形,上诉人进行了后续继续施工及完善工作,在双方合同未全面履行完毕、未清算情形下,被上诉人周某某以所谓"实际施工人"身份提起诉讼打破了合同相对性原则,使上诉人对A公司通过合同进行抗辩、主张权利的权利受到限制,变相剥夺了上诉人根据合同进行抗辩的权利,使上诉人的权利受到了实质性侵害。二、上诉人依法坚持按备案合同、招标文件、投标文件、中标通知书等文件作为结算依据,不认可原审以2016年10月25日合同等相关合同作为结算依据。既然原审法院坚持以2016年10月25日合同等作为鉴材,那么退一万步讲,假设该鉴定依据合法,原审在鉴定过程中以及对鉴定结果的认定过程中也存在明显事实不清,显失公平、公正。

(一)鉴定过程显失客观公正,鉴定结果偏差巨大。鉴定报告出具机构对项目情况并不清楚,对工程情况未进行充分了解,对鉴定材料未经上诉人一方质证确认。在施工方违约提前撤场情况下,未对各个楼的施工节点和涉及工程量部分要求双方进行签字确认,造成该鉴定报告与实际施工情况严重不符,鉴定结果存在巨大偏差。涉及合同范围内施工方未施工部分、实际施工与图纸不符部分、由我方另行分包部分、由我方代支付部分全部计入了造价。上诉人委托有资质的鉴定机构(某造价咨询有限责任公司)按照10月25日合同上诉人实际完成工程量价格约定进行鉴定,被上诉人等实际完成的工程量价格为5206.28万元,偏差1600多万元。(二)原审罔顾被上诉人合同范围内工程没有完工,还有些部分并非其施工,以及因洽商变更导致原有工程量发生改变的事实,以上诉人未提供充分证据为由,全部采用鉴定机构作出的工程全部完工所计算的价格做法实属错误。对鉴定过程不合法、鉴定结论不客观、不公正及超范围鉴定、夸大工程量、未扣依法扣除部分等若干问题,上诉人于庭审前、庭审中先后提交了《对鉴定征询意见稿的异议及对本案的简要意见》(第三部分)、《B公司对河北某造价咨询有限公司出具的河北某建材五金博览城项目鉴定报告技术层面异议》、《对鉴定报告的质证意见暨对本案的补充意见》等反驳意见并附属了相关证据,将鉴定报告存在的主要问题给予了充分揭示。经客观、科学核实计算不难发现,鉴定报告违背事实,夸大了造价范围。经我方委托的专家计算,本项目被上诉人完成的工程造价为5206.28万元,与鉴定报告鉴定意见差值为1645.72万元。特别突出、明显的夸大部分包括:土方及水电费由我方支付,约100万元;二次结构差值124.9万元;装修部分差值952.6万元;电气部分差值319.8万元。上述主要异议内容展示如下:1. 土方工程中由我方另行分包部分97500元未进行扣除(详见土方外购合同及付款明细)。2. 现场水电费实际由我方支付914068.8

元(详见附表3)未进行扣除。3. 二次结构1249113.67元未扣除,其中防滑坡道、散水实际已改为环保砖铺装(由我方另行分包)应扣除,变形缝未施工应扣除。4. 装修部分夸大鉴定金额高达9526364.49元。其中除个别地面完成外均未施工;楼面30毫米厚细石混凝土实际未施工;外墙面抹灰、屋面防水及保温、找平层实际未施工,以上内容均应扣除(依据为监理签字确认的未完工项目明细清单)。5. 电气夸大鉴定金额3198643.38元,其中扶梯箱、屋顶排烟风机控制箱、电梯箱、变电所配电箱、应急照明系统所有配电箱、电表箱、主电柜未施工,3~5层户箱仅预留箱皮;卫生间通风器未施工、普通照明灯具全部为白炽灯、应急照明灯具全部未施工;照明系统中BVR线全部使用截面BV线;商铺层配电箱的进线全部改为三芯线,接消防稳压泵控制箱、风机箱、电梯厢、扶梯箱的进线出线未施工;3~5层电表箱进线出线未施工。6. 涉及工程量差,夸大鉴定金额771045.61元,其中钢筋、混凝土、安装的管线等均有部分量差,需重新复核。7. 涉及材料价格的确定。材料价格应依据合同约定执行整个工期的算术平均值;电气专业中配电箱的价格信息指导价中没有列明缺乏依据,应依据双方认价确定。(三)原审故意歪曲事实,对于鉴定报告所依据的鉴材,当事人双方并未就已完工程量、未完工程量这一基本的事实进行核对、质证。(四)原审认定案涉工程由被上诉人一方全部完成的认定有误,理由如下:1. 被上诉人在2017年8月25日、9月6日"承诺书"中"自认"10%未完工与原审认定被上诉人就工程范围内的全部工程和原审认定2017年6月10日完工的事实直接冲突。2. 根据《工程建设监理规定》第18条规定,监理单位应按照"公正、独立、自主"的原则,开展工程建设监理工作,公平地维护项目法人和被监理人的合法权益。就本案而言,监理人员对未完工程量进行了详尽登记,该监理签字确认的未完工程量清单(有照片及视频为凭)应当具有"权威"的法律效力,原审判决不予支持错误,未完工程量的证据清单与被上诉人承诺书中的自认行为能相互印证。3. 在上诉人与被上诉人A公司的另一个案件中,当时的几个施工队负责人也出庭作证,证实A公司未完工即撤场的事实,在二审中,上诉人将作为新证据向法院提供。(五)原审在付款数额认定上亦不准确。1. 对于双方有争议的数额,原审采取"对方认可即认定""对方不认可即不认定"的原则,而不问相关付款依据的证据和事实的做法错误。举例如下;陈某有授权委托书,负责项目中标后的工作,那么他领款的行为则是典型的"职务行为",退而求其次也构成"表见代理",原审法院对陈某支取款项及其他有争议的付款事项未做实质审查显属不当。2. 双方在诉讼期间,付款数额又有增加,如上诉人代付的商砼款687万余元达成了抵付工程款协议,还有其他在原审期间未提交的上诉人代付、垫付等费用,双方应再行核算,确定已付款数额。第二部分原审适用法律错误。一、原审应当适用《最高人民法院关于审理建设工程施工合同纠纷案件适用法律问题的解释》第21条、《最高人民法院关于审理建设工程施工合同纠纷案件适用法律问题的解释(二)》第1条、第10条,按照备案合同、招标文件、投标文件、中标通知书等进行结算。但是,原审却以中标合同无效为由全部否定“阳合同”及其相关法律文件,从而按2016年10月25日合同(阴合同)等进行结算,该做法有误。《最高人民法院关于审理建设工程施工合同纠纷案件适用法律问题的解释(二)》第10条中提到的“招标文件、投标文件、中标通知书”突破了“合同效力”的窠臼,认为只要存在上述文件,不问中标合同是否有效,其均应作为结算依据,这一点从最高人民法院负责人答记者问的回答中能找到确切答案。反过来讲,如果以招投标过程违法为由否定了“招标文件、投标文件、中标通知书”的适用,那么势必“重归旧题”“恢复原状”,遵从了当事人“违法”的“意思自治”,势必起不到“打击”作用,而是助长这种违法行为继续泛滥,该法条的制定也就失去了任何意义。就本案而言,当事人的“真实意思”恐怕就是:用招投标“装饰门面”,实则“明招暗定”“逃避监管”,甚至可能“偷逃税款”。上述行为是对社会和公众的“欺诈”。所以,上述解释已经突破了传统的保护当事人“意思自治”的法律范畴,强制将合同履行、结算“置于阳光之下”,上诉人主张按照“招投标文件及阳合同”进行结算具有现实的法律依据。早在2004年9月29日,《最高人民法院关于审理建设施工合同纠纷使用法律问题的解释》第21条就有规定,当事人就同一建设工程另行订立的建设工程施工合同与经过备案的中标合同内容不一致的,应当以备案的中标合同作为结算工程价款的依据。基于上述理由,依据“阳合同”一期、二期合同固定价总金额48114099元,其未施工部分合同价款为6839635.92元,两者相减即为应付合同款金额。二、原审引用《最高人民法院关于审理建设施工合同纠纷使用法律问题的解释》第13条、第14条有误。其中,第13条涉及的工程质量问题,而本案争议的主要是工程数量问题,缺乏关联性。第14条涉及的是工程竣工问题,但本案工程系被上诉人违约提前撤场,其并未竣工,故不存在竣工的问题(上诉人有充分证据证实)。交付时的工程是在被上诉人提前撤场,上诉人催促无果的情况下,为防止“烂尾”而自行补救后才得以交付的,交付时的工程包含上诉人及其他人的工作成果。原审以上诉人实际使用为由推定被上诉人工程全部完工的做法错误。另外,就事实、法律部分,原审还存在若干问题,上诉人将通过补交文件、当庭补充等方式予以进一步完善。后提交补充上诉意见如下:一、原审依据的鉴定报告之鉴定人员缺乏“安装”鉴定资质人员,原审鉴定人员沈某某、冯某某仅有“土建”鉴定资质,没有“安装”鉴定资质,其鉴定报告既包括土建、也包括安装,明显违背《造价鉴定规范》第3.4.1条“鉴定机构接受委托后,应当指派本机构中满足鉴定项目专业要求,具有相关项目经验的鉴定人员进行鉴定”的规定,即由“外行”做了“内行”的事情,而鉴定人是对报告承担法律责任的主体,故该报告不能作为定案依据。二、根据规划和概况表,施工项目只有3#楼、4#楼的界定,鉴定报告中“3-1#、3-2#”来源不明;根据概况表及房产证载明:3#楼建筑面积5812.76

平方米,房间数120个;4#楼建筑面积11382.08平方米,房间数238个,相差一倍,但鉴定报告中两者数量相当,违背基本常识。这也说明鉴定人员没有按“建设施工图”(是建筑施工的最主要依据)进行鉴定,而是采取了其他划分方式,难免存在偏差,二审望对其进行纠正。三、经庭后核实,A公司曾出具“说明”一份,其认可说明中的100万元是陈某的“股份”,所以陈某也是实际施工人之一,原审没有认定其第三人身份的认定有误。四、原审按土建下浮10%而不是12%违背“附条件的民事行为”没有成就不得实施的相关法律规定,以及A公司提前撤场,存在严重过错的事实,使其通过过错获取了额外的不利益,二审应予纠正。即使按“阴合同”计算,根据《补充协议》第2条,施工人确保某五金博览城工程2016年10月25日签订的施工合同中约定的工期节点要求完成前提下,发包人同意就2016年10月25日签订的施工合同相关页码内容作如下调整,如达不到工期节点要求,不作调整(如有个别栋号在2017年4月20日封顶,但不影响2017年6月22日竣工验收,仍可作如下调整)。84页9.7.1(4)其他:除社会保障费按实际发生为准以及土建总造价下浮12%改为10%以外,其他内容不变。而2016年10月25日合同第8页第3条的工期节点明确规定“2017年6月22日前竣工验收通过合格”。从法学理论来讲,土建由12%上浮至10%是附条件的民事行为,所附条件是一种客观存在,不受主观因素影响,不受双方是否有过错影响,除非对方有证据证明B公司刻意阻止该条件成就,那么双方应受该条件限制。本案的实际情况是竣工验收合格的时间是2018年11月13日,所以土建上浮的“条件未成就”,原审无视该规定及相关法律规定,擅自上浮土建价款,使案款增加130万元,是不公平的,损害了B公司的合法权益,应予纠正。另外,从公平角度来讲,A公司一方扔下一个烂摊子提前撤场,构成导致迟延验收的主要原因,不应获得额外的不利益。五、原审后出现了水泥、水电单独与B公司结算情形,应重新计算原审金额。六、原审对许多付款项目有遗漏,对每一项有争议的,二审应认真核对、质证后认定。

周某某辩称,一、涉案工程在起诉之前已交付发包方使用,且购房业主也入驻经营,则工程应为合格工程,实际施工人周某某有权主张工程款。二、实际施工人起诉发包人和转包人,这是“突破合同相对性原则”的法定情形。被答辩人及其委托代理人因自身对法律的理解存在偏差,进而在一审中自动放弃了对应抗辩权,应当自负责任。三、原审法院依据2016年10月25日《建设工程施工合同》及2017年3月17日《补充协议》为工程款的计价依据,这是客观、合法的,且整个鉴定程序公正、客观、科学、有效。被答辩人提出的一系列所谓的问题,仅仅是出于主观臆断,完全没有证据支撑。(一)被答辩人要求按照备案合同、招投标文件等作为结算依据,根本不能成立。1.从资料形成的时间先后顺序来看,招投标发生时间是2017年2月,而《建设工程施工合同》是于2016年10月25日签订,显然招标、备案等行为仅仅是为了迎合政府行政程序需求。2. 从各方协议的真实意思表示看,2017 年 3 月 17 日《补充协议》第 2 条、第 3 条、第 4 条、第 5 条已经明确载明:备案合同及招标文件仅仅是为备案所需,工程价款的支付、结算等应以 2016 年 10 月 25 日《建设工程施工合同》为准。3. 2016 年 10 月 25 日《建设工程施工合同》专用条款第 9.7 条明确载明涉案工程价款按实结算,且明确了计价依据及规范、下浮幅度;2017 年 3 月 17 日《补充协议》第 2 条第(20)项又对结算下浮的幅度再次进行变更。由此可见,原审法院按照 2017 年 3 月 17 日《补充协议》和 2016 年 10 月 25 日《建设工程施工合同》的约定来确定工程价款,这完全符合最高人民法院解释和河北省高级人民法院审理指南的规定。(二)鉴定程序客观、科学、公正,鉴定结论合法有效,原审法院对鉴定结论予以采信,这是完全正确的。1. 鉴定过程中进行了实地勘察,鉴定范围与施工图纸、联系单、施工现场完全吻合。2. 鉴定初稿出具后,各方都有提出异议的权利。被答辩人在规定时间内,就异议的问题未提供合法有效的证据。3. 在法院委托鉴定后,被答辩人又私下委托河北某工程造价咨询有限公司进行鉴定,并要求以其出具的鉴定意见作为断案依据,这根本站不住脚。4. 鉴定结论仅包含了答辩人实际完成的工程范围,这可以从鉴定意见书载明的"二、鉴定目的、范围和依据第 9 条"得到印证。5. 被答辩人所列举的工程价款异议内容,均不能成立。(1)关于被答辩人提出的土方 97500 元未扣除的问题。土方工程按照《建设工程施工合同》第一部分协议书第 1 条和第 2 条约定,完全在答辩人施工范围,被答辩人没有权利另行部分分包,实际上也不存在被答辩人另行部分分包的情形。(2)关于现场水电费实际由被答辩人支付 914068.8 元应进行扣除的问题。按照《2012 年河北定额》规定,施工水电费属于施工成本,应当计入在工程价款中。在初稿意见期间,被答辩人未对该水电费问题提出异议,也未提供证据证明该工程施工水电费已支付给答辩人或 A 公司。(3)被答辩人本次提出的二次结构问题、装修部分问题、电气问题、钢筋、混凝土、安装的工程量差等问题无证据支撑。鉴定机构作为独立第三方,对工程造价的计算不受他人的摆布和左右,被答辩人的主观意见不能改变鉴定意见。(4)被答辩人主张以自行委托的河北某工程造价咨询有限公司的鉴定意见来推翻法院委托的鉴定意见,这纯属无稽之谈。四、《鉴定意见书》"二、鉴定目的、范围和依据第 9 条"明确了未鉴定的范围,本次鉴定结论仅涉及答辩人施工的工程价款,被答辩人提出的问题完全是因为自己未正确理解鉴定意见书所致。1. 被答辩人断章取义,故意歪曲原审查明的事实。2. 被答辩人将 2017 年 8 月 25 日、9 月 6 日承诺书作为确认答辩人施工范围,这与客观实际不符,该两份承诺书不能客观全面反映工程实际施工情况,因为案件在 2017 年 10 月 16 日立案之前,答辩人仍驻守工地,且一直就工程进行维护、修理。3. 被答辩人要求从 6900 万元中扣除 10% 的工程款,这没有事实和法律依据。按照约定,工程质量保修金为 5%,原审法院因质保期未满,扣除了 5% 质量保险金。值得说明的是,现在工程质量保修期已经到期,5% 的质量保险金应当予以退回答辩人,请二审法院对此予以核准。4. 被答辩人用监理单位出具的《未完工程量清单》作为证据使用,这站不住脚。监理单位代表的是被答辩人,在该《未完工程量清单》未经答辩人或A公司进行确认或签字盖章情况下,其不具有证据的三性。五、原审法院对已付工程款的认定金额是正确的。1. 凡汇入A公司银行账户、代付农民工工资、代付材料款以及答辩人签字确认的金额,均视为已付工程款。2. 第三人陈某领取的款项与答辩人无关,不能计入答辩人领取的工程款范围。被答辩人可以通过诉讼追回陈某领取的款项。3. 未经答辩人签字同意,被答辩人在诉讼期间向第三方代付或垫付工程款的行为是无效的。六、原审适用法律完全正确。1. 被答辩人自身对法律的理解存在歪曲和错误,进而认为原审法院适用法律错误,这是没有依据的。2. 被答辩人背离《解释一》和《解释二》的立法本义而作出有利于自己的单方理解,这不能得到法院认可。综上所述,被答辩人的上述请求、事实及理由与客观事实不符,也与法律本义不符。请求二审驳回上诉,维持原判。另提交补充答辩意见如下:一、原审鉴定机构具有专业鉴定资质,鉴定人员具有注册造价工程师的执业资格,其出具的鉴定报告客观、公正、专业。二、涉案工程价款鉴定依据是施工图、竣工图、现场勘察情况,而不是被答辩人提出的规划、概况表及房产证载明情况。如按照规划、概况表及房产证载明情况进行鉴定,才是完全错误的。

三、A公司是总承包人,其将工程全部分包给了答辩人周某某,除此之外的任何人包括陈某都不是实际施工人,顶多只是在工地干活的人。工地干活的人成百上千,按照被答辩人的思路,凡在工地干活的人都是实际施工人,这显然与法律规定的实际施工人的身份认定是不符的。四、土建下浮应当按照10%计算,这与双方签订的2017年3月17日的《补充协议》的约定完全吻合。1. 答辩人提供的证据十七即工程问题的函已经载明:工程不能申请竣工验收是被告B公司仅取得涉案工程中部分楼(2-1#、3#、4#、5#、8#、11#、14#、17#、19#、20#)的建设工程规划许可证、工程施工许可证,其余10幢楼的相关手续在2017年6月10日之前均未取得,这是无法竣工验收的根本原因。2. 全部工程在2017年6月10日均主体验收合格,施工单位、设计单位、勘察单位和监理单位均盖章确认并形成了验收记录。3. 涉案工程在2017年8、9月就已经交付购房业主装修使用,这可以从原告提供的证据十五即现场照片和视听资料得到证实。显然,本案土建下浮10%的条件已经成就。五、案件进入诉讼程序后,凡未经周某某签字或授权的结算行为、付款行为均与本案无关。六、原审中周某某递交了《周某某某五金博览城项目收款明细单》载明金额为25204450元,再加上诉讼过程中B公司向临西某顺混凝土有限公司支付的200万元商品混凝土款,合计已经领取工程款27204450元。至于其他未经周某某签字或追认的款项,均与本案已付工程款毫无关联,B公司将这些款项认定在周某某头上,这完全没有法律和事实依据。

A公司上诉请求撤销一审判决第一项,改判驳回周某某对上诉人的诉讼请求、上诉人不承担一审诉讼费及鉴定费、二审诉讼费由被上诉人承担。事实与理由:第一,上诉人与被上诉人之间是合作施工关系,而非转包关系,不应判由上诉人承担支付工程欠款责任。1.上诉人虽认可被上诉人的实际施工人身份,但项目施工并非被上诉人独自完成。2.虽然上诉人与被上诉人之间签订的合同约定,该项目的建设资金全部由被上诉人承担,但考虑到双方是合作关系,在被上诉人资金出现困难的时候,上诉人为该项目支付了民工工资、钢材款、土方款、商砼款及税款达700多万元,这进一步证明了上诉人与被上诉人之间是合作施工关系。3.一审法院认定上诉人将全部工程转包给被上诉人是错误的。事实上,上诉人进行了部分出资,并委派了项目经理、专业技术人员等参与项目的施工全过程管理,项目虽然以被上诉人为主,但项目系上诉人与被上诉人合作施工的,双方系合作关系。第二,一审法院不认可第三人陈某的实际施工人身份,但没有查明陈某具体施工的范围和金额。虽告知“其可另行起诉”但未明确陈某以什么理由,向什么人主张权利。因为一审将案涉工程全部内容和金额予以认定和处置分配,陈某所谓另行起诉的依据和对象与本案是否重合或者交叉,一审法院并没有给予释明。第三,一审法院错误理解和适用司法解释的本意,依法应予纠正。按照一审法院的认定:一是被上诉人周某某是案涉项目的实际施工人;二是实际施工人周某某直接起诉发包方B公司;三是B公司已经向被上诉人周某某支付了工程款27204450元,或者说通过上诉人向被上诉人周某某支付了工程款27204450元;四是被上诉人周某某收到工程款27204450元;五是案涉工程总价款是69852763元,扣除质保金和被上诉人周某某收到工程款27204450元外,B公司尚欠工程款是39155674.85元;六是质保金由被上诉人周某某按照约定另行主张。以上事实说明被上诉人周某某主张的工程款等于B公司欠付的工程款,实际施工人与发包方B公司形成直接的债权债务给付关系,且债权明确,上诉人没有截留或者挪用任何工程款,也不欠周某某一分钱工程款。那么根据《最高人民法院关于审理建设工程施工合同纠纷案件适用法律问题的解释(二)》第24条“实际施工人以发包人为被告主张权利的,人民法院应当追加转包人或者违法分包人为本案第三人,在查明发包人欠付转包人或者违法分包人建设工程价款的数额后,判决发包人在欠付建设工程价款范围内对实际施工人承担责任”的规定,实际施工人直接起诉发包方B公司,依法应当列上诉人为第三人,一审列上诉人为被告错误;依法应当判决B公司向被上诉人周仲某平支付工程款39155674.85元及利息;依法驳回被上诉人对上诉人的诉讼请求。然而,一审法院虽然适用了该条司法解释,却是错误理解,依法应予纠正。因为实际施工人对发包人欠付范围内的工程价款请求权,是基于实际施工人与发包人之间已经全面实际履行了发包人与承包人之间的合同并形成了事实上的权利义务关系而产生的法定债权，该条“判决发包人在欠付建设工程价款范围内对实际施工人承担责任”是直接给付责任，而不是连带或者垫付责任。需要说明的是，实际施工人周某某不是依据其与上诉人2017年3月1日签订的《工程承包合同书》起诉上诉人，而是依据2016年10月25日与发包方B公司签订的《河北省建设工程施工合同》向发包方B公司主张工程欠款。因此，一审法院适用了正确的法律，却因错误理解作出了错误的判决。综上，一审法院认定事实部分错误，审判程序违法，法律适用不当，依法应予纠正。

周某某辩称，一、双方系转包关系，而非合作施工关系，原审法院判令被上诉人承担支付工程款责任是合法有据的。1. 原审中，无论是被答辩人提供的答辩状、质证意见，还是当庭陈述及代理词，均明确承认工程实际施工人是答辩人周某某。被答辩人对已经承认的事实，在二审中进行否定，这是站不住脚的。2. 双方在2017年3月1日签订的《工程承包合同书》，已经明确双方是转包关系，而非合作关系。周某某系个人，且不是被答辩人公司员工，符合实际施工人身份。至于被答辩人被材料商起诉，这完全是基于被答辩人总承包单位的身份，而这并不影响转包关系的成立。3. 被答辩人派出项目经理、技术人员仅仅是应付相关部门的检查和在有关施工资料上签字，并未开展实质性工作。工程施工过程中的资金、技术和管理人员都是由周某某具体负责落实，施工班组、材料商等也是周某某自己联系。4. 被答辩人作为总承包人，对实际施工人具有支付工程款的法定义务，故原审判令被答辩人承担支付责任是完全正确的。二、被答辩人将原审法院未查明第三人陈某的施工范围和金额作为自己的上诉理由，这完全是风马牛不相及。1. 陈某在原审中作为第三人参与诉讼，按照“谁主张，谁举证”的规则，陈某应当自行提供证据证明其诉讼主张，如举证不能，则自行承担不利后果。原审没有职权去主动查明，更没有义务去释明，否则原审法院就属于越权。2. 至于第三人陈某的权利问题，原审已经告知“可另行起诉”。至于陈某向谁诉讼、以什么理由诉讼、诉求能不能得到支持等，这是陈某的个人事情，与本案的处理无任何关联性。被答辩人的操心完全是多余的，也是无用的。三、被答辩人自己理解法律错误，而非原审法院理解法律错误。1. 本案涉及两个层面的法律关系。第一层面是B公司与被答辩人之间的发包人与总承包人的法律关系。第二层面是被答辩人与答辩人之间的转包人与实际承包人的法律关系。按照《解释》规定，实际施工人起诉工程款的，转包人承担直接支付工程款责任，发包人在欠付工程款范围内承担支付责任。原审法院对本案的处理是完全符合法律依据的。2. 本案中，被答辩人是作为第一被告人，B公司作为第二被告人，就本案的诉讼主体问题，并非被答辩人引用的《解释》第24条规定的情形。而且答辩人的一审诉讼请求已经明确要求被答辩人和B公司承担支付责任。被答辩人认为应当将自己列为第三人，这完全不符合客观事实和法律规定。综上所述，A公司的上诉请求、事实和理由不能成立，请求二审驳回上诉，维持原判。

原审第三人陈某述称,陈某属于实际施工人,根据建设工程司法解释第24条的规定有权向发包人主张工程价款。原审虽然判决第三人可以另行起诉,但并没有释明第三人以什么理由或者向哪方主张。两上诉人均认可陈某是实际施工人,尽管我方没有上诉,但我方认为一审判决的认定也是有问题的。

周某某向一审法院提起诉讼,请求:(略)

一审法院查明事实,(提供的一审判决已显示,故略)

一审法院认为,(提供的一审判决已显示,故略)

一审判决内容(略)

本院二审开庭前,B公司提交新证据如下:1. 彭某汉、沈某平证言部分(某法院庭审笔录);2. 加盖了单位公章的监理签字的未完工程量清单、监理单位出具的证明、彭某某、王某某借款凭证;3. 水电安装施工合同、水电工程量核对清单若干份、水电项目付款协议、债务安排通知、水电项目另外的实际施工人胡某林和A公司蒿总的微信聊天记录等,并申请王某某到庭作证;4. B公司与张某某的合同及付款凭证等;5. B公司水电交费票据;6. 室外散水部分B公司另行发包证据、花岗岩翻边铺垫B公司另行发包证据、现场无防滑坡道和散水的照片、某主体和二次结构造价分析;7. 现场没有内墙保温的照片、三层以上粉刷由B委托彭某某完成的证据,屋面防水、屋面保温层、屋面保温、其他防水、保温板由B自行购买部分材料、委托某泽润防水门市部(沈某某)完成的证据,部分地面由B委托某镇金马筑路工程队完成证据,监理签字、单位盖章的未完工程量清单,彭某某和A公司一方陈某、张某某的施工合同、工程量及价款结算单等原始证据,鉴定报告、现场勘查申请书、重新复核鉴定申请书;8. 具有鉴定资格的某公司的造价分析、相关技术人员出庭申请书;9.《A公司付工程款及借款明细》《代A垫付工程费用明细表》;10. 承诺及授权书、关于资金对账问题的函、委托书;11. 竣工验收报告;12. A公司2017年4月7日《说明》;13. 鉴定机构、鉴定人员工商查询信息,《造价鉴定规范》;14. 3#、4#楼房产证,设计单位项目网上审查工程概况表;15. B公司、A公司、某顺三方协议;16. B公司与某建筑工程有限公司达成的付款协议;17. 付款凭证若干。庭审结束后,B公司又提交补充证据如下:1. 对鉴定征询意见稿的异议及对本案的简要意见;2. 某顺公司起诉B公司的起诉状、调解书、裁定书;3. 涉及水电项目的收条、工程款抵房款申请表、情况说明;4. 2020年8月1日的照片及视频、屋面保温做法电子图;5. 某建材五金博览城项目汇总表—保温;6. 某建材五金博览城项目汇总表—防水;7. 某建材五金博览城—内墙抹灰/保温鉴定数据为4517828.73元;8. B公司项目屋面防水、保温施工电子截面图;9. 关于某五金博览城项目涉及鉴定事宜的专家意见;10. 某建材五金博览城项目汇总表;11. 案涉项目内墙水工水泥样本、U盘、取样过程及样本照片;12. 鉴定报告中关于税款的鉴定内容。

其他各方当事人对B公司二审提交的新证据发表了质证意见。

本院对原审查明的事实予以确认。

本院认为,本案二审争议的焦点问题有三个,一是2016年10月25日施工合同能否作为案涉工程的结算依据,二是一审对于应付款、已付款数额的认定是否正确,三是A公司应否承担工程款支付责任。

关于第一个焦点问题,案涉工程系B公司自筹资金开发建设的建材五金博览城,根据《招标投标法》第3条和《工程建设项目招标范围和规模标准规定》的规定,并不属于必须招投标的工程,故双方当事人2016年10月25日签订的《河北省建设工程施工合同》合法有效,一审将其认定为无效合同不当。虽然案涉工程不属于必须招投标工程,但既然B公司实际进行了招投标,就应遵守《招标投标法》的相关规定。2017年2月23日签订《施工合同》时,双方已就工程承包签署协议,案涉工程也已实际开工建设,招投标程序仅仅是为了办理合同备案手续使用,因此该协议的签订违反了《招标投标法》中关于未招先定、虚假招投标等规定,一审认定无效正确。双方当事人签订的两份施工协议,一份有效,一份无效,当然应以有效合同作为结算工程款的依据。退一步讲,即使两份均无效,依据《最高人民法院关于审理建设工程施工合同纠纷案件适用法律问题的解释(二)》第11条的规定,也应以实际履行的代表合同主体真实意思表示的合同,即2016年10月25日《河北省建设工程施工合同》作为结算依据。因此,一审对于结算依据的认定正确,B公司关于应以备案合同作为结算依据的主张不能成立。

关于第二个焦点问题,1. 关于土建部分总造价下浮12%还是10%的问题,2017年3月17日B公司与A公司《补充协议》约定土建总造价由下浮12%改为10%的条件为不影响2017年6月22日竣工验收。根据一审证据以及查明的事实,2017年6月10日周某某施工的基础分部、主体结构分部验收合格,完成了合同范围内工程施工,起诉前B公司已实际使用涉案工程,因此一审认定双方约定的下浮比例调整条件已经成就并按照下浮10%计算工程造价并无不当。2. 关于鉴定人员的资质问题,鉴定项目组由造价工程师和造价员组成,鉴定人员资质符合《建设工程造价鉴定规范》的相关规定,鉴定意见书也已加盖两位注册造价工程师具有注册编号的执行资格印章,虽然没有鉴定人签字,但该形式上的瑕疵不足以否定鉴定意见。3. 关于水电安装部分工程价款的认定问题,周某某将水电安装部分工程分包给某某公司,李某某、王某某进行了实际施工,对此各方当事人均无异议。A公司和周某某对合同上A公司印章的真实性均不予认可,但周某某认可其签字的真实性,即使没有A公司的印章,该合同在周某某与某某公司之间也依法产生法律效力。鉴于王某某等已与B公司直接达成付款协议书,并保证不再向周某某、A公司主张任何权利,周某某也同意将水电安装项目工程款从本案工程造价中剔除，故本院对此予以确认。因B公司付给王某某、李某某的130万元已计入一审已付款，故应在一审认定的已付款数额基础上减掉130万元，A公司、周某某已实际支付二人工程款80万元，也应由B公司予以给付。在周某某签署的A公司与某某公司《水电安装施工合同》中约定，周某某应收取的8%管理费问题由B公司在与A公司最终清算时负责处理，与李某某、王某某无关，因此B公司还应支付周某某水电工程管理费45.6万元(570万元×8%)。4.关于防水、保温部分工程，证人沈某某出庭作证称防水在A公司、周某某撤场前做了一部分，保温没有做，撤场后就和B公司签订了合同，陈某在撤场前曾经给过10万元工程款，后来也退还了，各方当事人对此均无争议，故本院对其证言予以采信。考虑到沈某某与周某某、陈某之间并未签订协议，且施工过程中周某某就已撤场，撤场时已完工程量亦不确定，沈某某又与B公司已经进行了结算。综合考量该部分工程不作为周某某完成的工程量计入结算，根据鉴定机构二审给出的答复意见，应在一审认定的造价基础上扣减2035299.31元(728647.42元+1306651.89元)，B公司负有向沈某某支付工程款的义务。5.关于防滑坡道、散水和变形缝，对此鉴定机构称施工图纸中包含防滑坡道、散水和变形缝，并无洽商变更取消该部分施工内容，环保砖铺装是事实，但不能证明环保砖下面没有做防滑坡道、散水和变形缝，据此B公司主张上述三项未做依据不足。6.关于内墙保温和屋面防水以上部分，内墙保温鉴定机构是按照图纸计算，B公司主张内墙保温并未施工，但并未提交充分证据予以证实。对于屋面防水以上部分，B公司称鉴定报告中不含外墙保温屋面防水，但是实体项中做进去了，鉴定机构答复称保温在防水以下而非防水以上，防水以上的部分并未做入造价中，本院对鉴定机构的解释予以采信。7.水电费问题，鉴定意见造价中包含水电费，周某某认可水电费均由B公司实际支付，因此鉴定意见不应再计入水电费，即942449.66元应予扣减。8.关于地面、粉刷问题，从B公司提供的证据来看，其主张另行委托第三方施工的付款时间均在A公司、周某某撤场之后，因此该部分工程不应再算作周某某施工内容计入造价，亦应扣减，两项合计约为40万元左右。

已付款部分，关于某顺水泥款785万元，B公司、A公司、某顺公司已经达成三方协议，由B公司直接向某顺公司支付，即达成了债务转移协议，该笔债务已由B公司承接，周某某对此没有异议。截至一审判决作出前，B公司已向某顺公司支付水泥款220万元，且已计入一审认定的已付款中，故还应再将剩余565万元计入已付款。陈某有A公司的授权委托书，在处理案涉工程相关事务时可以代表A公司，因此对于有其签字收款的款项也应计入已付款，根据二审B公司举证情况该部分已付款数额合计为775900元。另有A公司委托的实验检测费、住建局直接支付工人工资89万元也应计入已付款。B公司主张的其他已付款没有A公司或周某某工作人员签字确认，认定已付款依据不足。

综上所述，案涉工程款应为58671014.03元，欠付款数额应为25450664.03元。

另外，庭审后，A公司、B公司均提出因周某某无法开具工程款发票，故需在应付款中扣减税金。经查，根据A公司提交的说明材料、增值税发票以及周某某出具的140万元税金借条，能够证明A公司已为B公司开具1250万元工程款发票，并为此支付了140万元税费，该140万元税金应自欠付周某某工程款中扣减，扣减后A公司不能就此再向周某某主张权利。对于其余未开票的工程款，A公司明确表示不再开具发票，故只能由B公司自行代扣代缴，该部分税费也应扣除。根据河北省住房和城乡建设厅《关于重新调整〈建筑业营改增河北省建筑工程计价依据调整办法〉的通知》，增值税销项税税率调整为9%，县城附加税费费率为11%，因此该部分应扣减税费数额为4612484.30元，欠付款数额应为19438179.73元。

关于第三个焦点问题，A公司与周某某在《工程承包合同书》中约定，A公司将其从B公司处承包的案涉工程全部交由周某某施工，并约定由周某某全额出资建设、自行承担亏损部分。A公司虽主张其为该项目支付了农民工工资、土方款、商砼款等共计700多万元，但并未提交任何证据予以证实。因此，双方之间的权利和义务还是更符合工程转包法律关系的特征，A公司主张合作施工依据不足，一审判令A公司承担工程款给付义务并无不当。另，A公司如认为案涉《水电安装施工合同》上A公司印章系有人伪造涉及刑事犯罪的，可另行依法主张权利。

综上，B公司的上诉请求部分成立，A公司的上诉请求不能成立。依据《中华人民共和国民事诉讼法》第170条第1款第二项之规定，判决如下：

一、变更河北省某中级人民法院（2017）冀0×民初第7×号民事判决第一项为：A公司自本判决生效后10日内支付周某某工程款19438179.73元及利息（利息按照中国人民银行发布的同期同类贷款利率计算，自2017年10月16日起算至履行完毕之日止）；

二、变更河北省某中级人民法院（2017）冀0×民初第7×号民事判决第二项为：B公司在欠款19438179.73元及利息（利息按照中国人民银行发布的同期同类贷款利率计算，自2017年10月16日起算至履行完毕之日止）范围内对周某某承担连带给付责任；

三、变更河北省某中级人民法院（2017）冀0×民初第7×号民事判决第三项为：周某某就工程款19438179.73元对“某建材五金博览城1～20#楼”建设工程折价或者拍卖的价款优先受偿；

四、维持河北省某中级人民法院（2017）冀0×民初第7×号民事判决第五项；

五、撤销河北省某中级人民法院（2017）冀0×民初第7×号民事判决第四项；

六、驳回周某某的其他诉讼请求。

如果未按本判决指定的期间履行给付金钱义务，应按照《民事诉讼法》第二百五十三条之规定，加倍支付迟延履行期间的债务利息。

一审诉讼费用负担不变；二审案件受理费237579元，由B公司、A限公司、周某某各自负担三分之一即79193元。

本判决为终审判决。

审判长 叶 ×
审判员 马××
审判员 吴 ×
2020年9月7日
书记员 刘××

办案总结

通过办理本案，我深有体会，简述如下：

一、律师代理层面

（一）抓住主要矛盾

本案涉及“阴阳合同”“非法转包”“实际施工人”“未验先用”“造价鉴定”等一系列因素，案情复杂，法律适用凌乱，证据材料庞杂。因此，该案对法院、对律师而言都是一项不小的“工程”。这时，就需要承办人抓住重点，把握主要矛盾，然后再条分缕析，逐一解决事实和法律问题。本案一审有误判决的主要原因在于将几乎所有的工程量通过司法鉴定的方式计入了案款范围，其中就包含相当一部分是发包人在承包人提前撤场后，为避免工程烂尾而采取“自我救济”的施工行为。为“去伪存真”，二审的主要工作就是解决这个矛盾。

（二）亡羊补牢，为时未晚；精诚所至，金石为开

一审败诉，本人代理二审后通过勘查现场，走访现场人员，甚至“破拆”工作界面等工作，掌握了大量第一手材料；随后通过大量工作将这些材料转化为书面、视听资料等“证据”（二审提交的新证据多达30余项，5000余页）；再通过有效的“举证质证”活动，将案件真相“展示”给二审法院，帮助二审法院拨开迷雾、探究案件真相，从而使其做出了客观公正的判决。这既维护了法律所恪守的“公平、正义”，也维护了当事人的“合法权益”。

二、施工合同履行层面

（一）签订合法有效的施工合同

虽然国家法律和司法实践倡导施工合同的合法有效性，但因各种原因，建设和施工单位往往还是通过“明招暗定”等方式签订“阴阳合同”。他们有的为了逃避监管，有的为

了偷逃税款,有的为了赶工期,有的为了躲避麻烦。可是一旦发生了纠纷,就会出现“说不清、道不明”的局面,只能求助“司法鉴定”。但鉴定者也是人,受专业水平、主客观等因素影响,其结果往往“差强人意”。当事人耗费时间(有些复杂项目一年多才出结果)、违背初衷不说,还要支付昂贵的鉴定费。

(二)提前撤场时,公证保全证据

在施工过程中,因和建设单位有分歧,有些施工方往往目的未达到就“提前撤场”。建设单位为了避免“烂尾”,往往自己动手或重新引入施工方进行“救济性施工”,却恰恰忽略了对原建设单位撤场时工程量、施工界面的“证据保全”。一旦发生诉讼,施工方往往会运用“擅自使用即视为合格”的理论索要全部工程款,此时的建设方往往“有苦难言”。所以,为杜绝上述不公平现象发生,施工单位一旦撤场,建设单位要马上通过“公证处”对撤场界面进行全方位的“证据保全”,而不要通过自行拍照等方式保留证据,因为公证证据具有更高效力。

专家点评

本案的争议焦点比较多,涉及“阴阳合同及效力认定”“非法转包和实际施工人的认定”“擅自投入使用的事实认定”“造价司法鉴定的范围认定”“实际履行原则的适用”“实际施工人是否享有优先受偿权”“已付工程款数额的认定”“欠款利息应否支持及如何计算”等一系列问题,虽然施工合同司法解释及相关规定对上述问题都给出了定义和冲突解决规范,但在实务中由于对上述定义及冲突规范的理解问题,认定事实证据问题,双方当事人、法官、律师往往存在很大争议。

本案争议的主要焦点问题可以概括为两个:一是关于强制性招标工程界定对施工合同效力的影响问题;二是关于未完工程结算的具体范围问题。

关于强制性招标工程界定对施工合同效力的影响问题,一审法院认定2016年10月25日《河北省建设工程施工合同》和2017年2月23日《施工合同》均无效,二审法院认定前者有效,后者无效。之所以如此,是因为一审法院对涉案工程是否属于强制性招标的工程界定错误。

关于未完工程结算的具体范围问题。本案涉及未完工程的结算问题,此类案件经常出现的最大的分歧在于施工方已经施工的范围和该范围内相应的工程款结算问题。本案虽然启动了司法鉴定,但鉴定意见并没有客观真实地反映实际完成的工程量,有些没有施工的内容也被列入了鉴定意见中。

面对一审法院认定具体施工范围错误的不利局面,作为被告的发包方提起上诉后,需要提供证据证明施工方实际应扣除的工程量。本案代理律师清楚地认识到了这个问题,并进行了全方位的调查取证,比如因提前撤场未施工的部分、因转包而未施工的部分等问题。法院二审开庭前,代理律师将取得的这些新证据提交给法庭,正是这些新证据,帮助主审法官认清了案件的基本事实,最终扣减工程款2000多万元。毫无疑问,律师调查取得的证据起了决定性作用。

审核人、点评人:王文杰(北京律师智库重大复杂案件研究专家组民商一组组长)

复核人:张砾心(北京律师智库重大复杂案件研究专家组成员)

本案是否存在重复计算已付款数额的问题

——原告 A 公司诉被告 B 公司建设工程施工合同纠纷案

争议焦点

B 公司欠付 A 公司的工程款是否存在重复计算。

关键词

建设工程施工合同　工程款重复抵扣

案情简介

一、基本案情

A 公司系从事劳务工程承包企业,2016 年 6 月,B 公司承包贵州省某市农村公路工程后,将该工程的劳务工程发包给 A 公司。2016 年 6 月 A 公司开始进场施工,2017 年年底劳务工程完工。2018 年 4 月 18 日和 4 月 26 日,B 公司对 A 公司承包的劳务工程进行核实验收,经 B 公司确认尚欠 A 公司劳务工程款 13705287.06 元(含质保金)。扣除质保金 1677191 元,B 公司书面承诺余款分三次付清:2018 年 11 月 30 日之前付款 1450000 元,2019 年 1 月 15 日之前付款 4550000 元,剩余款项 6028095.57 元于 2019 年 5 月 1 日之前付清。协议签订后,B 公司在 2019 年 2 月支付 2139844 元工程款给 A 公司,剩余的 9888251.57 元一直不付。A 公司多次追偿未果后,将 B 公司诉至贵州省某市某区人民法院。

二、本案先后经过四次审理,A 公司的诉求最终得到法院的支持

(一)一审

B 公司认为应该按照双方 2018 年 11 月 18 日签订的结算协议,实际尚欠 A 公司

257975 元工程款未付,且该未付款和质保金双方约定待建设单位付款后再支付,属于未到期债务。一审法院判决驳回 A 公司的诉讼请求。A 公司向贵州省某中级人民法院提出上诉。

(二)二审

A 公司提供新证据证明 B 公司一审中提交的 2018 年 11 月 18 日的结算协议属于 B 公司单方伪造。二审判决撤销贵州省某市某区人民法院判决;判决 B 公司支付 A 公司工程款 6343512.35 元及利息。

(三)申请再审

二审判决后,A 公司向贵州省高级人民法院申请再审。原审法院没有查清事实,在确认债权时多抵扣了 1600788.5 元,错误地将 2018 年 10 月 31 日 B 公司付款 1419587.5 元与 A 公司出具的 1600788.5 元收据认定为两笔不同的付款,进行了重复抵扣,实际上,这是一笔付款。贵州省高级人民法院遂作出裁定指令贵州省某中级人民法院再审本案。

(四)再审

贵州省某中级人民法院在再审程序中认为,原判认定案件事实不清,存在重复抵扣工程款的事实。再审判决:撤销原一审和二审判决;判决 B 公司支付 A 公司工程款 7762294.36 元及利息。

案件历程

【一审判决书】

贵州省某区人民法院
民事判决书

(2019)黔 02××民初 22××号

原告:A 公司,住所地×号,统一社会信用代码:×××。

法定代表人:×××,×,该公司×××。

委托诉讼代理人:××,该公司××。

被告:B 公司,住所地×××,统一社会信用代码:×××。

法定代表人:×××,×,该公司××。

委托诉讼代理人:×××,×,××××年××月××日生,该公司×,住×××。

委托诉讼代理人:××,×××,执业证号:××。

原告A公司诉被告B公司建设工程施工合同纠纷一案,本院于2019年7月24日立案后依法适用简易程序公开开庭进行了审理。原告A公司委托诉代理人××,被告B公司委托诉讼代理人××、××到庭参加诉讼。本案现已审理终结。

原告A公司向本院提出诉讼请求:1.判令被告立即支付原告工程余款988251.57元(未包含质保金)。2.判令被告承担逾期付款给原告造成的利息损失296647元(2019年1月15日至7月15日,9888251.57元×0.5%×6个月)。后期(2019年7月15日后)利息损失按中国人民银行规定的金融机构计收逾期贷款利息0.5%(月)的标准,承担至工程款付清为止。事实和理由:原告系从事劳务工程承包企业,原企业名称为××公司,2019年5月7日变更为A公司。B公司承包得×市×工程后将该工程的劳务工程承包给A公司。2016年6月,A公司开始进场施工,2017年年底A公司承包的劳务工程完工。2018年4月18日和4月26日,B公司对A公司承包的劳务工程进行核实验收,经B公司确认尚欠A公司劳务工程款13705287.06元(包含质保金),扣除质保金1677191元,B公司书面承诺余款分三次付清:2018年11月30日之前付款1450000元,2019年1月15日之前付款4550000元,剩余款项6028095.57元于2019年5月1日之前付清。上述事实,有双方签订的协议书确认。协议签订后,在A公司的催促下,B公司在2019年2月支付2139844元的工程款给A公司,剩余的9888251.57元至今没有支付。由于项目部不具备法人资格,不能独立承担民事责任,因此B公司已无付款的诚意,A公司只好将B公司诉至法院。

被告B公司辩称,A公司起诉B公司诉请9888251.57元的工程款是依据2018年4月结算协议,但是在之后因B公司又向A公司支付四笔款合计5016694.2元,加上A公司在其他诉讼中转让给B公司的债务及因A公司所做工程质量不合格已发生或将会发生施工成本费用等原因,B公司实际尚有257975元结算款未支付,但属于未到期债务。由于A公司的施工质量不合格,加上A公司施工完毕后并未向B公司移交验收,目前该工程建设单位仍未验收,而且,第三方仍在返工修复。如果A公司对施工质量不合格及返工费用情况有异议,可以申请法庭去现场勘验。双方合同约定,A公司在建设单位未验收合格之前,负有工程照管及公路成品或半成品的维护责任,该期间造成成品或半成品损坏的由A公司负责更换、修复。综上所述,B公司并不拖欠A公司工程款,即便尚欠A公司257975元工程款和质保金,也属于未到期债务。为此,请法庭依法驳回A公司诉请。

当事人围绕诉讼请求依法提交了证据,本院组织双方当事人进行举证、质证,对当事人无异议的证据,本院予以确认并在卷佐证。对当事人存在争议的事实和证据,本院经审理认定事实如下:原告的原企业名称为××公司,2019年5月7日变更为A公司。被告B公司承包得×公路工程后,将该工程的劳务施工承包给A公司。2016年6月,A公司开始进场施工,2017年年底A公司承包的劳务工程完工。2018年4

月，B公司对A公司承包的劳务工程进行核实验收，经B公司确认尚欠原告劳务工程款13705287.06元（包含质保金），扣除质保金1677191元，B公司书面承诺余款分三次付清：2018年11月30日之前付款1450000元，2019年1月15日之前付款4550000元，剩余款项6028095.57元于2019年5月1日之前付清。B公司在2019年2月支付了2139844元的工程款给A公司，2018年4月之后，B公司提交证据显示又向A公司支付了四笔工程款共计5016694.2元；2019年7月，在涉及A公司的黔02××民初字第1656号至1663号六个诉讼案中，A公司向B公司转让债务239601元；因A公司未按施工设计和规范施工，多个路段经检测质量不合格，A公司拒不返工，B公司委托第三方修复施工，已发生费用3448646元，将发生直接费用共计9630277元。B公司提交的2018年11月18日与A公司结算协议显示，仅欠有257975元结算款及1677191元质保金未支付给A公司，但该款双方约定待建设单位付款后再支付，属于未到期债务。同日，A公司委托代理人××亦出具书面承诺书附于2018年11月18日的结算协议背面。结算协议和承诺书均盖有A公司公章。

本院认为，根据2018年11月18日原、被告双方签订的结算协议，被告B公司实际尚有257975元工程款未支付，但该款和质保金1677191元，原、被告双方约定待建设单位付款后再支付，属未到期债务。现原告A公司向本院提出诉讼主张，不符合双方的约定。

综上所述，A公司的诉讼主张不符合双方约定，且无相关法律依据，本院依法不予支持。依照《民事诉讼法》第14条，《最高人民法院关于民事诉讼证据的若干规定》第2条之规定，判决如下：

驳回原告A公司的诉讼请求。

案件受理费41455元（原告已预交），由原告A公司负担。

如不服本判决，可在判决书送达之日起15日内，向本院递交上诉状，并按对方当事人的人数提出副本，上诉于贵州省某中级人民法院。

审判员　邹　×

2019年10月15日

书记员　黄　×

【二审判决书】

贵州省某中级人民法院
民事判决书

（2020）黔0×民终255号

上诉人（原审原告）：A公司，住所地：×××，统一社会信用代码：×××。

法定代表人：××，系该公司××。

委托诉讼代理人××，×，××××年××月××日出生，×族，住×××。代理权限：特别授权。

被上诉人（原审被告）：B公司，住所地：×××，统一社会信用代码：××××。

法定代表人：××，系该公司××。

委托诉讼代理人：×××，×，××××年××月××日出生，×族，住×××。代理权限：特别授权。

委托诉讼代理人：××，系×××律师事务所律师，执业证号：××××。代理权限：特别授权。

上诉人A公司因与被上诉人B公司建设工程施工合同纠纷一案，不服贵州省某区人民法院（2019）黔02××民初22××号民事判决，向本院提起上诉。本院于2020年2月3日立案后，依法组成合议庭进行了审理。本案现已审理终结。

A公司上诉请求：1.撤销贵州省某区人民法院（2019）黔02××民初22××号民事判决，改判被上诉人向上诉人支付工程款9888251.57元，并支付逾期付款利息损失296647元及依中国人民银行规定的金融机构逾期贷款利率计算的利息至工程款付清为止，或依法发回重审本案；2.诉讼费由被上诉人承担。

事实和理由：1.一审判决采信证据错误，造成事实认定错误。上诉人一审中所提交的证据，特别是2018年4月18日结算协议书和4月26日的补充协议能够直接证实上诉人对被上诉人的工程款债权金额为9888251.57元。需要特别说明的是，结算协议书和补充协议虽然显示的签订日期为2018年4月，但实际签订日期为2018年11月26日，原因是签署协议时被上诉人以管理要求为由，要求上诉人按照2018年4月18日、4月26日签署，否则拒绝签署。补充协议所依据的相关材料中包括截止时间到2018年11月24日的《×队付款明细表》、签署时间为2018年11月24日的《关于×基地使用商砼情况的说明》。一审庭审后，上诉人取得新证据足以证实上述二协议的实际签署时间。2.2018年11月18日的结算协议不真实，一审未综合考虑全案证据而片面采信该份证据造成事实认定错误。作为建筑工程的结算性文件，应以相关的一系列结算依据作为签署基础,而该结算协议未附任何结算依据性证据材料,仅为单页的结算协议,与常理不符,且违反了建筑工程结算的相关法律规定。结算协议中涉及的工程名称与上诉人实际施工项目不对应。该结算协议是在上诉人与被上诉人签订《劳务协作合同》时,应被上诉人要求,上诉人在被上诉人事先打印好的制式空白"结算协议"上先行加盖了印章并签字,其目的在于便于管理工程结算文件,后被上诉人为逃避债务,变造了上述"结算协议"。2018 年 11 月 18 日结算协议中被上诉人负责人盖章为"×××印",实际×××在 2018 年 11 月 18 日前已经不再负责本案争议工程项目。3. 被上诉人的答辩意见前后矛盾,不应支持。即便根据被上诉人的答辩意见,已付款项、转让债务、工程修复费用共 14886572.2 元,加上上诉人自认收到工程款 2139844 元,居然得出被上诉人付款及双方确认扣款金额为 17026416.2 元,该结论远远大于被上诉人所确认的 13705287.06 元债务金额。被上诉人所称应由上诉人承担修复施工费用没有事实依据。4. 一审判决程序违法,法律适用错误。本案双方当事人争议巨大,权利义务关系复杂,不应适用简易程序审理。综上所述,请求二审法院支持上诉人的上诉请求。

B 公司辩称,1. 上诉人诉请所谓 9888251.57 元工程欠款,是未冲减"因质量不合格而返工费用、部分已支付费用、因诉讼已转让债务"之前的数额。2018 年 4 月双方签订的《结算协议》和《补充协议》仅对上诉人完成工程量计价结算,但未涉及因质量不合格而返工费用如何冲减,《补充协议》签订后被上诉人又支付四笔款计 5016694 元,但上诉人只认 2139844 元,因六个民事诉讼案,上诉人向被上诉人转让债务 2139844 元。2. 2018 年 11 月双方确认的"结算协议"是综合考虑前期结算和返工成本而确认的债权债务文书,应作为定案依据。该协议确认的 257975 元未付款数额,不是上述应付款、已付款、计价款、返工款之间的简单相加、相减或冲抵,而是双方综合各种因素和公平原则而行使的处分权。上诉人称该协议是《劳务协作合同》的空白附件,理由不成立,《劳务协作合同》有 11 个附件,合同正文与附件的页码排序是连续的,即正文第 1~20 页,附件第 21~28 页,《劳务协作合同》与附件中甲、乙方名称是一致的,与结算协议不一致。虽然当初《劳务协作合同》注明结算协议作为附件,但那是等将来工程结束、签订结算后归到合同资料中,如果当时就有结算附件,既不现实,也不合逻辑。综上,一审判决认定事实清楚,适用法律正确,应驳回上诉。

A 公司向一审法院起诉请求:1. 判令被告立即支付原告工程余款 9888251.57 元(未包含质保金);2. 判令被告承担逾期付款给原告造成的利息损失 296647 元(2019 年 1 月 15 日至 7 月 15 日,9888251.57 元×0.5%×6 个月),后期(2019 年 7 月 15 日后)利息损失按中国人民银行规定的金融机构计收逾期贷款利息 0.5%(月)的标准,承担至工程款付清为止。

一审法院认定事实:原告的原企业名称为××劳务有限公司,2019 年 5 月 7 日变更为A公司。被告承包得×市农村公路工程后,将该工程的劳务施工承包给原告。2016年6月,原告开始进场施工,2017年年底原告承包的劳务工程完工。2018年4月,被告方对原告承包的劳务工程进行核实验收,经被告确认尚欠原告劳务工程款13705287.06元(包含质保金),扣除质保金1677191元,被告书面承诺余款分三次付清:2018年11月30日之前付款1450000元,2019年1月15日之前付款4550000元,剩余款项6028095.57元于2019年5月1日之前付清。被告在2019年2月支付了2139844元的工程款给原告,2018年4月之后,被告提交证据显示又向原告支付了四笔工程款共计5016694.2元;2019年7月,在涉及原告的黔02××民初字第1656号至1663号六个诉讼案中,原告向被告转让债务239601元;因原告未按施工设计和规范施工,多个路段经检测质量不合格,原告拒不返工,被告委托第三方修复施工,已发生费用3448646元,将发生直接费用共计9630277元。被告提交的2018年11月18日与原告结算协议显示,仅欠有257975元结算款及1677191元质保金未支付给原告,但该款双方约定待建设单位付款后再支付,属于未到期债务。同日,原告委托代理人××亦出具书面承诺书附于2018年11月18日的结算协议背面。结算协议和承诺书均盖有原告公司公章。

一审法院认为,根据2018年11月18日原、被告双方签订的结算协议,被告实际尚有257975元工程款未支付,但该款和质保金1677191元,原、被告双方约定待建设单位付款后再支付,属未到期债务。现原告提出诉讼主张,不符合双方的约定。综上所述,原告的诉讼主张不符合双方约定,且无相关法律依据,依法不予支持。依照《民事诉讼法》第64条、《最高人民法院关于民事诉讼证据的若干规定》第2条之规定,判决:驳回原告A公司的诉讼请求。案件受理费41455元,由原告A公司负担。

本院二审期间,当事人围绕上诉请求依法提交了证据,本院组织当事人进行了证据交换和质证。

上诉人A公司向本院提交证据如下:1.现场照片、×队付款明细表(截至2018年11月24日),拟证明上诉人提供的协议是2018年11月26日签订。被上诉人的质证意见是:对关联性有异议,不能证明《(结算)补充协议》是2018年11月26日签订的,××等部门负责人在附件上的签名是后补的。2.光盘(电话录音),拟证明×××承认没有签11月18日的协议;《关于××施工×队〈结算协议书〉的补充协议》是2018年11月26日签订的。被上诉人的质证意见是:对三性均有异议,该录音的时间、背景、是否剪接,×××的话是否系真实意思表示均不能认定,该录音涉及“2018年11月18日结算协议”的对话,只能证明×××自己未经手盖章。3.谈判情况说明,拟证明谈判时间是2018年7月9日,2018年4月协议不存在。被上诉人的质证意见是:对关联性有异议,不是双方谈判记录,是被上诉人企业内部下级向上级的情况说明,且该文书不能否定双方签字的结算资料。4. 工地取芯照片,拟证明项目部自检结果与提供的证据数据不同。被上诉人的质证意见是:对三性均有异议,上诉人施工质量不合格的事实,已经工地实验室检测和国家专门机构鉴定。5. 报告、××至××水毁路面报告,拟证明质量问题是自然灾害造成。被上诉人的质证意见是:对关联性有异议,本案中要求上诉人返工或承担返工费用的范围仅是"因施工质量不合格",不包括自然灾害引起的损毁,但因下雨而暴露的施工质量不合格则难脱干系,下雨不可能将混凝土路面由16厘米冲刷到8厘米。6. 委托函,拟证明被上诉人已认可拖欠上诉人劳务款的事实,并授权委托××特区交通局直接支付款项的事实。被上诉人的质证意见是:对关联性有异议,该文书内容是"被上诉人委托建设单位代付给××特区×城机械租赁公司租赁费",与上诉人无关,且该代付手续未实际履行。

被上诉人B公司提交证据如下:(2018)黔02××民初1957号民事调解书,(2019)黔02××执913号执行裁定书,当事人缴款通知书,资金结算专用凭证(60320元),(2019)黔02××民初1742号、1662号、1656号、1663号、1660号、1659号民事调解书,拟证明债务转移情况。上诉人的质证意见是:无异议。

本院对证据的分析与认定如下:1. 现场照片达不到上诉人的证明目的,不予采纳;×队付款明细表(截至2018年11月24日)系《关于××施工×队〈结算协议书〉的补充协议》的附件,符合证据"三性",予以采纳;2. 电话录音,不能确认通话双方,不予采纳;3. 谈判情况说明,能够证实双方于2018年7月7日至7月9日仍然在为结算问题进行协商,予以采纳;4. 工地取芯照片,与二审争议焦点无关联,不予采纳;5. 报告、××至××水毁路面报告,与二审争议焦点无关联,不予采纳;6. 委托函,因被上诉人主张所涉代付款项未实际履行,故不予采纳;7. (2018)黔02××民初1957号民事调解书,(2019)黔02××执913号执行裁定书,当事人缴款通知书,资金结算专用凭证(60320元),(2019)黔02××民初1742号、1662号、1656号、1663号、1660号、1659号民事调解书,上诉人无异议,予以采纳。

二审经审理查明:2018年1月18日,被上诉人作为甲方、上诉人作为乙方签订《劳务协作合同》,约定被上诉人将"×××至×××乡道工程"工程(暂定名)的劳务分包给上诉人,工程范围为:路基工程、路面工程、桥梁涵洞工程、交叉工程、公路设施及预埋管线工程、绿化及环境保护工程等,具体施工范围由甲方根据施工进展情况调整。

双方签订了落款时间为2018年4月18日的"×特区××至××等工程结算协议书"(以下简称4月18日结算协议),约定:工程结算总金额55906383元,扣除质保金、应扣款项、已支付款项后,被上诉人欠付工程款15788532元。被上诉人应于2018年11月25日前支付1450000元,于2019年1月15日前支付4550000元,余款(除质保金外)在2019年5月1日前付清。质量问题由双方共同聘请第三方检测单位,在双方共同在场的情况下对乙方所做工程进行检测。如存在质量缺陷,经第三方确认为上诉人责任,则上诉人负责整改修复;若被上诉人拒绝修复的,上诉人有权聘请他人进行修复,修复费用从质保金中扣除。质保期从2017年10月31日开始计算两年。

之后,双方又签订了落款时间为2018年4月26日的《关于××施工×队〈结算协议书〉的补充协议》(以下简称"补充协议"),约定:结算金额55906383元,扣留质保金1677191元、扣除物资材料款8643982.44元,被上诉人应支付47262400.56元。截至2018年11月24日被上诉人已支付33557113.5元,被上诉人欠付13705287.06元(含质保金)。被上诉人应于2018年11月30日前付1450000元,于2019年1月15日前付4550000元,余款6028095.57元(已扣质保金)在2019年5月1日前付清。质保金在两年质保期满且施工无质量问题或缺陷后支付。补充协议第6条内容为:根据项目财务部提供的附件7《×队付款明细表》(截至2018年11月24日),目前×队已支付额为33557113.5元。该附件统计的付款明细表中包含:2018年9月27日付款632031元、2018年10月31日付款1419587.5元。

被上诉人提交了落款时间为2018年11月18日,甲方为×××、乙方为××,尾部甲方处加盖了被上诉人合同专用章、乙方处加盖了上诉人公章的结算协议(以下简称11月18日结算协议),内容主要为甲方欠乙方257975元,由于建设单位(甲方发包单位)原因不能及时支付,乙方同意在甲方款项到位后再付给乙方。

被上诉人一审中提交的证据显示其向上诉人支付了4笔款项:2018年9月27日632031元、2018年10月31日1600788.5元、2018年11月26日1644030.7元,2019年2月1日2139844元。共计6016694.2元。

根据一审法院于2018年10月26日作出的(2018)黔02××民初1957号民事调解书,在(2019)黔02××执913号案中一审法院向被上诉人发送当事人缴款通知书,通知被上诉人缴纳款项61125元。

一审法院作出的(2019)黔02××民初1742号、1662号、1656号、1663号、1660号、1659号民事调解书确认:上诉人向被上诉人转移债务共计239601元。

本院认为,本案二审的争议焦点为:双方签订的4月18日结算协议、补充协议及被上诉人提交的11月18日结算协议应当如何采信。

经审查,根据4月18日结算协议和补充协议的约定,对于工程欠款金额和欠款支付时间的内容,补充协议对4月18日结算协议进行了变更,故欠款金额和欠款支付时间应以补充协议约定为准。关于补充协议的实际签订时间问题。补充协议中明确了被上诉人已支付款项的依据为"附件7《×队付款明细表》(截至2018年11月24日)",该附件上有被上诉人的部门负责人××签字,落款时间为2018年11月24日,可以证实补充协议的实际签订时间应不早于2018年11月24日,否则被上诉人不可能统计到2018年11月24日止的付款。因此,对上诉人主张补充协议的落款时间与实际签订时间不符的上诉理由,本院予以采信。

关于11月18日结算协议应否采信的问题。该协议形式上存在问题:协议中原有的工程总价款、甲方已付款内容没有明确,协议中的重要内容甲方欠款金额、未付款原因系手写添加,未经盖章确认。实质上存在问题:欠款金额257975元是如何计算出来的没有任何依据。二审中,被上诉人称系结算金额9888251元减去返工费9630277元后得到欠款金额257975元,又称该返工费9630277元未经过上诉人认可,需要人民法院予以确认,故可以推定该结算协议中手写添加的欠款金额257975元系被上诉人单方书写,未经上诉人确认。该结算协议并非双方真实意思表示,本院不予采信;一审将该结算协议作为裁判依据不当,本院予以纠正。

根据补充协议的约定,被上诉人除质保金外尚欠上诉人工程款12028095.57元。对于被上诉人一审中提出的四笔付款应否抵扣工程欠款的问题。因2018年9月27日632031元已经统计在补充协议的附件7《×队付款明细表》(截至2018年11月24日)中,故该款不予扣除。2018年10月31日1600788.5元、2018年11月26日1644030.7元、2019年2月1日2139844元均未统计在补充协议的附件7《×队付款明细表》(截至2018年11月24日)中,故应予扣除。应扣除已付款共计5384663.2元。

(2019)黔02××民初1742号、1662号、1656号、1663号、1660号、1659号民事调解书中上诉人向被上诉人转移债务239601元,加上被上诉人在(2019)黔02××执913号案中支付的执行款61125元,共计299921元,应予扣除。

被上诉人欠付款项(除质保金外)计算为:12028095.57元-5384663.2元-299921元=6343512.35元。根据补充协议的约定,余款6028095.57元应于2019年5月1日前付清,故利息自2019年5月1日起开始计算,以欠款6343512.35元为基数,按照中国人民银行短期贷款年利率4.35%计算。对被上诉人提出的质量问题,根据4月18日结算协议的约定,双方另行解决,本案不作处理。

综上所述,上诉人A公司的上诉请求部分成立,部分予以支持;一审判决认定事实不清,应予纠正。依照《合同法》第60条(现《民法典》第509条)、《民事诉讼法》第170条第1款第3项规定,判决如下:

一、撤销贵州省某区人民法院(2019)黔02××民初22××号民事判决;

二、被上诉人B公司于本判决生效之日起10日内支付上诉人A公司工程款6343512.35元及利息(利息以欠款6343512.35元为基数,自2019年5月1日起,按照中国人民银行短期贷款年利率4.35%计算至全部欠款付清止);

三、驳回上诉人A公司的其他诉讼请求。

如义务人未按照本判决指定的期间履行给付金钱义务,应当依照《民事诉讼法》第253条的规定,加倍支付迟延履行期间的债务利息。

一审案件受理费 41455 元、二审案件受理费 82910 元，共计 124365 元，由上诉人 A 公司负担 46906 元，被上诉人 B 公司负担 77459 元。

本判决为终审判决。

审 判 长　岑××
审 判 员　徐　×
审 判 员　蒙××
2020 年 4 月 30 日
法官助理　张××
书 记 员　熊　×

【再审裁定书】

贵州省高级人民法院
民事裁定书

（2020）黔民申 34××号

再审申请人（一审原告、二审上诉人）：A 公司。住所地：×××。

法定代表人：××，该公司××。

委托诉讼代理人：××，×，××××年××月××日出生，×族，住×××，系该公司×项目部××。

委托诉讼代理人：马娟，北京双北律师事务所律师。

再审申请人（一审被告、二审被上诉人）：B 公司。住所地：×××。

法定代表人：××，该公司××。

委托诉讼代理人：×××，×，××××年××月××日出生，×族，住×，系该公司××。

委托诉讼代理人：××，××××。

再审申请人 A 公司因与再审申请人 B 公司建设工程施工合同纠纷一案，不服贵州省某中级人民法院（2020）黔 0×民终 2×5 号民事判决，向本院申请再审。本院依法组成合议庭进行了审查，现已审查终结。

A 公司申请再审称，根据补充协议附件 7 中的付款明细表对账单载明 2018 年 10 月 31 日 B 公司向 A 公司支付的款项为 1419587.5 元，该笔款项就是金额为 1600788.5 元收据上的款项。因为 B 公司对所有施工单位的付款流程都是先填写收据后付款，并不是按照收到工程款的实际金额填写,所以A公司应B公司的要求出具2018年10月31日1600788.5元的收据,但B公司在2018年10月31日只支付了1419587.5元,A公司也只收到了1419587.5元的款项。在原审中B公司只提交了收据而没有提交银行汇款明细等证据加以佐证,二审判决从欠款总金额中扣除1600788.5元,属于错误重复抵扣,使A公司应该得到的工程款减少了1600788.5元。综上,A公司依据《民事诉讼法》第200条第2项之规定申请再审。

B公司申请再审称,1.经国家专门机构鉴定证明A公司的施工质量存在缺陷需要返工,因A公司拒绝返工,B公司已经委托第三方施工,4月18日的结算协议是B公司原负责人离任时签订的,未在结算款中冲减因质量不合格而发生的返工费用,该返工费用虽未经造价鉴定,但是客观公平并实际发生的。二审判决对"4月18日结算协议",仅片面认定"双方计算的施工完工应付款数字"内容,回避了"双方约定的施工质量缺陷扣除相关费用"的内容,系认定事实不清。2.11月18日的结算协议是A公司在留有空白内容的末次《结算协议》上盖章签字并签署日期后交给B公司的,B公司如实填写了冲减返工费用后的欠款为257975元,并不违背A公司的真实意思表示,不影响该结算协议的合法性和效力。根据最高人民法院(2018)最高法民申3112号、1165号、4176号指导判例中关于"将留有空白内容合同(协议)交与相对方的,应视为对合同内容的无限授权,合同相对方可以填写相应内容"的裁判结果,A公司的行为系"无限授权"B公司在结算协议空白处填写末次结算数额。本案应以11月18日结算协议作为定案依据。二审判决认定11月18日结算协议的数额系单方面书写,未经A公司确认,非双方真实意思表示,属于认定事实和适用法律错误。综上,B公司依据《民事诉讼法》第200条第6项之规定申请再审。

A公司提交意见称,1.4月18日双方签订结算协议后,又签订了补充协议,确定B公司的欠款数额。在补充协议中明确双方结算的依据是"附件7《××付款明细表》(截至2018年11月24日)",该附件上有B公司的部门负责人××签字,落款时间为2018年11月24日,补充协议是应B公司的要求将落款时间写成2018年4月26日,但并不影响双方确认债权的实质,补充协议对结算协议进行了变更,欠款金额和支付时间应当以补充协议为准。而2018年11月18日的计算协议属于空白页,上面的内容属于单方手写,未经A公司确认,并且该结算协议对于工程总价款、甲方已付款、甲方欠款、未付款原因及欠款金额计算方式等内容均没有记录,同时B公司在原审中主张该结算协议中的欠款金额257975元系结算金额9888251元冲减返工费9630277元后计算而来,但是又表示该返工费未经A公司认可,是自己单方认定,故二审判决不予采信2018年11月18日的结算协议是正确的,属于依法纠错。2.B公司所主张的最高人民法院判例属于担保合同纠纷,涉及空白合同内容仅限于保证方式和保证时限。本案属于建设工程施工合同纠纷,涉及的空白合同内容直接关系着工程款数额的结算，且案涉工程款数额巨大，不应当视为对合同内容的无限授权，B公司曲解最高法的裁判初衷，严重干扰经济活动的有序和稳定，本案不能参照适用。

本院经审查认为，A公司、B公司的申请再审理由符合《民事诉讼法》第200条第2项规定的情形。

依照《民事诉讼法》第204条、第206条，《最高人民法院关于适用〈中华人民共和国民事诉讼法〉的解释》第395条第1款的规定，裁定如下：

一、指令贵州省某中级人民法院再审本案；

二、再审期间，中止原判决的执行。

审判长　张　×

审判员　刘××

审判员　吴××

2021年3月2日

法官助理　刘　×

书记员　刘××

【代理词】

代　理　词

尊敬的审判长、审判员：

受上诉人A公司的委托，就其诉B公司建设工程施工合同纠纷发回重审一案，通过庭前调查了解情况，阅卷后详细分析，特别是今天的庭审，我对本案事实和法律关系有了更加清晰的认识。现依据事实与法律，发表如下代理意见，供合议庭参考。

一、原审法院错误地将2018年10月31日被上诉人付款1419587.5元与2018年10月31日上诉人出具的1600788.5元收据，当成了两笔不同的付款，进行了两次抵扣，而实际上，这是一笔付款，只不过实际付款数额与收据上显示的数额有出入。因此，原审法院在确认债权计算中多抵扣了1600788.5元，属于事实没有查清。

二、被上诉人与所有施工单位款项往来的流程都是"先打收据后付款"，本案也是采用这种习惯性的做法，上诉人先出具了收据，被上诉人后通过银行汇款方式付款。

被上诉人在与所有的施工单位进行款项往来中都是采取"先打收据后付款"的模式，本案也是采用这种习惯性做法。2018年10月31日，上诉人应被上诉人的要求先出具了编号为0061644的收款收据,内容为"今收到B公司贵州省某市农村公路项目部交来工程服务款壹佰陆拾万零柒佰捌拾捌元伍角整",上诉人加盖公章。

三、被上诉人实际上付款数额与收据上的数额不符,实际付款1419587.5元,有付款明细表对账单为证。

被上诉人要求上诉人事先出具1600788.5的收据后,实际上被上诉人在2018年10月31日向上诉人所属的58名工人个人账户进行批量付款,但是由于6个工人个人账户出错而原路返回被上诉人账户。该6名工人个人账户总计原路退款181201元,与被上诉人2018年10月31日付款数额1600788.5元扣减原路返回的181201元后,恰好就是1419587.5元。

2018年11月24日,上诉人与被上诉人进行对账,在附件7的付款明细表中,明确显示2018年10月31日被上诉人付款1419587.5元,该对账单上,被上诉人一方刘某签字确认。

这实际上就是一笔付款,原审判决错误地认为存在两笔汇款1600788.5元和1419587.5元,结果错误地多抵扣了1600788.5元。如果按照被上诉人的逻辑,上诉人的账户在2018年10月31日应到账3020376元才对。

四、被上诉人实际欠款数额为7944300.85元,具体计算方式如下:

1.工程结算总金额55906383元,经双方签订《关于××队〈结算协议书〉的补充协议》(以下简称补充协议),确定截至2018年11月24日,被上诉人应付欠款为12028095.57元(不含质保金)。该事实双方均认可,并且在贵州省某中级人民法院(2020)黔0×民终2×5号民事判决书第11页倒数第4、5行经法院确认。

2.补充协议附件7《××队付款明细表》(截至2018年11月24日)中,双方对账后被上诉人已付款33557113.5元,该附件上有被上诉人的部门负责人刘某签字。其中,该明细表中包含了2018年10月31日被上诉人付款1419587.5元,该笔款项实际上就是2018年10月31日上诉人出具的1600788.5元收据。

3.对账后,被上诉人付过两笔款项应予以抵扣,分别是2018年11月26日1644030.7元和2019年2月1日2139844元,两笔总计3783875.7元。

4.(2019)黔02××民初1742号、1662号、1656号、1663号、1660号和1659号民事调解书中上诉人向被上诉人转移债务239601元,加上被上诉人在(2019)黔02××执913号案中支付的执行款61125元(含执行费805元),总计299921元,应予抵扣。该事实双方均认可,并且在贵州省某中级人民法院(2020)黔0×民终2×5号民事判决书第11页上数第5、6、7、8行经法院确认。

综上,被上诉人实际应付欠款(不含质保金)计算为:12028095.57元-3783875.7元-299921元=7944300.85元。

五、原审法院没有查明事实,导致多抵扣了1600788.5元。

原审二审开庭时，由于A公司的代理人张某未到庭(见二审卷第151页)，二审法官与张某微信质证(见二审卷第176页)。法官问“对方是批量付款，你方是否确认收到款项?”张某回答“我们公司没收到”，指的是一审正卷二(第232页)证据收款收据0061644中的批量给58个工人付款，没有付给A公司账号；法官问“你提供的工人已经收到了”，张某回答“是的，有收到的”，指的是大部分工人收到了，有6个工人因个人账户出错而导致原路退款。由于微信质证导致事实核查不清，最终二审法院错误认为批量付款的1600788.5元与收据上的1600788.5元是一笔，错误认为2018年10月31日实际付款1600788.5元；实际情况是批量到账仅1419587.5元，这也就是在2018年11月26日附件7对账明细中显示2018年10月31付款金额1419587.5元的原因。

六、被上诉人一直主张的“质量问题”抗辩理由不成立。

1. 被上诉人在质保期内从未提出过质量问题，按照法律规定视为无质量问题。

2. 至于检测报告，检测机构于2018年8月6日已作出，报告上明确规定15日复议期。被上诉人根本未送达给上诉人，且检测机构也并非双方协议约定的共同指定检测机构(见2021年6月22日某中院二审开庭质证笔录第19~21页，已作为新证据提交)，检测属于被上诉人单方行为，对上诉人不产生法律效力。

3. 至于返工费，根本未经上诉人同意(见二审卷第154页)，也属于被上诉人的单方行为，对上诉人不产生法律效力。

综上所述，贵州省某中级人民法院(2020)黔0×民终2×5号民事判决，没有查清本案事实中双方之间款项往来的实际情况。该事实属于关键问题，直接决定了双方之间债权的确定。

原审中，被上诉人仅提交了收据，而该收据属于在被上诉人要求下事先书写，客观上与被上诉人实际付款数额不一致。没有提交其他有关该笔付款的证据，比如银行汇款明细等。原审法院没有认真核对，就依此认定，最终错误地重复抵扣，导致错误认定债权。

故，恳请贵院依法审查，依法纠错，予以改判，真正做到维护上诉人的合法权益！

此致

贵州省某中级人民法院

代理人：北京双北律师事务所
马娟　律师
2021年7月5日

【指令再审判决】

贵州省某中级人民法院
民事判决书

(2021)黔0×民再51号

再审申请人(原审被告、二审上诉人):A公司,住所地:×××,统一社会信用代码:×××。

法定代表人:××,系该公司××。

委托诉讼代理人:马娟,系北京双北律师事务所律师,执业证号:××××××。

……

再审申请人(原审被告、二审被上诉人):B公司,住所地:×××,统一社会信用代码:×××。

法定代表人:××,系该公司××。

……

再审申请人A公司与再审申请人B公司建设工程施工合同纠纷一案,贵州省某区人民法院于2019年10月15日作出(2019)黔02××民初22××号民事判决,A公司不服,向本院提起上诉。本院于2020年4月30日作出(2020)黔0×民终255号民事判决,A公司、B公司均不服,向贵州省高级人民法院申请再审,贵州省高级人民法院于2021年3月2日作出(2020)黔民申34××号民事裁定书,裁定指令本院再审本案。本院于2021年5月10日立案后,依法另行组成合议庭于2021年月6日公开开庭审理了本案。A公司的委托代理人马娟、××,B公司的委托代理人××到庭参加了诉讼。本案现已审理终结。

A公司申请再审请求:1.改判(2020)黔0×民终255号民事判决第二项:"欠款金额6343512.35元变更为7944300.85元(不含质保金及利息),以及利息基数同时做出相应改变。"2.本案一、二审及再审诉讼费由被申请人承担。事实与理由:根据补充协议附件7中的付款明细表对账单载明2018年10月31日B公司向A公司支付的款项为1419587.5元,该笔款项就是金额为1600788.5元收据上的款项,因为B公司对所有施工单位的付款流程都是先填写收据后付款,并不是按照收到工程款的实际金额填写,所以A公司应B公司的要求出具2018年10月31日1600788.5元的收据,但B公司在2018年10月31日只支付了1419587.5元,A公司也只收到了1419587.5元的款项，在原审中B公司只提交了收据而没有提交银行汇款明细等证据加以佐证，二审判决从欠款总金额中扣除1600788.5元，属于错误重复抵扣，使A公司应该得到的工程款减少了1600788.5元。

B公司申请再审请求：1.撤销(2020)黔0×民终255号民事判决，维持(2019)黔02××民初22××号民事判决。2.本案一、二审诉讼费由被申请人承担。事实与理由：1.经国家专门机构鉴定证明A公司的施工质量存在缺陷需要返工，因A公司拒绝返工，B公司已经委托第三方施工，4月18日的结算协议是B公司原负责人离任时签订的，未在结算款中冲减因质量不合格而发生的返工费用，该返工费用虽未经造价鉴定，但是客观公平并实际发生的。二审判决对"4月18日结算协议"，仅片面认定"双方计算的施工完工应付款数字"内容，回避了"双方约定的施工质量缺陷扣除相关费用"的内容，系认定事实不清。2. 11月18日的结算协议是A公司在留有空白内容的末次《结算协议》上盖章签字并签署日期后交给B公司的，B公司如实填写了冲减返工费用后的欠款为257975元，并不违背A公司的真实意思表示，不影响该结算协议的合法性和效力。根据最高人民法院(2018)最高法民申3112号、1165号、4176号指导判例中关于"将留有空白内容合同(协议)交与相对方的，应视为对合同内容的无限授权，合同相对方可以填写相应内容"的裁判结果，A公司的行为系"无限授权"B公司在结算协议空白处填写末次结算数额。本案应以11月18日结算协议作为定案依据。二审判决认定11月18日结算协议的数额系单方面书写，未经A公司确认，非双方真实意思表示，属于认定事实和适用法律错误。

A公司辩称，1.4月18日双方签订结算协议后，又签订了补充协议，确定B公司的欠款数额。在补充协议中明确双方结算的依据是"附件7《××队付款明细表》(截至2018年11月24日)"，该附件上有B公司的部门负责人××签字，落款时间为2018年11月24日，补充协议是应B公司的要求将落款时间写成2018年4月26日，但并不影响双方确认债权的实质，补充协议对结算协议进行了变更，欠款金额和支付时间应当以补充协议为准。而2018年11月18日的计算协议属于空白页，上面的内容属于单方手写，未经A公司确认，并且该结算协议对于工程总价款、甲方已付款、甲方欠款、未付款原因及欠款金额计算方式等内容均没有记录，同时B公司在原审中主张该结算协议中的欠款金额257975元系结算金额9888251元冲减返工费9630277元后计算而来，但是又表示该返工费未经A公司认可，是自己单方认定，故二审判决不予采信2018年11月18日的结算协议是正确的，属于依法纠错。2.B公司所主张的最高人民法院判例属于担保合同纠纷，涉及空白合同内容仅限于保证方式和保证时限，本案属于建设工程施工合同纠纷，涉及的空白合同内容直接关系着工程款数额的结算，且案涉工程款数额巨大，不应当视为对合同内容的无限授权，B公司曲解最高法的裁判初衷，严重干扰经济活动的有序和稳定，本案不能参照适用。请求驳回B公司的再审请求。

B公司辩称,1. A公司诉请所谓9888251.57元工程欠款,是未冲减"因质量不合格而返工费用、部分已支付费用、因诉讼已转让债务"之前的数额。2018年4月双方签订的《结算协议》和《补充协议》仅对A公司完成工程量计价结算,但未涉及因质量不合格而返工费用如何冲减,《补充协议》后B公司又支付四笔款计5016694元,但A公司只认2139844元,因六个民事诉讼案,B公司向A公司转让债务2139844元。2. 2018年11月18日双方确认的"结算协议"是综合考虑前期结算和返工成本而确认的债权债务文书,应作为定案依据。该协议确认的257975元未付款数额,不是上述应付款、已付款,计价款、返工款之间的简单相加、相减或冲抵,而是双方综合各种因素和公平原则而行使的处分权。A公司称该协议是《劳务协作合同》的空白附件,理由不成立,《劳务协作合同》有11个附件,合同正文与附件的页码排序是连续的,即正文第1~20页,附件第21~28页,《劳务协作合同》与附件中甲、乙方名称是一致的,与结算协议不一致。虽然当初《劳务协作合同》注明结算协议作为附件,但那是等将来工程结束、签订结算后归到合同资料中,如果当时就有结算附件,既不现实,也不合逻辑。3. B公司于2018年9月27日代××劳务有限公司支付的人工费1419587.5元和2018年10月31日支付给A公司的1600788.5元属于二笔款项,并没有重复抵扣。综上,请求驳回A公司的再审请求。

A公司向一审法院起诉请求:略

一审法院认定事实:略

一审法院认为,略

A公司上诉请求:1. 撤销贵州省某区人民法院(2019)黔02××民初22××号民事判决,改判被上诉人向上诉人支付工程款9888251.57元,并支付逾期付款利息损失296647元及依中国人民银行规定的金融机构逾期贷款利率计算的利息至工程款付清为止,或依法发回重审本案;2. 诉讼费由被上诉人承担。

二审经审理查明:略

二审认为,略

在再审审理过程中,申请人A公司提交下列证据:2021年6月22日质保金一案二审期间的质证笔录。证实因B公司未将检测报告送达给A公司,案涉工程不存在质量问题。申请人B公司质证认为:真实性无异议、关联性均无异议,对证明目的有异议,达不到对方当事人的证明目的。理由:1. 涉案工程出现质量问题时对方已撤场,我方也通知A公司,A公司已知晓工程发生了质量问题;2. 因A公司撤场未返回,双方无法协议一致去共同聘请有关部门进行鉴定,按施工要求由建设单位指定的第三方;3. 虽送达方式有瑕疵,但不能否认涉案工程已存在质量问题,当时本案一审时曾申请法庭现场勘验,并停止返工修复,目前该质量问题的现状仍保留待修复,对于质量问题我方已经另案起诉了A公司,某法院已经受理。对A公司提供的证据因与本案无关联性,本院不予采信。

申请人B公司提交了下列新证据:账户明细凭证,证实××××财务有限公司为B公司代A公司支付××、×××、×××、×××、××工资共计181201元。申请人A公司对该证据不持异议。对B公司提供的账户明细凭证,符合证据的三性,本院予以采信。

本院再审查明:2018年1月18日,××劳务有限公司作为甲方,B公司作为乙方签订《劳务协作合同》,约定甲方将"××工程"工程(暂定名)的劳务分包给乙方司工程范围为路基工程、路面工程、桥梁涵洞工程、交叉工程、公路设施及预埋管线工程、绿化及环境保护工程等,具体施工范围由甲方根据施工进展情况调整。

××劳务有限公司进场施工后,2018年4月18日,双方签订"×区××至××等工程结算协议书"(以下简称"4月18日结算协议"),约定:工程结算总金额55906383元,扣除质保金应扣款项、已支付款项后,B公司欠付工程款15788532元。B公司应于2018年11月25日前支付1450000元、于2019年1月15日前支付4550000元,余款(除质保金外)在2019年5月1日前付清。质量问题由双方共同聘请第三方检测单位,在双方共同在场的情况下对乙方所做工程进行检测。如存在质量缺陷,经第三方确认为上诉人责任,则××劳务有限公司负责整改修复;若B公司拒绝修复的,××劳务有限公司有权聘请他人进行修复,修复费用从质保金中扣除。质保期从2017年10月31日开始计算两年。

之后,双万又签订了落款时间为2018年4月26日的《关于××施工×队〈结算协议书〉的补充协议》约定:结算金额55906383元不变,扣留质保金1677191元和物资材料款共计8643982.44元,B公司应支付47262400.56元。扣除2018年9月27日付款632031元、2018年10月31日付款1419587.5元,截至2018年11月24日B公司已支付33557113.5元,B公司欠付13705287.06元(含质保金1677191元)。B公司应于2018年11月30日前付1450000元,于2019年1月15日前付4550000元,余款6028095.57元(已扣质保金)在2019年5月1日前付清。质保金在两年质保期满且施工无质量问题或缺陷后支付。

2018年9月27日,B公司代××有限公司支付人工费1419587.5元。

2018年11月18日,×××(甲方)代表B公司、××(乙方)代表××劳务有限公司签订《结算协议》,内容主要为甲方欠乙方款项257975元(注:257975元为手写字体),由于建设单位(甲方发包单位)原因不能及时支付,乙方同意在甲方款项到位后再付给乙方。该《结算协议》中所涉及手写的内容未予××劳务有限公司协商,均由B公司人员自行填写。

2018年11月26日,B公司支付给××劳务有限公司款项1644030.7元,2018年12月25日,B公司代××劳务有限公司支付人工费181201元。2019年2月1日,B

公司支付给××劳务有限公司款项2139844元。一审法院于2018年10月26日作出的(2018)黔02××民初1957号民事调解书,由××劳务有限公司支付给×××碎石加工费75400元,×××申请执行后,一审法院通知B公司缴纳款项61125元,B公司将该款汇入一审法院支付给×××。一审法院作出(2019)黔02××民初1742号、1662号、1656号、1663号、1660号、1659号民事调解书确认,由B公司支付给×××等六人的运输费等共计239601元,该费用的支出作为B公司应支付给×××劳务有限公司的工程款。以上B公司支付给×××劳务有限公司款项(含代为支付的人工费、运输费等)共计4265801.7元。

2019年5月7日,×××劳务有限公司变更为A公司。

本院再审认为,审理本案的焦点为:再审申请人B公司欠付再审申请人A公司多少工程款。

B公司与×××劳务有限公司签订《劳务协作合同》系真实意思表示,内容未违反法律法规的禁止性规定,为合法有效的协议,双方均应按照《劳务协作合同》的约定诚信履行相应的义务。工程施工过程中和投入使用后,×××劳务有限公司与B公司签订的2018年4月18日《结算协议》和2018年《补充协议》,确定了B公司尚欠A公司的工程款为13705287.06元(含质保金1677191元),对此,双方予以认可,因此本院予以采纳双方认可B公司在签订2018年《补充协议》时尚欠A公司的工程款为13705287.06元(含质保金1677191元)。对于2018年11月18日签订的《结算协议》,因在2018年11月18日之后,B公司直接支付或者代为支付给A公司的款项远远超过257975元,且该"257975元结算款"未经双方协商,系B公司员工自行填写,该结算金额并非双方实际结算金额,B公司通过之后的付款行为已经否定了2018年11月18日签订的《结算协议》的结算金额,因此,2018年11月18日签订《结算协议》的结算金额"257975元"对双方不发生法律效力,B公司提出应按照2018年11月18日签订《结算协议》的结算金额确定欠付款的理由,无事实和法律依据,本院不予采纳。根据2018年《补充协议》的约定,B公司尚欠A公司的工程款为13705287.06元(含质保金1677191元),诉讼中,B公司提供了证据证实其又支付或代为支付款项4265801.7元,考虑到质保金因B公司对工程提出质量问题,在本案中难以处理质保金是否应予返还,因此对于质保金返还问题和工程质量问题不予处理,双方可自行协商或者另案处理。B公司提出2018年10月31日支付了1600788.5元的理由,因其提供的2018年10月31日资金结算专用凭证中没有收款人,不能证实其已经将该款支付给A公司,且结合A公司提出1600788.5元款项就是2018年9月27日代为支付的人工费1419587.5元和2018年12月25日代为支付的人工费181201元共计1600788.5元的事实,B公司认为2018年10月31日已支付1600788.5元款项的理由证据不充分,本院不予支持。以上表明,B公司欠付A公司的工程款为:13705287.06元-1677191元-4265801.7元=7762294.36元。

综上,原判认定案件事实不清。依照《民事诉讼法》第170条第1款第三项、第207条的规定,判决如下:

一、撤销本院(2020)黔0×民终255号民事判决和某区人民法院(2019)黔02××民初22××号民事判决;

二、再审申请人B公司于本判决生效之日起10日内支付再审申请人×××劳务有限公司工程款7762294.36元及利息(利息以欠款7762294.36元为基数,自2019年5月1日起,按照中国人民银行短期贷款年利率4.35%计算至全部欠款付清止);

三、驳回再审申请人A公司的其他诉讼请求。

一审案件受理费41455元、二审案件受理费82910元,共计124365元,由A公司负担36906元,B有限公司负担87459元(一、二审诉讼费A公司已预交,由B公司于本判决生效之日起10日内支付给A公司)。

如果未按本判决指定的期间履行给付金钱义务,应当依照《民事诉讼法》第253条规定,加倍支付迟延履行期间的债务利息。

本判决为终审判决。

审 判 长　张　×
审 判 员　刘　×
审 判 员　付××
2021年8月9日
法官助理　尹××
书 记 员　陈××

办案总结

1.马娟律师从建设工程纠纷案件的特点着手,紧抓劳务施工方面的不规范之处,找出本案的切入点。

2.认真细致地梳理证据,从细微处找问题,接受案件后,马娟律师亲自去原审各级法院调取卷宗,详细分析,找到问题以后多次与高级人民法院负责审查申请再审的承办法官联系沟通,积极争取到当面与承办法官交流案件的机会,耐心细致地梳理原审法院在认定证据的错误之处,最终说服法官裁定本案再审,中止执行,指令贵州省某中级人民法院再审。

3.在再审过程中,马娟律师在没有任何新证据的情况下,紧抠原审提交证据的细节,在当事人双方之间付款往来不规范的情况下,一笔笔地对账、核实,利用诉讼可视化思维,用列图表的形式,清晰地指出原审认定证据的错误。

再审庭审中,马娟律师指出:

A公司与B公司款项往来流程都是"先打收据后付款",2018年10月31日,A公司先出具了1600788.5元的收据。B公司于2018年10月31日向A公司的58名工人个人账户批量付款,但由于6名工人账户出错而导致款项原路返回至B公司账户,总计原路退款181201元。用付款数额1600788.5元扣减原路退款181201元后,恰好就是结算协议补充协议附件7付款明细中,2018年10月31日B公司付款金额1419587.5元。因此,收据的1600788.5元与付款明细中的1419587.5元实际上是一笔付款,不能重复抵扣。

在详细的证据分析面前,B公司承认了上述事实,当庭提交了2018年12月25日再次给6名工人付款181201元的付款凭证。

通过以上认真细致的工作,马娟律师替A公司挽回了1419587.5元的经济损失。

专家点评

一、一审概要

B公司承包某工程后,2016年6月将该工程的劳务工程发包给A公司。同年6月,A公司开始进场施工。2017年年底,A公司承包的劳务工程完工。2018年4月,B公司对A公司承包的劳务工程进行核实验收,B公司书面承诺工程款余款分三次付清。A公司多次追偿未果,将B公司诉至贵州省某区人民法院。

一审诉讼中,B公司认为应该按照双方2018年11月18日签订的结算协议,实际尚欠A公司257975元工程款未付,且该未付款和质保金双方约定待建设单位付款后再支付,属于未到期债务。一审法院判决驳回A公司的诉讼请求。

二、二审概要

A公司向贵州省某中级人民法院提出上诉。二审法院经审查,采信了上诉人主张补充协议的落款时间与实际签订时间不符的上诉理由。针对结算协议形式上和实质上均存在问题,该结算协议并非双方真实意思表示,一审将该结算协议作为裁判依据不当,予以纠正。

二审判决撤销贵州省某区人民法院判决;判决B公司支付A公司工程款6343512.35元及利息。

三、再审申请概要

二审判决后,A公司向贵州省高级人民法院申请再审。由于原审法院认定事实中存在错误重复抵扣,使A公司应该得到的工程款减少了1600788.5元,贵州省高级人民法院遂作出裁定指令贵州省某中级人民法院再审本案。

四、再审概要

再审中确定审理本案的焦点为再审申请人B公司欠付再审申请人A公司多少工程款。

双方均予以认可的A公司与B公司签订的2018年4月18日《结算协议》和2018年《补充协议》，确定了B公司尚欠A公司的工程款为13705287.06元(含质保金1677191元)。B公司主张的《结算协议》的结算金额，无事实和法律依据；B公司提出2018年10月31日支付了1600788.5元，不能证实其已经将该款支付给A公司。以上表明，B公司欠付A公司的工程款为7762294.36元。

再审法院认为原判认定案件事实不清，再审判决撤销原一审和二审判决；判决B公司支付A公司工程款7762294.36元及利息。

五、案件分析

1. 围绕本案争议焦点B公司欠付A公司多少工程款的问题

双方签订《结算协议》和《补充协议》，确定应付欠款数额双方均确认，可见B公司欠付A公司工程款事实清楚，证据确凿。

2. B公司是否重复抵扣的问题

B公司一直采取"先打收据后付款"的方式向A公司支付工程款。2018年10月31日，B公司仅付款一笔，金额为1419587.5元。与A公司2018年10月31日出具的收据金额为1600788.5元实质为一笔汇款。B公司所述的支付又一笔1600788.5元，没有转款记录印证。

3. 敬业与责任

本案经历了一审、二审、再审申请和再审四个阶段，看着这四份判决，我们不由地感受到律师在每一个案件中利用专业知识维护人民群众合法权益，维护法律公正实施的重大作用。本案一波三折，最终靠着律师扎实的专业知识、敬业的态度和强大的责任意识，用事实说话，用证据服人，赢得获胜的判决。

我们每一名律师都希望自己代理的案件胜诉，自己的事业不断发展。其中的诀窍就在于对待我们的案件的心态。看完这个案件的判决书，我们会发自内心地称赞马娟律师办理案件的认真细致、耐心和坚持。她从案件中施工方和承包方的不规范付款(先开收据后付款)之处入手，找到切入点；阅卷回来之后，对证据进行梳理，作出可视化表格，剖析二审判决错误之处；总结出收据的1600788.5元与付款明细中的1419587.5元实际上是一笔付款，不能重复抵扣的结论；再反复与再审法官联系沟通，让法官接受自己的再审申请意见，最终说服法官裁定本案再审，中止执行，指令贵州省某中级人民法院再审。到达再审阶段后，马娟律师又利用证据的详细分析，明确了争议双方实际支付款的数额，从而无可辩驳地指出原审法院在认定证据的错误之处。这样看来，通过马娟律师的努力，案件获胜不是偶然而是必然。

审核人、点评人：张砾心(北京律师智库重大复杂案件研究专家组成员)

复核人：王文杰(北京律师智库重大复杂案件研究专家组副组长)

建筑工程施工合同的效力

——A 建筑有限公司诉某市 a 置业有限公司建设工程施工合同纠纷

争议焦点

合同的效力及未竣工工程结算问题,工程量计算问题。

关键词

合同效力　事实认定　诉讼时效　优先偿付

案情简介

2012 年 10 月,A 建筑有限公司(以下简称 A)与某市 a 置业有限公司(以下简称 a)就某建筑项目施工总承包事宜进行初步沟通,后进场临建并开始施工。

2013 年 7 月 1 日,A 与 a 签订了《建设工程施工合同》,约定由 A 作为施工总承包单位承揽上述工程。

2014 年 8 月 18 日,A 与 a 签订了《建设工程施工合同补充协议》,约定了工程款支付形式、工期、交付标准及付款条件。

后因建设工程施工合同纠纷,A 于 2017 年 4 月 27 日向某省某中级人民法院提起诉讼,要求解除《建设工程施工合同》及其补充协议,a 支付工程款本金 37918987.49 元、利息 4973000 元及损失 3690538.8 元,并要求确认 A 就案涉工程享有工程价款优先受偿权。一审 A 诉讼请求没得到保护,二审法院改判,A 的几项诉讼请求得到了保护,最终取得了胜利。

案件历程

【民事起诉状】

民事起诉状

原告:A建筑有限公司。

住所地:××市××区XSHN路52号。

法定代表人:罗某某,系该公司董事长。

被告:某市a置业有限公司。

住所地:××市××区XM街34号。

法定代表人:包某某,系该公司董事长。

诉讼请求

一、依法判令解除原告与被告签订的《金融科技产业园一期工程施工合同》(以下简称施工合同)及其补充协议;

二、依法判令被告立即支付原告工程款本金37918987.49元、利息4973000.00元(按照银行同期贷款利率计算)、窝工费等损失3690538.80元,上述金额合计46582526.29元(上述利息和损失暂计至2017年3月31日,最终金额计算至被告清偿全部债务之日止);

三、依法确认原告享有工程价款优先受偿权,有权就承建的"金融科技产业园一期"工程拍卖或折价价款优先受偿上述工程款;

四、依法判令被告承担案件受理费等诉讼费用。

事实与理由

2013年7月1日,原告与被告签订施工合同,约定原告作为总承包单位施工承建被告开发的"金融科技产业园一期"工程。主体工程包括:A1#、A2#、A3#、A8#、A9#、A10#、A11#、A12#、A15#产业楼;A5#、A6#、A7#办公楼;1#、2#、3#地下车库。承包方式为:承包人以包工、包料、包管理、包质量、包工期、包文明施工、包安全、包验收合格的方式承包。

2014年8月18日,原被告双方就施工合同签订了补充协议。补充协议约定,原告的承包范围包括:原告按被告提供的产业园工程施工图纸、有关设计文件、设计说明及施工中的设计变更、图纸会审记录等规定内容承包施工,即除被告直接分包工程、被告供材料及设备外,其他的均由原告承包,包括但不限于金融科技产业园一期工程全套图纸、金融科技产业园工程交楼标准及甲方所发出的指令等内容。项目建筑面积为4.8万平方米,总价为7872万元。协议还对工程款支付形式、工期、交付标准及付款条件进行了确定。

施工合同第9条第4款约定,如果发包人未按双方约定按时足额支付承包人工程预付款和工程进度款,工程款按同期银行贷款利率计息,并且造成的其他一切损失由发包人承担。

施工合同第44条约定,因一方违约(包括因发包人原因造成工程停建或缓建)致使合同无法履行,可以解除合同;合同解除后,发包人应支付撤出场地的费用,并按合同约定支付已完工程价款。除此之外,有过错的一方应当赔偿因合同解除给对方造成的损失(包括按合同规定支付违约金)。

上述施工合同及补充协议签订后,原告全面履行了合同约定的各项义务。经初步结算,原告实际完成工程造价本金合计89659987.49元,经多次催要,被告仅支付原告51741000元工程款,尚欠工程造价本金37918987.49元。后长期拖欠原告巨额工程预付款及进度款,并导致施工进展缓慢、民工多次讨薪上访事件。原告多次向被告发函要求支付工程款,以解决工程施工和民工工资问题,但是,被告拒不配合和纠正,给原告造成了巨大经济损失。

鉴于上述情况诉至贵院,请求贵院依法判令解除原告与被告之间的建设工程施工合同;判令被告给付原告工程款、资金利息及各项损失;同时,请求贵院依法确认原告享有法定工程价款优先受偿权,有权就原告承建的“金融科技产业园一期”工程拍卖或折价价款优先受偿上述工程款。

此致

某省某中级人民法院

原告:A建筑有限公司

代理人:李学辉律师

2017年3月10日

【一审代理意见】

一审代理意见

尊敬的合议庭:

北京市兰台律师事务所接受A建筑有限公司(以下简称原告)的委托,指派李学辉律师担任原告与某市a置业有限公司(以下简称被告)建设工程施工合同纠纷一案的代理人。本案鉴定结论现已作出,并已进行多次庭前会议、开庭审理。代理人现结合鉴定结论、庭前会议的情况,发表如下代理意见,请法庭参考:

一、本案合同解除的条件已成就,双方应当解除合同

1. 合同解除的法律依据及合同依据

《合同法》第93条(现为《民法典》第562条)明确规定,当事人可以约定一方解除合同的条件,解除合同的条件成就时,解除权人可以解除合同。

本案中,原、被告双方在《金融科技产业园一期工程施工合同》(以下简称《施工合同》)中明确约定了合同解除的条件,具体涉及以下条款:

《施工合同》(通用条款)第44.2条:发生本通用条款第26.4条情况,停止施工超过56天,发包人仍不支付工程款(进度款),承包人有权解除合同。

《施工合同》(通用条款)第44.4条:有下列情形之一的,发包人承包人可以解除合同:(2)因一方违约(包括因发包人原因造成工程停建或缓建)致使合同无法履行。

《施工合同》专用条款第17.2条:发包人有下列情况之一时,承包人可以解除合同:发包人被认为有严重违反合同的其他违约行为。

2. 案件事实

从原告提供的工程款支付节点表格中可以清楚地看出,在多个付款节点,被告均存在拖延付款甚至欠付工程款的情况。比如,依据《金融科技产业园一期工程施工合同补充协议》(以下简称《补充协议》)第3条第2款第4项之约定,2014年10月31日,被告应付原告A11#楼的节点款144万元,但在原告依约完成节点工程的情况下,被告并未支付原告该笔款项;再如,《补充协议》第3条第4款约定被告应在2014年12月30日前按照本协议的工程造价支付至已完节点工程的80%。双方《补充协议》的合同暂定总价为7872万元,按照80%的比例,即被告应支付6297.6万元工程款,但截至目前,被告仅支付5174.1万元,即便是按照由被告确认的施工产值7500万元,被告也应当支付到6000万元。

因此,本案中被告存在延付、欠付工程款的违约行为。实际上,从案涉工程开始承建之初,案涉《补充协议》签订之前,被告就存在欠付工程款的情况,甚至因被告拒不支付工程款引发农民工上访。在这种情况下,原被告双方进行协商,达成《补充协议》。但《补充协议》的签订并未改善被告延付、欠付工程款的情况。

正因为被告的这种违约行为,案涉工程数次停建。在2016年9月底该工程彻底停止施工。

综上,代理人认为,被告多次延付、欠付工程款导致工程数次停建,无限缓建已经构成严重违约,截至起诉,该工程已停工将近半年,合同已无法继续履行,合同解除的条件已经成就。依据上述合同条款,原告有权要求解除合同,双方应当解除合同。

二、被告应当依据法律规定、合同约定承担合同解除之后的法律责任,向原告支付工程款本金、利息及赔偿

关于民事合同解除后的责任,《合同法》第97条规定,合同解除后,尚未履行的,终止履行;已经履行的,根据履行情况和合同性质,当事人可以要求恢复原状、采取其他补救措施,并有权要求赔偿损失。

本案原被告签订的《施工合同》和《补充协议》中亦包含关于合同解除及违约责任问题的条款,具体条款如下:

《施工合同》(协议书)第9条第4款:如果发包人未按双方约定按时足额的支付承包人工程预付款和工程进度款,工程款按同期银行贷款利率计息,并且造成的其他一切损失由发包人承担。

《施工合同》通用条款第26.4条:发包人不按合同约定支付工程款(进度款),双方又未达成延期付款协议,导致施工无法进行,承包人可停止施工,由发包人承担违约责任。

《施工合同》通用条款第35.1条,发包人不按合同约定支付工程款导致施工无法进行构成违约,发包人承担违约责任,赔偿因其违约给承包人造成的经济损失,顺延延误工期。双方在专用条款内约定发包人赔偿承包人损失的计算方法或者应当支付违约金的数额或计算方法。

《补充协议》第5条第1款,由于甲方原因付款延误,乙方有权要求乙方资金损失直至停工结束,并且由此造成的停工期的所有经济损失由甲方承担,工期相应顺延,乙方原因造成的停工工期不顺延,乙方承担损失。

基于上述法律规定和协议约定,原告要求被告承担违约责任及合同解除责任的范围包括:工程款本金,利息及资金损失,窝工费等其他损失。

1. 关于工程款本金。根据原告的核算,案涉工程造价本金合计89659987.49元。本案在诉讼过程中,原告已申请对双方存在争议的部分进行司法鉴定,目前鉴定机构已经出具《鉴定书》和《复议报告》。代理人在针对鉴定报告的质证意见中,已对鉴定机构的鉴定结论进行详细梳理。代理人认为,以合同约定的合同价款7872万元为基础,并酌情考虑鉴定机构的鉴定报告中所涉及的增减项能够计算出本案的工程款本金。

2. 关于利息及资金损失。《施工合同》(协议书)第9条第4款约定工程款按同期银行贷款利率计息;同时,《补充协议》第5条第1款约定,原告有权要求资金损失。经原告计算,该项金额为7742423.28元(从2015年1月1日起,按照年利率12%,暂计至2017年3月31日)。

3. 关于因窝工所产生的损失。基于被告的违约,案涉工程多次停工,产生了大量的窝工损失。因窝工所产生的损失系原告真实存在的损失,被告应当予以赔偿。此

项费用在鉴定机构的鉴定报告中亦有体现。鉴定报告中的争议六第1项挂瓦窝工费(54000元)及争议六第2项屋面工程窝工费(327750元)原告予以认可,被告应当依此进行赔偿。但争议六第3项"2015年6月底甲指分包进场延误导致工期延误人员工资",代理人认为,鉴定机构仅以08定额(较低)为标准计算,远远低于目前行业水平,亦低于原告的实际支出;同时鉴定机构所确定的费用未合理考虑管理人员的社保问题、基本的福利问题,造成该项鉴定结论远远低于原告的实际损失。在本案2018年3月19日开庭过程中,原告依据鉴定报告中的意见,已补充提供关于该项费用的《现场签证单》、财务明细账。依据《现场签证单》,因2015年6月底甲指分包进场延误导致工期延误所产生的人员费用共计3271685.08元,代理人恳请贵院能充分考虑原告的实际损失,对该项费用进行大幅调整。

三、本案原告不存在违约,被告反诉原告支付违约金没有任何依据

如上所述,本案工程的停建、缓建系因被告欠付工程款违约造成。且依据原告提交的证据组五第35项证据,工期延期至2017年3月30日系被告同意。因此,本案存在违约的系被告,而非原告,被告基于工程停工反诉要求原告承担每日1万元的违约金没有任何事实及法律依据。同时,被告并未对其所遭受经济损失进行举证,退一步讲,即使原告存在"所谓的违约",每日1万元的违约金明显过高,应予以大幅下调。

综上,代理人认为,因被告的违约行为,本案合同解除条件已经成就,双方应当解除合同,被告应当依据法律规定、合同约定承担合同解除之后的法律责任。代理人恳请贵院在查明事实的基础上依法判决支持原告的诉讼请求并驳回被告的全部反诉请求。

委托代理人:李学辉律师

2018年3月27日

【一审判决书】

某省某中级人民法院

民事判决书

(2017)辽××民初351号

原告:A建筑有限公司,住所地××市××区XSHN路××号。

法定代表人:罗某某,该公司董事长。

委托诉讼代理人:曾某某,男,19××年××月××日出生,汉族,该公司项目经理,住址××市××区××路××号院内×号。

委托诉讼代理人:李学辉,北京市兰台律师事务所律师。

被告:a置业有限公司,住所地××市××区××街××号。

法定代表人:包××,该公司经理。

委托诉讼代理人:杨××,××律师事务所律师。

原告A建筑有限公司(以下简称原告)与被告a置业有限公司(以下简称被告)建设工程施工合同纠纷一案,本院立案受理后,依法适用普通程序,对本案公开开庭进行了审理,原告的委托诉讼代理人李学辉、被告的委托诉讼代理人杨××到庭参加诉讼。本案现已审理终结。

原告诉讼请求:一、依法判令解除原告与被告签订的《金融科技产业园一期工程施工合同》及其补充协议;二、依法判令被告立即支付原告工程款本金37918987.49元、利息4973000.00元(按照银行同期贷款利率计算)、窝工费等损失3690538.80元,上述金额合计46582526.29元(上述利息和损失暂计至2017年3月31日,最终金额计算至被告清偿全部债务之日止);三、依法确认原告享有工程价款优先受偿权,有权就承建的"金融科技产业园一期"工程拍卖或折价价款优先受偿上述工程款;四、依法判令被告承担案件受理费等诉讼费用。事实与理由:2013年7月1日,原告与被告签订《金融科技产业园一期工程施工合同》(以下简称"施工合同"),约定原告作为总承包单位施工承建被告开发的"金融科技产业园一期"工程。主体工程包括:A1#、A2#、A3#、A8#、A9#、A10#、A11#、A12#、A15#产业楼;A5#、A6#、A7#办公楼;1#、2#、3#地下车库。承包方式为:承包人以包工、包料、包管理、包质量、包工期、包文明施工、包安全、包验收合格的方式承包。2014年8月18日,原被告双方就施工合同签订了补充协议。补充协议约定,原告的承包范围包括:原告按被告提供的产业园工程施工图纸、有关设计文件,设计说明及施工中的设计变更、图纸会审记录等规定内容承包施工,即除被告直接分包工程、被告供材料及设备外,其他的均由原告承包,包括但不限于金融科技产业园一期工程全套图纸、金融科技产业园工程交楼标准及甲方所发出的指令等内容。项目建筑面积为4.8万平方米,总价为7872万元人民币。协议还对工程款支付形式、工期、交付标准及付款条件进行了确定。施工合同第九条第四款约定,如果发包人未按双方约定按时足额支付承包人工程预付款和工程进度款,工程款按同期银行贷款利率计息,并且造成的其他一切损失由发包人承担。施工合同第44条约定,因一方违约(包括因发包人原因造成工程停建或缓建)致使合同无法履行,可以解除合同;合同解除后,发包人应支付撤出场地的费用,并按合同约定支付已完工程价款。除此之外,有过错的一方应当赔偿因合同解除给对方造成的损失(包括按合同规定支付违约金)。上述施工合同及补充协议签订后,原告全面履行了合同约定的各项义务。经初步结算,原告实际完成工程造价本金合计89659987.49元,经多次催要,被告仅支付原告51741000元工程款,尚欠工程造价本金37918987.49元。后长期拖欠原告巨额工程预付款及进度款,并导致施工进展缓慢、民工多次讨薪上访事件。原告多次向被告发函要求支付工程款,以解决工程施工和民工工资问题,但是,被告拒不配合和纠正,给原告造成了巨大经济损失。

被告答辩称:案涉工程没有完工,经过第三方鉴定质量不合格,不符合合同约定的付款条件。被告已付工程进度款已经超过合同约定的进度款比例,不存在欠款事实。合同履行期间原告存在大量违约行为,整体计算原告幕墙欠付被告款项。

反诉原告a置业有限公司(以下简称反诉原告)反诉请求:一、判令反诉被告A建筑公司(以下简称反诉被告)继续履行施工合同;二、判令反诉被告向反诉原告支付延误工期违约金365万元(暂计一年);三、诉讼费由反诉被告承担。

事实理由:一、根据鉴定结论,特别是反诉被告自认的内容,对案涉工程尚未完工这一事实目前已经无争议;二、既然未完工,双方便不存在竣工验收及结算的问题,而该工程进度款反诉原告已经足额支付,故反诉原告无违约可能;三、反诉原告未违约,反诉被告却不再履行合同,即为反诉被告违约,反诉原告提出反诉要求其继续履行合同,施工至竣工验收。不完工显然就不能开盘,该工程停工时间越长给反诉原告造成的经济损失越大,故存在继续履行合同的必要性和紧迫性。施工合同约定反诉被告延误工期违约金标准为每日1万元,故提出延误工期违约金请求,经济损失难以计算,反诉原告另行主张。综上,请求反诉被告继续履行施工合同并支付延误工期违约金。

反诉被告答辩称:一、被答辩人未依约支付工程款,存在严重违约,依据合同约定,双方解除合同条件已成就,其要求继续履行合同的请求没有事实依据。

关于本案所涉《金融科技产业园一期工程施工合同》《金融科技产业园一期工程施工合同补充协议》中所约定的工程款支付节点和被答辩人的付款情况,答辩人已作多次梳理,向法院提交的代理意见中亦有详细说明,此处正文不再赘述,文后附详细表格。

从表格中可以清楚地看出,在多个付款节点,被答辩人均存在拖延付款甚至欠付工程款的情况。事实上,在《补充协议》签订之前就曾因被答辩人拒不支付工程款引发农民工上访,后经协商,才产生了《补充协议》。但被答辩人在《补充协议》签订后,仍然多次延付甚至欠付工程款,其行为已构成严重违约。依据双方签订的《施工合同》(通用条款)第44.2款,发生本通用条款第26.4款(通用条款第26.4款即为发包人不按期支付工程款,导致施工无法进行的约定)情况,停止施工超过56天,发包人仍不支付工程款(进度款),承包人有权解除合同。依据《施工合同》(通用条款)第

44.4 款约定,因一方违约(包括因发包人原因造成工程停建或缓建)致使合同无法履行,承包人可以解除合同。《施工合同》(专用条款)第 17.2 款亦约定:发包人有下列情况之一时,承包人可以解除合同:发包人被认为有严重违反合同的其他违约行为。无论适用上述任何一条,被答辩人的行为均已触发合同解除的条件,均应解除合同。综上,答辩人认为,答辩人目前已完成的工程造价为 89659987.49 元,被答辩人支付的工程款为 51741000.00 元,尚欠 37918987.49 元。被答辩人延付、欠付工程款的行为已构成严重违约,依据合同约定应当解除合同,被答辩人要求继续履行合同的请求没有任何依据。二、本案存在违约行为的系被答辩人,工程停工也系被答辩人自身原因造成,其要求答辩人承担违约金的反诉请求更是无从谈起。如上所述,被答辩人多次拖延付款甚至欠付工程款,引发多次农民工讨薪上访事件。答辩人已基于友好合作,在被答辩人违约后,与被答辩人协商,达成《补充协议》,被答辩人却仍然在《补充协议》签订后继续违约。本案中,依据答辩人提交的证据组五第 35 项证据,工期延期至 2017 年 3 月 30 日系被答辩人同意,缓建的原因也系因被答辩人不依约付款造成。因此,本案存在违约的系被答辩人,而非答辩人,被答辩人应当依据合同约定和法律规定承担相应责任。依据《施工合同》(协议书)第 9 条第 4 款、《施工合同》(通用条款)第 26.4 款、《施工合同》(通用条款)第 35.1 款、《补充协议》第 5 条第 1 款,被答辩人应当承担的法律责任包括:迟延履行的利息(按同期银行贷款利率计息)、迟延履行给承包人造成的经济损失,违约金、资金损失以及因停工造成的所有经济损失。答辩人认为,本案存在违约的系被答辩人,其应当依据合同约定及法律规定承担相应违约责任,被答辩人要求答辩人按照每日 1 万元的标准承担违约责任没有任何事实及法律依据,系无稽之谈。同时,被答辩人对其所遭受经济损失未进行举证,退一步讲,即使答辩人存在"所谓的违约",每日 1 万元的违约金明显过高,应予以大幅度下调。答辩人认为,被答辩人的反诉请求无任何事实及法律依据,恳请人民法院在查明事实上的基础上依法判决驳回被答辩人对答辩人的全部反诉请求,并支持答辩人的全部诉讼请求。

本院经审理查明:

合同签订情况

2013 年 7 月 1 日,原告与被告签订《金融科技产业园一期工程施工合同》(以下简称"施工合同"),合同约定由原告施工位于××市××区金融科技产业园一期工程,约定原告作为总承包单位施工承建被告开发的"金融科技产业园一期"工程。主体工程包括:A1#、A2#、A3#、A8#、A9#、A10#、A11#、A12#、A15#产业楼;A5#、A6#、A7#办公楼;1#、2#、3#地下车库。以上单项工程栋数、层数、建筑面积等均为暂定,发包人保留调整的权利,发包人有权根据项目实际情况的需要调整承包人的工程内容(包括但不限于增加或减少工程范围等)。本主体工程中的建筑面积最终以工程竣工图纸,按照"2008年辽宁省建筑工程计价定额的建筑面积计算规则"计算为准。承包方式为:承包人以包工、包料、包管理、包质量、包工期、包文明施工、包安全、包验收合格的方式承包。工程对承包人自行施工的工程作了约定,合同对工期约定是…合同第7条合同价款暂定为7500万。合同通用条款第26条约定了工程进度款的支付方式。合同第44条约定了合同解除条件,第44.2款约定通用条款第26.4款情况,停止施工超过56天,发包人仍不支付工程款(进度款),承包人有权解除合同。通用条款第26.4条约定,发包人不按合同约定支付工程款(进度款),双方又未达成延期付款协议,导致施工无法进行,承包人可停止施工,由发包人承担违约责任。

2014年8月18日,双方就施工合同签订了《金融科技产业园一期施工合同补充协议》(以下简称"补充协议")约定:就乙方2014年复工后的施工范围、工期、合同价款及付款条件等事项达成一致。协议中条款与原合同中条款不相符的,以本协议条款为准。本协议没有补充约定的,适用原合同。第1条对合同价款的调整、奖励及工程款支付形式主要规定:将原合同中建筑平方米单价1550元每平方米调整为1640元每平方米,单价为固定单价,约定补充协议约定的单价已包含乙方本协议签订日前产业园工程项目已发生的所有费用、遭受损失及乙方复工前所需要的一切费用,产业园工程项目建筑面积暂定4.8万平方米(含三个地下库)合同暂定价7872万元,最终结算的建筑平方米按照"2008年辽宁省建筑工程计价定额建筑面积计算规则"计算为准。工程款支付形式约定甲方在2014年12月30日前拨付乙方至已完节点工程80%工程款。

第2条合同价款调整后乙方的承包范围。约定乙方负责的土建工程内容:土石方工程、基础工程、主体结构工程、砌筑工程、楼梯地面工程、屋面工程、屋面防水、斑纹工程、抹灰工程、大白工程,室外工程按图纸施工,室内初装修工程,沉将观测点设置。乙方负责安装的工程乙方承包范围内主体及二次结构内的水暖电消防工程预留预埋,地下车库即地上室内层配电箱安装,产业园工程项目各产业楼防雷接地系统制作方庄检测合格,其他专门有防雷连线要求的,乙方预留连接点。合同对甲方外委工程作了约定。

第3条工期、交付标准及付款条件的确定。乙方按照建筑安装工程质量检测评定标准要求的合格标准、国家强制性条文的要求及甲方的收楼标准全部完成工程每一个节点工期,甲方给付乙方节点工程款。

以下工期节点的完成,需甲乙双方全力配合协调有关部门,以使本工程进度不受外界因素的影响。

一、A1#、A2#、A3#楼节点工期

1. A1#楼节点工期:2014年9月10日,乙方完成1层所有砌筑抹灰。9月11日乙方把1#楼一层交给室内装饰公司和外墙施工单位。9月15日完成2、3层所有砌筑抹灰、大白、屋面防水工程。外脚手架9月15日拆除完。

A#楼节点付款:乙方完成以上内容甲方5日内支付乙方300万元人民币。

2. A2#楼节点付款工期:2014年9月15日,乙方完成1至4层所有砌筑抹灰、屋面防水工程。9月11日乙方把一层交给外墙施工单位施工,外脚手架9月15日拆除完。

A2#节点付款:乙方完成以上内容甲方5日内支付乙方188万元人民币。

3. A3#楼节点工期:2014年9月20日,乙方完成1至4层所有砌筑抹灰、屋面防水工程。9月15日乙方把一层交给外墙施工单位施工,外脚手架9月20日拆除完。

A3#节点付款:乙方完成以上内容甲方5日内支付乙方144万人民币。

4. 1#、2#、3#三株楼屋面瓦在甲方供货后15日内安装完,乙方接到甲方拆除指令后7日内把1#塔吊拆除运走。

二、A5#、A6#、A7#、A11#楼

1. A6#楼节点工期:2014年10月10日,乙方完成1至4层砌筑抹灰、屋面防水工程。9月30日乙方把一层交给外墙施工单位施工,外脚手架10月10日拆除完。

A6#节点付款:乙方完成以上内容甲方5日内支付乙方144万元人民币。

2. A7#楼节点工期:2014年10月20日,乙方完成1至4层砌筑抹灰、屋面防水工程。10月10日乙方把一层交给外墙施工单位施工,外脚手架10月20日拆除完。

A7#节点付款:乙方完成以上内容甲方5日内支付乙方144万元人民币。

3. A5#楼节点工期:2014年10月25日,乙方完成1至4层砌筑抹灰、屋面防水工程。10月15日乙方把一层交给外墙施工单位施工,外脚手架10月26日拆除完。

A5#节点付款:乙方完成以上内容甲方5日内支付乙方144万元人民币。

4. A11#楼节点工期:2014年10月25日,乙方完成1至5层砌筑抹灰、屋面防水工程。10月15日乙方把一层交给外墙施工单位施工,外脚手架10月26日拆除完。

A11#节点付款:乙方完成以上内容甲方5日内支付乙方144万元人民币。

5. 5#、6#、7#、11#四栋楼屋面瓦在10月26日前安装完,乙方接到甲方拆除指令后7日内把2#塔吊拆除运走。

三、A8#、A9#、A10#、A12#、A15#楼

工期:2014年11月5日,乙方完成室内外砌筑、抹灰,屋面防水工程、屋面瓦安装、外脚手架拆除运走,3#、4#、5#塔吊拆除运走。

付款:乙方完成以上每个单位内容甲方5日内支付乙方每个单体144万元人民币。

四、如乙方2014年按以上节点工程完成节点工程,则甲方在2014年12月30日前甲方按照本协议的工程造价支付至已完节点工程的80%,乙方完成施工图纸所规定的全部内容后30天内双方结算。

五、2015 年 6 月项目整体竣工验收合格备案完毕，乙方档案移交的同时甲方付至合同总价的 95%。

六、甲方预留工程造价的 5% 作为质量保证金，双方签订保修书，工程竣工验收合格后两年后的 28 天内无息返回质量保证金（除防水工程的保修金 5 万元外，待竣工验收合格满 5 年后无息返回）。

合同履行情况

2014 年 9 月 30 日基础施工单位、总包单位、监理单位、勘查单位、设计单位及建设单位共同签署 1#地下车库、2#地下车库、3#地下车库、A1#楼至 A12#楼、A15#楼地基与基础工程验收报告。同日，施工单位、监理单位、设计单位、建设单位签署 1#地下车库、2#地下车库、3#地下车库、A1#楼至 A12#楼、A15#楼主体工程验收报告。

2015 年 11 月 20 日金融科技产业园一期施工产值确认单显示原告申请施工合同总金额 7872 万元，施工产值累计金额 7801 万元，被告确认累计施工产值 7500 万元。

经过现场勘验，工程存在未完工项，工程未进行最后竣工验收。

2014 年 12 月 24 日被告向原告发出关于金融科技产业园 A_1# – A_3#号楼工程质量问题的函，主要内容是经抽查 A_1# – A_3#号楼主体结构存在问题，并提出对其他楼的问题自检，并重申 A1#楼地下设备间漏水问题。监理单位确认问题存在，同意施工单位按建设单位意见执行。原告工作人员龙某签收。

2015 年 5 月 14 日被告发出关于金融科技产业园 12#楼全部存在漏水问题的函，原告工作人员龙某签收。

2015 年 6 月原告递交质量整改方案及报审表。质量整改方案中提出整改计划自 2015 年 5 月 11 日，我项目与协力劳务队伍的管理人员对现场实体质量重新检查，并组织人员首先针对 A6#楼进行质量整改，整改措施按照建设单位要求和此方案执行，达验收标准，并以 A6#楼成为质量整改的样板，其余 11 座楼的质量整改工作将参照 A6#楼进行开展。质量整改目标消除施工过程遗留的质量通病，满足验收标准。报审表经过监理单位审核通过。

2015 年 8 月 27 日，甲方某市 a 置业有限公司（以下简称“a”）与乙方 A 建筑公司（以下简称“A”）、丙方（案外人××省××防水防腐有限公司××分公司）签订地下室漏水维修协议书，主要内容是金融科技产业园一期工程地下室防水施工为 a 直接发包，丙方负责施工，A 负责主体结构施工，2014 年发现地下室大量漏水，经排查分析无法界定丙方与 A 方的施工责任大小划分，为避免后期经济损失，加快后续施工，由 a 组织，A 方、丙方参与，并协商达成。协议对 1#地库低夸范围的漏水维修责任、范围进行了约定。

2015 年 12 月 29 日 a 发出关于地下室设备用房漏水的工作联系单，A 工作人员吴某龙签收。

2016年6月A递交1#地库设备间堵漏施工方案，并递交报审表，报审表未经审查。

2016年4月15日设备间维修会议记录显示施工单位、建设单位、监理单位、设计单位就设备间维修提出各自意见。

2016年8月31日A提出工程款申请，提出1#地库地下室设备间漏水维修工作开展顺利，请款10万元，提出会尽早完成其他2#、3#地库堵漏工作。同日请款申请表获批准，同意给款10万元。

2016年3月至7月a多次发回关于地下室设备间漏水的函。

2015年5月6日A就复工问题向a提出需要准备工作要求。

2015年5月21日A就现场回填土影响整体施工问题向a提出函件。

2015年7月7日A就现场需解决的问题再次发函给a。

此后在2016年双方就涉及变更等签署过函件，2016年6月20日就1#地库设备间地板堵漏继承签署验收单。

2016年8月3日a发出关于剩余工程施工的联系单，A工作人员龙淼签收。此后a多次发出关于剩余工程施工的联系单。

庭审期间，A坚持申请对案涉工程金融科技产业园一期工程全部现场签证、图纸面积存在争议但确实施工部分的工程量进行鉴定。一审法院多次释明A是否坚持解除合同，并告知其诉请有可能不被法院采信，是否坚持诉请和工程造价鉴定，A表示坚持鉴定，一审法院告知其鉴定可能不被采信的风险。

经摇号确认由沈阳维华工程管理有限公司根据A的申请进行造价鉴定。鉴定部门将鉴定结论全部列为争议项，争议项造价10159548元。经过复议，调整鉴定结论为：10209602元。其中鉴定结论中提及到有未施工项目。

a已付工程款情况：实际支付工程款无争议为5174.1万元，a主张垫付电费74.83万元，2015年11月4日4万元罚款。在施工单位用电费用清单上有施工单位负责人签字。

上述事实，有建设工程施工合同、补充协议、签证。设备间漏水问题的函件，复工函件、审批函、鉴定报告等证据材料，经过庭审质证，本院予以确认，在卷佐证。

本院认为，原、被告于2013年7月1日签订的《建设工程施工合同》和2014年8月18日《补充协议》是双方当事人在平等自愿的基础上，合同内容不违反我国法律、行政法规强制性规定，合法有效，双方均应遵照履行。协议签订后原告实际进场施工，2014年9月工程经过地基基础工程和主体工程验收合格。但2014年12月开始被告向原告提出漏水等增量问题，双方一直就质量问题进行沟通，2015年至2017年双方就复工问题进行沟通协商，并进行过部分施工。根据维华公司现场勘验及本院现场勘验，工程存在未完工项，工程未进行最后竣工验收。

关于原告提出解除双方签订的《建设工程施工合同》和《补充协议》的主张。原告提出解除协议的主要理由是：被告长期拖欠剩余工程款及停工超过56天，认为原告已经完成全部工程,竣工及结算没有办理,原告主张按合同第44.2款和第44.4款约定,符合解除条件,被告不同意解除合同的主要理由是:工程存在质量问题,按形象进度已经付款完毕,补充协议第3条工程款支付形式中第1项约定本协议按照乙方完成产业园项目的12栋产业楼及3个地下车库项目的合同总价(暂定7872万元人民币)的70%计算拨付过程节点工程款,甲方在2014年12月30日前拨付乙方至已完节点工程80%工程款。

对此,本院认为,第一,原告提出被告存在迟延支付进度款的情况,但未提供关于款项支付的申请审批等相关证据材料,且未提供证据证明就延期付款问题向被告提出过要求。虽然原告提供了一份关于工程款支付事宜的函,但该函是2013年发出的,双方在2014年8月18日达成的《补充协议》已经就协议签订前发生的问题处理完毕,故该函不足以证明原告提出过延期付款问题并向被告主张过权利,仅凭明细表本院无法认定系被告原因迟延支付进度款。第二,根据《补充协议》第三条工程款支付形式约定及第四条约定,工程完成后被告应支付原告已完节点工程的80%工程款。但根据鉴定结论及本院现场勘查,原告尚有部分工程未完工,因此至2014年12月30日,原告并未完成《补充协议》约定的全部节点工程,因原告提供的监理公司工作人员的书面说明与实际情况不符,本院不予采纳,故原告认为被告应支付工程款80%的主张依据不足,本院不予支持。第三,施工过程中在2014年12月,双方就质量问题进行协商,根据往来函及合同,原告对案涉工程漏水应承担相应责任,现原告没有证据证明已经完成堵漏工作,故在存在漏水等质量问题后,双方没有继续履行合同责任不全在被告。第四,原告提出停工超过56天,应解除合同主张。因原告无证据证明被告提出的质量问题已经修复完毕,且2015年、2016年、2017年双方均有就继续施工问题的沟通,原告提供的证据不足以证明全系被告原因导致的停工,故原告该主张本院不予采纳。综上,原告以被告延期支付工程款及停工超过56天为由要求解除合同因证据不足,本院不予支持。此外,因鉴定风险本院已经向原告作出释明与提示,原告坚持鉴定,相应的鉴定费用由其自行承担。

关于反诉原告提出要求反诉被告继续履行合同的主张,因原告提出解除合同的理由本院未予采信,故双方应继续履行合同。关于反诉原告提出的要求反诉被告支付延误工期违约金问题,因双方就工期顺延存在往来沟通,现有证据不足以证明工期顺延全系反诉被告的原因,故对反诉原告该主张本院不予支持。因反诉原告就质量问题提出不再本案中主张,故本案不予审理。

综上,依据《民事诉讼法》第64条第1款、《合同法》第60条第1款(现《民法典》第509条)规定,判决如下:

一、被告a(反诉原告)与原告A(反诉被告)于2013年7月1日签订的《金融科技产业园一期工程施工合同》及2014年8月18日《金融科技产业园一期施工合同补充

协议》继续履行;

二、驳回原告的诉讼请求;

本诉案件受理费274713元,由A承担,反诉案件受理费18000元,由a(反诉原告)承担9000元,由A承担9000元。财产保全费5000元,由A承担。

如不服本判决,可于接到本判决书之日起15日内,向本院递交上诉状,并按对方当事人的人数提出副本,上诉于辽宁省高级人民法院。

审判长:刘××

审判员:陈××

审判员:孙××

2018年3月30日

书记员:杨××

【民事上诉状】

民事上诉状

上诉人(一审原告、反诉被告):A建筑有限公司。

住所地:××市××区××路××号。

法定代表人:罗××,系该公司董事长。

被上诉人(一审被告,反诉原告):某市a置业有限公司。

住所地:××市××区XM街××号。

法定代表人:包××,系该公司董事长。

上诉人因与被上诉人建设工程施工合同纠纷一案,不服辽宁省××市中级人民法院作出的(2017)辽××民初351号民事判决书,特提起上诉。

上诉请求

1. 依法撤销辽宁省××市中级人民法院作出的(2017)辽××民初351号民事判决,改判支持上诉人的全部诉讼请求,并驳回被上诉人的全部反诉请求或发回重审。

2. 本案一、二审诉讼费用由被上诉人承担。

事实与理由

一、一审法院未查清各栋楼的付款节点是否已达到、未完工程具体为何项,未完项是否为付款节点所要求的项目、案涉工程停工时间等案件基本事实,依法应当在查

清事实后改判或发回重审

关于案涉工程的付款节点，双方在《补充协议》第3条“工期、交付标准及付款条件”中有明确约定。通过分析该约定可以看出，案涉工程的付款节点存在两种形式：第一种为上诉人完成各栋楼节点工程后，被上诉人应支付各栋楼的节点工程的款项（按照1#楼300万元，2#楼188万元，其他楼各144万元的标准支付）；第二种为上诉人各栋楼的节点工程均完成后，2014年12月30日前被上诉人按照协议工程造价支付至已完节点工程的80%。

本案中，上诉人主张被上诉人延付工程款的事实亦体现为两个方面：一方面，在上诉人完成各栋楼节点工程后，被上诉人未按照协议约定的标准支付数栋楼节点工程的工程款，未支付及未完全支付的楼包括A5#、A11#、A8#、A9#、A10#、A12#、A15#楼（详细情况见上诉人一审提交的付款节点统计表）；另一方面，在上诉人完成上述各楼的所有节点工程后，被上诉人未支付至已完工程的80%。

关于被上诉人是否存在延付欠付工程款的情况是案件的基本事实，对于案件的处理结果有重大意义。而一审法院仅仅以一句“原告尚有部分工程未完工，因此至2014年12月30日，原告并未完成《补充协议》约定的全部节点工程……故原告认为被告应支付工程款80%的主张依据不足，本院不予支持”（一审判决书第16、17页）笼统略过本案的基本事实。

上诉人认为一审法院未查明案涉工程的各栋楼的付款节点是否分别达到、未完工程具体为何项、未完工程是否为付款节点所要求的项目、案涉工程停工时间等案件基本事实；就以存在未完项为理由，认为未到付款节点，属于案件基本事实不清、认定事实错误，依据《民事诉讼法》第170条之规定应当发回重审或改判。实际上，上诉人已经完成《补充协议》约定的各个节点，被上诉人应当按照合同约定支付各节点的工程款并付款至已完工程的80%。

二、一审法院在认定案件相关事实上存在错误，应予纠正

一审法院在判决书第17页表述“根据往来函及合同，原告对案涉工程漏水应承担相应责任。现原告没有证据证明已经完成堵漏工作，故在存在漏水等质量问题后，双方没有继续履行合同责任不全在被告”。

《施工合同》第二条第二款“发包人直接发包的专业工程”中明确约定，地下室防水工程属于被上诉人直接发包的工程。同时，一审委托的鉴定机构在鉴定报告中亦明确表明，“依据合同第二条约定‘地下室防水’属于发包人直接发包的专业工程，我司认为平方米造价中不包含该项，所以我司按设计院提供的施工方案计算该项造价”。而且，在上诉人、被上诉人及案外人河南省××防水防腐有限公司沈阳××分公司2015年8月27日签订的《地下室漏水维修协议书》（上诉人提交的证据组三第

22 项)中亦表明地下室防水施工为被上诉人直接发包。

上述上诉人提供的证据和鉴定机构出具的鉴定结论足以说明地下室防水工程属于被上诉人直接发包的工程,与上诉人无关。上诉人基于整个工程的考虑,主动承担起了 1#地下车库的维修事项,且目前 1#地库漏水问题已维修完毕,却被一审法院认定为"根据往来函及合同,原告对案涉工程漏水应承担相应责任"。试问,一审法院依据的是哪个合同的哪一条得出的该结论?因此,上诉人认为,一审判决在认定事实上存在错误,应予纠正。

三、一审法院错误适用举证责任制度,适用法律存在错误

一审判决第 16 页,一审法院指出"原告提出被告存在迟延支付进度款的情况,但未提供关于款项支付的申请审批等相关证据材料,且未提供证据证明就延期付款问题向被告提出过要求"。首先,本案不涉及诉讼时效,案涉合同亦未约定上诉人向被上诉人提出付款要求是提起诉讼的前提条件。依据《民事诉讼法》的相关规定,上诉人无需提供向上诉人提出过要求的相关证据材料;其次,当约定付款节点到达,但被上诉人未支付款项的情况下,被上诉人已经构成违约,上诉人的举证责任在于证明被上诉人欠款,而非证明向被上诉人主张过欠款。一审法院的该项理由系牵强附会。而且,关于被上诉人延期付款的问题,上诉人主张过很多次,否则也不会产生该诉讼。

因此,上诉人认为,一审法院认为上诉人未提供关于款项支付的申请审批等相关证据材料,系错误分配证明责任,在程序上存在适用法律错误。

综上所述,一审法院未查清案件基本事实,认定事实存在错误,且在程序上适用法律错误。故此,上诉人请求贵院依法撤销(2017)辽××民初 351 号民事判决,在查清事实后,依法改判支持上诉人的全部诉讼请求,并驳回被上诉人的反诉请求或发回重审。

此致

辽宁省高级人民法院

上诉人:A 建筑有限公司

2018 年 4 月 13 日

【二审代理意见】

二审代理意见

尊敬的合议庭:

北京市安理律师事务所接受上诉人A建筑有限公司(以下简称上诉人)的委托,指派李学辉律师担任上诉人与某市a置业有限公司(以下简称被上诉人)建设工程施工合同纠纷一案二审的代理人。现代理人发表如下代理意见,请法庭参考:

一、案涉合同应当认定为无效合同,一审法院认定合同合法有效存在错误

《招标投标法》第3条规定,在中华人民共和国境内进行大型基础设施、公用事业等关系社会公共利益、公众安全的项目勘察、设计、施工、监理以及与工程建设有关的重要设备、材料等的采购,必须进行招标。案涉工程属于必须招标的工程建设项目。

本案有关案涉合同签订的基本事实如下:

(1)2012年上诉人与被上诉人初步协商,就上诉人承包案涉施工工程达成一致。2012年10月,上诉人实际进场,开始进行施工。2013年2月21日,被上诉人向上诉人支付220万元工程款。

(2)2013年6月21日,上诉人参加被上诉人组织的案涉项目公开招标活动。同月28日,被上诉人向上诉人发送《中标通知书》,确认上诉人为案涉项目工程中标人。

(3)2013年7月1日,双方签订《建设工程施工合同》(以下简称《施工合同》)。

(4)2014年8月18日,双方签订《建设工程施工合同补充协议》(以下简称《补充协议》)。

由上述事实可以看出,上诉人与被上诉人在进行招投标前已达成一致意向,上诉人已实际进场施工。《招标投标法》第43条规定,在确定中标人前,招标人不得与投标人就投标价格、投标方案等实质性内容进行谈判。案涉合同的签订已违反上述规定,依据《招标投标法》第55条之规定,案涉工程中标无效。《最高人民法院关于审理建设工程施工合同纠纷案件适用法律问题的解释》第1条规定:"建设工程必须进行招标而未招标或者中标无效的,建设工程施工合同无效。"因此,案涉施工合同亦为无效。

综上,代理人认为,上诉人与被上诉人就案涉工程在未进行招投标时,便达成一致意向,且实际进场施工,该工程中标无效,双方据此签订的《施工合同》《补充协议》应当认定为无效合同。一审法院认定"合同内容不违反我国法律、行政法规强制性规定,合法有效"(一审判决书第15页第15行、第16行)存在错误,应当予以纠正。无效合同自然不存在继续履行的问题,一审判决继续履行实属错误。

二、即便合同有效,本案合同解除的条件也已成就,双方不应继续履行合同

被上诉人欠付工程款事实清楚:

依据《补充协议》第1条第3款“工程款支付形式”及第3条“工期、交付标准及付款条件”,案涉工程的付款节点存在两种形式:第一种为上诉人分别完成各栋楼节点工程后,被上诉人应支付各栋楼的节点工程款(按照1#楼300万元,2#楼188万元,其他楼各144万元的标准支付);第二种为上诉人各栋楼的节点工程均完成后,2014年12月30日前被上诉人按照协议约定的工程造价支付至已完节点工程的80%。

从上诉人一审过程中提交的证据《形象进度确认表》中可以看出,《补充协议》第3条所约定的各付款节点均已完成。该表由施工单位和监理单位签字确认,真实有效足以说明问题。

然而,被上诉人在多个付款节点均存在拖延付款甚至欠付工程款的情况。具体欠付工程款情况如下:

(1)A5#楼,上诉人于2014年10月13日完成《补充协议》第3条第2款第3点中所约定的“1~4层砌筑抹灰、屋面防水工程及外脚手架拆除”,按照合同约定,被上诉人应于节点完成后5日内,即2014年10月18日前,向上诉人支付144万元,但被上诉人仅支付68万元,尚欠76万元。

(2)A11#楼,上诉人于2014年10月25日完成《补充协议》第3条第2款第4点中所约定的“1~5层砌筑抹灰、屋面防水工程及外脚手架拆除”,按照合同约定,被上诉人应于2014年10月30日向上诉人支付144万元,但被上诉人未依约支付该笔节点款。

(3)A8#楼、A9#楼、A10#楼、A12#楼、A15#楼,上诉人分别于2014年10月30日、2014年10月19日、2014年10月29日、2014年11月2日、2014年11月4日完成上述各楼的节点工程,被上诉人应当在完成每个单体内容之日起5日内支付上诉人每个单体144万元,但被上诉人仅支付200万元,尚欠520万元。

(4)上诉人已按照协议约定在2014年12月30日前完成所有工程节点,被上诉人应在2014年12月30日前按照工程造价支付至已完工程的80%。然而,无论是按照合同约定的工程造价7872万元(7872万元×0.8=6297.6万元),还是2014年12月1日上诉人申报的产值7500万元(7500万元×0.8=6000万元),甚至按照2014年12月9日被上诉人已确认的产值7200万元(7200万元×0.8=5760万元)计算,2014年12月30日被上诉人均未付足80%(截至2014年12月30日,被上诉人仅支付4444.1万元),截至目前,被上诉人也仅支付5174.1万元,远远未达到合同的约定。

因此,本案被上诉人欠付工程款的事实非常清晰,证据也非常充分。正因为被上诉人的这种违约行为,案涉工程数次停建,在2016年9月底该工程彻底停止施工。

依据合同约定及法律规定,案涉合同解除条件已经成就:

《合同法》第93条明确规定，当事人可以约定一方解除合同的条件，解除合同的条件成就时，解除权人可以解除合同。

本案中，上诉人、被上诉人双方在《施工合同》中明确约定了合同解除的条件，具体涉及以下条款：

《施工合同》（通用条款）第44.2条：发生本通用条款第26.4条情况，停止施工超过56天，发包人仍不支付工程款（进度款），承包人有权解除合同。

《施工合同》（通用条款）第44.4条：有下列情形之一的，发包人承包人可以解除合同：因一方违约（包括因发包人原因造成工程停建或缓建）致使合同无法履行。

《施工合同》专用条款第17.2条：发包人有下列情况之一时，承包人可以解除合同：发包人被认为有严重违反合同的其他违约行为。

代理人认为，被上诉人多次延付、欠付工程款导致工程数次停建，无限缓建已经构成严重违约。截至目前，该工程已停工将近两年，合同已无法继续履行，合同解除的条件已经成就。依据上述合同条款，上诉人有权要求解除合同，双方不应再继续履行合同。一审法院判决双方继续履行合同存在错误。

三、案涉地下室防水工程系甲方直接分包的工程，一审法院认定上诉人对案涉工程漏水承担责任存在错误

地下室防水工程系甲方直接分包的工程：

（1）依据2013年7月1日上诉人与被上诉人签订的《施工合同》第2条"承包范围"中的第2点"发包人直接发包的专业工程"，室内精装修、地下室防水工程（底板、外墙、顶板）、幕墙工程及其他外墙饰面工程等由发包人另行直接发包。

（2）一审委托的鉴定机构在鉴定报告中亦明确表明，"依据合同第二条约定'地下室防水'属于发包人直接发包的专业工程，我司认为平方米造价中不包含该项，所以我司按设计院提供的施工方案计算该项造价"。

（3）依据上诉人、被上诉人及案外人河南省某公司（以下简称河南公司）2015年8月27日签订的《地下室漏水维修协议书》（上诉人提交的证据组三第22项）中亦表明地下室防水施工为被上诉人直接发包。

上述证据能够说明，地下室防水工程属于甲方直接分包的工程，并非上诉人施工，不属于上诉人的施工范围。上诉人系基于工程总承包人的考虑，应被上诉人要求参与1号地下车库的维修事项。

《地下室漏水维修协议书》中非常明确：上诉人承担10万元，丙方（河南公司）承担5万元，实际费用超出15万元，超出部分的维修费及不可预见的费用全部由丙方自行承担；丙方承担合同范围内的维修责任和维修后的后续责任，即如再次漏水，丙方无偿修复并承担相关责任与费用。

从被上诉人一审提交的函件中亦可以看出，在上诉人、被上诉人及案外人河南公

司2015年8月27日签订《地下室漏水维修协议书》之前，被上诉人并未向上诉人发出过任何关于地下室设备间漏水的函，这也说明地下室防水工程并非上诉人负责施工，否则被上诉人不会不发任何文函，直至签订三方协议。

目前1号地库漏水问题已维修完毕，上诉人维修1号地下车库每一步的施工均经过了被上诉人的同意和验收。

综上，代理人认为，地下室防水工程系甲方直接分包的工程，依据《地下室漏水维修协议书》的约定，上诉人仅就设备间漏水维修承担10万元的责任，此外的责任均不承担。因此，上诉人不仅不应承担10万元之外的责任，上诉人因维修地下室设备间所实际支付的款项，被上诉人应向上诉人支付。被上诉人将不属于上诉人的责任强行推给上诉人，且拒不支付工程款已经构成严重违约。一审法院认定"根据往来函及合同，原告对案涉工程漏水应承担相应责任"缺乏基本证据支撑，与事实严重不符，存在严重错误，应予纠正。

四、被上诉人应当向上诉人支付工程款本金、利息及赔偿

无论是合同无效抑或合同解除，被上诉人应当向上诉人支付工程款本金和利息这一点毋庸置疑。此外，基于被上诉人的违约，案涉工程多次停工，产生了大量的窝工损失。因窝工所产生的损失系上诉人真实存在的损失，被上诉人应当予以赔偿。

1. 关于工程造价本金

根据上诉人的核算，案涉工程造价本金合计89659987.49元。本案一审过程中，上诉人已申请对双方存在争议的部分进行司法鉴定，鉴定机构已经出具《鉴定书》和《复议报告》。以双方无争议的合同价款7872万元为基础，并酌情考虑鉴定机构的鉴定报告中所涉及的增减项能够计算出本案的工程造价本金。

代理人一审过程中已对鉴定机构的鉴定结论进行详细梳理，鉴定结论中：明确应当计取的增项为3971744.34元；明确的减项为431992.95元；可裁量的增项为4682172.18元；可裁量的减项为901,373.74元。在无争议的7872万元的基础上，参考鉴定结论进行增减，可以计算出案涉工程造价本金。代理人需重点提示合议庭的是：在可裁量的增项中，斜屋面系上诉人实际施工完成，该项不包含在合同约定的平方米单价中，应当按照鉴定机构鉴定的实际工程量计算并计取造价。

2. 关于利息及资金损失

《施工合同》（协议书）第9条第4款约定工程款按同期银行贷款利率计息；同时，《补充协议》第5条第1款约定，上诉人有权要求利息与资金损失。经上诉人计算，该项金额为7742423.28元（从2015年1月1日起，按照年利率12%，暂计至2017年3月31日）。一审法院判决书中（第2页第6行、第7行）所述"被告立即支付原告……利息4973000.00元"存在错误，上诉人已在2017年8月14日开庭过程中当庭提出增加利息请求，上诉人主张的利息和资金损失请求为7742423.28元。

3. 关于因窝工所产生的损失

关于挂瓦窝工费和屋面工程窝工费，代理人认为，该两项上诉人已提供相应证据，鉴定结论中亦已进行计算（鉴定报告中的争议六第1项，挂瓦窝工费54000元及争议六第2项屋面工程窝工费327750元），上诉人予以认可，被上诉人应当依此进行赔偿。

关于2015年6月底甲指分包进场延误导致工期延误人员工资，代理人认为，鉴定机构仅以08定额（较低）为标准计算，远远低于目前行业水平，亦低于上诉人的实际支出；同时鉴定机构所确定的费用未合理考虑管理人员的社保问题、基本的福利问题，造成该项鉴定结论远远低于上诉人的实际损失。一审过程中上诉人已补充提供关于该项费用的《现场签证单》、财务明细账。代理人恳请贵院能充分考虑上诉人的实际损失，对该项费用进行酌情调整。

五、上诉人就案涉工程享有优先受偿权

依据2016年10月22日，被上诉人出具的《工期延期证明》，基于被上诉人欠付工程款，导致案涉工程存在零星工程未完工，经双方协商，被上诉人已将工程延期至2017年3月30日。

《最高人民法院关于建设工程价款优先受偿权问题的批复》中规定，建设工程承包人行使优先权的期限为6个月，自建设工程竣工之日或者建设工程合同约定的竣工之日起计算。

鉴于案涉工程已延期至2017年3月30日，而上诉人系2017年4月提起诉讼，未超过6个月，因此上诉人享有工程价款优先受偿权，有权就承建的案涉工程拍卖或折价的工程价款优先受偿。

综上，代理人认为，一审判决未查清案件基本事实，在认定合同效力、是否存在违约等重大问题上存在严重错误，依法应当予以纠正。代理人恳请贵院在查明事实的基础上依法对本案进行改判或发回重审。

代理人：李学辉律师

2018年9月4日

【二审判决书】

辽宁省高级人民法院
民事判决书

(2018)辽民终562号

上诉人(原审原告、反诉被告):A建筑有限公司,住所地:××市××区XSHN路52号。

法定代表人:罗××,该公司董事长。

委托诉讼代理人:曾××,男,19××年××月××日出生,汉族,该公司员工,住××市××区××南路××号院内×号。

委托诉讼代理人:李学辉,北京浩天安理律师事务所律师。

被上诉人(原审被告、反诉原告):某市a置业有限公司,住所地:××市××区XM街34号。

法定代表人:张××,该公司经理。

委托诉讼代理人:杨××,××律师事务所律师。

上诉人A建筑有限公司(以下简称A)因与被上诉人某市a置业有限公司(以下简称a)建设工程施工合同纠纷一案,不服××市中级人民法院(2017)辽××民初351号民事判决,向本院提起上诉。本院依法组成合议庭进行了审理。A公司的委托诉讼代理人李某辉、曾某翔,a的委托诉讼代理人杨博雷到庭参加诉讼。本案现已审理终结。

A上诉请求:1.依法撤销辽宁省××市中级人民法院作出的(2017)辽××民初351号民事判决,改判支持上诉人的全部诉讼请求,并驳回被上诉人的全部反诉请求或发回重审。2.本案一、二审诉讼费用由被上诉人承担。事实与理由:一、一审法院未查清各栋楼的付款节点、未完工程具体为何项,未完项是否为付款节点所要求的项目、案涉工程停工时间等案件基本事实,依法应当在查清事实后改判或发回重审。关于案涉工程的付款节点,双方在《补充协议》第3条"工期、交付标准及付款条件"中有明确约定。通过分析该约定可以看出,案涉工程的付款节点存在两种形式:第一种为上诉人完成各栋楼节点工程后,被上诉人应支付各栋楼的节点工程的款项(按照1#楼300万元,2#楼188万元,其他楼各144万元的标准);第二种为上诉人各栋楼的节点工程均完成后,2014年12月30日前被上诉人按照协议工程造价支付至已完节点工程的80%。本案中,上诉人主张被上诉人延付工程款的事实亦体现为两个方面:一方面,在上诉人完成各栋楼节点工程后,被上诉人未按照协议约定的标准支付数栋楼节点工程的工程款,未支付及未完全支付的楼包括A5#、A11#、A8#、A9#、A10#、A12#、A15#楼(详细情况见上诉人一审提交的付款节点统计表)。另一方面,在上诉人完成上述各楼的所有节点工程后,被上诉人未支付至已完工程的80%。关于被上诉人是否存在延付欠付工程款的情况是案件的基本事实,对于案件的处理结果有重大意义。而一审法院仅仅以一句"A尚有部分工程未完工,因此至2014年12月30日,A并未完成《补充协议》约定的全部节点工程……故A认为a应支付工程款80%的主张依据不足,一审法院不予支持"(一审判决书第16~17页)笼统略过本案的基本事实。上诉人认为,一审法院认定案件基本事实不清、认定事实错误,依据《民事诉讼法》第170条之规定应当发回重审或改判。实际上,上诉人已经完成《补充协议》约定的各个节点,被上诉人应当按照合同约定支付各节点的工程款并付款至已完工程的80%。二、一审法院在认定案件相关事实上存在错误,应予纠正。一审法院在判决书第17页表述"根据往来函及合同,A对案涉工程漏水应承担相应责任,现A没有证据证明已经完成堵漏工作,故在存在漏水等质量问题后,双方没有继续履行合同责任不全在a"。《施工合同》第2条第2款"发包人直接发包的专业工程"中明确约定,地下室防水工程属于被上诉人直接发包的工程。同时,一审委托的鉴定机构在鉴定报告中亦明确表明,"依据合同第2条约定'地下室防水'属于发包人直接发包的专业工程,我司认为平方米造价中不包含该项,所以我司按设计院提供的施工方案计算该项造价"。而且,在上诉人、被上诉人及案外人河南省恒昌防水防腐有限公司沈阳于洪分公司2015年8月27日签订的《地下室漏水维修协议书》(上诉人提交的证据组三第22项)中亦表明地下室防水施工为被上诉人直接发包。上述上诉人提供的证据以及鉴定机构出具的鉴定结论足以说明地下室防水工程属于被上诉人直接发包的工程,与上诉人无关。上诉人基于整个工程的考虑,承担起了1号地下车库的维修事项,且目前1号地库漏水问题已维修完毕,却被一审法院认定为"根据往来函及合同,A对案涉工程漏水应承担相应责任"。因此,上诉人认为,一审判决在认定事实上存在错误,应予纠正。三、一审法院错误适用举证责任制度,适用法律存在错误。一审判决第16页,一审法院指出"A提出a存在迟延支付进度款的情况,但未提供关于款项支付的申请审批等相关证据材料,且未提供证据证明就延期付款问题向a提出过要求"。首先,本案不涉及诉讼时效,案涉合同亦未约定上诉人向被上诉人提出付款要求是提起诉讼的前提条件,依据《民事诉讼法》的相关规定,上诉人无须提供向上诉人提出过要求的相关证据材料;其次,当约定付款节点到达,但被上诉人未支付款项的情况下,被上诉人已经构成违约,上诉人的举证责任在于证明被上诉人欠款,而非证明向被上诉人主张过欠款。一审法院的该项理由系牵强附会。而且,关于被上诉人延期付款的问题,上诉人主张过很多次,否则也不会产生该诉讼。因此,上诉人认为,一审法院认为上诉人未提供关于数项支付的申请审批等相关证件材料，系错误分配证明责任，在程序上存在适用法律错误，综上所述，一审法院未查清案件基本事实，认定事实存在错误，且在程序上适用法律错误。

a辩称，一、本案有两个不容置疑的基本事实。第一个事实是涉案工程未完工，而认定该事实的首要证据是A自己申请的鉴定；第二个事实是我方不欠进度款，即完工结算前的应付款已经支付，再付款则需要以完工为前提。仅就前述两个基本事实，《合同法》第94条（现《民法典》第563条）所规定的解除合同条件便无一能够满足，原审判决继续履行合同符合事实及法律规定，应当维持。二、关于上诉人上诉状中的三项理由。（一）涉案合同约定的完工前进度款为70%即我方已付部分，全部完工后付到80%即对方主张部分。涉案合同虽然是每个楼号分开描述的施工内容，但事实上各楼号是同期施工并无先后。如按上诉人上诉状中所主张的因涉案合同是每个楼号分开描述的节点，所以应当逐个楼号与原审鉴定结果比对，那么结果将无任一号楼完全完工。即如上诉人所愿严格履行合同的话，被上诉人连已付的70%都不应当支付，甚至不应当向上诉人支付任何款项。而且无论如何既然鉴定结果显示没有整体完工，上诉人主张的80%付款必然毫无依据。故第一个上诉理由不成立，假设成立则上诉人应当退钱给答辩人。（二）原审认定上诉人对堵漏工作存在责任的依据至少包含上诉人自己向被上诉人递交的堵漏施工方案、相关堵漏合同中上诉人自愿承担的大部分费用，上诉人向被上诉人报告堵漏工作进展的函件等铁证。也就是说，上诉人为相关堵漏工作出钱、出人、出方案还自己负责实施，该种实际情况与上诉人主张的与自己无关，纯粹好心帮忙显然大相径庭。故第二个上诉理由不成立。（三）所谓申请、审批、向A提出要求，显然指的是《合同法》第94条第3款（现《民法典》第563条第2款）的“经催告后”，没有催告就不符合解除合同的法定条件，是否催告的举证责任必然在要求解除合同一方。当然，是否催告并非本案主要问题，如前所述，进度款已付而工程又未完工，被上诉人对上诉人根本不存在应付款，无论事先催告与否都不符合解除合同的法定条件。故第三个上诉理由不成立。综上所述，原审判决符合事实及法律规定，而上诉人上诉理由又无一能够成立，故请二审法院驳回上诉、维持原判。

A向一审法院起诉请求：一、依法判令解除双方签订的《金融科技产业园一期工程施工合同》及其补充协议；二、依法判令a立即支付我方工程款本金37918987.49元、利息4973000.00元（按照银行同期贷款利率计算）、窝工费等损失3690538.80元，上述金额合计46582526.29元（上述利息和损失暂计至2017年3月31日，最终金额计算至a清偿全部债务之日止）；三、依法确认A享有工程价款优先受偿权，有权就承建的“金融科技产业园一期”工程拍卖或折价价款优先受偿上述工程款；四、依法判令a承担案件受理费等诉讼费用。

a一审反诉请求:一、判令A继续履行施工合同;二、判令A向我方支付延误工期违约金365万元(暂计一年);三、诉讼费由A承担。

一审法院认定事实:(略)

一审法院认为,诉讼双方于2013年7月1日签订的《建设工程施工合同》和2014年8月18日《补充协议》是双方当事人在平等自愿基础上签订的,合同内容不违反我国法律、行政法规强制性规定,合法有效,双方均应遵照履行。协议签订后A实际进场施工,2014年9月工程经过地基基础工程和主体工程验收合格。但2014年12月份开始a向A提出漏水等增量问题,双方一直就质量问题进行沟通,2015年至2017年双方就复工问题进行沟通协商,并进行过部分施工。根据维华公司现场勘验及一审法院现场勘验,工程存在未完工项,工程未进行最后竣工验收。

关于A提出解除双方签订的《建设工程施工合同》和《补充协议》的主张。A提出解除协议的主要理由是:a长期拖欠剩余工程款及停工超过56天,认为A已经完成全部工程,竣工与结算没有办理,A主张按合同第44.2条和第44.4条约定,符合解除条件。a不同意解除合同的主要理由是:工程存在质量问题,按形象进度已经付款完毕,补充协议第3条工程款支付形式中第1项约定本协议按照乙方完成产业园项目的12栋产业楼和三个地下车库项目的合同总价(暂定7872万元)的70%计算拨付节点工程款,甲方在2014年12月30日前拨付乙方至已完节点工程80%工程款。

对此,一审法院认为,第一,A提出a存在迟延支付进度款的情况,但未提供关于款项支付的申请审批等相关证据材料,且未提供证据证明就延期付款问题向a提出过要求,虽然A提供了一份关于工程款支付事宜的函,但该函是2013年发出的,双方在2014年8月18日达成的《补充协议》已经就协议签订前发生的问题处理完毕,故该函不足以证明A提出过延期付款问题并向a主张过权利,仅凭明细表一审法院无法认定系a原因迟延支付进度款。第二,根据《补充协议》第3条工程款支付形式约定和第4条约定,工程完成后a应支付A已完节点工程的80%工程款。但根据鉴定结论和一审法院现场勘查,A尚有部分工程未完工,因此至2014年12月30日,A并未完成《补充协议》约定的全部节点工程,因A提供的监理公司工作人员的书面说明与实际情况不符,一审法院不予采纳,故A认为a应支付工程款80%的主张依据不足,一审法院不予支持。第三,施工过程中,在2014年12月,双方就质量问题进行协商,根据往来函和合同,A对案涉工程漏水应承担相应责任,现A没有证据证明已经完成堵漏工作,故在存在漏水等质量问题后,双方没有继续履行合同责任不全在a。第四,A提出停工超过56天,应解除合同主张。因A无证据证明a提出的质量问题已经修复完毕,且2015年、2016年、2017年双方均有就继续施工问题的沟通,A提供的证据不足以证明全系a原因导致的停工,故A该主张一审法院不予采纳。综上,A以a延期支付工程款和停工超过56天为由要求解除合同因证据不足,一审法院不予支持。此外,因鉴定风险一审法院已经向A作出释明及提示,A坚持鉴定,相应的鉴定费用由其自行承担。

关于a提出要求A继续履行合同的主张,因A提出解除合同的理由一审法院未予采信,故双方应继续履行合同。关于a提出的要求A支付延误工期违约金问题,因双方就工期顺延存在往来沟通,现有证据不足以证明工期顺延全系A的原因,故对a该主张一审法院不予支持。因a就质量问题提出不在本案中主张,故本案不予审理。

综上,依据《民事诉讼法》第64条第1款、《合同法》第60条第1款(现《民法典》第509条第1款)规定,判决如下:

一、a与A于2013年7月1日签订的《金融科技产业园一期工程施工合同》及2014年8月18日《金融科技产业园一期施工合同补充协议》继续履行;二、驳回A的诉讼请求;三、驳回a其他反诉请求。本诉案件受理费274713元,由A承担,反诉案件受理费18000元,由a承担9000元,由A承担9000元。财产保全费5000元,由A承担。

本院经审理查明原审认定事实基本属实。

本院审理期间,A提交一份新证据:2014年12月9日的产值确认单,证明a没有按合同约定支付工程进度款,构成违约,同时证明,a欠付A的工程款是十分明显的事实。

a质证意见:对该份证据的真实性没有异议,但该证据不是新证据。A曾提交2015年11月20日产值确认单,其确认的产值金额为7500万元,所以该证据与本案没有实质意义,不能证明A的主张。

本院认为,因诉讼双方对该证据的真实性均无异议,本院对其真实性予以确认。

本院另查明,案涉工程项目于2013年6月21日进行招投标,a向A发出中标通知书,A于2013年6月28日中标。2013年7月1日,诉讼双方签订《金融科技产业园一期工程施工合同》。2012年10月,A实际进场施工。

再查明,a与A签订的《金融科技产业园一期工程施工合同》第2条约定,"发包人(a)直接发包的专业工程包括室内精装修、地下室防水工程(底板、外墙、顶板入幕墙工程)及其他外墙饰面工程、桩基础工程等"。2015年8月27日,a(甲方)、A(乙方)与××省××防水防腐有限公司××分公司(丙方)签订的《地下室漏水维修协议书》约定,金融科技产业园一期工程地下室防水施工为甲方直接发包,丙方负责施工,乙方负责主体结构施工。2014年年底,甲方发现地下室出现大量漏水问题。经排查分析,甲方无法界定乙方与丙方的施工责任大小划分。为避免后期经济损失,三方达成以下条款:1#地库范围的漏水维修工作全权交于丙方负责至质量合格,维修费总价包干15万元。对于上述维修费用,三方经协议一致同意,乙方承担10万元,丙方承担5万元。如实际费用超过15万元,则超出部分的维修费及不可预见费用全部由丙方自行承担,甲方与乙方不再承担任何费用和责任。

又查明,A提出的工程名称为金融科技产业园一期工程的现场签证单载明:2015年6月底,甲指分包进场延误,导致工期拖延至2017年3月30日(诉讼之日),期间A管理人员产生管理费用。工程监理林某某在该签证单上签字,并在监理单位意见处注明:人员数量属实。2015年7月30日的确认单载明:我司2015年6月15日提物资进场计划,计划7月9日用于A11#、A12#、A8#楼屋面瓦材料到场,而实际到场时间为2015年7月26日,推迟18天,造成我司专业挂瓦工人20人窝工等待18天。监理工程师林某某在该确认单上签字确认。2015年5月25日,现场窝工工种人数统计载明:从2015年5月5日至6月30日,发生防水工、瓦工、钢筋工、力工、油工等各工种及人数的窝工。监理工程师林某某已在落款处签字确认。

还查明,2016年10月22日,a出具工期延期证明,载明:A与a签订的关于《金融科技产业园一期工程施工合同补充协议》,因合同内容没有完成导致工程延期至2017年3月30日。

以上事实有《中标通知书》、《金融科技产业园一期工程施工合同》及其《补充协议》、《地下室漏水维修协议书》、现场签证单、确认单、现场窝工工种人数统计、工期延期证明等证据在卷佐证,经质证可以采信。

本院认为,根据上诉人A的上诉请求和被上诉人a的答辩意见,本案的焦点问题是:一、《金融科技产业园一期工程施工合同》和《金融科技产业园一期施工合同补充协议》的效力问题。二、案涉工程总造价的确定问题。三、a给付A工程款的具体数额问题。四、案涉工程款利息如何计算。五、A对案涉工程是否享有建设工程价款优先受偿权。

一、《金融科技产业园一期工程施工合同》(以下简称施工合同)和《金融科技产业园一期施工合同补充协议》(以下简称补充协议)的效力问题。

本院庭审中,A提出案涉施工合同和补充协议因违反相关法律规定而应认定无效。本院认为,就案涉项目,诉讼双方共签订两份协议即施工合同和补充协议,该两份合同均应认定无效,理由如下:

首先,根据《招标投标法》第43条关于"在确定中标人前,招标人不得与投标人就投标价格、投标方案等实质性内容进行谈判"之规定,案涉工程项目在履行法定招投标程序之前,诉讼双方已就实质性内容进行了协商,且A在签订招投标合同前已经进场进行了施工,故A与a签订的施工合同因违反上述法律规定,应认定无效。其次,2014年8月18日,诉讼双方签订的补充协议将原中标合同约定的建筑平方米单价由1550元每平方米上调为1640元每平方米,将暂定价格由7500万元上调至7872万元。补充协议的上述约定对合同价款进行了重大变更,改变了中标合同的实质性内容,违反了《招标投标法》第46条关于"招标人和中标人应当自中标通知书发出之日起30日内,按照招标文件和中标人的投标文件订立书面合同。招标人和中标人不得再行订立背离合同实质性内容的其他协议"之规定。因此,补充协议亦应认定无效。一审法院认定施工合同和补充协议合法有效,适用法律错误,本院依法予以纠正。

二、关于案涉工程总造价的确定问题。

虽案涉施工合同和补充协议因违反相关法律规定而无效,但签订补充协议前,实际履行的是施工合同,补充协议签订后,与施工合同不相符的,适用补充协议,因此,施工合同和补充协议是诉讼双方达成合意并实际履行的合同,均应作为诉讼双方结算工程价款的参照标准。施工合同和补充协议均约定合同价格为固定单价,其中补充协议约定每平方米单价为1640元,施工面积暂定为4.8万平方米。现诉讼双方对A施工面积存在争议,2017年8月14日一审庭审笔录记载,A主张合同内施工面积为53105.2平方米,a则主张依据建设许可证、设计图纸、规划许可证,合同内施工面积应为47971.83平方米。因a主张的合同内施工面积依据的是相关审批文件,且以47971.83平方米建筑面积和1640元每平方米计算得出的工程总造价78673801.2元与诉讼双方签订的补充协议约定的合同暂定价7872万元较为接近,故本院确认案涉工程,A施工的合同内建筑面积为47971.83平方米,案涉工程总造价为78673801.2元(47971.83平方米×1640元/平方米)。因a主张A存在未完工程,A申请对争议的面积和施工项目进行鉴定。一审法院委托沈阳维华工程管理有限公司进行工程造价鉴定。鉴定机构进行了现场踏勘,所作鉴定结论全部为争议项。经复议,鉴定结论为:诉讼双方争议工程造价为10209602元。对10209602元争议项目,本院审查认定如下:

(一)关于建筑面积争议部分。经鉴定,该部分争议金额合计4963376元。

1.斜屋面工程造价。诉讼双方对此部分面积是否包含在合同约定的平方米单价内争议较大。A主张,斜屋面不应包含在平方米单价中,a则不予认可。经查,施工合同和补充协议对此没有明确约定,但斜屋面部分属已实际发生的工程量。按诉讼双方约定的合同计价方式,即合同单价确定,最终结算的建筑面积以"2008年辽宁省建筑工程计价定额的建筑面积计算规则"为准计算,则斜屋面施工面积不应包含在诉讼双方约定的平方米单价之内。故,该部分工程价款应予给付,但不应按补充协议约定的平方米单价计算面积。鉴定机构按A实际完成的工程量,套用08定额折算出该部分的工程造价为3284738.09元,该笔工程价款应计入工程总造价。

2.地库出入口坡道面积。a主张,规划报批和施工图纸中均没有顶盖,此部分属于非永久性顶盖,不应计算面积。经查,虽然图纸中没有设计顶盖,但该部分已实际施工,且属于有永久性顶盖的出入口坡道。按照建筑行业惯例,应计算建筑面积。所涉金额1070903.60元,应计入工程总造价。

3.地库及连廊处苯板面积。根据相关法律规定,外墙保温应计算建筑面积,保护墙不应计算建筑面积。该项工程属地下室外墙外苯板,属于外墙保温层,应予计算面积。该部分工程价款281538.80元,应计入工程总造价。

4.门斗处造型凸起部分建筑面积。根据相关法律规定,附墙柱并不计算建筑面积,但该部分有顶盖和维护结构,不属于附墙柱,但却并不具有实际使用功能只起着装饰性作用。鉴于该部分的特殊性,在相关面积计算规则中没有明确规定,故该部分工程价款由诉讼双方分担为宜,所涉款项36145.6元(72291.20元×50%),应计入工程总造价。

5.墙面造型凸起部位面积。该部分面积属于附墙柱,根据相关规定,不应计算建筑面积,所涉工程价款253904.80元,不应计入工程总造价。

(二)关于工程量确认单争议。a辩称,该部分签证单没有其签字和盖章确认,不应计算面积。经查,该部分签证单均有监理人员签字,其中部分签证单有监理和a的工程师共同签字确认。故,所涉工程价款1037305元,应计入工程总造价。

(三)关于设计变更单争议。此部分设计变更属补充协议签订后变更内容,并有设计院加盖公章,真实性可以确认。经鉴定,此部分设计变更单分为增加费用和扣减费用签证单两部分。按设计变更单上的内容计算,应予增加的费用为34875.73元,应予扣减的费用为19179.64元,增减项折抵后,所涉造价15696元,应计入工程总造价。

(四)关于现场踏勘争议项。

1.楼梯间45mm厚细石混凝土地面42400.29元,A6#、A7#、A11#、A12#楼地下1层楼梯间门移位1297.27元,A11#、A12#楼风井变更32790.88元,A5#楼南侧雨水管339.45元,地库范围内所有水篦子及集水坑盖板16545.34元,水簸箕5637.59元,设备间内钢爬梯926.67元,地库后浇带57413.52元,楼梯间保温砂浆33647.07元,室内柱抹灰279568.2元,上述工程均属于A施工范围,但A未施工或未完全按图纸施工,或A虽主张施工但在现场踏勘时未见项目。故,上述工程价款应从工程总造价中予以扣除。

2.屋面斜梁、柱抹灰及涂料。该问题与前已论述的斜屋面工程造价存在关联,因屋面斜梁整体工程量并未包含在平方米造价中,所以该部分涉及的工程价款489265.83元,不应从工程总造价中扣除。

3.地库坡道入口处两侧培上压顶和所有楼梯间门、防火门下收口,该部分诉讼双方对是否属于A施工范围存在争议。经查,该部分在施工合同和图纸中均未明确。因A属总包单位,按行业惯例,应预留收口由后续负责安装单位进行施工。故,所涉工程价款合计8316.04元,不应从工程总造价中扣除。

4.A3#楼四层南西侧楼梯间外侧墙体大白、上人屋面防水、坡道入口排水沟处排水管。该部分项目属A已经按照图纸施工完毕,但a认为A施工不符合图纸和规范要求。因本案A并未对工程质量不合格提出反诉,虽在审理中提出案涉工程质量不合格,但并未对工程质量申请鉴定。故,在a并未提供确实充分的证据证明上述工程存在质量问题的情况下,所涉工程价款301340.81元,不应从工程总造价中扣除。

5.屋面瓦上栏板外侧涂料。依据诉讼双方签订的施工合同第2条,外墙涂料属于发包人直接发包的专业工程,不属于A施工范围,该部分项目涉及金额6774.01元,不应从工程总造价中扣除。

6.室内墙面大白。A称其是按图施工的仿瓷大白。a对A已实际施工没有异议,但主张A施工的不是仿瓷大白而是普通大白。经查,图纸设计为仿瓷大白。庭审中,鉴定机构表示普通大白价格高,是按仿瓷大白作出的鉴定。故,对于该项目的差值(正差)不应在工程总造价中扣除。

7.地下通道面层做法。a主张此部分工程A没有施工,A则主张已施工完毕。经查,鉴定机构现场踏勘时,a并未对此提出异议,所以鉴定机并未现场查看。因该部分为隐藏工程,现无法确定是否已实际施工。根据举证责任,在a没有提供证据证明A没有施工的情况下,此部分所涉工程价款44698.09元,不应从工程总造价中予以扣除。

(五)关于防水堵漏工程争议。根据诉讼双方签订的施工合同第2条、补充协议第1条第5项,a、A、××省××防水防腐有限公司××分公司三方签订《地下室漏水维修协议书》,地下室防水工程为a外委施工,不属于A施工范围,A实际完成了应由a直接发包的防水堵漏项目,所涉工程价款1756368.81元,应计入工程总造价。

(六)关于窝工损失争议。A主张的窝工损失包括三部分:挂瓦窝工费、屋面工程窝工费、2015年6月底甲指分包进场延误导致工期延误。A提供了由工程监理签字确认的现场签证单、确认单、现场窝工工种人数统计等证据,证明存在窝工损失。鉴定机构按照有监理签字的确认单上的工程量计算窝工费用为:挂瓦离工费5400元,屋面工程窝工费327150元、2015车6月底甲指分包选场延误导致工期延误727245.85元。本院认为,因A提供了由监理签字确认的签证单等证据,可以确认存在窝工损失。但2015年6月底甲指分包进场延误导致的窝工损失计算时间为2015年6月底至2017年3月30日,该窝工时间较长,且在A有义务采取积极的措施防止窝工损失扩大但并未采取必要措施的情况下,其自身对窝工损失的发生也存在一定责任。故,本院酌定该笔窝工损失减半为宜,即363622.93元(727245.85元×50%)。

综上,案涉工程总造价为78673801.2元+3284738.09元+1070903.06元+281538.8元+36145.6元+1037305元+15696元-(42400.29元+1297.27元+32790.88元+339.45元+16545.34元+5637.59元+926.67元+57413.52元+33647.07元+279568.20元)+1756368.81元+54000元+327750元+363622.93元=86431303.75元。

三、关于案涉工程已付款问题。

诉讼双方无争议的已付款为51741000元。争议的已付款为:1.a为A垫付电费74.83万元。经查,a提供了施工单位用电费用单据并后附票据,用电单据上有施工单位负责人签字。故,所涉款项74.83万元应计入a已付款。2.2015年11月4日a对A工程罚款4万元。诉讼双方系平等民事主体,a对A并不享有行政处罚权。从a提供的证据来看,诉讼双方并未就此事宜达成一致意见。故,该笔款项不应计入a已付款。a已付款合计52489300元(51741000元+748300元)。

综上所述,a拖欠A的案涉工程款数额为33942003.75元(86431303.75元-52489300元)。

四、关于工程款利息问题。

根据《最高人民法院关于审理建设工程施工合同纠纷案件适用法律问题的解释》第18条,利息从应付工程价款之日计付。

当事人对付款时间没有约定或者约定不明的,下列时间视为应付款时间:(一)建设工程已实际交付的,为交付之日;(二)建设工程没有交付的,为提交竣工结算文件之日;(三)建设工程未交付,工程价款也未结算的,为当事人起诉之日。鉴于本案建设工程没有实际交付,A亦未向a提交竣工结算文件,故,应从A起诉之日即2017年4月27日起,按中国人民银行同期同类贷款利率计算利息。

五、关于建设工程优先受偿权问题。

《最高人民法院关于建设工程价款优先受偿权问题的批复》第4条规定:"建设工程承包人行使优先权的期限为6个月,自建设工程竣工之日或者建设工程合同约定的竣工之日起计算。"根据A提供的工期延期证明,可以证明案涉工程工期已顺延至2017年3月30日。根据上诉法律规定,A于2017年4月2日起诉,并未超过法律规定的优先受偿权行使期限。故,A主张案涉建设工程优先受偿权,具有事实依据,本院予以支持。

另,一审判决第18页存在笔误,"驳回A(反诉被告)其他诉讼请求"应为"驳回a其他反诉请求",应予纠正。

综上所述,依照《民事诉讼法》第170条第1款第2项之规定,判决如下:

一、撤销××市某中级人民法院(2017)辽××民初351号民事判决;

二、确认a与A签订的《金融科技产业园一期工程施工合同》和《金融科技产业园一期施工合同补充协议》无效;

三、a于本判决生效后15日内给付A工程款33942003.75元;

四、a于本判决生效后15日内给付A工程款33942003.75元的利息(以本金33942003.75元为基数,从2017年4月27日起至本判决确定的给付之日止,按中国人民银行同期同类贷款利率计付);

五、A 对其承建的金融科技产业园一期工程在 33942003.75 元范围内享有优先受偿权;

六、驳回 A 其他诉讼请求;

七、驳回 a 反诉请求。

如果未按本判决指定的期间履行给付金钱义务,应当依照《民事诉讼法》第 253 条规定,加倍支付迟延履行期间的债务利息。

一审本诉案件受理费 274712 元,由 A 承担 74545.46 元,由 a 负担 200167.54 元。一审反诉案件受理费 18000 元,由 a 负担。二审案件受理费 274712 元,由 A 负担 74545.46 元,由 a 负担 200167.54 元。鉴定费 130000 元,由 A 承担 35100 元,由 a 负担 94900 元。财产保全费 5000 元,由 A 承担。

本判决为终审判决。

审 判 长 孙××
审 判 员 郭××
审 判 员 唐××
2018 年 11 月 9 日
法官助理 林 ×
书 记 员 李××

【再审民事答辩状】

再审民事答辩状

答辩人:A 建筑有限公司。

法定代表人:罗××,系该公司董事长。

住所地:××市××区 XSHN 路 52 号。

被答辩人:某市 a 置业有限公司。

法定代表人:张××,系该公司经理。

住所地:××市××区 XM 街 34 号。

某市 a 置业有限公司(以下简称被答辩人)与 A 建筑有限公司(以下简称答辩人)建设工程施工合同纠纷一案,被答辩人不服辽宁省高级人民法院(2018)辽民终 562 号民事判决,向贵院申请再审。现针对被答辩人的再审申请,答辩人作如下答辩:

一、被答辩人认为二审判决认定基本事实缺乏证据证明没有任何事实依据。

1. 被答辩人虽然提出二审判决认定事实缺乏证据证明，但其在再审申请书中并没有提出二审认定的哪些事实是缺乏证据证明的，其陈述的内容与二审法院认定案件事实有无证据证明之间没有任何关系。

2. 二审判决认定案件事实所依据的证据在二审判决书第 20 页均全部叙述清楚，并且该部分证据均经被答辩人质证。二审法院认定的案件事实均以证据为核心，依照证据规则认定，不存在《民事诉讼法》第 200 条第 2 项规定的情形。

二、二审庭审笔录没有任何伪造，被答辩人陈述庭审笔录有重大伪造完全系其主观臆断，没有任何依据，其言论严重不当。

1. 二审庭审笔录经被答辩人出庭人员核对并每页签字确认，如果被答辩人对开庭笔录有异议，可以要求书记员修改，也可以在打印后提出修改意见，在笔录上自行修改并签名。如果开庭笔录与庭审不符，被答辩人代理人不可能逐页签字确认。

2. 从答辩人在法庭最后的陈述来看，“坚持上诉请求，增加的新上诉理由请求法庭予以考虑”，这也说明在二审中，答辩人增加了新的上诉理由，庭审笔录前后的一致性也佐证了开庭笔录客观真实。

3. 二审庭审全程录音录像，可以依法查证、核对。但是，被答辩人应当对其认为伪造庭审笔录的言辞负责，如因言论不当，触犯国家法律规定的，应当承担相应的法律责任。

三、案涉工程主体地基均已经各方验收合格，二审判决被答辩人参照合同约定支付答辩人工程款，适用法律正确。

1. 本案一审诉讼过程中，答辩人已向人民法院提交《结构实体验证检验报告》、《检验报告》、《地基与基础工程验收报告》、《主体工程验收报告》等证据。上述证据均可证实，案涉工程经各方验收质量合格。

2. 本案一审过程中，被答辩人在庭审中明确在本案中放弃对案涉工程质量问题的主张（一审 2018 年 3 月 19 日庭审笔录第 5 页）。二审法院判决被答辩人参照合同约定支付答辩人工程款符合法律规定。

四、认定合同的效力不是法院审理查明的案件事实，而是法院依职权作出分析的法律问题，本案《施工合同》和《补充协议》无效。

1. 合同是否有效，法院在裁判过程中应依据《合同法》第 52 条主动审查，答辩人在二审中亦明确提出该上诉理由。案涉工程在法定招投标前，双方已就实质性内容进行了协商，且答辩人在招投标前就已进场施工。2014 年 8 月 18 日，双方签订的补充协议将原中标合同约定的建筑平方米单价由 1550 元每平方米上调为 1640 元每平方米，将暂定价格由 7500 万元上调至 7872 万元。被答辩人对以上事实没有异议。

2. 答辩人与被答辩人的上述行为,违反了《招标投标法》第 43 条、第 46 条的强制性规定。因此,双方所签订的《施工合同》和《补充协议》无效。二审法院依照法律规定纠正一审法院认定合同效力的错误,符合法律规定。

五、二审法院充分保障了双方当事人的辩论权,被答辩人认为二审法院违反法律规定剥夺其辩论权不属实。

二审庭审时,双方已在法庭上充分辩论,就合同效力等问题,被答辩人代理人当庭已作答辩。同时,审判人员在庭审时向双方明确告知,在庭审后一周内各方可以提交代理词(二审开庭笔录第 7 页),被答辩人有充分的机会发表其辩论意见。法庭已充分保障双方辩论的权利。被答辩人主张二审法院剥夺其辩论的权利没有任何依据。

综上,答辩人认为,被答辩人的再审申请无任何事实及法律依据,且其部分言论严重不当,严重损害司法审判活动的严肃性,依法应当予以驳回。

此致

中华人民共和国最高人民法院

答辩人:A 建筑有限公司

代理人:李学辉

2019 年 3 月 8 日

【审判监督民事裁定书】

中华人民共和国最高人民法院
民事裁定书

再审申请人(一审被告、反诉原告,二审被上诉人):某市 a 置业有限公司,住所地××省××市××区 XM 街 34 号。

法定代表人:张××,该公司经理。

委托诉讼代理人:朱××,××律师事务所律师。

被申请人(一审被告、反诉被告,二审上诉人):A 建筑有限公司,住所地××市××区 XSHN 路 52 号。

法定代表人:罗××,该公司董事长。

再审申请人某市a置业有限公司(以下简称a)因与被申请人A建筑有限公司(以下简称A)建设工程施工合同纠纷一案,不服辽宁省高级人民法院(2018)辽民终562号民事判决,向本院申请再审。本院受理后,依法组成合议庭进行了审查,本案现已审查终结。

a申请再审称:(一)二审判决认定基本事实缺乏证据证明,且庭审笔录有重大伪造,并根据伪造内容作出判决。A在上诉状和庭审中并未提出《金融科技产业园一期工程施工合同》(以下简称施工合同)和《金融科技产业园一期施工合同补充协议》(以下简称补充协议)无效的上诉请求,二审法院通过伪造庭审笔录,认定案涉施工合同和补充协议无效,无事实与法律依据。(二)二审判决适用法律错误。案涉工程既未完工,更未竣工验收,不能参照合同约定结算工程款。(三)二审法院在庭审中未归纳合同效力问题为争议焦点,二审判决中归纳的5个争议焦点,没有全部经过庭审辩论,a甚至不知道合同效力问题、工程总造价的确定等焦点问题的存在,二审法院径行判决,剥夺当事人辩论权利。综上,依据《民事诉讼法》第200条第2项、第6项、第9项规定,申请再审。

A提交书面意见称:(一)二审判决认定事实并不缺乏证据证明,亦没有伪造庭审笔录。A在上诉中提出了合同效力问题,二审庭审笔录有记载且前后内容能够呼应,并经双方核对签字确认,真实有效。(二)案涉工程主体地基均已经各方验收合格,a在一审庭审中已经明确放弃对案涉工程质量问题的主张,二审判决参照合同约定支付工程价款符合法律规定。(三)认定合同的效力不是法院审理查明的事实,而是法院依职权作出分析的法律问题,二审法院依法纠正一审法院认定合同效力的错误,符合法律规定。(四)二审法院充分保障了双方当事人的辩论权,庭审中就合同效力问题a当庭已作答辩,且二审法院明确告知双方可在庭审后一周内提交代理词,a主张二审法院剥夺其辩论权利无任何依据。

本院认为,《最高人民法院关于适用〈中华人民共和国民事诉讼法〉的解释》第323条规定:"第二审人民法院应当围绕当事人的上诉请求进行审理。当事人没有提出请求的,不予审理,但一审判决违反法律禁止性规定,或者损害国家利益、社会公共利益、他人合法权益的除外。"因此,对于合同效力问题,二审法院可以依职权主动审查。本案中,A在二审询问中补充上诉意见认为案涉施工合同和补充协议无效,二审法院就合同效力问题进行审查,有事实与法律依据。经核实,二审卷宗中,2018年8月31日询问笔录逐页经双方当事人的委托诉讼代理人签字,其中第4页上半部分记载了A上诉补充意见,提出案涉施工合同因违反《招标投标法》而无效的上诉请求。上述笔录第7页最后一段上诉人最后陈述亦记载"增加的新上诉理由请求法庭予以考虑"。二审询问笔录完整且经委托诉讼代理人逐页签字确认,a认为二审庭审笔录系伪造,并剥夺其辩论权利的理由不能成立。

根据《最高人民法院关于审理建设工程施工合同纠纷案件适用法律问题的解释》第 1 条第 3 项的规定,建设工程必须进行招标而未招标或者中标无效的,建设工程施工合同应认定无效。二审判决依据《招标投标法》第 43 条、第 46 条的规定,认定案涉施工合同和补充协议无效,有事实和法律依据。根据《合同法》第 58 条(现《民法典》第 157 条)的规定,合同无效或者被撤销后,因该合同取得的财产,应当予以返还;不能返还或者没有必要返还的,应当折价补偿。本案中,a 与 A 签订的案涉施工合同和补充协议自始无效,但对与 A 已经事实上完成的建设工程的部分,属于 a 因无效合同而取得的财产,a 负有返还义务。进一步而言,因建设工程不具备返还条件,应当进行折价补偿。根据《最高人民法院关于审理建设工程施工合同纠纷案件适用法律问题的解释》第 3 条规定,建设工程施工合同无效,且竣工验收不合格的,修复后的建设工程仍经验收不合格的,承包人请求支付工程价款的,不予支持。本案中,a 并未提出工程质量问题的反诉,亦未就工程质量问题申请鉴定。案涉工程系因未完工而未进行竣工验收,a 不能证明系因工程质量存在问题导致未竣工验收合格。故,二审判决参照案涉施工合同和补充协议的约定并结合鉴定情况,判令 a 就已完工部分的建设工程进行折价补偿,不违反法律规定,亦具有事实依据。a 提出的不应当根据合同约定进行结算,二审判决适用法律错误的再审申请理由,不能成立。

综上,a 的再审申请不符合《民事诉讼法》第 200 条第 2 项、第 6 项、第 9 项规定的情形。依据《民事诉讼法》第 204 条第 1 款、《最高人民法院关于适用〈中华人民共和国民事诉讼法〉的解释》第 395 条第 2 款之规定,裁定如下:

驳回 a 的再审申请。

审 判 长　宋××
审 判 员　丁××
审 判 员　李××
2019 年 6 月 27 日
法官助理　原××
书 记 员　黄　×

办案总结

本案主要的争议焦点系合同的效力和工程结算问题。

一、关于《建筑工程施工合同》效力的问题

《招标投标法》第 3 条规定:"在中华人民共和国境内进行下列工程建设项目包括项目的勘察、设计、施工、监理以及与工程建设有关的重要设备、材料等的采购,必须进行招标:(一)大型基础设施、公用事业等关系社会公共利益、公众安全的项目……”

《招标投标法》第43条规定:“在确定中标人前,招标人不得与投标人就投标价格、投标方案等实质性内容进行谈判。”

《招标投标法》第46条规定:“招标人和中标人应当自中标通知书发出之日起三十日内,按照招标文件和中标人的投标文件订立书面合同。招标人和中标人不得再行订立背离合同实质性内容的其他协议。”

本案案涉工程属于必须进行招投标的项目,在《建设工程施工合同》签订之前,双方已就工程范围、建设工期、工程质量、工程价款等实质性内容进行初步协商并实际进场施工,属于明招暗定行为,违反上述法律之规定,施工合同和补充协议应认定为无效。无效合同自始无效、绝对无效、当然无效,故不存在继续履行的可能性。

需要说明的是,合同效力属于法院依职权确认范畴,不因当事人未主张而不予审理。A起诉时,主张解除合同并支付工程款,一审法院认定施工合同和补充协议合法有效,属于适用法律错误,并驳回A包括解除合同在内的全部诉讼请求。律师在二审中改变了诉讼策略,在要求支付工程款的前提下增加请求法院确认合同无效,无效合同自然无从谈起继续履行,经过律师努力,终使二审改判,维护了A的合法权益。

二、关于工程结算问题

建设工程施工合同纠纷中,当事人双方就同一建设工程分别签订的多份施工合同均被认定无效后,应综合缔约时建筑市场行情、有利于当事人接受、诉讼经济等因素,参照双方当事人达成的合意并实际履行的合同结算工程价款。本案中,补充协议签订之前,实际履行的是施工合同。补充协议签订之后,与施工合同不相符的,适用补充协议。施工合同和补充协议是诉讼双方达成合意并实际履行的合同,均应作为诉讼双方结算工程价款的参照标准。

三、关于建设工程价款优先受偿权的问题

建设工程价款优先受偿权的立法目的在于解决工程款拖欠问题,进而确保建设工人工资实现,以保障其基本的生存权。

《最高人民法院关于建设工程价款优先受偿权问题的批复》中规定,建设工程承包人行使优先受偿权的期限为6个月,自建设工程竣工之日或者建设工程合同约定的竣工之日起计算。

本案的工程已延期至2017年3月30日,而A系2017年4月提起诉讼,未超过6个月,因此A享有工程价款优先受偿权,有权就承建工程拍卖或折价价款优先受偿案涉工程款。

另外,根据《最高人民法院关于审理建设工程施工合同纠纷案件适用法律问题的解释(二)》第22条“承包人行使建设工程价款优先受偿权的期限为6个月,自发包人应当给付建设工程价款之日起算”之规定,本案A亦享有工程价款优先受偿权。

专家点评

一、一审阶段概要

一审法院判决:一、a 与 A 签订的《建设工程施工合同》和《建设工程施工合同补充协议》继续履行;二、驳回 A 的诉讼请求;三、驳回 a 其他反诉请求。

二、二审阶段概要

判决:一、撤销一审法院判决;二、确认双方的"建筑工程合同"和"补充协议"无效;三、a 于本判决生效后 15 日内给付 A 工程款 33942003.75 元;四、a 于本判决生效后 15 日内给付 A 以工程款 33942003.75 元为基数计算的利息,从应当给付之日起至实际给付之日止;五、A 对其承建的案涉工程在本金范围内享有优先受偿权;六、驳回 A 其他诉讼请求;七、驳回 a 反诉请求。

三、二审改判一审法院的主要观点

一是二审法院否定了认定的合同有效的判决,根据《招标投标法》第 43 条之规定,a 早于招标前 9 个月即进行施工的事实,以及双方补充协议对平方米造价进行了重大变更等因素,最终判决合同无效。

二是对事实部分结合双方合同和履行情况,查明了应付款的节点;根据专业的鉴定机构出具的结论,对工程造价、工程量、设计变更、现场踏勘争议项等都作出了比较专业的事实认定。

三是对漏水责任比照甲方公司与乙方及第三方公司签订的合同进行了责任区分,认定了该责任是由第三方造成的。

四是对窝工情况结合双方合同和工程节点认定了甲方责任,从而比较清晰地认定了工程款及利息应由甲方承担。

五是根据最高人民法院相关规定,确认了建筑工程优先受偿权问题。

如此,二审法院对一审法院的判决,进行了根本上的否定。

四、法律风险提示及建议

原告律师历经两审及再审,最终二审改判,再审驳回对方诉请,对比一审判决,终审完胜。其中,未竣工的工程,如何主张自己的诉求是技术上的问题,也是以往司法实践中的难点,一审法院也是以此为由对原告的主张不予支持。本案代理律师抓住合同中的主要条款,结合工程履行中的实际节点,主张的诉求是本案的亮点;关于合同效力无效的主张,根据《民法典》第 793 条,依据鉴定结论,结合工程履行实际情况,对工程造价、工程量、设计变更等都作出了有利的说明;对不属于乙方责任的工程责任也能根据合同及履行情况主张权益,指出了一审法院没有甄别责任的错误;结合合同期限和双方认可的延期事实,主张并促使二审法院保护了建筑工程价款的优先受偿权;建筑工程施工合同,需要比较专业的建筑业技术知识,无论是律师还是法官均是如此,对于包工形式、具体的施工工程、工程量、工程预结算等需要掌握透彻,方能将繁杂的建筑工程案件厘清并办好。本案代理律师对几个建筑工程的争议焦点,论点准确、观点鲜明、论述清晰,结合合同与建筑工程各阶段的履行情况,在不同的阶段都有较好的阐述,从一审败诉到二审和再审的胜诉,保护了委托人利益。

审核人、点评人:王峥(北京律师智库重大复杂案件研究专家组组长)

复核人:谢炳光(北京律师智库重大复杂案件研究专家组副组长)

金融借贷及公司股权类

如何认定越权担保的效力及责任承担

——鹤壁投资集团与河南大用公司、鹤壁农商行股权转让纠纷案

争议焦点

《股权转让四方协议》及补充协议的效力问题；鹤壁农商行为其股东提供的越权担保是否有效及法律责任如何承担。

关键词

股权转让　审批合同　越权担保

案情简介

本案是一起债权人鹤壁投资集团有限公司（以下简称鹤壁投资集团）与债务人河南大用实业有限公司（以下简称大用公司）、担保人鹤壁农村商业银行股份有限公司（以下简称鹤壁农商行）之间因股权转让引发的诉讼。

2016 年 12 月 27 日，鹤壁农商行与大用公司、鹤壁投资集团、鹤壁市金融办签订《股权转让四方协议》。协议约定，由鹤壁投资集团出资 26340 万元，受让鹤壁农商行 13170 万股股份，大用公司负责落实股权转让相关手续。协议签订时，大用公司仅持有鹤壁农商行 5000 万股股份且处于质押状态，协议约定剩余股份由大用公司负责落实其他三家企业向鹤壁投资集团转让。若鹤壁投资集团或其指定的企业不被认可相关股东资格，大用公司应退还鹤壁投资集团已经支付的款项，并支付利息。若大用公司不履行义务，鹤壁农商行承担保证责任。同日，鹤壁投资集团向大用公司支付了 2 亿元股权款。

2017 年 1 月 24 日，协议各方签订补充协议，对股权转让事宜作了进一步安排。1 月 25 日，大用公司对其持有的鹤壁农商行股权进行出质注销登记，鹤壁投资集团又向大用

公司支付了6000万元股权款。

2017年10月11日，大用公司将所持鹤壁农商行股份转让给了鹤壁投资集团指定的股权受让方河南永优种业科技有限公司。

由于大用公司未按协议约定完全履行合同义务，鹤壁投资集团起诉大用公司和鹤壁农商行，要求鹤壁农商行对大用公司的欠款承担担保责任。

本案历经两级法院的四次审理：

（1）河南省某中级人民法院一审。河南省某中级人民法院于2019年6月26日作出一审判决（2017）豫0×民初3×号，判令：一、大用公司返还鹤壁投资集团14336万元及利息1824.54万元（利息计算至2018年2月28日，之后利息按双方协议约定的利率计算至实际支付之日止）；二、鹤壁农商行对大用公司的上述债务承担连带责任。

在此情况下，北京市康达律师事务所律师陈庆波、江春接受鹤壁农商行的委托，代理本案的二审诉讼。

（2）河南高级人民法院二审。鹤壁农商行提起上诉，河南高院于2019年11月21日作出二审裁定（2019）豫民终1125号：撤销一审判决，发回重审。

（3）河南省某中级人民法院重审。河南省某中级人民法院于2020年9月15日作出判决（2019）豫0×民初9×号，作出的判决结果与（2017）豫0×民初3×号一致。

（4）河南高级人民法院二审。因不服河南省某中级人民法院的重审判决，鹤壁农商行再次提起上诉。河南高级人民法院于2021年8月11日作出二审判决（2020）豫民终1029号，将河南省某中级人民法院重审判决判令鹤壁农商行承担的100%连带清偿责任，改为承担大用公司不能清偿部分30%的赔偿责任。

案件历程

【一审判决书】

河南省某中级人民法院

民事判决书

（2017）豫0×民初3×号

原告：鹤壁市经济建设投资集团有限公司，住所地鹤壁市淇滨区九州路87号。

法定代表人：吴某英，该公司董事长。

委托诉讼代理人：李某，该公司工作人员。

委托诉讼代理人:耿某俭,河南某荣律师事务所律师。

被告:河南大用实业有限公司,住所地河南省淇县思德桥北107国道东。

法定代表人:杜某喜,该公司经理。

诉讼代表人:河南大用实业有限公司管理人。

委托诉讼代理人:张某峰,该公司工作人员。

委托诉讼代理人:吕某东,河南某文律师事务所律师。

被告:鹤壁农村商业银行股份有限公司,住所地鹤壁市淇滨区兴鹤大街南段。

代表人:姜某杰,该行负责人。

委托诉讼代理人:余某青,河南明星律师事务所律师。

原告鹤壁市经济建设投资集团有限公司(以下简称鹤壁投资集团)与被告河南大用实业有限公司(以下简称大用公司)、被告鹤壁农村商业银行股份有限公司(以下简称鹤壁农商行)股权转让合同纠纷一案,鹤壁投资集团于2017年9月29日向本院提起诉讼。本院立案后,依法组成合议庭,公开开庭进行审理,原告鹤壁投资集团的委托诉讼代理人李某、耿某俭,被告大用公司的委托诉讼代理人张某峰、吕某东,被告鹤壁农商行的委托诉讼代理人余某青到庭参加诉讼。本案现已审理终结。

鹤壁投资集团向本院提出诉讼请求:1. 大用公司返还股权转让款14336万元及利息1824.54万元(利息计算至2018年2月28日,之后利息计算至实际支付之日止);2. 大用公司赔偿因未及时转让股权给鹤壁投资集团造成的经济损失300万元;3. 本案诉讼费、财产保全费、律师费由大用公司承担;4. 鹤壁农商行对上述款项承担全部责任。事实与理由:鹤壁投资集团与大用公司、鹤壁农商行、鹤壁市人民政府金融工作办公室(以下简称鹤壁市金融办)签订《股权转让四方协议》和《股权转让四方补充协议》,协议约定:鹤壁投资集团出资26340万元,受让鹤壁农商行股份13170万股;大用公司负责落实淇县永昌牧业发展有限公司(以下简称永昌牧业公司)、河南光彩集团发展有限公司(以下简称河南光彩集团)、河南瑞贝卡控股有限责任公司(以下简称瑞贝卡公司)为股权转让方;股权转让预付资金向大用公司支付,预付款支付之日起至股权转让手续完成之日止,大用公司按同期贷款基准利率上浮50%向鹤壁投资集团支付利息;大用公司不能及时支付的,鹤壁农商行保证向鹤壁投资集团承担全部责任,并同意从大用公司等四家企业股金分红及其他资金中扣除。合同签订后,鹤壁投资集团于2016年12月27日、2017年1月25日分别向大用公司支付股权转让预付资金20000万元和6000万元,共计26000万元。但大用公司始终未能完成股权转让手续,经多次催促无果后,鹤壁投资集团为维护自身合法权益,提起诉讼。

大用公司辩称:1. 根据《中国银监会关于农村中小金融机构行政许可事项实施办法》的规定,鹤壁农商行股权转让应经银监部门前置审核批准。且该实施办法第11条、第12条、第61条明确规定,“农村中小金融机构股权变更,受让人投资入股比例不得超过农村商业银行股本总额的10%”。本案四方股权转让协议第1条约定“鹤壁投资集团受让鹤壁农商行13170万股”已经超过该行股本金额约20%,违反该实施办法,协议无法全部履行。2.鹤壁投资集团在明知自己无法受让全部13170万股股权的情况下,未提供适格的股权承接主体,造成涉案全部股权无法及时办理过户手续,理应承担过错责任。3.合同签订后,大用公司已经做好转让全部股权的准备工作,只是由于鹤壁投资集团的过错,合同无法全部、及时履行,大用公司对此无过错,不应承担赔偿责任。4.大用公司已将自己持有的5832万股鹤壁农商行的股权过户给鹤壁投资集团指定的适格股权承接主体,全面履行了自己的合同义务。鹤壁投资集团起诉要求返还股权转让价款,支付利息赔偿损失并承担律师费没有法律依据。

鹤壁农商行辩称:1.股权转让四方协议对永昌牧业公司、河南光彩集团、瑞贝卡公司不发生法律效力。至今大用公司未取得该三家公司的有效授权,即同意大用公司代为签订股权转让协议,并接受该股权转让协议所涉及的三方权利义务。因此,四方协议涉及该三家公司的股权转让的权利义务至今不生效。2.鹤壁投资集团支付26000万元股权转让预付资金存在严重过错,鹤壁农商行不应对鹤壁投资集团的诉讼请求承担责任。3.鹤壁农商行在《股权转让四方协议》中只是协助责任,除此之外不应承担其他任何责任。4.鹤壁农商行在本案中也不存在担保责任。鹤壁农商行在协议中没有保证担保的意思表示,也没有就担保主债权的数额、担保方式、担保范围作约定,也无书面保证担保,不符合《担保法》第13条、第14条(现《民法典》第685条)的规定。另外,即使有保证合同,主债权不生效,保证合同也不生效。

鹤壁投资集团为支持其主张向本院提交以下证据:

证据一:《股权转让四方协议》证明鹤壁投资集团与大用公司、鹤壁农商行签订协议,约定鹤壁投资集团出资26340万元,受让鹤壁农商行13170万股,股权转让预付资金向大用公司支付。

证据二:《股权转让四方补充协议》证明按协议约定在确认大用公司已解押5000万股鹤壁农商行股权手续后,鹤壁投资集团向大用公司支付6000万元股权转让款。

证据三:鹤壁投资集团向大用公司支付2亿元预付资金收据、电汇凭证及银行回单,证明鹤壁投资集团向大用公司支付股权转让预付资金2亿元。

证据四:1.鹤壁农商行出具的股权出质注销证明;2.工商局出具的股权处置注销登记通知书;3.鹤壁投资集团支付6000万元股权转让款收据、电汇凭证、银行代理汇兑业务复核、电子汇兑回单。证明鹤壁投资集团支付的6000万元是在鹤壁农商行出具股权出质注销证明、股权出质注销登记后支付的。

证据五:1.鹤壁投资集团出具的说明;2.大用公司与河南永优种业科技有限公司(以下简称河南永优公司)签订的股权转让协议;3.河南永优公司的股金证。证明大用公司按照《股权转让四方协议》的约定,大用公司将所持有的5832万股鹤壁农商行股份过户给河南永优公司。

证据六:1. 鹤壁投资集团制作的大用公司应付利息统计表;2. 鹤壁投资集团制作的损失计算表及2016年度鹤壁农商行利润、股金分红方案。证明按照《股权转让四方协议》的约定大用公司应当支付的利息1824.54万元以及未转让股权造成股金分红收益损失300万元。

证据七:1. 2016年5月23日鹤壁市人民政府办公会议纪要(鹤政办公会[2016]53号);2. 2016年5月28日鹤壁市人民政府办公会议纪要(鹤政办公会[2016]58号)。证明鹤壁投资集团是按照会议纪要的要求增资鹤壁农商行股份并签订股权转让协议。

大用公司对鹤壁投资集团提交的证据一至五、证据七的真实性无异议。但其同时认为,中国银监会经授权,制定的《中国银监会关于农村中小金融机构行政许可事项实施办法》第61条规定,该类金融机构股权变更,受让人应具备发起人条件,故鹤壁投资集团不具备单独承接鹤壁农商行20%股权的资格,且根据协议约定鹤壁投资集团应当最少提供三家承接主体,但鹤壁投资集团至今未提供承接主体,无法办理股权变更手续,鹤壁投资集团要求大用公司支付利息、赔偿损失无法律依据。大用公司对鹤壁投资集团提交的证据六的真实性有异议,认为系鹤壁投资集团单方制作,不应作为其损失的依据。

鹤壁农商行对鹤壁投资集团提交的证据一、二真实性无异议,但认为四方协议并未明确约定鹤壁农商行提供保证担保,且银行法明确规定,金融机构不得作为保证人,并以该证据证明鹤壁农商行在本案中不应承担责任。

大用公司、鹤壁农商行未提交证据。

本院认为,鹤壁投资集团提交的证据一至五,对方当事人无异议,且上述证据客观、真实,与本案有关联,能够证明本案所涉案件事实,故对上述证据的证明力本院予以确认。证据六系鹤壁投资集团单方制作、证据七与本案无关联,故对该两组证据的证明力本院不予采信。

本院经审理查明:2016年12月27日,鹤壁投资集团与大用公司、鹤壁农商行、鹤壁市金融办签订《股权转让四方协议》,协议约定:甲方鹤壁农商行,乙方大用公司,丙方鹤壁投资集团,丁方鹤壁市金融办。一、丙方出资26340万元,受让甲方股份13170万股,协商每股价格为人民币2元;二、乙方负责落实永昌牧业公司、河南光彩集团、瑞贝卡公司为股权转让方。乙方保证乙方等四家企业同意转让股权及乙方取得代为收取股权转让预付款的委托,并取得四家企业的有效授权;三、本协议签订后,丙方及时通过以下账户向乙方支付股权转让预付资金2亿元。待约定股权转让手续完成后,丙方及时支付剩余的股权转让资金6340万元;……五、如果银行业监督管理部门不予批准丙方或丙方指定的企业相关股东资格,则丙方应在甲方协助下重新指定企业，重新指定企业仍不符合银行业监督管理部门所要求的股东资质的，乙方应于5个工作日内退还丙方已支付的预付款2亿元，并自丙方预付款支付到乙方账户之日起按照资金占用期限同期贷款基准利率上浮50%支付利息。乙方不及时支付的，甲方保证向丙方承担全部责任，乙方无条件同意甲方从乙方等四家企业股金分红及其他资金中扣除。该协议签订后，鹤壁投资集团于2016年12月27日向大用公司支付股权转让预付资金2亿元。2017年1月24日鹤壁投资集团（丙方）与大用公司（乙方）、鹤壁农商行（甲方）、鹤壁市金融办（丁方）签订《股权转让四方补充协议》，该协议约定：二、本协议生效后，同时确认乙方已解押5000万股鹤壁农商行股权手续，并将股权解押手续交与甲方董事会保管后，丙方方可通过上述账户向乙方支付股权转让预付资金6000万元。三、乙方及其关联方需于2017年2月底将股权转让手续全部完成后，丙方及时支付剩余股权转让资金340万元。四、本次丙方向乙方支付的6000万元股权转让预付资金适用于《股权转让四方协议》的各项规定。2017年1月25日大用公司对其持有的鹤壁农商行股权进行股权出质注销登记，同日鹤壁投资集团向大用公司支付股权转让预付资金6000万元。2017年10月11日，经鹤壁投资集团指定，河南永优公司与大用公司签订股权转让协议，受让鹤壁农商行5832万股股权。2017年10月16日鹤壁农商行向河南永优公司出具股金证。

另查明，2018年7月19日河南省淇县人民法院以（2018）豫0622破申2号民事裁定，裁定受理大用公司重整申请。

本院认为：鹤壁投资集团与大用公司、鹤壁农商行、鹤壁市金融办签订的《股权转让四方协议》《股权转让四方补充协议》系各方真实意思表示，且不违反法律禁止性规定，应为有效。鹤壁投资集团按照上述协议约定，向大用公司支付股权转让预付资金26000万元，但大用公司除将其持有的鹤壁农商行5832万股股权经鹤壁投资集团指定转让给河南永优公司外，剩余股权并未转让。并且剩余股权系永昌牧业公司、河南光彩集团、瑞贝卡公司持有，大用公司在本案判决之前并未提交得到永昌牧业公司、河南光彩集团、瑞贝卡公司三家公司同意大用公司代为转让所持有的鹤壁农商行的股权的授权，故鹤壁投资集团与大用公司、鹤壁农商行、鹤壁市金融办签订的《股权转让四方补充协议》中所约定受让永昌牧业公司、河南光彩集团、瑞贝卡公司三家公司所持有的鹤壁农商行股权部分无法履行。故，大用公司接受鹤壁投资集团26000万元，仅转让其持有的鹤壁农商行5832万股股权（每股2元，合款11664万元），剩余14336万元，鹤壁投资集团要求大用公司予以返还，本院予以支持。按照上述协议约定，在股权不能受让时，大用公司应于5个工作日内退还鹤壁投资集团已支付的预付款，并自预付款支付到账户之日起按照资金占用期间同期贷款基准利率上浮50%支付利息。故鹤壁投资集团要求大用公司对剩余款项自占用之日起按同期贷款基准利率上浮50%支付利息的诉讼请求，本院予以支持。

关于鹤壁投资集团要求大用公司赔偿经济损失300万元。该损失系鹤壁农商行2017年股权的分红收益,鹤壁投资集团并未提交证据证明鹤壁农商行对2017年的股权收益进行分红的情况。另外,即使存在该项损失,鹤壁投资集团在未得到永昌牧业公司、河南光彩集团、瑞贝卡公司三家公司同意大用公司代为转让所持有的鹤壁农商行股权授权的情况下,即向大用公司转款26000万元,未尽到一般注意义务,故鹤壁投资集团与大用公司对于协议的签订及无法继续履行均存在过错,对于因此造成的损失,应各自承担责任。鹤壁投资集团要求大用公司赔偿经济损失300万元,本院不予支持。

关于鹤壁农商行是否应承担担保责任。《股权转让四方协议》第5条约定,如果银行业监督管理部门不予批准丙方(鹤壁投资集团)或丙方指定的企业相关股东资格,则丙方应在甲方(鹤壁农商行)协助下重新指定企业,重新指定企业仍不符合银行业监督管理部门所要求的股东资质的,乙方(大用公司)应于5个工作日内退还丙方已支付的预付款2亿元,并自丙方预付款支付到乙方账户之日起按照资金占用期限同期贷款基准利率上浮50%支付利息。乙方(大用公司)不及时支付的,甲方保证向丙方承担全部责任。上述协议明确约定,大用公司不及时还款,鹤壁农商行保证向鹤壁投资集团承担全部责任。鹤壁农商行作为专业的金融机构在该协议上签字盖章,对于协议约定的保证责任所应承担的义务应当是明知,担保法并未禁止商业银行对外进行担保。另外,上述协议对保证事项约定不明,根据担保法的规定鹤壁农商行应对大用公司未返还鹤壁投资集团的股权转让款承担连带保证责任。

综上,鹤壁投资集团的诉讼请求部分成立,对其请求成立部分本院予以支持,超出部分不予支持。经合议庭评议,依照《合同法》第60条、第174条(现《民法典》第509条、646条)、《担保法》第19条,参照《最高人民法院关于审理买卖合同纠纷案件适用法律问题的解释》第3条规定,判决如下:

一、大用公司于本判决生效之日起30日内返还鹤壁投资集团143360000元及利息1824.54万元(利息计算至2018年2月28日,之后利息按双方协议约定的利率计算至实际支付之日止);

二、鹤壁农商行对上述第一项所确定的债务承担连带清偿责任;

三、驳回鹤壁投资集团的其他诉讼请求。

如果未按本判决指定的期间履行给付金钱义务,应当依照《民事诉讼法》第253条之规定,加倍支付迟延履行期间的债务利息。

案件受理费849800元,由鹤壁投资集团负担91200元,大用公司负担758600元。

如不服本判决,可以在判决书送达之日起15日内,向本院递交上诉状,并按对方当事人的人数提出副本,上诉于河南省高级人民法院。

审判长　单××
审判员　郝××
审判员　罗××
2019年6月26日
书记员　孟××

【上诉代理意见】

上诉代理意见

尊敬的合议庭法官：

北京市康达律师事务所受鹤壁农村商业银行股份有限公司（以下简称鹤壁农商行）委托，指派我们担任鹤壁农商行与鹤壁市经济建设投资集团有限公司（以下简称鹤壁投资集团）、河南大用实业有限公司（以下简称大用公司）股权转让合同纠纷一案的诉讼代理人，参加本案诉讼。根据本案证据材料和庭审情况，我们认为：案涉协议没有经监管机构批准至今未生效，所涉担保条款构成越权担保，对鹤壁农商行不发生效力；一审判决依据未生效协议及没有效力的担保条款判令鹤壁农商行承担连带清偿责任构成法律适用错误，必须予以纠正。具体意见如下，请合议庭参考并采纳。

一、案涉协议至今没有被监管机构批准，成立未生效

第一，案涉协议拟转让的股份数额超过规定比例，且未经批准，故该协议成立未生效。案涉协议签订时，鹤壁农商行的股本总额为58968万股，案涉股权转让协议标的为13170万股，占鹤壁农商行股本总额的22.33%。根据《合同法》第44条[①]规定和《商业银行法》第28条[②]规定，银监部门的批准是案涉股权转让协议的法定生效条件。然而，案涉协议至今没有经监管机构批准，因此，案涉协议因缺乏法定生效要件而未生效。

第二，案涉协议至今未经批准是因为该协议始终不具备申报的条件，并非鹤壁农商行怠于申报所致。案涉协议从签署日至今，始终不具备申报审批的条件，鹤壁农商行无法正常申报批准。其一，签约时，大用公司仅持有5000万股，但其承诺转让给鹤壁投资集团13170万股，其余的8000万股从哪里来，至今未知；其二，签约时，大用公

---

① 《合同法》第44条规定，依法订立的合同，自成立时生效。法律、行政法规规定应当办理批准、登记等手续生效的，依照其规定。

② 《商业银行法》第28条规定，任何单位和个人购买商业银行股份总额5%以上的，应当事先经国务院银行业监督管理机构批准。

司持有的5000万股尚处于质押状态，根本不具备交易条件；其三，签约时，鹤壁投资集团尚未指定股权受让主体，直到2017年9月，鹤壁投资集团才明确由河南永优种业公司作为受让主体接手大用公司的5000万股权。

在大用公司持有的5000万股权于2017年1月25日解除质押，且鹤壁投资集团于2017年9月指定河南永优公司为其持股主体后，鹤壁农商行立即按照法定程序，向银行监管机构提交申请，使得大用公司和河南永优公司的股权转让交易得以履行完成。

第三，鹤壁投资集团有关监管机构批准的是股东资格而非股权转让协议的抗辩是在故意曲解法律。对于《商业银行法》第28条的规定，鹤壁投资集团抗辩认为"监管机构批准的是股东资格而不是股权转让协议，股权转让协议不需要批准"。对此，我们认为，股东是股权转让协议的主体，若协议依法需要批准则股东资格当然是审查的内容，鹤壁投资集团的上述抗辩意在曲解法律，企图混淆批准对象和审查内容的区别。

审查股东资信条件是监管机构审批银行股权转让协议的必要内容。根据《商业银行法》第28条规定，监管机构批准的是超过法定比例的银行股权转让交易，而协议是股权转让交易的载体，股权转让协议当然是监管机构的审批对象。再据《银行业监督管理法》第17条[①]规定，银行变更持有资本总额或者股份总额达到规定比例以上的股东，银监机构应当对股东的资金来源、财务状况、资本补充能力和诚信状况进行审查。因此，监管机构审批银行股权转让协议时必须审查受让股东的资信状况，对于符合《中国银保监会农村中小金融机构行政许可事项实施办法》第11条和第61条规定的受让股东，监管机构可以批准该股权转让协议，对于不符合条件的股东，监管机构应当不予批准该股权转让协议。

二、案涉担保条款未经鹤壁农商行股东大会决议，构成越权担保，对鹤壁农商行不发生效力

案涉担保条款违反《公司法》第16条规定，构成越权，依照合同法和担保法的规定对鹤壁农商行不发生效力。

第一，鹤壁投资集团有关《公司法》第16条规定是管理性规范的抗辩是对法律规定的错误理解。我们认为，《公司法》第16条规定是对法定代表人代表权进行限制的强制性规范。公司对外担保不是法定代表人所能单独决定的事项，而必须以公司股东会或者股东大会、董事会等公司机关决议作为授权的基础和来源。对《公司法》第

① 《银行业监督管理法》第17条规定，申请设立银行业金融机构，或者银行业金融机构变更持有资本总额或者股份总额达到规定比例以上的股东的，国务院银行业监督管理机构应当对股东的资金来源、财务状况、资本补充能力和诚信状况进行审查。

16条的上述理解,首先由2017年最高人民法院民二庭第7次法官会议纪要确立,最终在2019年7月被全国民商事审判工作会议确认,成为全国法院所必须执行的精神。

本案中,案涉担保条款本质上属于法定代表人的越权代表行为,因此,本案的核心问题是该越权行为对公司是否发生效力的问题,而不是该越权行为是否有效的问题。这是《合同法》第50条规定要解决的问题,而不是《合同法》第52条规定能解决的问题,它与该规定是管理性规范还是效力性规范无关。

第二,案涉保证条款为关联担保,应经而未经鹤壁农商行的股东大会决议。案涉股权转让协议签订时,大用公司是鹤壁农商行的股东,鹤壁农商行为大用公司的债务提供担保,必须按照《公司法》第16条的规定,由鹤壁农商行股东大会作出决议,且大用公司须回避该事项表决。但事实上,案涉担保条款的签署未经鹤壁农商行股东大会决议,构成越权担保。

第三,鹤壁投资集团明知案涉条款构成越权担保,仍企图向鹤壁农商行转嫁风险,恶意显著。关于为股东的担保问题,《鹤壁农商银行章程》有明确的禁止性规定。章程第95条第1款第9项规定,"董事不得未经股东大会批准,以本行资产为本公司的股东或者其他个人债务提供担保"。本案中,鹤壁投资集团的两个全资子公司鹤壁市淇河宾馆与鹤壁市路桥建设投资有限公司都是鹤壁农商行的股东,而且,鹤壁投资集团的总会计师和副总经理分别出任鹤壁农商行的监事长和董事,因此,对于鹤壁农商行的章程规定、决策流程、管理权限等等问题,鹤壁投资集团是完全清楚的。所以,无论是从公司法规定来看,还是从公司章程约定来看,鹤壁投资集团都明知鹤壁农商行的法定代表人陈某彦无权签署案涉担保条款,明知案涉担保须经鹤壁农商行股东大会决议。在此情况下,鹤壁投资集团仍执意推动签署担保条款,企图向鹤壁农商行转嫁风险,鹤壁投资集团的主要领导曾经放言:"只要有农商行的公章,多少钱我都敢付。"鹤壁投资集团的不负责态度和转嫁风险的恶意昭然若揭。

综上,根据《合同法》第50条①(现《民法典》第504条)和《最高人民法院关于适用〈中华人民共和国担保法〉若干问题的解释》第11条②的规定,案涉担保条款对鹤壁农商行不发生效力。

三、一审程序违法

大用公司进入破产程序后,一审法院未中止诉讼确定破产管理人的诉讼代表人资格,属于违反法定程序,但据《最高人民法院关于适用〈中华人民共和国民事诉讼法〉的解释》第325条规定尚不属于严重违反法定程序。

---

① 《合同法》第50条规定,法人或者其他组织的法定代表人、负责人超越权限订立的合同,除相对人知道或者应当知道其超越权限的以外,该代表行为有效。

② 《最高人民法院关于适用〈中华人民共和国担保法〉若干问题的解释》第11条规定,法人或者其他组织的法定代表人、负责人超越权限订立的担保合同,除相对人知道或者应当知道其超越权限的以外,该代表行为有效。

四、一审判决造成严重后果,必须纠正

首先,一审判决违反《商业银行法》《银行业监督管理法》以及《合同法》的规定,突破了国家对金融强制监管的法律原则。

其次,一审判决为鹤壁投资集团的滥权行为和恶意转嫁风险行为撑腰,违背诚信和公平原则。诚信原则是民商事法律行为的基本原则,鹤壁投资集团作为地方政府的投资平台,掌握巨额政府资金的投放,这就要求鹤壁投资集团对每一项投资的决策和执行,都要进行科学分析,尽职调查,审慎运作,保障国有资产的保值增值。而本案中,鹤壁投资集团既没有进行任何尽职调查,也没有任何风险评估,更谈不上有风险控制措施,鹤壁投资集团于合同签署当日就将2亿元资金一次性支付给大用公司,其不负责任和滥权可见一斑。一审判决等于为鹤壁投资集团的滥权和恶意转嫁风险的行为站台撑腰,有悖诚信和公平。

最后,一审判决导致各方利益结构严重失衡,严重损害鹤壁农商行的合法权益,并可能引发鹤壁市地方的银行挤兑,形成巨大的金融风险。一审判决造成的现状是:鹤壁投资集团任性滥权投资却不承担任何风险责任;大用公司欺诈国有企业,骗取巨额收益;唯独鹤壁农商行却无辜遭殃,背负巨额债务。这一裁判结果显然既违背基本常识,也违背基本的公平原则。

综上,我们认为,一审判决无论是对案涉股权转让协议的效力认定,还是对案涉担保条款的效力认定,都违反现行法律规定,恳请二审法院依法纠正一审判决的错误,改判支持鹤壁农商行的上诉请求。

【二审裁定书】

河南省高级人民法院
民事裁定书

(2019)豫民终1125号

上诉人(一审被告):鹤壁农村商业银行股份有限公司,住所地鹤壁市淇滨区兴鹤大街南段。

法定代表人:姜某杰,该银行总经理。

委托诉讼代理人:陈庆波,北京市康达律师事务所律师。

委托诉讼代理人:江春,北京市康达律师事务所律师。

被上诉人(一审原告):鹤壁市经济建设投资集团有限公司,住所地鹤壁市淇滨区九州路87号。

法定代表人:吴某英,该公司董事长。

委托诉讼代理人:李某,该公司工作人员。

委托诉讼代理人:耿某俭,河南某荣律师事务所律师。

被上诉人(一审被告):河南大用实业有限公司,住所地河南省淇县思德桥北107国道东。

法定代表人:杜某喜,该公司执行董事。

诉讼代表人:河南大用实业有限公司管理人。

委托诉讼代理人:张某阳,北京某成(郑州)律师事务所律师。

上诉人鹤壁农村商业银行股份有限公司(以下简称鹤壁农商行)因与被上诉人鹤壁市经济建设投资集团有限公司(以下简称鹤壁投资集团)、河南大用实业有限公司(以下简称大用公司)股权转让合同纠纷一案,不服河南省某中级人民法院(2017)豫0×民初3×号民事判决,向本院提起上诉。本院依法组成合议庭对本案进行了审理。

本院认为,2016年12月27日鹤壁投资集团与大用公司、鹤壁农商行、鹤壁市金融办签订的《股权转让四方协议》、2017年1月24日签订的《股权转让四方补充协议》约定鹤壁投资集团受让鹤壁农商行股份13170万股,超过了鹤壁农商行股本总额的5%。《商业银行法》第28条规定:"任何单位和个人购买商业银行股份总额5%以上的,应当事先经国务院银行业监督管理机构批准。"《合同法》第44条规定:"依法成立的合同,自成立时生效。法律、行政、法规规定应当办理批准、登记等手续生效的,依照其规定。"本案鹤壁农商行的股权转让是否依法经国务院银行业监督管理机构批准,原审判决对此事实未予查清,认定合同有效依据不足。应当在查清事实基础上依据法律规定对股权转让合同的效力妥善认定。根据本案中政府相关文件内容显示,案涉《股权转让四方协议》系政府为了优化鹤壁农商行股本结构参与主导的行为,重审中应发挥政府相关部门的协调作用,多做调解工作,稳妥解决纠纷。综上,依照《民事诉讼法》第170条第1款第3项规定,裁定如下:

一、撤销河南省某中级人民法院(2017)豫0×民初3×号民事判决;

二、本案发回河南省某中级人民法院重审。

上诉人鹤壁农商行预交的二审案件受理费849827元予以退回。

审判长　高××
审判员　焦××
审判员　庞××
2019年11月21日
书记员　夏　×

【重一审判决】

河南省某中级人民法院
民事判决书

(2019)豫0×民初9×号

原告:鹤壁投资集团有限公司(原鹤壁市经济建设投资集团有限公司),住所地鹤壁市淇滨区南海路帆旗大厦A座19楼。

法定代表人:吴某英,该公司董事长。

委托诉讼代理人:耿某俭,河南某荣律师事务所律师。

委托诉讼代理人:范某雅,女,该公司员工。

被告:河南大用实业有限公司,住所地河南省淇县思德桥北107国道东。

法定代表人:杜某喜,该公司执行董事。

诉讼代表人:河南大用实业有限公司管理人。

委托诉讼代理人:张某阳,北京某成(郑州)律师事务所律师。

被告:鹤壁农村商业银行股份有限公司。住所地鹤壁市淇滨区兴鹤大街南段。

负责人:汤某卫,该公司董事长。

委托诉讼代理人:陈庆波,北京市康达律师事务所律师。

委托诉讼代理人:江春,北京市康达律师事务所律师。

原告鹤壁投资集团有限公司(以下简称鹤壁投资集团)与被告河南大用实业有限公司(以下简称大用公司)、鹤壁农村商业银行股份有限公司(以下简称鹤壁农商行)股权转让纠纷一案,原告鹤壁投资集团于2017年9月29日向本院起诉,2019年6月26日本院作出(2017)豫0×民初3×号民事判决,被告鹤壁农商行不服,向河南省高级人民法院提起上诉。河南省高级人民法院于2019年11月21日作出(2019)豫民终1125号民事裁定,撤销原判,发回重审。本院于2019年12月6日立案后,依法另行组成合议庭,公开开庭对本案进行了审理。原告鹤壁投资集团的委托诉讼代理人耿某俭、范某雅,被告大用公司的委托诉讼代理人张某阳,鹤壁农商行的委托诉讼代理人陈庆波、江春到庭参加诉讼。本案现已审理终结。

原告鹤壁投资集团向本院起诉请求:1. 被告大用公司返还股权转让款项本金143360000元及利息18245400元(利息计算截至2018年2月28日,以后利息计算到实际给付日止),转让款和利息合计161601540元;2. 被告大用公司赔偿原告经济损失3000000元;3. 诉讼费、保全费、律师费由被告大用公司承担;4. 判令鹤壁农商行对上述款项的支付承担全部责任。事实与理由:鹤壁投资集团与大用公司、鹤壁农商行、鹤壁市人民政府金融工作办公室(以下简称鹤壁市金融办)签订《股权转让四方协议》和《股权转让四方补充协议》,协议约定:鹤壁投资集团出资263400000元,受让鹤壁农商行股份13170万股;大用公司负责落实淇县永昌牧业发展有限公司(以下简称永昌牧业公司)、河南光彩集团发展有限公司(以下简称河南光彩集团)、河南瑞贝卡控股有限责任公司(以下简称瑞贝卡公司)为股权转让方;股权转让预付资金向大用公司支付,预付款支付之日起至股权转让手续完成之日止,大用公司按同期贷款基准利率上浮50%向鹤壁投资集团支付利息;大用公司不能及时支付的,鹤壁农商行保证向鹤壁投资集团承担全部责任,并同意从大用公司等四家企业股金分红及其他资金中扣除。合同签订后,鹤壁投资集团于2016年12月27日、2017年1月25日分别向大用公司支付股权转让预付资金200000000元和60000000元,共计260000000元。但大用公司始终未能完成股权转让手续,经多次催促无果后,鹤壁投资集团为维护自身合法权益,提起诉讼。

大用公司辩称,1. 对于涉案合同,大用公司已履行了合同义务,落实相关股权出让方做好了转让涉案股权的准备工作。大用公司也已转让涉案合同约定的部分股权,且开庭前仍在联系协议约定中1506万股股权转让手续的办理,合同仍有继续履行的基础。2. 原告应该与鹤壁农商行先履行报批义务并指定适格股权承接主体,然后由各方继续履行合同。因涉案合同约定股权转让须经国务院银行业监督管理机构批准,本案股权交易虽未经管理机构批准,但该合同仍属于已成立合同,已具备合同有效的要件,对合同各方均具有一定拘束力,任何一方不得擅自撤回、解除、变更。另外,对于原告方已经受让的5832万股股权的事实,足以说明合同批准通过的可行性。故原告应该与鹤壁农商行先履行报批义务并指定适格股权承接主体,然后由各方继续履行合同。否则,在生效条件成就前,不能产生请求大用公司履行合同主要权利义务的法律效力。3. 目前大用公司破产重整程序已进入重整计划草案表决阶段,为各方综合利益考虑,应继续履行涉案合同并妥善处理本案诉讼。如果涉案合同不能继续履行或者解除合同,鉴于目前情况,极有可能造成涉案股权的返还、国有资产流失以及破产重整程序中债务人债权结构、清偿比例等事项发生重大变化,阻碍破产重整程序的有效推进。4. 损失赔偿无事实根据和法律依据,大用公司已履行合同义务,且无任何过错,不应进行赔偿。

鹤壁农商行辩称,《股权转让四方协议》和《股权转让补充协议》因尚未经过有权机关批准,至今未生效。协议所涉保证条款无效,鹤壁农商行不应承担法律责任。鹤壁投资集团主张鹤壁农商行对其承担保证责任没有事实和法律依据,其诉讼请求应予驳回。理由如下:1. 因未经有权机关批准,案涉股权转让协议至今未生效。案涉协议签订时,鹤壁农商行的股本总额为58968万股,案涉股权转让协议标的为13170万股,占鹤壁农商行股本总额的22.33%。根据《合同法》第44条和《商业银行法》第28条之规定,案涉股权转让协议须经银监部门批准后才能生效。但事实上,案涉股权转让协议中约定的股份数量至今都未凑齐,不能满足交易申报的条件,更遑论得到监管机构的批准了。因此,该协议至今尚未发生法律效力。2. 即使抛开股权转让协议是否生效问题,仅就担保条款而言,也属无效约定,鹤壁农商行亦不应承担任何法律责任。案涉协议之保证条款,构成公司为股东提供担保,依照《公司法》第16条规定,案涉保证条款应当经鹤壁农商行的股东大会决议,但该保证条款的签署未经股东大会决议,系时任法定代表人陈某彦的越权行为。根据《公司法》第16条规定和《全国法院民商事审判工作会议纪要》(法〔2019〕254号)第17条、第18条和第20条规定之精神,公司为股东提供担保必须经公司股东大会决议。本案中,鹤壁投资集团明知案涉担保条款的签署未经鹤壁农商行股东大会决议,明知陈某彦签署案涉担保条款系越权行为,即使不考虑案涉协议是否生效的大前提,仅就案涉担保条款而言,该保证约定也是无效的。3. 鹤壁投资集团在决策过程中的武断和轻率是造成纠纷的根源所在,应当责任自负。4. 原告在不请求解除合同的前提下无权主张股权转让款项的返还。5. 截至今天,鹤壁投资集团通过其控制的三家关联企业合计持有鹤壁农商行的总额是10497.6万股,整体占鹤壁农商行股本总额已经达到了16.48%。根据中国银行保险监督管理委员会令(2019)第9号文件,《中国银保监会农村中小银行机构行政许可事项实施办法》第12条规定,股权转让的实施将面临合规性的问题,能否得到监管机构的审查批准,已经存在着重大的不确定性。6. 大用公司称已经全部按照合同履行了义务。但是大用公司收了原告2亿多元资金,但是转了1亿多元价值的股权,大用公司并没有按照合同约定履行完全部义务。

鹤壁投资集团为支持其主张向本院提交共17组证据:证据一:《股权转让四方协议》;证据二:《股权转让四方补充协议》;证据三:鹤壁投资集团向大用公司支付2亿元预付资金收据、电汇凭证及银行回单;证据四:被告鹤壁农商行出具的股权出质注销证明;证据五:工商局出具的股权出质注销登记通知书;证据六:鹤壁投资集团支付6000万元股权转让款收据、电汇凭证、银行代理汇兑业务复核、电子汇兑回单;证据七:

被告大用公司与河南永优种业科技有限公司(以下简称河南永优公司)签订的《股权转让协议》、鹤壁农商行关于河南永优公司受让股权的请示(鹤农商〔2017〕66号)、鹤壁银监分局文件(鹤银监复〔2017〕22号);证据八:河南永优公司的股金证;证据九:鹤壁投资集团向鹤壁农商行出具的《说明》;证据十:大用实业有限公司应付利息统计表;证据十一:鹤壁投资集团损失计算;证据十二:鹤壁农商行2016年度利润分配及股金分红方案的议案;证据十三:《会议纪要》(2016年5月23日);证据十四:《会议纪要》(2016年5月28日);证据十五:(2017)4号《会议纪要》;证据十六:鹤壁农商行向原告提供的2017年度董事会人员名单;证据十七:杜某君证言。经质证,大用公司对原告提交的证据一的真实性无异议;对证据二至九无异议;认为证据十系原告单方制作,不能作为证据使用;证据十一也系原告单方制作且无其他证据证明其计算标准,不能作为证据使用;证据十二的文件为草案,是否经股东大会批准或后续进行落实,并无相关证据证明;对证据十三至十七的真实性无异议。鹤壁农商行对证据一、二的真实性予以认可,但认为该协议不具合法性,不认可其证明目的;对证据三的真实性无异议。对证据四、五、六的真实性无异议,但是不认可其证明目的;对证据七、八、九证明的大用公司将其持有鹤壁农商行的股份转给了河南永优公司事实予以认可;对证据十、十一的真实性不予认可;对证据十二、十三、十四、十五、十六的真实性无异议;对证据十七的真实性不认可。

大用公司未提交证据。

鹤壁农商行向本院共提交两组证据。第一组证据:1.《股权转让四方协议》(2016年12月27日)第1条规定:"丙方出资26340万元人民币,受让甲方股份13170万股。"2.《鹤壁农商银行章程修正案》(2016年9月5日)第1条规定:"修改后注册资本:人民币58968万元。"第二组证据:1.《鹤壁农商银行章程修正案》(2016年9月5日)第2条:"大用公司持股5000万股,为鹤壁农商行的股东。淇河宾馆与路桥公司是鹤壁农商行的发起人。"2.《鹤壁农商银行章程》(2017年6月30日)第95条第1款第9项(原2014年4月18日,农商行的创立大会和股东大会第一次审议会议通过的章程第80条第1款第9项)规定:"董事不得未经股东大会批准,以本公司资产为本行股东或其他个人债务提供担保。"3.工商信息报告(淇河宾馆、路桥公司)淇河宾馆和路桥公司是鹤壁投资集团的全资子公司。经质证,鹤壁投资集团对第一组证据无异议,认为该协议不但成立而且具有法律约束力;对第二组证据无异议,但路桥公司、淇河宾馆是鹤壁投资集团出资的公司,与本案无关联性。大用公司对第一组证据无异议,也认为该协议不但成立而且具有法律约束力,但对第二组证据中的第二份证据有异议,认为鹤壁农商行章程系2017年6月30日制定,与本案不具有关联性,该章程是在四方协议签署之后,不能证明签署协议时,应适用该章程规定。

本院认为,原告鹤壁投资集团提交的证据一至九、证据十二至十六,对方当事人对其真实性无异议,且该证据客观真实,与本案具有关联性,能够证明本案所涉案件事实,故对上述证据予以采信。证据十大用公司应付利息计算表虽系原告单方制作,但计算符合双方合同约定,对该证据予以采信;证据十一系鹤壁投资集团单方制作,与本案无关联,故对该组证据的证明力本院不予确认。证据十七证人证言,因证人未出庭,对该证据不予采信。被告鹤壁农商行提交的两组证据来源合法,对方当事人对证据的真实性无异议,本院对该两组证据的真实性予以确认。

经充分听取当事人诉辩意见,认真审查当事人所举证据,本院查明如下案件事实:

2016 年 12 月 27 日,鹤壁投资集团与大用公司、鹤壁农商行、鹤壁市金融办签订《股权转让四方协议》,协议约定:甲方鹤壁农商行,乙方大用公司,丙方鹤壁投资集团,丁方鹤壁市金融办。一、丙方出资 263400000 元,受让甲方股份 13170 万股,协商每股价格为人民币 2 元;二、乙方负责落实永昌牧业公司、河南光彩集团、瑞贝卡公司为股权转让方。乙方保证乙方等四家企业同意转让股权及乙方取得代为收取股权转让预付款的委托,并取得四家企业的有效授权;三、本协议签订后,丙方及时通过以下账户向乙方支付股权转让预付资金 2 亿元。待约定股权转让手续完成后,丙方及时支付剩余的股权转让资金 6340 万元;……五、如果银行业监督管理部门不予批准丙方或丙方指定的企业相关股东资格,则丙方应在甲方协助下重新指定企业,重新指定企业仍不符合银行业监督管理部门所要求的股东资质的,乙方应于 5 个工作日内退还丙方已支付的预付款人民币 200000000 元,并自丙方预付款支付到乙方账户之日起按照资金占用期限同期贷款基准利率上浮 50% 支付利息。乙方不及时支付的,甲方保证向丙方承担全部责任,乙方无条件同意甲方从乙方等四家企业股金分红及其他资金中扣除。协议签订后,鹤壁投资集团于 2016 年 12 月 27 日向大用公司支付股权转让预付资金 200000000 元。2017 年 1 月 24 日鹤壁投资集团(丙方)与大用公司(乙方)、鹤壁农商行(甲方)、鹤壁市金融办(丁方)签订《股权转让四方补充协议》,该协议约定:二、本协议生效后,同时确认乙方已解押 5000 万股鹤壁农商行股权手续,并将股权解押手续交与甲方董事会保管后,丙方方可通过上述账户向乙方支付股权转让预付资金 60000000 元。三、乙方及其关联方需于 2017 年 2 月底将股权转让手续全部完成后,丙方及时支付剩余股权转让资金 3400000 元。四、本次丙方向乙方支付的 60000000 元股权转让预付资金适用于《股权转让四方协议》的各项规定。2017 年 1 月 25 日大用公司对其持有的鹤壁农商行股权进行股权出质注销登记,同日鹤壁投资集团向大用公司支付股权转让预付资金 60000000 元。

鹤壁农商行就"关于河南永优公司受让股权"事宜,向中国银行监督管理委员会鹤壁监管分局进行请示,2017 年 9 月 28 日,鹤壁银监分局作出同意鹤壁农商行有关股东资格的批复。

2017年10月11日,河南永优公司与大用公司签订《股权转让协议》,受让鹤壁农商行5832万股股权。2017年10月16日鹤壁农商行向河南永优公司出具股金证。

另查明,2018年7月19日河南省淇县人民法院以(2018)豫0622破申2号民事裁定,裁定受理河南大用公司重整申请。2019年10月21日,经鹤壁市工商行政管理局核准,鹤壁市经济建设投资集团有限公司企业名称变更为鹤壁投资集团有限公司。

本院认为,本案的争议焦点有三:一、涉案《股权转让四方协议》《股权转让四方补充协议》是否有效;二、大用公司是否应当返还鹤壁投资集团股权转让款项本金及利息,并承担赔偿责任,支付合理支出费用;三、鹤壁农商行应否对上述债务承担连带保证责任。

一、关于鹤壁投资集团与大用公司、鹤壁农商行、鹤壁市金融办签订的《股权转让四方协议》《股权转让四方补充协议》合同效力问题。首先,《股权转让四方协议》《股权转让四方补充协议》约定鹤壁投资集团受让大用公司所持有的鹤壁农商行的股份,但同时亦约定"如银行业监督管理部门不予批准鹤壁投资集团或鹤壁投资集团指定的企业相关股东资格,则鹤壁投资集团在鹤壁农商行协助下重新指定企业,重新指定企业仍不符合银行业监督管理部门所要求的股东资质的,大用公司应退还鹤壁投资集团预付款"。该约定说明受让方并不单指鹤壁投资集团一家企业,还包括其他鹤壁投资集团指定的企业,在鹤壁投资集团确定具体的适格受让人后,鹤壁农商行再向其主管部门就受让主体的股权受让情况进行报批。其次,《股权转让四方协议》《股权转让四方补充协议》已部分履行,从其履行情况来看,大用公司将其持有的鹤壁农商行的股份转让给河南永优公司时,鹤壁农商行按照《商业银行法》第28条规定,向鹤壁银监分局进行了报批,待鹤壁银监分局批复后,大用公司与河南永优公司签订了《股权转让协议》。从上述合同履行方式可以看出,在确定具体的受让人后,按照具体的股权转让协议进行报批。综上,在合同履行过程中,待确定具体受让人后签订的股权转让协议,需要履行报批程序。而《股权转让四方协议》《股权转让四方补充协议》是框架协议,并不是法律规定经批准才生效的合同。该《股权转让四方协议》《股权转让四方补充协议》系各方当事人真实意思表示,且不违反法律禁止性规定,并且当事人已部分履行,应为有效。鹤壁农商行辩称合同成立未生效的理由不能成立。

二、关于被告大用公司是否应当返还鹤壁投资集团股权转让款项本金及利息问题。鹤壁投资集团按照上述协议约定,向大用公司支付股权转让预付资金260000000元,但大用公司除将其持有的鹤壁农商行5832万股股权经鹤壁投资集团指定转让给河南永优公司外,剩余股权并未转让。按照协议约定,"大用公司负责落实永昌牧业公司、河南光彩集团、瑞贝卡公司为股权转让方。大用公司保证大用公司等四家企业同意转让股权及大用公司取得代为收取股权转让预付款的委托,并取得四家企业的有效授权"。截至本案判决之前,大用公司并未提交得到永昌牧业公司、河南光彩集团、瑞贝卡公司三家公司同意大用公司代为转让所持有的鹤壁农商行的股权的授权，故鹤壁投资集团与大用公司、鹤壁农商行、鹤壁市金融办签订的《股权转让四方补充协议》中所约定受让永昌牧业公司、河南光彩集团、瑞贝卡公司三家公司所持有的鹤壁农商行股权部分无法履行。大用公司接受鹤壁投资集团260000000元，仅转让其持有的鹤壁农商行5832万股股权（每股2元，合款116640000元），剩余股权7338万股未转让，合计143360000元，鹤壁投资集团要求大用公司返还上述款项，本院予以支持。按照上述协议约定，“在股权不能受让时，大用公司应于5个工作日内退还鹤壁投资集团已支付的预付款，并自预付款支付到账户之日起按照资金占用期间同期贷款基准利率上浮50%支付利息”。按照资金占用期限同期贷款基准利率4.75%上浮50%，即以7.125%自2016年12月27日计算至2018年2月28日，应付利息数额为18245400元，故鹤壁投资集团要求大用公司对剩余款项自占用之日起按同期贷款基准利率上浮50%支付利息的诉讼请求，本院予以支持。

三、关于被告大用公司是否应当赔偿原告经济损失3000000元，并支付诉讼费、保全费、律师费等费用问题。鹤壁投资集团要求大用公司赔偿经济损失3000000元，但其并未提交存在损失的证据，且鹤壁投资集团在未得到永昌牧业公司、河南光彩集团、瑞贝卡公司三家公司同意大用公司代为转让所持有的鹤壁农商行股权的授权的情况下，即向大用公司转款260000000元，未尽到一般注意义务，故鹤壁投资集团与大用公司对于协议的签订及无法继续履行均存在过错，对于因此造成的损失，应各自承担责任。故鹤壁投资集团要求大用公司赔偿经济损失3000000元的请求，本院不予支持。对鹤壁投资集团主张的律师费等费用，因《股权转让四方协议》《股权转让四方补充协议》均未对律师费进行约定，且鹤壁投资集团亦未提交已支付律师费用的相关证据，本院不予支持。

四、关于鹤壁农商行对上述款项的支付应否承担保证责任问题。《股权转让四方协议》第5条约定，如果银行业监督管理部门不予批准鹤壁投资集团或鹤壁投资集团指定的企业相关股东资格，则鹤壁投资集团应在鹤壁农商行协助下重新指定企业，重新指定企业仍不符合银行业监督管理部门所要求的股东资质的，大用公司应于5个工作日内退还鹤壁投资集团已支付的预付款人民币200000000元，并自鹤壁投资集团预付款支付到大用公司账户之日起按照资金占用期限同期贷款基准利率上浮50%支付利息。大用公司不及时支付的，鹤壁农商行保证向鹤壁投资集团承担全部责任。上述协议内容明确约定，大用公司不及时还款，鹤壁农商行保证向鹤壁投资集团承担全部责任。本案中，鹤壁农商行虽未向鹤壁投资集团提供股东会决议，但在协议签订前的市长办公会和会议纪要中，鹤壁农商行的4位董事均参加了会议，对鹤壁农商行的担保行为是明知的。鹤壁农商行作为专业的银行金融机构，按照《全国法院民商事审判工作会议纪要》（法〔2019〕254号）第19条的规定，不是《公司法》第16条的调整范围,其在该协议上签字盖章,对于协议约定的保证责任所应承担的义务应当是明知,应是其真实意思表示,合同有效。另外,上述协议对保证方式约定不明,根据《担保法》的规定,鹤壁农商行应对大用公司未返还鹤壁投资集团的股权转让款承担连带保证责任。

综上所述,鹤壁投资集团的诉讼请求部分成立,对其请求成立部分本院予以支持,超出部分不予支持。依照《合同法》第60条、第107条、第174条(现《民法典》第509条、577条、646条),《担保法》第19条,《最高人民法院关于审理买卖合同纠纷案件适用法律问题的解释》第3条,《民事诉讼法》第64条规定,判决如下:

一、大用公司于本判决生效之日起10日内返还鹤壁投资集团143360000元及利息18245400元(利息计算至2018年2月28日,2018年3月1日起利息按双方协议约定的同期贷款基准利率4.75%上浮50%,即7.125%计算至实际支付之日止);

二、鹤壁农商行对上述第一项所确定的债务承担连带清偿责任;

三、驳回鹤壁投资集团的其他诉讼请求。

如果未按本判决指定的期间履行给付金钱义务,应当依照《民事诉讼法》第253条之规定,加倍支付迟延履行期间的债务利息。

案件受理费849800元,由鹤壁投资集团负担91200元,大用公司负担758600元。

如不服本判决,可以在判决书送达之日起15日内,向本院递交上诉状,并按照对方当事人或者代表人的人数提出副本,上诉于河南省高级人民法院。

审判长　郭　×
审判员　杨　×
审判员　骆××
2020年9月15日
书记员　冯　×

【重审二审代理词】

重审二审代理词

尊敬的合议庭法官:

北京市康达律师事务所受鹤壁农村商业银行股份有限公司(以下简称鹤壁农商行)委托,指派我们担任鹤壁农商行与鹤壁投资集团有限公司(以下简称鹤壁投资集团)、河南大用实业有限公司(以下简称大用公司)股权转让合同纠纷一案的诉讼代理人,参加本案诉讼。根据本案证据材料和庭审情况,我们认为:案涉担保不发生法律效力,鹤壁农商行不应承担法律责任。一审判决判令鹤壁农商行承担连带清偿责任构成法律适用错误,必须予以纠正。具体意见如下,请合议庭参考并采纳。

一、鹤壁投资集团明知不具备交易条件仍轻率付款,导致股权款损失,应责任自负

案涉股权转让协议是在鹤壁市政府的强力主导和推动下订立的。在案的三份《市长办公会会议纪要》(〔2016〕53 号、〔2016〕58 号、〔2017〕4 号)清晰地表达了市政府的政策意图:一是掌握鹤壁农商行控股权,由鹤壁投资集团增持股份到 30%;二是为大用公司解决资金困难,以收购股权的方式提供资金支持。

对于鹤壁市政府的上述政策意图,鹤壁农商行反复提示法律风险和商业风险。一是股权分散是银行审慎经营规则的基本要求和监管法规的强制规定,鹤壁投资集团增持银行股权到 30% 的目标,违反法律规定;二是大用公司及永昌公司的股权都处于质押状态,不具备交易过户的条件,且光彩集团和瑞贝卡公司是否同意都不确定,需要进一步落实。但遗憾的是,对于鹤壁农商行的风险提示,其他各方完全无视,执意推进交易。

鹤壁市政府在〔2016〕58 号《会议纪要》中,要求鹤壁投资集团将股权款交由鹤壁农商行向大用公司支付。由于股权不具备交易条件,鹤壁农商行不同意向大用公司支付股权款。而鹤壁投资集团为了尽快将资金付给大用公司,在明知不具备股权交易的情况下,擅自改变会议纪要规定的付款路径,将 2.6 亿元股权款轻率地支付给大用公司,造成案涉损失,鹤壁投资集团应当对此自行承担责任。

二、主合同案涉股权转让协议因未经监管机构批准而未生效,担保合同作为从合同自然也不发生效力

第一,案涉协议拟转让的股份数额超过规定比例,且未经批准,故该协议未生效。首先,案涉协议约定了具体的交易方、股权转让对价以及数量,且鹤壁投资集团在协议签订当日便支付给大用公司 2 亿元股权款,因此案涉协议完全符合股权转让协议的要素,符合《合同法》第 12 条[①](现《民法典》第 470 条)规定的合同要件,并非投资集团主张的前置协议或一审法院认定的框架协议。其次,协议第 1 条是合同的目的条款,因该条约定的拟转股数量占鹤壁农商行当时股本总额的 22.33%,根据《合同法》第 44 条[②](现《民法典》第 502 条)规定和《商业银行法》第 28 条[③]规定,银监部门

---

① 《合同法》第 12 条规定,合同的内容由当事人约定,一般包括以下条款:(1)当事人的名称或者姓名和住所;(2)标的;(3)数量;(4)质量;(5)价款或报酬;(6)履行期限、地点和方式;(7)违约责任;(8)解决争议的方法。

② 《合同法》第 44 条规定,依法订立的合同,自成立时生效。法律、行政法规规定应当办理批准、登记等手续生效的,依照其规定。

③ 《商业银行法》第 28 条规定,任何单位和个人购买商业银行股份总额 5% 以上的,应当事先经国务院银行业监督管理机构批准。

的批准是案涉股权转让协议的法定生效条件。然而,案涉协议至今没有经监管机构批准,因此,案涉协议因缺乏法定生效要件而未生效。

至于鹤壁投资集团所称的"案涉协议约定的履行方式是为了符合监管要求而作出的合理安排",这不过是对其规避监管行为的另一种委婉表达而已,因为规避监管本就是为了使实质上的违规行为在表面上看起来符合监管要求。协议第5条前段约定"如果银行业监督管理部门不予批准丙方或丙方指定的企业相关股东资格,则丙方应在甲方协助下重新指定企业",此约定意在确定履约方式,选择转让股权的途径。这是落实合同目的的辅助条款,不能作为判断合同是否需要经监管机构批准的依据。鹤壁投资集团之所以如此安排,就是为了化整为零,以规避监管。这种拟通过肢解报批来规避监管的做法,违反金融规章,与国家强化金融监管的宏观政策背道而驰,也让金融监管的努力全部落空。

第二,合同的效力判断不以合同是否履行为依据,本案虽有部分股权转让得以履行,但并不改变案涉协议业已不符合现行规章规定的客观事实,并不能使案涉协议从未生效变为有效。

案涉协议签订于2016年12月27日,当时执行的是原银监会2015年第3号令《中国银监会农村中小金融机构行政许可事项实施办法》。2019年12月26日,中国银保监会发布实施2019年9号令《中国银保监会农村中小银行机构行政许可事项实施办法》,废止了原银监会2015年第3号令。新规章对案涉协议的监管审批以及效力评价构成了重大影响。

——2015年3号令第12条的规定是:"单个境内非金融机构及其关联方合计投资入股比例不得超过农村商业银行股本总额的10%。并购重组高风险农村信用社组建农村商业银行的,单个境内非金融机构及其关联方合计投资入股比例一般不超过农村商业银行股本总额的20%,因特殊原因持股比例超过20%的,待农村商业银行经营管理进入良性状态后,其持股比例应有计划地逐步减持至20%。"

——2019年9号令第12条的规定是:"单个境内非金融机构及其关联方、一致行动人合计投资入股比例不得超过农村商业银行股本总额的10%。"

两相对比可以发现,一是2015年3号令要求持股比例一般不得超过10%,特殊情形可以例外,但2019年9号令严禁持股比例超过10%,删除了原有的特殊例外情形。二是2019年9号令扩大了合并计股范围,在原有基础上将一致行动人纳入合并监管的范围。上述内容的一增一减,代表了国家对金融业从严监管的宏观政策方向。也就是说,按照原监管规章,案涉协议尚有按特殊情形得到监管批准的可能性,但按照现行规章,该协议已经不可能得到监管的后续批准。

由此,我们对案涉股转协议效力的观点概括为:案涉协议是法律规定的须经批准后才能生效的合同。监管规章的修改,致使案涉协议由合规变为不合规,虽然根据"法不溯及既往”原则，案涉协议不应被评价为无效，但由于未经批准而欠缺生效法定要件，案涉协议应认定为未生效。

第三，主合同不生效，担保合同也不发生效力。

如上所述，案涉股权转让四方协议因没有经过监管部门批准，缺乏生效的法定要件而未生效，根据担保合同的从属性，担保合同作为从合同自然也不发生法律效力。

三、案涉担保因未经鹤壁农商行股东大会决议而无效，且鹤壁投资集团明知陈某彦越权，鹤壁农商行不应承担责任

第一，案涉担保属于《公司法》第 16 条的调整范围，不构成无须机关决议的例外情况。首先，在案证据证明，鹤壁农商行经核准的业务范围中不包括提供担保或出具保函，不属于《九民纪要》第 19 条第 1 项规定的可以豁免决议的对象。其次，针对庭审中鹤壁投资集团主张案涉担保属于《九民纪要》第 19 条第 3 项的内容，我们亦认为不成立。因为该条规定的是“公司与主债务人之间存在相互担保等商业合作关系”，但是鹤壁投资集团所举证据只能说明鹤壁农商行开展的是正常贷款业务，而且大用公司是为借款人提供担保，并不属于鹤壁农商行与大用公司之间存在相互担保关系，不符合《九民纪要》第 19 条第 3 项的内容。因此，案涉担保属于《公司法》第 16 条的规范对象。

第二，案涉担保为关联担保，未经鹤壁农商行的股东大会决议，且鹤壁投资集团非善意，担保无效。案涉股权转让协议签订时，大用公司是鹤壁农商行的股东，鹤壁农商行为大用公司的债务提供担保，必须由鹤壁农商行股东大会作出决议，且大用公司须回避该事项表决。但事实上，案涉担保条款的签署未经鹤壁农商行股东大会决议，构成越权担保，该基本事实也已经由原审判决所认定（见原审判决第 15 页第 2 行）。在案涉担保构成越权担保，且鹤壁投资集团未尽基本审查义务的情况下，案涉担保无效。

至于鹤壁投资集团辩称其在签订协议时是善意相对人，我们认为没有事实和法律基础。首先，越权担保问题受《公司法》和《合同法》规制，根据“法律经公布即推定所有人知悉”原则，鹤壁投资集团接受担保时应当知晓法律关于公司担保的规定。其次，鹤壁农商行并非协议签订的主导方和受益方，市政府组织的会议纪要虽有鹤壁农商行的董事参加，但是会议纪要并无涉及案涉担保的内容，董事也不能代表股东大会的意志。最后，《九民纪要》第 41 条“盖章行为的法律效力”指出“人民法院在审理案件时，应当主要审查签约人于盖章之时有无代表权或者代理权，从而根据代表或者代理的相关规则来确定合同的效力。法定代表人或者其授权之人在合同上加盖法人公章的行为，表明其是以法人名义签订合同，除《公司法》第 16 条等法律对其职权有特别规定的情形外，应当由法人承担相应的法律后果”。案涉协议即使有鹤壁农商行的公章，但是盖章之人陈某彦并无擅自对外提供担保的权限，不能视为鹤壁农商行对陈

某彦越权行为的确认,亦不能得出担保有效的结论。鹤壁投资集团以上述理由辩称其是善意债权人是不成立的。

第三,鹤壁投资集团明知陈某彦越权,鹤壁农商行不应承担任何法律责任。鹤壁投资集团通过股权控制和人事安排,全面介入鹤壁农商行的股东大会、董事会和监事会,全程参与鹤壁农商行的经营管理。就法律、规章以及公司章程对关联担保以及法定代表人权限的限制,鹤壁投资集团是明知的。根据《九民纪要》第20条后段"公司举证证明债权人明知法定代表人超越权限或者机关决议系伪造或者变造,债权人请求公司承担合同无效后的民事责任的,人民法院不予支持"之规定,鹤壁农商行不应承担任何法律责任。

综上,无论是从主从合同关系来看,还是从权限规范的角度来看,案涉担保都不发生效力,鹤壁农商行都不应承担责任。

鹤壁投资集团作为地方政府的专业投资平台,应当尽职尽责,审慎运作,保障国有资产的保值增值。而本案中,鹤壁投资集团对于股权转让方没有进行任何尽职调查,也没有采取任何风险控制措施,而且不顾鹤壁农商行的风险提示,于合同签署当日就将2亿元资金一次性支付给大用公司。接受案涉担保时,明知陈某彦越权,仍然接受担保并企图向鹤壁农商行转嫁风险。对于案涉担保无效后的法律责任,应当由鹤壁投资集团自负。一审判决违反了现行法律规定,也突破了国家对金融强制监管的法律原则。恳请二审法院依法纠正一审判决的错误,改判支持鹤壁农商行的上诉请求。

【二审最终判决】

河南省高级人民法院
民事判决书

(2020)豫民终1029号

上诉人(一审被告):鹤壁农村商业银行股份有限公司,住所地鹤壁市淇滨区兴鹤大街南段。

法定代表人:杨某卫,该公司董事长。

委托诉讼代理人:陈庆波,北京市康达律师事务所律师。

委托诉讼代理人:江春,北京市康达律师事务所律师。

被上诉人(一审原告):鹤壁投资集团有限公司,住所地鹤壁市淇滨区南海路帆旗大厦A座19楼。

法定代表人:吴某英,该公司董事长。

委托诉讼代理人:郭某,河南某石律师事务所律师。

委托诉讼代理人:李某亮,河南世纪某某律师事务所律师。

被上诉人(一审被告):河南大用实业有限公司,住所地河南省淇县思德桥北107国道东。

诉讼代表人:河南大用实业有限公司管理人。

负责人:李某红,管理人负责人。

委托诉讼代理人:张某阳,男,河南大用实业有限公司管理人成员。

委托诉讼代理人:杨某有,男,该公司员工。

上诉人鹤壁农村商业银行股份有限公司(以下简称鹤壁农商行)因与被上诉人鹤壁投资集团有限公司(以下简称鹤壁投资集团)、河南大用实业有限公司(以下简称大用公司)股权转让纠纷一案,不服河南省某中级人民法院(以下简称一审法院)(2019)豫0×民初9×号民事判决,向本院提起上诉。本院立案后依法组成合议庭,公开开庭进行了审理。上诉人鹤壁农商行的委托诉讼代理人陈庆波、江春,被上诉人鹤壁投资集团的委托诉讼代理人郭某、范某雅(审理中变更为李某亮),被上诉人大用公司的委托诉讼代理人张某阳、李志伟(审理中变更为杨某有)到庭参加诉讼。本案现已审理终结。

鹤壁农商行上诉请求:一、撤销一审判决第二项,改判驳回鹤壁投资集团主张鹤壁农商行对大用公司欠款承担连带责任的诉讼请求;二、判令鹤壁投资集团和大用公司承担本案诉讼费用。

事实和理由:一审判决就案涉股权转让协议的效力问题和协议中保证条款的效力问题认定均违反法律规定,应予纠正。一、案涉股转协议未经监管机构批准至今未生效。一审判决以案涉股转协议为框架协议,不是法律规定经批准才能生效的合同为由,认定为有效合同,既违反(2019)豫民终1125号民事裁定的结论,也违反法律规定。首先,案涉合同是否为必须经监管机构批准的合同,是由合同标的数量来决定的,而不是由合同是否履行及履行方式是什么来决定的。案涉合同第1条约定鹤壁投资集团受让鹤壁农商行股份13170万股,占比达22.33%。至于后期采取何种方式具体履行,都是对该目标的积极落实。因此,依《商业银行法》第28条规定,当然属必须经监管机构批准的合同。协议第5条之所以约定鹤壁投资集团有权指定其他企业代其作为受让方,是因为鹤壁投资集团知道自身资格和持股数量可能受到国家立法和监管规则限制,而采取的规避措施,但这恰恰是国家立法所要防范和禁止的。对于这种规避监管的行为,国家的金融法规不仅没有放任它,反而不断完善监管规则、强化对它的约束和监管。因此,对案涉股转协议刻意规避法律和监管政策的行为,法院应给予否定评价,并应突出强调对案涉协议进行监管审批的必要性。原判决认定案涉协议是框架协议,并非法律规定的须经批准才生效的合同没有法律依据。原判决认定案涉股转协议有效,违反国家金融法律法规的规定。根据《商业银行法》第28条、《商业银行股权管理暂行办法》第6条等规定,案涉股转协议的目标在于让鹤壁投资集团通过指定受让方的方式来规避上述金融法律法规的限制,实现对鹤壁农商行股权的绝对控制。若案涉协议得以充分履行的话,那么鹤壁投资集团通过关联方合计持有鹤壁农商行的股份将达29.65%,这将严重违反国家法律和监管要求。二、案涉担保未经有权机关决议而无效,且鹤壁投资集团明知陈某彦签署案涉担保条款属于越权,鹤壁农商行无须为此承担任何法律责任。原判决确认该保证条款有效,并据以判令鹤壁农商行承担连带清偿责任,属适用法律错误。原判决关于在签订协议之前鹤壁农商行的4位董事就对担保行为明知的认定,与案件事实不符。参与2016年11月9日和2016年12月22日的鹤壁市政府办公会议的鹤壁农商行董事只有三人,分别为范某卿、陈某彦和姜某杰,除此以外再无他人。鹤壁农商行的保证问题首次出现在2016年12月27日《四方协议》中,该协议签署之前的两次政府办公会议只是研究了鹤壁投资集团增持鹤壁农商行股份的问题,但没有涉及鹤壁农商行要为此承担担保责任的问题。原判决有关案涉担保有效,鹤壁农商行应承担连带责任的认定违反法律规定。原判决将鹤壁农商行错误认定为《九民纪要》第19条规定的决议豁免对象。鹤壁农商行并不是开展保函业务的银行,也从未开展过保函业务。因此,鹤壁农商行属于《公司法》第16条调整的范围,案涉担保属于公司为股东提供担保,必须经股东大会决议。案涉担保从未经鹤壁农商行的股东大会决议,鹤壁投资集团也未尽审查义务,故担保无效。原判决认定案涉担保有效错误。在案证据充分证明鹤壁投资集团明知陈某彦越权,鹤壁农商行不应承担担保无效后的法律责任。自鹤壁农商行成立之日起,原《章程》第80条第1款第9项(现修正为第95条第1款第9项)、第108条(现修正为第125条)规定既有正向授权,也有反向限制,明确禁止包括董事长在内的任何董事以银行资产为股东或其他个人债务提供担保。鹤壁投资集团的两个全资子公司鹤壁市淇河宾馆和鹤壁市路桥建设投资有限公司,作为鹤壁农商行的发起人都表决过上述《章程》。鹤壁投资集团还先后安排其总会计师汤某斌出任鹤壁农商行的监事长,安排其副总经理郭某宙出任鹤壁农商行的董事。鹤壁投资集团通过上述股权控制和人事安排,全面参与鹤壁农商行的经营管理,其对《章程》第125条就包括董事长在内的全体董事行为的限制和对于关联担保的限制是明知的。因此,鹤壁投资集团明知陈某彦是无权签署案涉协议担保条款,鹤壁农商行不应承担担保无效后的法律责任。综上,一审判决适用法律错误,认定股转协议及担保条款有效并判决鹤壁农商行承担责任错误。

鹤壁投资集团辩称,一、《四方协议》在性质上并非股权转让协议,而是旨在通过各方义务履行,保障股权转让前置程序和条件成就的前置协议,无须银监部门批准即生效。《四方协议》名称中虽有股权转让字样,但根据各方权利义务内容,该协议并非是由银监部门批准方可生效的股权转让协议,而是为实现优化鹤壁农商行股权结构之目的,约定由各方分别履行各自义务,共同完成股权转让所需法定前置程序和条件,以使股权转让法定条件成就,确保鹤壁投资集团或鹤壁投资集团指定企业最终能与股权持有人签署股权转让协议的前置协议。该前置协议自各方签署成立之日起生效,不需要经过银监部门批准。《四方协议》并未约定明确且具体的股权转让方,而是强调大用公司应获得各股权持有方同意及授权,排除股权转让权属方面的障碍。《四方协议》所涉及的13170万股股份,分别由大用公司、永昌牧业公司、光彩集团、瑞贝卡公司持有。若该协议在性质上属于股权转让协议,那么该份协议应当由各持有方共同参与签署。但该协议仅有大用公司一家参与签署,而且其在协议中的义务也并非转让股权,协议第2条、第4条约定大用公司的义务是负责落实其自身以及永昌牧业公司、光彩集团、瑞贝卡公司为转让方,依法取得四家公司有关股权转让的同意、委托及授权,保证鹤壁投资集团或鹤壁投资集团指定企业可以与四家企业最终签订《股权转让协议》,可以受让四家企业持有的约定数额的股权。最终四家股权持有人,各自转让股份数量分别是多少,均未在该协议中进行确定。为保障银行股权优化目的实现,使之符合监管要求,协议未明确具体的受让方,而是约定了确定受让主体的方式,即受让方应是丙方或丙方指定的企业,且受让主体应经银监部门批准,且明确若银监部门不予批准,应当由鹤壁农商行协助鹤壁投资集团重新指定,若重新指定后仍未获得批准,则大用公司应将已收取的款项按照约定退回,为排除未来股权转让限制,协议约定了大用公司应当负责四家持股企业解除不低于15000万股的股权质押,确保鹤壁投资集团或鹤壁投资集团指定企业可以受让股权。从《四方协议》签署后履行的实际效果分析,该协议并非需要银监部门批准的股权转让协议。为履行各方签订的《四方协议》,2017年10月11日,大用公司与鹤壁投资集团指定的股权受让方河南永优种业科技有限公司(以下简称河南永优公司)签订《股权转让协议》,由大用公司将其持有的5832万股股份(占鹤壁农商行股本9.16%)转让于河南永优公司。因股权比例超过5%,该股权转让行为经鹤壁农商行呈报银监部门,并依法获得批准,河南永优公司最终取得鹤壁农商行5832万股股权。上述5832万股股权转让协议的签署和履行,可以体现《四方协议》并不具备股权转让协议应当具备的具体确定的要素,而主要规定了各方的先合同义务,其目的在于保障最终《股权转让协议》的签订和履行。原判决并未违反(2019)豫民终1125号裁定,原判决正是根据该裁定的意见,从合同权利义务内容和实际履行情况,对合同性质进行分析,对该协议的性质和效力进行认定,并得出了协议并非法律规定需经批准方可生效的协议。一审判决认定《四方协议》有效不违反法律规定。更为重要的是,为了防止拟在未来实施的股权转让不符合监管要求,导致因银监会最终不予批准导致协议无法履行,四方协议预留有解决方案,即由大用公司返还已支付资金,协议不再履行,可见该四方协议有关拟在未来实施的股权转让并非为了规避金融监管法规,而恰恰是为了避免违反监管要求的情形发生。二、关于鹤壁农商行应当承担责任的问题。鹤壁投资集团在签订《四方协议》时为善意债权人,并不知晓鹤壁农商行未履行前置决议程序的事实,鹤壁农商行提供的担保是有效的。担保是否有效,鹤壁投资集团是否为善意,应依照《九民纪要》颁布前的规则确定。《九民纪要》实施时间为 2019 年 9 月,而《四方协议》签订的时间为 2016 年 12 月,以《九民纪要》重新明确的标准对其颁布 3 年前签订的《四方协议》进行评价,直接否认鹤壁农商行提供担保的效力,明显有失公允。《公司法》第 16 条关于公司对外提供担保的决议规则,在性质上属于公司内部管理的强制性规定,之前并无任何法律,司法解释或者指导性案例规定债权人有义务在接受担保时必须对公司机关决议进行审查,只要债权人在接受担保时有足够理由相信或推定公司对外提供担保是适当的、是符合其自身利益与逻辑的,按照常理是应当已经履行了必要程序的,即应当认定债权人是善意的。鹤壁农商行是《四方协议》《补充协议》签订的主导方和受益方,鹤壁投资集团有充足的理由相信或推定其已经履行必要的前置决策程序。从《四方协议》签署前两次政府会议参会人员构成和签署过程分析,鹤壁投资集团也有理由相信鹤壁农商行已经履行全部必要前置决策程序。《四方协议》除法定代表人行使代表权进行签字外,还加盖有象征鹤壁农商行自身主体资格的公章,是对法定代表人代表行为效力的确认。虽然签字是董事长,但鹤壁农商行的行长、副行长、董事会秘书均在场,不能简单认定签约是陈某彦的个人行为,鹤壁投资集团据此有理由相信鹤壁农商行签署《四方协议》已经履行了必要前置程序。鹤壁农商行为大用公司提供担保无须公司机关决议,为有效担保。经查询中国裁判文书网,根据(2018)豫 06 民初 28 号、(2018)豫 06 民辖 398 号、(2017)豫 06 民初 45 号,鹤壁农商行与大用公司是存在互有经济利益的商业合作关系的,根据《九民纪要》第 19 条第 3 项内容的精神,可以认定鹤壁农商行在《四方协议》中对鹤壁投资集团提供的担保是其真实意思表示。即使鹤壁农商行提供担保无效,其也应当与大用公司共同向鹤壁投资集团承担连带赔偿责任。鹤壁农商行援引的《商业银行与内部人和股东关联交易管理办法》第 29 条第 3 款是商业银行不得为关联方的融资行为提供担保,但案涉担保是出于优化鹤壁农商行股本结构,为大用公司履行义务承担的保证责任,鹤壁农商行本身就是受益方,其也参与了合同履行。其援引的《商业银行股权管理暂行办法》第 22 条是有关商业银行与股东关联交易的限制,而案涉担保并不属于关联交易,且该办法 2018 年 1 月颁布实施,对 2016 年 12 月签订的《四方协议》不具有溯及力。鹤壁农商行承担责任承诺不仅是保证责任,还是基于其作为《四方协议》履行的最大受益方和权利人而承担的义务,是双务性的,并非需要股东会决议方可实施的民事行为,应当视为其真实的意思表示。综上,一审判决大用公司及鹤壁农商行承担责任并无不当,请求驳回上诉维持原判。

大用公司辩称,关于涉案股转协议效力问题。《四方协议》《补充协议》约定的受让方并不只有鹤壁投资集团,还包括鹤壁投资集团指定的其他企业,在鹤壁投资集团确定具体适格受让人后,鹤壁农商行再就受让主体进行报批。协议已经按照约定部分进行了履行,大用公司在受让鹤壁农商行股份时,是先确定了受让主体河南永优公司,然后鹤壁农商行按照《商业银行法》第28条规定,向鹤壁银监分局进行报批并得到批复后、大用公司与河南永优公司才签订了具体的《股权转让协议》,故《四方协议》《补充协议》只是规定了在股权受让项目过程中的大体思路,在合同履行过程中,待确定了具体受让人后,具体再签订的股权转让协议将来有可能需要履行报批,且报批也属于事后报批。针对将来确定了实际受让人后,需要签订的具体的股权转让协议的效力也被《九民会议纪要》第37条予以确认。在目前"六稳六保"的契机下,应该提倡鼓励交易原则,就剩下股权转让问题,大用公司愿意积极履行《四方协议》,大用公司与代持方永昌牧业公司多次接触,永昌牧业公司也曾多次催促大用公司将其为大用公司代持的鹤壁农商行5000万股股份进行变更登记(证据2020年10月26日催告函一份),希望充分考虑大用公司现在所面临的困难,提供《四方协议》《补充协议》后期履行的机会,不应直接就判决大用公司退还预付款及承担利息。关于鹤壁农商行承担连带清偿责任问题。《补充协议》第5条规定,大用公司不及时支付的,鹤壁农商行保证向鹤壁投资集团承担全部责任。协议尾部有鹤壁农商行的公章和法定代表人签字。故协议内容明确了鹤壁农商行承担连带保证责任,保证范围是大用公司未支付的预付款数额。根据原《民法总则》第61条第3款、第85条的(现《民法典》第61条第3款、第85条)规定,《最高人民法院关于适用〈中华人民共和国公司法〉若干问题的规定(四)》第6条的规定,决议无效、撤销的,公司依据该决议与善意相对人形成的民事法律关系不受影响。法定代表人是公司的法定机关,其代表权限也源于法律的明确规定。法定代表人对外从事的行为,即便是越权,也是公司对外从事的行为。依据《九民纪要》第19条的规定,在协议签订前,鹤壁市曾多次召开市长办公会议及协调会议,鹤壁农商行的多位董事均参加了会议,且对鹤壁农商行的担保行为均是明知的,应当认定法定代表人陈某彦以公司名义签订担保合同符合公司真实意思,该担保行为符合民事法律行为有效要件。故应认定鹤壁农商行的担保行为有效。综上,鹤壁农商行上诉的理由在事实和法律上均不成立,应予以驳回。

本院二审期间,当事人围绕上诉请求依法提交了证据。本院组织当事人进行了证据交换和质证。鹤壁农商行提交以下证据:河南银监局豫银监复〔2014〕418号文件。证明目的:河南银监局核准鹤壁农商行的业务范围没有保函业务。《章程》第12条规定的银行经营范围没有保函业务。故鹤壁农商行不是《九民纪要》第19条第1款规定的豁免决议对象,属于《公司法》第16条的调整范围。鹤壁投资集团质证意见:对该证据的真实性没有异议,对于其证明目的属于对一审判决的评价,由二审法院进行裁判。大用公司质证意见同鹤壁投资集团一致。

鹤壁投资集团提交从裁判文书网上打印的三份裁判文书:(2018)豫06民初28号、(2018)豫06民辖398号、(2017)豫06民初45号。证明目的:大用公司、鹤壁农商行之间至少存在该三份判决书记载的商业合作关系。根据《九民纪要》第19条第3项的规定,即使债权人明知或应知提供担保的行为未经公司机关决议的情况下,也应视为其真实的意思表示,鹤壁农商行应承担相应的责任。鹤壁农商行质证意见:上述三份裁判文书中,两份裁定书没有任何实质性内容,与本案无关,达不到证明目的。判决书中的担保是正常的银行业务开展,也不能达到证明目的,不能证明符合《九民纪要》第19条第3项的规定。大用公司对鹤壁投资集团提交的证据无异议。

大用公司提交以下证据:关于持有鹤壁农商行股权变更事宜催告函证明目的:大用公司已做好履行《四方协议》的准备,该协议有履行的基础。鹤壁农商行质证意见:第一,对催告函的真实性不能确认,是否真实对本案问题的解决至关重要,鹤壁农商行之前多次核实大用公司是否对永昌牧业公司、光彩集团、瑞贝卡公司存在代持关系,大用公司一直没有回复。第二,催告函上没有签字,只有印章,不能确定是否真实。第三,大用公司的委托诉讼代理人是破产管理人工作人员,如果函件属实,那么这些股权是否属于破产财产,该催告函主张的观点和破产管理人的身份相矛盾。鹤壁投资集团质证意见:对真实性无法确认。从证明内容来看,大用公司、永昌牧业公司有意继续履行,说明《四方协议》是有效的,但是现在履行确实有障碍。

二审庭审后,鹤壁投资集团、大用公司又向本院提交证据,本院组织各方进行了质证。鹤壁投资集团提交证据:第一组证据:《落实鹤壁农商银行股权转让的协议》《股权转让协议》《股权转让协议补充协议》。证明目的:《四方协议》性质非股权转让协议,而是排除股权交易障碍的前置协议。2021年2月,大用公司落实光彩集团将持有的1606万股鹤壁农商行股权转让给鹤壁鹤康公司。第二组证据:鹤壁农商行与鹤壁投资集团还贷周转金合作协议2份和15家客户使用还贷周转金的业务合同。证明目的:2015年至2017年间,鹤壁农商行在与鹤壁投资集团的商业往来中,开展有单证化的还贷周转金保函业务,存在向鹤壁投资集团提供担保的惯例。第三组证据:鹤壁农商行关于创世科技公司、财鑫汽车、鹤立亚飞三家公司借款争议相关裁判文书、执行和解协议及鹤壁农商行履行代偿义务的凭证。证明目的:上述三笔业务发生诉讼,均判决鹤壁农商行向鹤壁投资集团承担连带清偿责任,鹤壁农商行未对担保效力等提出异议。鹤壁农商行质证意见:对第一组证据中《落实鹤壁农商银行股权转让的协议》《股权转让协议》的真实性无异议,证明目的不认可。对《股权转让协议补充协议》的真实性和证明目的均不认可。《四方协议》违反国家金融法律法规,不可能被监管机构批准,因此无效。现在有关鹤壁鹤康公司目前受让的股权及今后可能转让的永昌牧业公司持有的股权，都只能按照债务重组的思路解决问题。第二组证据认可真实性但不认可其证明目的。该组证据与本案无关，不是本案的审理范围。第三组证据对真实性认可，不认可其证明目的，与本案无关，不是本案的审理范围。大用公司质证意见：对第一、二、三组证据的真实性和证明目的无异议。

大用公司提交证据：第一组：关于大用公司依据发起方案承担的发起人义务内容：1. 鹤壁农商行征集发起人说明书；2. 关于筹建鹤壁农商行的请示；3. 中国银监会关于筹建鹤壁农商行的批复；4. 债权转让合同；5. 庭审笔录第四页、第十页。第二组：大用公司在发起人义务之外额外负担的"借款"：6. 大用公司向淇滨区信用联社转账3500万元的巨单。第三组：大用公司通过瑞贝卡公司在发起人义务之外额外负担的"借款"：7. 瑞贝卡公司情况说明；8. 大用公司委托大用控股向许昌新瑞实业公司汇款3500万元的函；9. 大用控股向许昌新瑞公司转账3500万元的回单；10. 许昌新瑞公司向瑞贝卡公司转账3500万元的回单；11. 瑞贝卡公司向淇滨区信用联社转账3500万元的凭证。以上三组证据共同证明目的：大用公司与鹤壁农商行的关系已经远超过正常的贷款业务范围，而且属于关联交易。基于鹤壁农商行与大用公司亲密的商业合作关系，鹤壁农商行向大用公司及其关联公司发放多笔贷款，甚至绕开监管通过信托通道发放贷款，其利益关系亲密程度远超出《九民纪要》第19条第三项列举的"债务人与担保人存在互保等商业合作关系"。鹤壁农商行质证意见：对证据的真实性没有异议，但是不认可其证明目的，不能证明大用公司与鹤壁农商行存在互保关系。鹤壁投资集团质证意见：对于大用公司提供的证据的真实性和证明目的均没有异议。

本院经审理查明的其他事实与一审一致。

本院认为，根据鹤壁农商行的上诉理由，以及鹤壁投资集团、大用公司的答辩意见，经征询当事人同意，本案二审的争议焦点为：一审判决鹤壁农商行对大用公司返还鹤壁投资集团的款项承担连带责任是否正确。

首先，关于《四方协议》《补充协议》的效力问题。从《四方协议》的签订主体及约定内容看，协议由鹤壁投资集团、大用公司、鹤壁农商行及鹤壁市金融办四方共同签订。协议第一段开宗明义写道："为优化鹤壁农商行股权结构，加快鹤壁市级农商银行组建步伐，按照鹤政办公会〔2016〕53号、鹤政办公会〔2016〕58号会议纪要要求，在市金融办协调和指导下，鹤壁农商行、大用公司、鹤壁投资集团经协商，达成如下协议，共同遵守。"上述内容体现了《四方协议》的签订背景，即系在当地政府及金融管理部门协调指导下，以优化股权结构为目的而订立的协议。《四方协议》《补充协议》约定的内容体现了协议的原则性和概括性。协议对股权转让的份额及数额等作出了概括性约定，确定了包括大用公司在内的四家企业办理解押、股权转让手续、指定股权受让企业、报银行业监督管理部门批准等工作内容，显示了后续具体业务需要通过个别合同及报送审批来落实，由个别合同对股权转让具体事项作出明确约定。

所谓框架协议是长期存在的合同,在框架协议的范畴下通常会订立多份个别合同。框架协议的存在是为了简化个别合同的订立程序,个别合同是对框架协议内容的明确细化。框架协议通常只约定个别合同订立的条件和一般规则,在个别合同中才约定具体双方的权利义务。但个别合同的存在不依附于框架协议,框架协议与个别合同并非主从关系。因此,个别合同虽然是在框架协议的框架下订立的,但个别合同与框架协议是互相独立的合同。多个个别合同之间也是彼此独立,互不影响,某份个别合同的不履行或履行瑕疵不会影响到其他合同。从案涉《四方协议》《补充协议》实际履行情况来看,大用公司将其持有的5832万股股权转让给鹤壁投资集团指定的河南永优公司,需要鹤壁农商行先就"关于河南永优公司就受让股权"事宜向中国银行监督管理委员会鹤壁监管分局进行请示,鹤壁银监分局作出同意鹤壁农商行有关股东资格的批复后,河南永优公司与大用公司签订《股权转让协议》,受让鹤壁农商行5832万股股权。最终鹤壁农商行向河南永优公司出具股金证,此时,该5832万股的股权转让才最终完成。上述具体落实履行过程也体现了《四方协议》《补充协议》是对于变更鹤壁农商行的股权结构达成的初步框架性协议。

根据《合同法》第44条(现《民法典》第502条)的规定,依法成立的合同,自成立时生效。结合《四方协议》《补充协议》具有框架协议的性质、协议约定的股权转让行为能否实际履行并最终完成,仍需后续报批手续及订立具体的股权转让协议。故一审法院认定《四方协议》《补充协议》属于框架协议,是各方当事人真实意思表示,且不违反法律禁止性规定,已成立并生效,均系有效,并无不当。鹤壁农商行上诉认为《四方协议》《补充协议》因未经监管结构批准而未生效的理由,依据不足,本院不予支持。

其次,关于《四方协议》涉及鹤壁农商行提供担保的条款是否有效的问题。如前所述,《四方协议》《补充协议》均系已生效并合法有效的协议。《四方协议》第5条约定:"如果银行业监督管理部门不予批准鹤壁投资集团或鹤壁投资集团指定的企业相关股东资格,则鹤壁投资集团应在鹤壁农商行协助下重新指定企业,重新指定企业仍不符合银行业监督管理部门所要求的股东资质的,大用公司应于5个工作日内退还鹤壁投资集团已支付的预付款人民币2亿元,并自鹤壁投资集团预付款支付到大用公司账户之日起按照资金占用期限同期贷款基准利率上浮50%支付利息。大用公司不及时支付的、鹤壁农商行保证向鹤壁投资集团承担全部责任。"对于该条款中涉及鹤壁农商行提供担保的内容是否有效、系各方争议问题。

《公司法》第16条第2款、第3款规定:"公司为公司股东或者实际控制人提供担保的,必须经股东会或者股东大会决议。前款规定的股东或者受前款规定的实际控制人支配的股东,不得参加前款规定事项的表决。该项表决由出席会议的其他股东所持表决权的过半数通过。"本案中,鹤壁农商行未向鹤壁投资集团提供其在为大用公司提供担保时，经过合法表决的股东会决议。本院认为，大用公司系鹤壁农商行的股东之一，鹤壁农商行为股东大用公司提供的担保，未经过鹤壁农商行股东会决议，违背了《公司法》第16条的规定，应认定为无效。鹤壁投资集团认为鹤壁农商行开展保函业务、与大用公司存在商业互保等商业合作关系，故鹤壁农商行即使未提供股东会决议，仍应认定担保有效。但鹤壁农商行的业务范围内并不包含保函业务、鹤壁投资集团在二审中提供的鹤壁农商行与大用公司之间的法律文书及相关业务文件，均不足以证明鹤壁农商行的经营范围包含有保函业务，亦不足以证明鹤壁农商行与大用公司存在互保等商业合作关系，其该主张不能成立。

最后，关于担保条款无效的责任承担问题。鹤壁投资集团在案涉协议的签订和履行过程中，未依据公司法的相关规定要求鹤壁农商行提供作出担保的股东会决议，未尽到合理的审查义务。未充分、审慎地了解大用公司及其他持股公司的具体情况，在大用公司、永昌牧业公司的股权存在质押，不具备交易过户条件，存在较大履行风险的情况下，于签订《四方协议》当日就一次性向大用公司支付股权转让预付资金2亿元，在时隔不到1个月签订《补充协议》后，又向大用公司支付6000万元。另外，鹤政办公会〔2016〕58号文《关于优化鹤壁农商行股本结构协调会议纪要》第4条提出鹤壁投资集团应将股权增持预付款2亿元支付给鹤壁农商行，而《四方协议》中却约定为鹤壁投资集团将预付款项直接支付给大用公司，加大了预付款无法返还的风险。故鹤壁投资集团在案涉协议的签订及履行中存在主要过错。《四方协议》中明确了“鹤壁农商行保证向鹤壁投资集团承担全部责任”，而鹤壁农商行明知《四方协议》中约定有其提供担保的内容，且对于专业的银行金融机构，提供担保行为受到法律及行政法规的严格规范，但未对此提出异议仍在协议书上加盖印章、故鹤壁农商行亦具有过错。依照《中华人民共和国担保法》第5条第2款关于“担保合同被确认无效后，债务人、担保人、债权人有过错的，应当根据其过错各自承担相应的民事责任”的规定，以及《关于适用〈中华人民共和国担保法〉若干问题的解释》第7条关于“主合同有效而担保合同无效，债权人无过错的，担保人与债务人对主合同债权人的经济损失、承担连带赔偿责任；债权人、担保人有过错的，担保人承担民事责任的部分，不应超过债务人不能清偿部分的二分之一”的规定，对担保无效所造成的损失，即债务人大用公司不能清偿债务部分，本院综合全案情况和双方过错程度，酌定鹤壁农商行对大用公司不能偿还本案债务部分在30%的范围内承担赔偿责任。一审认定担保条款有效，判决鹤壁农商行对大用公司返还鹤壁投资集团的款项承担连带责任属适用法律错误，本院予以纠正。

本案在二审审理过程中，鹤壁投资集团主张各方又进一步履行了《四方协议》《补充协议》的约定，并提供大用公司落实光彩集团将持有的1606万股鹤壁农商行股权转让给鹤壁投资集团指定的鹤壁鹤康公司持有的相关证据材料。因鹤壁投资集团仅提供了与之相关的《落实鹤壁农商行股权转让的协议》《股权转让协议》,未提供相应股权转让已经通过鹤壁银监分局的同意批复并出具股金证的相关证据材料,上述协议的最终履行情况尚未确定,本案中无法处理,各方可待与之相关的股权转让工作全部完结后另行解决。

综上所述,鹤壁农商行的上诉请求部分成立;一审判决适用法律不当,本院予以纠正。依照《民事诉讼法》第170条第1款第2项规定,判决如下:

一、维持河南省某中级人民法院(2019)豫0×民初9×号民事判决第一项,即"大用公司于本判决生效之日起10日内返还鹤壁投资集团143360000元及利息18245400元(利息计算至2018年2月28日,2018年3月1日起利息按双方协议约定的同期贷款基准利率4.75%上浮50%,即7.125%计算至实际支付之日止)";

二、撤销河南省某中级人民法院(2019)豫0×民初9×号民事判决第二项、第三项,即"鹤壁农商行对上述第一项所确定的债务承担连带清偿责任""驳回鹤壁投资集团的其他诉讼请求";

三、鹤壁农商行对本判决第一项所确定的债务,对大用公司不能偿还部分在30%的范围内承担赔偿责任;

四、驳回鹤壁投资集团的其他诉讼请求。

如果未按本判决指定的期间履行给付金钱义务,应当依照《民事诉讼法》第253条之规定,加倍支付迟延履行期间的债务利息。

一审案件受理费849800元,由鹤壁投资集团负担91200元,大用公司负担758600元。二审案件受理费849827元,由鹤壁投资集团负担594879元,鹤壁农商行负担254948元。

本判决为终审判决。

审判长　高××
审判员　庞××
审判员　焦××
2021年8月11日
法官助理　尚　×
法官助理　郭××
书记员　王××

办案总结

本案所涉核心法律问题有两点，一是《股权转让四方协议》及补充协议的效力问题；二是案涉担保是否有效及法律责任承担问题。

1. 案涉股转协议的效力认定问题

对于案涉股转协议，结合案件事实和法律规定，我们的诉讼意见是股转协议未经监管机构批准，因此未生效。根据《合同法》第44条和《商业银行法》第28条之规定，银监部门的批准是案涉股转协议的法定生效条件。本案案涉协议至今未经银监部门批准，但是法院认为案涉股转协议是框架协议，认定协议合法有效。对于该结论，我们坚持不予认可。

2. 案涉担保是否有效及法律责任承担问题

本案中，鹤壁农商行为股东大用公司提供担保，是法定代表人未经银行股东大会决议作出的，构成越权担保。而越权担保的效力认定和法律责任承担问题，是近些年司法实践中的热点、难点。本案的办理，历经《最高人民法院民二庭第7次法官会议纪要》、《全国法院民商事审判工作会议纪要》征求意见稿及正式稿、《最高人民法院关于适用〈中华人民共和国民法典〉有关担保制度的解释》等重要文件的出台。这些文件对于该问题的处理思路差异很大，经历了代表权限制说到担保无效这一结论的跨越。本案承办律师在密切关注相关司法意见的同时，调整本案的诉讼策略。

对于担保效力问题，本案最终由二审法院作出了案涉担保无效的判决结论，该结论符合《九民纪要》的处理思路。《九民纪要》第17条的观点是根据《合同法》第50条的规定，区分订立合同时债权人是否善意从而直接认定担保合同的效力。具体到本案，担保合同签订未经鹤壁农商行股东大会决议，构成越权担保，债权人鹤壁投资集团未履行基本的形式审查义务，属于非善意，因此案涉担保无效。

对于法律责任承担问题，二审法院的处理思路是，根据债权人和担保人的过错程度，适用《担保法》第5条第2款以及《最高人民法院关于适用〈中华人民共和国担保法〉若干问题的解释》第7条之规定，认定担保人鹤壁农商行存在次要过错，改判鹤壁农商行在大用公司不能清偿部分的30%范围内承担赔偿责任。虽然该结果相对于一审判决，已经实现了大部分改判，但是我们仍然认为存在错误。根据《九民纪要》第20条的观点，既然鹤壁农商行已经举证证明了鹤壁投资集团明知法定代表人越权提供担保，鹤壁农商行就不应当承担任何民事责任。遗憾的是，就担保无效后的法律责任承担问题，二审法院并未采纳《九民纪要》的观点作出判断。

专家点评

本案历经一审、二审发回重审、一审重审、二审改判四个程序，前后围绕两个核心争议展开：第一，案涉《股权转让四方协议》及其补充协议的效力问题；第二，两协议涉及鹤壁农商行提供担保的条款是否有效及法律责任承担的问题。针对第一个争议焦点，一审法院与二审法院判定一致，认定案涉四方协议与补充协议属于框架协议，出于各方当事人真实意思表示且不违反法律禁止性规定，均系有效。第二个争议焦点，即案涉担保条款的效力及法律责任承担的问题，则是二审法院改判的核心内容。

二审法院认为，鹤壁农商行为股东大用公司提供担保时，未经过合法表决的股东会决议，违背了《公司法》第16条规定，担保条款无效。鹤壁投资集团在案涉协议的签订和履行过程中，未要求鹤壁农商行提供作出担保的股东会决议，未尽到合理的审查义务，亦未充分、审慎了解大用公司及其他持股公司的具体情况，在存在较大交易风险的情况下支付大额资金，鹤壁投资集团存在主要过错。一审法院认定担保条款有效，判决鹤壁农商行承担连带责任，属适用法律错误，应当依法予以纠正。据此，二审法院综合考虑双方过错程度，酌定鹤壁农商行对大用公司不能偿还债务部分在30%的范围内承担赔偿责任。

本案意义之一，在于关联担保中需着重考察相对人的审查义务。《公司法》第16条第2款、第3款的强制性规范规定了关联担保中相对人的形式审查义务，《九民纪要》第18条的司法观点亦强调了相对人对公司内部文件的形式审查义务。鉴于我国立法对公司关联担保始终保留管制立场，相对于一般担保，关联担保因有强制性规范的介入，在实践中更应当重视形式审查义务的履行。

意义之二，在于适当减轻越权担保情形下公司的保证责任。公司法定代表人越权担保情形下的权责配置，是学界讨论的热点问题。尽管《九民纪要》单独设立了“越权担保的民事责任”一条，但并未明析各方当事人的责任承担，尚需通过实务案例进行补充、完善。在以放松管制和扩大营业自由为公司法改革方向的情况下，司法机关一直在为市场经营主体“减负”作出努力。本案二审判决对于增强市场主体参与经营投资的积极性和安全感，激发社会主义市场经济活力而言，具有示范效应，对于《民法典》时代的公司担保责任承担的界定也具有参考意义。

本案两位承办律师，在曲折的诉讼程序中，始终坚定正确的法律认知，结合国家出台相关文件的导向，及时调整诉讼思路，释法析理，体现了高超的专业水平和高度的责任感，值得推广学习。

审核人、点评人：丁琛（北京律师智库重大复杂案件研究专家组成员）

复核人：李华（北京律师智库重大复杂案件研究专家组成员）

股东在出资义务尚未到期前转让股权，是否属于“未履行或者未全面履行出资义务”

——A 公司与 B 公司、C 公司股东出资纠纷案

争议焦点

B 公司在将其持有的 A 公司股权转让给 C 公司后，B 公司是否应就未届出资期限转让股权向 A 公司承担补足出资的责任。

关键词

股东出资　未到期　股权转让

案情简介

一、背景情况

A 公司于 2005 年 2 月 21 日登记设立，注册资本为 50 万元。2011 年 4 月 25 日，A 公司将注册资本增加至 2000 万元，新增股东 B 公司以货币方式认缴出资 600 万元，其中于 2011 年 5 月 5 日认缴出资 180 万元，剩余 420 万元于 2013 年 5 月 4 日之前认缴。

2012 年 5 月 14 日，B 公司与 C 公司签订《股权转让协议书》，约定：B 公司将在 A 公司的全部货币出资 600 万元（其中，未缴货币出资 420 万元，已缴货币出资 180 万元）转让给 C 公司，于 2012 年 5 月 14 日正式转让，自转让日起，转让方不再享有股东的权利和承担股东的义务，受让方按出资比例享有股东的权利和承担股东的义务。2012 年 5 月 16 日，A 公司完成股权变更登记。

2017 年 7 月 25 日，A 公司通过顺丰速运向 B 公司发出《补缴注册资本金催款函》，催告 B 公司于 2017 年 8 月 15 日前补足 420 万元认缴出资。B 公司认为 420 万元出资的补

缴是C公司的义务,与B公司没有任何关系,遂对A公司的催款函未予理睬。

二、诉讼情况

2018年5月14日,A公司以B公司未完全出资即转让给C公司的股权系瑕疵股权为由向某区人民法院提起诉讼,要求B公司补缴出资款420万元,C公司承担补充责任。2018年11月15日,某区人民法院作出(2018)×0208民初760号民事判决,判决"被告B公司于本判决生效后10日内给付原告A公司出资款420万元,被告C公司对上述出资承担连带责任"。B公司不服该判决并提起上诉,2019年3月28日,某中级人民法院作出(2019)×02民终95号民事判决,维持原判。B公司不服申请再审,2019年9月23日,某高级人民法院作出(2019)×民申1806号民事裁定,驳回再审申请。

2020年10月22日,B公司向某人民检察院申请监督,请求某人民检察院向某高级人民法院提出抗诉。2021年4月7日,某人民检察院作出×检民监〔2021〕34000000015号民事抗诉书,向某高级人民法院提出抗诉。2021年5月6日,某高级人民法院作出(2021)×民抗70号民事裁定,提审本案。

2021年9月3日,某高级人民法院作出(2021)×民再96号民事判决:撤销某中级人民法院(2019)×02民终95号民事判决和某区人民法院(2018)×0208民初760号民事判决,C公司于判决生效后15日内给付A公司出资款420万元。

案件历程

【一审判决书】

某区人民法院
民事判决书

(2018)×0208民初760号

原告:A公司。
法定代表人:笪某某,执行董事。
委托诉讼代理人:余某某,××律师事务所律师。
被告:B公司。
法定代表人:邵某某,总经理。
委托诉讼代理人:及某,××律师事务所律师。
被告:C公司。

法定代表人:程某,董事长。

委托诉讼代理人:胡某某,××律师事务所律师。

原告A公司与被告B公司、C公司股东出资纠纷一案,本院于2018年5月14日立案后,依法适用普通程序,于2018年8月15日公开开庭进行了审理。原告A公司委托诉讼代理人余某某,被告B公司委托诉讼代理人及某,被告C公司委托诉讼代理人胡某某到庭参加诉讼。本案现已审理终结。

A公司向本院提出诉讼请求:1.判令B公司补缴A公司认缴资本420万元,C公司对上述债务承担补充责任;2.判令被告承担本案诉讼费用。事实和理由:A公司自2005年2月21日成立,其注册实缴资本50万元,发起人肖某某和罗某分别出资30万元、20万元。2006年7月1日韩某某受让肖某某0.5万元和罗某20万元出资。2009年6月17日肖某某出资29.5万元分别转给张某某2.5万元和韩某某27万元。2010年12月23日韩某某出资的13.98万元转给陈某甲。2011年4月25日韩某某、B公司、陈某甲、张某某签订增资扩股协议,四股东约定将原告A公司从50万元注册资本增资至2000万元,其中四股东实缴600万元,未缴1400万元部分在2013年5月4日前补缴。B公司认缴600万元出资(实缴180万元,未缴420万元),占股份30%。2011年8月12日陈某甲将其持有的股权转给陈某乙。2012年5月14日两被告之间签订《股权转让协议书》,B公司将出资300万元,占原告公司17.65%股权作价300万元转让给C公司。同日两被告另行签订《A公司股权转让协议书》[以下简称《股权转让协议书(备案)》],2013年5月16日两被告完成了股权工商变更事宜。因被告之间转让的瑕疵股权,对于未缴420万元出资义务部分,两被告相互推诿。2017年7月25日原告为此函告被告无果,诉至法院。

B公司辩称,B公司实际出资300万元,其中货币出资180万元,对其他股东债权120万元,C公司对此知情;C公司对A公司股权结构、运营情况均有全面了解,B公司将股权转让给C公司,并未收取额外的股权溢价款,转让后权利义务概括转移,出资义务应一同转让,B公司不再对A公司承担出资义务,应由受让方C公司履行出资义务;股权转让时,B公司认缴的出资期限尚未届满,故不构成出资违约;股权转让后,B公司不再是A公司股东,相应权利义务应由受让方承担;C公司现已取得对A公司实际控制权,存在不当行使公司诉权,请求法院依法审查本案诉讼是否经过原告股东会决议;B公司认缴出资期限为2013年5月4日,现已超过诉讼时效。综上,请求法院驳回原告诉讼请求。

C公司辩称,B公司将其持有A公司17.65%股权作价300万元让与C公司,并经(2017)×03民终11599号民事判决书确认;C公司受让股权后,发现B公司仅有180万元验资出资,并非出资300万元;B公司原持有原告30%股份,转让17.65%股份后,仍持有12.35%股份,系A公司隐名股东;C公司受让B公司瑕疵股权,B公司认缴未缴的420万元,其仍负有股东出资义务,不因股权转让而免除。

当事人围绕诉讼请求依法提交了证据,本院认定如下:

A公司提交证据一,工商信息查询,证明原告企业信息、股东变更及认缴出资情况,其中B公司认缴出资600万元。证据二,投资者入资情况表、《A公司章程》及修正案、《股权转让协议书》、《股东会决议》和《验资报告》,证明原告增资、股东变更及实缴认缴出资情况,B公司实缴180万元,未缴420万元,占股份30%。证据三,《A公司第二届第五次股东会决议》、2012年5月14日《股权转让协议书》、《股权转让协议书(备案)》、《股权质押协议》、(2017)×03民终11599号民事判决书,证明两被告因股权转让产生纠纷,并经法院判决认定B公司出资180万元的事实。证据四,催款函、顺丰速运单及查询回执,证明原告向B公司催告补缴出资的事实。上述证据经审查,两被告对证据一、二、三的真实性未提出异议,本院予以认定,证据四能够证明A公司催告B公司补足出资的事实,本院予以认定。

B公司提交证据一,2012年5月14日《股权转让协议书》,证明两被告就股权转让的各项事宜达成了协议。证据二,《股权质押协议》,证明为了保障《股权转让协议书》的履行,两被告就股权质押签订协议,但没有办理质押登记。证据三,《合作协议》,证明B公司如实告知了C公司其所持公司股权的真实信息,C公司知情并自愿受让,B公司不存在瑕疵出资。证据四,工商备案信息查询,证明B公司转让股权时剩余出资履行期限尚未届满,股权转让后,应由受让方承担继续出资义务,A公司现由C公司控股,原告诉讼未经股东会决议不合法。证据五,(2016)×0113民初4759号民事判决书、(2017)×03民终11599号民事判决书和执行信息,证明两被告因股权转让发生纠纷,C公司对B公司持有原告股权比例和实际出资完全知情,且原告其他股东也存在未足额缴纳出资情形,原告未经股东会决议即向原股东主张补缴责任没有依据。证据六,收据,证明股权转让款包括180万元货币出资和120万元的投资款,投资款用于股权转让前原告公司厂房建设和其他的经营性支出,两被告股权转让系等价转让。上述证据经审查,A公司和C公司对证据一、二、三、四、五的真实性未提出异议,本院予以认定。证据六所涉120万元实系B公司为其他股东垫付出资而享有的债权,并非B公司向A公司缴纳的出资款或投资款,与本案无关联性,不予认定。

根据当事人陈述和经审查确认的证据,本院认定事实如下:

A公司于2005年2月21日登记设立,注册资本50万元,实缴出资50万元。2011年4月25日,A公司召开股东会议,全体股东韩某某(出资33.52万元)、陈某甲(出资13.98万元)、张某某(出资2.5万元)出席会议,并与B公司共同作出《A公司第二届第五次股东会决议》,决议内容:1. 同意由原股东韩某某、陈某甲、张某某变更为韩某某、陈某甲、张某某、B公司;2. 同意将原注册资本50万元增加至2000万元,分别由韩某某以货币方式认缴694.48万元,张某某以货币方式认缴277.5万元,陈某甲以货币方式认缴378.02万元,B公司以货币方式认缴600万元,其中B公司于同年5月5日认缴180万元,剩余420万元于2013年5月4日之前认缴;3.同意修改公司章程。

2011年5月5日,《A公司章程修正案》通过,并载明B公司认缴600万元货币出资,于同年5月4日实缴180万元货币出资,剩余420万元货币出资于2013年5月4日前缴付。同日,某某会计师事务所有限公司出具××会验字[2011]第1016号《验资报告》,确认A公司收到陈某甲、张某某、韩某某、B公司缴纳的新增注册资本合计550万元,其中B公司以货币出资180万元。同年5月9日,A公司注册资本50万元变更登记为2000万元,实收资本50万元变更登记为600万元,股东出资变更登记为韩某某出资728万元,陈某甲出资392万元,张某某出资280万元,B公司出资600万元。

同年8月12日,陈某甲将其持有的A公司所有股权转让给陈某乙,并于同年9月9日完成工商变更登记。

2012年4月16日,C公司(甲方)与A公司(乙方)签订《合作协议》,约定:A公司现有股东陈某乙和B公司将其持有的股东权利全权委托C公司行使,委托期限三年。委托期满,C公司按其确认的股东出资比例和金额(股东陈某乙出资392万元,占23.06%股份,B公司出资300万元,占17.65%股份)受让;C公司以180万元价格受让韩某某个人持有A公司15%股权。A公司全体股东在《合作协议》上签名或盖章。

同年5月14日,B公司(甲方)与C公司(乙方)签订《股权转让协议书》,约定:A公司实收资本600万元,其中甲方实际出资300万元占17.65%的股权,甲方将其占A公司17.65%股权以300万元转让给乙方;乙方应于2014年4月30日前支付股权款100万元,2015年4月30日前支付200万元;甲方保证对其拟转让给乙方的股权拥有完全处分权,保证该股权没有设定质押、未被查封,并免遭第三人追索;乙方同意将其拥有的A公司的17.65%的股权,进行股权质押反担保,担保期限至甲方收回全部转让款300万元为止;如乙方不能按期支付股权转让款,每逾期一天,应向甲方支付逾期部分转让款的万分之五的违约金。同日,B公司与C公司还签订《股权转让协议书(备案)》,备案于北×市工商行政管理局,其主要内容为:B公司愿将在A公司的全部货币出资600万元(其中:未缴货币出资420万元,已缴货币出资180万元)转让给C公司,于2012年5月14日正式转让,自转让日起,转让方不再享有股东的权利和承担股东的义务,受让方按出资比例享有股东的权利和承担股东义务。另外,C公司还分别受让了陈某乙全部货币出资392万元(实缴117.6万元,未缴274.4万元)、张某某未缴货币出资33万元、韩某某未缴货币出资89.2万元,A公司并制定了新的公司章程,明确记载C公司认缴1114.2万元货币出资,于同年5月14日实缴

297.6万元货币出资,剩余816.6万元货币出资于2013年5月4日前缴付。

次日,B公司(甲方)与C公司(乙方)就股权质押反担保事宜签订了《股权质押协议》,但未办理股权质押登记。同年5月16日,A公司股东出资变更登记为C公司出资1114.2万元、韩某某出资638.8万元、张某某出资247万元。

2017年7月25日,A公司通过顺丰速运向B公司发出《补缴注册资本金催款函》,催告B公司于同年8月15日前补足420万元认缴出资。

另查明,C公司未按约向B公司支付股权转让款,B公司遂提起诉讼,某某人民法院作出(2016)×0113民初4759号民事判决书,判决C公司给付B公司股权转让款300万元及违约金,C公司不服一审判决提出上诉,某某中级人民法院作出(2017)×03民终11599号民事判决书,判决驳回上诉,维持原判,并认定如下事实:在《股权转让协议书(备案)》中,对于B公司向C公司转让股权的价格并未明确约定,而在《股权转让协议书》中则明确了B公司向C公司转让股权的价格为300万元。因此两份股权转让内容并不矛盾;B公司将其持有的A公司全部股权转让给C公司,转让股权价格为300万元。

本院围绕当事人诉辩主张,归纳本案主要争议焦点为:一、两被告之间股权转让标的为B公司持有的A公司全部股权还是部分股权,B公司是否系A公司隐名股东;二、B公司将其持有的A公司股权转让给C公司后,由谁承担补足出资责任;三、本案是否适用诉讼时效规定;四、原告提起本案诉讼是否需经过股东会决议。

关于争议焦点一,两被告之间股权转让标的为B公司持有的A公司全部股权还是部分股权,B公司是否系A公司隐名股东。本院认为,根据《最高人民法院关于适用〈中华人民共和国民事诉讼法〉的解释》的规定,已为人民法院发生法律效力的裁判所确认的事实,当事人无须举证证明。两被告曾就股权转让纠纷诉讼至某某人民法院,并经某中级人民法院终审判决认定被告B公司将其持有的A公司全部股权转让给C公司,转让股权价格300万元。据此,被告C公司提出的B公司转让股权后仍持有部分股份,系A公司隐名股东的答辩意见,与本案审查事实不符,且无证据佐证,本院不予采信。

关于争议焦点二,B公司将其持有的A公司股权转让给C公司后,由谁承担补足出资义务。本案中,B公司实际出资180万元,其主张的120万元债权出资实为B公司对其他股东的债权,不符合出资的法定形式,不能认定为出资,故B公司向C公司转让股权时,未缴出资420万元。因B公司未全面履行出资义务即将股权转让给C公司,现原告向C公司与B公司主张出资义务,根据《最高人民法院关于适用〈中华人民共和国公司法〉若干问题的规定(三)》第18条规定,有限责任公司的股东未履行或者未全面履行出资义务即转让股权,受让人对此知道或者应当知道,公司请求该股东履行出资义务、受让人对此承担连带责任的,人民法院应当支持。受让人根据前款规定承担责任后,向该未履行或者未全面履行出资义务的股东追偿的,人民法院应予支持。但是,当事人另有约定的除外。据此,本院认为,该条款的规定,一方面赋予公司向未履行或未全面履行出资义务即转让股权的股东追索出资款的权利,另一方面由于受让人在受让股权时应查证该股权所对应的出资义务是否履行,具有较公司其他股东更高的注意义务,在受让人明知转让股东未尽出资义务仍受让股权时,其应对股权转让股东未尽的出资义务承担连带责任。因此,股东对于公司最基本的义务在于出资,B 公司作为原告股东期间未全面履行出资,依法应承担补缴出资义务;被告 C 公司通过受让股权而成为原告股东,依法应对 B 公司补缴出资义务承担连带责任。原告要求被告 C 公司承担补充责任的诉讼请求,于法无据,本院予以调整。被告 B 公司答辩时称,股权转让时出资期限尚未届满不构成违约,股权转让后出资义务应由受让方承担。本院认为,股权转让合同实为出让人与受让人以股权为标的物所达成的买卖合同关系,受让人主要义务是支付股权转让价款从而获取对约定股权的所有权和处分权,出让人的主要义务是交付无瑕疵的股权。B 公司与 C 公司签订的《股权转让协议书》亦约定“甲方(B 公司)保证对其拟转让给乙方(C 公司)的股权拥有完全处分权”,应视为 B 公司对出让股权瑕疵担保所作出的承诺,但 B 公司尚未履行完出资义务便将股权转让给 C 公司,应对其存在瑕疵的股权补足出资。若被告 B 公司因转让股权而免除出资义务,则违反诚实信用原则,亦不利于维护交易的稳定。因此,对 B 公司该答辩意见不予采信。

关于争议焦点三,本案是否适用诉讼时效的规定。根据《最高人民法院关于适用〈中华人民共和国公司法〉若干问题的规定(三)》第 19 条规定,公司股东未履行或者未全面履行出资义务或者抽逃出资,公司或者其他股东请求其向公司全面履行出资义务或者返还出资,被告股东以诉讼时效为由进行抗辩的,人民法院不予支持。本案系公司请求股东全面履行出资义务纠纷,B 公司提出的诉讼时效抗辩,于法无据,本院不予采信。

关于争议焦点四,原告 A 公司提起本案诉讼是否需要经过股东会决议。本院认为,公司印章是公司意思表示的外在表现形式,A 公司提交的民事起诉状、委托诉讼代理人授权书等均加盖了其公司印章,在无否定性证据情况下,即可视为 A 公司的意思表示。股东会是公司的内部决策机构,但其本身不能直接代表公司对外作出意思表示,股东会决议也不能直接视为公司对外作出的意思表示。因此,人民法院无须审查提起诉讼行为是否经过股东会决议,对 B 公司提出 A 公司提起本案诉讼需经内部股东会决议的辩解,本院不予采信。

综上所述,A 公司的诉讼请求,于法有据,本院予以支持。依照《合同法》第 6 条、第 150 条(现《民法典》第 7 条、第 612 条),《公司法》第 28 条,《最高人民法院关于适用〈中华人民共和国公司法〉若干问题的规定(三)》第18条、第19条和《民事诉讼法》第64条第1款,《最高人民法院关于适用〈中华人民共和国民事诉讼法〉的解释》第93条第1款第5项之规定,判决如下:

被告B公司于本判决生效后10日内给付原告A公司出资款420万元,被告C公司对上述出资承担连带责任。

本案案件受理费40400元,由被告B公司、C公司共同负担。(原告已垫付)

如不服本判决,可在判决书送达之日起15日内,向本院递交上诉状,并按对方当事人的人数提出副本,上诉于某中级人民法院。

审　判　长　刘××
审　判　员　张××
人民陪审员　姚　×
2018年11月15日
法官助理　吴××
书　记　员　鲁××

【二审判决书】

某中级人民法院
民事判决书

(2019)×02民终95号

上诉人(原审被告):B公司。
法定代表人:邵某某,该公司总经理。
委托诉讼代理人:及某,××律师事务所律师。
被上诉人(原审原告):A公司。
法定代表人:笪某某,该公司执行董事。
委托诉讼代理人:余某某,××律师事务所律师。
原审被告:C公司。
法定代表人:程某,该公司董事长。
委托诉讼代理人:胡某某,××律师事务所律师。

上诉人B公司因与被上诉人A公司、原审被告C公司股东出资纠纷一案，不服某区人民法院(2018)×0208民初760号民事判决，向本院提起上诉。本院于2019年1月4日立案后，依法组成合议庭，因各方当事人均未提出新的事实和理由，故不开庭进行了审理。本案现已审理终结。

B公司上诉请求：撤销某区人民法院(2018)×0208民初760号民事判决，发回重审，或者改判驳回A公司要求B公司补缴出资210万元的诉讼请求。一、二审诉讼费由A公司承担。事实和理由：一、一审判决认定部分事实不清。B公司与C公司股权转让时间为2012年5月14日，按照A公司章程约定，B公司已完成出资义务。A公司章程约定的2013年5月4日的出资，尚未到期，不应视为B公司未全面履行出资义务。二、一审判决对《公司法》及相关司法解释适用错误。《公司法》规定的“未全面履行出资义务”应为未按照公司章程规定的出资方式或出资期限履行出资义务。B公司已缴付了公司章程规定的到期出资，不存在未全面履行出资义务。三、本案应受诉讼时效的约束。B公司在股权转让后，已失去A公司的股东身份。不适用诉讼时效的主体仅指公司现有股东。四、一审判决对A公司的诉讼请求予以调整，违背人民法院自由裁量的法定原则。五、B公司已实缴出资300万元，其中120万元的出资系对公司形成的债权，并由A公司出具了财务收据。

A公司辩称，一审判决认定事实清楚，适用法律正确。一、2011年4月25日《增资扩股协议》及2011年5月5日公司章程约定，B公司须在2013年5月4日前分期缴纳出资，但A公司原股东已经约定提前缴纳出资。2012年4月16日的《合作协议》亦明确约定了原股东转让股权前实缴出资至1700万元，故B公司上诉主张其已全面履行出资义务，不能成立。二、B公司隐瞒事实，其分期履行的出资义务并未实缴1700万元。B公司转让给C公司的股权系瑕疵股权。三、B公司分期缴纳出资未到期前转让其全部股权，但其出资义务不应随之转让。四、本案系公司请求股东全面履行出资义务纠纷，B公司提出的诉讼时效抗辩，不能成立。五、B公司仅就210万元出资提出上诉，表明其认可另210万元的出资义务。

C公司述称，一、2012年4月16日的《合作协议》明确约定了原股东转让股权前实缴出资至1700万元，由此可认定A公司原股东已经约定提前缴纳出资。B公司仅出资180万元，其出资不实，故B公司上诉主张其已全面履行出资义务，不能成立。二、B公司在其转让股权给C公司时，隐瞒事实，声称A公司已收到实缴出资1700万元，与事实不符，故B公司转让给C公司的股权系瑕疵股权。三、B公司分期缴纳出资未到期前转让其全部股权，但其出资义务不应随之转让。本案系公司请求股东全面履行出资义务纠纷，B公司提出的诉讼时效抗辩，不能成立。四、B公司仅就210万元出资提出上诉，表明其出资不实，认可其应承担210万元的出资义务。

A公司向一审法院起诉请求:1.判令B公司补缴A公司认缴资本420万元,C公司对上述债务承担补充责任;2.判令B公司、C公司承担本案诉讼费用。

一审法院认定事实:A公司于2005年2月21日登记设立,注册资本50万元,实缴出资50万元。2011年4月25日,A公司召开股东会议,全体股东韩某某(出资33.52万元)、陈某甲(出资13.98万元)、张某某(出资2.5万元)出席会议,并与B公司共同作出《A公司第二届第五次股东会决议》,决议内容:1.同意由原股东韩某某、陈某甲、张某某变更为韩某某、陈某甲、张某某、B公司;2.同意将原注册资本50万元增加至2000万元,分别由韩某某以货币方式认缴694.48万元,张某某以货币方式认缴277.5万元,陈某甲以货币方式认缴378.02万元,B公司以货币方式认缴600万元,其中B公司于同年5月5日认缴180万元,剩余420万元于2013年5月4日之前认缴;3.同意修改公司章程。2011年5月5日,《A公司章程修正案》通过,并载明B公司认缴600万元货币出资,于同年5月4日实缴180万元货币出资,剩余420万元货币出资于2013年5月4日前缴付。同日,某某会计师事务所有限公司出具××会验字[2011]第1016号《验资报告》,确认A公司收到陈某甲、张某某、韩某某、B公司缴纳的新增注册资本合计550万元,其中B公司以货币出资180万元。同年5月9日,A公司注册资本50万元变更登记为2000万元,实收资本50万元变更登记为600万元,股东出资变更登记为韩某某出资728万元,陈某甲出资392万元,张某某出资280万元,B公司出资600万元。同年8月12日,陈某甲将其持有的A公司所有股权转让给陈某乙,并于同年9月9日完成工商变更登记。2012年4月16日,C公司(甲方)与A公司(乙方)签订《合作协议》,约定:A公司现有股东陈某乙和B公司将其持有的股东权利全权委托C公司行使,委托期限三年。委托期满,C公司按其确认的股东出资比例和金额(股东陈某乙出资392万元,占23.06%股份,B公司出资300万元,占17.65%股份)受让;C公司以180万元价格受让韩某某个人持有A公司15%股权。A公司全体股东在《合作协议》上签名或盖章。同年5月14日,B公司(甲方)与C公司(乙方)签订《股权转让协议书》,约定:A公司实收资本600万元,其中甲方实际出资300万元占17.65%的股权,甲方将其占A公司17.65%股权以300万元转让给乙方;乙方应于2014年4月30日前支付股权款100万元,2015年4月30日前支付200万元;甲方保证对其拟转让给乙方的股权拥有完全处分权,保证该股权没有设定质押、未被查封,并免遭第三人追索;乙方同意将其拥有的A公司的17.65%的股权进行股权质押反担保,担保期限至甲方收回全部转让款300万元为止;如乙方不能按期支付股权转让款,每逾期一天,应向甲方支付逾期部分转让款的万分之五的违约金。同日,B公司与C公司还签订了《A公司股权转让协议书》(以下简称《股权转让协议书(备案)》),备案于北×市工商行政管理局,其主要内容为:B公司愿将在A公司的全部货币出资600万元(其中:未缴货币出资420万元,已缴货币出资180万元)

转让给C公司，于2012年5月14日正式转让，自转让日起，转让方不再享有股东的权利和承担股东的义务，受让方按出资比例享有股东的权利和承担股东义务。另外，C公司还分别受让了陈某乙全部货币出资392万元（实缴117.6万元，未缴274.4万元）、张某某未缴货币出资33万元、韩某某未缴货币出资89.2万元，A公司并制定了新的公司章程，明确记载C公司认缴1114.2万元货币出资，于同年5月14日实缴297.6万元货币出资，剩余816.6万元货币出资于2013年5月4日前缴付。次日，B公司（甲方）与C公司（乙方）就股权质押反担保事宜签订了《股权质押协议》，但未办理股权质押登记。同年5月16日，A公司股东出资变更登记为C公司出资1114.2万元、韩某某出资638.8万元、张某某出资247万元。2017年7月25日，A公司通过顺丰速运向B公司发出《补缴注册资本金催款函》，催告B公司于同年8月15日前补足420万元认缴出资。另查明，C公司未按约向B公司支付股权转让款，B公司遂提起诉讼，某某人民法院作出(2016)×0113民初4759号民事判决书，判决C公司给付B公司股权转让款300万元及违约金，C公司不服一审判决提出上诉，某某中级人民法院作出(2017)×03民终11599号民事判决书，判决驳回上诉，维持原判，并认定如下事实：在《股权转让协议书（备案）》中，对于B公司向C公司转让股权的价格并未明确约定，而在《股权转让协议书》中则明确了B公司向C公司转让股权的价格为300万元。因此两份股权转让内容并不矛盾；B公司将其持有的A公司全部股权转让给C公司，转让股权价格为300万元。

一审法院认为，本案主要争议焦点为：一、B公司、C公司之间股权转让标的为B公司持有的A公司全部股权还是部分股权，B公司是否系A公司隐名股东；二、B公司将其持有的A公司股权转让予C公司后，由谁承担补足出资责任；三、本案是否适用诉讼时效规定；四、A公司提起本案诉讼是否需经过股东会决议。关于争议焦点一，B公司、C公司之间股权转让标的为B公司持有的A公司全部股权还是部分股权，B公司是否系A公司隐名股东。一审法院认为，根据《最高人民法院关于适用〈中华人民共和国民事诉讼法〉的解释》的规定，已为人民法院发生法律效力的裁判所确认的事实，当事人无须举证证明。双方曾就股权转让纠纷诉讼至某某人民法院，并经某某中级人民法院终审判决认定B公司将其持有的A公司全部股权转让给C公司，转让股权价格300万元。据此，C公司提出的B公司转让股权后仍持有部分股份系A公司隐名股东的答辩意见，与本案审查事实不符，且无证据佐证，不予采信。关于争议焦点二，B公司将其持有的A公司股权转让给C公司后，由谁承担补足出资义务。B公司实际出资180万元，其主张的120万元债权出资实为B公司对其他股东的债权，不符合出资的法定形式，不能认定为出资，故B公司向C公司转让股权时，未缴出资420万元。因B公司未全面履行出资义务即将股权转让给C公司，现A公司向C公司与B公司主张出资义务，根据《最高人民法院关于适用〈中华人民共和国公司法〉若干问题的规定(三)》第18条规定,有限责任公司的股东未履行或者未全面履行出资义务即转让股权,受让人对此知道或者应当知道,公司请求该股东履行出资义务、受让人对此承担连带责任的,人民法院应当支持。受让人根据前款规定承担责任后,向该未履行或者未全面履行出资义务的股东追偿的,人民法院应予支持。但是,当事人另有约定的除外。据此,一审法院认为,该条款的规定,一方面赋予公司向未履行或未全面履行出资义务即转让股权的股东追索出资款的权利,另一方面,由于受让人在受让股权时应查证该股权所对应的出资义务是否履行,具有较公司其他股东更高的注意义务,在受让人明知转让股东未尽出资义务仍受让股权时,其应对股权转让股东未尽的出资义务承担连带责任。因此,股东对于公司最基本的义务在于出资,B公司作为A公司股东期间未全面履行出资,依法应承担补缴出资义务;C公司通过受让股权而成为A公司股东,依法应对B公司补缴出资义务承担连带责任。A公司要求C公司承担补充责任的诉讼请求,于法无据,予以调整。B公司答辩时称,股权转让时出资期限尚未届满不构成违约,股权转让后出资义务应由受让方承担。一审法院认为,股权转让合同实为出让人与受让人以股权为标的物所达成的买卖合同关系,受让人主要义务是支付股权转让价款从而获取对约定股权的所有权和处分权,出让人的主要义务是交付无瑕疵的股权。B公司与C公司签订的《股权转让协议书》亦约定"甲方(B公司)保证对其拟转让给乙方(C公司)的股权拥有完全处分权",应视为B公司对出让股权瑕疵担保所作出的承诺,但B公司尚未履行完出资义务便将股权转让给C公司,应对其存在瑕疵的股权补足出资。若B公司因转让股权而免除出资义务,则违反诚实信用原则,亦不利于维护交易的稳定。因此,对B公司该答辩意见不予采信。关于争议焦点三,本案是否适用诉讼时效的规定。根据《最高人民法院关于适用〈中华人民共和国公司法〉若干问题的规定(三)》第19条规定,公司股东未履行或者未全面履行出资义务或者抽逃出资,公司或者其他股东请求其向公司全面履行出资义务或者返还出资,被告股东以诉讼时效为由进行抗辩的,人民法院不予支持。本案系公司请求股东全面履行出资义务纠纷,B公司提出的诉讼时效抗辩,于法无据,不予采信。关于争议焦点四,A公司提起本案诉讼是否需要经过股东会决议。一审法院认为,公司印章是公司意思表示的外在表现形式,A公司提交的民事起诉状、委托诉讼代理人授权书等均加盖了其公司印章,在无否定性证据情况下,即可视为A公司的意思表示。股东会是公司的内部决策机构,但其本身不能直接代表公司对外作出意思表示,股东会决议也不能直接视为公司对外作出的意思表示。因此,人民法院无须审查提起诉讼行为是否经过股东会决议,对B公司提出A公司提起本案诉讼需经内部股东会决议的辩解,不予采信。综上所述,A公司的诉讼请求,于法有据,予以支持。依照《合同法》第6条、第150条(现《民法典》第7条、第612条),《公司法》第28条,《最高人民法院关于适用〈中华人民共和国公司法〉若干问题的规定

(三)》第18条、第19条和《民事诉讼法》第64条第1款，《最高人民法院关于适用〈中华人民共和国民事诉讼法〉的解释》第93条第1款第5项的规定，判决：B公司于判决生效后10日内给付A公司出资款420万元，C公司对上述出资承担连带责任。案件受理费40400元，由B公司、C公司共同负担。

二审中，当事人没有提交新证据。本院对一审查明的事实予以确认。

本院认为，2011年4月25日，A公司股东会决议，将该公司注册资本由50万元增至2000万元，B公司以货币方式认缴600万元，B公司于同年5月5日出资180万元，A公司、C公司对此均无异议，但B公司主张其另有120万元的实际出资，A公司、C公司对此均不予认可。鉴于该120万元系B公司享有的债权作为出资，不符合出资的法定形式，不能认定为其出资，故对B公司上诉主张其实际缴纳出资300万元，不予采纳。B公司向C公司转让股权时，其认缴的600万元出资尚有420万元未实际缴纳。根据《最高人民法院关于适用〈中华人民共和国公司法〉若干问题的规定(三)》第13条第1款规定，股东未履行或者未全面履行出资义务，公司或者其他股东请求其向公司依法全面履行出资义务的，人民法院应予支持。B公司作为A公司股东未全面履行出资义务，将其持有的股权转让给C公司，A公司现主张B公司继续履行其出资义务，应予支持。B公司上诉称，A公司章程约定B公司2013年5月4日到期的420万元出资，在股权转让时尚未到期，不应视为B公司未全面履行出资义务，该420万元的出资义务应由受让人C公司承担。由于B公司作为A公司的股东，其虽享有对其持有的A公司股权的处分权，也负有履行其认缴的出资义务，B公司虽有权将其持有的A公司股权转让给C公司，但其认缴的出资义务并不能当然随之转移。基于民法原理，义务的转移应当取得该义务的相对权利人的同意，即应当取得A公司及其股东和公司债权人的同意，本案中B公司并未就此提供证据予以证明。再者，股东认缴出资的行为实质是其对公司及公司债权人承诺的担保行为，若未经公司及其债权人同意任意转移该担保责任，可能损害公司及其债权人的利益，导致公司债权人的债权不能实现。为此，B公司仍应履行其420万元的出资义务，故对B公司的该上诉主张，不予支持。B公司上诉称，其在股权转让后，已失去A公司的股东身份，A公司向其主张出资，应当受诉讼时效的约束。根据《最高人民法院关于适用〈中华人民共和国公司法〉若干问题的规定(三)》第19条规定，公司股东未履行或者未全面履行出资义务或者抽逃出资，公司或者其他股东请求其向公司全面履行出资义务或者返还出资，被告股东以诉讼时效为由进行抗辩的，人民法院不予支持。据此，本案中B公司提出诉讼时效抗辩，与法相悖，本院不予支持。B公司上诉称，一审判决对A公司的诉讼请求予以调整，违背人民法院自由裁量的法定原则。A公司诉请C公司承担补充责任，一审判决根据《最高人民法院关于适用〈中华人民共和国公司法〉若干问题的规定(三)》第18条规定，判令受让人C公司承担连带责任，且C公司并未就此提出上诉,并无不妥。

综上所述,B 公司的上诉请求不能成立,应予驳回。一审判决认定事实清楚,适用法律正确,应予维持。依照《民事诉讼法》第 169 条第 1 款、第 170 条第 1 款第 1 项规定,判决如下:

驳回上诉,维持原判。

二审案件受理费 40400 元,由上诉人 B 公司负担。

本判决为终审判决。

审判长 国××

审判员 戴××

审判员 吕 ×

2019 年 3 月 28 日

书记员 裴××

【驳回再审裁定书】

某高级人民法院

民事裁定书

(2019)×民申 1806 号

再审申请人(一审被告、二审上诉人):B 公司。

法定代表人:邵某某,该公司总经理。

委托诉讼代理人:张某某,北×德恒(合肥)律师事务所律师。

委托诉讼代理人:蒋某某,北×德恒(合肥)律师事务所律师。

被申请人(一审原告、二审被上诉人):A 公司。

法定代表人:笪某某,该公司执行董事。

委托诉讼代理人:余某某,某某律师事务所律师。

委托诉讼代理人:陆某某,安×易尚律师事务所律师。

被申请人(一审被告、二审被上诉人):C 公司,住所地某区经济开发区临江工业园。

法定代表人:程某,该公司董事长。

再审申请人B公司因与被申请人A公司、C公司股东出资纠纷一案，不服某中级人民法院(2019)×02民终95号民事判决，向本院申请再审。本院依法组成合议庭对本案进行审查，现已审查终结。

B公司申请再审称：一、原判决认定的基本事实缺乏证据证明。我国现行公司法对股东出资义务的要求为认缴制，股东认缴出资后，如在缴纳期限尚未届满前对外转让股权，转让股权的股东并不构成对出资义务的违反，而应由受让人承担资本充实责任。2012年5月14日，B公司与C公司签订《股权转让协议书》，约定B公司将其所占A公司17.5%股权以300万元转让给C公司。在股权转让时B公司已按A公司章程规定履行了180万元的出资义务，余下420万元的出资期限为2013年5月4日，在股权转让时尚未届满，该420万元的出资义务应由股权受让方C公司承担。因此，原判决认为B公司未全面履行出资义务没有依据。二、原判决适用法律错误。1.《公司法司法解释(三)》第18条中“未履行或者未全面履行出资义务”是指出资期限届满而股东没有履行出资义务的情形。在出资期限届满前，股东将其所持股权转让，受让人概括继受转让股东的权利义务，其中包括出资义务，即出资期限未届满就转让股权的，不满足《公司法司法解释(三)》第18条的适用前提。本案中，B公司与C公司之间股权转让时间为2012年5月14日，A公司章程约定的出资时间为2013年5月4日，B公司在420万元的出资期限届满前将股权转让给了C公司，C公司概括继受股东的权利及义务，包括该420万元的出资义务，故本案不应适用《公司法司法解释(三)》第18条的规定。2.《公司法司法解释(三)》第18条允许当事人意思自治，即规定当事人另有约定的除外。本案中，B公司在股权转让前的出资情况，A公司、C公司均明确知晓，双方对于B公司转让股权后不再承担出资责任是认可的。首先，2012年5月14日，B公司与C公司签订《A公司股权转让协议书》，备案于北×市工商行政管理局，证明B公司转让股权给C公司的事实及B公司出资情况，双方不仅达成了合意，还完成了工商登记备案手续。其次，根据A公司与C公司于2012年4月16日签订的《合作协议》约定，C公司对A公司的股权结构、运营情况均有全面了解。最后，根据《公司法》第71条规定，B公司将股权转让给C公司的事实及B公司出资情况，A公司应当明知，各方对于股权转让后B公司不再承担420万元的出资义务是认可的。三、原判决背离了当事人的意思自治，违反权利义务相一致的法律原则。B公司以300万元的对价转让实缴180万元、认缴420万元的股权给C公司，在不承担420万元出资责任的情况下，属于溢价转让，符合双方约定和市场规律。原判决判令B公司再承担420万元的出资责任，则会导致B公司将出资600万元的股权以300万元的价格贱卖给C公司，明显违背双方交易的真实意思，实质上是以司法权为交易行为定价，违反了权利义务相一致的法律原则，且C公司至今没有支付股权转让款，但却实际控制了A公司，其将法律诉讼作为实现不法利益的手段。综上，原判决认定部分事实不清，判令B公司承担420万元的出资义务适用法律错误。依据《民事诉讼法》第200条第2项、第6项之规定，申请再审。

A公司提交书面意见称：一、原判决认定B公司未全面履行出资义务，事实清楚，证据充分。1. B公司之前一直辩称其实际出资300万元，现又改称实际出资180万元，违反了诚信原则。2. 在一、二审庭审中，B公司认可其出资不足，违反了出资义务，现又辩称待缴出资期限未届满，不属于未全面履行出资义务情形，违反了民事诉讼法关于禁止反言的规定。3. B公司对一审判决只提出部分上诉，认可210万元的出资责任，说明其作为原股东实缴出资不足。二、案涉股权转让时并未明确约定B公司待缴出资责任由受让人C公司承担，A公司亦未豁免B公司的待缴出资义务。即便B公司与C公司之间就待缴出资责任的承担存在明确约定，其法定的出资义务亦不能转移，而只能向C公司进行追偿。三、B公司主张原判决适用法律错误不能成立，其再审申请应予驳回。

本院经审查认为，2011年4月25日的A公司股东会决议以及同年5月5日的《A公司章程修正案》载明，B公司以货币方式认缴出资600万元。2011年5月5日，B公司缴纳出资180万元，至B公司向C公司转让股权之时，其认缴的600万元出资尚有420万元未实际缴纳。而B公司在向C公司转让股权时，先是以其已对A公司出资300万元，约定股权转让价款为300万元，后在办理股权变更时其又称实际出资180万元，前后不一。因此，原判决根据《最高人民法院关于适用〈中华人民共和国公司法〉若干问题的规定（三）》第13条、第18条的规定，认定B公司未全面履行出资义务，判令B公司承担420万元的出资义务，C公司作为受让人承担连带责任（该公司未提出上诉），并无不当。此外，B公司上诉请求改判驳回A公司要求其补缴出资210万元与其申请再审要求改判其不承担420万元的出资义务亦相矛盾。综上，B公司的再审申请不符合《民事诉讼法》第200条第2项、第6项规定的情形。依照《民事诉讼法》第204条第1款，《最高人民法院关于适用〈中华人民共和国民事诉讼法〉的解释》第395条第2款规定，裁定如下：

驳回B公司的再审申请。

审判长　余××

审判员　洪　×

审判员　方　×

2019年9月23日

书记员　孙　×

【检察监督申请书】

监督申请书

申请人(一审被告、二审上诉人、再审申请人):B公司。

法定代表人:邵某某　职务:总经理。

被申请人(一审原告、二审被上诉人、再审被申请人):A公司。

法定代表人:笪某某　职务:执行董事。

被申请人(原审被告、再审被申请人):C公司。

法定代表人:程某　职务:董事长。

申请人B公司因与被申请人A公司、C公司股东出资纠纷一案,不服某中级人民法院于2019年3月28日作出的(2019)×02民终95号民事判决,现根据《中华人民共和国民事诉讼法》第二百条第六项、第二百零九条第一款之规定申请监督。

监督请求:

请求贵院依法提请某人民检察院向某高级人民法院抗诉,以再审本案,撤销(2019)×02民终95号民事判决,并驳回被申请人A公司对申请人B公司的起诉。

事实与理由:

申请人B公司因与被申请人A公司、C公司股东出资纠纷一案,某区人民法院于2018年11月15日作出(2018)×0208民初760号民事判决,申请人不服提起上诉,某中级人民法院于2019年3月28日作出(2019)×02民终95号民事判决予以维持。申请人不服申请再审,某高级人民法院于2019年9月23日作出(2019)×民申1806号民事裁定,驳回再审申请。申请人认为,(2019)×02民终95号民事判决适用法律错误,是错误的判决。具体理由如下:

一、(2019)×02民终95号民事判决曲解《最高人民法院关于适用〈中华人民共和国公司法〉若干问题的规定(三)》第18条之规定,明显违背立法本意

《公司法》第28条规定:“股东应当按期足额缴纳公司章程中规定的各自所认缴的出资额。”该规定表明,股东履行出资义务的要求:一是按期;二是足额;三是章程中规定的认缴额。《最高人民法院关于适用〈中华人民共和国公司法〉若干问题的规定(三)》(以下简称《公司法解释三》)第18条规定的“未履行或者未全面履行出资义务”指股东出资期限届满却未完成出资义务的情形,是对违反该规定要求的具体细化。其中,“未履行出资义务”是指股东根本未出资,包括拒绝出资、不能出资、虚假出资等。“未全面履行出资义务”包括未完全履行和不适当履行,其中未完全履行是指股东只履行了部分出资义务,未按规定足额出资。不适当履行是指出资的时间、形式或手续不符合规定,包括迟延出资、瑕疵出资等。这既是通过文义解释就可得出的法

律本意,也是最高人民法院的司法观点(参见《最高人民法院关于公司法解释(三)、清算纪要理解与适用》第214页)。

结合本案具体情况分析之,A公司章程规定的各个股东的认缴出资情况如下表(见表一、表二)。

表一 股权变更前(源自A公司2011.9.9备案章程修正案)

股东姓名	认缴情况		实缴情况		分期缴付	
	出资额(万元)	出资方式	出资额(万元)	时间	出资额(万元)	时间
韩某某	728	货币	218.4	2011年5月5日	509.6	2013年5月4日
张某某	280	货币	84	2011年5月5日	196	2013年5月4日
陈某乙	392	货币	117.6	2011年8月12日	274.4	2013年5月4日
B公司	600	货币	180	2011年5月4日	420	2013年5月4日
合计	2000		600		1400	

表二 股权变更后(源自A公司2012.5.16备案章程)

股东姓名	认缴情况		实缴情况		分期缴付	
	出资额(万元)	出资方式	出资额(万元)	时间	出资额(万元)	时间
韩某某	638.8	货币	218.4	2011年5月5日	420.4	2013年5月4日
张某某	247	货币	84	2011年5月5日	163	2013年5月4日
C公司	1114.2	货币	297.6	2012年5月14日	816.6	2013年5月4日
合计	2000		600		1400	

表一显示申请人与C公司股权转让前,申请人认缴A公司出资600万元,实缴出资180万元,分期缴付420万元届满期限为2013年5月4日。表二显示申请人与C公司在2012年5月14日进行股权转让后,C公司认缴A公司出资1114.2万元,实缴出资297.6万元,分期缴付816.6万元(其中包含从申请人受让的420万元)届满期限为2013年5月4日。

根据《公司法》第28条之规定,公司追缴出资要看章程的具体规定。根据A公司章程,420万元的出资义务人对应的是认缴股东C公司,出资期限是2013年5月4日,其到期没有任何出资的情形是根本未出资,属于《公司法解释三》第18条规定的"未履行出资义务"情形。

2012年5月14日在本案中是个重要的时间节点。对于180万元的出资,系申请人的出资义务,如果存在未足额出资或者瑕疵出资情形的,申请人有责任补缴出资;

对于420万元出资,则是C公司的义务,与申请人无任何关系。原审判决申请人承担补缴420万元出资,显然曲解了法律规定,违背了立法本意。

2012.5.14

180	420
B公司	C公司

二、(2019)×02民终95号民事判决认定法律关系主体错误

本案中,A公司的诉讼请求是要求申请人补缴420万元出资,根据《公司法》第28条和A公司章程的规定,该出资对应的认缴股东是C公司,很显然补缴420万元出资是C公司的义务,与申请人无关。因此,A公司起诉申请人承担420万元的出资义务系诉讼被告不适格。原审判决由申请人补缴该420万元出资,是认定法律关系主体错误,正确处理方式应为裁定驳回A公司对申请人的起诉。

三、最高人民法院生效裁判明确“出资义务尚未到期转让股权,不属于未履行或者未全面履行出资义务的情形”

1.(2016)最高法民再301号民事判决认为“在出资义务尚未到期的情况下转让股权,不属于出资期限届满而不履行出资义务的情形”。

2.(2020)最高法民申2285号民事裁定认为“在出资义务尚未到期的情况下转让股权,不属于出资期限届满而不履行出资义务的情形,不构成前述司法解释规定的‘未履行或者未全面履行出资义务即转让股权’的情形”。

最高人民法院的两份裁判文书表明,公司注册资本认缴制下,股东享有期限利益,在认缴出资未到期时转让股权,并不属于《公司法解释三》第18条规定的“未履行或者未全面履行出资义务即转让股权”的情形。否则,注册资本认缴制就失去了其存在价值和意义。试问,若一旦认缴了出资,只要在没有全部出资时转让了股权,不论是否出资期限届满,补缴出资的风险就会一直悬在头上,谁还敢以认缴方式注册公司?谁还敢转让股权?这显然不是立法的初衷和原意。

综上所述,申请人在出资期限未届满前将股权转让给C公司,不构成《公司法解释三》规定的“未履行或者未全面履行出资义务即转让股权”的情形。原审法院违背了立法本意,认定法律关系主体错误,根据《人民检察院民事诉讼监督规则(试行)》第80条第2项、第7项之规定,符合《民事诉讼法》第200条第6项规定的“适用法律确有错误”的情形。故依法申请监督,请求贵院提请某人民检察院向某高级人民法院抗诉,再审本案,以保护申请人的合法权益。

此致

某人民检察院

申请人:B 公司

法定代表人:邵××

2020 年 10 月 22 日

【检察院抗诉书】

某人民检察院
民事抗诉书

×检民监〔2021〕34000000015 号

B 公司因与 A 公司、C 公司股东出资纠纷一案,不服某中级人民法院(2019)×02 民终 95 号民事判决,向某人民检察院申请监督,该院提请本院抗诉。本案现已审查终结。

2018 年 5 月 14 日,A 公司起诉至某区人民法院,请求判令:1. B 公司补缴 A 公司认缴资本 420 万元,C 公司对上述债务承担补充责任;2. B 公司、C 公司承担诉讼费用。

某区人民法院于 2018 年 11 月 15 日作出(2018)×0208 民初 760 号民事判决。该院一审查明,A 公司于 2005 年 2 月 21 日登记设立,注册资本 50 万元,实缴出资 50 万元。2011 年 4 月 25 日,A 公司召开股东会议,全体股东韩某某(出资 33.52 万元)、陈某甲(出资 13.98 万元)、张某某(出资 2.5 万元)出席会议,并与 B 公司共同作出《A 公司第二届第五次股东会决议》,决议内容:1. 同意由原股东韩某某、陈某甲、张某某变更为韩某某、陈某甲、张某某、B 公司;2. 同意将原注册资本 50 万元增加至 2000 万元,分别由韩某某以货币方式认缴 694.48 万元,张某某以货币方式认缴 277.5 万元,陈某甲以货币方式认缴 378.02 万元,B 公司以货币方式认缴 600 万元,其中 B 公司于同年 5 月 5 日认缴 180 万元,剩余 420 万元于 2013 年 5 月 4 日之前认缴;3. 同意修改公司章程。

2011 年 5 月 5 日,《A 公司章程修正案》通过,并载明 B 公司认缴 600 万元货币出资,于同年 5 月 4 日实缴 180 万元货币出资,剩余 420 万元货币出资于 2013 年 5 月 4 日前缴付。同日,某某会计师事务所有限公司出具××会验字〔2011〕第 1016 号《验资报告》,确认 A 公司收到陈某甲、张某某、韩某某、B 公司缴纳的新增注册资本合计 550 万元,其中 B 公司以货币出资 180 万元。同年 5 月 9 日,A 公司注册资本 50 万元变更登记为2000万元,实收资本50万元变更登记为600万元,股东出资变更登记为韩某某出资728万元,陈某甲出资392万元,张某某出资280万元,B公司出资600万元。

同年8月12日,陈某甲将其持有的A公司所有股权转让给陈某乙,并于同年9月9日完成工商变更登记。2012年4月16日,C公司(甲方)与A公司(乙方)签订《合作协议》,约定:A公司现有股东陈某乙和B公司将其持有的股东权利全权委托C公司行使,委托期限三年。委托期满,C公司按其确认的股东出资比例和金额(股东陈某乙出资392万元,占23.06%股份,B公司出资300万元,占17.65%股份)受让;C公司以180万元价格受让韩某某个人持有A公司15%股权。A公司全体股东在《合作协议》上签名或盖章。

同年5月14日,B公司(甲方)与C公司(乙方)签订《股权转让协议书》,约定:A公司实收资本600万元,其中甲方实际出资300万元占17.65%的股权,甲方将其占A公司17.65%股权以300万元转让给乙方;乙方应于2014年4月30日前支付股权款100万元,2015年4月30日前支付200万元;甲方保证对其拟转让给乙方的股权拥有完全处分权,保证该股权没有设定质押、未被查封,并免遭第三人追索;乙方同意将其拥有的A公司的17.65%的股权,进行股权质押反担保,担保期限至甲方收回全部转让款300万元为止;如乙方不能按期支付股权转让款,每逾期一天,应向甲方支付逾期部分转让款的万分之五的违约金。同日,B公司与C公司还签订了《A公司股权转让协议书》(以下简称《股权转让协议书(备案)》),备案于北×市工商行政管理局,其主要内容为:B公司愿将在A公司的全部货币出资600万元(其中:未缴货币出资420万元,已缴货币出资180万元)转让给C公司,于2012年5月14日正式转让,自转让日起,转让方不再享有股东的权利和承担股东的义务,受让方按出资比例享有股东的权利和承担股东义务。另外,C公司还分别受让了陈某乙全部货币出资392万元(实缴117.6万元,未缴274.4万元)、张某某未缴货币出资33万元、韩某某未缴货币出资89.2万元出资,A公司并制定了新的公司章程,明确记载C公司认缴1114.2万元货币出资,于同年5月14日实缴297.6万元货币出资,剩余816.6万元货币出资于2013年5月4日前缴付。

次日,B公司(甲方)与C公司(乙方)就股权质押反担保事宜签订了《股权质押协议》,但未办理股权质押登记。同年5月16日,A公司股东出资变更登记为C公司出资1114.2万元、韩某某出资638.8万元、张某某出资247万元。

2017年7月25日,A公司通过顺丰速运向B公司发出《补缴注册资本金催款函》,催告B公司于同年8月15日前补足420万元认缴出资。

另查明,C公司未按约向B公司支付股权转让款,B公司遂提起诉讼,某某人民法院作出(2016)×0113民初4759号民事判决书,判决C公司给付B公司股权转让款300万元及违约金,C公司不服一审判决提出上诉,某某中级人民法院作出(2017)×03民终11599号民事判决书,判决驳回上诉,维持原判,并认定如下事实:在《股权转让协议书(备案)》中,对于B公司向C公司转让股权的价格并未明确约定,而在《股权转让协议书》中则明确了B公司向C公司转让股权的价格为300万元。因此两份股权转让内容并不矛盾;B公司将其持有的A公司全部股权转让给C公司,转让股权价格为300万元。

该院一审认为,围绕当事人诉辩主张,归纳主要争议焦点为:一、B公司与C公司之间股权转让标的为B公司持有的A公司全部股权还是部分股权,B公司是否系A公司隐名股东;二、B公司将其持有的A公司股权转让予C公司后,由谁承担补足出资责任;三、是否适用诉讼时效规定;四、A公司提起诉讼是否需经过股东会决议。

关于争议焦点一,B公司与C公司之间股权转让标的为B公司持有的A公司全部股权还是部分股权,B公司是否系A公司隐名股东。该院认为,根据《最高人民法院关于适用〈中华人民共和国民事诉讼法〉的解释》的规定,已为人民法院发生法律效力的裁判所确认的事实,当事人无须举证证明。B公司与C公司曾就股权转让纠纷诉讼至某某人民法院,并经某某中级人民法院终审判决认定B公司将其持有的A公司全部股权转让给C公司,转让股权价格300万元。据此,C公司提出的B公司转让股权后仍持有部分股份、系A公司隐名股东的答辩意见,与案件审查事实不符,且无证据佐证,该院不予采信。

关于争议焦点二,B公司将其持有的A公司股权转让给C公司后,由谁承担补足出资义务。该案中,B公司实际出资180万元,其主张的120万元债权出资实为B公司对其他股东的债权,不符合出资的法定形式,不能认定为出资,故B公司向C公司转让股权时,未缴出资420万元。因B公司未全面履行出资义务即将股权转让给C公司,现A公司向C公司与B公司主张出资义务,根据《最高人民法院关于适用〈中华人民共和国公司法〉若干问题的规定(三)》第18条规定,有限责任公司的股东未履行或者未全面履行出资义务即转让股权,受让人对此知道或者应当知道,公司请求该股东履行出资义务、受让人对此承担连带责任的,人民法院应当支持。受让人根据前款规定承担责任后,向该未履行或者未全面履行出资义务的股东追偿的,人民法院应予支持。但是,当事人另有约定的除外。据此,该院认为,该条款的规定,一方面赋予公司向未履行或未全面履行出资义务即转让股权的股东追索出资款的权利,另一方面,由于受让人在受让股权时应查证该股权所对应的出资义务是否履行,具有较公司其他股东更高的注意义务,在受让人明知转让股东未尽出资义务仍受让股权时,其应对股权转让股东未尽的出资义务承担连带责任。因此,股东对于公司最基本的义务在于出资,B公司作为A公司股东期间未全面履行出资,依法应承担补缴出资义务;C公司通过受让股权而成为A公司股东,依法应对B公司补缴出资义务承担连带责任。

A 公司要求 C 公司承担补充责任的诉讼请求,于法无据,该院予以调整。B 公司答辩时称,股权转让时出资期限尚未届满不构成违约,股权转让后出资义务应由受让方承担。该院认为,股权转让合同实为出让人与受让人以股权为标的物所达成的买卖合同关系,受让人主要义务是支付股权转让价款从而获取对约定股权的所有权和处分权,出让人的主要义务是交付无瑕疵的股权。B 公司与 C 公司签订的《股权转让协议书》亦约定"甲方(B 公司)保证对其拟转让给乙方(C 公司)的股权拥有完全处分权",应视为 B 公司对出让股权瑕疵担保所作出的承诺,但 B 公司尚未履行完出资义务便将股权转让给 C 公司,应对其存在瑕疵的股权补足出资。若 B 公司因转让股权而免除出资义务,则违反诚实信用原则,亦不利于维护交易的稳定。因此,对 B 公司该答辩意见不予采信。

关于争议焦点三,是否适用诉讼时效的规定。根据《最高人民法院关于适用〈中华人民共和国公司法〉若干问题的规定(三)》第 19 条规定,公司股东未履行或者未全面履行出资义务或者抽逃出资,公司或者其他股东请求其向公司全面履行出资义务或者返还出资,被告股东以诉讼时效为由进行抗辩的,人民法院不予支持。该案系公司请求股东全面履行出资义务纠纷,B 公司提出的诉讼时效抗辩,于法无据,该院不予采信。

关于争议焦点四,A 公司提起诉讼是否需要经过股东会决议。该院认为,公司印章是公司意思表示的外在表现形式,A 公司提交的民事起诉状、委托诉讼代理人授权书等均加盖了其公司印章,在无否定性证据情况下,即可视为 A 公司的意思表示。股东会是公司的内部决策机构,但其本身不能直接代表公司对外作出意思表示,股东会决议也不能直接视为公司对外作出的意思表示。因此,人民法院无须审查提起诉讼行为是否经过股东会决议,对 B 公司提出的 A 公司提起诉讼需经内部股东会决议的辩解,该院不予采信。

综上所述,A 公司的诉讼请求,于法有据,该院予以支持。依照《合同法》第 6 条、第 150 条(现《民法典》第 7 条、第 612 条),《公司法》第 28 条,《最高人民法院关于适用〈中华人民共和国公司法〉若干问题的规定(三)》第 18 条、第 19 条和《民事诉讼法》第 64 条第 1 款,《最高人民法院关于适用〈中华人民共和国民事诉讼法〉的解释》第 93 条第 1 款第 5 项之规定,判决:B 公司于判决生效后十日内给付 A 公司出资款 420 万元,C 公司对上述出资承担连带责任。

B 公司不服一审判决,向某中级人民法院提出上诉,请求:1. 撤销一审判决,发回重审,或改判驳回 A 公司要求 B 公司承担 210 万元补缴出资责任的诉讼请求。2. 一、二审诉讼费由 A 公司和 C 公司承担。

某中级人民法院于 2019 年 3 月 28 日作出(2019)×02 民终 95 号民事判决。二审期间,双方当事人均未提交新证据。该院对一审查明的事实予以确认。该院二审认为,2011年4月25日,A公司股东会决议,将该公司注册资本由50万元增至2000万元,B公司以货币方式认缴600万元,B公司于同年5月5日出资180万元,A公司、C公司对此均无异议,但B公司主张其另有120万元的实际出资,A公司、C公司对此均不予认可。鉴于该120万元系B公司享有的债权作为出资,不符合出资的法定形式,不能认定为其出资,故对B公司上诉主张其实际缴纳出资300万元,不予采纳。B公司向C公司转让股权时,其认缴的600万元出资尚有420万元未实际缴纳。根据《最高人民法院关于适用〈中华人民共和国公司法〉若干问题的规定(三)》第13条第1款规定,股东未履行或者未全面履行出资义务,公司或者其他股东请求其向公司依法全面履行出资义务的,人民法院应予支持。B公司作为A公司股东未全面履行出资义务,将其持有的股权转让给C公司,A公司现主张B公司继续履行其出资义务,应予支持。B公司上诉称,A公司章程约定B公司2013年5月4日到期的420万元出资,在股权转让时尚未到期,不应视为B公司未全面履行出资义务,该420万元的出资义务应由受让人C公司承担。由于B公司作为A公司的股东,其虽享有对其持有的A公司股权的处分权,也负有履行其认缴的出资义务,B公司虽有权将其持有的A公司股权转让给C公司,但其认缴的出资义务并不能当然随之转移。基于民法原理,义务的转移应当取得该义务相对权利人的同意,即应当取得A公司及其股东和公司债权人的同意,该案中B公司并未就此提供证据予以证明。再者,股东认缴出资的行为实质是其对公司及公司债权人承诺的担保行为,若未经公司及其债权人同意任意转移该担保责任,可能损害公司及其债权人的利益,导致公司债权人的债权不能实现。为此,B公司仍应履行其420万元的出资义务,故对B公司的该上诉主张,不予支持。B公司上诉称,其在股权转让后,已失去A公司的股东身份,A公司向其主张出资,应当受诉讼时效的约束。根据《最高人民法院关于适用〈中华人民共和国公司法〉若干问题的规定(三)》第19条规定,公司股东未履行或者未全面履行出资义务或者抽资出逃,公司或者其他股东请求向公司全面履行出资义务或者返还出资,被告股东以诉讼时效为由进行抗辩的,人民法院不予支持。据此,B公司提出诉讼时效抗辩,与法相悖,该院不予支持。B公司上诉称,一审判决对A公司的诉讼请求予以调整,违背人民法院自由裁量的法定原则。A公司诉请C公司承担补充责任,一审判决根据《最高人民法院关于适用〈中华人民共和国公司法〉若干问题的规定(三)》第18条规定,判令受让人C公司承当连带责任,且C公司并未就此提出上诉,并无不妥。

综上所述,B公司的上诉请求不能成立,应予驳回。一审判决认定事实清楚,适用法律正确,应予维持。依照《民事诉讼法》第169条第1款、第170条第1款第1项规定,判决:驳回上诉,维持原判。

B公司不服二审判决,向某高级人民法院申请再审,某高级人民法院于2019年9月23日作出(2019)×民申1806号民事裁定,驳回再审申请。

B 公司向检察机关申请监督。

本院审查认定的事实与某中级人民法院认定的事实一致。

本院认为，某中级人民法院(2019)×02 民终 95 号民事判决适用法律确有错误。理由如下：

在注册资本认缴制下，股东依法享有期限利益，可自由约定出资金额和期限。从股权转让的实质来看，股权转让的并非实体出资，而是一种资格。因此，股东在认缴的出资期限届满前转让其股权，其转让行为合法有效。而《最高人民法院关于适用〈中华人民共和国公司法〉若干问题的规定(三)》制定于公司资本制度改革之前，是实缴资本制的产物，其中第 18 条第 1 款“有限责任公司的股东未履行或者未全面履行出资义务即转让股权，受让人对此知道或者应当知道，公司请求该股东履行出资义务、受让人对此承担连带责任的，人民法院应予支持”是关于股东瑕疵出资情况下转让股权的规定，并不适用股东未届期出资的股权转让。

本案中，A 公司章程中约定 B 公司认缴的 420 万元出资于 2013 年 5 月 4 日到期，而 B 公司与 C 公司转让股权行为发生在 2012 年 5 月 14 日，此时，B 公司出资义务尚未到期。且双方在股权转让协议中明确约定，B 公司将在 A 公司的全部货币出资 600 万元(其中：未缴货币出资 420 万元，已缴货币出资 180 万元)于 2012 年 5 月 14 日正式转让给 C 公司。可见股权转让时，C 公司对于受让股权的出资情况是明知的，即 B 公司已缴纳出资 180 万元，未缴纳出资 420 万元，同时在转让协议中约定了自转让之日起，B 公司不再享有股东权利和承担股东义务，C 公司按出资比例享有股东权利和承担股东义务。股权转让后，B 公司不再参与 A 公司的经营及收益分配。因此，B 公司在出资义务尚未到期前转让股权，不属于《最高人民法院关于适用〈中华人民共和国公司法〉若干问题的规定(三)》第 18 条第 1 款规定的股东未履行或未全面履行出资义务的情形，根据权利义务相一致原则，B 公司不应再对 A 公司承担出资责任，原审判决适用法律确有错误。

综上所述，某中级人民法院(2019)×02 民终 95 号民事判决适用法律确有错误。依据《民事诉讼法》第 200 条第 6 项、第 208 条第 1 款的规定，向你院提出抗诉，请依法再审。

此致

某高级人民法院

某人民检察院(院印)

2021 年 4 月 7 日

【再审终审判决书】

某高级人民法院
民事判决书

(2021)×民再96号

抗诉机关:某人民检察院。

申诉人(一审被告、二审上诉人):B公司。

法定代表人:邵某某,该公司总经理。

委托诉讼代理人:郝宽庆,北京市汇佳律师事务所律师。

被申诉人(一审原告、二审被上诉人):A公司。

法定代表人:笪某某,该公司执行董事。

委托诉讼代理人:余某某,某某律师事务所律师。

被申诉人(一审被告):C公司。

法定代表人:程某,该公司董事长。

申诉人B公司因与被申诉人A公司、C公司股东出资纠纷一案,不服某中级人民法院作出的(2019)×02民终95号民事判决,向某人民检察院申诉。

某人民检察院作出×检民监〔2021〕34000000015号民事抗诉书向本院提出抗诉。本院作出(2021)×民抗70号民事裁定,提审本案。本院依法组成合议庭,开庭审理了本案。某人民检察院指派检察官汪某某,检察官助理李某出庭。申诉人B公司的委托诉讼代理人郝宽庆,被申诉人A公司的委托诉讼代理人余某某到庭参加诉讼,被申诉人C公司经本院传票传唤无正当理由拒不到庭参加诉讼,本院依法缺席审理了本案,现已审理终结。

某人民检察院抗诉认为,某中级人民法院(2019)×02民终95号民事判决适用法律确有错误,理由如下:在注册资本认缴制下,股东依法享有期限利益,可自由约定出资金额和期限。从股权转让的实质来看,股权转让的并非实体出资,而是一种资格。因此,股东在认缴的出资期限届满前转让其股权,其转让行为合法有效。而《最高人民法院关于适用〈中华人民共和国公司法〉若干问题的规定(三)》制定于公司资本制度改革之前,是实缴资本制的产物,其中第18条第1款"有限责任公司的股东未履行或者未全面履行出资义务即转让股权,受让人对此知道或应当知道,公司请求该股东履行出资义务、受让人对此承担连带责任的,人民法院应予支持"是关于股东瑕疵出资情况下转让股权的规定,并不适用股东未届期出资的股权转让。本案中,A公司章程中约定B公司认缴的420万元出资于2013年5月4日到期,而B公司与C公司转让股权行为发生在2012年5月14日,此时,B公司出资义务尚未到期。且双方在股权转让协议中明确约定,B公司将在A公司的全部货币出资600万元(其中:未缴货币出资420万元,已缴货币出资180万元)于2012年5月14日正式转让给C公司。可见股权转让时,C公司对于受让股权的出资情况是明知的,即B公司已缴纳出资180万元,未缴纳出资420万元,同时在转让协议中约定了自转让之日起,B公司不再享有股东权利和承担股东义务,C公司按出资比例享有股东权利和承担股东义务。股权转让后,B公司不再参与A公司的经营及收益分配。因此,B公司在出资义务尚未到期前转让股权,不属于《最高人民法院关于适用〈中华人民共和国公司法〉若干问题的规定(三)》第18条第1款规定的股东未履行或未全面履行出资义务的情形,根据权利义务相一致原则,B公司不应再对A公司承担出资责任,原审判决适用法律确有错误。

B公司再审请求:1.撤销一、二审判决中有关B公司承担责任的内容,驳回A公司对B公司的起诉;2.一、二审诉讼费由A公司承担。事实与理由:原审判决适用《最高人民法院关于适用〈中华人民共和国公司法〉若干问题的规定(三)》第18条之规定,明显违背了立法原意。《公司法》第28条规定的股东应当按期足额缴纳公司章程中规定的各自所认缴的出资额,其关键词是按期足额。本案中,B公司在出资期限届满前将股权转让给了C公司,其已经不是公司章程中规定的认缴420万元出资的主体,同样不是“未履行或者未全面履行出资义务”的主体,不再负有出资义务。A公司一审起诉B公司承担此责任,显然列错了被告,应当驳回A公司起诉;最高人民法院的三份裁判文书[(2016)最高法民再301号民事判决、(2020)最高法民申2285号民事裁定和(2019)最高法民终230号民事判决]均认为股东在出资义务尚未到期的情况下转让股权,不属于出资期限届满而不履行出资义务的情形。综上,原审法院违背立法原意,认定法律关系主体错误,应予再审纠正。

A公司辩称,抗诉机关关于《最高人民法院关于适用〈中华人民共和国公司法〉若干问题的规定(三)》第18条的出台背景是实缴资本制的产物的观点不能成立。该司法解释经过包括2020年的多次修改,第18条仍然没有改动,抗诉机关认为第18条的出台背景是本案需要改判的理由不能成立。针对抗诉机关以及B公司的其他理由答辩如下:1.B公司及抗诉机关以B公司出资义务420万元未届满转让股权,认为不属于《最高人民法院关于适用〈中华人民共和国公司法〉若干问题的规定(三)》第18条第1款规定的未履行或未全面履行出资义务的情形,与本案目标公司A公司实际出资事实不符。2012年4月16日《合作协议》中原股东实缴资本1700万元,期间原全体股东改变了2013年5月4日缴纳出资时间约定。B公司增资扩股300万元实缴资本出资不实,构成瑕疵股权,临近出资期限恶意转让股权。现以未实际履行的股权转让协议(工商部门备案的形式)割裂其他案件事实,主张不应对A公司承担出资责任不能成立。B公司二审上诉认可出资不足,肯定了420万元待缴出资中其须出资210万元。现又以420万元待缴股权转让期限未届满、不属于未全面履行出资义务,主张待缴股权转让后应由受让人C公司承担出资义务的理由不能成立。2.B公司与C公司股权转让书并未特别约定"未届出资期限而未缴纳的出资不再负有出资义务,对于公司债务不能清偿的部分不承担补充赔偿责任",目标公司亦未豁免B公司待缴股权出资义务。即使B公司与C公司有相关待缴股权出资负担的约定,也只是其内部约定,B公司仍负有出资义务。3.公司股东对出资义务享有期限利益,出资期限未届满虽允许对外转让股权,但对出让股东是否承担待缴出资义务,理论和实务界尚存预期违约规则承担义务说和概括转让规则不承担义务说二种争议观点。因无法律明确规定和理解不同,检察机关抗诉不能成立。4.《最高人民法院关于适用〈中华人民共和国公司法〉若干问题的规定(三)》第18条规定是否包括"未届出资期限"法律尚无定论,应作扩大解释。本案中股权转让时目标公司丧失偿债能力,股权转让后C公司亦未对待缴出资实缴,导致目标公司资不抵债并被执行,抗诉机关认为本案适用法律错误导致原审错判不能成立。5.B公司对本案法律适用如何理解产生争议,不属于民事诉讼监督规则审查范围。本案执行已经终结。即使二审判决适用法律有瑕疵,但裁判结果正确,再审判决纠正瑕疵后应予以维持,驳回检察机关的民事抗诉。

被申诉人C公司未向本院提交答辩意见。

A公司向一审法院起诉请求:1.判令B公司补缴A公司认缴资本420万元,C公司对上述债务承担补充责任;2.判令B公司、C公司承担本案诉讼费用。

一审法院认定事实:A公司于2005年2月21日登记设立,注册资本50万元,实缴出资50万元。2011年4月25日,A公司召开股东会议,全体股东韩某某(出资33.52万元)、陈某甲(出资13.98万元)、张某某(出资2.5万元)出席会议,并与B公司共同作出《A公司第二届第五次股东会决议》,决议内容:1.同意由原股东韩某某、陈某甲、张某某变更为韩某某、陈某甲、张某某、B公司;2.同意将原注册资本50万元增加至2000万元,分别由韩某某以货币方式认缴694.48万元,张某某以货币方式认缴277.5万元,陈某甲以货币方式认缴378.02万元,B公司以货币方式认缴600万元,其中B公司于同年5月5日认缴180万元,剩余420万元于2013年5月4日之前认缴;3.同意修改公司章程。2011年5月5日,《A公司章程修正案》通过,并载明B公司认缴600万元货币出资,于同年5月4日实缴180万元货币出资,剩余420万元货币出资于2013年5月4日前缴付。同日,某某会计师事务所有限公司出具××会验字〔2011〕第1016号《验资报告》,确认A公司收到陈某甲、张某某、韩某某、B公司缴纳的新增注册资本合计550万元,其中B公司以货币出资180万元。同年5月9日,A公司注册资本50万元变更登记为2000万元,实收资本50万元变更登记为600万元，股东出资变更登记为韩某某出资728万元，陈某甲出资392万元，张某某出资280万元，B公司出资600万元。同年8月12日，陈某甲将其持有的A公司所有股权转让给陈某乙，并于同年9月9日完成工商变更登记。2012年4月16日，C公司(甲方)与A公司(乙方)签订《合作协议》，约定：A公司现有股东陈某乙和B公司将其持有的股东权利全权委托C公司行使，委托期限三年。委托期满，C公司按其确认的股东出资比例和金额(股东陈某乙出资392万元，占23.06%股份，B公司出资300万元，占17.65%股份)受让；C公司以180万元价格受让韩某某个人持有A公司15%股权。A公司全体股东在《合作协议》上签名或盖章。同年5月14日，B公司(甲方)与C公司(乙方)签订《股权转让协议书》，约定：A公司实收资本600万元，其中甲方实际出资300万元占17.65%的股权，甲方将其占A公司17.65%股权以300万元转让给乙方；乙方应于2014年4月30日前支付股权款100万元，2015年4月30日前支付200万元；甲方保证对其拟转让给乙方的股权拥有完全处分权，保证该股权没有设定质押、未被查封，并免遭第三人追索；乙方同意将其拥有的A公司的17.65%的股权，进行股权质押反担保，担保期限至甲方收回全部转让款300万元为止；如乙方不能按期支付股权转让款，每逾期一天，应向甲方支付逾期部分转让款的万分之五的违约金。同日，B公司与C公司还签订了《A公司股权转让协议书》(以下简称《股权转让协议书(备案)》)，备案于北×市工商行政管理局，其主要内容为：B公司愿将在A公司的全部货币出资600万元(其中：未缴货币出资420万元，已缴货币出资180万元)转让给C公司，于2012年5月14日正式转让，自转让日起，转让方不再享有股东的权利和承担股东的义务，受让方按出资比例享有股东的权利和承担股东义务。另外，C公司还分别受让了陈某乙全部货币出资392万元(实缴117.6万元，未缴274.4万元)、张某某未缴货币出资33万元、韩某某未缴货币出资89.2万元出资，A公司并制定了新的公司章程，明确记载C公司认缴1114.2万元货币出资，于同年5月14日实缴297.6万元货币出资，剩余816.6万元货币出资于2013年5月4日前缴付。次日，B公司(甲方)与C公司(乙方)就股权质押反担保事宜签订了《股权质押协议》，但未办理股权质押登记。同年5月16日，A公司股东出资变更登记为C公司出资1114.2万元、韩某某出资638.8万元、张某某出资247万元。2017年7月25日，A公司通过顺丰速运向B公司发出《补缴注册资本金催款函》，催告B公司于同年8月15日前补足420万元认缴出资。另查明，C公司未按约定向B公司支付股权转让款，B公司遂提起诉讼，某某人民法院作出(2016)×0113民初4759号民事判决书，判决C公司给付B公司股权转让款300万元及违约金。C公司不服一审判决提出上诉，某某中级人民法院作出(2017)×03民终11599号民事判决书，判决驳回上诉，维持原判，并认定如下事实：在《股权转让协议书(备案)》中，对于B公司向C公司转让股权的价格并未明确约定，而在《股权转让协议书》中则明确了B公司向C公司转让股权的价格为300万元。因此两份股权转让内容并不矛盾;B公司将其持有的A公司全部股权转让给C公司,转让股权价格为300万元。一审法院判决:B公司于判决生效后十日内给付A公司出资款420万元,C公司对上述出资承担连带责任。案件受理费40400元,由B公司、C公司共同负担。

B公司不服一审判决,上诉请求:撤销某区人民法院(2018)×0208民初760号民事判决,发回重审,或者改判驳回A公司要求B公司补缴出资210万元的诉讼请求。一、二审诉讼费由A公司承担。

二审对一审查明的事实予以确认。

二审法院认为,2011年4月25日,A公司股东会决议,将该公司注册资本由50万元增至2000万元,B公司以货币方式认缴600万元,B公司于同年5月5日出资180万元,A公司、C公司对此均无异议,但B公司主张其另有120万元的实际出资,A公司、C公司对此均不予认可。鉴于该120万元系B公司享有的债权作为出资,不符合出资的法定形式,不能认定为其出资,故对B公司上诉主张其实际缴纳出资300万元,不予采纳。B公司向C公司转让股权时,其认缴的600万元出资尚有420万元未实际缴纳。根据《最高人民法院关于适用〈中华人民共和国公司法〉若干问题的规定(三)》第13条第1款规定,股东未履行或者未全面履行出资义务,公司或者其他股东请求其向公司依法全面履行出资义务的,人民法院应予支持。B公司作为A公司股东未全面履行出资义务,将其持有的股权转让给C公司,A公司现主张B公司继续履行其出资义务,应予支持。B公司上诉称,A公司章程约定B公司2013年5月4日到期的420万元出资,在股权转让时尚未到期,不应视为B公司未全面履行出资义务,该420万元的出资义务应由受让人C公司承担。由于B公司作为A公司的股东,其虽享有对其持有的A公司股权的处分权,也负有履行其认缴的出资义务,B公司虽有权将其持有的A公司股权转让给C公司,但其认缴的出资义务并不能当然随之转移。基于民法原理,义务的转移应当取得该义务的相对权利人的同意,即应当取得A公司及其股东和公司债权人的同意,本案中B公司并未就此提供证据予以证明。再者,股东认缴出资的行为实质是其对公司及公司债权人承诺的担保行为,若未经公司及其债权人同意任意转移该担保责任,可能损害公司及其债权人的利益,导致公司债权人的债权不能实现。为此,B公司仍应履行其420万元的出资义务,故对B公司的该上诉主张,不予支持。B公司上诉称,其在股权转让后,已失去A公司的股东身份,A公司向其主张出资,应当受诉讼时效的约束。根据《最高人民法院关于适用〈中华人民共和国公司法〉若干问题的规定(三)》第19条规定,公司股东未履行或者未全面履行出资义务或者抽逃出资,公司或者其他股东请求其向公司全面履行出资义务或者返还出资,被告股东以诉讼时效为由进行抗辩的,人民法院不予支持。据此,本案中B公司提出诉讼时效抗辩,与法相悖,该院不予支持。B公司上诉称,一审判决对

A公司的诉讼请求予以调整,违背人民法院自由裁量的法定原则。A公司诉请C公司承担补充责任,一审判决根据《最高人民法院关于适用〈中华人民共和国公司法〉若干问题的规定(三)》第18条规定,判令受让人C公司承担连带责任,且C公司并未就此提出上诉,并无不妥。综上所述,B公司的上诉请求不能成立,应予驳回。一审判决认定事实清楚,适用法律正确,应予维持。该院判决:驳回上诉,维持原判。

再审期间,各方当事人没有提交新证据,对原审证据没有新的答辩意见。本院再审对二审法院查明的事实予以确认。

本院再审认为,本案争议焦点为:B公司在将其持有的A公司股权转让于C公司后,是否应承担补足出资的责任。

《最高人民法院关于适用〈中华人民共和国公司法〉若干问题的规定(三)》第18条第1款规定,有限责任公司的股东未履行或者未全面履行出资义务即转让股权,受让人对此知道或者应当知道,公司请求该股东履行出资义务、受让人对此承担连带责任的,人民法院应予支持。B公司是否属于该条规定的“未履行或者未全面履行出资义务”的股东是处理本案的关键。

首先,在注册资本认缴制下,股东依法享有“期限利益”。出资期限未届满的股东未完全缴纳其出资份额不应认定为“未履行或者未全面履行出资义务”。从本案查明的事实看,B公司认缴的420万元货币出资应于2013年5月4日前缴付。2012年5月14日,B公司(甲方)与C公司(乙方)签订《股权转让协议书》,A公司于同年5月16日完成股东出资变更登记。B公司与C公司转让股权的行为符合法律规定。由此可知,B公司在转让案涉股权时,其认缴的420万元出资尚未到期,并不属于《最高人民法院关于适用〈中华人民共和国公司法〉若干问题的规定(三)》第18条第1款规定的“未履行或者未全面履行出资义务即转让股权”的情形。

其次,依据双方《股权转让协议书》《股权转让协议书(备案)》等约定,案涉股权于2012年5月14日正式转让,自转让日起,转让方不再享有股东的权利和承担股东的义务,受让方按出资比例享有股东的权利和承担股东义务。B公司在出资期限届满前将案涉股权转让给C公司,其出资义务亦相应转移给股权受让方C公司,即B公司将股东的权利义务一并转让,出资义务应由C公司承担。

再次,A公司在B公司与C公司股权转让后制定了新的公司章程,明确记载C公司认缴1114.2万元货币出资,于2012年5月14日实缴297.6万元货币出资,剩余816.6万元货币出资于2013年5月4日前缴付。2012年5月16日,A公司股东出资变更登记为C公司出资1114.2万元、韩某某出资638.8万元、张某某出资247万元。从上述事实可知,A公司明知并同意案涉股权转让行为。且无证据证明A公司对B公司的出资期限产生确认或信赖,亦没有证据证明案涉股权转让存在双方恶意串通逃避债务、损害A公司或债权人利益的行为。现A公司请求B公司承担出资义务,无事实依据。

最后,B公司二审上诉状中表述的上诉请求为“撤销一审判决,发回重审,或者改判驳回A公司要求B公司补缴出资210万元的诉讼请求”。但本案A公司的诉讼请求实际是要求B公司补缴出资420万元,并非为210万元;且二审法院按照420万元标准收取上诉费用,B公司按二审法院要求缴纳了40400元的诉讼费用。在二审谈话笔录中,B公司亦是从其转让后不应再承担出资义务的角度进行陈述和抗辩,并未认可420万元待缴出资中其须出资210万元。结合上述情况和本案实际,A公司辩称主张“B公司二审上诉认可出资不足,肯定了420万元待缴出资中其须出资210万元”事实依据不足,理由不能成立。

综上,某人民检察院的抗诉理由成立,B公司的再审请求理由成立,本院予以支持。依照《民事诉讼法》第207条第1款、第170条第1款第(二)项的规定,判决如下:

一、撤销某中级人民法院(2019)×02民终95号民事判决和某区人民法院(2018)×0208民初760号民事判决;

二、C公司于本判决生效后十五日内给付A公司出资款420万元;

三、驳回A公司的其他诉讼请求。

如果未按本判决指定的期间履行给付金钱义务,应当依照《民事诉讼法》第253条之规定,加倍支付迟延履行期间的债务利息。

一审案件受理费40400元由C公司负担;二审案件受理费40400元,由A公司负担。

本判决为终审判决。

审判长　胡　×
审判员　章　×
审判员　张××
2021年9月3日
法官助理　李　×
书记员　季××

办案总结

本案涉及股权转让后的出资责任问题,看似并不复杂,况且“未届出资期限股权转让后由受让股东承担出资义务”也更像常识性的认知。但代理律师在检索了全国各级法院大量类似案件裁判文书后,发现这些案件裁判结果却大相径庭,原股东、现股东承担补缴出资责任的比例近乎对半,这大大超出了预料。在本案中,代理律师经过反复研究,紧扣立法原意,巧用类案报告,最终取得了成功再审并撤销原判的圆满结果。

一、制定合理诉讼策略

本案中存在的B公司在上诉时要求改判驳回一审判决的一半数额,以及对实际出资额到底是300万元还是180万元的争议等情形,都对本方极为不利。我们经研究认为,本案的关键点是法律适用问题,计较这些事实层面的内容,反而会削弱申诉事由的力量。“伤其十指,不如断其一指”,于是决定只针对原审法律适用错误问题申诉,对原审事实认定不持任何异议,对上诉数额问题引起的对方质疑留待听证或者庭审时再作应对。首要目标是说服检察机关依法提出抗诉,从而启动再审程序。作出这样选择的好处是:根据法律规定,再审事由为法律适用错误情形的,人民检察院只能向作出终审裁判的人民法院的上一级法院提出抗诉,不会出现由原审法院自我审查可能带来的纠错难度。代理律师并非不相信原审法院的公正司法,而是纵观本案,原本就是A公司的控股股东C公司精心设计的诉讼。把注册地、经营地均在北×的A公司起诉注册地同在北×的B公司的案件,采取让C公司承担补充责任而作为共同被告,从而选择了C公司当地的法院管辖本案。对方的这一系列操作和此后的裁判结果,让人很难不产生怀疑。

结果证明,本案经抗诉进入再审程序,代理律师采取的策略收到了预期效果。

二、紧扣立法宗旨原意

《最高人民法院关于适用〈中华人民共和国公司法〉若干问题的规定(三)》(以下简称《公司法解释三》)第18条“有限责任公司的股东未履行或者未全面履行出资义务即转让股权,受让人对此知道或者应当知道,公司请求该股东履行出资义务、受让人对此承担连带责任的,人民法院应予支持”规定的字面意思并不难理解,但在现实适用中歧义解释却不少。我们认为,《公司法解释三》中关于“未履行或者未全面履行出资义务”的意思,应当按照《公司法》第28条“股东应当按期足额缴纳公司章程中规定的各自所认缴的出资额”来理解。从文义解释角度来看,“按期”的期限和“足额”的数额,都规定在公司的章程中。本案中对方起诉时,公司章程中规定的案涉出资对应的义务人是现股东C公司。

三、正确运用类案报告

本案办理过程中,恰逢《最高人民法院关于统一法律适用加强类案检索的指导意见(试行)》发布施行。代理律师结合本案具体情况,根据该规定的检索范围、方法及要求,以“股东出资纠纷”“未到期”“转让股权”三个关键词,在中国裁判文书网、北大法宝案例库检索到了79份裁判文书。根据检索范围的顺位,代理律师选取了两份最高人民法院作出的裁判文书。然后,分别将两份裁判文书与本案从基本案情、法律适用等方面进行比对,结果发现与本案属于类案,该两案的裁判规则对本案具有重要参考价值。该两份裁判认为,在出资义务尚未到期的情况下转让股权,不属于出资期限届满而不履行出资义务的情形,不构成《公司法解释三》规定的“未履行或者未全面履行出资义务即转让股权”的情形。因此,B公司不应再对A公司承担出资责任。

通过本案我们认识到,对指导案例、典型案例的关注和研究将是未来律师学习工作的重要内容,在案件代理中正确运用类案将会取得事半功倍的效果。

专家点评

本案系一起股权转让纠纷案件。本案的主要争议焦点:B 公司将所持有 A 公司的股权转让给 C 公司后,B 公司是否还需要就未届出资期限转让股权向 A 公司承担出资义务。

一、一审阶段概要

本案中,B 公司认缴 A 公司注册资本 600 万元,B 公司将所持有 A 公司的 600 万元出资转让给 C 公司时,B 公司实缴注册资本 180 万元,未缴注册资本 420 万元。

一审法院认为:《公司法解释三》第 18 条的规定赋予公司向未履行或未全面履行出资义务即转让股权的股东追索出资款的权利。股东对于公司最基本的义务在于出资,B 公司作为 A 公司股东期间未全面履行出资,依法应承担补缴出资义务。一审判决:被告 B 公司于本判决生效后 10 日内给付原告 A 公司出资款 420 万元。

二、二审阶段概要

二审法院认为:B 公司虽有权将其持有的 A 公司股权转让给 C 公司,但其认缴的出资义务并不能当然随之转移。股东认缴出资的行为实质上是其对公司及公司债权人承诺的担保行为,若未经公司及其债权人同意任意转移该担保责任,可能损害公司及其债权人的利益,导致公司债权人的债权不能实现。二审判决:驳回上诉,维持原判。

三、检察监督、再审阶段概要

B 公司不服一、二审判决,向某高级人民法院申请再审。再审裁定驳回后,B 公司委托律师向某人民检察院提出监督申请,某人民检察院向某高级人民法院提起抗诉,从而启动再审程序,最终判决 B 公司不承担出资义务。

四、检察监督、法院再审结果主要观点分析

1. 本案的关键是 B 公司是否属于《公司法解释三》第 18 条第 1 款规定中“未履行或者未全面履行出资义务”的股东。

在注册资本认缴制下,股东依法享有“期限利益”。《公司法解释三》第 18 条第 1 款是关于股东瑕疵出资情况下转让股权的规定,并不适用于股东未届期出资的股权转让。B 公司在出资义务到期前转让股权,不属于前述司法解释规定的股东未履行或未全面履行出资义务的情形,B 公司不应就未届期出资的股权向 A 公司承担出资责任。

2. 抓住案件代理的重点,是承办代理律师成功代理本案的关键。

本案成功的关键系代理律师抓住了原审判决适用法律错误的关键点,正确剖析、理解《公司法》第 28 条的立法宗旨原意,正确地适用法律,使案件得以改判,维护了当事人合法权益。

审核人、点评人:张凤成(北京律师智库重大复杂案件研究专家组成员)

复核人:张亚梅(北京律师智库重大复杂案件研究专家组成员)

仅依据金融机构的转账凭证提起民间借贷诉讼的举证责任承担

——王某某1诉刘某某、杨某某民间借贷纠纷案

争议焦点

案涉银行转账凭证转款的法律性质，本案是否构成“一事不再理”，刘某某债务是否属于夫妻共同债务。

关键词

民间借贷　转款凭证　举证责任　一事不再理　虚假诉讼

案情简介

2020年1月，王某某1以五笔给刘某某的银行转款凭证为证据，向法院起诉刘某某和杨某某民间借贷纠纷，诉讼请求：(1)依法判令刘某某偿还原告借款200万元及逾期还款利息1000元；(2)判令杨某某对借款承担连带偿还责任。王某某1提供的证据包括：王某某1从银行取得的2014年1月9日特种转账凭证记载50万元，2014年6月3日特种转账凭证记载40万元，2014年6月4日王某某2(王某某1弟弟)银行账户查询表记载10万元，2014年6月19日王某某2银行卡取款业务回单记载50万元，2014年8月23日王某某2银行卡取款业务回单记载50万元。刘某某收到法院送达的起诉状后，提出了管辖权异议，经过一审、二审程序驳回了刘某某管辖权异议申请。案件就实体问题开庭审理后，一审法院依据《最高人民法院关于审理民间借贷案件适用法律若干问题的规定》(以下简称《民间借贷案件规定》)(2015)第17条[现为《民间借贷案件规定》(2020第二次修正)第16条]的规定，认定2014年1月9日特种转账凭证记载50万元、2014年6月

3 日特种转账凭证记载 40 万元、2014 年 6 月 4 日王某某 2 银行账户查询表记载 10 万元的借贷关系成立。认定 2014 年 6 月 19 日、2014 年 8 月 23 日王某某 2 银行卡取款业务回单记载的各 50 万元构成一事不再理。遂判决刘某某偿还王某某 1 借款本金 100 万元并支付逾期利息;驳回王某某 1 的其他诉讼请求。王某某 1、刘某某均不服一审判决提出上诉。二审中,刘某某代理律师再次从举证责任角度阐释了《民间借贷案件规定》(2015)第 17 条的适用条件,重点强调证明借贷合意的客观证明责任在原告没有完成前不可转移给被告,被告承担的是反证责任。同时提出审理民间借贷案件,应全面、客观地审核证据,运用逻辑推理和日常生活经验对证据进行正确判断。经过刘某某代理律师的不懈努力,最终二审法院综合案件事实及相关证据,认定刘某某关于借款已转化为王某某 1 的合伙投资款的主张具有高度的可能性,双方民间借贷关系已经终止,判决撤销一审判决,驳回了王某某 1 的全部诉讼请求。之后,王某某 1 又提出了再审申请,某高级人民法院再审驳回王某某 1 的再审请求,最终,法律还刘某某以清白,彰显了诚信诉讼的真谛,维护了法律在当事人心目中的尊严。本案对仅依据金融机构转账凭证提起民间借贷诉讼在举证责任分配、诚信诉讼、证据收集等方面具有一定的启示作用。

案件历程

【一审代理意见】

一审代理意见

尊敬的法官:

本律师在此前提交代理意见的基础上,补充提出如下代理意见,提请法官考虑并采纳。

一、王某某 1 起诉及庭审陈述事实前后矛盾且违反常理

(一)王某某 1 和刘某某的关系没有达到借款不出具借款凭证的密切程度。双方是通过王某某 1 在刘某某烟酒批发部购买烟酒认识的,是一般的交易关系,不存在同学、战友、亲戚等密切关系,双方没有达到王某某 1 可以多次提供借款、不出具借款凭证的密切程度。

(二)双方没有借款不归还、不出具借据还继续提供借款的感情基础。按照王某某 1 的主张,自 2013 年到 2014 年两年期间刘某某向其五次借款共 250 万元,数额巨大,没有约定还款时间,没有约定利息,没有出具借据,没有归还。按照王某某 1 的录音说法——“就凭你那经济实力,你一开始借我那么多钱,你想怎么还”,王某某 1 明

知刘某某借款还不了,还继续多次借出,明显不符合社会生活习惯和常理。河北民间有流传多年的谚语"有借有还,再借不难;借了不还,再借万难",这和现在的信用记录是契合的,就凭王某某1和刘某某之间的关系基础,加之王某某1明知刘某某没有偿还能力、刘某某借款不还等因素,王某某1还继续多次出借巨额资金,严重有违常理。

(三)王某某1比刘某某精明且不缺乏法律意识,借款没有借款凭证不合常理。从案件证据看,2014年6月的资金往来,王某某1明确让刘某某写借条,2013年1月期间在双方认识时间短、不了解的情况下,资金往来反而没写凭证也没有补写凭证,违反常理;2016年7月,王某某1将本不是借款的资金往来,并且不是针对王某某1的资金往来都让刘某某写了借款,真正的借款资金往来反而不写借条,违反常理;2016年9月期间,王某某1起诉刘某某,双方关系恶化,在此情况下,有中间人调解,王某某1并未提及和要求刘某某补写借条,并且没有提及借款250万元,违反常理;2016年9月,王某某1起诉刘某某民间借贷,不将所谓刘某某向其借款的全部金额一并起诉,不仅不起诉也不涉及借款内容,违反常理;本次起诉王某某1使用200万元的转款记录起诉民间借贷,刘某某主动提出2013年1月有转款交易记录后,王某某1才又提出民间借贷请求,王某某1的举动违反常理;王某某1自认已经将清算之前的借条撤回,且撕掉了,现在称借款没有出具借条,自相矛盾,违反常理;王某某1在2016年9月民间借贷起诉状中明确"被告为原告更换了新的借据两张",在本次诉状中竟然称没有出具借条,自相矛盾,违反常理。

(四)王某某1主张刘某某向其借款250万元,除2016年9月起诉120余万元外,其余不催要不起诉,违反常理。自2013年1月至今长达7年之久,100多万元巨额债权,在双方已经多次诉讼的情况下,一直既不催要也不起诉,违反常理。

除此之外,还有诸多违反常理的地方,姑且不说违反法律,只能得出一个结论,王某某1是虚构事实、隐瞒事实、向法庭作虚假陈述,是虚假诉讼。

二、关于本案的法律适用问题

(一)《最高人民法院关于审理民间借贷案件适用法律若干问题规定》(以下简称《民间借贷案件规定》)第2条明确出借人提起民间借贷诉讼时,应当提供借据、收据、欠条等债权凭证以及其他能够证明借贷法律关系存在的证据。王某某1提起诉讼仅提供了金融机构转账记录,明显不符合该规定的要求。

(二)《民间借贷案件规定》第17条允许当事人仅依据金融机构转账凭证提起民间借贷诉讼,但该条内容作了限制,该条内容可以概括为"一个前提,四个步骤"。所谓"一个前提",就是该条只适用于原告仅依据金融机构的转账凭证提起民间借贷纠纷,并且被告抗辩称转账系偿还之前借款或其他债务的情况。与之相对,在原告仅依据金融机构的转账凭证提起民间借贷纠纷,但被告自认该借贷或抗辩称已经归还该笔借款时不适用该条;在原告既提出金融机构的转账凭证,还提出借款合同或借据、收据、欠条等债权凭证的情况下,也不适用本条。这两种情况下,只需适用民事诉讼中证明责任分配一般规则进行事实认定。

(三)《民事诉讼法》第 64 条第 1 款确立了主观证明责任,即“当事人对自己提出的主张,有责任提供证据”。《最高人民法院关于适用〈中华人民共和国民事诉讼法〉的解释》(以下简称《民诉法解释》)第 90 条进一步明确了主观证明责任未履行或未成功履行的后果,即“当事人对自己提出的诉讼请求所依据的事实或者反驳对方诉讼请求所依据的事实,应当提供证据加以证明,但法律另有规定的除外。在作出判决前,当事人未能提供证据或者证据不足以证明其事实主张的,由负有举证证明责任的当事人承担不利的后果”。《民诉法解释》第 108 条第 2 款间接提到了客观证明责任概念,即“对一方当事人为反驳负有举证证明责任的当事人所主张事实而提供的证据,人民法院经审查并结合相关事实,认为待证事实真伪不明的,应当认定该事实不存在”。王某某 1 没有提供证明借贷合意成立的证据,没有提供借贷合同成立的证据,没有提供借款债权债务关系存在的证据,即没有完成法律规定的举证责任,刘某某作为反对方仅仅需要承担提供证明推定事实不存在至“表面可信”程度的证据,反对方不需要承担证明推定事实不存在至“盖然性占优势”程度的证据。依照《最高人民法院关于民事诉讼证据的若干规定》第 10 条、第 15 条综合认定标准,最后有银行转账记录推定民间借贷事实处于真伪不明的状态,法官应当认定推定事实不存在。

综上所述,民间借贷作为一种合同关系,在仅有金融机构转账凭证的情况下,转账凭证作为一种固定格式的凭单,其只能反映出资金的流向并不能反映资金的性质,该资金背后可能基于不同的法律关系。换言之,仅凭金融机构转账凭证既不能确定持有凭证的人就是借贷关系中的债权人,也无法体现持有凭证的人缺乏法律意识。在民事诉讼当中,作为当事人的原告和被告,他们的地位是平等的,并不因谁先提出主张而受到更多偏护。本案案件事实非常清楚,王某某 1 利用《民间借贷案件规定》第 17 条提起民间借贷诉讼,但存在对该条款适用前提的错误理解,严重违反法律规定的诚信原则,采取虚构、编造、虚假陈述、自相矛盾的陈述等,违反常理地演绎案件事实,没有充分证据滥用诉权,超过诉讼时效起诉、重复起诉,其行为是对法律、法庭的亵渎。上述代理意见,恳请法官考虑并予以采纳。

【一审判决书】

某人民法院
民事判决书

(2020)×0191 民初 1850 号

原告:王某某1,个人及委托诉讼代理人信息隐略。

被告:刘某某,个人信息隐略。

被告:杨某某,个人信息隐略。

二被告共同委托诉讼代理人:许贵淳,诉讼代理人信息略。

王某某1与刘某某、杨某某民间借贷纠纷一案,本院于2020年3月19日立案受理后,由本院审判员陈某适用简易程序独任审判,并于2020年7月9日、2020年8月6日、2020年11月19日公开开庭进行了审理。王某某1及其委托诉讼代理人刘某某2、张某某,刘某某及二被告共同委托诉讼代理人许贵淳到庭参加了庭审。本案现已审理终结。

王某某1向本院提出诉讼请求:1.依法判令刘某某偿还王某某1借款2000000元及逾期还款利息1000元(逾期还款利息暂定1000元,实际利息以2000000元为基数,自2016年9月27日起按年利率6%计算至实际还款之日止)。2.依法判令杨某某对上述借款承担连带偿还责任。3.诉讼费用由刘某某、杨某某承担。事实和理由:2014年1月9日至8月23日,刘某某向王某某1借款共计2000000元,王某某1通过其农业银行账户分两次向刘某某转账900000元,通过其弟弟王某某2农业银行账户分三次向刘某某转账1100000元,完成出借义务。刘某某并未为王某某1出具借据。经查,刘某某与杨某某系夫妻关系,杨某某应对刘某某夫妻关系存续期间的共同债务承担连带偿还责任,故王某某1向人民法院提起诉讼,望判如所请。

刘某某答辩:刘某某拒认王某某1的诉讼请求,王某某1涉嫌虚假诉讼,应当依法驳回王某某1的起诉。1.本案已经超过诉讼时效,应当依法驳回王某某1的诉讼请求。2.刘某某并不欠王某某1任何债务。3.王某某1起诉属于重复起诉,应当依法驳回王某某1的起诉。4.王某某1是虚假、恶意诉讼,应当依法予以惩戒。

杨某某答辩:除了同意刘某某上述答辩意见外,杨某某与刘某某已经离婚,该债务不属于夫妻共同债务,杨某某对于主债并不清楚,也没有杨某某的任何签字,杨某某不应承担任何责任。

经审理查明,2014年1月9日王某某1通过其银行账户向刘某某转账500000

元、2014年6月3日转账400000元。案外人王某某2于2014年6月4日向刘某某转账100000元、于2014年6月19日向刘某某转账500000元、于2014年8月23日向刘某某转账500000元。王某某2当庭陈述以上款项系受王某某1委托向刘某某转款,其不主张以上款项的任何权利,也与刘某某间不存在任何法律关系。

2016年9月27日王某某1依据2014年6月19日王某某2转给刘某某500000元、2014年8月23日王某某2转给刘某某500000元的转账凭证及分别载明借款为845450元、354750元的借条两张向河北省某法院提起诉讼,请求刘某某、杨某某偿还借款1200200元及利息(自2016年7月6日起按照年利率7.8%计算至实际付清之日止)。河北省某法院作出的(2016)冀0609民初1976号民事判决书认为:"王某某1依据刘某某2016年7月6日出具的两张借条主张双方存在民间借贷关系,虽提交了2014年6月19日、8月23日的两张转款凭证予以佐证,但刘某某抗辩称已经偿还了两张转账凭证中的借款,2016年7月6日出具的两张借条系与王某某1等人合伙期间向合伙批发部的借款和股金,2016年7月6日其退伙时通过总账,王某某1让其出具的借条,说好了办完公司过户手续后退还借条,但后来王某某1以没带借条为由一直没退还,与王某某1之间根本不存在借贷关系。综合当事人陈述、举证质证,王某某1主张与刘某某存在民间借贷关系缺乏基础法律事实,应确认为双方因合伙关系产生的权利义务关系。经审查,双方合伙及刘某某退伙尚存在纠纷,不宜按查明的基础法律关系继续审理,可另行主张。"最终判决驳回了王某某1的诉讼请求。后王某某1不服该判决,向河北省某中级人民法院提起上诉。河北省某中级人民法院于2018年7月5日作出(2018)冀06民终2134号民事判决书,驳回上诉,维持原判。王某某1不服河北省某中级人民法院(2018)冀06民终2134号民事判决书,向河北省高级人民法院申请再审,河北省高级人民法院于2019年7月26日作出(2019)冀民申5857号民事裁定书,驳回王某某1的再审申请。

2019年2月20日河北省某法院受理王某某1诉刘某某、赵某某、田某某、王某合伙协议纠纷一案[(2019)冀0609民初344号],王某某1提出诉讼请求:解除原被告签订的合伙协议;刘某某补足应出资的合伙费用750000元;依法清算刘某某经营合伙企业期间的合伙财产。后河北省某法院作出(2019)冀0609民初344号民事判决书,查明:"2014年11月,田某某、刘某某、王某某1、赵某某达成口头协议,合伙经营酒类批发,并租赁有库房。2015年年初,王某加入合伙。2015年4月20日,王某某1、刘某某、赵某某、田某某、王某补签了合伙协议,约定王某某1出资900000元,刘某某出资750000元,赵某出资(王某某1垫付)300000元,田某某出资750000元,王某出资(王某某1垫付)300000元,总出资额为3000000元。"该判决书认为"本案案由系合伙协议纠纷,对尚未进行工商登记的,发生纠纷,不能适用《合伙企业法》。而清算行为属于处理合伙企业的法律行为,王某某1提交的鉴定申请书,也是基于清算而要求的账目审计，故本院不予支持。在合伙终止时，依法应对合伙财产一并处理，本案并没有对合伙财产进行处理的诉讼请求，故王某某1请求解除其与其他合伙人之间的合伙协议的诉求，本院不予支持”，最终判决驳回原告的诉讼请求。王某某1不服该判决，向河北省某中级人民法院提起上诉，河北省某中级人民法院作出(2019)冀06民终5035号民事判决书，驳回上诉，维持原判。

2014年6月3日，王某某1与刘某某发生短信往来，刘某某向王某某1发送了银行账户，并确认款已收到。王某某1回复："明天我让王某给你取十万元现金，过去取时给王某写个五十的借条就可以。"

庭审中刘某某陈述2014年1月9日转账款项为货款，买卖的烟酒；2014年6月3日与2014年6月4日两笔为借款，打了借条，后转化为合伙投资款；2014年6月19日与2014年8月23日两笔款项为合伙投资款。

另查明，刘某某与杨某某于2009年7月24日登记结婚，于2016年9月29日离婚。

以上事实，有各方当事人的当庭陈述及转账凭证、(2016)冀0609民初1976号民事判决书、(2018)冀06民终2134号民事判决书、(2019)冀民申5857号民事裁定书、(2019)冀0609民初344号民事判决书、(2019)冀06民终5035号民事判决书及证人证言等证据在案佐证。

本院认为，本案的争议焦点为王某某1、刘某某间是否存在民间借贷法律关系。因王某某1主张的民间借贷关系是基于五笔转账形成，现就各转账作如下认定：

关于2014年1月9日王某某1向刘某某转账的500000元。王某某1提交该转款凭证拟证明双方的借贷关系，根据《最高人民法院关于审理民间借贷案件适用法律若干问题的规定》第17条"原告仅依据金融机构的转账凭证提起民间借贷诉讼，被告抗辩转账系偿还双方之前借款或其他债务，被告应当对其主张提供证据证明"之规定，刘某某在本案中主张该笔款项为买卖烟酒的货款，但并未就双方之间存在买卖合同关系提供足够的证据，故对刘某某的抗辩本院不予采纳。对于王某某1主张就该笔500000元款项与刘某某构成民间借贷关系，本院予以认可。

关于2014年6月3日王某某1向刘某某转账的400000元及案外人王某某2于2014年6月4日向刘某某转账的100000元。在2014年6月3日当天王某某1与刘某某发生短信往来，刘某某向王某某1发送了银行账户，并确认款已收到。王某某1回复："明天我让王某给你取十万元现金，过去取时给王某写个五十的借条就可以。"从短信记录可见，双方就该500000元存在借贷的合意，王某某2系代王某某1支付了100000元。王某某1已将500000元款项支付给刘某某。刘某某称打了借条且已转化为合伙投资款，但并无证据证明其已偿还过该笔款项，也无证据证明该款项已转化为合伙投资款。对于王某某1主张就该两笔共计500000元款项与刘某某构成民间借贷关系,本院予以认可。

关于王某某2分别于2014年6月19日、2014年8月23日向刘某某转账的两笔500000元。该两张转账凭证,王某某1已作为借贷的证据在(2016)冀0609民初1976号案件中进行提交。在该案的生效判决中法院认定"王某某1主张与刘某某存在民间借贷关系缺乏基础法律事实,应确认为双方因合伙关系产生的权利义务关系。经审查,双方合伙及刘某某退伙尚存在纠纷,不宜按查明的基础法律关系继续审理,可另行主张"。王某某1再次以转款凭证提起民间借贷诉讼已构成一事不再理。且该生效判决也明确王某某1与刘某某间系合伙关系产生的权利义务关系。故对王某某1主张就该两笔款项与刘某某构成民间借贷关系,本院不予认可。

综上,王某某1、刘某某就2014年1月9日王某某1向刘某某转账的500000元、2014年6月3日王某某1向刘某某转账的400000元及案外人王某某2于2014年6月4日向刘某某转账的100000元三笔款项建立了民间借贷关系。王某某1向刘某某出借了款项,双方未提交证据证明约定了还款期限,现王某某1以诉讼方式要求刘某某偿还款项,根据《合同法》第206条(现《民法典》第675条)"对借款期限没有约定或者约定不明确,依照本法第六十一条的规定仍不能确定的,借款人可以随时返还;贷款人可以催告借款人在合理期限内返还"之规定,刘某某应在王某某1催告的合理期限内予以返还。本院酌情确定还款期限为起诉状副本送达之日后10日(2020年4月18日)。因刘某某的还款期限为2020年4月18日,故本案未超诉讼时效。对于王某某1要求刘某某偿还借款本金的诉请,本院在1000000元的范围内予以支持。

对于王某某1要求刘某某支付逾期利息的请求,根据《最高人民法院关于审理民间借贷案件适用法律若干问题的规定》第29条中"(一)既未约定借期内的利率,也未约定逾期利率,出借人主张借款人自逾期还款之日起按照年利率6%支付资金占用期间利息的,人民法院应予支持"之规定,刘某某应按年利率6%向王某某1支付借款到期后的逾期利息,故本院确定刘某某应以未偿还本金为基数,自2020年4月19日起按年利率6%的标准计算至实际付清之日止。

关于杨某某是否应当就刘某某的上述债务承担共同还款责任的问题。根据《最高人民法院关于审理涉及夫妻债务纠纷案件适用法律有关问题的解释》第3条"夫妻一方在婚姻关系存续期间以个人名义超出家庭日常生活需要所负的债务,债权人以属于夫妻共同债务为由主张权利的,人民法院不予支持,但债权人能够证明该债务用于夫妻共同生活、共同生产经营或者基于夫妻双方共同意思表示的除外"之规定,本案借款虽发生在刘某某与杨某某夫妻关系存续期间,但并无证据证明夫妻共同举债的合意。而本案案涉的借款金额较大,与正常生活所需明显不符。本案王某某1未举证证明该债务用于夫妻共同生活、共同生产经营或基于夫妻双方共同意思表示。

据此,依照《合同法》第6条、第8条、第60条、第107条、第206条、第207条(现已变更为《民法典》第119条、第136条、第509条、第577条、第675条、第676条),《最高人民法院关于审理民间借贷案件适用法律若干问题的规定》第17条、第29条,《最高人民法院关于审理涉及夫妻债务纠纷案件适用法律有关问题的解释》第3条,《民事诉讼法》第64条第1款之规定,判决如下:

一、被告刘某某于本判决生效之日起10日内偿还原告王某某1借款本金1000000元并支付逾期利息(利息计算方式为:以实际未归还本金为基数,按年利率6%的标准自2020年4月19日起计算至实际付清之日止);

二、驳回原告王某某1的其他诉讼请求。

如果未按本判决指定的期间履行给付金钱义务,应当依照《民事诉讼法》第253条之规定,加倍支付迟延履行期间的债务利息。

本案案件受理费减半收取11404元,由原告王某某1承担5702元,由被告刘某某承担5702元。

【二审代理意见】

二审代理意见

尊敬的合议庭:

我在本案中继续作为刘某某、杨某某的二审程序委托代理人,依法履行代理人职责。我认为,通过刘某某的上诉状、答辩状、提交的证据材料及法庭调查情况,合议庭对本案应该有了比较清晰的认识,一审判决部分错误明显,并且该案件属于涉嫌虚假诉讼犯罪案件,应当移送公安机关处理。

常言道:"人无信不立、业无信不兴。"诚实信用原则是民事诉讼法确定的基本原则,隐瞒事实、虚构事实、虚假陈述等诉讼行为是违背诚实信用原则的行为。《最高人民法院、最高人民检察院关于办理虚假诉讼刑事案件适用法律若干问题的解释》第1条第2款和《最高人民法院、最高人民检察院、公安部、司法部关于进一步加强虚假诉讼犯罪惩治工作的意见》(法发〔2021〕10号)第2条、第4条等规定,采取伪造证据、虚假陈述等手段,捏造民事案件基本事实,虚构民事纠纷,隐瞒债务已经全部清偿的事实,向人民法院提起民事诉讼,要求他人履行债务的,以"捏造的事实提起民事诉讼"论。本案的案件事实和证据,充分证明王某某1起诉刘某某、杨某某民间借贷案件是一起涉嫌虚假诉讼犯罪且情节严重的案件,案件应当依照《最高人民法院关于审理民间借贷案件适用法律若干问题的规定》(以下简称《民间借贷案件规定》)第18

条及相关司法解释、指导意见的规定处理。

下面，我简要归纳重申一下我方意见。

一、一审判决部分错误在于违法加重了刘某某的举证责任

（一）王某某1没有提交证明借贷关系成立的直接证据。本案中，王某某1没有提交借款合同、借据等能够证明借贷关系成立的有效证据，在刘某某否认双方存在借贷关系的情况下，王某某1仅凭与刘某某的银行转账记录，并不能证明双方形成借贷的合意，该情形也不适用《民间借贷案件规定》第17条规定的举证责任转移的情形。

（二）《民间借贷案件规定》第17条规定"被告应当对其主张提供证据证明"，是反证责任，而不是本证责任。第一，被告对自己的抗辩主张所提供的证据应达到"合理可能"的证明标准，而非高度盖然性标准，被告就其抗辩主张所承担的是反证责任，而不是本证责任，反证责任只需要达到动摇本证确信程度，使原告主张诉争款项系借款的法律事实处于真伪不明的状态即可。第二，被告针对其抗辩主张所承担的不是证明责任而是证据提供责任，是行为意义上的举证责任而非结果意义上的客观证明责任。"原告仅依据金融机构的转账凭证提起民间借贷诉讼"时的证据规则是：证明借贷合意的客观证明责任由原告承担并且不可在事实调查中途转移给被告。《民诉法解释》第108条规定："对负有举证证明责任的当事人提供的证据，人民法院经审查并结合相关事实，确信待证事实的存在具有高度可能性的，应当认定该事实存在。对一方当事人为反驳负有举证证明责任的当事人所主张事实而提供的证据，人民法院经审查并结合相关事实，认为待证事实真伪不明的，应当认定该事实不存在。法律对于待证事实所应达到的证明标准另有规定的，从其规定。"这是关于本证和反证的规定。正如前文所述，本案关于是否有借贷合意的证明责任主体不是本案被告，其承担的不是本证义务，而是反证义务。被告为反驳原告所主张的有借贷合意这个事实提供的证据，无须具有高度可能性，只需让法官认为待证事实真伪不明即可。

（三）结合本案，一审判决认定"刘某某在本案中主张该笔款项为买卖烟酒的款项，但并未就双方存在买卖合同关系提供足够的证据"以及"刘某某称打了借条且已转化为合伙投资款，但并无证据证明其偿还过该笔款项，也无证据证明该款项已转化为合伙投资款"（见一审判决书）。上述认定明显是按照"本证"和"高度盖然性的证据标准"要求和衡量的。其实，一审中刘某某提供的证据，不仅达到了"反证"、"合理可能性"以及使"待证事实真伪不明"的证明标准，而且也达到了"高度盖然性"的证明标准。

关于王某某1转给刘某某的款转化为王某某1等人的投资款一节，一审被告提供的证据中包括：王某某1在其他案件中作为证据提交的专项审计报告，证实刘某某工商银行尾号7817的卡是合伙经营用卡，案涉200万元包括在王某某1等合伙投资款225万元之中；王某某1也以合伙投资款225万元为由起诉刘某某未履行合伙出资；合伙的其他合伙人也证实200万元是投资款。在刘某某一审提供的证据中，（2019）

冀0609民初344号和(2019)冀06民终5035号民事判决书,已经认定王某某1将本案涉及的200万元包括王某某1等合伙投资款的事实。如此充分的证据,不仅达到了合理可能性标准,而且达到了高度盖然性的证明标准,证据尽管如此充分,一审法院却得出“无证据证明”的结论,明显错误。

二、一审法官没有全面、客观地审核证据,没有运用逻辑推理和日常生活经验对证据进行正确判断

《最高人民法院关于民事诉讼证据的若干规定》第96条规定:“人民法院应当以证据能够证明的案件事实为根据依法作出裁判。审判人员应当依照法定程序,全面、客观地审核证据,依据法律的规定,遵循法官职业道德,运用逻辑推理和日常生活经验,对证据有无证明力和证明力大小独立进行判断,并公开判断的理由和结果。”《民间借贷案件规定》第18条规定:“人民法院审理民间借贷纠纷案件时发现有下列情形之一的,应当严格审查借贷发生的原因、时间、地点、款项来源、交付方式、款项流向以及借贷双方的关系、经济状况等事实,综合判断是否属于虚假民事诉讼:……(二)出借人起诉所依据的事实和理由明显不符合常理;(三)出借人不能提交债权凭证或者提交的债权凭证存在伪造的可能……”基于上述司法解释的规定,根据双方提供的证据,提请合议庭充分关注以下事实和情节。

(一)从古至今“空口无凭、立字为据”为日常生活交易法则,尤其是金钱往来,在民间借贷往来中,偿还借款或者债务抵销,收回“字据”是日常生活惯例。

(二)一审法官没有对王某某1就同一事实相互矛盾的陈述予以审核和综合判断。比如:

1.就本案涉及的银行转款,2016年9月王某某1已经在起诉状及庭审中自认“2014年,被告刘某某多次向原告借款”“被告为原告更换了新的借据两张”,在本案起诉状中又称“被告刘某某并未为原告出具借据”,就同一事实出现矛盾的陈述,一审法官没有审核判断评价。

2.王某某1自认在2016年民间借贷案件涉及的是2014年的多次借款,按照惯常理解应当为全部借款。更换了新的借据,证明原来有凭据,一审法官没有审查原来凭据去向事实。

3.2019年2月20日,王某某1以本案涉及的银行转账200万元为基础起诉合伙纠纷,将本案的200万元作为合伙投资款,诉请刘某某补足合伙出资。王某某1在起诉状中称“225万元通过其本人以及田某、王某某2的银行账户分数次汇入刘某某的银行账户”,经一审、二审判决驳回了王某某1的诉讼请求。(2019)冀0609民初344号民事判决书和(2019)冀06民终5035号民事判决书,已经认定王某某1将本案涉及的200万元作为合伙投资款的事实。本案王某某1所依据的银行转账记录与合伙纠纷案基于同一事实,同样违反“一事不再理”原则。一审法院没有正确审核评价。

4. 王某某1在2016年9月以民间借贷起诉刘某某,假如王某某1认为借贷关系存在并成立,为什么不将借贷金额一并起诉?除了起诉的120余万元外,其他的借款既不提及也没有进行过索要,时隔4年之久,又在成都法院起诉。在2016年9月的起诉状中已经明确记载在2016年7月6日曾催要借款,到本案一审起诉已经明显超过法律规定的诉讼时效,一审判决却避而不谈,以没有约定给付时间为由,作出错误的判决。

综上所述,民间借贷作为一种合同关系,在仅有金融机构转账凭证的情况下,转账凭证作为一种固定格式的凭单,其只能反映资金的流向并不能反映资金的性质,该资金背后可能有不同的法律关系。换言之,仅凭金融机构转账凭证既不能确定持有凭证的人就是借贷关系中的债权人,也无法体现持有凭证的人缺乏法律意识。在民事诉讼当中,作为当事人的原告和被告,他们的地位是平等的,并不因谁先提出主张而受到更多偏护。本案案件事实非常清楚,王某某1利用《民间借贷案件规定》第17条提起民间借贷诉讼,但原告及一审法院存在对该条款适用前提的错误理解,严重违反法律规定的诚信原则,采取虚构、编造、虚假陈述等,违反常理地演绎案件事实,没有充分证据而滥用诉权,超过诉讼时效起诉、重复起诉,其行为是对法律、法庭的亵渎。英国哲学家培根说:"一次不公正的审判,其恶果甚至超过十次犯罪。因为犯罪虽是无视法律——好比污染了水流,而不公正的审判则毁坏法律——好比污染了水源。"民商事审判起着评价、教育和引导的作用,一审法院对案件错误评价,起了错误的教育和引导作用,纵容助长了不诚信行为。请二审法院查明案件事实,严格执法,撤销或者改判一审错误判决,将案件移送公安机关依法追究虚假诉讼的刑事责任。

【二审判决书】

某中级人民法院
民事判决书

(2021)×01民终5128号

上诉人王某某1、刘某某因与被上诉人杨某某民间借贷纠纷一案,不服一审法院作出的(2020)×0191民初1850号民事判决,向本院提起上诉。本院立案受理后依法组成合议庭对本案进行了审理。本案现已审理终结。

王某某1上诉请求:1. 撤销(2020)×0191民初1850号民事判决;2. 改判刘某某、杨某某共同偿还借款本金200万元及利息;3. 诉讼费、保全费由刘某某、杨某某负担。

事实与理由：

一、王某某2分别于2014年6月19日、2014年8月23日向刘某某转账两笔款项，各50万元，不构成一事不再理，一审法院未支持王某某1一审的主张，理据不足。1.王某某1曾以两张借条起诉刘某某民间借贷案件，被保定市某法院认定为基础法律关系应为个人合伙法律关系；2.354750元的借条与案涉的2014年6月19日、2014年8月23日两笔转账记录不相对应；3.王某某1、刘某某参与的合伙关系发生于2014年11月，合伙事务成立于2015年；4.刘某某称2015年之前王某某1、王某某2的转账与合伙事务没有关系。从以上信息可以得出如下结论：王某某1曾以借条为证据主张的债权被人民法院认定为与合伙事务有关，两笔转账记录未被认定成两张借条的辅助证据。一审法院将2014年6月19日、2014年8月23日两笔转账记录涉及的法律关系等同于354750元、845450元两张借条涉及的法律关系，进而认定两笔转账在本案中属于一事不再理是错误的。因此王某某1以转账凭证提起本案诉讼不构成一事不再理。

二、借款200万元系刘某某、杨某某的夫妻共同债务，应当由二人共同偿还。1.案涉借款发生于刘某某、杨某某夫妻关系存续期间；2.杨某某明知王某某1与刘某某之间的债权债务关系，向王某某1借款是基于刘某某、杨某某夫妻二人的共同意思表示；3.案涉借款用于刘某某、杨某某二人实际经营的一家名为某某超市的商店，该商店于借贷关系发生时为多个单位发放福利的定点采购单位，经常需要购进大量商品，故需要大量资金。案涉款项虽然金额较大，但是完全符合刘某某、杨某某在借贷关系发生期间的生活和生产经营的经济状况和现实需要。综上所述，请求二审法院依法撤销一审判决，并支持王某某1的上诉请求。

诉讼中，王某某1变更上诉请求为：改判刘某某、杨某某共同偿还王某某1借款本金150万元及利息。其理由为：因二审中查明王某某1所主张的2014年1月9日王某某1向刘某某转款50万元的特种转账凭证补缺回单系银行工作人员失误造成的，当日，王某某1并未向刘某某转款50万元，故而申请变更上诉请求。

针对王某某1的上诉，刘某某、杨某某答辩称：

一、王某某1提出的“不构成一事不再理”的主张不能成立。1.本案涉及的银行转账凭证，王某某1已经以民间借贷为由起诉并审理终结；2.本案涉及的银行转账记录，王某某1已经以合伙投资款为由起诉且审理终结；3.王某某1现就同一案件事实、同一诉讼标的再次起诉，属于“重复起诉”情形，违反了“一事不再理”原则，应当予以驳回。

二、200万元借款不属于夫妻共同债务。1.刘某某与王某某1之间并无民间借贷关系，不应为夫妻共同偿还；2.刘某某与杨某某在婚姻关系存续期间，彼此经济相互独立，王某某1在上诉状中涉及的录音、购买房产以及超市经营状况均不能证明案涉款项用于了夫妻共同生活、共同生产经营。

三、针对案涉款项,说明如下:1. 2014 年 1 月 9 日,王某某 2 向刘某某尾号 7817 的账户转账 50 万元系借款,刘某某于 2014 年 3 月 5 日已还款;2. 2014 年 6 月 3 日王某某 2 转账 40 万元,2014 年 6 月 4 日王某某 2 转账 10 万元,一开始是借款,后转为合伙投资款;3. 2014 年 6 月 19 日王某某 2 转账 50 万元,2014 年 8 月 23 日王某某 2 转账 50 万元,该两笔款项为合伙投资款。综上,王某某 1 严重违反诚实信用原则,向本案一审法院重复起诉,违反了一事不再理原则,虚假陈述,虚构民间借贷关系,其主张无法律和事实依据,无证据支持。

刘某某上诉请求:1. 撤销(2020)×0191 民初 1850 号民事判决书第一项内容,依法改判驳回王某某 1 的诉讼请求;2. 一审、二审案件受理费由王某某 1 负担。

事实与理由:

一、一审法院认定事实错误。一审法院故意回避有关借条的直接证据,王某某 1 没有刘某某欠款的直接证据,双方借贷债权债务关系不成立,案涉款项已经转化为合伙投资款。1. 在已审理终结的案件中,王某某 1 自认本案起诉金额中包含其合伙投资款;2. 在河北省某法院(2019)冀 0609 民初 344 号案件中,王某某 1 明确表示合伙经营用卡为刘某某的个人账户即个人卡,王某某 1 向刘某某账户的转账款项为合伙人出资款。田某某、王某某 1、王某某 2 汇入刘某某账户的款项为 4036509 元,不含刘某某的合伙出资额 2250000 元;3. 案外人田某某系合伙人之一,据其在一审庭审中的当庭陈述,2015 年之前田某某、王某某 1、王某某 2 向刘某某的账户的转账系投资款;4. 一审庭审中,王某某 1 的委托代理人明确表示“合伙投资款均转入了刘某某所持有的银行卡(尾号 7817、6487)”;5. 一审庭审期中,王某某 1 自认且提供证据证明案涉银行转账凭证系王某某 1 等人的投资款;6. 一审庭审中,王某某 1 自称“帮我买过 10 条南京香烟、皮具、礼品,中间陆陆续续抵扣完之后,形成了这两个欠条的钱”,可证明王某某 1 于 2014 年 1 月 9 日的转账记录系购货款,一审法院对此视而不见、故意回避,得出“刘某某在本案中主张该笔款项为买卖烟酒的货款”的错误结论。

二、一审法院适用法律错误。金融转账凭证不能独立作为“证明借贷法律关系存在的证据”,王某某 1 仅凭金融机构转账记录提起诉讼,不符合该规定要求;王某某 1 没有提供证据证明借贷合意成立,没有提供证据证明借贷合同成立,没有提供证据证明借款债权债务关系存在,即没有完成法律规定的举证责任,刘某某作为反对方仅需提供证明推定事实不存在至“表面可信”程度的证据,不需要承担证明推定事实不存在至“盖然性占优势”程度的证据。仅有银行转账记录推定民间借贷事实处于真伪不明的状态,应当推定事实不存在。

三、一审法院认定未超过诉讼时效明显错误。按照王某某 1 自认“2016 年 7 月 6 日原告向被告催要借款”,到本案起诉,已有 4 年之久,明显超过诉讼时效。

四、一审法院违反法定程序。1. 本案案情复杂,不宜适用简易程序。2. 一审法院未对刘某某提供的证据进行质证,没有公开判断理由和结果,属程序违法。

针对刘某某的上诉,王某某1答辩称:一、一审法院认定王某某1与刘某某构成民间借贷法律关系事实清楚、证据充分,适用法律正确。关于王某某1名下分三笔共计100万元转给刘某某的款项认定为借款,是一审法院在查明客观案件事实,综合分析王某某1与刘某某之间多年来往的法律关系之后作出的公正认定。

二、关于刘某某称一审法院故意回避借条的直接证据,系偷换概念。2014年11月1日,王某某1与刘某某、田某某、赵某某等人成立合伙事务之后的账目往来以及形成的借款借据,与本案无关。刘某某在(2016)冀0609民初1976号民事案件中否认该案案涉借条属于借贷关系,又在本案中以未出具借条来抗辩借贷关系的成立,前后矛盾。

三、刘某某声称本案案涉款项已经转为王某某1等人投资款,不仅缺乏证据,而且与其在(2019)冀0609民初344号民事案件中的陈述前后矛盾。在(2019)冀0609民初344号民事案件审理过程中,刘某某当庭自认2014年11月1日(王某某1与刘某某、田某某、赵某某等人成立合伙事务的时间)以前的200万元转账(案涉款项)与该合伙纠纷案无关,现又反言称案涉款项已经转为合伙投资款,前后矛盾,主张显然不能成立。

四、一审法院适用法律正确。1. 一审法院根据《最高人民法院关于审理民间借贷案件适用法律若干问题的规定》第17条认定应由刘某某承担是否清偿借款的举证责任完全正确,刘某某认为该法条只适用于"被告抗辩转账系偿还之前借款或其他债务"属个人错误理解;2.《最高人民法院关于审理民间借贷案件适用法律若干问题的规定》第2条是对民间借贷诉讼案件应当提供证据的概述,不能机械理解为所有民间借贷案件都必须提供借据、收据、欠条等债权凭证。《最高人民法院关于审理民间借贷案件适用法律若干问题的规定》第17条系对第2条的补充完善及特殊情况的救济,由此亦能印证一审法院适用该规定的第17条正确。

五、一审法院审理程序正当。1. 本案案情清晰明了,事实清楚,证据确实充分,是否适用普通程序审理案件应由人民法院决定而不是依当事人申请,刘某某申请变更为普通程序非基于正当理由,系存在将原本清晰明了的法律关系扯乱,将原本简单的客观事实搅浑的心思,理应被驳回;2. 刘某某在一审中提供了大量与本案不具有任何关联性的证据,企图将案件混淆为其他法律关系,一审法院未对上述证据认定证明力完全符合证据规则。

六、本案未超过诉讼时效。刘某某认为王某某1多年来既未催要借款也未提起诉讼违反常理,实则不然,王某某1基于信任才会出借款项,符合常理,刘某某以此理由抗辩已超过诉讼时效并不合理。另,王某某1与刘某某就本案成立的债权债务与"2016年7月6日王某某1向刘某某催要借款"中的债权债务关系是两笔款项,王某某1在一审中关于该笔款项的陈述不应认定为催要本案借款,一审法院认定合理合法。综上,请求二审法院驳回刘某某的上诉请求,依法支持王某某1的一审诉讼请求和二审的上诉请求。

(二审判决书与一审判决书一致的内容隐略。)

二审中,王某某1提交了田某某的银行转账流水、合伙账册,并申请田某某作为证人出庭作证,拟证明合伙之后王某某1的出资通过田某某转账汇款,本案150万元都是由田某某支付,目的是为区分刘某某的借款和投资款。对此,本院认为,王某某1提交的该组证据均与本案民间借贷无关,本院不予采信。

刘某某在二审中提交了以下证据:1.(2019)冀0609民初344号案的民事起诉状,拟证明王某某1在本案中基于同一事实又以民间借贷起诉违反了诚信原则和"一事不再理"原则,刘某某和王某某1、王某某2没有债权债务关系;2.银行交易信息查询,拟证明2014年1月9日王某某2的转款,刘某某已于2014年3月5日转回给王某某2;3.中国农业银行个人明细对账单,拟证明刘某某在2014年1月9日仅收到一笔50万元,没有收到王某某1的50万元款项。对此,本院认为,刘某某提交的证据具有证据的真实性、合法性及与本案的关联性,本院予以采信。

二审另查明:

一、各方历次诉讼中查明的事实。

(一)(2016)冀0609民初1976号民事判决载明如下内容:王某某1主张刘某某向其借款1200200元,提交了下列证据:1.中国农业银行的转账凭回单2张……2.刘某某本人于2016年7月6日向王某某1书写的借条2张……并称,这两张借条是对原借款100万元更换的借条,因为刘某某多次向王某某1借款,最后形成了2个总的借条……刘某某质证称,对2014年6月19日和2014年8月23日通过王某某2给他打款各50万元的事实认可,但该借款已经以现金的形式还清了;2016年7月6日的两张借条是他书写的,但他与王某某1根本不存在借贷关系,他根本没有向王某某1借过任何款项。

(2016)冀0609民初1976号案的庭审笔录载明:审判员询问"原告方,你方主张的被告所借的款项是如何向被告交付的",王某某1方答"这是多年形成的数次的债务,2016年7月6日双方在算总账时由刘某某重新为原告换借条所打。除了转账的以外其余的都是现金方式。原来刘某某所打的借条都由其撤回去了"。

(2016)冀0609民初1976号案的庭审笔录还载明:审判员询问"你陈述一下2016年7月6日借条的形成过程",王某某1方答"……我就随身带着之前的借条,具体几张记不清,刘某某自己核对完欠条之后给我出具的两张借条"。

(二)(2019)冀0609民初344号王某某1诉刘某某、赵某某、田某某、王某合伙纠纷一案中,王某某1在民事起诉状的事实和理由部分中称:2014年,原告王某某1与被告刘某某、赵某某、田某某、王某等五人经过口头协商……口头协议达成后,王某某1

按照约定将其应出资的90万元以及赵某某应出资的30万元、田某某应出资的75万元、王某应出资的30万元,共计225万元,通过其本人以及田某某、王某某2的银行账户分数次汇入刘某某的银行账户。

(2019)冀0609民初344号的庭审笔录载明以下内容:(原告王某某1出示证据)保定佳和会计师事务所专项审计报告,由会计师事务所对账和刘某某的部分银行卡、部分流水作出的专项审计(略)……根据记账显示,第一笔记账在2014年11月1日,有王某某1和王某某2银行卡为刘某某转过共计200万元的款项,但刘某某否认此款项是借款而是属于合伙纠纷的款项,所以王某某1才又以合伙纠纷向法院主张权利。

二、一审法院查明的“2014年1月9日王某某1通过其银行账户向刘某某转账500000元”有误,当日王某某1并未向刘某某转款。王某某1在二审中主张,2014年1月9日,王某某1向王某某2转款50万元,王某某2在该日向刘某某转款50万元。2014年3月5日,刘某某向王某某2转款50万元,王某某1认可该款项是归还王某某1于2014年1月9日通过王某某2转给刘某某的借款。二审中,王某某1向本院提交的一份借贷款项情况说明载明:2014年3月5日刘某某向王某某2转账的50万元系还款,王某某1因不知情而在提起本案诉讼时多主张了50万元借款。

本院经二审查明的其余事实与一审查明的事实一致。

本院认为,本案的争议焦点为:1. 案涉四笔共计150万元的转款的法律性质,刘某某应否归还王某某1所主张的借款150万元;2. 王某某1的主张是否构成了“一事不再理”;3. 案涉债务是否系刘某某、杨某某的夫妻共同债务;4. 王某某1的主张是否超过了诉讼时效;5. 一审法院审判程序是否违法,现评判如下:

关于2014年1月9日刘某某所收取的50万元的问题,因王某某1在二审中认可其并未在当日向刘某某转款50万元,而王某某2所转的50万元已经清偿,且王某某1撤回了50万元的上诉请求,针对该笔50万元,因二审出现新的事实,故对一审认定的该笔50万元借款,本院予以改判。

关于2014年6月3日的40万元、2014年6月4日的10万元款项问题,因王某某1与刘某某的短信往来能够反映双方的借款合意,故针对该笔款项的争议在于刘某某主张的该款项已转化为合伙投资款的主张是否成立。对此,本院认为,刘某某主张该笔50万元借款已经转化为投资款,其应提交证据证明,纵观本案的证据,能够反映以下事实:1. 王某某1在短信中要求刘某某写个50万元的借条,现刘某某主张借条已出具,但因借款已转化为投资款,故而收回了借条;王某某1不予认可,王某某1表示双方达成了借款合意,但刘某某并未出具借条。对此,本院认为,根据民间借贷的交易习惯,在出借人要求的情况下,借款人应要出具借条具有更高的可能性,刘某某的主张更符合常理。2. 虽然各方就案涉50万元借款达成了借款合意,且王某某1亦要求刘某某出具借条,但现在王某某1并不持有针对该笔50万元的借条,而王某某1在

(2016)冀0609民初1976号案的庭审中称其出示的两张借条是多年形成的数次的债务,经双方在算总账时由刘某某重新为其换借条所打。原来刘某某所打的借条都由其撤回去了。根据其在该案中的陈述,刘某某已收回之前的借条具有高度的可能性。3. 王某某1在(2019)冀0609民初344号案的庭审中出示审计报告时称,王某某1和王某某2向刘某某转款共计200万元,但刘某某否认该款项是借款而是属于合伙纠纷的款项,所以王某某1才又以合伙纠纷向法院主张权利,而上述两笔共计50万元即包含在王某某1在该案中所主张的200万元之中。由此可见,王某某1在先前的合伙纠纷中将本案的50万元款项视为合伙款。4. 综观王某某1提起的历次诉讼的情况,其最先以民间借贷为由提起诉讼,在诉讼中称双方对借款进行了结算,但其主张未获支持。之后又提起合伙纠纷,仍未获支持。现再提起本案民间借贷诉讼,若其对刘某某享有借款债权,在第一次以民间借贷为由起诉时即一并主张债权更符合常理。结合以上四方面理由,刘某某关于借款已转化为王某某1的合伙投资款的主张具有高度的可能性,王某某1在多个诉讼中的主张前后矛盾。根据《最高人民法院关于适用〈中华人民共和国民事诉讼法〉的解释》第108条"对负有举证责任的当事人提供的证据,人民法院经审查并结合相关事实,确信待证事实的存在具有高度可能性的,应当认定该事实存在。对一方当事人为反驳负有举证证明责任的当事人所主张的事实而提供的证据,人民法院经审查并结合相关事实,认为待证事实真伪不明的,应当认定该事实不存在"之规定,刘某某的主张具有高度的可能性,其提交的证据具有证据优势,王某某1的该项主张因证据不足不能成立,本院不予支持。刘某某的该项上诉请求成立,本院予以支持。关于2014年6月3日的40万元、2014年6月4日的10万元款项是否构成了重复起诉的问题,因在(2016)冀0609民初1976号案中,王某某1并未主张该两笔款项系借款,故此两笔款项并不构成重复起诉,刘某某就关于此两笔款项王某某1亦构成重复起诉的上诉主张不能成立,本院不予支持。

关于2014年6月19日、2014年8月23日的两笔50万元的问题,该两张转款凭证王某某1已在(2016)冀0609民初1976号民间借贷纠纷中作为证据提交,诉请要求刘某某归还借款。根据《最高人民法院关于适用〈中华人民共和国民事诉讼法〉的解释》第247条"当事人就已经提起诉讼的事项在诉讼过程中或者裁判生效后再次起诉,同时符合下列条件的,构成重复起诉:(一)后诉与前诉的当事人相同;(二)后诉与前诉的诉讼标的相同;(三)后诉与前诉的诉讼请求相同,或者后诉的诉讼请求实质上否定前诉的裁判结果。当事人重复起诉的,裁定不予受理;已经受理的,裁定驳回起诉,但法律、司法解释另有规定的除外"之规定,王某某1以此两份凭证再次提起民间借贷诉讼构成了重复起诉。王某某1的该项上诉请求不能成立,本院不予支持。

关于刘某某提出的一审法院适用简易程序审理本案程序违法以及部分证据未予质证的问题,该情形不属于程序严重违法应当发回重审的情形,对其该项上诉请求,本院不予支持。

关于诉讼时效和夫妻共同债务的问题,根据上文论述,王某某1的诉讼请求不能成立,对此问题,本院不再论述。

综上,王某某1的上诉请求不能成立,本院不予支持;刘某某的上诉请求成立,本院予以支持。因二审出现新证据,导致一审法院认定事实错误,本院予以改判。依照《民事诉讼法》第170条第1款第2项的规定,判决如下:

一、撤销某人民法院(2020)×0191民初1850号民事判决;

二、驳回王某某1的全部诉讼请求。

一审案件受理费11404元,二审案件受理费22800元,均由王某某1负担。

本判决为终审判决。

【再审判决书】

某高级人民法院
民事裁定书

(2022)×民申796号

再审申请人(一审原告、二审上诉人):王某某1,个人信息隐略。

被申请人(一审被告、二审上诉人):刘某某,个人信息隐略。

被申请人(一审被告、二审被上诉人):杨某某,个人信息隐略。

再审申请人王某某1因与被申请人刘某某、杨某某民间借贷纠纷一案,不服某中级人民法院(2021)×01民终5128号民事判决,依据《民事诉讼法》第207条第2项的规定,向本院申请再审。本院依法组成合议庭进行了审查,现已审查终结。

本院经审查认为,原生效判决认定事实清楚,适用法律正确,审理程序及实体处理均无不当。再审申请人王某某1提出的再审申请事由因依据不足不能成立。

依照《民事诉讼法》第211条第1款、《最高人民法院关于适用〈中华人民共和国民事诉讼法〉的解释》第395条第2款规定,裁定如下:

驳回王某某1的再审申请。

办案总结

第一，详细全面了解案件事实。律师不是案件事实的经历者，在接受当事人委托前，应首先认真听取委托人对案件事实的介绍，做好谈话笔录，梳理委托人证据材料，对于案件事实的来龙去脉做到了如指掌，对于争议焦点性事实疑问，要委托人重点介绍，判断关键性事实是否有相应的证据支持。代理人许贵淳律师接受刘某某的委托前，请刘某某详细地介绍了自己的基本情况、与王某某1的认识过程和关系、纠纷产生的原因、当事人目前各自状态等情况，要求刘某某提供与纠纷有关的全部信息材料，对其进行梳理，做到对案件事实了如指掌。

第二，归纳争议焦点确定要件事实。从“主体—行为—权利—责任”结构思维角度，归纳争议焦点确定要件事实。本案中，根据王某某1提供的证据材料和刘某某的案件事实介绍，首先考虑原被告主体资格问题。王某某1提供的两份银行转账凭证已经在2016年民间借贷案件中审理过，是否构成一事不再理为焦点之一。关键争议焦点和要件事实是王某某1起诉时与刘某某是否存在借贷债权债务关系。

第三，深挖过往案件材料。王某某1与刘某某自2016年始已经起诉多起民间借贷、合伙纠纷案件，在过往案件的审理中，王某某1对案件事实有不同的陈述，针对争议焦点就同一要件事实，梳理双方当事人及证人证言的表述，编制证据材料，制作内容概要及证据索引，为合议庭提供可视化的证据体系。

第四，吃透法律及司法解释的相关规定。本案关键涉及《民间借贷规定》第17条和民事诉讼证据举证责任分配的规定，尤其是对《民间借贷规定》第17条内容如何理解争议较大，许贵淳律师从对金融机构转账凭证本身属性进行分析入手，到《民间借贷规定》规定的借据、收据、欠条等债权凭证的区别，死死抓住证明借贷合意的客观证明责任由原告承担并且不可在事实调查中途转移给被告，被告承担的是反证责任，被告为反驳原告所主张的有借贷合意这个事实提供的证据，无须具有高度可能性，只需让法官认为待证事实真伪不明即可。

第五，律师应当恪守法律人的职业道德。律师应当对当事人的委托事项进行甄别，对于明显有违事实、道德规范、公序良俗及诚实信用原则的行为，应当正确引导，不能罔顾事实和证据，进行挑词架讼的行为。许贵淳律师自2016年11月接受刘某某委托以来，到现在历时6年之久，代理了刘某某与王某某1等之间所有诉讼案件，一审二审再审程序加起来有几十件，刘某某全部胜诉，但是，这些案件几乎全部是王某某1等以各种理由起诉刘某某，刘某某只能被动应诉，最后导致妻离家破，两败俱伤。

专家点评

本案历经三审，二审改判，驳回原告诉请，对比一审判决，终审完胜。律师认为，主要原因在于：

第一,全面了解案件事实,不留死角。本案王某某1对2013年1月至2014年11月期间与刘某某的资金往来,多次以民间借贷、合伙纠纷为由,在不同法院提起诉讼,王某某1均获得败诉结果。律师全面了解案件事实,收集案件要件事实的证据,仔细阅卷,发现王某某1在多起案件庭审中,虚构法律事实,陈述自相矛盾,隐瞒资金往来的真实用途,用王某某1自己的"矛"攻击王某某1自己的"盾"。

第二,精研法律,探究本意。律师结合《最高人民法院关于适用〈中华人民共和国民事诉讼法〉的解释》第108条、《最高人民法院关于民事诉讼证据的若干规定》(2019修正)第53条的规定,从举证责任角度充分阐释了《民间借贷案件规定》(2020修正)第17条的适用条件,明确了证明借贷合意的客观证明责任由王某某1承担并且不可在事实调查中途转移给刘某某,刘某某承担的是反证责任,刘某某为反驳王某某1所主张的有借贷合意这个事实提供的证据,无须具有高度可能性,只需让法官认为待证事实真伪不明即可。律师精准解读了本证、反证、举证责任、证明责任等概念的内涵与外延,可圈可点。

第三,坚定信心,永不放弃。信心很重要,特别是在一审败诉的情况下,信心就显得更为重要。律师全面翔实、论证充分的代理词是一大亮点,说服并打动了法官,二审法院综合案件事实及相关证据,认定刘某某关于借款已转化为王某某1的合伙投资款的主张具有高度的可能性,双方民间借贷关系已经终止。最终二审法院撤销了一审判决,驳回了王某某1的全部诉讼请求,王某某1申请再审也被驳回。

审核人、点评人:李学辉(北京律师智库重大复杂案件研究专家组民事二组组长)
复核人:吴晨(北京律师智库重大复杂案件研究专家组副组长)

再审法院撤销原生效调解书、发回重审后，原一审原告撤回起诉后再次起诉，是否构成重复起诉

——GD 银行大连分行与 ZD 公司、构件公司金融借款合同纠纷案

争议焦点

再审撤销原生效调解书发回重审，一审原告撤诉再次起诉，是否属于《最高人民法院关于适用〈中华人民共和国民事诉讼法〉的解释》（2015）第 410 条[①]法院不予受理的情形。

关键词

再审　发回重审　撤诉　再次起诉不予受理

案情简介

1994 年 11 月，中国投资银行大连经济技术开发区分行（以下简称投资银行）与大连保税区正大国际经贸公司（以下简称 ZD 公司）、大连 JZ 构件工程有限责任公司（以下简称构件公司）签订借款合同：投资银行向 ZD 公司提供 1200 万元贷款，期限自 1994 年 11 月 24 日至 1995 年 3 月 1 日，借款月息为 10.98‰。构件公司以自有房产为抵押物为前述贷款提供担保。

因 ZD 公司未按期偿还借款，投资银行于 1995 年 11 月 16 日向大连经济技术开发区人民法院（以下简称开发区法院）提起诉讼。庭审中三方达成和解，开发区法院作出（1995）大开经初字第×29 号民事调解书，确认 ZD 公司于 1996 年 3 月 31 日前偿还投资银行本息，构件公司承担连带责任。因 ZD 公司、构件公司未履行还款义务，投资银行申

---

① 2022 年修正的《最高人民法院关于适用〈中华人民共和国民事诉讼法〉的解释》中改为第 408 条。

请强制执行。

1999 年 3 月，中国人民银行批准中国光大银行股份有限公司接收原投资银行的网点以及相应的资产和负债，中国光大银行股份有限公司大连分行（以下简称 GD 银行大连分行）成为涉案债权的债权人。

2007 年 5 月，开发区法院强制执行构件公司涉案抵押房产的动迁补偿款 37,817,563.53 元，该执行款划转至 GD 银行大连分行。

构件公司被强制执行后申请再审被驳回，又向检察机关申请抗诉，2014 年大连市人民检察院以 ZD 公司与投资银行恶意串通，骗取构件公司担保并在诉讼中违反自愿原则，以及调解书损害国家利益为由，向大连市中级人民法院（以下简称大连中院）提起抗诉。大连中院作出（2014）大审民提字第 2 号裁定书，裁定：撤销开发区法院（1995）大开经初字第 ×29 号民事调解书，发回开发区法院重新审理。

案件被发回重审后，GD 银行大连分行发现诉讼标的超过开发区法院的管辖范围。由于开发区法院不予审查 GD 银行大连分行提出的管辖权异议，GD 银行大连分行撤回起诉，向辽宁省高级人民法院（以下简称辽宁高院）提起诉讼。辽宁高院经审理后作出（2016）辽民初 13 号之一民事裁定书，裁定驳回起诉。

GD 银行大连分行提起上诉，最高人民法院经审理后作出（2016）最高法民终 651 号民事裁定书，裁定撤销（2016）辽民初 13 号之一民事裁定，指令辽宁高院审理本案。裁定认为：GD 银行大连分行是否人为提高诉讼标的额，仅涉及案件级别管辖是否应予调整，不能作为裁定驳回起诉的依据；本案当事人之间尚无生效裁判确定各自的权利义务，不存在重复起诉的情形；发回重审属于再审裁判方式之一，是人民法院对再审案件经审理后作出的裁判结果，本案不属于《最高人民法院关于适用〈中华人民共和国民事诉讼法〉的解释》（2015）第 410 条第 2 款规定不予受理案件的情形，不应适用该条规定。

案件历程

【一审判决书】

辽宁省高级人民法院

民事裁定书

（2016）辽民初 13 号之一

原告：中国光大银行股份有限公司大连分行。住所地：大连市中山区五五路 4 号。

负责人：于某强，该行行长。

委托代理人:张晓霞,北京安衡律师事务所律师。

被告:大连保税区正大国际经贸公司。住所地:大连保税区商贸中心。

法定代表人:孙某政,该公司经理。

委托代理人:屈××,辽宁××律师事务所律师。

委托代理人:于××,辽宁××律师事务所律师。

被告:大连JZ构件工程有限责任公司。住所地:大连市甘井子区迎金路18A-6号。

法定代表人:付××,该公司董事长。

委托代理人:桓××,辽宁××律师事务所律师。

原告中国光大银行股份有限公司大连分行(以下简称GD银行大连分行)与被告大连保税区正大国际经贸公司(以下简称ZD公司)、大连JZ构件工程有限责任公司(以下简称构件公司)金融借款合同纠纷一案,本院依法组成由审判员刘某喜担任审判长,审判员黄某心主审、审判员张某参加的合议庭于2016年7月11日公开开庭审理了本案。原告GD银行大连分行委托代理人张晓霞,被告ZD公司委托代理人屈××、于××,构件公司委托代理人桓××到庭参加诉讼,本案现已审理终结。

原告GD银行大连分行诉称:1994年11月24日,中国投资银行大连经济技术开发区分行(以下简称投资银行)与被告ZD公司签订《流动资金借款合同》,合同约定:投资银行贷给ZD公司1200万元,借款种类为流动资金。借款期限为自1994年11月24日至1995年3月1日,借款利息为月息10.98‰。被告构件公司以五栋自有房产作抵押,为被告ZD公司的上述借款提供抵押担保。1994年11月23日,投资银行、ZD公司、构件公司三方在大连市公证处签署《财产抵押担保协议》并进行公证,同时公证的还有构件公司1994年5月4日出具的《贷款保函》,大连市公证处作出了(1994)大证开贷字第67号公证书。1994年11月28日,投资银行如约向ZD公司发放贷款1200万元。贷款到期后,因ZD公司未偿还贷款本息,1995年11月16日,投资银行向大连经济技术开发区人民法院(以下简称开发区法院)提起民事诉讼,诉讼中,ZD公司、构件公司认可借款、抵押担保的事实。经开发区法院主持调解,三方自愿达成协议:"第一被告ZD公司于1996年2月19日前偿还原告投资银行利息150万元,1996年3月31日前还清所欠原告1200万元本金及剩余利息,第二被告承担连带责任。"1995年12月18日开发区法院据此作出(1995)大开经初字第×29号民事调解书。

1999年3月18日,经中国人民银行批准,投资银行的资产和债权债务、营业网点由光大银行整体接收。因ZD公司、构件公司未按照民事调解书履行还款义务,1996年8月,投资银行向开发区法院申请强制执行。2007年5月,开发区法院作出(1995)开经执字第529-1号民事裁定书,将构件公司涉案抵押房产的动迁补偿款37,817,563.53元冻结,2007年5月15日执行划转支付给原告GD银行大连分行。

2009年构件公司以ZD公司与投资银行恶意串通，骗取构件公司担保为由申请再审，2009年12月大连市中级人民法院作出(2009)大民申字第42号民事裁定书，指令开发区法院再审。2010年，开发区法院作出(2010)开审民初再字第5号民事裁定书，驳回构件公司的再审请求。2013年11月19日，大连市西岗区人民检察院接受构件公司的抗诉申请决定立案，并提请大连市人民检察院抗诉。2014年2月24日，大连市人民检察院以ZD公司与投资银行恶意串通，骗取构件公司担保并在诉讼中违反自愿原则，以及调解书损害国家利益为由，向大连市中级人民法院提起抗诉。2015年3月12日，大连市中级人民法院作出(2014)大立二民抗字第2号民事裁定书，裁定对案件提审。提审后，大连市中级人民法院作出(2014)大审民提字第2号民事裁定书，以"孙某政证言内容对构件公司的实体权利存在重大影响，原审对该节事实认定不清，应当予以查清"为由，裁定：撤销开发区法院(1995)大开经初字第×29号民事调解书，将本案发回开发区法院重审。原告GD银行大连分行于2016年2月3日向开发区法院申请撤诉，2016年2月4日，开发区法院裁定准予原告GD银行大连分行撤诉。

2000年9月28日，ZD公司被大连市工商局吊销营业执照。2003年5月，构件公司改制，由原国有经济变更为自然人出资的有限责任公司，其企业名称亦由"大连JZ工程公司"变更为"大连JZ构件工程有限责任公司"。

原告GD银行大连分行认为，本案所涉《流动资金借款合同》《财产抵押担保协议》《贷款保函》均为当事人的真实意思表示，各方均应严格遵守合同的约定与承诺，按期清偿债务，履行担保责任，GD银行大连分行按约发放、回收贷款，享有合法的债权和担保权，不存在与任何一方恶意串通、损害他人利益的行为。特诉至本院，请求依法保护其合法权益。请求：1. 判令被告ZD公司偿还借款本金1200万元、利息人民币306168973.74元(庭审中称递交起诉状时，漏算了曾收到的本金，冲抵后调整为本金1180万元、利息303403961.83元，利息暂计至2015年12月17日)以及自2015年12月18日至清偿之日止期间的债务利息；2. 请求判令被告构件公司对ZD公司的债务承担担保责任，原告享有对构件公司提供的抵押物折价或者变卖后所得价款的优先受偿权。

被告ZD公司答辩称：原告GD银行大连分行起诉状的内容是基于1994年11月投资银行与ZD公司及构件公司担保人签订的《流动资金借款合同》，开发区法院曾于1995年11月就该诉作出生效的调解。后因构件公司对该调解书的申请再审，大连市中级人民法院就该案提起再审后，撤销该调解，并发回开发区法院重审，在重审中，GD银行大连分行因违反法律规定增加诉讼请求未获准许，其撤回了起诉，并得到了开发区法院的裁定准许，GD银行大连分行在撤诉的第二天，又将该相同的起诉状及诉讼请求提交贵院起诉,系重复起诉。按《最高人民法院关于适用〈中华人民共和国民事诉讼法〉的解释》第410条、第208条的规定,一审原告在再审程序中撤诉后重复起诉的,人民法院不予受理;已经受理的应当驳回诉讼。

另GD银行大连分行在2007年5月已经开发区法院的强制执行,获得该调解书全部的本金及利息总计38967563.53元,调解书全部款项现仍在原告GD银行大连分行处,其起诉并不存在欠款事实,目的就是恶意提级管辖,上述行为是典型的恶意诉讼,人民法院应对GD银行大连分行恶意诉讼的行为作出严肃的处理。

被告构件公司答辩称:本次提起再审的原因,源于我方对开发区法院违法作出的(1995)大开经初字第×29号民事调解书提出的申请再审,没有我方的申请,就没有该诉。故再审的审理范围应当仅限于该调解书及再审被申请人投资银行的诉讼请求范围之内,GD银行大连分行作为投资银行的后手权利人,无权超出权利人请求的范围。更不属于引起该再审的理由,不但违反了启动该再审的原因和条件,同时于法无据。

一、根据《民事诉讼法》的有关规定,原告的起诉标的应当是明确和确定的,本案中GD银行大连分行起诉的标的本金1180万元,利息竟达到3亿多元。故GD银行大连分行的起诉标的重点在利息部分,利息已达到了本金的近30倍,因GD银行大连分行本次起诉系尚欠开发区法院(1995)大开经初字第×29号民事调解书中的所谓本金及利息,已经于2007年5月全部经开发区法院划给了GD银行大连分行,其虚构事实并扩大诉讼争议标的进行起诉,目的是恶意在省法院诉讼。

二、因GD银行大连分行起诉的依据是开发区法院(1995)大开经初字第×29号民事调解书的内容,月利率是10.98‰,根据这一利息的计算标准,无论如何也达不到1亿元,法院在立案时应当进行必要的形式审查和监督,不能由原告滥用诉权。我方认为省法院没有依法对GD银行大连分行的起诉进行最基本的审查,是严重失职行为,应依法立即纠正。

三、GD银行大连分行的起诉系重复诉讼,依法应驳回其起诉。因开发区法院作出的(1995)大开经初字第×29号民事调解书系违法调解,构件公司多年来为此多次向大连市中级人民法院、辽宁省高级人民法院及最高人民法院申诉,请求依法再审并撤销调解。期间,先后有近20名省人大代表、全国人大代表分别向辽宁省高级人民法院、最高人民法院提出撤销(1995)大开经初字第×29号民事调解书,对该案依法再审的建议。最高人民法院先后两次就代表建议向辽宁省高级人民法院发函,该院先后四次向大连市中级人民法院发函,要求对该案复查,大连市中级人民法院先后多次对该案进行了复查,并于2014年3月12日作出(2014)大立二民抗字第2号民事裁定书,决定对本案提起再审。GD银行大连分行则以原告的身份参加了诉讼,仍使用1995年11月1日原审时的诉状,诉讼请求与原诉相同。经再审审理,大连市中级人民法院于2015年4月1日作出(2014)大审民提字第2号民事裁定书,撤销(1995)大开经初字第×29号民事调解书;发回开发区法院重审。GD银行大连分行依据受让的该调解书的权利,在再审中竟然不顾提起再审的原因,主张毫不沾边的3亿多元利息。由于法庭已明确告知原告GD银行大连分行,经过审查其在本案中增加的诉讼请求不符合《最高人民法院关于民事审判监督程序严格依法适用指令再审和发回重审若干问题的规定》第8条、《最高人民法院关于适用〈中华人民共和国民事诉讼法〉的解释》第252条第2款的规定,同时在本案中增加的诉讼请求没有法律依据,应当在原当事人请求的范围内审理,利息请求的计算的期限最长不应超过2007年5月15日,即全部收回欠款之日。原告GD银行大连分行见恶意诉讼已经被识破,随即提出撤诉,但在撤诉后的第二天,又以相同的起诉状、事实、理由及请求在贵院起诉。依据《最高人民法院关于适用〈中华人民共和国民事诉讼法〉的解释》第247条中"当事人就已经提起诉讼的事项在诉讼过程中或者裁判生效后再次起诉,同时符合下列条件的,构成重复起诉:1.后诉与前诉的当事人相同;2.后诉与前诉的诉讼标的相同;3.后诉与前诉的诉讼请求相同,或者后诉的诉讼请求实质上否定前诉裁判结果"的规定,GD银行大连分行的后诉,显然是重复诉讼。依据《最高人民法院关于适用〈中华人民共和国民事诉讼法〉的解释》第410条"一审原告在再审审理程序中撤回起诉后重复起诉的,人民法院不予受理"的规定,不仅GD银行大连分行没有诉权,法院也没有受理权。GD银行大连分行明知没有诉权,编造虚假事实与理由强行起诉,迫使法院立案,其行为已构成恶意诉讼、妨碍司法;希望省法院按照《最高人民法院关于适用〈中华人民共和国民事诉讼法〉的解释》第208条第3款"立案后发现不符合起诉条件或者属于民事诉讼法第一百二十四条规定情形的,裁定驳回起诉"的规定,采取补救措施,依法驳回原告的起诉。

四、原告重复起诉请求的借款,已过20年最长诉讼时效,依法丧失诉权。

本院认为:依据光大银行诉讼的事实及理由,以及ZD公司、构件公司的答辩意见,本案争议的债权债务发生于投资银行与ZD公司、构件公司之间。投资银行于1995年11月16日诉ZD公司、构件公司借款、担保一案,开发区法院于1995年12月18日作出(1995)大开经初字第×29号民事调解书。该调解书经开发区法院强制执行。GD银行大连分行本次提起的诉讼自认其请求给付的款项,其中本金1180万元及利息共计37817563.53元已经于2007年5月15日经开发区法院通过执行全部划转支付,现仍在GD银行大连分行处。故ZD公司、构件公司并不欠GD银行大连分行所主张的款项,GD银行大连分行起诉的依据系尚未发生执行回转的事实,和恢复原始状态下的事实行为,没有法律依据。其主张的利息303403961.83元,因案涉的本金及利息已经于2007年5月15日全部划给了GD银行大连分行,已经不存在拖欠本金及利息的事实,故GD银行大连分行起诉主张的利息及计算方法,显系为在本院诉讼扩大的诉讼标的额,没有事实依据。

GD 银行大连分行本次提起的诉讼,系源于大连市中级人民法院(2014)大立二民抗字第 2 号民事裁定对上述调解书提起再审,并于 2015 年 4 月 1 日作出(2014)大审民提字第 2 号民事裁定书,该裁定书撤销开发区法院(1995)大开经初字第 ×29 号民事调解,并发回开发区法院重审,开发区法院按再审一审程序审理中,GD 银行大连分行在该程序中作为原告撤回起诉后,又以相同的诉讼请求及理由(只将诉状日期和诉请的法院进行了更改)向本院进行起诉而形成,系属于重复起诉,依照《最高人民法院关于适用〈中华人民共和国民事诉讼法〉的解释》第 410 条的规定,一审原告在再审程序中撤诉后重复起诉的,人民法院不予受理。所以,本案系属人民法院不应当受理的案件。又依据上述解释第 208 条之规定,上述情况出现后,应裁定驳回原告起诉,本案属于该种情形,故应当裁定驳回起诉。

综上,原告 GD 银行大连分行向本院提起本次诉讼,既无事实依据,又无法律依据。同时又属于一审原告在再审审理程序中撤回起诉后重复起诉的情形,故原告 GD 银行大连分行的起诉,应当予以驳回。依据《最高人民法院关于适用〈中华人民共和国民事诉讼法〉的解释》第 410 条、第 208 条的规定,裁定如下:

驳回原告 GD 银行大连分行的起诉。

案件受理费 1632645 元予以退回。财产保全费 5000 元,由原告 GD 银行大连分行负担。

如不服本裁定,可于裁定书送达之日起 10 日内,向本院提交上诉状,并按对方当事人的人数提供副本,上诉于中华人民共和国最高人民法院。

审判长　刘××
审判员　黄××
审判员　张　×
2016 年 8 月 3 日
书记员　刘××

【上诉状】

民事上诉状

上诉人(原审原告):中国光大银行股份有限公司大连分行。

住所地:辽宁省大连市中山区五五路 4 号。

负责人:于某强　职务:行长。

被上诉人(原审被告):大连保税区正大国际经贸公司。

住所地:大连保税区商贸中心。

法定代表人:孙某政　职务:经理。

被上诉人(原审被告):大连JZ构件工程有限责任公司。

住所地:大连市甘井子区迎金路18A-6号。

法定代表人:付××　职务:董事长。

上诉人中国光大银行股份有限公司大连分行(以下简称我行)与大连保税区正大国际经贸公司(以下简称ZD公司)及大连JZ构件工程有限责任公司(以下简称构件公司)金融借款纠纷一案[(2016)辽民初13号之一](以下简称本案),不服辽宁省高级人民法院(以下简称一审法院)作出的(2016)辽民初13号之一民事裁定书(以下简称一审裁定),特向贵院提起上诉。

上诉请求:

1. 撤销辽宁省高级人民法院作出的(2016)辽民初13号之一民事裁定书;

2. 裁定本案由辽宁省高级人民法院审理。

事实和理由:

由于本案相关事实较为复杂且历时较为久远,为便于贵院审理,本上诉状分为两部分,第一部分,案件事实和背景;第二部分,上诉人的上诉理由。具体如下:

第一部分　案件事实和背景

一、1994年11月24日,中国投资银行大连经济技术开发区分行(以下简称投资银行)与ZD公司、构件公司签订《流动资金借款合同》,构件公司为借款合同项下贷款提供担保。

《流动资金借款合同》(以下简称《借款合同》)主要约定投资银行向ZD公司提供贷款计1200万元,构件公司为该项贷款提供担保。《借款合同》经借款方ZD公司、贷款方投资银行、担保方构件公司三方法定代表人签字并加盖公章。

同日,构件公司向投资银行出具《担保书》,承诺对《借款合同》项下贷款提供担保。并且,投资银行还与ZD公司、构件公司签订《财产抵押担保协议》,构件公司以自有房屋不动产为《借款合同》项下贷款提供担保。

二、1995年11月16日,投资银行向大连经济技术开发区人民法院(以下简称开发区法院)提起诉讼,后各方达成调解,法院制作了民事调解书并部分强制执行。

1994年11月28日,投资银行如约向ZD公司发放贷款1200万元,贷款到期后ZD公司未偿还贷款本息,投资银行据此提起诉讼。

诉讼中,ZD公司认可投资银行所述属实,构件公司亦认可其应承担担保责任。开发区法院主持调解并达成(1995)大开经初字第×29号民事调解书(以下简称调解书)。

1999 年 3 月 18 日,中国人民银行批准中国光大银行股份有限公司接收原投资银行的银行网点和相应的资产和负债。投资银行的债权及担保权利相应转让给我行。

2003 年 6 月 2 日、2007 年 3 月 7 日,开发区法院分别作出(1995)大开经执字第×29 号、(1995)开经执字第 529－1 号民事裁定书,强制执行本案调解书,将就某机动车作价 133440 元及《财产抵押担保协议》约定的抵押房产的拆迁补偿款 37817563.53 元执行划转给我行。

三、2009 年,构件公司就调解书向大连市中级人民法院申请再审,历经多次审理,大连市中级人民法院在案件终审 20 年之后作出再审裁定,撤销原调解书,发回开发区法院重审。

2009 年 12 月 20 日,大连市中级人民法院作出(2009)大民申字第 42 号民事裁定书,认定构件公司的再审申请符合《民事诉讼法》第 182 条规定的情形,裁定指令开发区法院再审。

2010 年 11 月 24 日,开发区法院作出(2010)开审民初再字第 5 号民事裁定书,认定调解书不存在再审的法定事由,据此驳回构件公司的再审申请。

2014 年 2 月 24 日,虽然构件公司当时为自然人出资的有限责任公司,并无国资成分,但大连市人民检察院仍然以调解书损害构件公司利益进而"损害国家利益"为由向大连市中级人民法院提起抗诉,要求再审。大连市中级人民法院以(2014)大立二民抗字第 2 号民事裁定书裁定启动再审程序,由大连市中级人民法院提审。

2015 年 4 月 1 日,大连市中级人民法院再审审理后最终作出(2014)大审民提字第 2 号民事裁定书,该裁定书未围绕大连市人民检察院抗诉支持构件公司请求的范围,直接以"原审对该节事实认定不清,应当予以查清"为由,裁定撤销 20 年前作出并且已经生效的调解书,具体判项为:"一、撤销大连经济技术开发区人民法院(1995)大开经初字第×29 号民事调解;二、本案发回大连经济技术开发区人民法院重新审理。"

四、案件发回开发区法院重审后,为解决级别管辖的问题,我行撤回起诉,并另行向一审法院提起本案诉讼。

大连市中级人民法院再审裁定发回开发区法院后重新审理,随后开发区法院以(2015)开民初字第 1922 号裁定书正式受理该案。

2016 年 2 月 2 日,开发区法院一审过程中,因按合同约定,案涉 1200 万元借款本金对应的利息自 1994 年 11 月 24 日起计算至 2015 年 12 月 17 日开发区法院重新审理之时,已达到 3.06 亿元,远超过开发区法院的级别管辖范围。我行多次提出管辖权异议,但开发区法院认为我行已无权提出管辖权异议,不予审查。故我行向开发区法院申请撤回起诉。开发区法院审查后作出(2015)开民初字第 1922 号民事裁定书,准许我行撤回起诉。

2016年2月5日,我行另行向具有级别管辖权的本案一审法院提起本案诉讼。

五、我行另行提起诉讼后,本案一审法院以构成重复起诉为由,裁定驳回我行起诉。

2016年8月3日,本案一审法院作出一审裁定,驳回我行起诉。其理由有两项:

第一,该调解书经开发区法院强制执行。GD银行大连分行本次提起的诉讼自认其请求给付的款项,其中本金1180万元及利息共计37,817,563.53元已经于2007年5月15日经开发区法院通过执行全部划转支付,故ZD公司、构件公司并不欠GD银行大连分行所主张的款项,GD银行大连分行起诉的依据是尚未发生执行回转的事实和恢复原始状态下的事实行为,没有法律依据。(详见一审裁定第9页第10行至第19行)

第二,开发区法院按再审一审程序审理中,GD银行大连分行作为原告撤回起诉后,又以相同的诉讼请求及理由向法院起诉系属重复起诉。依照《最高人民法院关于适用〈中华人民共和国民事诉讼法〉的解释》(以下简称《民诉法解释》)第410条的规定,一审原告在再审程序中撤诉后重复起诉的,人民法院不予受理。(详见一审裁定第10页第4行至第10行)

六、本案一审裁定作出前,开发区法院已经作出了执行回转的裁定,正在进行执行回转。

2016年7月18日,开发区法院作出(2016)辽0291执1023号执行裁定书,正在进行执行回转。裁定书的主要内容为"冻结、划拨被执行人中国光大银行股份有限公司大连分行在其开户银行的存款","扣留、提取、变卖被执行人中国光大银行股份有限公司大连分行的收益、到期债权、投资权益","查封、扣押、拍卖、变卖被执行人中国光大银行股份有限公司大连分行财产","执行金额:本金37,951,003.53元,孳息、执行费另计"。

七、本案一审裁定作出前,本案一审法院还另行就执行回转进行了保全裁定,对前述执行回转的款项进行保全。

2016年8月1日,本案一审法院另行作出(2016)辽民初13号民事裁定书,针对开发区法院正在进行的执行回转裁定如下:"冻结大连经济技术开发区人民法院(2016)辽0291执1023号执行裁定书确定的执行款项。"

第二部分　上诉理由

一、本案一审裁定认定本案各方争议的"其中本金1180万元及利息共计37,817,563.53元已经于2007年5月15日经开发区法院通过执行全部划转支付,现仍在GD银行大连分行处",ZD公司"已经不存在拖欠本金及利息的事实",该项事实认定错误。

首先,本案一审裁定系2016年8月3日作出的,在该裁定作出之前的2016年7

月28日,开发区法院已作出(2016)辽0291执1023号执行裁定书,裁定将我行基于强制执行调解书所取得的款项"37,951,003.53元"冻结、划拨。不仅如此,一审法院还于2016年8月1日另行作出(2016)辽民初13号民事裁定书,对前述执行回转款项进行保全。可见一审法院在作出本案一审裁定之前应明知我行将面临执行回转的事实。

目前,该执行裁定书正在实施,我行于2003年、2007年通过强制执行取得的借款本息将产生执行回转的法律效果,债务人ZD公司拖欠我行的本金和利息将回归到未清偿的状态。然而,一审裁定却依然认定"GD银行大连分行起诉的依据系尚未发生执行回转的事实""已经不存在拖欠本金及利息的事实"等,显然与案件事实不符。

其次,在前述2003年、2007年开发区法院强制执行之后,债务人尚有896,269.34元未清偿,截至2013年9月该896,269.34元欠款所产生利息已达2,062,814.94元,一审裁定却认定"(本息)已经于2007年5月15日经开发区法院通过执行全部划转支付",这也与案件事实不符。

综上,一审裁定事实认定错误。

二、一审法院认定"依照《民诉法解释》第410条的规定,一审原告在再审审理程序中撤回起诉后重复起诉的,人民法院不予受理",但我行并非在"再审审理程序"中撤诉后重复起诉,而是在新的一审程序中撤诉之后,再重新起诉,不属于重复起诉,一审法院适用法律错误。

《民诉法解释》第410条规定:"一审原告在再审审理程序中申请撤回起诉,经其他当事人同意,且不损害国家利益、社会公共利益、他人合法权益的,人民法院可以准许。裁定准许撤诉的,应当一并撤销原判决。一审原告在再审审理程序中撤回起诉后重复起诉的,人民法院不予受理。"

(1)大连市中级人民法院作出(2014)大审民提字第2号民事裁定书裁定撤销调解书,并裁定本案发回开发区法院重审时,就调解书进行的"再审审理程序"已经审理完结。

首先,再审程序是以纠正生效裁判错误、维护或动摇生效裁判既判力为目的的审判监督程序。我国《民事诉讼法》实行的是二审终审制,即当事人争议的法律关系经过两级人民法院审理即为终审判决,法律文书发生既判力。而所谓的再审审理程序,审理的对象并不是"当事人的诉讼请求"本身,而是"生效法律文书",即当发生"已经发生法律效力的判决、裁定、调解书,发现确有错误"的情形时,人民法院对于是否应当维持或动摇生效法律文书的既判力所做的审查。

对此,最高人民法院出版的《新民事诉讼法理解适用与实务指南》(江必新主编)第733页对《民事诉讼法》第199条进行诠释时明确指出:"再审程序实质上是维护生效裁判既判力及纠正错误裁判的有机统一或者说是一种平衡。它不同于通常意义上的诉讼程序。"最高人民法院出版的《最高人民法院民事诉讼法司法解释逐条适用解析》(杜万华、胡云腾主编)第790页对《民诉法解释》第410条进行诠释时,也认为:"再审程序是对仍生效的裁判作出评判的程序,目的在于纠正错误的裁判……",和前述观点一致。

其次,贵院审判监督庭明确认为再审裁定撤销原判发回重审后,再审程序结束。对此,最高人民法院审判监督庭化名"高沈坚"发表于《人民司法》2015年第13期的《〈关于民事审判监督程序严格依法适用指令再审和发回重审若干问题的规定〉的理解与适用》一文中,明确指出:"应该说,案件经过再审审理,裁定撤销原判发回重审后,生效裁判被撤销,再审程序已经结束。"

最后,具体到本案中,当大连市中级人民法院以(2014)大审民提字第2号民事裁定书撤销调解书,并发回开发区法院重审时,再审程序所需要"纠错"的生效法律文书已不存在,再审程序相应终结。

对此,《最高人民法院关于适用〈中华人民共和国民事诉讼法〉审判监督程序若干问题的解释》(以下简称《审判监督司法解释》)第38条规定:"人民法院按照第二审程序审理再审案件,发现原判决认定事实错误或者认定事实不清的,应当在查清事实后改判。但原审人民法院便于查清事实,化解纠纷的,可以裁定撤销原判决,发回重审;原审程序遗漏必须参加诉讼的当事人且无法达成调解协议,以及其他违反法定程序不宜在再审程序中直接作出实体处理的,应当裁定撤销原判决,发回重审。"可见,"发回重审"和"径直改判"一样,都是人民法院在再审审理程序中的裁判结案方式之一,如果再审径直改判,毫无疑问再审程序终结;同样的道理,如果再审裁定发回重审,该裁定同样是再审程序的裁判结果,也应认定再审程序终结。换言之,本案系经再审之后被发回重审,而不是用重审的方式进行再审(如果是后者,则应裁定"指令开发区法院再审")。

(2)开发区法院以(2015)开民初字第1922号立案重审,在性质上属于"新的一审诉讼",我行在其重审过程中撤回起诉,不是"在再审程序中撤回起诉"。

我行认为,大连市中级人民法院经再审审理程序裁定撤销调解书后,调解书自始不存在,即我行与被上诉人争议的实体权利义务关系并无生效法律文书的既判力约束,处于未经司法审查的状态。因此,开发区法院以(2015)开民初字第1922号立案重审,是全新的一审诉讼,我行拥有与普通一审民事诉讼当事人相同的诉权。我行在开发区法院重审的过程中撤回起诉,不属于"在再审程序中撤回起诉",而应当适用在一审程序中撤回起诉的相关规定。

首先,贵院制定的司法解释的其他规定印证了发回重审后的审理程序不是"再审程序"。《审判监督司法解释》第33条明确规定:"人民法院应当在具体的再审请求范围内或在抗诉支持当事人请求的范围内审理再审案件。当事人超出原审范围增加、变更诉讼请求的,不属于再审审理范围。……经再审裁定撤销原判决,发回重审后,当事人增加诉讼请求的,人民法院依照民事诉讼法第一百二十六条(即2012年修订后《民事诉讼法》第140条)的规定处理。”在再审审理程序中,当事人不能增加、变更诉讼请求,而在再审发回重审后,当事人可以增加诉讼请求。既然当事人可以增加诉讼请求,则足以印证发回重审后的一审程序与再审程序本身不同。

其次,贵院具有指导作用的司法观点明确指出经再审程序撤销原生效文书发回重审后的审理程序,是一个全新的一审程序。对此,在最高人民法院审判监督庭编著的《最高人民法院关于适用民事诉讼法审判监督程序司法解释的理解与适用》一书中,贵院专门针对《审判监督司法解释》第33条详细说明:“案件经再审后发回重审的审理与再审审理不同。发回重审属于再审裁判方式之一,是人民法院对再审案件经再审审理后作出的裁判结果。发回重审是撤销原审裁判,将案件发回至一审法院重新审理。这与按照第一审程序对案件进行的再审不同。按照一审程序对案件的再审是在原生效裁判没有被撤销的情形下对该案的再次审理,审理的结果可能撤销原审裁判,也可能发回重审。因此,发回重审是再审的裁判结果之一,对发回重审的案件的审理,是在法院对该案所作出的所有裁判已被全部撤销,当事人的诉讼争端重新回到原第一审宣判前的状况,由一审法院对当事人之间的争议重新进行审理,原审原告起诉地位恢复。因此发回重审适用第一审程序,当事人按照第一审程序的规定享有权利义务。……这一款的规定实际上是为了明确按照一审程序审理再审案件与发回重审案件的审理区别,以免司法实践中将二者混淆。”

再次,开发区法院准许我行撤回起诉时并不存在《民诉法解释》第410条规定的需要“一并撤销的原判决”,印证了开发区法院的重审程序不是再审程序。《民诉法解释》第410条规定:“一审原告在再审审理程序中申请撤回起诉……(人民法院)裁定准许撤诉的,应当一并撤销原判决……”《最高人民法院民事诉讼法司法解释逐条适用解析》(杜万华、胡云腾主编)第790页对第410条进行诠释时,指出:“因一审原告撤回起诉并经人民法院准许后,当事人诉讼的基础完全丧失,将导致整个诉讼程序的终结,双方的民事关系应回归到诉前的状态,原判决已无存在的基础,故在再审程序中裁定准许一审原告撤诉的,应当一并撤销原判决。”如果当事人是在“再审程序中撤回起诉”,基于“再审程序”的特殊性,法院一定需要一并撤销再审程序所审理的“生效法律文书”。

而具体到本案中,开发区法院以(2015)开民初字第1922号民事裁定书准许我行撤回起诉时,根本不存在需要一并撤销的“原判决”,开发区法院也未裁定一并撤销任何“原判决”,进一步佐证了开发区法院重审程序不是再审程序,不需要解决生效法律文书的问题,而是一个全新的一审程序。

又次,开发区法院对重审程序的其他处理也印证了我行关于开发区法院的重审程序不是再审程序,而是全新的一审程序的主张。

一方面,根据《最高人民法院关于人民法院案件案号的若干规定》(法〔2015〕137号)所附的代字标准,民事再审审理程序的案号应列"民再",而开发区法院明确将重审程序的案号定为"(2015)开民初字第1922号",即民事一审程序所使用的"民初"。

另一方面,开发区法院在(2015)开民初字第1922号民事裁定书中准许我行撤回起诉时,亦没有援引《民诉法解释》第410条关于在再审程序中撤回起诉的规定,而是直接援引了《民事诉讼法》第145条第1款关于一审程序撤回起诉的规定,即"宣判前,原告申请撤诉的,是否准许,由人民法院裁定",印证了前述主张。

最后,其他地方高级人民法院同样认为再审发回重审的程序不是再审程序,而是一审程序,不属于《民诉法解释》第410条规定的情形,可供贵院参考。例如青海省高级人民法院在(2014)青民一终字第18号裁定书中认为:"重审时应按一审程序进行审理,根据法律规定,按照第一审程序审理再审案件时,一审原告申请撤回起诉的,是否准许由人民法院裁定。审理过程中,原告郭某军申请撤回起诉,民和县法院裁定予以准许,至此该案已结案。现原告郭某军、郭某恩、檀某连诉被告中国科学院青海盐湖研究所机动车交通事故损害赔偿纠纷一案属新案,法院应当受理并进行审理。"

(3)我行撤回起诉后另行向本案一审法院提起诉讼,更不属于"重复起诉"。

一审裁定认为,"GD银行大连分行在该程序中作为原告撤回起诉后,又以相同的诉讼请求及理由(只将诉状日期和诉请的法院进行了更改)向本院进行起诉而形成,系属于重复起诉"。

对此,《最高人民法院民事诉讼法司法解释逐条适用解析》针对《民诉法解释》第410条指出:"本条解释第二款规定了在再审程序中一审原告撤回起诉后的法律后果,即禁止重复起诉,这也是'一事不再理'原则的体现。"而就重复起诉,《民诉法解释》第247条规定:"当事人就已经提起诉讼的事项在诉讼过程中或者裁判生效后再次起诉,同时符合下列条件的,构成重复起诉:……当事人重复起诉的,裁定不予受理;已经受理的,裁定驳回起诉,但法律、司法解释另有规定的除外。"

在本案中,调解书已经被撤销,不存在生效法律文书的既判力约束;而我行在开发区法院重审的(2015)开民初字第1922号已经撤回起诉,不存在《民诉法解释》第247条规定"当事人就已经提起诉讼的事项在诉讼过程中或者裁判生效后再次起诉"的情况,我行重新提起诉讼的行为不属于重复起诉。

三、一审法院裁定驳回我行起诉,非但没有维护其他诉讼当事人的利益,反而严重损害了我行的实体与程序双重权益。

最高人民法院主编的《最高人民法院民事诉讼法司法解释理解与适用》一书针对

《民诉法解释》第410条指出,之所以一审原告在再审审理程序中撤回起诉后重复起诉的,人民法院不予受理,是因为"如果允许再次起诉即对其他当事人不公平,也有违诉讼诚信,不能准许"。我行认为,即便只考虑《民诉法解释》第410条背后的司法政策本身,一审裁定驳回我行起诉也会导致各方权利义务严重不公平,也应予纠正。

(一)允许我行在开发区法院的重审程序中撤诉,再另行向一审法院提起诉讼并不会损害任何其他主体的合法权益。

第一,实体上其他诉讼当事人的合法权益并未受损。大连市中级人民法院以(2014)大审民提字第2号民事裁定书,裁定撤销调解书,已经导致本案诉讼各方主体权利义务状态回归到调解书生效之前,各方争议重新回到未经司法裁判的状态。我行基于该未决争议请求司法机关作出裁判,并不会导致对于其他诉讼当事人的双重责任追偿。在实体上,不存在其他诉讼当事人对同一争议承担两次诉讼后果的可能性。

第二,程序上其他诉讼当事人的合法权益同样并未受损。构件公司在本案一审中主张"GD银行大连分行见恶意诉讼已经被识破,随即提出撤诉,但在撤诉后的第二天又以相同的起诉状、事实、理由及请求在贵院起诉",即构件公司实际上也承认,我行撤回起诉后立刻再次向本案一审法院起诉,依据的事实并无变化,自然没有加重构件公司应诉答辩的负担,不会损害构件公司的诉讼权利。相反,由于级别管辖的变化,本案由更高级别法院审理,根据司法实践的一般理解,构件公司事实上获得了管辖利益的额外保护。

(二)本案一审法院不允许我行撤回起诉后另行起诉,并驳回我行起诉,才会导致我行实体和程序权利的双重不公。

第一,我行的管辖利益只能通过撤回起诉后另行起诉才能得以维护。由于大连市中级人民法院撤销了调解书,致使各方实体权利义务关系恢复到未经司法审查的状态,我行对相对方的债权本息自然相应增加,更远超开发区法院的级别管辖范围。但是,根据《民诉法解释》第39条的规定:"人民法院发回重审或者按第一审程序再审的案件,当事人提出管辖异议的,人民法院不予审查。"因此我行在开发区法院的重审程序里已无法提出管辖权异议,即我行的管辖利益实际上已经丧失。

更重要的是,管辖利益的丧失并非基于我行的过错,而是因为大连市中级人民法院时隔20年后撤销调解书的再审裁定。我行只能通过撤回起诉,再另行向本案一审法院提起诉讼的方法维护我行的管辖利益。

第二,一审裁定驳回我行起诉,将导致我行的合法借款债权失去任何司法救济的途径,将对我行的实体权利极为不公。如前所述,大连市中级人民法院经过再审审理程序撤销调解书后,当事人权利义务状态归于调解书生效之前的状态。基于《借款合同》,我行依然享有对于ZD公司合法的借款债权以及对于该债权的担保权益。而在本案一审裁定作出之前,开发区法院已经作出(2016)辽0291执1023号执行裁定书并且正在进行执行回转,我行对于相关款项的占有将失去合法基础。一审法院驳回我行起诉的裁定不予纠正,我行的高额债权事实上已无其他任何救济途径,这对我行极为不公。

综上所述,我行认为:一审法院认定"本金1180万元及利息共计37,817,563.53元已经于2007年5月15日经开发区法院通过执行全部划转支付""已经不存在拖欠本金及利息的事实"事实认定不清;认定本案属于《民诉法解释》第410条规定的情形并据此驳回我行起诉适用法律错误。且一审裁定将导致各方权利义务严重失衡的法律后果。基于上述理由,我行特提起上诉,请求撤销一审裁定,并裁定辽宁省高级人民法院受理本案。

此致

中华人民共和国最高人民法院

上诉人:中国光大银行股份有限公司大连分行

2016年8月×日

【二审判决书】

中华人民共和国最高人民法院
民事裁定书

(2016)最高法民终651号

上诉人(原审原告):中国光大银行股份有限公司大连分行,住所地辽宁省大连市中山区五五路4号。

法定代表人:谭某武,该行行长。

委托诉讼代理人:王×,北京市××律师事务所律师。

委托诉讼代理人:张晓霞,北京市安衡律师事务所律师。

被上诉人(原审被告):大连保税区正大国际经贸公司,住所地辽宁省大连保税区商贸中心。

法定代表人:孙某政,该公司经理。

委托诉讼代理人:屈××,辽宁××律师事务所律师。

委托诉讼代理人:于××,辽宁××律师事务所律师。

被上诉人(原审被告):大连JZ构件工程有限责任公司,住所地辽宁省大连市甘井子区迎金路18A-6号。

法定代表人:付××,该公司董事长。

委托诉讼代理人:桓××,辽宁××律师事务所律师。

上诉人中国光大银行股份有限公司大连分行(以下简称GD银行大连分行)因与被上诉人大连保税区正大国际经贸公司(以下简称ZD公司)、大连JZ构件工程有限责任公司(以下简称构件公司)金融借款合同纠纷一案,不服辽宁省高级人民法院(2016)辽民初13号之一民事裁定,向本院提起上诉。本院依法组成合议庭对本案进行了审理。

GD银行大连分行上诉请求:撤销一审裁定,裁定本案由辽宁省高级人民法院审理。事实和理由:(一)一审裁定认定各方争议的"本金1180万元及利息共计37817563.3元已经于2007年5月15日经大连经济技术开发区人民法院(以下简称开发区法院)通过执行全部划转支付,现仍在GD银行大连分行处",ZD公司"已经不存在拖欠本金及利息的事实",事实认定错误。首先,开发区法院于2016年7月28日作出(2016)辽0291执1023号执行裁定,GD银行大连分行于2003年、2007年通过强制执行取得的借款本息将产生执行回转的法律效果,债务人ZD公司拖欠GD银行大连分行的本金和利息将回归到未清偿状态。其次,在前述2003年、2007年开发区法院强制执行之后,债务人尚有896269.34元未清偿,截至2013年9月,该欠款所产生利息已达2062814.94元。(二)一审法院认定"依照《最高人民法院关于适用〈中华人民共和国民事诉讼法〉的解释》(以下简称《民诉法解释》)第410条的规定,一审原告在再审审理程序中撤回起诉后重复起诉的,人民法院不予受理",但GD银行大连分行系在新的一审程序中撤诉之后再重新起诉,不属于重复起诉,一审法院适用法律错误。1.辽宁省大连市中级人民法院(以下简称大连中院)作出(2014)大审民提字第2号民事裁定,撤销开发区法院(1995)大开经初字第×29号民事调解书,并裁定本案发回开发区法院重审时,再审审理程序已经审理完结。发回重审和径直改判一样,都是人民法院再审审理程序中的裁判结案方式之一。2.开发区法院以(2015)开民初字第1922号立案重审,在性质上属于新的一审诉讼,GD银行大连分行在其重审过程中撤回起诉,不是在再审程序中撤回起诉。3.GD银行大连分行撤回起诉后另行向一审法院提起诉讼,不属于"重复起诉"。(三)一审法院裁定驳回GD银行大连分行起诉,严重损害了GD银行大连分行的实体与程序双重权益。1.允许GD银行大连分行在开发区法院重审程序中撤诉,再另行向一审法院提起诉讼并不会损害任何其他主体的合法权益。2. 一审法院不允许 GD 银行大连分行撤诉后另行起诉,并驳回 GD 银行大连分行起诉,严重不公。(1)GD 银行大连分行的管辖利益只能通过撤诉后另行起诉才能得以维护。(2)一审裁定驳回 GD 银行大连分行起诉,将导致 GD 银行大连分行的合法借款债权失去任何司法救济途径。

ZD 公司辩称,一审裁定适用法律正确,应当予以维持。再审程序应当贯穿始终,从再审之日起到判决、裁定生效之日止都应当视为再审程序,否则易导致一方当事人恶意诉讼。GD 银行大连分行利用金融机构的优势地位,将一起借款本金只有 1000 余万元的案件,计算出高达 3 亿元的诉讼请求,人为提高了级别管辖,直接避开了原审法院。GD 银行大连分行撤回起诉属于在再审程序中撤诉又重新起诉,人民法院应不予受理。

构件公司辩称,一审裁定适用法律正确,应当予以维持。(一)GD 银行大连分行的起诉是重复起诉,违反了一事不再理原则。在执行过程中,GD 银行大连分行的权益已得到充分保障,无论在什么情况下再起诉均属于重复起诉。根据《民诉法解释》第 410 条的规定,GD 银行大连分行在再审期间撤诉后,又提起诉讼,人民法院应当不予受理。(二)GD 银行大连分行的起诉,就其上诉请求来看,是虚假诉讼。GD 银行大连分行在本案起诉时,其权利没有受到任何侵害,构件公司对其诉讼请求没有任何义务,该诉讼请求完全虚假。(三)GD 银行大连分行的起诉是恶意的,其为了避免构件公司权利的实现,恶意编造了所谓 3 亿多元的诉讼请求向一审法院起诉,阻止生效裁定的执行。(四)GD 银行大连分行的诉讼请求已完全脱离原诉讼请求,属新诉,其诉讼请求不能成立,应当依法予以驳回。

GD 银行大连分行向一审法院起诉请求:1. ZD 公司偿还借款本金 1180 万元、利息 303403961.83 元(利息暂计至 2015 年 12 月 17 日)以及自 2015 年 12 月 18 日至清偿之日止期间的债务利息;2. 构件公司对 ZD 公司的债务承担担保责任,GD 银行大连分行享有对构件公司提供的抵押物折价或者变卖后所得价款的优先受偿权。

一审法院认为,依据 GD 银行大连分行诉讼的事实及理由,以及 ZD 公司、构件公司的答辩意见,本案争议的债权债务发生于中国投资银行大连经济技术开发区分行与 ZD 公司、构件公司之间。中国投资银行大连经济技术开发区分行于 1995 年 11 月 16 日诉 ZD 公司、构件公司借款、担保一案,开发区法院于 1995 年 12 月 18 日作出(1995)大开经初字第 ×29 号民事调解书。该调解书经开发区法院强制执行。GD 银行大连分行本次提起的诉讼自认其请求给付的款项,其中本金 1180 万元及利息共计 37817563.53 元已经于 2007 年 5 月 15 日经开发区法院通过执行全部划转支付,现仍在 GD 银行大连分行处。故 ZD 公司、构件公司并不欠 GD 银行大连分行所主张的款项,GD 银行大连分行起诉的依据系尚未发生执行回转的事实和恢复原始状态下的事实行为,没有法律依据。其主张的利息 303403961.83 元,因案涉的本金及利息已经于

2007年5月15日全部划给了GD银行大连分行,已经不存在拖欠本金及利息的事实,故GD银行大连分行起诉主张的利息及计算方法,显系为在一审法院诉讼扩大的诉讼标的额,没有事实依据。

GD银行大连分行本次提起的诉讼,系源于大连中院(2014)大立二民抗字第2号民事裁定对上述调解书提起再审,并于2015年4月1日作出(2014)大审民提字第2号民事裁定,该裁定撤销开发区法院(1995)大开经初字第×29号民事调解书,并发回开发区法院重审,开发区法院按再审一审程序审理中,GD银行大连分行在该程序中作为原告撤回起诉,后又以相同的诉讼请求及理由(只将诉状日期和诉请的法院进行了更改)向一审法院进行起诉而形成,属于重复起诉。依照《民诉法解释》第410条的规定,一审原告在再审程序中撤诉后重复起诉的,人民法院不予受理。所以,本案系属人民法院不应当受理的案件。又依据上述解释第208条之规定,上述情况出现后,应裁定驳回原告起诉,本案属于该种情形,故应当裁定驳回起诉。

综上,GD银行大连分行向一审法院提起本次诉讼,既无事实依据,又无法律依据,同时又属于一审原告在再审审理程序中撤回起诉后重复起诉的情形,故GD银行大连分行的起诉,应当予以驳回。依照《民诉法解释》第410条、第208条的规定,裁定:驳回GD银行大连分行的起诉。案件受理费1632645元予以退回。财产保全费5000元,由GD银行大连分行负担。

本院认为,关于GD银行大连分行主张的利息及本金应否支持,系案件实体审理中应解决的问题,不影响对GD银行大连分行是否具有程序诉权的认定,故本院对此不予评判。至于GD银行大连分行是否人为提高诉讼标的额,仅涉及案件级别管辖是否应予调整,不能作为裁定驳回GD银行大连分行起诉的依据。

《民诉法解释》第247条是关于重复起诉的规定,其适用的前提条件是"当事人就已经提起诉讼的事项在诉讼过程中或者裁判生效后再次起诉"。开发区法院于1995年12月18日作出的(1995)大开经初字第×29号民事调解书已被撤销,本案当事人之间尚无生效裁判确定各自的权利义务,不存在重复起诉情形。《民诉法解释》第410条第2款规定适用的情形是"一审原告在再审审理程序中撤回起诉后重复起诉"。本案中,大连中院作出(2014)大审民提字第2号民事裁定撤销开发区法院(1995)大开经初字第×29号民事调解书,将本案发回开发区法院重审。发回重审属于再审裁判方式之一,是人民法院对再审案件经审理后作出的裁判结果,至此再审审理程序已经结束。案件被发回重审后,开发区法院应依照一审程序进行审理。根据《民诉法解释》第214条第1款的规定,GD银行大连分行撤诉后再次提起诉讼,人民法院应予受理。因此,本案不属于《民诉法解释》第410条第2款规定不予受理案件的情形,不应适用该条规定。

综上,一审裁定适用法律不当,应予纠正。依照《民事诉讼法》第171条、《民诉法

解释》第332条规定,裁定如下:

一、撤销辽宁省高级人民法院(2016)辽民初13号之一民事裁定;

二、本案指令辽宁省高级人民法院审理。

本裁定为终审裁定。

审 判 长　李××
审 判 员　高　×
审 判 员　张××
2016年10月31日
法官助理　王××
书 记 员　隋　×

办案总结

第一,结合再审程序的性质和功能,人民法院再审裁定撤销原生效文书并发回重审,发回重审后的一审程序不属于再审审理程序。

1. 大连中院裁定撤销本案民事调解书,再审程序纠正生效裁判错误的程序价值已经实现,再审程序即已终结。

本案中,当大连中院以(2014)大审民提字第2号民事裁定书撤销民事调解书,并发回开发区法院重审时,再审程序所需要"纠错"的生效法律文书——民事调解书已不存在,再审程序终结。

2. 基于再审程序的性质,如将发回开发区法院重审后的一审程序理解为再审审理程序,与诉讼法理论相矛盾。

再审程序的核心功能是围绕原生效裁判的错误之处进行审理和纠正,那么再审程序在外观上必然存在一个需要"纠错"的生效裁判。

本案中,开发区法院就GD银行大连分行与ZD公司、构件公司的民事争议重审时,本案民事调解书已被大连中院撤销,即开发区法院重审的一审程序中不存在发生既判力的生效裁判。开发区法院准予GD银行大连分行撤回起诉的同时,不需要按照《最高人民法院关于适用〈中华人民共和国民事诉讼法〉的解释》(2015)第410条第1款的规定,一并撤销"原判决"。因此,开发区法院重审的一审程序明显不具备再审程序的程序外观。

综上,开发区法院重审的一审程序是在本案各方当事人的民事争议重新回到原一审宣判前的状况下重新启动的"新的一审诉讼",而非再审审理程序的延续。该理解与诉讼法理论对再审程序性质、程序功能、特征的认识相契合。

第二,GD 银行大连分行在重审的一审程序中撤回起诉并另行向辽宁高院提起本案诉讼,不属于《最高人民法院关于适用〈中华人民共和国民事诉讼法〉的解释》(2015)第410 条规定的"一审原告在再审审理程序中撤回起诉后重复起诉的"情形。

一审裁定认为,"GD 银行大连分行在该程序中作为原告撤回起诉后,又以相同的诉讼请求及理由(只将诉状日期和诉请的法院进行了更改)向本院进行起诉而形成,系属于重复起诉"。

关于重复起诉的问题,《最高人民法院关于适用〈中华人民共和国民事诉讼法〉的解释》(2015)第 247 条规定:"当事人就已经提起诉讼的事项在诉讼过程中或者裁判生效后再次起诉,同时符合下列条件的,构成重复起诉:……当事人重复起诉的,裁定不予受理;已经受理的,裁定驳回起诉,但法律、司法解释另有规定的除外。"

本案中,民事调解书已经被撤销,不存在生效法律文书,而 GD 银行大连分行在开发区法院重审的(2015)开民初字第 1922 号已经撤回起诉,不存在《最高人民法院关于适用〈中华人民共和国民事诉讼法〉的解释》(2015)第 247 条规定"当事人就已经提起诉讼的事项在诉讼过程中或者裁判生效后再次起诉"的情况,因此,GD 银行大连分行重新提起诉讼的行为不属于重复起诉。

专家点评

一、一审阶段概要

辽宁省高级人民法院认为 GD 银行大连分行在再审一审程序审理中作为原告撤回起诉,后又以相同诉讼请求及理由向辽宁高院重复起诉,依据《最高人民法院关于适用〈中华人民共和国民事诉讼法〉的解释》(2015)第 410 条的规定,本案系属人民法院不应当受理的案件。辽宁省高级人民法院经审理后作出(2016)辽民初 13 号之一民事裁定书,裁定驳回起诉。

二、二审阶段概要

最高人民法院裁定认为:本案当事人之间尚无生效裁判确定各自的权利义务,不存在重复起诉的情形;发回重审属于再审裁判方式之一,是人民法院对再审案件经审理后作出的裁判结果,本案不属于《最高人民法院关于适用〈中华人民共和国民事诉讼法〉的解释》(2015)第 410 条第 2 款规定不予受理案件的情形,不应适用该条规定。

三、二审改判一审的主要观点分析

人民法院审理民事案件,依照法律规定实行两审终审制度。再审审查或审理作为两审终审审判制度的非常程序,在纠正错误判决、救济当事人权利方面发挥着独有作用。《最高人民法院关于适用〈中华人民共和国民事诉讼法〉的解释》(2015)第 410 条第 1 款之所以规定"一审原告在再审审理程序中申请撤回起诉,经其他当事人同意,且不损害国家利益、社会公共利益、他人合法权益的,人民法院可以准许。裁定准许撤诉的,应当一并撤销原判决……"正是基于再审审理程序中必然存在需解决的生效裁判这一外观特征。本案中,开发区法院就 GD 银行大连分行与 ZD 公司、构件公司的民事争议重审时,民事调解书早已被大连中院撤销,即开发区法院重审的一审程序中不存在一项发生既判力的生效裁判。开发区法院准予GD银行大连分行撤回起诉的同时,不需要按照《最高人民法院关于适用〈中华人民共和国民事诉讼法〉的解释》(2015)第410条第1款的规定,一并撤销"原判决"。因此,开发区法院重审的一审程序明显不具备再审程序的程序外观,GD银行大连分行并非在"再审程序"中撤诉后重复起诉。

四、法律风险提示及建议

本案的焦点:再审案件经法院撤销原生效调解书、发回重审,原一审原告在重审阶段撤回起诉后再次提起诉讼的,是否属于《最高人民法院关于适用〈中华人民共和国民事诉讼法〉的解释》(2015)第410条规定的法院不予受理的情形。本案的难点在于案件事实复杂,时间跨度大,历经多个法律程序,如何在厘清事实的基础上证明本案不属于《最高人民法院关于适用〈中华人民共和国民事诉讼法〉的解释》(2015)第410条规定的法院不予受理的情形。

本案的亮点:承办律师在二审中抽丝剥茧,充分阐述了GD银行大连分行并非在"再审程序"中撤诉后重复起诉,而是在新的一审程序中撤诉之后再重新起诉,不属于重复起诉。

优秀的律师除了掌握法条,更重要的是理解立法背景、立法法理、立法目的,具备对法律知识融会贯通、举一反三的能力。

审核人、点评人:李华(北京律师智库重大复杂案件专家组成员)

复核人:丁琛(北京律师智库重大复杂案件专家组成员)

在申诉人未参与原审诉讼的情况下，法检机关依申请在审查阶段对存疑证据进行鉴定

——A 公司与孟某甲、孟某乙、黄某、B 公司、C 公司典当纠纷案

争议焦点

原审判决是否剥夺黄某辩论权，孟某甲、孟某乙、黄某、B 公司、C 公司是否应在本案中承担责任。

关键词

合同　债务加入

案情简介

北京市炜衡律师事务所接受黄某的委托，向某省人民检察院申请检察监督，经某省人民检察院审查，向某省高级人民法院提出检察建议，某省高级人民法院再审改判黄某不承担责任，最高人民法院二审对涉及黄某的判项予以维持。

原一审法院审理查明，2012 年 9 月 13 日，孟某甲、孟某乙、黄某以其所拥有的 C 公司 100% 股权为质押物向 A 公司借款，双方签订《典当（借款）合同》《股权质押合同》，约定当物为 C 公司 100% 的股权，当物估价 2000000 元，典当金额 8100000 元。B 公司、C 公司为上述债务出具承诺书承担保证责任。合同签订后双方办理了股权质押登记手续。在典当期限届满后，A 公司催讨孟某甲等归还剩余借款。法院审理作出（2014）×民二初字第 48 号民事判决（以下简称 48 号民事判决），判决孟某甲、孟某乙、黄某偿还 A 公司典当借款本金，B 公司和 C 公司承担补充偿还责任。

黄某于 2016 年 11 月 1 日向最高人民法院申请再审称：第一，从未授权任何律师进行

过诉讼；第二，从未收到某省高级人民法院的任何通知；第三，C公司股东会决议、典当合同以及股权抵押合同上"黄某"签字系伪造。再审中，最高人民法院指定××科学技术鉴定研究所对黄某笔迹进行鉴定，鉴定意见为无法确定检材中委托人处"黄某"的签名与样本中"黄某"的签名是否为同一人书写。最高人民法院作出(2017)最高法民申×××号民事裁定书(以下简称×××民事裁定)，裁定驳回黄某的再审申请。

黄某不服48号民事判决和×××民事裁定，向某省人民检察院提出监督申请。某省人民检察院审查后，委托××司法鉴定中心对本案卷宗"黄某"签名进行鉴定，后出具(2019)文鉴字第016号《司法鉴定意见书》，鉴定意见为"黄某"签名字迹均不是黄某本人书写。基于此，某省人民检察院向某省高级人民法院提出再审检察建议。

某省高级人民法院启动再审程序，作出(2020)×民再17号民事判决，判决孟某甲、孟某乙偿还A公司典当借款本金，以及B公司和C公司对未实现部分承担连带责任。

C公司不服(2020)×民再17号民事判决上诉至最高人民法院，最高人民法院判决：(1)孟某甲、孟某乙偿还A公司典当借款本金；(2)B公司对孟某甲、孟某乙承担的前述债务承担连带保证责任，清偿债务后可以就清偿部分向孟某甲、孟某乙行使追偿权；(3)C公司对孟某甲、孟某乙不能清偿的前述债务部分承担50%赔偿责任。

案件历程

【一审判决书】

某省高级人民法院
民事判决书

(2014)×民二初字第48号

原告：A公司。住所地：某省×市××路16－56号。

法定代表人：李某，该公司总经理。

委托代理人：郭某某，××律师事务所律师。

委托代理人：董某某，××律师事务所律师。

被告：孟某甲，男，汉族，1945年××月××日生，居民身份证号码：××××××××××××××××××××，住某省××县××路208号。

委托代理人：冯某某，××律师事务所律师。

被告：孟某乙，男，汉族，1972年××月××日生，居民身份证号码：××××××××××××××××××××，住某省××县××路208号。

委托代理人:冯某某,××律师事务所律师。

被告:黄某,男,汉族,1969年××月××日生,居民身份证号码:××××××××××××××××××,住××市××区。

委托代理人:冯某某,××律师事务所律师。

被告:B公司。住所地:某省×市××路33号。

法定代表人:孟某甲,该公司经理。

委托代理人:冯某某,××律师事务所律师。

被告:C公司。住所地:某省××市××街。

法定代表人:孟某甲,该公司经理。

委托代理人;冯某某,××律师事务所律师。

原告A公司因与被告孟某甲、孟某乙、黄某、B公司、C公司典当纠纷提出诉讼,本院于2014年12月16日公开开庭进行了审理。A公司的委托代理人郭某某;孟某甲、孟某乙、黄某、B公司、C公司五被告的委托代理人冯某某均到庭参加诉讼,本案现已审理终结。

A公司诉称,该公司与孟某甲、孟某乙、黄某签订《典当(借款)合同》,孟某甲、孟某乙、黄某以其所有的C公司100%股权为质押物向A公司借款8100000元。后根据约定双方在工商局对所出质的股权进行了质押登记。但在合同签订后,被告并未按期还款,经多次催要后B公司、C公司承诺愿意承担偿还责任。故请求:1.判令孟某甲、孟某乙、黄某持有的C公司100%的股权归其所有;2.判令孟某甲、孟某乙、黄某偿还剩余典当金本金6100000元;3.请求判令孟某甲、孟某乙、黄某支付利息4543097元;4.判令B公司、C公司承担连带偿还责任。

被告答辩:一、本案中,当物C公司100%的股权估价金额为2000000元,超过了30000元,原告应当按照《典当(借款)合同》第12条的约定,与被告协商解决或由原告通过法律程序进行处置,处置收入应当折抵本案借款本金及利息,因此,本案中原告要求将当物C公司100%的股权作价2000000元判决归原告所有无任何事实及法律依据。二、本案中,被告实际收到的借款本金为7253000元,原告主张借款本金8100000元无事实及法律依据。三、本案中,被告已于2012年10月26日归还原告借款本金1000000元,现原告的剩余借款本金为6253000元。四、本案中,被告已陆续向原告支付借款利息3999000元,因此在本案原告主张的利息部分对3999000元应当予以核减;并且,在本案中,原告与被告并未对利息部分有明确约定,故本案中对利息的计算应当参照银行同类贷款利息。

本院经审理查明,2012年9月13日,孟某甲、孟某乙、黄某以其所拥有的C公司100%股权为质押物向A公司借款,双方签订《典当(借款)合同》《股权质押合同》,约定当物为C公司100%股权;当物估价2000000元;典当金额8100000元;约定典当期限为2012年9月13日至12月12日;乙方应当收取典当借款利息、综合费,但未约定费率。合同约定质押财产担保范围包括典当借款本金及利息、综合费用、违约金、诉讼费、执行费等实现质押权的其他费用;未按期支付利息和综合费,须按照应付款的千分之一每日支付违约金;逾期不赎当或者未能达成续当协议的为绝当;逾期不赎当的应当承担本合同约定的利率标准计算未归还典当借款利息和综合费用,直至清偿完毕。B公司、C公司出具承诺为上述债务承担保证责任。

合同签订后双方在××省××市工商行政管理局办理了股权质押登记手续。此后孟某甲、孟某乙、黄某既未续当也未赎当,虽经A公司再三催讨,但至今未归还,B公司、C公司也未承担保证责任。

A公司向孟某甲、孟某乙、黄某于2012年6月15日支付当金930000元;2012年6月27日支付当金558000元;2012年7月25日支付当金2325000元;2012年8月9日支付当金2790000元;2012年9月13日支付当金650000元。孟某甲、孟某乙、黄某于2012年7月17日归还款项112000元;2012年8月24日归还款项287000元;2012年10月26日归还款项1000000元;2013年1月15日归还款项200000元;2013年4月15日归还款项3400000元。

上述事实有《典当(借款)合同》、《承诺书》、《股权出质登记通知书》、当事人陈述等证据予证实。

本院经庭审归纳本案主要争议焦点为:(一)孟某甲、孟某乙、黄某持有的C公司100%的股权是否应归A公司所有;(二)孟某甲、孟某乙、黄某是否应偿还剩余典当金6100000元及支付利息4543097元;(三)B公司、C公司是否应承担连带偿还责任。

(一)孟某甲、孟某乙、黄某持有的C公司100%的股权是否应归A公司所有

本院认为,双方签订的《典当(借款)合同》系双方真实意思表示,该合同自双方签字、盖章时即已成立。因其内容不违反法律禁止性规定,应为合法有效。双方已按约定办理了股权质押登记手续,故该质权已经设立。商务部和公安部颁布的《典当管理办法》第3条规定:"本办法所称典当,是指当户将其动产、财产权利作为当物质押或者将其房地产作为当物抵押给典当行,交付一定比例费用,取得当金,并在约定期限内支付当金利息、偿还当金、赎回当物的行为。"双方间的法律关系符合典当的法律特征,故双方为典当关系。《股权质押合同》约定孟某甲、孟某乙、黄某持有的C公司100%的股权作为典当质押物系各方当事人的真实意思表示,为合法有效。根据《典当管理办法》第43条"典当行应当按照下列规定处理绝当物品:(一)当物估价金额在3万元以上的,可以按照《中华人民共和国担保法》的有关规定处理,也可以双方事先约定绝当后由典当行委托拍卖行公开拍卖。拍卖收入在扣除拍卖费用及当金本息后,剩余部分应当退还当户,不足部分向当户追索"的规定,A公司有权以C公司100%的股权折价或者以拍卖、变卖该股权的价款在合同约定的担保范围内优先受偿。

但经本院释明后,其仍然坚持请求将孟某甲、孟某乙、黄某持有的C公司100%的股权归A公司所有。其要求直接将质押物归其所有的诉请于法无据,本院不予支持。

(二)孟某甲、孟某乙、黄某是否应偿还剩余典当金本金6100000元及支付利息4543097元

A公司在主张孟某甲、孟某乙、黄某持有的C公司100%的股权2000000元归其所有后归还本金6100000元,其实质主张的本金为8100000元。经过双方当事人核对账务,实际当金为7253000元。其余847000元为预扣利息及综合费用,根据《典当管理办法》第37条第2款的规定:"典当当金利息不得预扣。"A公司预扣利息本院不予支持。本案当金7253000元,孟某甲、孟某乙、黄某理应归还。

双方当事人未约定利息、综合费费率,应按照《典当管理办法》第38条"财产权利质押典当的月综合费率不得超过当金的24‰"予以计算。《典当管理办法》第40条第1款规定"典当期限或者续当期限届满后,当户应当在5日内赎当或者续当。逾期不赎当也不续当的,为绝当"。根据《典当管理办法》规定的对于价值3万元以上的当物,典当行可以依照《担保法》和《物权法》的规定,行使担保物权进行受偿。在法律后果上,绝当意味着当户与典当行之间的借款合同终止,而且典当行有权于当期届满后处分当物。在此情况下,典当行也自当期届满之日起对当物不再负有保管责任,当户无须向典当行支付综合费。本案合同约定典当期限为2012年9月13日至12月12日,加5日宽展期,本案收取综合费期间应为2012年9月13日至12月18日,按当金的月24‰综合费收取557030.4元[2012年9月13日至12月18日(7253000元×24‰÷30天×96天=557030.4元)]。A公司其余综合费主张均没有法律依据,本院不予支持。

A公司主张2013年4月15日至2014年11月15日利息及违约金4543097元。A公司认为2013年4月15日之前利息及违约金均已经收取。但孟某甲、孟某乙、黄某认为之前支付的款项中1000000元是归还本金。本院认为,双方当事人对偿还款项性质产生争议,孟某甲、孟某乙、黄某归还款项时并未注明该款项是利息亦或者属归还本金。根据《最高人民法院关于适用〈中华人民共和国合同法〉若干问题的解释(二)》第21条:"债务人除主债务之外还应当支付利息和费用,当其给付不足以清偿全部债务时,并且当事人没有约定的,人民法院应当按照下列顺序抵充:(一)实现债权的有关费用;(二)利息;(三)主债务。"孟某甲、孟某乙、黄某之前支付的1000000元款项应认定为归还的利息。现A公司主张2013年4月15日至2014年11月15日利息及违约金4543097元。但其实际付款之日至其主张的2013年4月15日期间利息、违约金计算超过中国人民银行同期贷款利率的四倍,对于超过部分不予保护。本案所涉利息、违约金应按照实际支付款项之日起按照中国人民银行同期贷款利率6.15%

的四倍计收4101744元[2012年6月15日至2014年11月15日(930000元×24.6%÷360天×2年150天=552885元);2012年6月27日至2014年11月15日(558000元×24.6%÷360天×2年138天=327155元);2012年7月25日至2014年11月15日(2325000元×24.6%÷360天×2年110天=1318662元);2012年8月9日至2014年11月15日(2790000元×24.6%÷360天×2年96天=1555704元);2012年9月13日至2014年11月15日(650000元×24.6%÷360天×2年62天=347338元)]。

(三)B公司、C公司是否应承担连带偿还责任

B公司、C公司向A公司出具承诺为上述债务承担担保责任。该承诺对于担保方式没有约定。根据《担保法》第19条规定:“当事人对保证方式没有约定或者约定不明确的,按照连带责任保证承担保证责任。”因此,对A公司的该项诉求,本院应予支持。B公司、C公司承担连带责任保证。但根据《物权法》第176条(现《民法典》第392条)规定“没有约定或者约定不明确,债务人自己提供物的担保的,债权人应当先就该物的担保实现债权”,而本案中A公司并不要求主债务人孟某甲、孟某乙、黄某对其自己提供的股权实现担保物权,而直接要求保证人承担责任,于法无据。保证人B公司、C公司在A公司对主债务人孟某甲、孟某乙、黄某自己提供的股权实现担保物权后,承担相应的保证责任。

本院认为,原告A公司是经依法成立专门从事典当活动的合法机构,其与孟某甲、孟某乙、黄某签订的《典当(借款)合同》《股权质押合同》《承诺书》系双方当事人真实意思表示,合法有效。孟某甲、孟某乙、黄某应偿还当金本金7253000元、利息4101744元并支付综合费用557030.4元。孟某甲、孟某乙、黄某实际已支付的4999000元应按照综合费、利息、本金顺序冲抵。冲抵后孟某甲、孟某乙、黄某应向A公司支付本金6912774.4元。对于本案所涉物保的承担,当事人可以另行起诉。依照《合同法》第107条(现《民法典》第577条)、《担保法》第19条、《物权法》第176条(现《民法典》第392条)及《民事诉讼法》第142条之规定,判决如下:

一、孟某甲、孟某乙、黄某于本判决生效之日起10日内偿还A公司典当借款本金6912774.4元。

二、B公司、C公司在A公司对孟某甲、孟某乙、黄某自己提供的股权实现担保物权后,对上述债权未实现部分承担连带责任保证。承担债务后可以就承担部分向孟某甲、孟某乙、黄某行使追偿权。

三、驳回A公司的其他诉讼请求。

若未按上述判决指定的期间履行义务,应当依照《民事诉讼法》第253条的规定加倍支付迟延履行期间的债务利息。

案件受理费97659元,由孟某甲、孟某乙、黄某负担。多预交诉讼费3359元退还A公司。

如不服本判决,可在判决书送达之日起十五日内,向本院递交上诉状,并按双方当事人人数提出副本,上诉于中华人民共和国最高人民法院。

审判长　黄　×
审判员　杨××
审判员　刘　×
2015年1月28日
书记员　王××

【驳回再审裁定书】

中华人民共和国最高人民法院
民事裁定书

(2017)最高法民申×××号

再审申请人(一审被告):黄某,男,汉族,1969年××月××日生,住××市××区。

委托诉讼代理人:何某某,××律师事务所律师。

委托诉讼代理人:郑某,××律师事务所律师。

被申请人(一审原告):A公司。住所地:某省×市××路16-56号。

法定代表人:李某,该公司总经理。

委托诉讼代理人:郭某某,××律师事务所律师。

被申请人(一审被告):孟某甲,男,汉族,1945年××月××日生,住××省××县××路208号。

被申请人(一审被告):孟某乙,男,汉族,1972年××月××日生,住××省××县××路208号。

委托诉讼代理人:孟某甲,系孟某乙之父。

被申请人(一审被告):B公司。住所地:某省×市××路33号。

法定代表人:孟某甲,该公司经理。

被申请人(一审被告):C公司。住所地:××省××市××街。

法定代表人:孟某甲,该公司经理。

再审申请人黄某因与被申请人A公司、孟某甲、孟某乙、B公司、C公司典当纠纷一案,不服某省高级人民法院(2014)×民二初字第48号民事判决,向本院申请再审。本院依法组成合议庭对本案进行了审查,现已审查终结。

黄某申请再审称:1. 2016年10月20日,黄某因无法预订机票得知被列入失信被执行人名单,经向孟某甲和相关人员查询得知,A公司于2014年11月4日以与孟某甲、孟某乙、黄某、B公司、C公司存在典当纠纷为由向某省×市中级人民法院提起民事诉讼,后移送到某省高级人民法院审理。某省高级人民法院(2014)×民二初字第48号民事判决书生效后,A公司申请强制执行。黄某因长期居住在天津,对上述事宜毫不知情,既没有收到某省高级人民法院开庭通知,也没有参加案件审理,其授权委托书上的"黄某"签字和指纹均系伪造。2. 黄某与A公司没有任何业务关系。黄某持有C公司88%的股权,从未就股权质押事宜召开股东会,也未将股权质押给A公司,更未办理股权出质登记手续。本案《C公司股东会决议》《典当(借款)合同》《补充协议》《股权质押合同》上"黄某"签字和指纹均系伪造,黄某对上述合同、协议和决议的内容不予认可。3. ××律师事务所及冯某某、金某律师在未与黄某就委托事项范围、内容、权限、费用、期限等进行协商的情况下,未对他人交给的《授权委托书》进行核实就代理黄某参加诉讼,违反相关法律规定。×市中级人民法院及某省高级人民法院审理本案时在文书送达、代理人资格审查方面存在严重错误导致黄某未能参加诉讼。黄某依据《民事诉讼法》第200条第3项、第8项的规定申请再审。

A公司提交意见认为,一审判决认定事实清楚,适用法律正确,请求驳回黄某的再审申请。

本案审查期间,黄某向本院提交《司法鉴定申请书》,请求对某省×市中级人民法院(2014)×民二初字第144号案件正卷第17页授权委托书(之一)(以下简称授权委托书)上"黄某"的签名及指纹是否为其本人所留进行鉴定。鉴于该鉴定事项对于审查黄某申请再审理由是否成立具有必要性,本院审查准许黄某的鉴定申请。根据《民事诉讼法》第76条的规定,因各方当事人不能协商一致确定鉴定机构,本院指定××科学技术鉴定研究所进行鉴定。2017年7月12日,××科学技术鉴定研究所作出《××科学技术鉴定研究所情况说明》,载明因检材不具备鉴定条件,无法受理对授权委托书上的指纹是否为黄某本人所捺进行鉴定的要求。2017年9月28日,××科学技术鉴定研究所作出××〔2017〕物鉴字第136号《司法鉴定意见书》,内容为:根据现有材料,无法确定检材中委托人处"黄某"的签名与样本中"黄某"的签名是否为同一人书写。

黄某质证认为××科学技术鉴定研究所受理鉴定申请错误,鉴定内容没有科学分析,鉴定人员不具备执业资格,该鉴定意见不应采信。A公司质证认为,该鉴定意见程序合法,鉴定内容符合规定,鉴定结论应当作为证据使用。孟某甲、孟某乙、B公司对鉴定意见不发表质证意见。

本案审查期间,黄某向本院申请B公司职工隋某某、××律师事务所律师冯某某、××律师事务所律师金某作为证人出庭作证。本院予以准许。经本院通知,隋某某、冯某某、金某出庭作证。隋某某陈述其将孟某甲给其的相关文件交给金某、冯某某时授权委托书上已经有黄某签字,没有看到是谁签署的。金某陈述孟某甲委托其律师事务所代理诉讼,其未见过黄某,也未就代理费与黄某签署过合同或者收取费用,具体案件由冯某某办理。冯某某陈述,案件由金某交给其办理,因黄某在外地,其将已经加盖律师事务所公章的授权委托材料交隋某某。隋某某交回授权委托材料时已有黄某签字,其未见过黄某,也没有协商过律师费事宜。

黄某认为,上述证人证言可以证实其非因可归责于本人事由未参加本案一审诉讼。A公司认为,上述证人证言不能直接证明黄某未参加本案诉讼。孟某甲、孟某乙、B公司对证人证言未发表意见。

本院认为:

(一)关于本案黄某的授权委托书上的签字和指纹是否系伪造,本案是否存在应当参加诉讼的当事人,因不能归责于本人或者其诉讼代理人的事由,未参加诉讼的问题

黄某主张其未委托诉讼代理人参加诉讼,授权委托书上黄某的签字系伪造,并向本院提交了《司法鉴定申请书》要求对授权委托书上黄某的签名和指纹进行鉴定。鉴于本案再审审查的关键问题系查明黄某是否委托诉讼代理人参加一审诉讼活动,为了保障黄某作为案件当事人的基本诉讼权利,根据本案的特殊情况,本院依法指定××科学技术鉴定研究所进行鉴定,鉴定意见为无法确定委托人处"黄某"的签名与样本中"黄某"的签名是否为同一人书写。经本院审查,××科学技术鉴定研究所于本案委托鉴定前更换司法鉴定许可证,其更换之前的许可证有效期限为2016年6月22日至2021年6月21日,三位鉴定人李某甲、连某某、梁某某均具有司法鉴定人执业证,故黄某对于鉴定意见的异议不能成立,本院不予支持。经黄某申请,隋某某、金某、冯某某出庭所作证言为所取得的授权委托书上已有黄某的签字,不能直接证明授权委托书上黄某的签字系他人代签。孟某甲陈述黄某签字是其代签,但鉴于其与黄某均系C公司股东,且其当庭陈述与黄某之间存债权债务关系,在没有其他证据予以印证的情况下,孟某甲的陈述不能单独作为认定其代黄某签字的证据。故本案审查期间的鉴定意见、证人证言、当事人陈述等证据,均不足以证明黄某在本案一审授权委托书上的签字系伪造。

关于黄某主张××律师事务所及冯某某、金某律师在未与黄某就委托事项范围、内容、权限、费用、期限等进行协商的情况下，未对他人交给的授权委托书进行核实就代理黄某参加诉讼，违反相关法律规定的问题，该事项系委托代理法律关系相关事宜，与本案没有直接联系，本院不予审查。

关于本案诉讼文书送达及代理手续审核是否违法的问题。本案原由某省×市中级人民法院受理，后因A公司起诉主张的诉讼标的额超过中级人民法院受理案件标准而移送至某省高级人民法院审理，相关授权委托手续均存于×市中级人民法院卷宗之中，并与某省高级人民法院卷宗共同组成本案一审卷宗材料。鉴于黄某并未提交充分证据证明其授权委托书上的签字和指纹系伪造，本案中黄某的授权委托材料齐全，经核查一审卷宗，本案诉讼材料均已送达黄某的委托诉讼代理人。

综合本案审查情况，黄某未能提交充分证据证明本案授权委托书上的签字和指纹系伪造、其因不可归责于本人或者诉讼代理人的事由未参加诉讼，故对黄某该项申请再审理由，本院不予支持。

（二）关于本案认定事实的主要证据是否系伪造的问题

黄某以其未签字为由主张本案认定事实的主要证据《C公司股东会决议》《典当（借款）合同》《补充协议》《股权质押合同》系伪造，但未提交充分证据予以证明，本院对其该项申请理由不予支持。

综上，黄某的再审申请不符合《民事诉讼法》第200条第3项、第8项规定的情形。依照《民事诉讼法》第204条第1款、《最高人民法院关于适用〈中华人民共和国民事诉讼法〉的解释》第395条第2款的规定，裁定如下：

驳回黄某的再审申请。

审　判　长　刘××
代理审判员　孙　×
代理审判员　叶　×
书　记　员　魏　×
2017年11月30日
法官助理　刘××

【检察监督申请书】

检察监督申请书

申请人(一审被告):黄某,男,汉族,1969年××月××日生,居民身份证号码:××××××××××××××××××,住××市××区。

被申请人(一审原告):A公司。住所地:某省×市××路16-56号。

法定代表人:李某,该公司总经理。

被申请人(一审被告):孟某甲,男,汉族,1945年××月××日出生,居民身份证号码:××××××××××××××××××,住××省××县××路208号。

被申请人(一审被告):孟某乙,男,汉族,1972年××月××日出生,居民身份证号码:××××××××××××××××××,住××省××县××路208号。

请求事项:

不服某省高级人民法院(2014)×民二初字第48号民事判决书、(2017)最高法民申×××号民事裁定书,特请求人民检察院依法抗诉。

事实和理由:

2016年10月20日,申请人黄某因无法预订机票才得知被列入失信被执行人名单,经向孟某甲询问才得知有某省高级人民法院(2014)×民二初字第48号民事判决的存在,黄某于2017年向最高人民法院提出再审申请,2017年11月30日最高人民法院裁定驳回再审申请。现申请贵院依法抗诉,理由如下:

1. ×市中级人民法院送达程序存在问题

×市中级人民法院受理了A公司诉孟某甲、黄某、孟某乙、B公司、C公司合同纠纷一案,2012年4月30日,该法院向黄某送达《应诉通知书》等诉讼文书时,应送达给黄某的文书,交由隋某某领取,隋某某系B公司的财务总监,与黄某没有任何关系,根据《民事诉讼法》第85条的规定,×市中级人民法院交由隋某某代收黄某的诉讼文书没有任何法律和事实的依据。

2. 申请人黄某非因个人原因未参加诉讼

黄某不知道该诉讼存在,在一审开庭前没有收到任何相关文书,更没有委托任何人代为参加诉讼案件的庭审活动。关于金某、冯某某律师代为参加诉讼活动所有的委托手续均系伪造,由孟某甲签订的委托手续,孟某甲在最高人民法院2017年3月23日的询问过程中自认。在××科学技术鉴定研究所××〔2017〕物鉴字第136号司法鉴定意见:"根据现在材料,无法确定检材中委托人处'黄某'的签名与样本中'黄某'的签名是否为同一人书写。"最高人民法院(2017)最高法民申×××号民事裁定书第3页载明:"隋某某陈述其将孟某甲给其的相关文件交给金某、冯某某时授权委托书上已经有黄某签字，没有看到是谁签署的。”以上事实及证据可以形成完整的链条，能够证明黄某对此诉讼不知情并非因个人原因未参加诉讼。根据《民事诉讼法》第200条第8项的规定，该情形系可以再审的法定情形。

3. 认定本案事实的证据系伪造

该案在×市中级人民法院审理过程中，因原告增加诉讼请求而移送至某省高级人民法院审理。某省高级人民法院在审理该案过程中，据以认定案件事实的主要证据有《典当（借款）合同》及《补充协议》，《股权质押合同》《承诺书》《保证书》《授权委托书》等，另外与案件相关的材料还有股东会决议等，以上证据中，凡有“黄某”的签名的，均不是黄某本人所写，据最高人民法院2017年3月23日的询问孟某甲的笔录中，孟某甲承认是其所写。由此，该借款及典当事实，发生在孟某甲与A公司之间，并不是《典当（借款）合同》及《补充协议》等材料显示的情形，黄某对此借款、股东会并不知情且没有参与，案涉款项交接账户与黄某及C公司没有关系。某省高级人民法院据以认定案件事实的主要证据系孟某甲伪造。

4. 某省高级人民法院认定事实错误

（2014）×民二初字第48号载明：“本院审理查明，2012年9月13日，孟某甲、孟某乙、黄某以其所拥有的C公司100%股权为质押物向A公司借款……合同签订后双方在××省××市工商行政管理局办理了股权质押登记手续。”孟某甲等三人与A公司签订的《典当（借款）合同》及《补充协议》是在2012年9月13日签订，约定：C公司100%股权作为当物出质给A公司，双方的《股权质押合同》也是在2012年9月13日签订的，而所涉及的股权的质押的股东会会议是在2012年6月19日召开，2012年6月21日进行质押登记。也就意味着先有股权质押，后有相应的债权，经查阅庭审笔录，对本案中明显不符合正常的逻辑和程序的事项进行询问和查明，但法院仍认定股权质押合同成立，存在明显错误。

5. 最高人民法院驳回本案申请再审的理由不合理

黄某向最高人民法院申请再审，并申请法院对相关笔迹及指纹进行鉴定。最高人民法院对载有黄某姓名的对冯某某授权委托书进行了痕迹鉴定。鉴定意见为：“根据现在材料，无法确定检材中委托人处‘黄某’的签名与样本中‘黄某’的签名是否为同一人书写。”

（1）最高人民法院认为，鉴定意见认为根据检材无法确定授权委托书的“黄某”与样本是否为同一人所写，既然无法确定，就说明是不是黄某所写是存疑的，就应该启动再审程序，进一步进行审理查明而不是直接驳回再审申请。

（2）最高人民法院询问孟某甲的过程中，孟某甲陈述，授权委托书及所有文件的签字均是孟某甲个人写的。最高人民法院仅以孟某甲与黄某存在债权债务关系为由，对孟某甲的陈述不予认可是错误的，应结合本案中一审中隋某某的陈述、冯某某陈述及鉴定意见综合认定。

(3)最高院认为黄某提出各证据的签名系伪造的理由属于实体问题,再审审查不予处理做法错误。该理由的审查确属实体性问题,故,更应该以《民事诉讼法》第200条第3项为依据进行再审而不是直接驳回再审申请,使申请人的合法权益受到损害。

综上,某省高级人民法院(2014)×民二初字第48号民事判决严重损害了黄某的合法权益,且黄某已无其他司法救济途径,特申请贵院依法抗诉,以保护当事人合法权益,维护司法权威!

此致

某省人民检察院

申请人:黄　某

2018年11月7日

【鉴定意见书】

××司法鉴定中心
司法鉴定意见书

××司鉴中心(2019)文鉴字第016号

一、基本情况

委托人:某省人民检察院

委托事项:对某省高级人民法院(2014)×民二初字第48号卷宗中2012年6月19日的《C公司股东会决议》中全体股东签名处"黄某"签名字迹,2012年9月13日签订的《典当(借款)合同》中尾页甲方处"黄某"签名字迹,《补充协议》尾页甲方处"黄某"签名字迹,《股权质押合同》中尾页代表(签字)处"黄某"签名字迹,2015年2月15日《民事授权委托书》中2处委托人处"黄某"签名字迹,以及对某省×市中级人民法院(2014)×民二初字第144号卷宗中2014年5月4日《×市中级人民法院授权委托书(之一)》中2处委托人处"黄某"签名字迹,以上8处"黄某"签名字迹是否黄某本人书写,申请进行鉴定。

受理日期:2019年2月26日。

鉴定材料:

检材:2012 年 6 月 19 日的《C 公司股东会决议》复印件 1 份 1 页,2012 年 9 月 13 日签订的《典当(借款)合同》复印件 1 份 4 页,《典当(借款)合同补充协议》复印件 1 份 2 页,《股权质押合同》复印件 1 份 3 页,2015 年 2 月 15 日《民事授权委托书》原件 1 份 1 页,2014 年 5 月 4 日《×市中级人民法院授权委托书(之一)》原件 1 份 1 页。

样本:委托方提供的黄某亲笔书写笔迹样本原件 1 页、复印件 1 页。

二、基本案情

对送检的 6 份检材中 8 处“黄某”签名字迹是否为黄某本人书写,当事方对此持有异议,申请进行鉴定。

三、鉴定过程

鉴定材料原件特征反映充分,具备检验条件,不做特殊处理。检验时依据《文书鉴定通用规范》(SF/ZJD0201001 – 2010)和《笔迹鉴定规范》(SF/ZJD0201002 – 2010),使用本中心文件检验实验室 StemiDV4 立体显微镜对送检材料进行检验。

对送检的某省高级人民法院(2014)×民二初字第 48 号卷宗中 2012 年 6 月 19 日的《C 公司股东会决议》中全体股东签名处“黄某”签名字迹,2012 年 9 月 13 日签订的《典当(借款)合同》中尾页甲方处“黄某”签名字迹,《补充协议》尾页甲方处“黄某”签名字迹,《股权质押合同》中尾页代表(签字)处“黄某”签名字迹,2015 年 2 月 15 日《民事授权委托书》中 2 处委托人处“黄某”签名字迹,以及对某省×市中级人民法院(2014)×民二初字第 144 号卷宗中 2014 年 5 月 4 日《×市中级人民法院授权委托书(之一)》中 2 处委托人处“黄某”签名字迹,以上 8 处“黄某”签名字迹与委托方提供的黄某亲笔书写签名字迹样本进行分别检验与比较检验时,发现在“黄、申”等字的起、收笔动作、运笔趋势、笔画搭配关系、连笔动作、笔顺、写法等特征均反应明显差异。

四、分析说明

以上检材与样本中的“黄某”签名字迹,经检验所出现的差异特征,反映出不同人的书写习惯,说明二者不是同一人所书写。

五、鉴定意见

某省高级人民法院(2014)×民二初字第 48 号卷宗中 2012 年 6 月 19 日的《C 公司股东会决议》中全体股东签名处“黄某”签名字迹,2012 年 9 月 13 日签订的《典当(借款)合同》中尾页甲方处“黄某”签名字迹,《补充协议》中尾页甲方处“黄某”签名字迹,《股权质押合同》中尾页代表(签字)处“黄某”签名字迹,2015 年 2 月 15 日《民事授权委托书》中 2 处委托人处“黄某”签名字迹,以及对某省×市中级人民法院(2014)×民二初字第 144 号卷宗中 2014 年 5 月 4 日《×市中级人民法院授权委托书(之一)》中 2 处委托人处“黄某”签名字迹,以上 8 处“黄某”签名字迹均不是黄某本人书写。

2019 年 3 月 4 日

【再审检察建议书】

某省人民检察院
再审检察建议书

×检民（行）监〔2018〕63000000042 号

黄某因与 A 公司、孟某甲、孟某乙、B 公司、C 公司典当借款合同纠纷一案，不服某省高级人民法院（2014）×民二初字第 48 号民事判决和（2017）最高法民申×××号民事裁定，向本院申请监督。本院现已审查终结。

2014 年 4 月 11 日 A 公司因与孟某甲、孟某乙、黄某、B 公司典当纠纷向×市中级人民法院提起诉讼。请求依法判令孟某甲、孟某乙、黄某给付借款 810 万元，并承担全部诉讼费用。在案件审理中 A 公司要求增加诉讼请求 510.3 万元致使案件标的额达到 1320.3 万元，超过受诉法院级别管辖标准，孟某甲对管辖权提出异议。×市中级人民法院认为案件标的额已超过级别管辖的标准，对案件无管辖权，应当移送上级人民法院管辖。2016 年 6 月 20 日×市中级人民法院（2014）×民二初字第 144 号民事裁定书裁定：孟某甲对管辖权提出的异议成立，本案移送某省高级人民法院。

×市中级人民法院于 2017 年 7 月 14 日将案件移送某省高级人民法院审理。A 公司在诉状中追加 C 公司为被告，请求判令：1. 孟某甲、孟某乙、黄某持有的 C 公司 100% 的股权归其所有；2. 孟某甲、孟某乙、黄某偿还剩余典当金本金 610 万元；3. 孟某甲、孟某乙、黄某支付利息 454.3097 万元；4. B 公司、C 公司承担连带偿还责任。

一审法院判决查明及认定部分（略）。

一审判决后 A 公司提出上诉。在二审审理期间 A 公司申请撤回上诉。2015 年 11 月 25 日最高人民法院（2015）民一终字第×××号民事裁定书，裁定准予 A 公司撤回上诉。

2016 年 11 月 1 日黄某因与 A 公司、孟某甲、孟某乙、B 公司、C 公司典当纠纷一案，不服某省高级人民法院（2014）×民二初字第 48 号民事判决，向最高人民法院申请再审。2017 年 1 月 23 日最高人民法院立案。

再审法院判决查明及认定部分（略）。

黄某不服某省高级人民法院(2014)×民二初字48号民事判决和最高人民法院(2017)最高法民申×××号民事裁定书，向检察机关提出申请监督。

本院审查认定的基本事实与法院认定事实基本一致。

另经申请人申请及审查案件需要调查核实案件事实，本院委托××司法鉴定中心，对某省高级人民法院(2014)×民二初字第48号卷宗中2012年6月19日的《C公司股东会决议》中全体股东签名处“黄某”签名字迹，2012年9月13日签订的《典当(借款)合同》中尾页甲方处“黄某”签名字迹，《补充协议》尾页甲方处“黄某”签名字迹，《股权质押合同》中尾页代表(签字)处“黄某”签名字迹，2015年2月15日《民事授权委托书》中2处委托人处“黄某”签名字迹，以及对某省×市中级人民法院(2014)×民二初字第144号卷宗中2014年5月4日《×市中级人民法院授权托书(之一)》中2处委托人处“黄某”签名字迹，以上8处“黄某”签名字迹是否黄某本人书写，申请进行鉴定。××司法鉴定中心××司鉴中心(2019)文鉴字第016号《司法鉴定意见书》鉴定意见：某省高级人民法院(2014)×民二初字第48号卷宗中2012年6月19日的《C公司股东会决议》中全体股东签名处“黄某”签名字迹，2012年9月13日签订的《典当(借款)合同》中尾页甲方处“黄某”签名字迹，《补充协议》尾页甲方处“黄某”签名字迹，《股权质押合同》中尾页代表(签字)处“黄某”签名字迹，2015年2月15日《民事授权委托书》中2处委人处“黄某”签名字迹，以及对某省×市中级人民法院(2014)×民二初字第144号卷宗中2014年5月4日《×市中级人民法院授权委托书(之一)》中2处委托人处“黄某”签名字迹，以上8处“黄某”签名字迹均不是黄某本人书写。

本院认为，某省高级人民法院(2014)×民二初字第48号民事判决，最高人民法院(2017)最高法民申×××号民事裁定错误。理由如下：

一、××科学技术鉴定研究所××〔2017〕物鉴字第136号司法鉴定意见不能作为证据使用。

最高人民法院再审审查案件时，根据黄某的申请对“《×市中级人民法院授权委托书(之一)》上的‘黄某’签字笔迹的真实性”进行鉴定，并指定××科学技术鉴定研究所进行鉴定。××科学技术鉴定研究所2017年9月28日作出××〔2017〕物鉴字第136号司法鉴定意见书：四、分析说明“综合评断检材与样本中的‘黄某’签名字迹，两者笔迹特征既存在符合，又有一定差异之处，无法评断其特征的价值。”五、鉴定意见“根据现有材料，无法确定检材中委托人处‘黄某’的签名与样本中‘黄某’的签名是否为同一人书写。”

从文义解释来看。从文义上理解此鉴定意见就是有可能是黄某签名，也有可能不是黄某签名，既不能作出确定性结论也不能做出非确定性结论。作为证据必须要具备“客观性、关联性和合法性”，关联性是证据必备的自然属性，是证据能够被采纳的首要条件,是证据对案件事实所具有的证明性,如果证据与待证事实没有实质关系,也就没有关联性,且证据的这三个属性是人民法院审查判断证据证明力的基础,不具备这些属性的证据因不具有证据能力和证明价值应当予以排除。该鉴定意见的不确定,对待证事实没有实质关系,即不存在关联性,也就失去了证明的价值和证明的能力,因此(2017)最高法民申×××号民事裁定书中法院在认定一审授权委托书上的签字是否系伪造的这一事实时将该鉴定意见作为证据使用,认为"本案审查期间的鉴定意见、证人证言、当事人陈述等证据,均不足以证明黄某在本案一审授权委托书上的签字系伪造的"显属不当。

从法律规定来看。根据中华人民共和国司法部、司法鉴定管理局2010年4月7日发布的《笔迹鉴定规定》第三部分笔迹鉴定结论的种类及判断依据第3.3条的规定,该鉴定系无法作出鉴定结论的情形,既然无法作出鉴定结论那么就不符合法律规定证据属性的要求即不能够作为证据,故法院在再审审查案件时不应将该鉴定意见作为证据使用。

二、当事人黄某非本人原因未参加诉讼,也未曾委托代理人参加诉讼,当事人黄某未行使辩论权利。

(一)送达程序违法。根据《民事诉讼法》第85条第1款规定:"送达诉讼文书,应当直接送交受送达人。受送达人是公民的,本人不在交他的同住成年家属签收;受送达人是法人或者其他组织的,应当由法人的法定代表人、其他组织的主要负责人或者该法人、组织负责收件的人签收;受送达人有诉讼代理人的,可以送交其代理人签收;受送达人已向人民法院指定代收人的,送交代收人签收。"《最高人民法院关于适用〈中华人民共和国民事诉讼法〉的解释》第132条规定:"受送达人有诉讼代理人的,人民法院既可以向受送达人送达,也可以向其诉讼代理人送达。受送达人指定诉讼代理人为代收人的,向诉讼代理人送达时,适用留置送达。"本案中,A公司向×市中级人民法院提起诉讼后,×市中级人民法院应当向黄某送达的应诉通知书、合议庭组成人员通知书、举证通知书、传票等诉讼文书均是由B公司职工隋某某签收的,黄某与隋某某没有任何关系,也无证据证实黄某对其进行委托。×市中级人民法院(2014)×民二初字第144号民事裁定书送达签收人为律师冯某某。在案件移送某省高级人民法院审理后,法院送达的应诉通知书、举证通知书、传票等文书均是由冯某某律师签收后交由隋某某转给孟某甲。黄某本人在一审开庭前没有收到任何相关文书,更没有委托任何人代为参加诉讼案件的庭审活动。证人B公司职工隋某某陈述其将孟某甲给其的相关文件交给金某、冯某某时授权委托书上已经有黄某签字,没有看到是谁签署的,而又经其签收的法律文书都交给了孟某甲。律师金某在最高人民法院询问笔录中证实:"委托合同是孟某甲拿去签的,签字的时候黄某本人没来,也未与黄某当面协商过授权内容、范围、律师费等,黄某没有到过律所,手续是孟某甲拿走签的字,我们都不知道签字是怎么来的。”冯某某证言中证实，“最开始隋某某和孟某甲拿着A公司的起诉材料找到金某，金某看过后交代我办理此案。后期的事情都是隋某某和我接触，办理委托手续的时候说黄某在外地无法签署。过了一段时间，隋某某拿回手续，说是黄某签署后的。到省高法的时候委托手续黄某还是无法签字，我就让我所出了一个说明。拿到判决书以后，B公司表示要上诉。我写好了上诉状，所里出了委托手续，隋某某拿走过了一段时间拿回一切材料，我就交到法院”。冯某某还证实在办理案件中从未见过黄某也未与黄某联系过。金某、冯某某律师代为参加诉讼活动所有的委托手续均系孟某甲一人签订的，孟某甲在最高人民法院2017年3月23日的询问过程中自认。《授权委托书》经鉴定“黄某”的签字笔迹不是本人书写，法律文书送达签收是隋某某和冯某某，黄某本人并未签收。以上事实及证据可以形成完整的链条，证实法院送达程序违法，黄某未曾收到任何法律文书通知其到庭参与诉讼，其也未委托律师代为参与诉讼。

（二）剥夺了当事人的辩论权利。辩论权是当事人享有的一项重要诉讼权利，也是民事诉讼程序正义的内在要求。当事人通过行使辩论权，针对对方提出主张所依据的事实和法律进行辩解和反驳，并表明自己的事实和法律主张，使人民法院查清案件事实和作出裁判。根据《民事诉讼法》第12条“人民法院审理民事案件时，当事人有权进行辩论”的规定，在人民法院主持下，民事诉讼当事人就案件事实、争议的问题和适用的法律，有权各自陈述其主张和依据，相互进行反驳和答辩，以维护自己的合法权益。赋予当事人辩论权利是民事法律关系的性质在民事诉讼中的延伸，旨在通过当事人双方的辩论，将案件争议的事实呈现在处于中立地位的第三者法官面前，是人民法院作出最后裁判以及当事人自我负责机制的正当性基础。若没有赋予当事人辩论权利，查清案件事实、正确适用法律就失去了基本的保障，裁判的公正性便大受质疑。本案中×市中级人民法院未按照法律规定依法向黄某送达案件相关诉讼文书，送达程序违法致使黄某无法行使其辩论的权利。某省高级人民法院在审理案件时送达的法律文书均是由律师冯某某签收后转交给隋某某，由隋某某交给孟某甲，而黄某的委托授权书签字经鉴定均非黄某本人笔迹，孟某甲自认系其在黄某不知情的情形下由其签署的“黄某”姓名。法院庭审记录也证实黄某未参加庭审。黄某在诉讼中的辩论权被剥夺。

三、原判决、裁定认定的事实缺乏证据证明，认定的事实主要证据是伪造的。

合同是以设立、变更、终止民事权利义务关系为目的的民事法律关系，是两方以上当事人的意思表示一致的民事法律行为，成立必须有两方以上当事人，相互作出意思表示，并且取得一致。黄某在向最高人民法院申请再审时提出，其本人不知道孟某甲向A公司借款一事，也未参与与A公司签订《典当（借款）合同》，合同上“黄某”的签名系伪造的。××司法鉴定中心××司鉴中心（2019）文鉴字第016号《司法鉴定意见书》鉴定意见:某省高级人民法院(2014)×民二初字第48号卷宗中2012年9月13日签订的《典当(借款)合同》中尾页甲方处“黄某”签名字迹不是黄某本人书写。在最高人民法院再审和检察机关的案件审查中孟某甲均提出,2012年9月13日签订的《典当(借款)合同》“黄某”的签名是由其签的,黄某本人并不知道向A公司借款和签订《典当(借款)合同》一事。案件中也无证据证实签订《典当(借款)合同》是由黄某委托孟某甲代为签名的。

就《股权质押合同》而言,该合同不能成立。案件证据材料中的《补充协议》规定“当户与A公司签订的典当借款合同中质押物为C公司100%股权,以及公司名下资产”。黄某本人辩称对签订《股权质押合同》不知晓未参与。××司法鉴定中心××司鉴中心(2019)文鉴字第016号《司法鉴定意见书》鉴定意见:某省高级人民法院(2014)×民二初字第48号卷宗中2012年6月19日的《C公司股东会决议》中全体股东签名处“黄某”签名字迹,《补充协议》尾页甲方处“黄某”签名字迹,《股权质押合同》中尾页代表(签字)处“黄某”签名字迹,均不是黄某本人书写。黄某在C公司占88%的股权,其本人未参加股东会议也未参与《股权质押合同》的签订,孟某甲亦证实黄某未参与,“黄某”的签名均是由其签署,案件中也无证据证实孟某甲是受黄某委托代为签名。

所谓缺乏证据证明是指缺乏能够证明案件事实所必不可少的证据,也就是说缺乏认定案件所需要基本证据或主要证据,或认定的事实没有达到高度盖然性的证明标准。主要证据是对应于案件的基本事实或主要事实而言的,是指能够证明案件基本事实、具有足够证明力必不可少的证据。本案中××司法鉴定中心××司鉴中心(2019)文鉴字第016号《司法鉴定意见书》鉴定意见,证实《C公司股东会决议》中全体股东签名处“黄某”签名字迹,《典当(借款)合同》中尾页甲方处“黄某”签名字迹,《补充协议》尾页甲方处“黄某”签名字迹,《股权质押合同》中尾页代表(签字)处“黄某”签名字迹,《民事授权委托书》中2处委托人处“黄某”签名字迹,以及对某省×市中级人民法院(2014)×民二初字第144号卷宗中2014年5月4日《×市中级人民法院授权委托书(之一)》中2处委托人处“黄某”签名字迹,以上8处“黄某”签名字迹均不是黄某本人书写。且案件中孟某甲、隋某某、金某、冯某某等人的证言以及法院庭审笔录等证据与鉴定意见能够形成一个完整的证据链,证实法院原判决、裁定认定的基本事实缺乏证据证明,主要证据是伪造的。

案件在最高人民法院再审审查时,黄某提出鉴定申请,最高人民法院根据黄某的申请仅对“《×市中级人民法院授权委托书(之一)》上的‘黄某’签字笔迹的真实性”进行鉴定,并指定××科学技术鉴定研究所进行鉴定。××科学技术鉴定研究所××〔2017〕物鉴字第136号司法鉴定意见:“根据现有材料,无法确定检材中委托人处‘黄某’的签名与样本中‘黄某’的签名是否为同一人书写。”本案虽在再审时法院已委托对其中一份授权委托书进行鉴定但鉴定机构并未作出具体鉴定结论，而本案中需要确定黄某是否签订《典当（借款）合同》、是否委托代理人参加一审诉讼活动等，经审查案件中反映出所有认定的事实的证据及参与诉讼的授权委托书中的“黄某”签名均有可能不是其本人签署，也无证据证实黄某有委托他人代为签字的证据，因此涉及案件审理程度是否合法和认定事实的主要证据是否缺乏的问题。案件当事人孟某甲提出“黄某”的签名均不是其本人签署，一审委托的律师始终未见到过黄某也未见到黄某签署委托书等情况，本案存在疑点较多。为避免出现法律事实和客观事实的不一致，避免司法权的主观臆断和推论的不科学，且有必要查明人民法院审判活动合法和保障申请人的合法权益，因此本院认为本案有必要对“黄某”签名笔迹进行专门性的鉴定。

本院依法委托××司法鉴定中心，对某省高级人民法院（2014）×民二初字第48号卷宗中2012年6月19日的《C公司股东会决议》中全体股东签名处“黄某”签名字迹，2012年9月13日签订的《典当（借款）合同》中尾页甲方处“黄某”签名字迹，《补充协议》尾页甲方处“黄某”签名字迹，《股权质押合同》中尾页代表（签字）处“黄某”签名字迹，2015年2月15日《民事授权委托书》中2处委托人处“黄某”签名字迹，以及对某省×市中级人民法院（2014）×民二初字第144号卷宗中2014年5月4日《×市中级人民法院授权委托书（之一）》中2处委托人处“黄某”签名字迹，以上8处“黄某”签名字迹是否黄某本人书写，申请进行鉴定。××司法鉴定中心××司鉴中心（2019）文鉴字第016号《司法鉴定意见书》鉴定意见：某省高级人民法院（2014）×民二初字第48号卷宗中2012年6月19日的《C公司股东会决议》中全体股东签名处“黄某”签名字迹，2012年9月13日签订的《典当（借款）合同》中尾页甲方处“黄某”签名字迹，《补充协议》尾页甲方处“黄某”签名字迹，《股权质押合同》中尾页代表（签字）处“黄某”签名字迹，2015年2月15日《民事授权委托书》中2处委托人处“黄某”签名字迹，以及对某省×市中级人民法院（2014）×民二初字第144号卷宗中2014年5月4日《×市中级人民法院授权委托书（之一）》中2处委托人处“黄某”签名字迹，以上8处“黄某”签名字迹均不是黄某本人书写。

综上，某省高级人民法院作出的（2014）×民二初字第48号民事判决剥夺了当事人辩论权利，认定的基本事实缺乏证据证明，认定事实的主要证据是伪造的。经本院检察委员会讨论决定，根据《民事诉讼法》第200条第2项、第3项、第9项，第208条第2款之规定，特提出再审检察建议，请在收到后三个月内将审查结果书面回复本院。

此致

某省高级人民法院

附：检察卷宗贰册

【裁定再审民事裁定书】

某省高级人民法院
民事裁定书

(2019)×民监7号

监督机关:某省人民检察院。

申诉人(一审被告、再审申请人):黄某,男,汉族,1969年9月6日出生,住××市××区。

被申诉人(一审原告、再审被申请人):A公司,住所地某省×市××路16-56号。

法定代表人:李某,总经理。

被申诉人(一审被告、再审被申请人):孟某甲,男,汉族,1945年××月××日出生,住××省××县××路208号。

被申诉人(一审被告、再审被申请人):孟某乙,男,汉族,1972年××月××日生,住××省××县××路208号。

被申诉人(一审被告、再审被申请人):B公司,住所地某省×市××路33号。

法定代表人:孟某甲,经理。

被申诉人(一审被告、再审被申请人):C公司,住所地××省××市××街。

法定代表人:孟某甲,经理。

申诉人黄某因与被申诉人A公司典当纠纷一案,不服本院于2015年1月28日作出的(2014)×民二初字第48号民事判决,向某省人民检察院申诉。某省人民检察院以×检民(行)监〔2018〕63000000042号再审检察建议书向本院提出再审检察建议。经本院院长提交审判委员会讨论认为,在案证据证实黄某本人未参加原一审诉讼活动,为保障其行使诉讼辩论权利,本案应予再审。依照《民事诉讼法》第40条第2款、第198条第1款、第206条之规定,裁定如下:

一、本案由本院另行组成合议庭再审;

二、再审期间,中止原判决的执行。

审判长　李××

审判员　赵　×

审判员　康　×

2019年12月6日

书记员　魏××

【再审申请书】

再审申请书

申请人：黄某，男，汉族。

被申请人一：A公司，住所地：某省×市××路80号24号楼80-268室。

法定代表人：李某，系公司执行董事兼总经理。

被申请人二：孟某甲，男，汉族。

被申请人三：孟某乙，男，汉族。

被申请人四：B公司，住所地：某省×市××路33号。

法定代表人：孟某甲，系公司执行董事。

被申请人五：C公司，住所地：某省××市××街。

法定代表人：常某，系公司经理。

申请人与被申请人典当纠纷案，不服某省高级人民法院(2014)×民二初字第48号民事判决书，向贵院申请再审。

再审请求：

1. 依法撤销(2014)×民二初字第48号民事判决书第一项和第二项；

2. 依法改判驳回A公司对黄某、C公司的诉讼请求；

3. 依法判令再审被申请人承担一、二审诉讼费用、本案鉴定费43300元、律师代理费660000元。

事实与理由：

本案有新的证据，能够证明《典当(借款)合同》《典当(借款)合同补充协议》《股权质押合同》等文件中签字处"黄某"的签名非黄某本人书写。黄某非本案借款人、质押人，应依法驳回A公司对黄某的诉讼请求。

经某省人民检察院委托，××司法鉴定中心出具××司鉴中心(2019)文鉴字第016号《鉴定意见书》，经鉴定，"2012年6月19日的《C公司股东会决议》中全体股东签名处'黄某'签名字迹、2012年9月13日签订的《典当(借款)合同》中尾页甲方处'黄某'签名字迹、《补充协议》尾页甲方处'黄某'签名字迹、《股权质押合同》中尾页代表(签字)处'黄某'、2015年2月15日《民事授权委托书》中2处委托人处'黄某'签名笔迹、《×市中级人民法院授权委托书(之一)》中2处委托人处'黄某'签名字迹，以上8处'黄某'签名字迹均不是黄某本人书写"。

一、申请人与被申请人一之间不成立典当(借款)关系，非实际借款人，不应承担还款义务。

1. 根据鉴定意见及被申请人二孟某甲的陈述，《典当(借款)合同》《补充协议》中

"黄某"签名字迹均不是黄某本人书写，而是被申请人二在申请人不知情的情况下冒签。被申请人一对此未尽审查义务，甚至指示被申请人二冒签。故申请人对该笔借款不应承担还款责任。

(2019)文鉴字第016号《鉴定意见书》中载明，2012年9月13日签订的《典当（借款）合同》中尾页甲方处"黄某"签名字迹、《补充协议》尾页甲方处"黄某"签名字迹均不是黄某本人书写。结合2017年3月23日孟某甲在最高人民法院询问笔录中所述，"我当时说了黄某没有签字，典当行本身也是知道的。当时签字的时候我说我一个人签就行了，对方说股东都要签字，说你代签吧，我就都签了，典当行现在想从黄某那里要钱"（第73页第9行）。可以看出，黄某既不知晓借款事实，更未在《典当（借款）合同》及《补充协议》上签字，不应承担还款责任。

2. 黄某未实际收到任何款项，非本案实际借款人。在案证据证明该款项实际用款人为被申请人四B公司，该公司与黄某无任何关联关系。

在案证据证明，原审原告及其关联方通过转账、取款等方式交付钱款给孟某甲、孟某丙、廖某某等人，并无任何款项交付给黄某，收款人与黄某也无任何关联。结合B公司2015年1月15日出具的《情况说明》中载明"B公司实际收到A公司借款明细……"（时间及金额与原告出示的借款凭证相符），以及2017年3月23日最高人民法院询问笔录中记载孟某甲的陈述"我已经跟典当行说了，钱是B公司使用的，我也说了和黄某没有关系"（第74页第一行），可以证明黄某既非收款人也非实际使用人，与该款项无任何关联。

综上，申请人并未在任何合同中签字，被申请人一对此知情，甚至指示被申请人二冒签；且申请人未收到任何款项，非本案借款人，不应承担还款责任。原审法院判决对此认定错误，应予纠正。

二、原审判决认定"合同签订后双方在××省××市工商行政管理局办理了股权质押登记手续"（第3页倒数第二段），系事实认定错误。经查询工商档案，双方未就本案股权质押合同办理股权质押登记手续，质权未设立。黄某未在2012年9月13日《股权质押合同》中签字，该合同对黄某不发生法律效力，黄某不应承担合同责任。

1. 本案中，《股权质押合同》形成于2012年9月13日，而股权质押登记时间为2012年6月21日，可见股权质押登记对应合同非本案《股权质押合同》。经查询C公司工商档案，被申请人一原审中提交的股权出质设立登记通知书对应的办理质押登记的合同为2012年6月20日签订的《股权质押合同》，借款金额为壹佰万元。

根据《物权法》第226条（现《民法典》第443条）的规定，"股权出质的，当事人应当订立书面合同。……以其他股权出质的，质权自工商行政管理部门办理出质登记时设立"。可见本案质权未设立。原审判决认定"保证人B公司、C公司在A公司对主债务人孟某甲、孟某乙、黄某自己提供的股权实现担保物权后，承担相应的保证责任”系错误，贵院应予纠正。

2. 根据鉴定意见及被申请人二孟某甲的陈述，《C公司股东会决议》中全体股东签名处“黄某”签名字迹、《股权质押合同》中尾页代表(签字)处“黄某”均不是黄某本人书写。被申请人一对此知情，且指示被申请人二冒签。《股权质押合同》对黄某不发生法律效力。

黄某既无质押股权的意思表示，也未在《股权质押合同》中签字，该合同对黄某不发生法律效力。且结合2017年3月23日最高人民法院询问笔录记载孟某甲所述“在办手续的时候他说用C公司抵押，我说C公司的一部分代持在黄某手里，他说你先质押了，以后还了就行。我说黄某是不可能签字的，他说那就不签了，你代签吧，我说那就不能算黄某的责任，他也同意”(第75页倒数第六行)。

本案中，申请人未在《股权质押合同》中签字，与被申请人一不成立股权质押合同关系；且被申请人一与被申请人二恶意损害申请人利益，被申请人一无权要求申请人履行该合同。

三、原审判决认定B公司、C公司出具承诺为上述债务承担保证责任，系认定事实错误。2014年1月20日签订的《承诺书》，在2014年2月26日，孟某甲单方面做出“款项实际使用人为B公司，C公司为担保人”，没有加盖C公司的公章。根据《公司法》第16条的规定，“公司为公司股东或者实际控制人提供担保的，必须经股东会或者股东大会决议”。公司未就此事项召开股东会，被申请人也未就股东会决议进行审查，不能认定为善意相对人。根据《民法总则》第61条(现《民法典》第61条)，《合同法》第50条(现《民法典》第504条)以及《九民纪要》第17条、第18条的规定，C公司不应承担担保责任。

四、因被申请人导致申请人耗费巨大的精力、财力投入诉讼维权中，被列为失信被执行人给申请人造成巨大的经济损失。仅在本案中，申请人支付鉴定费用43300元、律师代理费用共计660000元，这两项支出应由被申请人承担，请贵院依法予以支持。

综上，申请人非本案典当借款人、质押人，不应承担还款、质押的义务，C公司不应承担担保责任，应依法驳回原审原告对黄某和C公司的诉讼请求，本案鉴定费用43300元、律师代理费660000元由被申请人承担，同时申请人保留向被申请人继续追责的权利。

此致

某省高级人民法院

申请人：黄某

2020年6月1日

【代理意见】

代理意见

尊敬的审判长、审判员：

北京市炜衡律师事务所接受黄某的委托，指派李佳芯律师、孟凡娟律师为其诉讼代理人参加本案的开庭审理，现就合议庭归纳的争议焦点，根据事实和法律发表以下代理意见：

一、黄某非本案借款人，不应承担本案还款义务，综合庭审情况，本案还款义务应由孟某甲和B公司承担。

（一）根据鉴定意见和庭审过程中孟某甲的陈述以及证人王某的证言，《典当（借款）合同》《补充协议》中"黄某"签名字迹均不是黄某本人书写，而是A公司经理李某指使孟某甲在黄某不知情的情况下冒签。故黄某对该笔借款不应承担还款责任。

（2019）文鉴字第016号《鉴定意见书》中载明，2012年9月13日签订的《典当（借款）合同》中尾页甲方处"黄某"签名字迹、《补充协议》尾页甲方处"黄某"签名字迹均不是黄某本人书写。结合2017年3月23日孟某甲在最高人民法院询问笔录中所述，"我当时说了黄某没有签字，典当行本身也是知道的。当时签字的时候我说我一个人签就行了，对方说股东都要签字，说你代签吧，我就都签了，典当行现在想从黄某那里要钱"（第73页第9行），以及庭审过程中孟某甲的陈述，"事情都是我和A公司的李某办的，黄某、孟某乙都不知道。当时李某看着我签的字"。可以看出，黄某既不知晓借款事实，更未在《典当（借款）合同》及《补充协议》上签字，不应承担还款责任。

（二）黄某未实际收到任何款项，非本案实际借款人。在案证据证明本案借款人为孟某甲，实际用款人为B公司。

在案证据证明，A公司及其关联方通过转账、取款等方式交付钱款给孟某甲、孟某丙、廖某某等人，并无任何款项交付给黄某，收款人与黄某也无任何关联。结合B公司2015年1月15日出具的《情况说明》中载明"B公司实际收到A公司借款明细……"以及2017年3月23日最高人民法院询问笔录中记载孟某甲的陈述"我已经跟典当行说了，钱是B公司使用的，我也说了和黄某没有关系"（第74页第一行）和庭审中孟某甲及B公司代理人自述款项实际使用人是B公司，可以证明黄某既非收款人也非实际使用人，与该款项无任何关联。

综上，黄某并未在任何合同中签字，系A公司经理李某指使孟某甲在合同中签署黄某的名字；黄某未收到任何款项，非本案借款人，不应承担还款责任。还款义务应由借款人孟某甲和实际使用人B公司承担。

二、黄某非本人原因未参加诉讼,也未曾委托代理人参加诉讼,原审程序剥夺了黄某的辩论权利。

本案中,A公司向某省×市中级人民法院提起诉讼后,×市中级人民法院应当向黄某送达的应诉通知书、合议庭组成人员通知书、传票等诉讼文书均是由B公司职工隋某某签收的,黄某与隋某某无任何关系。×市中级人民法院(2014)×民二初字第144号民事裁定书送达签收人为律师冯某某。在案件移送某省高级人民法院审理后,法院送达的应诉通知书、举证通知书、传票等文书均是由冯某某律师签收后交给隋某某转交给孟某甲。黄某本人在一审开庭前没有收到任何相关文书。2017年11月7日,最高人民法院询问笔录中隋某某陈述,其将孟某甲给其的相关文件交给金某、冯某某时授权委托书上已经有黄某签字,没有看到是谁签署的,而又经其签收的法律文书都交给了孟某甲。金某陈述,委托合同是孟某甲拿去签的,签字的时候黄某本人没来,也未与黄某当面协商过授权内容、范围、律师费等,黄某没有到过律所,手续是孟某甲拿走签的字,我们都不知道签字是怎么来的。冯某某的陈述,最开始隋某某和孟某甲拿着A公司的起诉材料找到金某,金某看过后交代我办理此案。后期的事情都是隋某某和我接触,办理委托手续时说黄某在外地无法签署。过了一段时间,隋某某拿回手续,说是黄某签署后的。《授权委托书》经鉴定"黄某"的签字笔迹不是本人书写。根据《民事诉讼法》第85条第1款的规定,"送达诉讼文书,应当直接送交受送达人。……"在黄某未委托任何代理人的情况下,法院应将相关诉讼文书送达至黄某本人。本案中,因×市中级人民法院送达程序违法导致黄某无法行使辩论权利。

综上,原审送达程序违法,导致黄某无法行使辩论权。

三、孟某甲、孟某乙、黄某持有的C公司100%股权不应归A公司所有。本案《股权质押合同》未办理股权质押登记手续,质权未设立。黄某未在2012年9月13日《股权质押合同》中签字,该合同对黄某不发生法律效力,黄某不应承担合同责任。

(一)《物权法》第211条(现《民法典》第428条)规定:"质权人在债务履行期届满前,不得与出质人约定债务人不履行到期债务时质押财产归债权人所有。"A公司主张孟某甲、孟某乙、黄某持有的C公司100%股权无事实和法律依据,依法应予驳回。

(二)本案中,2012年9月13日签订的《股权质押合同》未办理股权质押登记,质权未设立。

经查询C公司工商档案,A公司原审中提交的股权出质设立登记通知书对应的办理质押登记的合同为2012年6月20日签订的《股权质押合同》,借款金额为壹佰万元。

根据《物权法》第226条(现《民法典》第443条),"股权出质的,当事人应当订立书面合同。……以其他股权出质的,质权自工商行政管理部门办理出质登记时设立"。可见,本案质权因未办理出质登记而未设立。原审判决认定"保证人B公司、C公司在A公司对主债务人孟某甲、孟某乙、黄某自己提供的股权实现担保物权后,承担相应的保证责任"系错误,贵院应予纠正。

(三)根据鉴定意见和孟某甲的陈述以及证人王某的证言,《股权质押合同》中尾页代表(签字)处"黄某"不是黄某本人书写,而是A公司经理李某指使孟某甲冒签。《股权质押合同》对黄某不发生法律效力。

黄某既无质押股权的意思表示,也未在《股权质押合同》中签字,该合同对黄某不发生法律效力。且结合2017年3月23日最高人民法院询问笔录记载孟某甲所述"在办手续的时候他说用C公司抵押,我说C公司的一部分代持在黄某手里,他说你先质押了,以后还了就行。我说黄某是不可能签字的,他说那就不签了,你代签吧,我说那就不能算黄某的责任,他也同意"(第75页倒数第六行)及孟某甲当庭陈述,"事情都是我和李某两个人办的,我当时签黄某、孟某乙的名字,他也没说什么"。

根据《物权法》第226条(现《民法典》第443条),"股权出质的,当事人应当订立书面合同"。本案中,黄某未在《股权质押合同》中签字,与A公司不成立股权质押合同关系,不承担《股权质押合同》的义务。

四、B公司应承担还款义务,C公司不应承担连带还款责任。

2014年1月20日的《承诺书》,在该《承诺书》的左下角,孟某甲单方面做出"款项实际使用人为B公司,C公司为担保人",落款时间为2014年2月26日。此处没有加盖C公司的公章。根据《公司法》第16条的规定,"公司为公司股东或者实际控制人提供担保的,必须经股东会或者股东大会决议"。公司未就此事项召开股东会,A公司也未就股东会决议进行审查,不能认定为善意相对人。根据《民法总则》第61条(现《民法典》第61条)、《合同法》第50条(现《民法典》第504条)以及《九民纪要》第17条、第18条的规定,C公司不应承担担保责任。

五、因A公司、孟某甲的原因导致黄某耗费巨大的精力、财力投入诉讼维权中。黄某在本案中支付的鉴定费用43300元、律师代理费用共计660000元应由A公司、孟某甲承担。

综上,黄某不应承担还款责任;黄某、孟某甲、孟某乙持有的C公司股权不应归A公司所有;本案质权未设立,黄某不承担《股权质押合同》的责任;C公司不应承担担保责任,应依法驳回原审原告对黄某和C公司的诉讼请求,本案鉴定费用43300元、律师代理费660000元由A公司和孟某甲承担。

黄某的代理人:李佳芯、孟凡娟

2020年6月3日

【再审一审判决书】

某省高级人民法院
民事判决书

（2020）×民再17号

监督机关:某省人民检察院。

申诉人(原审被告):黄某,男,汉族,1969年××月××日出生,住××市××区。

委托诉讼代理人:李佳芯,北京炜衡律师事务所律师。

委托诉讼代理人:孟凡娟,北京炜衡律师事务所律师。

被申诉人(原审原告):A公司,住所:某省×市××路16－56号。

法定代表人:李某,该公司总经理。

委托诉讼代理人:张某,××律师事务所律师。

被申诉人(原审被告):孟某甲,男,汉族,1945年××月××日出生,住××省××县××路208号。

被申诉人(原审被告):孟某乙,男,汉族,1972年××月××日出生,住××省××县××路208号。

委托诉讼代理人:徐某某,××律师事务所律师。

被申诉人(原审被告):B公司,住所地:某省×市××路33号。

法定代表人:孟某甲,该公司经理。

被申诉人(原审被告):C公司。住所地:××省××市××街。

法定代表人:常某,该公司总经理。

委托诉讼代理人:胡某某,××律师事务所律师。

申诉人黄某因与被申诉人A公司、孟某甲、孟某乙、B公司、C公司典当纠纷一案,不服本院(2014)×民二初字第48号民事判决,向最高人民法院申请再审。最高人民法院于2017年11月30日作出(2017)最高法民申×××号民事裁定,驳回黄某的再审申请。黄某仍不服,向某省人民检察院申诉。某省人民检察院以×检民(行)监〔2018〕63000000042号民事再审检察建议书向本院提出检察建议。经本院审判委员会讨论决定,于2019年12月6日作出(2019)×民监7号民事裁定,再审本案。本院依法另行组成合议庭于2020年6月3日开庭审理了本案。申诉人黄某及委托诉讼代理人李佳芯、孟凡娟,被申诉人A公司的委托诉讼代理人张某,被申诉人孟某甲,被申诉人孟某乙的委托诉讼代理人徐某某,被申诉人B公司的法定代表人孟某甲,被申诉人C公司的委托诉讼代理人胡某某到庭参加诉讼。本案现已审理终结。

某省人民检察院检察建议认为(略)。

黄某称,认可某省人民检察院的检察建议,本案有新的证据,即××鉴定中心出具的《鉴定意见》证实,《典当(借款)合同》《补充协议》《股权质押合同》《C公司股东会决议》等签字处"黄某"的签名不是黄某本人书写。(一)黄某与A公司不存在典当(借款)关系,不应承担还款义务。1.根据××鉴定中心的《鉴定意见》及孟某甲陈述,《典当(借款)合同》和《补充协议》中"黄某"签名字迹均不是本人书写,系孟某甲在黄某不知情的情况下冒签,A公司对此未尽审查义务,甚至指示孟某甲冒签。孟某甲在最高人民法院的询问笔录中陈述,签字时孟某甲告知A公司黄某没有签字,由其一人签字。A公司让孟某甲替其他股东代签,黄某不知道借款事实。2.黄某未收到任何款项,实际用款人为B公司,该公司与黄某无任何关系。B公司出具的《情况说明》记载的借款明细与A公司出示的借款凭证相符。孟某甲在最高人民法院询问笔录中陈述,孟某甲告知A公司,借款由B公司使用,与黄某没有关系。(二)经查询工商档案,本案《股权质押合同》未办理股权质押登记手续,质权未设立。黄某也未在《股权质押合同》中签字,对黄某不发生法律效力。1.经查询C公司工商档案,A公司提交的股权出质设立登记通知书对应办理质押登记的合同为2012年6月20日签订的《股权质押合同》,借款金额为1000000元,股权质押登记对应合同不是本案《股权质押合同》。根据《物权法》第226条(现《民法典》第443条)的规定,本案质权未设立。2.根据××鉴定中心的《鉴定意见》及孟某甲陈述,《C公司股东会决议》《股权质押合同》"黄某"的签名均不是黄某书写,A公司对此知情,且指示孟某甲冒签,《股权质押合同》对黄某不发生法律效力。孟某甲在最高人民法院询问笔录中陈述,A公司要求以C公司抵押,孟某甲告知A公司,C公司的股份一部分在黄某手里及黄某不可能签字,A公司让孟某甲代签,孟某甲向A公司说明黄某不承担责任,A公司同意。根据《物权法》第226条的规定,黄某未在《股权质押合同》中签字,与A公司不成立股权质押合同关系,A公司与孟某甲恶意损害黄某利益,无权要求黄某履行该合同。(三)原审判决认定B公司、C公司出具承诺为上述债务承担保证责任,认定事实错误。2014年2月26日,孟某甲在《承诺书》单方做出"款项实际使用人为B公司,C公司为担保人"处没有加盖C公司公章。根据《公司法》第16条的规定,C公司未就此事召开股东会,A公司也未就股东会决议进行审查,不能认定为善意相对人,C公司不应承担担保责任。(四)因本案其他当事人原因,黄某被列为失信被执行人,为维权仅在本案中支付鉴定费43300元、律师代理费660000元,应由其他当事人承担。(五)违约金应该从借款到期之日起算,不应该从借款之日起算。根据法律规定,抵扣的顺序是实现债权的相关费用、利息,A公司主张的是违约金,还款应该抵扣的顺序是本金、到期之日的违约金。《典当(借款)合同》约定违约金是每日1‰，不包括利息。请求：1.撤销本院(2014)×民二初字第48号民事判决第一、二项；2.驳回A公司对黄某、C公司的诉讼请求；3.A公司、孟某甲、孟某乙、B公司、C公司承担原审、再审诉讼费、鉴定费43300元、律师代理费660000元。

A公司辩称，原审判决认定事实清楚，适用法律正确。1.黄某向最高人民法院申请再审过程中授权委托书已经过××鉴定所鉴定，是否为黄某本人签字，没有作出准确鉴定，既不能肯定也不能否定。2.原审由黄某的委托代理人冯某某代为行使诉讼权利，应视为黄某已经参加了诉讼，行使了辩论权利。请求驳回黄某的申诉请求及检察建议。

孟某甲辩称，借款时没有通知孟某乙和黄某，黄某和孟某乙不应承担责任，由其本人承担。借款由B公司使用，系孟某甲个人签字，C公司不应承担责任。签订了两种不同版本的借款合同，起诉的合同没有约定利息利率，约定了罚息。另一份合同约定了各种费用，但A公司没给付孟某甲。原审时孟某甲没有参与算账，由冯某某算账，当时认为典当和借款一样，实质不一样。共借款7253000元，已还款4999000元，还剩本金2254000元，不应支付利息，应承担罚息。

孟某乙辩称，1.其不应承担诉讼费、鉴定费及律师代理费，认可某省人民检察院的检察建议和黄某的其他申诉请求。2.《典当(借款)合同》《补充协议》《股权质押合同》《C公司股东会决议》中均不是孟某乙本人签名，委托代理人的情况均不知情，也未签字，孟某乙不应承担责任，要求对孟某乙不是本人签字的问题进行鉴定。2017年，孟某乙到最高人民法院后才知道此事。2018年2月，向某省高级人民法院申请再审，某省高级人民法院审查认为，黄某的再审申请已经有最高人民法院的裁定书，建议孟某乙到最高人民法院申请再审，孟某乙未去。A公司要求归还典当本金6100000元，判决6912774.4元，超出了当事人的诉求。

B公司辩称，根据司法解释，双方没有约定利息，出借人主张利息不应该支持。合同约定了1‰的罚息，按照规定，罚息加起来不能超过银行贷款4倍。典当和借款是两个概念，A公司借款违法。共借款7253000元，已还款4999000元，还剩本金2254000元。

C公司辩称，应驳回对C公司的诉讼请求。1.C公司不应承担诉讼费、鉴定费及律师代理费，认可某省人民检察院的检察建议和黄某的其他申诉请求。2.孟某甲陈述实际借款人是孟某甲，用款人是B公司，黄某没有参与借贷及本案的诉讼。孟某甲委托隋某某代C公司收取相关法律文书，同时给冯某某交付委托手续，C公司不应当承担保证责任和其他责任。3.《典当(借款)合同》签订后，A公司支付孟某甲650000元，其他借款都是《典当(借款)合同》签订之前履行，应当对该合同之后发生的债权债务进行审理，不认可原审判决认定的数额。4.原审时，民间借贷司法解释还没有出台,原判决包括利息,根据《典当管理办法》的规定,原审判决计算利息适当,至少有依据,再审应当依据新的司法解释计算。

A 公司向本院原审起诉请求、原审法院查明和认定部分(略)。

黄某不服本院原审判决,向最高人民法院申请再审,最高人民法院查明和认定部分(略)。

本院再审确认除原审判决查明"合同签订后双方在××省××市工商行政管理局办理了股权质押登记手续"以外的其他事实。

另查明,1.2012 年 9 月 13 日,孟某甲、孟某乙、黄某(甲方)与 A 公司(乙方)还签订《补充协议》,约定:《典当(借款)合同》中质押物为 C 公司 100% 股权以及公司名下资产。2.2012 年 6 月 20 日,孟某甲、孟某乙、黄某与 A 公司签订《典当(借款)合同》(×××字 2012 第股 002 号),A 公司为孟某甲、孟某乙、黄某提供 1000000 元当金。为担保债务的履行,同日,孟某甲、孟某乙、黄某将其拥有的 C 公司 100% 股权作为质押物与 A 公司签订《股权质押合同》。同年 6 月 21 日,双方到××省××市工商行政管理局办理了股权出质设立登记,至本案起诉,未办理涂销登记。2012 年 9 月 13 日,孟某甲、孟某乙、黄某将其拥有的 C 公司 100% 股权作为质押物与 A 公司签订《股权质押合同》,但未办理股权质押登记。3.《典当(借款)合同》《补充协议》《股权质押合同》《C 公司股东会决议》《承诺书》签订和形成时,C 公司、B 公司时任法定代表人为孟某甲。4.原审时,A 公司诉求孟某甲、孟某乙、黄某支付利息 4543097 元,实为诉求支付 2013 年 4 月 15 日至 2014 年 11 月 14 日的典当利息、综合费、违约金共计 4543097 元。

根据某省人民检察院检察建议和黄某申诉理由及 A 公司、孟某甲、孟某乙、B 公司、C 公司答辩意见,本院围绕以下争议焦点进行了审理:

一、关于原审判决是否剥夺黄某辩论权的问题

本院再审认为,1.本案原由 A 公司向某省×市中级人民法院起诉,某省×市中级人民法院向黄某送达的应诉通知书、合议庭组成人员通知书、举证通知书、传票等诉讼文书均由 B 公司职工隋某某签收,无证据证实黄某委托或授权隋某某签收上述法律文书。某省×市中级人民法院作出(2014)×民二初字第 144 号民事裁定,本案移送本院审理,裁定书的签收人为孟某甲委托的诉讼代理人冯某某。2.本案移送本院审理后,本院送达的应诉通知书、举证通知书、传票等法律文书均由冯某某签收后交隋某某再转交孟某甲,黄某未参加本院的法庭审理。3.隋某某证实,其将孟某甲交付的相关文件转交律师金某和冯某某时授权委托书已经有黄某的签字,没有看到由谁签署,经其签收的法律文书都交给孟某甲。金某在最高人民法院询问笔录中证实,委托合同由孟某甲拿走签字,其未与黄某协商过授权内容、范围、律师费等。冯某某证实,案件办理中未见过黄某,也未联系过黄某。孟某甲在最高人民法院的询问笔录中

自认，金某和冯某某代为参加诉讼活动的所有委托手续均系其一人签订。4. ××鉴定所《鉴定意见》实际对检材中委托人处“黄某”的签名是否为黄某本人书写未作出结论。5. ××鉴定中心《鉴定意见》证实，《民事授权委托书》2处委托人处“黄某”的签名字迹及《×市中级人民法院授权委托书（之一）》2处委托人处“黄某”的签名字迹均不是黄某本人书写。6. 无其他证据证明黄某委托或授权隋某某、金某、冯某某、孟某甲签收法律文书、参加庭审。本院原审时，未严格审查隋某某、冯某某是否有权代表案件当事人黄某代收法律文书和参加法庭审理，致应当参加诉讼的黄某，因不能归责于本人的事由，未参加诉讼，违反《民事诉讼法》第200条第8项“无诉讼行为能力人未经法定代理人代为诉讼或者应当参加诉讼的当事人，因不能归责于本人或者其诉讼代理人的事由，未参加诉讼的”、第9项“违反法律规定，剥夺当事人辩论权利的”的规定，应予纠正。

另，孟某乙再审提出，其在本案不应承担责任，《典当（借款）合同》、《补充协议》《股权质押合同》、《C公司股东会决议》及某省×市中级人民法院和本院的《民事授权委托书》中孟某乙的签字均不是本人签写，要求对上述材料中孟某乙的签字真伪进行司法鉴定。经查，本院（2014）×民二初字第48号民事判决生效后，孟某乙没有向本院及最高人民法院申请再审。《民事诉讼法》第199条规定“当事人对已经发生法律效力的判决、裁定，认为有错误的，可以向上一级人民法院申请再审；当事人一方人数众多或者当事人双方为公民的案件，也可以向原审人民法院申请再审。当事人申请再审的，不停止判决、裁定的执行”，第205条规定“当事人申请再审，应当在判决、裁定发生法律效力后六个月内提出；有本法第200条第1项、第3项、第12项、第13项规定情形的，自知道或者应当知道之日起六个月内提出”，《最高人民法院关于适用〈中华人民共和国民事诉讼法〉的解释》第399条规定“审查再审申请期间，再审申请人申请人民法院委托鉴定、勘验的，人民法院不予准许”，第405条规定“人民法院审理再审案件应当围绕再审请求进行。当事人的再审请求超出原审诉讼请求的，不予审理；符合另案诉讼条件的，告知当事人可以另行起诉。被申请人及原审其他当事人在庭审辩论结束前提出的再审请求，符合《民事诉讼法》第205条规定的，人民法院应当一并审理。人民法院经再审，发现已经发生法律效力的判决、裁定损害国家利益、社会公共利益、他人合法权益的，应当一并审理”。

对此本院再审认为，1. 本院于2015年1月28日作出（2014）×民二初字第48号民事判决，至2019年10月某省人民检察院对本案提出检察建议，在法定申请再审期限内，孟某乙没有向本院及最高人民法院申请再审，也未向检察机关申请抗诉或申请监督，视为对自己诉讼权利的放弃。2. 本案自2014年A公司起诉至2019年某省人民检察院提出检察建议，已近5年之久，孟某甲与孟某乙系父子关系，至本院再审，孟某乙提出对涉案材料中其签字的真伪进行鉴定，有违生活常理，也有违诚实信用和公序良俗。3. 参照《最高人民法院关于适用〈中华人民共和国民事诉讼法〉的解释》第399条的规定,对孟某乙再审提出的鉴定申请不予准许。

二、关于孟某甲、孟某乙、黄某应否偿还剩余典当金本金、利息及违约金的问题

经查,《典当(借款)合同》第4条约定“典当期限为2012年9月13日至2012年12月12日……”,第5条约定“乙方应收取的典当借款利息、综合费。按月结息及综合服务费。如果甲方要求乙方在上述典当借款额度内分期提供典当借款,则甲方向乙方支付利息、综合费的具体时间由双方在分期借款的补充协议中约定”,第6条约定“若甲方未按本合同第五条约定标准和补充协议约定期限支付利息和综合费,逾期则属甲方违约,甲方须按其应付款的1‰向乙方支付违约金,直至清偿全部欠款之日止。逾期超过一个月则为绝当,当物按本合同第十二条处理”。《典当(借款)合同》《补充协议》均未约定利息和综合费费率,双方对实际典当金额7253000元不持异议。

本院再审认为,1.《典当(借款)合同》《补充协议》的借款方为孟某甲、孟某乙、黄某,出借方为A公司,因黄某未在《典当(借款)合同》及《补充协议》中签名,黄某也没有向A公司借款的意思表示,《典当(借款)合同》《补充协议》对黄某不产生法律效力。孟某甲、孟某乙与A公司达成了借款的合意,孟某甲、孟某乙应当对《典当(借款)合同》《补充协议》产生的后果承担法律责任。2.《典当(借款)合同》《补充协议》未约定利息和综合费费率。关于综合费,根据《典当管理办法》第38条“财产权利质押典当的月综合费率不得超过当金的24‰”和第40条第1款“典当期限或者续当期限届满后,当户应当在5日内赎当或者续当。逾期不赎当也不续当的,为绝当”的规定,绝当产生当户与典当行借款合同终止,典当行处分当物的法律后果。典当行自当期届满之日起对当物不再负保管责任,当户无须再向典当行支付综合费。《典当(借款)合同》约定典当期限为2012年9月13日至2012年12月12日,加5日宽展期,A公司应收取综合费共计96天,按当金月综合费24‰计算,应收取557030.4元(7253000元×24‰÷30天×96天)。A公司超出部分的主张,不予支持。3. A公司认为2013年4月15日之前利息及违约金均已收取,主张2013年4月15日至2014年11月15日利息、违约金共计4543097元。孟某甲、孟某乙原审时认为2013年4月15日之前归还的1000000元为本金,其余3999000元为利息,再审时抗辩归还的4999000元均为本金,未还当金为2254000元。因双方对当期内利息利率未作约定,A公司主张逾期利息的同时又主张逾期违约金,根据《最高人民法院关于人民法院审理借贷案件的若干意见》中“民间借贷的利率可以适当高于银行的利率,各地人民法院可根据本地区的实际情况具体掌握,但最高不得超过银行同类贷款利率的四倍(包含利率本数)。超出此限度的,超出部分的利息不予保护”的规定,参照《最高人民法院关于审理民间借贷案件适用法律若干问题的规定》第30条“出借人与借款人既约定了逾期利率,又约定了违约金或者其他费用,出借人可以选择主张逾期利息、违约金

或者其他费用，也可以一并主张，但总计超过年利率24%的部分，人民法院不予支持”的规定，本案利息、违约金应按照实际支付款项之日起按照中国人民银行同期贷款利率6.15%的四倍计收4101744元[2012年6月15日至2014年11月15日为552885元(930000元×24.6%÷360天×2年150天)；2012年6月27日至2014年11月15日为327155元(558000元×24.6%÷360天×2年138天)；2012年7月25日至2014年11月15日为1318662元(2325000元×24.6%÷360天×2年110天)；2012年8月9日至2014年11月15日为1555704元(2790000元×24.6%÷360天×2年96天)；2012年9月13日至2014年11月15日为347338元(650000元×24.6%÷360天×2年62天)]。各方当事人对偿还款项性质产生争议，孟某甲、孟某乙归还款项时未注明归还的是利息还是本金。根据《最高人民法院关于适用〈中华人民共和国合同法〉若干问题的解释(二)》第21条“债务人除主债务之外还应当支付利息和费用，当其给付不足以清偿全部债务时，并且当事人没有约定的，人民法院应当按照下列顺序抵充：(一)实现债权的有关费用；(二)利息；(三)主债务”的规定，孟某甲、孟某乙2013年4月15日前归还的4999000元应认定为归还的利息、综合费、违约金，实际典当金额为7253000元，扣除应支付综合费557030.4元、利息和违约金4101744元，剩余典当本金为6912774.1元。

三、关于C公司100%的股权应否归A公司所有的问题

本院再审认为，1.为担保《典当(借款)合同》的履行，孟某甲、孟某乙、黄某将其拥有的C公司100%股权作为质押财产与A公司签订《股权质押合同》，提供股权质押担保，但未办理股权质押登记。××鉴定中心《鉴定意见》证实，《股权质押合同》《C公司股东会决议》黄某的签名不是黄某本人书写。《物权法》第15条(现《民法典》第215条)规定“当事人之间订立有关设立、变更、转让和消灭不动产物权的合同，除法律另有规定或者合同另有约定外，自合同成立时生效；未办理物权登记的，不影响合同效力”，《物权法》第226条第1款(现已变更为《民法典》第443条)规定“以基金份额、股权出质的，当事人应当订立书面合同。以基金份额、证券登记结算机构登记的股权出质的，质权自证券登记结算机构办理出质登记时设立；以其他股权出质的，质权自工商行政管理部门办理出质登记时设立”，《公司法》第16条第2款规定“公司为公司股东或者实际控制人提供担保的，必须经股东会或者股东大会决议。前款规定的股东或者受前款规定的实际控制人支配的股东，不得参加前款规定事项的表决。该项表决由出席会议的其他股东所持表决权的过半数通过”，《公司法》第16条第2款关于公司为公司股东或者实际控制人提供担保的，必须经股东会或者股东大会决议的规定，不属于效力性强制性规定，本案《股权质押合同》有效，未办理质押财产出质登记，质押权未设立。2.《典当(借款)合同》约定：“典当期限为2012年9月13日至2012年12月12日；甲方应在典当期限内或续当期限届满后五日内赎当或续当，逾

期不赎当或者未能同乙方达成续当协议的为绝当”,续当期限届满后五日内,孟某甲、孟某乙既未赎当也未续当,C公司相关股权成为绝当。《典当管理办法》第43条规定“典当行应当按照下列规定处理绝当物品:(一)当物估价金额在3万元以上的,可以按照《担保法》的有关规定处理,也可以双方事先约定绝当后由典当行委托拍卖行公开拍卖。拍卖收入在扣除拍卖费用及当金本息后,剩余部分应当退还当户,不足部分向当户追索”,A公司有权以C公司相关股权折价或者以拍卖、变卖该股权的价款在《典当(借款)合同》约定的范围内受偿。原审判决此节认定事实部分错误,处理不当,应予纠正。

四、关于B公司、C公司应否承担连带偿还责任的问题

本院再审认为,B公司、C公司向A公司出具《承诺书》为上述债务承担担保责任,并盖有两公司印章,但对担保方式没有约定,根据《担保法》第19条“当事人对保证方式没有约定或者约定不明确的,按照连带责任保证承担保证责任”的规定,B公司、C公司应当承担连带责任保证,对A公司的该项诉求,应予支持。《物权法》第176条(现已变更为《民法典》第392条)规定“没有约定或者约定不明确,债务人自己提供物的担保的,债权人应当先就该物的担保实现债权”,A公司不要求主债务人孟某甲、孟某乙对提供的股权实现担保物权,直接要求保证人承担责任,于法无据。B公司、C公司在A公司对主债务人孟某甲、孟某乙提供的股权实现担保物权后,承担相应的保证责任。再审中,孟某甲对此节判决无异议,应予维持。

关于黄某提出鉴定费43300元、律师代理费660000元的问题。经查,××鉴定中心收取鉴定费40000元,此款应由孟某甲、孟某乙承担。黄某要求支付律师代理费660000元无法律依据,本案不予支持。

综上,本院再审认为,原审判决认定事实部分错误,处理不当,应予纠正。对于本案所涉物保的承担,当事人可以另行起诉。本案经本院审判委员会讨论决定,依照《民事诉讼法》第207条第1款、第170条第1款第2项规定,判决如下:

一、维持本院(2014)×民二初字第48号民事判决第三项即“驳回A公司的其他诉讼请求”;

二、变更本院(2014)×民二初字第48号民事判决第一项“孟某甲、孟某乙、黄某于本判决生效之日起十日内偿还A公司典当借款本金6912774.4元”为“孟某甲、孟某乙于本判决生效之日起十日内偿还A公司典当借款本金6912774.4元”;

三、变更本院(2014)×民二初字第48号民事判决第二项“B公司、C公司在A公司对孟某甲、孟某乙、黄某自己提供的股权实现担保物权后,对上述债权未实现部分承担连带责任保证。承担债务后可以就承担部分向孟某甲、孟某乙、黄某行使追偿权”为“B公司、C公司在A公司对孟某甲、孟某乙提供的股权实现担保物权后,对上述债权未实现部分承担连带责任保证。承担债务后可以就承担部分向孟某甲、孟某

乙行使追偿权”。

如果未按本判决指定的期限给付金钱义务，应当按照《民事诉讼法》第253条之规定，加倍支付迟延履行期间的债务利息。

案件受理费97659元、鉴定费40000元，由孟某甲、孟某乙负担。

如不服本判决，可在判决书送达之日起15日内，向本院递交上诉状，并按双方当事人人数提出副本，上诉于最高人民法院，并预交上诉案件受理费。

审判长　文　×

审判员　袁××

审判员　段××

2020年10月19日

书记员　童　×

【再审二审判决书】

中华人民共和国最高人民法院
民事判决书

(2021)最高法民终×××号

上诉人(一审被申诉人、原审被告):C公司，住所地：某省××市××街。

法定代表人：常某，该公司总经理。

委托诉讼代理人：胡某某，××律师事务所律师。

被上诉人(一审被申诉人、原审原告):A公司，住所地：某省×市××路80号24号楼80-268室。

法定代表人：李某，该公司总经理。

委托诉讼代理人：张某，××律师事务所律师。

委托诉讼代理人：李某乙，男，1958年××月××日出生，汉族，该公司董事，住某省×市××路167号371室。

一审申诉人(原审被告):黄某，男，汉族，1969年××月××日出生，住××市××区。

委托诉讼代理人：李佳芯，北京市炜衡律师事务所律师。

委托诉讼代理人：孟凡娟，北京市炜衡律师事务所律师。

一审被申诉人(原审被告):孟某甲,男,汉族。

一审被申诉人(原审被告):孟某乙,男,汉族,1972年××月××日出生,住××省××县××路208号。

一审被申诉人(原审被告):B公司,住所地:某省×市××路33号。

法定代表人:孟某甲,该公司经理。

上诉人C公司与被上诉人A公司、一审申诉人黄某、一审被申诉人孟某甲、孟某乙、B公司典当纠纷一案,不服某省高级人民法院(2020)×民再17号民事判决,向本院提起上诉。本院于2021年2月19日立案后,依法组成合议庭公开开庭进行了审理。上诉人C公司委托诉讼代理人胡某某,被上诉人A公司委托诉讼代理人张某、李某乙,一审申诉人黄某及其诉讼委托代理人李佳芯、孟凡娟到庭参加诉讼。一审被申诉人孟某甲、孟某乙、B公司经本院合法传唤,未到庭参加诉讼。本案现已审理终结。

C公司上诉请求:请求撤销(2020)×民再17号民事判决第三项,改判驳回A公司对上诉人的诉讼请求。上诉理由如下:(一)孟某甲私自在《承诺书》上书写的内容不能给C公司设定担保责任,属担保无效:1.其在《承诺书》上加盖的C公司的公章也是私刻的;2.在出具《承诺书》时孟某甲已不是C公司法定代表人,且仅持该公司2%的股份;3.孟某甲出具《承诺书》时没有召开股东大会,其他股东对此不知情;4.A公司也没有向孟某甲索要过C公司的股东会文件,明知其越权行为,非善意债权人。根据《全国法院民商事审判工作会议纪要》第16~20条及《合同法》第50条(现《民法典》第504条)的规定为C公司设立的担保无效。(二)C公司不应承担担保无效后的赔偿责任。1.A公司对于孟某甲超越权限设立担保是明知的。2.在(2014)×民二初字第144号案件中,A公司基于同一份《承诺书》要求C公司承担责任,最终被法院驳回。本案应遵循相同认定。(三)(2020)×民再17号民事判决对债权债务金额计算错误。1.采用6.15%的基准利率是错误的。本案《典当(借款)合同》签订于2012年9月13日,借期为三个月,应按照中国人民银行2012年7月6日公布的贷款利率,六个月以内(含六个月)的年利率5.6%的四倍计算利息。2.一审判决简单地从出借日开始全额计算利息至诉讼日,然后本息相加再减去还款额,忽视了孟某甲曾分五次归还过部分欠款,应相应抵扣利息及部分本金。(四)一审判决超出了诉讼请求。《典当(借款)合同》没有约定利息标准,也没有约定逾期利息的计算方法,但约定了违约金的计算比例。A公司仅主张利息,未主张违约金。

A公司辩称,(一)《全国法院民商事审判工作会议纪要》发布在本案判决生效之后,对于本案判决没有法律效力。其第17条、第18条的规定对《承诺书》的效力没有影响。(二)《承诺书》上盖有C公司公章,除法律特殊规定外,盖有公司公章就可以认为具有法律效力。(三)借款款项的用途,不是法庭调查的范围。《承诺书》是C公司出具的,其认可了承担担保责任,是其真实的意思表示,同时内容不违反法律规定,也不侵害他人利益。（四）我国不是判例法国家，（2014）×民二初字第144号民事判决不能作为本案裁判依据。（五）债务数额是双方核对确认过的，上诉人对还款金额的异议不成立。（六）C公司滥用诉讼权利，从2014年启动诉讼程序，到本案再审，长达5年时间，其间C公司均未对其责任的承担提出异议。原审已经进入执行程序，C公司现在上诉是为了通过二审阻碍执行。综上，请求驳回C公司的上诉请求，维持（2020）×民再17号民事判决。

黄某述称，C公司的上诉理由及请求与其无关。（2020）×民再17号民事判决认定事实清楚，适用法律正确，请求维持原判。

一审法院依据某省高级人民检察院对（2014）×民二初字第48号民事判决提出的再审检察建议决定再审该案。黄某向一审法院申诉称，（一）黄某与A公司不存在典当（借款）关系，其对借款不知情，不应承担还款义务。（二）黄某未收到借款，实际用款人为B公司，该公司与黄某无关。（三）《股权质押合同》未办理股权质押登记手续，质权未设立。（四）孟某甲单方在《承诺书》上备注"款项实际使用人为B公司，C公司为担保人"，该处没有加盖C公司公章，且C公司未就此事召开股东会，A公司也未对此进行审查，根据《公司法》第16条的规定，A公司不是善意相对人，C公司不应承担担保责任。（五）黄某支付的鉴定费、律师费应由其他当事人承担。（六）违约金应从借款到期之日起算，还款应按本金、到期之日的违约金顺序抵扣。综上，请求撤销（2014）×民二初字第48号民事判决第一、二项；驳回A公司对黄某、C公司的诉讼请求；A公司、孟某甲、孟某乙、B公司、C公司承担诉讼费、鉴定费、律师费。

一审法院判决查明和认定部分（略）。

二审中，当事人没有提交新证据。

对当事人二审争议的事实，本院认定如下：除"《典当（借款）合同》《补充协议》《股权质押合同》《C公司股东会决议》《承诺书》签订和形成时，C公司、B公司时任法定代表人为孟某甲"外，确认一审法院查明的其他事实。经核实，2013年2月26日，C公司的法定代表人由孟某甲变更为案外人常某。另查，2014年1月20日，孟某甲以B公司和C公司名义向A公司出具《承诺书》，承诺"我公司分别于2012年9月13日及2013年4月15日与A公司各签订一份典当借款合同……现该借款已到期……我公司特此承诺于2014年2月底前支付本金11500000元及利息7245000元……"，有C公司公章，孟某甲签名，A公司公章和法定代表人签名。2014年2月26日，孟某甲又在《承诺书》上手写备注以下内容："款项实际使用人为某B公司，C公司为担保人。"并有孟某甲签名。

本院认为，根据认定的事实及C公司的上诉请求，本案二审主要涉及以下三个争议问题：

一、C公司是否应当基于《承诺书》承担民事责任,以及民事责任的性质。

本院认为,2014年1月20日的《承诺书》是C公司、B公司针对孟某甲在本案诉争的×××字(2012)第002号《典当(借款)合同》和×××字(2013)第005号《典当借款合同》项下债务与A公司达成的债务加入协议,应以此为基本法律关系确定C公司的民事责任。

首先,×××字(2012)第002号《典当(借款)合同》的借款人为孟某甲、孟某乙,×××字(2013)第005号《典当借款合同》的借款人为孟某甲。C公司、B公司出具《承诺书》,明确表示同意支付上述合同项下欠款的本息,该约定没有改变其债务内容,作为债权人的A公司对于C公司、B公司承担债务的承诺也予以认可,符合《民法典》第552条关于债务加入的规定。《承诺书》签署于2014年,虽然当时的法律、司法解释没有规定债务加入,但根据《最高人民法院关于适用〈中华人民共和国民法典〉时间效力的若干规定》第3条的规定,本案可以适用《民法典》第552条认定构成债务加入。

其次,虽然C公司在再审答辩及本案上诉意见中称《承诺书》是孟某甲私自与A公司达成的,公章系孟某甲伪造,C公司不应承担《承诺书》设定的担保责任。但是,综合法庭调查情况,本院认为,虽然孟某甲签署《承诺书》时不再担任C公司的法定代表人,但孟某甲的行为依法应构成《合同法》第49条(现《民法典》第172条)规定的表见代理:(1)2012年9月13日签订《典当(借款)合同》《股权质押合同》时,孟某甲系C公司法定代表人,且在2012年6月20日与A公司签订的另一组《典当(借款)合同》《股权质押合同》的过程中,孟某甲向A公司出具了2012年6月19日C公司的《股东会决议》,其中显示孟某甲作为公司执行董事主持了股东会,会议通过了将C公司100%股权质押给A公司的决议。2012年6月21日,质权登记设立。基于前述交易行为,A公司有理由相信孟某甲在C公司运营决策中的地位。此外,黄某亦在庭上陈述,在其持有C公司88%股权期间,没有参与实际经营,C公司由孟某甲实际控制。因此,当孟某甲出具加盖有C公司公章的《承诺书》时,A公司有理由相信孟某甲具有代理C公司作出债务加入承诺的权限。(2)《承诺书》上加盖了C公司的公章,应视为C公司的意思表示。C公司虽主张该公章系伪造,但未提供相反证据证明,亦未申请司法鉴定,应当承担举证不能的法律后果。据C公司称,其首次知道孟某甲冒名出具《承诺书》是在2020年其名下财产被司法冻结时,那么自该时至本案一审、二审审理期间的相当长一段时间内,C公司既未通过申请再审等司法救济途径维护权益,亦未就公章被伪造一事报案或是通过刊登公告等方式及时停止有关的妨害行为。C公司关于公章是伪造的主张与其实际行为于常理不符。对C公司主张公章为伪造的理由,本院不予支持。综上,可以认定孟某甲签署《承诺书》的行为构成对C公司的表见代理。

再次，《全国法院民商事审判工作会议纪要》第23条规定："法定代表人以公司名义与债务人约定加入债务并通知债权人或者向债权人表示愿意加入债务，该约定的效力问题，参照本纪要关于公司为他人提供担保的有关规则处理。"债务加入必须以公司股东(大)会、董事会等公司机关的决议作为授权的基础和来源。在订立《承诺书》时，A公司没有尽到审查C公司股东会决议的审慎义务，因此债务加入协议对C公司无法律约束力。根据《全国法院民商事审判工作会议纪要》第20条的规定，债务加入因欠缺公司决议程序而不具有法律约束力后的民事责任可以参照担保无效的规定处理。如前所述，签订《承诺书》时，C公司由于对公司公章管理不善，使孟某甲具备代为缔约的合理外观；A公司未审查C公司的决议文件，亦未尽到应有的注意义务，双方对于《承诺书》的不具有法律效力均负有过错。参照《最高人民法院关于适用〈中华人民共和国民法典〉有关担保制度的解释》第7条、第17条的规定，本院酌定C公司应承担借款人孟某甲、孟某乙不能清偿债务部分50%的赔偿责任。

最后，关于孟某甲手写部分的效力。2014年2月26日孟某甲在《承诺书》上备注"C公司为担保人"的内容，既未加盖C公司公章，亦不符合《公司法》第16条第2款规定的决议条件，应属无效。

关于C公司"在(2014)×民二初字第144号案件中，A公司基于同一份《承诺书》要求C公司承担责任，最终被法院驳回，本案应遵循相同认定"的上诉主张，本院认为，该案判决并未对《承诺书》对于C公司的法律效力进行实体审理，不能作为本案裁判的前置条件，也不能作为本案的事实予以认定，其上诉理由不能成立。

综上，一审判决关于C公司基于《承诺书》承担连带担保责任的认定，属于适用法律错误，应予依法纠正。

二、关于一审判决确认的主债务金额是否应当变更的问题。

C公司在上诉意见中对一审判决确认的主债务金额提出异议。经本院庭上询问，C公司明确不变更为上诉请求，仅作为上诉理由提出。本院认为，C公司的上诉请求是不承担连带保证责任，即从根本上否定其在本案诉争的法律关系中的民事责任，本院经审理认定C公司应当承担债务加入因欠缺公司决议程序对其不具有法律约束力后的法定民事责任，本院在前一问题中已作详细述明，主债务的金额将直接决定C公司承担赔偿责任的大小，C公司对主债务金额提出的异议虽作为上诉理由提出，但与其不承担责任的上诉请求密不可分，举重以明轻，减轻责任的主张自应包含在其上诉请求中，自应列为本案二审审理的范围。

C公司对于主债务金额的异议共为两项：一是一审判决计算主债务采用6.15%作为基准利率有误，应按照同期中国人民银行公布的六个月以内(含六个月)的年利率5.6%的四倍计算利息。二是一审判决简单地从出借日开始全额计算利息至诉讼日，然后本息相加再减去还款额，忽视了孟某甲曾分五次归还过部分欠款，应相应抵扣利息及部分本金。对此,本院认为,自2012年12月12日典当期限届满至2014年11月15日,孟某甲、孟某乙的逾期还款期间已近两年,一审法院参照中国人民银行2012年7月6日公布的金融机构人民币贷款基准利率一至三年期的标准计算利息及违约金,并无不妥。关于一审判决对主债务的计算方式,由于未根据实际放款和还款情况,按照法律和司法解释规定的冲抵顺序逐笔计算,导致主债务金额有误,应予更正。

关于综合费,由于当事人均未对此提出上诉,本院不持异议。至于C公司认为一审判决超出原告诉讼请求的上诉意见。经核实,A公司在(2014)×民二初字第48号民事案件审理期间明确提出要求借款人孟某甲等依照《典当(借款)合同》的约定支付违约金。C公司的此项上诉理由不成立。

综上,本院认可一审判决计算主债务时,调整利息和违约金的依据、确定的利率标准和抵扣顺序,但是其计算方式有误,现重新计算如下:

2012年6月15日借款930000元,截至2012年7月17日,共计32天,利息及违约金为20336元(930000×6.15%×4/360×32,以下以此公式类推);2012年6月27日借款558000元,截至2012年7月17日,共计20天,利息及违约金为7626元;2012年7月17日还款112000元,抵扣前两项利息及违约金后为84038元,再抵扣前两项本金后的剩余本金为1403962元。该项剩余本金自2012年7月17日至2012年8月24日,共计38天,利息及违约金为36456.21元;2012年7月25日借款2325000元,截至2012年8月24日,共计30天,利息及违约金为47662.50元;2012年8月9日借款2790000元,截至2012年8月24日,共计15天,利息及违约金为28597.50元;2012年8月24日还款287000元,抵扣前三项利息及违约金后为174283.79元,再抵扣前三项本金后的剩余本金为6344678.21元。该项剩余本金自2012年8月24日至2012年10月26日,共计63天,利息及违约金为273138.40元;2012年9月13日借款650000元,截至2012年10月26日,共计43天,利息及违约金为19099.17元;2012年10月26日还款1000000元,抵扣前两项利息及违约金后为707762.43元,再抵扣前两项本金后的剩余本金为6286915.78元。该项剩余本金自2012年10月26日至2013年1月15日,共计81天,利息及违约金为347980.79元,综合费557030.40元(综合费自2012年12月17日产生)。2013年1月15日还款200000元,抵扣综合费、利息及违约金后,剩余本金为6286915.78元、剩余综合费357030.40元、剩余利息及违约金为347980.79元。该项剩余本金自2013年1月15日至2013年4月15日,共计90天,利息及违约金为386645.32元。2013年4月15日还款3400000元,抵扣前述综合费及两项利息及违约金后的剩余本金为3978572.29元。2013年4月15日至2014年11月15日,共计579天,利息及违约金为1574122.13元。综上,孟某甲、孟某乙尚欠A公司典当本金3978572.29元、截至2014年11月15日的利息及违约金

1574122.13 元。

三、关于A公司是否享有针对孟某甲、孟某乙所持C公司股权的质权问题。

根据《物权法》第226条(现已变更为《民法典》第443条)"……以其他股权出质的，质权自工商行政管理部门办理出质登记时设立"和《民法典》第443条第1款"以基金份额、股权出质的，质权自办理出质登记时设立"的规定，股权质权的设立采取登记要件主义，质权自登记时成立，以上法律规定是对股权质押权设立的强制性规定。经查，C公司100%的股权已基于非本案诉争的2012年6月20日签订的《股权质押合同》办理了质押登记。孟某甲、孟某乙没有依照本案诉争的《股权质押合同》为其所持C公司股权办理质押登记手续，A公司的质押权并未实际设立。一审判决虽然对这一部分的事实认定正确，但判令"C公司、B公司在A公司对孟某甲、孟某乙提供的股权实现担保物权后，……承担连带保证责任"的判项明显违反我国法律前述强制性规定，属于《最高人民法院关于适用〈中华人民共和国民事诉讼法〉的解释》第323条规定的除外情形："第二审人民法院应当围绕当事人的上诉请求进行审理。当事人没有提出请求的，不予审理，但一审判决违反法律禁止性规定……的除外。"本院依法予以纠正。

综上所述，《承诺书》由于欠缺法律规定的效力条件，对C公司不发生债务加入的法律效力，但C公司应当承担《承诺书》不具法律约束力后的法定民事责任。本院根据已查明的事实，更正一审法院对于主债务金额的计算错误以及判决主文中的错误表述。对一审错误认定股权质权的效力，本院依法予以纠正。C公司的其他上诉理由不能成立，应予驳回。依照《民法典》第172条、《民法典》第552条、《公司法》第16条的规定，参照《最高人民法院关于适用〈中华人民共和国民法典〉有关担保制度的解释》第7条和第17条的规定，依照《最高人民法院关于适用〈中华人民共和国民法典〉时间效力的若干规定》第3条、《民事诉讼法》第170条第1款第2项的规定，判决如下：

一、维持某省高级人民法院(2020)×民再17号民事判决第一项；

二、变更某省高级人民法院(2020)×民再17号民事判决为：孟某甲、孟某乙于本判决生效之日起十日内偿还A公司典当借款本金3978572.29元、截至2014年11月15日的利息及违约金1574122.13元；

三、变更某省高级人民法院(2020)×民再17号民事判决第三项为：B公司对孟某甲、孟某乙承担的前述债务承担连带保证责任，清偿债务后可以就清偿部分向孟某甲、孟某乙行使追偿权；C公司对孟某甲、孟某乙不能清偿的前述债务部分承担50%赔偿责任。

如未按本判决指定的期间履行给付金钱义务，应当依照《民事诉讼法》第253条的规定，加倍支付迟延履行期间的债务利息。

一审案件受理费97659元、鉴定费40000元，由孟某甲、孟某乙负担；二审案件受理费97659元，由C公司负担48830元，由A公司负担48829元。

本判决为终审判决。

审判长　吴××
审判员　徐　×
审判员　张　×
2021年4月19日
法官助理　孙××
书记员　冯××

办案总结

北京市炜衡律师事务所2018年9月7日与黄某建立委托关系，代理黄某申请检察监督、再审等程序。在检察监督程序中，对《典当（借款）合同》《典当（借款）合同补充协议》《股权质押合同》等文件中签字处“黄某”的签名是否为黄某本人书写申请鉴定。经某省人民检察院委托，××司法鉴定中心出具××司鉴中心（2019）文鉴字第016号鉴定意见书，经鉴定，相关文件中“黄某”签名字迹均不是黄某本人书写。该意见的出具是本案的重大转折，最终，某省人民检察院提出检察建议，某省高级人民法院启动再审程序，经审理改判黄某不承担任何责任，二审法院予以维持。

本案有以下几个问题值得思考：

1. 基于本案黄某在申请再审时，委托鉴定机构对笔迹进行鉴定的意见为“无法确认是否为黄某本人书写”，那么，在此情形下举证责任的确认即决定了案件的走向。借款合同中借款人签字真实性存疑，需经鉴定确认，该情形下的举证义务在实践中如何分配？

在法律规定和实践中有以下观点：（1）原告仅凭借据起诉的，由原告申请鉴定。（2）原告提交的借据及其他材料具备一定的可信性的，由被告申请鉴定。

2. 在诉讼请求为要求承担连带保证责任的情况下能否认定为债务加入准用担保规则。

最高人民法院认为，×××字（2012）第002号《典当（借款）合同》的借款人为孟某甲、孟某乙，×××字（2013）第005号《典当借款合同》的借款人为孟某甲。C公司、B公司出具《承诺书》，明确表示同意支付上述合同项下欠款的本息，该约定没有改变其债务内容，作为债权人的A公司对于C公司、B公司承担债务的承诺也予以认可，符合《民法典》第552条关于债务加入的规定。《承诺书》签署于2014年，虽然当时的法律、司法解释没有规定债务加入，但根据《最高人民法院关于适用〈中华人民共和国民法典〉时间效力的若干规定》第3条的规定，本案可以适用《民法典》第552条认定构成债务加入。

在此需注意的是，本案二审判决在实体认定上代理人认为是正确的，但是，在原告一审诉请C公司承担连带保证责任的情况下，直接认定为债务加入是否有超裁的嫌疑？

专家点评

本案代理律师代理的A公司与孟某甲、孟某乙、黄某、B公司、C公司典当纠纷，历经一审、申请再审（再审申请被驳回）、检察监督、再审多个审理阶段，最终维护了当事人的合法权益，取得了较好的社会效果。

一、一审阶段概要

原审法院判决孟某甲、孟某乙、黄某偿还A公司典当借款本金，B公司和C公司承担补充偿还责任。

二、再审阶段概要

黄某不服原一审判决，向最高人民法院申请再审，最高人民法院裁定驳回黄某的再审申请。黄某向某省人民检察院提出监督申请。某省人民检察院向某省高级人民法院提出再审检察建议。某省高级人民法院启动再审程序，一审改判黄某不承担任何责任。二审法院对此予以维持。

三、再审改判一审的主要观点分析

再审法院基于查清的事实和证据，认为原审法院因未严格审查相关法律文书，致黄某因不能归责于本人的事由，未参加诉讼，剥夺当事人辩论权利；因黄某未在涉案合同中签名，也未有借款的意思表示，涉案合同对黄某不产生法律效力，遂改判黄某不承担责任。

四、抓住案件代理的重点，取得关键证据，成为代理律师成功代理本案的关键

证据是法官确定司法判决中过去事实是否存在的根据，证据在民事诉讼中起着重要作用，且关键证据对案件成败起着决定性作用。对于执业律师而言，应尽最大可能挖掘待证事实所需的证据，最大限度还原对当事人有利的事实，维护当事人合法权益。

本案的争议焦点主要为“原审判决是否剥夺黄某辩论权，黄某是否应在本案中承担责任”。因此，本案得以改判的关键以及案件代理的重点即为相关法律文书以及涉案合同中“黄某”的签字非其本人所签。

在一审败诉，再审申请被驳回的情况下，本案代理律师准确找到案件代理重点，以“相关文件中‘黄某’签名字迹均不是黄某本人书写”为主要突破点申请检察监督，取得关键性证据（2019）文鉴字第016号鉴定意见书，从而启动了本案的再审程序，使案件得以改判，维护了当事人合法权益。

从本案一波三折的审理过程可以看出，律师的专业水平和准确判断是为客户提供优质法律服务的基础。本案代理律师通过对案件的综合分析，准确把握切入点，积极获取有利证据，基于证据以及逻辑严密的说理说服法官，维护了当事人的合法权益及公平公正，充分体现了律师的作用和价值。

审核人、点评人：张亚梅（北京律师智库重大复杂案件研究专家组成员）
复核人：张凤成（北京律师智库重大复杂案件研究专家组成员）

案外人利用信用卡预授权系统漏洞进行套现的行为所造成的损失应由发卡机构还是收单机构承担

——HRB 银行股份有限公司与 HKS 农村信用合作联社委托合同纠纷案

争议焦点

发卡行和收单行是否构成委托代理合同关系，案外人利用信用卡预授权系统漏洞套现所造成的损失应谁来承担。

关键词

委托代理合同关系　责任承担

案情简介

一审被告 HRB 银行股份有限公司(以下简称 HRB 银行)与一审原告 HKS 农村信用合作联社(以下简称 HKS 农信社)均为第三人中国银联股份有限公司(以下简称中国银联)的成员机构。2014 年 10 月 12 日，案外人持 HRB 银行信用卡在 HKS 农信社的 3 家特约商户的 POS 终端上通过"预授权""预授权完成""预授权冲正"的交易方式刷卡套现共 899400 元。2014 年 12 月 8 日，3 家特约商户被中国银联海南分公司列入疑似套现商户名单。2015 年 1 月 9 日，HRB 银行以风险交易为由发起退单，中国银联将 899400 元交易资金清算给 HRB 银行。该案案情复杂，主要争议点在于：一、HRB 银行作为发卡行和 HKS 农信社作为收单行在本案中是否构成委托代理合同关系？二、案外人利用信用卡预授权系统漏洞进行套现的行为所造成的损失应由发卡机构还是收单机构承担？

2016 年 12 月，李玉娟律师接受 HRB 银行的委托，代理其与 HKS 农信社合同纠纷一案。经过审阅案件材料、了解行业规范，从法律角度分析 HRB 银行与 HKS 农信社不存在合同关系,主张案外人利用信用卡预授权系统漏洞进行套现的行为所造成的损失应由收单机构即 HKS 农信社承担。

本案一审在海南省海口市某区人民法院审理,一审法院判决 HRB 银行与 HKS 农信社构成以其他形式形成的委托代理合同关系,HRB 银行应承担案外人利用信用卡预授权系统漏洞进行套现的行为所造成的损失。

李玉娟律师认为一审判决适用法律及认定事实存在错误:HRB 银行与 HKS 农信社之间从未签署任何合同文本,双方之间也不存在委托清算付款的合意,不属于委托代理合同关系;根据《银联卡业务运作规章》第二卷第一章第 4.5 款规定,因商户有欺诈行为,交易所产生的风险损失理应由收单机构承担。遂上诉至海南省海口市中级人民法院。

二审法院审理后认为 HRB 银行的上诉请求成立,撤销了一审判决。后 HKS 农信社向海南省高级人民法院提起再审,再审裁定驳回。

案件历程

【一审判决书】

海口市某区人民法院
民事判决书

(2016)琼 010×民初 11××2 号

原告:HKS 农村信用合作联社,住所地:海口市国贸路××××号港澳发展大厦×××层。

法定代表人:辛某龙,理事长。

委托诉讼代理人:林某梅、冯某煌,均为 HNSH 农村信用社联合社律师部律师。

被告:HRB 银行股份有限公司,住所地:哈尔滨市。

法定代表人:郭某文。

委托诉讼代理人:李玉娟、周明刚,北京市中闻律师事务所律师。

第三人:中国银联股份有限公司,住所地:上海自由贸易试验区 498 号,办公地址为上海市浦东新区含笑路 36 号。

法定代表人:时某朝。

原告 HKS 农村信用合作联社(以下简称 HKS 信用社)与被告 HRB 银行股份有

限公司(以下简称 HRB 银行)及第三人中国银联股份有限公司(以下简称中国银联)委托代理合同纠纷一案,本院受理后,依法组成合议庭,公开开庭进行了审理。原告 HKS 信用社的委托诉讼代理人林某梅和冯某煌、被告 HRB 银行的委托诉讼代理人李玉娟和周明刚到庭参加诉讼,第三人中国银联经本院合法传唤无正当理由拒不到庭。本案现已审理终结。

原告向本院提出诉讼请求:一、被告返还原告垫付的交易款项 899400 元及相应利息,赔偿原告处理争议支付的费用 16500 元(包含向银联提起争议、申诉等程序支付的费用);二、律师代理费、诉讼费由被告承担。

事实与理由:一、被告信用卡持卡人利用被告数据系统和信用卡额度管理漏洞,在原告的特约商户 POS 终端上通过“预授权”和“预授权完成”等交易,恶意套取被告的信用资金。持卡人持被告发行的信用卡(卡号:×××),利用被告信用卡管理漏洞,向信用卡缴存大额溢缴款大幅提高授信额度,于 2014 年 10 月 12 日在原告的特约商户海口凯永福家电有限公司(以下简称凯永福公司)、海口万欣洪家具有限公司(以下简称万欣洪公司)、海口汇百顺通讯器材有限公司(以下简称汇百顺公司)通过 3 个 POS 终端先后进行大额预授权、小额预授权冲正等交易,套取了被告信用资金 899400 元。从该信用卡在 POS 终端的交易记录来看,其套现操作流程为:1. 在信用卡存入大额溢缴款,被告将该信用卡额度大幅调整,调增后的额度为原信用额度 + 溢缴款的金额;2. 在 POS 终端(A)做一笔大额“预授权”交易,被告授权冻结信用卡内资金;3. 在 POS 终端(A)做一笔小额的“预授权完成”交易,被告授权“预授权完成”成功,并发回信息通知 POS 终端;4. 切断 POS 终端(A)通讯;5. 被告信用卡资金解冻,POS 终端(A)无法接收交易成功信息;6. 信用卡在另一端 POS 终端(B)将解冻的资金“消费”,信用卡额度变为 0;7. POS 终端(A)恢复通讯,对未接收到的“预授权完成”信息,发起冲正(撤销预授权完成),恢复原“预授权”状态,并将信息发送给被告;8. 由于被告信用卡管理漏洞,未核对和识别出该信用卡额度已经为 0,该信用卡再次进行一笔大额的“预授权完成”交易,被告授权“预授权完成”成功,持卡人得以套取额外信用资金。被告随意增加授信额度,并且未对持卡人信用卡交易做好信息监测,未能监测信用卡剩余授信额度并采取临时锁定交易等措施,是导致持卡人得以顺利套取被告信用资金的关键。

二、被告退单将自身损失转嫁给原告,造成原告损失。原告提供的 POS 终端合格,原告不存在过错,不应承担该损失。2014 年 10 月 12 日,被告信用卡持卡人(卡号:×××)在原告特约商户的 POS 终端上进行了刷卡。被告授权交易完成后,交易发生当日原告作为收单行代被告垫付了交易资金 899400 元,交易发生次日被告通过第三人将交易资金清算给了原告。2014 年 12 月 8 日,凯永福公司、万欣洪公司、汇百顺公司被中国银联海南分公司列入疑似套现商户名单。2015 年 1 月 4 日,被告发起退单,第三人将交易资金清算给被告,造成原告损失899400元。原告提供的POS终端合格,在持卡人套取被告信用资金的过程中不存在过错,被告不应将信用卡持卡人套取信用资金造成的损失转嫁给原告承担,被告应依法返还原告代其垫付的交易资金,并赔偿原告处理该争议支付的争议处理费等损失。

被告辩称:一、本案中银行卡违法套现的事件与被告并无法律上的关系。根据银行卡消费及POS机的操作流程充分说明被告与原告的付款行为没有发生关系。被告与原告也未订立合同,双方不存在合同关系,被告不是本案的适格被告。二、本案中作为发卡行的被告与作为收单行的原告均是第三人的会员。成为第三人会员均是自愿加入,并自愿承诺遵守第三人的规则,这种规则是包括所有会员机构在内的团体自治规则。按照银行团体的要求,成员及会员必须对自己的行为自律,按照要求约束所有参与者。根据第三人官网及百度的相关信息显示,第三人是通过人民银行批准的由多家机构组成的共同组织。第三人规则的制定及实施不违反强制性法律标准,应予以确认。本案中,从终端机开始到发卡行与收单行的付款完成,两个银行之间不存在委托付款合意,事后的结算也是基于银联的清算规则实施完成,因此不应当适用委托代理合同关系。三、收单机构负有管理特约商户防范套现风险的责任与义务,所造成的损失属于原告代商户先行承担责任的范围。首先,根据中国人民银行发布的《银联卡收单业务的运作规则》的相关规定,收单行负有管理特约商户的义务,对预授权交易有加强防范风险的义务,对套现的风险有及时防控的义务。涉案的几家商户被定义为高风险商户,按照规定收单行应先行承担相应的风险。同样,根据第三人《关于套现交易的说明》第3条、第5条的规定,收单行也应先行承担损失。四、根据《银联卡业务运作规章》第四卷关于退单的定义以及第三人关于套现交易的说明第4条等,被告有权拒付。该行为不违反国家法律法规的要求,也不违反第三人的要求。原告没有证据证明本案的成功套现是持卡人利用了被告的系统漏洞。被告基于授信制度在持卡人提交了信用额度后,原告无证据证明被告在运作过程中存在过错。根据《银联卡业务运作规章》第二卷第四章3.3.4条规定,被告在预授权完成撤销后应按规定对原预授权金额完成,因此被告不存在违规行为。本案中套现是因特约商户违规使用终端机。收单业务过程中,终端机是通过收单机构的系统连接后处理的。在这种联网模式下,原告可以实时监控,最有可能防范风险的发生,原告没有证据证明其履行了这些防范行为。五、原告要求被告赔偿争议处理费无法律依据,这些费用是原告自愿接受第三人的规则提起处理的,最终应按规定缴纳相关的费用,不应由被告缴纳。原告主张被告支付律师费无依据。原告无证据证明发生了律师费,也不能证明律师费是否合法合理。本案中,损失不确定,原告无证据证明最终的损失金额。六、本案的刑事案件尚在处理中,同样被告要求按照先刑事后民事进行审理。

第三人陈述称:一、关于收单行与发卡行之间存在委托支付关系的规章制度及相关协议。从第三人在跨行转接清算业务中的角色职能以及第三人与收单行、发卡行之间的实际业务关系分析,第三人与各成员机构之间达成的是一种多边性质的契约。收单行与发卡行之间不仅只是单纯的委托支付关系,而应认定为资金清算合同法律关系,具体分析如下:第三人系中国人民银行批准设立的中国银行卡联合组织,第三人建立的交易清算系统为不同银行发行的银行卡之间的资金往来提供了清算服务,使得银行卡得以跨银行、跨地区和跨境使用。为保障资金清算的真实、安全、便捷,第三人制定了《银联卡业务运作规章》等相关规则标准,各成员机构在加入银联时均予以确认与接受,上述规章是第三人与各银联成员机构之间达成的多边性质的契约。而且,商业银行作为银联成员机构,在日常清算业务中同时具有发卡行和收单行的双重角色,银联相关规则标准既是各成员机构于日常清算业务活动中可主张的合同权利,也是各成员机构所应秉守与遵从的合同义务。因此,各成员机构之间不仅只是单纯的委托支付关系,而是在融合了多种不同类型合同的基础上形成的资金清算合同法律关系。在这种复合性质的合同关系下,应当根据合同各方达成的约定,亦即银联的相关规则标准来确定各方之间的权利义务。

二、关于《银联卡业务运作规章》第一卷至第七卷中与本案有关的银联相关规则。本案中,原告与被告均系第三人成员机构,原告系收单行,被告系发卡行,各方于银联网络上达成的清算业务均应遵从银联规约的规定。本案所涉交易发生于2014年10月,适用规则分别为《银联卡业务运作规章》第二卷、第四卷(2014年10月版)及第五卷(2005年12月版)。

三、关于《银联卡业务运作规章》修改的主要内容,特别是信用卡存入溢缴款提高信用额度、在预授权的冲正交易中收单行与发卡行所应承担的责任与义务的说明及本案收单行对其商户管理不当导致商户恶意套现事宜的补充说明。1. 关于信用卡存入溢交款提高信用额度。《银联卡业务运作规章》是针对银联卡交易过程的约定,不包括发卡机构对本行银联卡的管理。信用卡存入溢缴款提高信用额度相关事项属于发卡机构对本行信用卡的授信管理范畴,《银联卡业务运作规章》未予约定。2. 关于预授权的冲正交易中收单行与发卡行所应承担的责任与义务。冲正交易是一种特殊的交易,由报文的发送方发起,用于通知接收方先前一笔授权类或金融类交易没有按预定流程完成,应该取消其处理结果。通过冲正交易,报文发送方告知接收方前一笔相关交易取消,不再纳入当日清算。3. 关于本案差错争议处理过程的补充说明。本案中,原告作为收单行是否存在管理不当行为,已在差错争议处理中得以确认。《银联卡业务运作规章》第五卷附录明确商户欺诈指特约商户在受理银联卡交易时,违规操作、蓄意进行欺诈交易或纵容、包庇、协助银联卡欺诈交易的行为,包括恶意倒闭、套现、洗单、虚假申请、侧录、卡号测试、虚假商户、信函电话网络营销、手输卡号等欺诈形式。《银联卡业务运作规章》第二卷第一章第4.5款约定,除确认收单机构或商户有欺诈行为外,按收单业务操作规程处理,由收单机构提交并经中国银联转接,取得发卡机构授权同意的交易,因交易完成所产生的风险损失由发卡机构承担。按照《银联卡业务运作规章》第四卷第三章第4.2款、第四章以及附录1中有关4802原因码的约定,若发生套现交易,信用卡发卡机构可以在符合《银联卡业务运作规章》要求的情况下提交一次退单(原因码4802－风险交易)要求收单机构先行承担风险责任,并承诺当持卡人偿还资金后及时返还收单机构。若收单机构认为商户不存在套现行为,且经再请款后被发卡机构提交二次退单,收单机构可以提交争议请求第三人审查发卡机构的退单行为是否合规。原告在争议中要求第三人审查被告的退单行为,经查被告在退单前发起调单,要求原告提供交易凭证以证明相关交易非套现交易,原告未能提供凭证。被告后来以套现为理由提交一次退单,并依据《银联卡业务运作规章》第四卷提交了必要文档材料,属于有效操作,原告应当先行承担责任。需要说明的是,入网机构提交差错争议处理的,应当首先查明相关事实并对差错争议中所提材料的真实性负责。此外,以套现为理由提交退单的,发卡行承诺如收到持卡人后续还款,应及时返还收单行。

四、关于本案原告对其商户管理不当导致商户恶意套现的补充说明。原告对其特约商户的管理存在不当之处。根据第三人事后查询发现,涉案商户凯永福公司、万欣洪公司、汇百顺公司的商户类型分别为5072(三金器材及用品批发商)、5021(办公及商务家具批发商)、5998(其他批发商),为无预授权类业务需求的商户类型,但作为收单行的原告却为其开通了预授权交易功能,为上述商户实施套现、欺诈等行为提供了便利;同时,根据交易记录显示,上述3家商户发生的交易在时间上存在明显关联性。单张卡片在不同商户交易的时间间隔较短,70%的跨商户交易时间间隔在5分钟以内,最短的时间间隔仅为14秒,由此反映出终端明显存在移机违规行为。收单行未严格落实《银行卡收单业务管理办法》对终端管理的相关要求,也是本案讼争损失产生的重要因素。

经审理查明:2008年3月24日,第三人作出《关于同意HNSH农村信用社联合社成为中国银联团体成员的复函》[银联函(2008)38号],同意HNSH农村信用社联合社(以下简称海南农信)以团体成员身份加入银联网络、在海南开办银联人民币借记卡发卡及ATM/POS收单业务。被告亦为第三人成员机构。本案中,原告是收单行,被告是发卡行。

《银联卡业务运作规章》第二卷(2014年)第一章5交易凭证规定:“跨行交易所产生的电子数据或纸制及电子化凭证(需由发起方以附件方式提供与纸制凭证上隐去卡号相匹配的完整卡号)可以作为清算、资金划转、差错调整及争议处理的依据。记录交易信息的电子数据或纸制凭证应自交易日起至少保留一年。发卡机构给出的交易应答信息是交易确认的主要依据,包括对中国银联转发的收单机构交易请求的应答和代授权的应答以及对转授权的应答。”《银联卡业务运作规章》第二卷(2014年)第一章6清算要求规定:“发卡机构应与中国银联签订清算协议,指定清算账户,依据清算责任和权利完成银联卡跨行交易清算,并确保账户清算资金充足。……发卡机构对收单机构上送清算数据如有疑义需调阅原始交易凭证,应通过中国银联向收单机构索取,并承担凭证调阅的相关费用。”

信用卡卡号为×××的发卡行是被告。2014年10月12日,案外人持被告发卡行的卡号为×××的信用卡在原告的3家特约商户凯永福公司、万欣洪公司、汇百顺公司的POS终端上通过“预授权”“预授权完成”“预授权冲正”的交易方式分别刷卡套现299700元、299900元、299800元,共计899400元。在上述交易过程中,发卡行被告在预授权和预授权完成过程中均给予了发卡应答“0”即承兑或交易成功应答。交易发生次日被告通过第三人将上述交易资金清算给了原告。2014年12月8日,凯永福公司、万欣洪公司、汇百顺公司被第三人海南分公司列入疑似套现商户名单。2015年1月9日,被告发起一次退单,原因码4802(风险交易),第三人将899400元交易资金清算给被告;2015年2月6日,原告发起再请款,原因码2702(无效的一次退单);2015年2月15日,被告发起二次退单,原因码4571(发卡机构能够提供一次退单中缺少的证明材料);2015年3月26日,海南农信发起争议裁判申请;2015年6月5日,第三人争议处理委员会办公室出具裁判意见。裁判结果为:“责任方为海南农信,原告应承担交易争议金额899400元、争议申请费和评审费9000元、技术违规处理费1500元。”裁判依据为:“《银联卡业务运作规章》第四卷明确,对有异议的交易,发卡机构满足条件有退单的权利。使用4802进行一次退单时,应备注‘RS1’或‘RS2’字样。使用4571进行二次退单时,应补充提供一次退单中缺少的证明材料。对于一次退单有异议的,收单机构满足条件有再请款的权利,使用2702进行再请款时,收单机构应提供POS签购单影印件等文件。本案中,被告使用4802进行一次退单时备注‘RS2’,且提交了必备的支持文档,与规则要求无抵触;原告使用2702进行再请款未提交必备的支持文档,属于技术违规;被告使用4571进行二次退单,且提交了必备的支持文档,与规则要求无抵触;争议处理中,针对原告提出的退单不正确问题,被告未予以辩驳,但原告要求被告承担该笔交易争议金额的请求依据不足,不予支持。”后海南农信对第三人的该处理结果不服,提起申诉,申诉处理费共计6000元。第三人陈述称:“原告在争议中要求第三人审查被告的退单行为,经查被告在退单前发起调单,要求原告提供交易凭证以证明相关交易非套现交易,原告未能提供凭证。被告后来以套现为理由提交一次退单,并依据《银联卡业务运作规章》(第四卷)提交了必要文档材料,属于有效操作,原告应当先行承担责任。”

上述事实有卡号为×××的查询历史交易明细、银联跨行交易明细查询、《关于同意HNSH农村信用社联合社成为中国银联团体成员的复函》、《银联卡业务运作规章》第二卷、第四卷(2014 年)、《争议裁判结果通知书》、中国银联境内公共服务平台显示的原告支付争议处理费用的明细、涉案商户交易及差错处理报文数据、当事人陈述及庭审笔录予以证明,足以认定。

本院认为:本案的争议焦点如下:一、被告作为发卡行和原告作为收单行在本案中存在何种法律关系?二、被套现的资金是属于发卡行被告的资金还是属于收单行原告的资金?本案中具体被套现的资金金额是多少?三、原告在涉案的套现交易中是否存在过错?四、被告是否应当返还原告 899400 元及相应利息和处理争议支付的费用 16500 元;被告是否应支付原告律师服务费?

一、关于被告作为发卡行和原告作为收单行在本案中的法律关系问题。第三人系中国人民银行批准设立的中国银行卡联合组织,第三人建立的交易清算系统为不同银行发行的银行卡之间的资金往来提供了清算服务,使得银行卡得以跨行、跨地区和跨境使用。作为收单行的原告和作为发卡行的被告均是第三人的成员,加入第三人网络的各成员银行之间虽没有直接签订书面协议,但各成员银行都必须与第三人签订书面《银联卡跨行业务资金清算协议》,以便各成员银行在第三人建立的交易清算系统上进行清算。持有 POS 机的收单行与第三人进行结算正是基于收单行和发卡行各自和第三人签订的《银联卡跨行业务资金清算协议》,发卡行和收单行形成事实上的委托代理关系。《合同法》第 10 条(现《民法典》第 135 条)规定:“当事人订立合同,有书面形式、口头形式和其他形式。”本案中,作为收单行的原告与作为发卡行的被告即是以其他形式形成的委托代理合同关系。

二、被套现的资金是属于发卡行被告的资金还是属于收单行原告的资金?本案中具体被套现的资金金额是多少?基于发卡行与收单行属于委托代理合同关系,因此案外人持发卡行信用卡在收单行的 POS 机上进行刷卡套现,是对发卡行的信用卡资金进行套现,而不是对收单行的资金进行套现,与之发生法律关系的相对方是发卡行而不是持有 POS 机的收单行,收单行的 POS 机仅仅是案外人进行信用卡套现的工具。《银联卡业务运作规章》第二卷(2014 年)第一章 5 交易凭证中规定跨行交易所产生的电子数据或纸制及电子化凭证可以作为清算的依据,发卡机构给出的交易应答信息是交易确认的主要依据。本案中,虽然原告无法提供纸制的交易凭证,但原告提供的查询历史交易流水及本院向第三人调取的涉案商户交易及差错处理报文数据足以证明被套现的资金金额为 899400 元。

三、原告在案外人持信用卡进行套现过程中是否存在过错问题。《银联卡业务运作规章》第二卷(2014 年)第一章 5 交易凭证中规定发卡机构给出的交易应答信息是交易确认的主要依据,包括对中国银联转发的收单机构交易请求的应答和代授权的应答以及对转授权的应答。本案中,作为收单行的原告是在通过作为发卡行的被告给出的预授权、预授权完成的承兑或交易成功应答信息后才垫付的 899400 元。若被告对上述交易未作出承兑或交易成功的应答信息,原告亦不会垫付该899400元。因此,造成本案中被告信用卡资金被套现的过错方是被告,原告不存在过错。

四、被告是否应当返还原告899400元及相应利息和处理争议支付的费用16500元;被告是否应支付原告律师服务费的问题。本案中,原告与被告存在委托代理合同关系,案外人持被告发行的信用卡在原告的POS机上刷卡套现899400元后,原告已经替被告垫付了该899400元。另外原告为处理该争议向第三人支付了16500元。依照《合同法》第398条(现《民法典》第921条)"委托人应当预付处理委托事务的费用。受托人为处理委托事务垫付的必要费用,委托人应当偿还该费用及利息"的规定,原告主张被告偿还899400元及相应利息和原告处理该争议支付的费用16500元有事实和法律依据,本院予以支持。另外,原告主张支付律师费,但没有提供相关证据证明,故原告的该项诉讼请求本院不予支持。

综上所述,依照《合同法》第60条、第398条(现《民法典》第509、921条)和《最高人民法院关于民事诉讼证据的若干规定》第2条的规定,判决如下:

一、限被告HRB银行股份有限公司于本判决生效之日起3日内偿还原告HKS农村信用合作联社为其垫付的899400元及相应利息(利息计算方法:以899400元为本金,从2015年1月9日起至被告实际清偿之日止,按中国人民银行同期一年期贷款利率计);

二、限被告HRB银行股份有限公司于本判决生效后十日内向原告HKS农村信用合作联社支付处理争议费用16500元;

三、驳回原告HKS农村信用合作联社的其他诉讼请求。

如果未按本判决指定的期间履行给付金钱义务,应当依照《民事诉讼法》第229条之规定,加倍支付迟延履行期间的债务利息。

案件受理费12959元,由被告HRB银行股份有限公司负担。

如不服本判决,可在判决书送达之日起十五日内向本院递交上诉状,并按对方当事人或代表人的人数提出副本,上诉于海南省海口市中级人民法院。

审 判 长 吴××

人民陪审员 林××

人民陪审员 林 ×

2017年6月1日

书 记 员 周××

【民事上诉状】

上 诉 状

上诉人(原审被告):HRB 银行股份有限公司。

法定代表人:郭某文。

地址:哈尔滨道里区群力上江街888号。

被上诉人(原审原告):HKS 农村信用合作联社。

法定代理人:辛某龙,理事长。

住所地:海口市国贸路49-1号澳港发展大厦一至三层。

上诉人因不服海口市某区人民法院(2016)琼010×民初11××2号民事判决,特提出上诉。

上诉请求:

一、撤销一审判决,依法改判。

二、涉诉一、二审费用全部由 HKS 农村信用合作联社承担。

事实与理由:

一、一审判决对该案的法律关系认定错误

原审法院认定该案是以其他形式形成的委托代理合同关系是错误的。该案一审立案案由为“合同纠纷”,在上诉人提交管辖异议申请书后,原审法院作出民事裁定书,首句表述为“本院受理原告 HKS 农村信用合作联社与被告 HRB 银行股份有限公司侵权纠纷一案”,裁定书中另行表述“经审查,本院认为,本案原、被告之间并无合同关系,本案纠纷属侵权纠纷”,一审法院明确表明,经审查认为立案案由“合同纠纷”有误,确定案由更改为“侵权纠纷”,但在管辖异议上诉案中,海口市中级人民法院在未进行任何实体审查的情况下,认定一审法院定性(侵权纠纷)错误,原被告之间存在委托代理关系。

现一审法院已开庭进行了实体审查,上诉人、被上诉人及第三人中国银联就相关法律关系问题进行了举证、质证和辩论。上诉人与被上诉人之间从未签署任何合同文本,被上诉人也未提供证据证明双方存在合同关系,故上诉人与被上诉人之间不存在合同关系,即使按照法院认为双方均申请加入银联而形成某种合同关系,那么中国银联作为银联卡业务规则的制定方,出具了书面意见,明确表明“收单行与发卡行之间不是单纯的委托支付关系,而应认定为资金清算合同法律关系”。《最高人民法院关于印发修改后的〈民事案件案由规定〉的通知》(法〔2011〕42号)中明确规定:“5. 当事人起诉的法律关系与实际诉争的法律关系不一致的,人民法院结案时应当根据法庭查明的当事人之间实际存在的法律关系的性质,相应变更案件的案由。”所以,被上诉人(HKS 农村信用合作联社)与上诉人之间从未签署任何合同文本,被上诉人也未提供证据证明双方存在合同关系,故上诉人与被上诉人之间无合同关系;作为收单行(被上诉人)向其特约商户清算资金的整个过程中,发卡行(上诉人)与收单行(被上诉人)之间不存在委托清算付款的合意;故本案上诉人与被上诉人之间并无委托代理合同关系。

二、原审法院认定事实错误

原审法院认定被套现的资金是属于发卡行(上诉人)的资金是完全颠倒了事实。2015 年 5 月 15 日,被上诉人 HKS 农信社作为受害人,向海口市公安局经侦支队报案,其提交的报案书中明确表明“截至目前,我社损失资金 3295200 元”,报案书落款处加盖了被上诉人的公章,表明被上诉人自认损失是该社的。公安局已对此案立案侦查。涉案损失最终金额未确定,按照“先刑后民”原则,待刑事案件结案确定涉案损失后,再进行本案的民事审理。

根据中国人民银行颁布的《银行卡收单业务管理办法》第 2 条“银行卡收单业务,是指收单机构与特约商户签订银行卡受理协议……为特约商户提供交易资金结算服务的行为”规定,收单业务为收单行自己的业务品种,收单行以自己名义与特约商户签署协议提供资金结算服务并收取服务费用,并不以发卡行的委托以及指令为基础,特约商户使用欺诈手段骗取被上诉人的清算资金,被上诉人遭受了损失,应当向商户主张赔偿责任。本案中,被上诉人也承认其签约的涉案商户有欺诈行为和套现行为。根据《银行卡业务运作规章》第二卷第一章第 4.5 款“除确认收单机构或商户有欺诈行为外,对按收单业务操作规程(见本卷第四章《业务处理》)处理,由收单机构提交并经中国银联转接,取得发卡机构授权同意的交易,因交易完成所产生的风险损失由发卡机构承担”。故在本案中,因商户有欺诈行为,交易所产生的风险损失,理应由收单机构(被上诉人)承担。

同时,在涉案商户发生信用卡欺诈案后,被上诉人作为申请人向中国银联发起争议裁判申请,中国银联争议处理委员会作出裁判结果:申请方(收单机构,本案被上诉人)为责任方,承担交易争议金额。同时,根据银联规则:“争议任何一方可在裁判结果通知书下发日起 30 日内向中国银联提起申诉,对符合条件的申诉,银联会组成复议小组进行复议。对复方小组的复议结果不服,入网机构可提交书面申请,由争议处理委员会办公室提请争议处理委员会全体会议进行复议。”被上诉人 HKS 农村信用合作联社在规定期间内,并未向中国银联提起申诉,足以证明其认可并接受银联的争议处理结果。

综上,原审法院认定事实错误,该案套现的不是上诉人的资金,而是被上诉人 HKS 农信社的财产利益,由被上诉人自行承担预授权欺诈套现产生的损失。

三、原审法院对造成本案信用卡资金被套现过错方认定错误

本案涉案商户海口凯永福家电有限公司(商户类型为三金器材及用品批发商)、海口汇百顺通讯器材有限公司(商户类型为其他批发商),均为无预授权类业务需求的商户类型,但被上诉人 HKS 农信社作为收单行,却为其开通了预授权交易功能,为涉案商户实施套现、欺诈等行为提供了便利。若其按照规定不给涉案商户开通预授权交易功能,本案的损失完全可以避免。与此同时,涉案商户存在明显的移机违规行为(移机浙江省温州市平阳县),本案被上诉人 HKS 农信社作为收单行未严格落实下列规定。《银行卡收单业务管理办法》第 7 条:收单机构拓展特约商户,应当遵循"了解你的客户"原则,确保所拓展特约商户是依法设立、从事合法经营活动的商户,并承担特约商户收单业务管理责任。第 21 条:"收单机构应当针对风险较高的交易类型制定专门的风险管理制度。对无卡、无密交易,以及预授权、消费撤销、退货等交易类型,收单机构应当强化风险管理措施。"第 34 条:"收单机构发现特约商户发生疑似银行卡套现、洗钱、欺诈、移机、留存或泄露持卡人账户信息等风险事件的,应当对特约商户采取延迟资金结算、暂停银行卡交易或收回受理终端(关闭网络支付接口)等措施,并承担因未采取措施导致的风险损失责任;发现涉嫌违法犯罪活动的,应当及时向公安机关报案。"被上诉人作为收单机构没有履行管理特约商户、防范套现风险的法定责任和法定义务,存在管理不当和疏忽,是导致诉讼争议损失产生的重要因素。

2014 年 7 月 23 日,中国银联发布的编号为(2014)年(63)号银行卡风险提示函,标题为《关于近期欺诈合谋商户利用预授权类交易套取额外信用资金的风险提示》,风险点为:1. 商户存在欺诈合谋嫌疑;2. 部分收单机构未严格控制开通预授权业务的商户范围。防范建议为:1. 加强商户入网审批,审慎开通商户预授权类交易功能,对于无实际业务需求的商户,原则上不予开通;同时,建议对已开通预授权类交易的存量商户特别是三个月以内新入网商户进行风险排查,及时识别风险隐患。2. 加强商户交易监控及处置,重点针对商户先后进行大额预授权、小额预授权完成、小额预授权完成撤销及大额预授权完成等异常交易的情况予以监控。2014 年 9 月 25 日,中国银联向各收单机构发出《关于再次发生利用预授权类交易套取额外信用资金的风险提示函》,其中提到"我部监控服务中心已于 2014 年 9 月 17 日发送风险提示(2014 年 87 号),建议收单机构紧急关闭预授权完成冲正交易功能,并加大对离线预授权完成类交易的管控力度";并明确"鉴于此次作案手法中利用的预授权完成冲正、离线预授权完成交易均为通知类报文,需从收单机构层面进行交易管控,为防止风险进一步扩大,现再次提示各收单机构,立即落实以下风险防控措施:1. 临时紧急关闭商户的预授权完成冲正交易功能,并紧急排查存量开通预授权类交易功能的商户,在确保开通预授权类商户均为真实经营、有实际预授权业务需求的前提下,再适时开放预授权完成冲正交易功能。……3. 一旦发现异常交易,应在一个工作日内上门排查,并及时采

取延迟商户资金结算,暂停商户交易等控制措施”。HKS 农信社作为收单机构,若能严格按照银联的要求,落实相关防控措施。完全能够避免于涉案商户利用预授权欺诈进行作案,从而避免损失的产生。

四、一审法院程序违法

1. 一审庭审过程中,法官在归纳争议焦点时未将本案的法律关系定性作为争议焦点,但在一审判决书中,却将此作为争议焦点一,程序上存在重大问题。

2. HRB 银行申请调查取证,一审法院未依职权调取关键证据。

五、一审判决由 HRB 银行支付争议处理费用,毫无依据

《中国银联业务运作规章》第四卷《差错争议业务规则》第四章争议处理 3.1.3 费用明确规定“申请费、评审费在申请时交纳,由申请方先行垫付,最终由责任承担方支付”。因此该争议处理费本就应由 HKS 农信社承担,与 HRB 银行毫无关系。同时,HKS 农信社在加入中国银联时,签署的声明及承诺事项中,明确表示“在发生银行卡跨行业务争议时,本机构承诺遵守《银联卡争议处理实施细则》及前述细则、规则的修订,服从争议处理委员会最终裁判结果。若为争议责任方,本机构将主动提交付费交易;如不主动提交相关付费交易,争议处理委员会有权向本机构提交收费交易,本机构应承担的争议款项及相关费用并入当日资金清算,统一进行资金扣划”。这是作为银联成员各方应遵守的义务,也是所谓的合同关系的重要基础。HKS 农信社的起诉行为,表明其不服从争议处理委员会的最终裁判结果,明显违反了其书面作出的声明及承诺事项。综上,一审法院认定事实错误,适用法律不当,程序不合法,请求撤销原判,予以改判。

此致

海口市中级人民法院

上诉人:HRB 银行股份有限公司
代理人:李玉娟律师
2017 年 7 月

【二审判决书】

海南省海口市中级人民法院
民事判决书

（2017）琼01民终2712号

上诉人（原审被告）：HRB银行股份有限公司，住所地：哈尔滨市道里区群力上江街888号。

法定代表人：郭某文。

委托诉讼代理人：李玉娟，北京市中闻律师事务所律师。

被上诉人（原审原告）：HKS农村信用合作联社，住所地：海口市国贸路××××号港澳发展大厦×××层。

法定代表人：辛某龙，理事长。

委托诉讼代理人：陈湘，HNSH农村信用社联合社律师事务部公司律师。

委托诉讼代理人：林某梅，HNSH农村信用社联合社律师事务部公司律师。

原审第三人：中国银联股份有限公司，住所地：上海自由贸易试验区498号，办公地址：上海市浦东新区含笑路36号。

法定代表人：时某朝。

委托诉讼代理人：徐亮，该公司职员。

委托诉讼代理人：李梦雄，该公司职员。

上诉人HRB银行股份有限公司（以下简称HRB银行）因与被上诉人HKS农村信用合作联社（以下简称HKS农信社）、原审第三人中国银联股份有限公司（以下简称银联公司）合同纠纷一案，不服海南省海口市某区人民法院（2016）琼010×民初11××2号民事判决，向本院提起上诉。本院于2017年8月9日立案受理后，依法组成合议庭进行了审理。本案现已审理终结。

HRB银行上诉请求：一、撤销一审判决，依法改判；二、涉诉一、二审费用全部由HKS农信社承担。事实与理由：一、一审判决对该案的法律关系认定错误。一审法院认定该案是以其他形式形成的委托代理合同关系是错误的。该案一审立案案由为“合同纠纷”，在HRB银行提交管辖异议申请书后，一审法院作出民事裁定，确定案由更改为“侵权纠纷”。但在管辖异议上诉案中，海口中院认定发卡行和收单行之间存在委托代理关系，明显错误，应根据《最高人民法院关于印发修改后的〈民事案件案由规定〉的通知》（法〔2011〕42号）关于“5. 当事人起诉的法律关系与实际诉争的法律关系不一致的,人民法院结案时应当根据法庭查明的当事人之间实际存在的法律关系的性质,相应变更案件的案由”的规定,在一审案件实体审理过程中予以纠正。HRB银行与HKS农信社之间从未签署任何合同文本,HKS农信社也未提供证据证明双方存在合同关系,故双方之间无合同关系。双方不存在委托清算付款的合意,不属于委托代理合同关系。

二、一审法院认定事实错误。一审法院认定被套现的资金是属于HRB银行的资金,明显错误。本案已经刑事立案,涉案损失最终金额未确定,按照“先刑后民”的原则,待刑事案件结案确定涉案损失后,再进行本案的民事审理。根据《银行卡收单业务管理办法》第2条的规定,收单业务是收单行自己的业务品种,并不以发卡行的委托及指令为基础,特约商户欺诈骗取HKS农信社的清算资金,HKS农信社应向商户主张赔偿责任。本案中,HKS农信社也承认其签约的涉案商户有欺诈行为和套现行为。根据《银行卡业务运作规章》第二卷第一章第4.5款“除确认收单机构或商户有欺诈行为外,对按收单业务操作规程处理,由收单机构提交并经中国银联转接,取得发卡机构授权同意的交易,因交易完成所产生的风险损失由发卡机构承担”的规定,因商户有欺诈行为,交易所产生的风险损失,理应由收单机构承担。

案发后,HKS农信社发起争议裁判申请,中国银联争议处理委员会作出裁判结果:HKS农信社为责任方,承担交易争议金额。同时,根据银联规则“争议任何一方可在裁判结果通知书下发日起30日内向中国银联提起申诉,对符合条件的申诉,银联会组成复议小组进行复议。对复议小组的复议结果不服,入网机构可提交书面申请,由争议处理委员会办公室提请争议处理委员会全体会议进行复议”的规定,HKS农信社在规定期间内并未向中国银联提起申诉,足以证明其认可并接受银联的争议处理结果。

三、一审法院对造成本案信用卡资金被套现过错方认定错误。涉案商户海口凯永福家电有限公司(商户类型为5072,三金器材及用品批发商)、海口汇百顺通讯器材有限公司(商户类型为5998,其他批发商),均为无预授权类业务需求的商户类型,但HKS农信社作为收单行,却为其开通了预授权交易功能,为涉案商户实施套现、欺诈等行为提供了便利。

同时,涉案商户存在明显的移机违规行为(移机浙江省温州市××县),HKS农信社作为收单行未严格落实《银行卡收单业务管理办法》第7条、第21条、第34条等规定,HKS农信社作为收单机构没有履行管理特约商户、防范套现风险的法定责任和义务,存在管理不当和疏忽,是导致讼争损失产生的重要因素。

2014年7月23日,中国银联发布的编号为(2014)年(63)号银行卡风险提示函,标题为《关于近期欺诈合谋商户利用预授权类交易套取额外信用资金的风险提示》,风险点为:1. 商户存在欺诈合谋嫌疑;2. 部分收单机构未严格控制开通预授权业务的商户范围。防范建议为:1. 加强商户入网审批,审慎开通商户预授权类交易功能,对于无实际业务需求的商户,原则上不予开通;同时,建议对已开通预授权类交易的存量商户特别是三个月以内新入网商户进行风险排查,及时识别风险隐患。2. 加强商户交易监控及处置,重点针对商户先后进行大额预授权、小额预授权完成、小额预授权完成撤销及大额预授权完成等异常交易的情况予以监控。2014 年 9 月 25 日,中国银联向各收单机构发出《关于再次发生利用预授权类交易套取额外信用资金的风险提示函》,其中提到"我部监控服务中心已于 2014 年 9 月 17 日发送风险提示(2014 年 87 号),建议收单机构紧急关闭预授权完成冲正交易功能,并加大对离线预授权完成类交易的管控力度";并明确"鉴于此次作案手法中利用的预授权完成冲正、离线预授权完成交易均为通知类报文,需从收单机构层面进行交易管控,为防止风险进一步扩大,现再次提示各收单机构,立即落实以下风险防控措施:1. 临时紧急关闭商户的预授权完成冲正交易功能,并紧急排查存量开通预授权类交易功能的商户,在确保开通预授权类商户均为真实经营、有实际预授权业务需求的前提下,再适时开放预授权完成冲正交易功能。3. 一旦发现异常交易,应在一个工作日内上门排查,并及时采取延迟商户资金结算,暂停商户交易等控制措施"。HKS 农信社作为收单机构,若能严格按照银联的要求,落实相关防控措施,完全能够避免于涉案商户利用预授权欺诈进行作案,从而避免损失的产生。

四、一审法院程序违法。1. 一审庭审过程中,法官在归纳争议焦点时未将本案的法律关系定性作为争议焦点,但在一审判决书中,却将此作为争议焦点一,程序上存在重大问题。2. HRB 银行申请调查取证,一审法院未依职权调取关键证据。

五、一审判决由 HRB 银行支付争议处理费用,毫无依据。中国银联业务运作规章第四卷《差错争议业务规则》第四章争议处理 3.1.3 费用明确规定"申请费、评审费在申请时交纳,由申请方先行垫付,最终由责任承担方支付"。因此该争议处理费本就应由 HKS 农信社承担,与 HRB 银行毫无关系。同时,HKS 农信社在加入中国银联时,签署的声明及承诺事项中,明确表示"在发生银行卡跨行业务争议时,本机构承诺遵守《银联卡争议处理实施细则》及前述细则、规则的修订,服从争议处理委员会最终裁判结果。若为争议责任方,本机构将主动提交付费交易;如不主动提交相关付费交易,争议处理委员会有权向本机构提交收费交易,本机构应承担的争议款项及相关费用并入当日资金清算,统一进行资金扣划"。这也是作为银联成员各方应遵守的义务,也是所谓的合同关系的重要基础。HKS 农信社的起诉行为,表明其不服从争议处理委员会的最终裁判结果,明显违反了其书面作出的声明及承诺事项。综上,一审法院认定事实错误,适用法律不当,程序不合法,请求撤销原判,予以改判。

HKS 农信社辩称,一、一审法院认定 HKS 农信社与上诉人之间系委托代理合同关系正确。上诉人与 HKS 农信社共同加入中国银联组织,双方存在委托代理合同法律关系。根据《合同法》第10条（现已变更为《民法典》第469条）的规定，中国银联成员之间即是以其他形式形成的委托代理合同法律关系。HKS农信社受上诉人委托，负有代替上诉人向特约商户先行垫付持卡人的交易款项的义务，上诉人负有通过银联清算向HKS农信社支付垫付资金的义务。此外，在一审中银联公司也称：从银联公司在跨行转接清算业务中的角色职能以及银联公司与收单行、发卡行之间的实际业务关系分析，银联公司与各成员机构之间达成的是一种多边性质的契约，收单行与发卡行之间存在委托支付关系。加入中国银联的各商业银行虽然彼此之间没有直接签订书面协议，但加入中国银联网络的商业银行必须与中国银联签订协议书，各商业银行通过银联组织的系统来进行往来资金清算。中国银联作为业务结算机构只是给各个加入组织的成员提供业务结算平台，实际履行权利义务的还是发卡行和收单行。如果发卡行与收单行不存在委托清算付款的合意，收单行是不可能先行代替发卡行向商户支付交易款项的。

二、一审法院认定事实清楚。（一）根据《最高人民法院关于民事诉讼证据的若干规定》第8条第1款的规定，自认必须发生在诉讼过程中，因此，上诉人主张"HKS农信社在其提交的报案书中明确表明我社损失资金3295200元是HKS农信社的自认"错误。（二）HKS农信社对银联的处理结果不服，在规定的时间内提起了申诉，申诉处理费共计6000元，HKS农信社因对中国银联的申诉处理结果不服而诉至法院。

三、一审法院对造成本案信用卡资金被套现过错方认定正确。（一）HKS农信社作为受托人，在代理行为中并未存在过错，代理行为的最终结果由HRB银行承担。（1）在使用信用卡跨行交易结算中，持卡人在持HRB银行信用卡用POS终端交易时，该卡片的交易数据，如账号、密码、交易信息等会通过银联提供的跨行转接业务平台发送至发卡行数据中心，HRB银行核对无误后，授权可进行下一步操作，HKS农信社作为收单机构，POS终端交易业务仅是根据发卡行的指令进行代理操作并垫付结算资金。因此，HKS农信社完全按照HRB银行的指令进行交易操作，HKS农信社不存在过错。

（2）HKS农信社已落实特约商户实名制，并根据相关规定做好开户申请材料、开户印鉴等实名审核和信息核查，发展特约商户合法合规。HKS农信社对特约商户的POS机使用尽职尽责地进行动态监测，根据HKS农信社的监测结果，特约商户的POS机在案发前既有借记卡也有信用卡的消费记录，且刷卡的金额、种类、频率等都符合行业特性，在案发时属于正常类商户。

（3）HKS农信社为三家商户开通预授权交易功能是基于商户的实际经营业务需求，而且银联并没有禁止收单机构向此类商户开通预授权交易功能，银联仅是建议收单机构考虑商户是否有实际需求，审慎开通预授权交易功能。涉案商户使用的HKS农信社的POS机自始至终都没有开通过省际漫游功能，只能在海南省内使用，HKS农信社作为收单机构已经履行了收单机构应尽的防范风险义务。

(4)银联不仅仅发函要求收单机构注意防控风险,同时也针对发卡机构多次发函要求其严格把控风险。例如,中国银联于2014年7月23日向各发卡机构下发(2014)年(62)号银行卡风险提示函,要求发卡机构:①加强对疑似欺诈交易的监控,重点针对单卡当日在同一商户先后进行大额预授权、小额预授权完成、小额预授权完成撤销及大额预授权完成等异常交易的情况进行监控;②及时开展可疑卡片的风险调查工作,核实交易真实性,并对欺诈嫌疑较高的卡片及时采取管控措施;③对预授权完成撤销交易设置授权控制,即对预授权完成撤销交易请求判断可用额度,对于可用额度低于原预授权交易金额的,建议拒绝该笔预授权完成撤销交易。

(二)HRB银行对造成信用卡资金被套现存在明显的过错。(1)从信用卡在POS终端的交易记录看,其套现操作流程有八步:①在信用卡存入大额溢缴款,HRB银行将该信用卡额度大幅调整,调增后的额度为原信用额度+溢缴款的金额;②在HKS农信社的POS终端(A)做一笔大额"预授权"交易,HRB银行授权冻结信用卡内资金;③在HKS农信社的POS终端(A)做一笔小额的"预授权完成"交易,HRB银行授权"预授权完成"成功,并发回信息通知POS(A)终端;④切断POS终端(A)通讯;⑤HRB银行信用卡资金解冻,POS终端(A)无法接收交易成功信息;⑥信用卡在POS终端(B)将解冻的资金"消费",信用卡额度变为0;⑦POS终端(A)恢复通讯,对未接收到的"预授权完成"信息,发起冲正(撤销预授权完成),恢复原"预授权"状态,并将信息发送给发卡行;⑧持卡人又利用该信用卡在收单行POS(A)终端上再次进行一笔大额的"预授权完成"交易,发卡行授权"预授权完成"成功,持卡人得以套取额外信用资金。

(2)HRB银行在信用卡上述交易过程中在以下两个流程中存在过错。①流程第一步:在信用卡存入大额溢缴款,HRB银行将该信用卡额度大幅调整,调增后的额度为原信用额度+溢缴款的金额,随后持卡人就进行大额预授权交易。针对此类风险,银联曾在2014年1月6日向各信用卡中心发函[(2014)年(4)号],要求发卡机构加强对信用卡账户溢缴款的监控,建议重点针对预存溢缴款金额与持卡人资信状况或历史消费行为特征不符,预存溢缴款立即进行大额预授权交易等异常信用卡账户进行监控。另外,根据《商业银行信用卡业务监督管理办法》第56条"发卡银行应当制定信用卡交易授权和风险监测管理制度,配备必要的设备、系统和人员,确保24小时交易授权和实时监控,对出现可疑交易的信用卡账户应当及时采取与持卡人联系确认、调整授信额度、锁定账户、紧急止付等风险管理措施"的规定,HRB银行应在交易授权和风险监测管理确保24小时交易授权和实时监控。若发卡行能够建立信用卡额度实时识别监控机制,能够及时发现本案中信用卡额度为0,就可以避免信用卡套现风险,因此HRB银行应对自身管理系统漏洞,管理不善的行为买单。

②流程第八步,持卡人又利用该信用卡在收单行的POS(A)终端上再次进行一笔大额的“预授权完成”交易,发卡行授权“预授权完成”成功,持卡人得以套取额外信用资金。在切断电源后,持卡人将原来的信用资金全部转走后,再次发起预授权交易,HRB银行未能识别该信用卡现有额度为0,还是恢复了信用卡存入大额溢缴款后的信用额度。根据《银联卡业务运作规章》第二卷业务规则第一章第5交易凭证“发卡机构给出的交易应答信息是交易确认的主要依据,包括对中国银联转发的收单机构交易请求的应答和代授权的应答以及对转授权的应答”的规定,HRB银行对HKS农信社的交易请求,是具有主动应答权的,此时HRB银行具有核对和识别信用卡中是否有可用资金和信用额度的义务,HKS农信社为被动通知,根据HRB银行的指示完成业务。HKS农信社正是在HRB银行给出预授权、预授权完成的交易成功应答信息后才垫付了款项,因此造成本案中持卡人顺利套现的过错完全在HRB银行,而非HKS农信社。

四、一审判决HRB银行支付争议处理费用正确,有事实和法律依据。HRB银行与HKS农信社系委托代理合同法律关系,在中国银联处理HRB银行与HKS农信社的纠纷中,HKS农信社已经支付了16500元争议处理费。依照原《合同法》第398条“委托人应当预付处理委托事务的费用。受托人为处理委托事务垫付的必要费用,委托人应当偿还该费用及利息”的规定,一审法院判决支持HKS农信社的争议处理费16500元有事实和法律依据。综上,一审法院认定事实清楚,适用法律正确,请求二审法院驳回HRB银行的诉讼请求,维持原判。

银联公司述称,一、一审判决对双方法律关系认定不清。从法律性质上,银联业务规则是银联公司与银联各成员机构之间达成的多边性质的合同,对加入银联网络的各方具有法律约束力,各方之间的权利义务应依据银联业务规则予以界定。二、一审判决未充分考量银联业务规则的合同效力,未就HKS农信社的违约情节作出认定,导致判决结果存在重大偏差。(一)商户和交易的风险管理是HKS农信社在银联业务规则下应承担的核心义务。(二)HKS农信社在履行商户管理、交易安全维护等义务时存在重大过错。(1)未履行银联业务规则中关于商户审查的要求。(2)未履行银联业务规则中终端的布放、管理及交易监控要求。(3)HKS农信社未能根据约定确保涉案交易资金的安全。简言之,本案中导致损失产生的直接因果关系并非资金的归属,而是源于HKS农信社的违约行为。(三)HKS农信社的违约行为构成银联业务规则中的“商户欺诈”,应对此承担违约责任、承担损失。三、HKS农信社未根据银联业务规则所约定的争议解决方式处理纠纷,构成违约。

HKS农信社向一审法院起诉请求:一、HRB银行返还HKS农信社垫付的交易款项899400元及相应利息,赔偿HKS农信社处理争议支付的费用16500元(包含向银联提起争议、申诉等程序支付的费用);二、律师代理费、诉讼费由HRB银行承担。

一审法院认定事实(略,详见一审判决书)。一审法院认为(略,详见一审判决书)。

二审中,HKS农信社向本院提交一份银行流水单,证明涉案特约商户在案发前均有借记卡和信用卡的交易记录,为正常交易用户。经质证,HRB银行未在限期内对该证据提交质证意见。本院对该证据的真实性、合法性予以确认,对其与本案的关联性及其证明力,将在下文中综合论证。

HRB银行、银联公司在二审中均未提交新证据。

本院二审查明:作为银联公司的成员机构,HRB银行与HKS农信社均承诺遵守银联公司的相关规则,并按照银联公司的规则进行资金清算。银联海南分公司(甲方)与HKS农信社的管理单位海南农信(乙方)签订有《银联卡跨行业务资金清算协议书》,主要约定银联卡业务资金清算是指乙方发行银联卡在银联网络跨行交易或受理银联卡以及差错交易处理所发生的资金清算;双方均严格按《银联卡跨行业务资金清算通过大额支付系统处理办法》的规定办理资金清算,并遵守上述办法中确定的各项权利和义务;所有清算数据均以甲方提供的清算信息为准,如果乙方核对清算信息认为有误,则以甲方数据为准先行记账,完成与甲方的清算,再按《银联卡业务运作规章》的有关规定进行调整。HRB银行认可其与银联公司亦签订了《银联卡跨行业务资金清算协议书》。

HKS农信社与涉案商户分别签订有《特约商户协议书》,约定双方均应遵守国家机关制定的银行卡相关法律、法规,中国银联制定的银联卡业务运作规章以及相关规定,由HKS农信社负责向涉案商户受理银联卡业务的人员进行业务培训。案发后,HKS农信社于2015年5月15日向海口市公安局经侦支队报案,称2014年10月11日至12日期间,犯罪嫌疑人林某先利用户某阳身份证在HKS农信社开立三个公户,通过公户绑定的POS机多次协助他行信用卡持卡人利用发卡机构预授权交易漏洞套取额外信用资金实施金融诈骗案件,造成HKS农信社资金损失3295200元。二审中,经本院询问,HKS农信社称该案正在侦查中。

另查明,银联公司制定的《银联卡业务运作规章》第二卷第一章4.5.D规定,“除确认收单机构或商户有欺诈行为外,对按收单业务操作规程处理,由收单机构提交并经中国银联转接,取得发卡机构授权同意的交易,因交易完成所产生的风险损失由发卡机构承担”;第二卷第四章3.3.3规定:“预授权完成交易可通过联机、离线或手工方式完成,且无须验证持卡人个人密码。……对上述三种方式在预授权有效期限内提交的预授权完成,发卡机构均应按业务要求处理并履行付款承诺。……发卡机构不得以止付卡、过期卡、账户额度不足等原因在预授权有效期限内拒绝交易。”第五卷附录中规定:“商户欺诈:指特约商户在受理银联卡交易时,违规操作、蓄意进行欺诈交易或纵容、包庇、协助银联卡欺诈交易的行为。包括恶意倒闭、套现、洗单、虚假申请、侧录、卡号测试、虚假商户、信函电话网络营销、手输卡号等欺诈形式。套现:商户与不良持卡人或其他第三方勾结,或商户自身以虚拟交易套取现金。虚假交易:在持卡人不知情的情况下,商户利用持卡人账户编造虚假交易或在持卡人消费的同时多压印单据或重复刷卡,并冒用持卡人签名进行虚假交易。”

《银联卡业务运作规章》第四卷第三章3.1规定,“发卡机构权利:对有异议的交易,发卡机构满足条件有向收单机构索取交易凭证及其他证明材料的权利。对有异议的交易,发卡机构满足条件有向收单机构退单的权利。收单机构权利:对借记卡交易短款,收单机构满足条件有向发卡机构提出协商处理的权利。对信用卡原始交易短款或贷记调整失误造成的短款,收单机构满足条件有向发卡机构请款的权利。对信用卡一次退单存在异议的交易,收单机构满足条件有向发卡机构再请款的权利”;3.2.3规定,“收单机构应根据本运作规章第二卷中的相关规定和要求与商户签订协议,并在商户违反规定时首先代商户承担责任”;3.2.4规定,“提供真实交易资料:差错处理过程中,收单机构有向提出调单请求的发卡机构(转账业务中包括受理机构)提供真实的交易证明资料或凭证的责任。确认违反本款要求的违规行为,中国银联应按每笔交易金额5倍(最低人民币1万元,最高人民币10万元)的标准收取违约金”;3.3规定,“违约责任:发卡机构和收单机构在差错及争议处理中未遵守相关业务规则和管理办法的行为,包括但不限于滥用、误用规则赋予的业务处理权利且不及时纠正,拒绝履行或未履行规则要求的义务并导致纠纷升级等,需承担业务运作违规处罚及接受其他约束性、限制性管理措施(如警告、通报批评、限期整改等)的违约责任”;4.2.1规定,“信用卡消费类交易的差错处理操作流程:信用卡消费类交易的差错处理包括确认查询、贷记调整、请款、一次退单、再请款、二次退单六个流程。电子现金卡消费类交易的差错处理包括确认查询、贷记调整、一次退单、再请款、二次退单五个流程”;4.2.6.3规定:“再请款处理要求:A.提出再请款,收单机构必须同时向发卡机构提交相应的支持文档。”

中国人民银行于2013年7月5日发布的《银行卡收单业务管理办法》第2条规定,“本办法所称银行卡收单业务,是指收单机构与特约商户签订银行卡受理协议,在特约商户按约定受理银行卡并与持卡人达成交易后,为特约商户提供交易资金结算的行为”;第51条规定,“特约商户,是指与收单机构签订银行卡受理协议、按约定受理银行卡并委托收单机构为其完成交易资金结算的企事业单位、个体商户或其他组织,以及按照国家工商行政管理机关有关规定,开展网络商品交易等经营活动的自然人”;第7条规定,“收单机构拓展特约商户,应当遵循‘了解你的客户’原则,确保所拓展特约商户是依法设立、从事合法经营活动的商户,并承担特约商户收单业务管理责任”;第12条规定,“收单机构在银行卡受理协议中,应当要求特约商户履行以下基本义务:(一)……;(二)按规定使用受理终端(网络支付接口)和收单银行结算账户,不得利用其从事或协助他人从事非法活动……";第21条规定,"收单机构应当针对风险较高的交易类型制定专门的风险管理制度。对于无卡、无密交易、以及预授权、消费撤销、退货等交易类型,收单机构应当强化风险管理措施";第22条规定,"收单机构应当建立收单交易风险监测系统,对可疑交易及时核查并采取有效措施";第34条规定:"收单机构发现特约商户发生疑似银行卡套现、洗钱、欺诈、移机、留存或泄露持卡人账户信息等风险事件的,应当对特约客户采取延迟资金结算、暂停银行卡交易或收回受理终端(关闭网络支付接口)等措施,并承担因未采取措施导致的风险的损失责任;发现涉嫌违法犯罪活动的,应当及时向公安机关报案。"

中国银联争议处理委员会办公室于2014年1月10日发布《关于套现交易纠纷处理要求的说明》:"第一,关于'套现':……套现属于商户欺诈,是规则禁止的严重违规行为。第二,关于发卡机构的责任范围:《银联卡业务运作规章》第二卷第一章4.5.D款明确,除确认收单机构或商户有欺诈行为外,对按收单业务操作规程处理,由收单机构提交并经中国银联转接,取得发卡机构授权同意的交易,因交易完成所产生的风险损失由发卡机构承担。确认套现交易损失不属于发卡机构的责任承担范围。第三,关于收单机构的责任范围:《银联卡业务运作规章》第二卷第三章2款明确,收单机构和其委托机构负责商户的日常管理和维护,督促商户履行受理承诺,并对商户进行风险监督,承担商户发展、管理和维护不善造成的风险损失。……收单商户违规受理套现交易形成发卡机构损失的,属于收单机构代商户先行承担的责任范围。第四,关于发卡机构的拒付权利:对于确认套现交易损失,发卡机构有权拒付:存在适用的退单原因(码)的,发卡机构应优先通过差错处理流程处理;无适用的退单原因(码)的,发卡机构可通过协商或争议处理流程处理。第五,关于套现交易损失责任承担:收单商户违规受理套现交易使得应该并且能够识别和防范的交易损失在商户的主动配合下产生,因此争议处理中,发卡机构提供证据显示收单商户受理套现交易形成发卡机构损失,要求收单机构就商户违规行为所造成的损失先行承担责任的请求,将获得规则的支持。争议责任承担方确定后,作为责任承担方的入网机构应先行承担争议交易的责任。对因持卡人、特约商户或其他第三方机构(如POS机具维护商)违反相关规定或约定造成的损失,责任先行承担方可以根据与最终责任人签订的相关合约或规定进行追索。"

本院二审查明的其他事实与一审法院查明的事实一致。

本院认为,本案争议的焦点问题是:一、本案是否构成委托代理合同关系;二、对本案中案外人利用信用卡预授权系统漏洞进行套现的行为所造成的损失应由HRB银行还是HKS农信社承担。

一、关于本案是否构成委托代理合同关系。本案中,HRB银行与HKS农信社均为银联成员机构,其在加入银联时均承诺遵循银联公司制定的《银联卡业务运作规章》等业务规则开展跨行清算业务,上述规则是银联公司与其各成员机构之间达成的多边性质的契约,HRB 银行与 HKS 农信社通过加入银联组织形成了事实上的合同关系。HRB 银行与 HKS 农信社之间并未签订书面的委托代理合同,其在本案的信用卡交易过程中系基于银联公司建立的交易清算平台、按照《银联卡业务运作规章》等规定履行各自环节的权利和义务。HRB 银行与 HKS 农信社之间既无建立委托代理合同的直接意思联络,也未对委托事项、范围、报酬等委托代理关系的基本要素进行约定,双方之间是通过银联系统平台和规则间接进行清算交易。故 HRB 银行与 HKS 农信社之间不构成委托代理合同关系,原审法院对此认定错误,本院予以纠正。

二、关于本案中利用信用卡预授权系统漏洞进行套现的行为所造成的损失应由 HRB 银行还是 HKS 农信社承担的问题。

首先,根据《银联卡跨行业务资金清算协议书》的约定,银联公司制定的《银联卡业务运作规章》《关于套现交易纠纷处理要求的说明》等规定对加入中国银联网络的发卡机构和收单机构均具有约束力,故本案中 HRB 银行与 HKS 农信社基于信用卡交易所产生的纠纷,应当以银联公司的规章及相关规则作为处理纠纷的主要依据。

其次,根据各方当事人认可的事实,本案资金损失系因案外人持信用卡在 HKS 农信社特约商户的 POS 终端上利用预授权规则漏洞,虚构预授权交易超信用额度使用,恶意套取银行资金所致,且 HKS 农信社在银联争议处理程序中未能提供 POS 签购单等交易凭证,故可认定本案存在套现交易。根据《银联卡业务运作规章》第五卷附录的定义,涉案特约商户在受理银联卡交易时,违规操作、蓄意进行欺诈交易或纵容、包庇、协助银联卡欺诈交易的行为已构成“商户欺诈”。

最后,根据《银联卡业务运作规章》第二卷第一章 4.5.D 关于“除确认收单机构或商户有欺诈行为外,对按收单业务操作规程处理,由收单机构提交并经中国银联转接,取得发卡机构授权同意的交易,因交易完成所产生的风险损失由发卡机构承担”的规定、第四卷第三章 3.2.3 关于“收单机构应根据本运作规章第二卷中的相关规定和要求与商户签订协议,并在商户违反规定时首先代商户承担责任”的规定,以及《关于套现交易纠纷处理要求的说明》等相关规定,收单机构负有对特约商户的日常管理和维护、进行风险监督的职责,并承担因商户发展、管理和维护不善造成的风险损失;收单商户因违规受理套现交易等商户欺诈行为造成发卡机构损失的,属于收单机构代商户先行承担的责任范围。同时,根据《银联卡业务运作规章》第二卷第四章 3.3.3 关于“发卡机构不得以止付卡、过期卡、账户额度不足等原因在预授权有效期限内拒绝交易”的规定,因利用预授权完成冲正、离线预授权完成交易均为通知类报文,发卡机构无法实现实时拒绝交易,故应从收单机构层面进行风险管控。根据上述规定,对本案中因信用卡套现交易所造成的资金损失,应由作为收单行的 HKS 农信社就其特约商户的违规行为先行承担责任,HRB 银行通过银联公司差错处理流程向 HKS 农信社拒付符合银联公司的相应规则;HKS 农信社主张 HRB 银行向其支付争议处理费用亦无法律依据。一审判决以本案属于委托代理关系及发卡机构给出的交易应答信息是交易确认的主要依据为由,认定由发卡行 HRB 银行承担本案损失,缺乏法律及合同依据,本院予以纠正。HRB 银行的该项上诉理由成立,本院予以采纳。

综上,HRB 银行的上诉请求成立,本院予以支持;一审判决认定事实及适用法律错误,本院依法予以纠正。依照《合同法》第 60 条第 1 款、《民事诉讼法》第 64 条第 1 款、第 170 条第 1 款第 2 项之规定,判决如下:

撤销海口市某区人民法院(2016)琼 010×民初 11××2 号民事判决。

驳回被上诉人 HKS 农村信用合作联社的诉讼请求。

一审案件受理费 12959 元,二审案件受理费 12959 元,共计 25918 元,由被上诉人 HKS 农村信用合作联社负担。

本判决为终审判决。

审判长　谢××
审判员　李××
审判员　陈××
2017 年 11 月 7 日
书记员　韩　×

【再审判决书】

海南省高级人民法院
民事裁定书

(2018)琼民申 662 号

再审申请人(一审原告、二审被上诉人):HKS 农村信用合作联合社,住所地:海口市某区国贸路××××号港澳发展大厦×××层。

法定代表人:辛某龙,该社理事长。

委托诉讼代理人:冯某煌,HNSH 农村信用社联合社律师事务部公司律师。

委托诉讼代理人:林某梅,HNSH 农村信用社联合社律师事务部公司律师。

被申请人(一审被告、二审上诉人):HRB 银行股份有限公司,住所地:黑龙江省哈尔滨市。

法定代表人:郭某文,该公司董事长。

委托诉讼代理人:李玉娟,北京市中闻律师事务所律师。

原审第三人:中国银联股份有限公司,住所地:上海自由贸易试验区498号,办公地址:上海市浦东新区含笑路36号。

法定代表人:时某朝,该公司总裁。

委托诉讼代理人:徐某,该公司法律合规部职员。

委托诉讼代理人:陈某,该公司业务部职员。

再审申请人HKS农村信用合作联合社(以下简称HKS农信社)因与被申请人HRB银行股份有限公司(以下简称HRB银行)、原审第三人中国银联股份有限公司(以下简称银联公司)合同纠纷一案不服海南省海口市中级人民法院(2017)琼01民终2712号民事判决(以下简称二审判决),向本院申请再审。本院依法组成合议庭进行了审查,现已审查终结。

HKS农信社申请再审称,1.二审判决认定本案不属于委托代理合同法律关系错误。银联公司系中国人民银行批准设立的中国银行卡联合组织,其建立的交易清算系统为不同银行发行的银行卡之间的资金往来提供了清算服务,各成员银行都必须与银联公司签订书面《银联卡跨行业务资金清算协议》,以便在其建立的交易清算系统上进行清算。作为收单行的HKS农信社虽然没有和作为发卡行的HRB银行签订书面委托合同,对委托事项、范围、报酬等委托代理关系的基本要素进行约定,但是持有POS机的收单行HKS农信社与银联公司进行结算是基于收单行HKS农信社和发卡行HRB银行各自和银联公司签订的《银联卡跨行业务资金清算协议》在银联公司的交易清算系统上进行清算,发卡行HRB银行与收单行HKS农信社形成了事实上的以其他形式形成的委托代理合同关系。2.二审判决认定HKS农信社承担本案信用卡资金被套现的损失及争议处理费、律师费等费用错误。造成信用卡资金被套现的过错方是HRB银行,不是HKS农信社,该损失应由HRB银行承担。HKS农信社作为收单机构,关于POS机终端交易业务仅是按照HRB银行的指令进行代理交易操作并垫付结算资金。HRB银行对HKS农信社的交易请求,是具有主动应答权的,若其对涉案交易未作出承兑或交易成功的应答信息,HKS农信社亦不会垫付该899400元。且HKS农信社为三家商户开通预授权交易功能是基于商户的实际经营业务需要,且HKS农信社已落实特约商户实名制,并根据相关规定对开户申请资料、开户印鉴等作了实名审核和信息核查,发展特约商户合法合规。3.二审判决适用法律错误。本案中HKS农信社与HRB银行之间的法律关系是委托代理合同法律关系,应按照委托代理合同的相关法律规定对本案作出判决。综上,请求依法再审。

HRB银行提交意见称,1.二审判决认定事实清楚:(1)本案不属于委托代理合同法律关系。HRB 银行退单交易成功就是得到了银联公司支持的结果。且 HRB 银行与 HKS 农信社并未签订委托代理合同,而是通过加入银联组织的方式,在银联公司建立的交易清算平台上按照《银联卡业务运作规章》的规定履行各自环节的权利和义务,通过银联系统平台和规则间接进行清算交易。双方没有建立委托代理合同的直接意思联络,也并未对委托事项、范围、报酬等委托代理关系的具体内容进行约定,因此双方之间不存在合同关系。(2)本案中的损失应当由 HKS 农信社承担。涉案资金损失是案外人持信用卡在 HKS 农信社特约商户的 POS 机终端上虚构预授权交易超信用额度使用,恶意套取资金所致。本案存在套现交易,构成了商户欺诈,且涉案的三家商户均为无预授权类业务需求的商户类型,但 HKS 农信社却为其开通了预授权交易功能,为其实现套现、欺诈等行为提供了便利,HKS 农信社并未尽到监测监督和风险防控义务,HKS 农信社作为收单机构应当承担本案诉争损失。2. 二审判决适用法律正确。本案中,HRB 银行与 HKS 农信社不存在委托代理合同关系,HKS 农信社称应当按照委托代理合同的相关法律规定对本案作出判决的观点错误。3. 本案审理程序合法,证据充分,二审判决结果正确。综上,二审判决认定事实清楚,法律关系定性准确,采信证据及适用法律正确且程序合法,请求依法驳回 HKS 农信社的再审请求,维持二审判决。

银联公司称,1. 二审判决对于本案法律关系的认定正确无误。根据《合同法》的规定,委托代理关系系指委托人和受托人之间基于合同等形式就委托事项达成的合意,但本案中,申请人和被申请人之间实际并未产生直接的委托合意,而是以银联业务规则为纽带而建立的银联卡资金清算的多边性质的新型契约关系。2. 二审判决对于本案过错方及其责任的界定正确无误。(1)商户和交易的风险管理是 HKS 农信社在银联业务规则下应承担的核心义务。根据银联业务规则(包括《银联卡业务运作规章》及《银联卡收单机构商户风险管理规则》等相关约定),HKS 农信社作为收单机构,负有相应的合同义务,主要包括商户的合法合规拓展、交易终端(POS 机)管理以及交易安全的维护,若其违约,则应承担相应的损失赔偿义务。(2)本案中,HKS 农信社在履行商户管理、交易安全维护等义务时存在重大过错,包括未履行银联业务规则中关于商户审查的要求;未履行银联业务规则中终端的布放、管理及交易监控要求;未能根据约定确保涉案交易资金的安全。本案中导致损失产生的直接因果关系并非资金的归属,而是 HKS 农信社的违约行为。(3)HKS 农信社的违约行为构成银联业务规则中的商户欺诈,应据此承担违约责任,承担损失。3. HKS 农信社未根据银联业务规则所约定的争议解决方式处理纠纷,亦是缺乏契约精神的体现。HKS 农信社在申请加入银联网络时明确表示“在发生银行卡跨行业务争议时,本机构承诺遵守《银联卡争议处理实施细则》及前述细则、规则的修订,服从争议处理委员会最终裁判结果。若为争议责任方,本机构将主动提交付费交易”。该意思表示一经生效,HKS 农信社即应受其约束,其欲通过诉讼的方式推翻此前各方基于差错争议处理规则所达成的一致处理意见,本身已说明其作为银联成员机构,缺乏应有的契约精神,破坏了交易的稳定性。就本案而言,HKS农信社无视契约精神,违反银联业务规则相关内容,存在明显重大违约行为,因此二审法院对于本案事实的认定和法律适用准确无误,请求驳回HKS农信社的再审申请。

本院经审查认为:(一)关于本案是否构成委托代理合同关系的问题。银联公司作为银行卡的联合组织,其交易清算系统是为银行卡之间的资金往来提供清算交付服务,而为保障资金交付结算的真实、安全、便捷,资金清算交付业务需由相关的业务运作规章予以规制。银联业务运作规章系由银联公司制定,并由银联成员方于加入银联网络时作出同意受其规约的意思表示,银联公司及银联成员方已就规约达成合意。具体到本案中,HRB银行与HKS农信社均为银联成员机构,其在加入银联时均承诺遵循银联公司制定的《银联卡业务运作规章》等业务规则开展跨行清算业务,上述规则是银联公司与其各成员机构之间达成的多边性质的契约,HRB银行与HKS农信社通过加入银联组织形成了事实上的合同关系。双方在本案的信用卡交易过程中系基于银联公司建立的交易清算平台、按照《银联卡业务运作规章》等规定履行各自环节的权利和义务。HRB银行与HKS农信社之间既无订立委托代理合同的直接意思联络,也未对委托事项、范围、报酬等委托代理关系的基本要素进行约定,双方之间是通过银联系统平台和规则间接进行清算交易。故HKS农信社与HRB银行之间不构成委托代理合同关系。

(二)关于本案中造成的损失应由HRB银行还是HKS农信社承担的问题。如前所述,银联公司制定的《银联卡运作规章》等规章系作为加入银联的成员机构之间及成员机构与银联之间所达成的组织规约,各成员机构已予认同与接受,并应于日常清算业务活动中所秉守与遵从。HKS农信社与HRB银行均系银联公司网络成员,又系本案争议交易的收单机构与发卡机构,双方基于银联卡交易而产生权利义务,各方均应按照银联公司相应规则享有和负担。

本案争议的交易款项源于案外人利用HKS农信社发展的三家特约商户的POS机漏洞及银联公司规定的预授权交易规则,虚构预授权交易超信用额度使用,恶意套取资金的行为,即套现交易。银联公司相应规则确认,套现属于商户欺诈,是规则禁止的行为;套现交易损失不属于发卡机构的责任承担范围;收单商户违规受理套现交易形成发卡机构损失的,属于收单机构代商户先行承担的责任范围;对于确认套现交易损失,发卡机构有权拒付。二审判决根据本案事实及银联公司相应规则认定本案中因信用卡套现交易所造成的资金损失,应由作为收单行的HKS农信社就其特约商户的违规行为先行承担责任,HRB银行通过银联公司差错处理流程向HKS农信社拒付符合银联公司的相应规则,并无不当。综上,HKS农信社的再审申请不属于《民事诉讼法》第200条规定的再审事由。

依照《民事诉讼法》第204条第1款、《最高人民法院关于适用〈中华人民共和国民事诉讼法〉的解释》第395条第2款的规定,裁定如下:

驳回HKS农村信用合作联社的再审申请。

审判长　张××
审判员　夏　×
审判员　吴××
2018年6月26日
法官助理　方××
书记员　王　×

办案总结

一审被告HRB银行与一审原告HKS农信社均为第三人中国银联的成员机构。2014年10月12日,案外人持HRB银行信用卡在HKS农信社的3家特约商户的POS终端上通过“预授权”“预授权完成”“预授权冲正”的交易方式刷卡套现共899400元。2014年12月8日,3家特约商户被中国银联海南分公司列入疑似套现商户名单。2015年1月9日,HRB银行以风险交易为由发起退单,中国银联将899400元交易资金清算给HRB银行。基于此,制定了以下诉讼方案:

1. HRB银行作为发卡行和HKS农信社作为收单行在本案中不构成委托代理合同关系

(1)HKS农信社与HRB银行之间从未签署任何合同文本,也未提供证据证明双方存在合同关系,故HRB银行与HKS农村信用合作联社之间无合同关系。

(2)收单行向其特约商户清算资金的整个过程中,发卡行与收单行之间不存在委托清算付款的合意。

(3)本案原审法院就管辖权异议作出民事裁定书中也认定“经审查,本院认为,本案原告、HRB银行之间并无合同关系,本案纠纷属侵权纠纷”,表明原审法院也认可本案HRB银行与HKS农信社之间并无委托代理合同关系。因此也就不存在原审法院在判决书中所认定的双方之间是以其他形式形成的委托代理合同关系。

2. HKS农信社对预授权欺诈套现的发生具有过错

(1)根据中国人民银行颁布的《银行卡收单业务管理办法》第7条、第21条、第34条等规定,HKS农信社作为收单机构没有履行管理特约商户、防范套现风险的法定责任和法定义务。

(2)涉案商户海口凯水福家电有限公司(商户类型为5072,三金器材及用品批发商)、海口汇百顺通讯器材有限公司(商户类型为5998,其他批发商),均为无预授权类业务需求的商户类型,但本案HKS农信社作为收单行,却为其开通了预授权交易功能,为涉案商户实施欺诈、套现等行为提供了便利。

(3)2014年7月23日,中国银联发布的编号为(2014)年(63)号银行卡风险提示函,标题为《关于近期欺诈合谋商户利用预授权类交易套取额外信用资金的风险提示》,风险点为:①商户存在欺诈合谋嫌疑;②部分收单机构未严格控制开通预授权业务的商户范围,并给出相应防范风险的建议。2014年9月25日,中国银联向各收单机构发出《关于再次发生利用预授权类交易套取额外信用资金的风险提示函》,其中提到"我部监控服务中心已于2014年9月17日发送风险提示[(2014)年(87)号],建议收单机构紧急关闭预授权完成冲正交易功能,并加大对离线预授权完成类交易的管控力度",并要求各收单机构落实相应风险防控措施。

上述两份中国银联发出的风险提示函,对于该类预授权欺诈案件,要求收单机构立即落实风险防控措施。本案中HKS农信社作为收单机构,若能严格按照中国银联的要求,落实相关防控措施,完全能够避免涉案商户利用预授权欺诈进行作案,从而避免损失的产生。然而HKS农信社未采取任何措施,以致发生欺诈案件。

(4)本案中,HKS农信社也承认其签约的涉案商户有欺诈行为和套现行为。《银联卡业务运作规章》第二卷第一章第4.5款规定,"除确认收单机构或商户有欺诈行为外,对按收单业务操作规程(见本卷第四章《业务处理》)处理,由收单机构提交并经中国银联转接,取得发卡机构授权同意的交易,因交易完成所产生的风险损失由发卡机构承担"。

根据此规定,商户有欺诈行为,风险损失显然不应由发卡机构承担,而应由对商户负有管理责任的收单机构承担。

3. HKS农信社应自行承担预授权欺诈套现产生的损失

(1)2015年5月15日,HKS农信社作为受害人,向海口市公安局经侦支队报案,其提交的报案书中明确表明"截至目前,我社损失资金3295200元",报案书落款处加盖了HKS农信社的公章,表明HKS农信社自认承担损失。

(2)公安局已对此案立案侦查,涉案损失最终金额未确定,按照"先刑后民"原则,待刑事案件结案确定涉案损失后,再进行本案的民事审理。

(3)根据中国人民银行颁布的《银行卡收单业务管理办法》第2条的规定,收单业务为收单行自己的业务品种,收单行以自己名义与特约商户签署协议提供资金结算服务并收取服务费用,并不以发卡行的委托以及指令为基础,特约商户使用欺诈手段骗取HKS农信社的清算资金,HKS农信社遭受了损失,应当向商户主张赔偿责任。

(4)本案中,HKS农信社也承认其签约的涉案商户有欺诈行为和套现行为。根据《银联卡业务运作规章》第二卷第一章第4.5款的规定,"除确认收单机构或商户有欺诈行为外,对按收单业务操作规程(见本卷第四章《业务处理》)处理,由收单机构提交并经中国银联转接,取得发卡机构授权同意的交易,因交易完成所产生的风险损失由发卡机构承担”。故在本案中,因商户有欺诈行为,交易所产生的风险损失,理应由收单机构即 HKS 农信社承担。

本案一审在海南省海口市某区人民法院审理,一审法院判决 HRB 银行与 HKS 农信社构成以其他形式形成的委托代理合同关系,HRB 银行应承担案外人利用信用卡预授权系统漏洞进行套现的行为所造成的损失。李玉娟律师作为一审被告 HRB 银行的代理律师,经过对案件的进一步梳理论证,不认可一审判决结果,上诉至海南省海口市中级人民法院。二审法院审理后认为 HRB 银行的上诉请求成立,撤销了一审判决。后 HKS 农信社向海南省高级人民法院提起再审,再审裁定驳回。该案经历一审、二审和再审程序,持续近 3 年最终获得二审和再审胜诉。

专家点评

本案一审被告 HRB 银行与一审原告 HKS 农信社均为中国银联的成员机构。一审法院认为,加入中国银联网络的各成员银行之间虽没有直接签订书面协议,但各成员银行都必须与中国银联签订书面《银联卡跨行业务资金清算协议》,以便各成员银行在中国银联建立的交易清算系统内进行清算。持有 POS 机的收单行与中国银联进行结算正是基于收单行和发卡行各自和中国银联签订的《银联卡跨行业务资金清算协议》,据此认为作为收单行的 HKS 农信社与作为发卡行的 HRB 银行即以其他形式形成的委托代理合同关系,并因此最终判定案外人利用信用卡预授权系统漏洞进行套现的行为所造成的损失应由 HRB 银行承担。

二审法院根据代理人的上诉意见重新进行论证。二审法院认为,HRB 银行与 HKS 农信社之间并未签订书面的委托代理合同,按照《银联卡业务运作规章》等规定履行各自环节的权利和义务。HRB 银行与 HKS 农信社之间既无建立委托代理合同的直接意思联络,也未对委托事项、范围、报酬等委托代理关系的基本要素进行约定,双方之间是通过中国银联系统平台和规则间接进行清算交易。故 HRB 银行与 HKS 农信社之间不构成委托代理合同关系。双方作为中国银联网络成员,基于信用卡交易所产生的纠纷,应当以银联公司的规章及相关规则作为处理纠纷的主要依据。根据《银联卡业务运作规章》的规定,对因信用卡套现交易所造成的资金损失,应由作为收单行的 HKS 农信社就其特约商户的违规行为先行承担责任。最终二审法院采纳了代理人的意见,撤销一审判决,再审亦认可了二审法院上述观点。

本案中李玉娟律师作为 HRB 银行的代理律师,以其独特的专业视角,经过对案件进行了梳理论证,该案经历一审、二审和再审程序,持续近 3 年最终获得二审和再审胜诉。此案对于修复中国银联及银行之间交易平台的规则漏洞,对不法分子利用银行信用卡预授权功能借 POS 机套现诈骗等案件起到良好扼制的社会效果。

审核人、点评人:由莉雅(北京律师智库重大复杂案件研究专家组成员)

复核人:王收(北京律师智库重大复杂案件研究专家组成员)

限制行为能力人签订的《个人额度借款合同》无效，监护人和出借人的过错责任如何认定与承担

——A 与 B 上诉甲银行北京××支行金融借款合同纠纷案

争议焦点

借款合同无效出借人是否有过错；监护人对于借款合同无效是否承担责任；借款合同的本金及利息损失如何认定。

关键词

限制民事行为能力人　借款合同　共同还款责任

案情简介

A 与 B 为母子关系，A 为退休职工，B 为某单位职员，2012 年 12 月 13 日，B 经司法鉴定评定为限制民事行为能力，2012 年 12 月 18 日，人民法院宣告 B 为限制民事行为能力人，A 系 B 的监护人、法定代理人。

2020 年 6 月 15 日，甲银行北京××支行将 A、B 诉至人民法院，甲银行北京××支行称，2019 年 7 月 3 日，B 与甲银行北京××支行签订《个人额度借款合同》，自甲银行北京××支行借款 50 万元，借款期限为 36 个月，自 2019 年 7 月 3 日至 2022 年 7 月 3 日，还款方式为按月付息，到期一次性还本。2019 年，B 起诉甲银行北京××支行，请求为：对甲银行北京××支行提供的 50 万元贷款不承担还款义务。甲银行北京××支行认为 B 的行为已经明确表示不承担还款义务，侵犯了甲银行北京××支行的合法权益，故其有权终止对 B 的借款额度，有权提前收回贷款。其诉求如下：(1) 判令被告 A、B 共同偿还原告贷款本金 50 万元并支付对应的利息及罚息损失；(2) 判令被告 A、B 共同向原告

支付律师费25000元；(3)诉讼费由二被告承担。2020年12月22日，一审法院认定因B为限制民事行为能力人，其监护人对其签订《个人额度借款合同》的行为未予同意、追认，涉诉的《个人额度借款合同》无效。A作为B的监护人，应承担相应法律责任，判决如下：被告A、B支付原告甲银行北京××支行50万元及利息损失，于判决生效之日起7日内执行。驳回原告甲银行北京××支行的其他诉讼请求。如果被告A、B未按本判决指定的期间履行给付金钱义务，应当依照《民事诉讼法》第253条的规定，加倍支付迟延履行期间的债务利息。

A、B不服一审判决提出上诉，二审法院认为本案争议焦点为：第一，甲银行北京××支行对于借款合同无效的后果是否存在过错。第二，A是否应当承担共同还款责任及适用侵权责任法的相关规定。第三，合同无效后的借款本金及利息损失认定标准。

二审法院明确争议焦点后判决如下：第一，撤销北京市××人民法院(2020)京×××民初×××号民事判决；第二，B支付甲银行北京××支行贷款本金5000000元及利息损失(截至2020年11月26日的利息损失为3240.03元；自2020年11月27日起以全国银行间同业拆借中心公布的同期贷款市场报价利率的50%为标准计算至实际清偿之日止)，于本判决生效之日起7日内执行；第三，驳回甲银行北京××支行的其他诉讼请求。如果B未按本判决指定的期间履行给付金钱义务，应当按照《民事诉讼法》第253条的规定，加倍支付迟延履行期间的债务利息。

案件历程

【一审判决书】

北京市××区人民法院
民事判决书

(2020)京××民初×××号

原告：甲银行北京××支行，营业场所：北京市××××，统一社会信用代码：××××。

负责人：贾某某，行长。

委托诉讼代理人：朱某某，女，1985年9月5日出生，汉族，北京市×××××号居民，甲银行北京××支行区支行员工，住北京市×××××。

委托诉讼代理人：闫某某，北京××事务所律师。

被告：B，男，1969年1月17日出生，汉族，北京市×××××号居民，住北京市

×××××号,身份号码×××××。

被告兼被告B法定代理人:A(B之母),1936年10月20日出生,汉族,北京市×××××号居民,住北京市×××××号,身份号码×××××。

二被告共同委托诉讼代理人:张某某(A之子、B之兄),1963年1月30日出生,汉族,北京市××××号居民,住北京市×××××号,身份号码×××××。

二被告共同委托诉讼代理人:蔡子中,北京圣岸律师事务所律师。

原告甲银行北京××支行与被告A、B金融借款合同纠纷一案,本院于2020年7月9日立案后,依法适用简易程序,公开开庭进行了审理。原告甲银行北京××支行委托诉讼代理人闫某某、朱某某,被告B、A共同委托诉讼代理人张某某、蔡子中到庭参加诉讼。本案现已审理终结。

原告甲银行北京××支行向本院提出诉讼请求:1.判令被告B、A共同偿还原告贷款本金500000元并支付对应的利息及罚息损失14625.14元(暂计算至2020年6月5日),并清偿上述款项自2020年6月6日起至实际清偿之日止的利息罚息损失,按《个人额度借款合同》的相关约定计算;2.判令被告B、A共同向原告支付律师费25000元;3.诉讼费由二被告承担。事实与理由:2019年7月3日,B与原告签订《个人额度借款合同》,约定原告向B提供可以循环使用的借款额度50万元整。借款额度存续期限为36个月,自2019年7月3日至2022年7月3日。贷款利率为中国人民银行公布的同期同档次人民币基准利率上浮30%,逾期罚息利率按借款利率的1.5倍执行。还款方法为按月付息,到期一次性还本。后原告放款至B名下。2019年,B在××人民法院起诉甲银行北京××支行,请求为:对甲银行北京××支行提供的50万元贷款不承担还款义务,B该行为已经明确表示不承担还款义务,侵犯了原告的合法权益,故依据涉诉合同第十条,原告有权终止对被告的借款额度,对已经发放的额度项下的贷款,贷款人有权提前收回贷款。据此,原告诉至贵院,望贵院支持原告的诉讼请求。

被告B、A辩称:被告B是经过司法鉴定、法院宣告的限制行为能力人,个人不具有对外签署、洽谈、订立金融借款合同的能力。被告A作为B的法定代理人,从未代理,也没有同意B对外签订的金融借款合同行为,原告与被告B之间不存在产生法律效力的合同,B没有义务履行所谓的不产生法律效力的金融借款合同。A不是原告的借款人也不是保证人、担保人,要求A承担还款义务没有合同依据、法律依据。且假设A追认了该款项,这种代理效力也是及于B的,况且A并未代理、同意。原告基于营销代理的目的,严重违反金融法律法规规定,违背程序审核规定,对签订不产生法律效力的金融借款合同有重大过错,应当承担因此产生的不利后果。B没有收到原告发放的贷款。请求驳回原告的诉讼请求。

本院经审理认定事实如下:

A与B为母子关系,B为北京××职员。A为B法定代理人。

2012年12月13日,中国法医学会司法鉴定中心出具《司法鉴定意见书》,载明:B患有精神发育迟滞(轻度),其实质性的理解、辨认、分析和综合能力降低,社会功能减退。参照北京市《司法精神病学法律能力鉴定指导标准》,B不能全面自主作出主客观相一致的意思表达,不能全面保护个人利益,评定为限制民事行为能力。

2012年12月18日,北京市××人民法院出具(2012)××特字第××××号民事判决书,宣告B为限制民事行为能力人。

2019年6月27日,B填写《××××××银行个人消费贷款申请表》。

2019年7月3日,甲银行北京××支行(贷款人)与B(借款人)签署《个人额度借款合同》,该合同载明:贷款人向借款人提供可以循环使用的借款额度50万元整。借款额度存续期限为36个月,自2019年7月3日至2022年7月3日。贷款利率以中国人民银行公布的同期同档次人民币基准利率基础上上浮30%执行。本合同订立和履行过程中产生的相关费用,包括但不限于律师费等费用,由合同各方依照法律、法规、行政规章以及其他规范性文件的要求承担,合同各方另有约定的除外。合同还约定了其他条款。

甲银行北京C支行出具的B名下尾号××××的账号历史明细载明:2019年7月5日,B名下账户收到放款30万元,当日以卡取现金方式支取。

另查,2019年7月14日,B名下尾号××××账号以POS机刷卡方式消费20万元。

截至2020年11月26日庭审辩论终结,B陆续向甲银行北京××支行支付11759.97元。

甲银行北京××支行提交的《诉讼委托代理合同》载明:北京×××律师事务所与甲银行北京××支行约定代理费为25000元。

上述事实,有当事人提交的证据、本院调取的证据及本院庭审笔录等在案佐证。

本院认为,《民法总则》第145条(现《民法典》第145条)规定:"限制民事行为能力人实施的纯获利益的民事法律行为或者与其年龄、智力、精神健康状况相适应的民事法律行为有效;实施的其他民事法律行为经法定代理人同意或者追认后有效。相对人可以催告法定代理人自收到通知之日起一个月内予以追认。法定代理人未作表示的,视为拒绝追认。民事法律行为被追认前,善意相对人有撤销的权利。撤销应当以通知的方式作出。"B被法院确认为限制民事行为能力人,B本人签署额度50万元的《个人额度借款合同》与其智力、精神健康状况并不相适应,B的法定代理人A对该行为并未同意、追认,故涉诉《个人额度借款合同》无效。《合同法》第58条(现《民法典》第157条)规定:"合同无效或者被撤销后,因该合同取得的财产,应当予以返还;不能返还或者没有必要返还的,应当折价补偿。有过错的一方应当赔偿对方因此所受到的损失,双方都有过错的,应当各自承担相应的责任。”涉诉合同无效后,因该合同取得的财产B、A应予返还。《商业银行法》第35条第1款规定:“商业银行贷款,应当对借款人的借款用途、偿还能力、还款方式等情况进行严格审查。”涉诉贷款为信用贷款,甲银行北京××支行应审查借款人的借款用途、偿还能力、还款方式、资信等,甲银行北京××支行因自身过错未能识别B为限制民事行为能力人,对于由此造成的利息损失负有责任。B实际使用相关款项未返还,B、A对合同无效后的利息损失亦应承担责任。本院综合各方过错情况酌定各方应承担的利息损失。自各笔贷款收到之日至2020年11月26日,B、A应承担的利息损失本院酌定为15000元,扣除B已经支付的11759.97元,B、A还应支付3240.03元。自2020年11月27日起至实际清偿之日止,本院酌定B、A以全国银行间同业拆借中心公布的同期贷款市场报价利率的50%为标准负担未返还款项的利息损失。甲银行北京××支行主张的其他利息罚息损失本院不予支持。甲银行北京××支行主张的律师费没有依据,本院不予支持。A作为B的监护人,应承担相应法律责任,但因B有工作收入,从B财产中支付款项后不足部分由A负担。

综上,依照《民法总则》第145条(现《民法典》第145条),《合同法》第58条,《商业银行法》第35条第1款的规定,判决如下:

被告B、A支付原告甲银行北京××支行500000元及利息损失(截至2020年11月26日的利息损失为3240.03元;自2020年11月27日起以全国银行间同业拆借中心公布的同期贷款市场报价利率的50%为标准计算至实际清偿之日止),于本判决生效之日起7日内执行;

驳回原告甲银行北京××支行的其他诉讼请求。

如果被告B、A未按本判决指定的期间履行给付金钱义务,应当依照《民事诉讼法》第253条的规定,加倍支付迟延履行期间的债务利息。

案件受理费4598元,由原告甲银行北京××支行负担182元(已交纳),由被告B、A负担4416元,于本判决生效之日起7日内交纳。

如不服本判决,可以在判决书送达之日起15日内,向本院递交上诉状,并按照对方当事人或者代表人的人数提出副本,上诉于北京市××中级人民法院。

审判员:×××

2020年12月22日

书记员:×××

【上诉状】

民事上诉状

上诉人(原审被告):A,住址北京市××××,身份证号:×××××,联系方式:×××××。

上诉人(原审被告):B,住址北京市×××××,身份证号:×××××。

法定代理人:A,住址北京市××××,身份证号:×××××,联系方式:×××××。

被上诉人(原审原告):甲银行北京××支行,营业场所北京市×××××,统一社会信用代码×××××,联系方式:×××××。

负责人:贾某某,行长。

二上诉人不服北京市××区人民法院民事判决书(2020)京××民初×××号民事判决书之判决第一项:"被告A、B支付原告甲银行北京××支行500000元及利息损失(截至2020年11月26日的利息损失为3240.03元;自2020年11月27日起以全国银行间同业拆借中心公布的同期贷款市场报价利率的50%为标准计算至实际清偿之日止),于本判决生效之日起七日内执行",特提出上诉,请贵院依法撤销一审判决,改判驳回被上诉人的全部诉讼请求。

事实和理由:

一、原审判决以上诉人"A作为B的监护人,应承担相应法律责任"为由,判决A对被上诉人与B所签订的金融借款合同承担法律责任,于法无据。

我国现行法律规定监护人承担法律责任限于两种情形,第一种情形,根据《民法总则》第34条(现《民法典》第34条)的规定:"监护人的职责是代理被监护人实施民事法律行为,保护被监护人的人身权利、财产权利以及其他合法权益等……监护人不履行监护职责或者侵害被监护人合法权益的,应当承担法律责任。"该法条所规定的法律责任针对的是监护人损害被监护人合法权益的情形,上诉人A不存在不履行监护职责,损害被监护人人身权利、财产权利以及其他合法权益的情形。第二种情形,《侵权责任法》第32条(现《民法典》1188条)规定:"无民事行为能力人、限制民事行为能力人造成他人损害的,由监护人承担侵权责任。监护人尽到监护责任的,可以减轻其侵权责任。有财产的无民事行为能力人、限制民事行为能力人造成他人损害的,从本人财产中支付赔偿费用。不足部分,由监护人赔偿。"该法所规定的监护人法律责任仅限于侵权纠纷,而本案系合同纠纷,显然不适用此法之规定。原审判决所"依照《民法总则》第145条(现《民法典》第145条),《合同法》第58条(现《民法典》第157条),《商业银行法》第35条第1款",也均没有监护人要为被监护人承担合同责任的规定,况且上诉人A并不是涉诉合同借款人,也非担保人,对被上诉人与B签约一事毫不知情,原审判决在没有任何法律依据的情况下,仅因A系B的监护人,就强行要求上诉人A承担B签约的合同责任显然是错误的,也有充当立法机关之嫌。

二、涉诉合同的签订源于被上诉人的极不负责任和重大过错,原审法院将被上诉人重大过错所造成的后果和法律责任,转嫁于不知情也无过错的上诉人A是错误和极不公平的。

1. 涉诉合同为金融借款合同,而且系信用借款,一审法庭调查表明,被上诉人没有出示任何证据证明其履行了法律所规定的对借款人的民事行为能力、借款用途、偿还能力、还款方式、资信等尽到了核实审查义务,甚至没有要求B提供工资收入、银行流水,没有给B单位打过一个电话进行调查核实,被上诉人对涉诉合同的签订负有决定性的重大过错。

2. 被上诉人与B签订合同的2019年7月3日系星期三,是工作日,B是有工作的在职员工,其在工作时间由单位管理,上诉人对签约一事毫不知情,也不可能知道,被上诉人在此工作日与B签约,而且不与其单位联系核实,不尽基本的调查职责,由此带来的后果和法律责任,应由被上诉人自己承担,而不应将其转嫁给无辜者A。

三、原审判决让收入微薄的84岁老人承担不应有的法律责任,违背基本的公序良俗。

如上所述,原审判决让上诉人A与B共同承担数10万元的支付责任于法无据;且A已经年逾84岁,凭借每月微薄收入艰难度日,即使不从法律角度来讲,这种强人所难的判决和重大经济负担压在一个无辜老人身上,是灾难性的,也违背起码的公序良俗。

四、原审判决认定被上诉人向上诉人B发放了50万元贷款,证据不足,认定被上诉人为适格的诉讼主体事实不清,证据不足。

一审中被上诉人称2019年7月5日其向上诉人B发放贷款30万元,但其提供的银行流水显示放款30万元的交易机构为"北京××区×××支行",被上诉人称交易机构全称为甲银行北京××支行,而该支行系有营业资质和执照的独立主体,并不是被上诉人。而被上诉人称上诉人B还通过刷卡方式支用了两笔各10万元的贷款,又没有提供其放款的原始证据予以佐证。

五、上诉人B系限制民事行为能力人,其签约行为系不发生法律效力的民事法律行为,被上诉人与其所签金融借款合同为不生效合同,被上诉人不应当凭借不生效合同取得收益,原审判决认定不生效的金融借款合同要有利息收入是完全错误的。

综上所述,原审判决,认定事实不清,证据不足,适用法律错误,于上诉人系灾难性的不可承受的,希望二审法院依法主持公道,支持上诉人的上诉请求,作出公正的判决。

此致

北京市××中级人民法院

上诉人:AB

2020年12月31日

【二审代理词】

二审代理词

尊敬的审判长、审判员:

B、A上诉甲银行北京××支行金融借款纠纷一案,上诉人上诉状所述事实和理由已经反映了代理人的部分代理意见,请法庭考虑采纳,现针对被上诉人的当庭答辩和质证情况,补充以下代理意见:

一、被上诉人承认让监护人A为被监护人B的对外签约行为承担法律责任,是没有法律依据的,但称通过类案检索在司法实务中是有类似案例将侵权法的规定适用于合同纠纷,被上诉人没有为自己的说法提供任何证据和案例。代理人认为我国是成文法国家,并不是判例法国家,法院判案依据的是法律规定和最高司法机关的司法解释,在司法实务中也只有最高人民法院正式发布的指导性案例有参考价值,但最高人民法院并没有发布过此类指导性案例,因此上诉人的上述答辩是不成立的。

二、被上诉人的代理人称,按照公平原则监护人A应当承担共同还款的法律责任,这属于对民法公平原则的曲解,是不成立的。《民法总则》第6条(现《民法典》第6条)规定:"民事主体从事民事活动,应当遵循公平原则,合理确定各方的权利和义务。"具体到合同关系,公平原则适用于签约的合同主体,A并非签约合同主体,非借款人,非担保人,她在本案诉讼发生后才知道此事;不能违背立法本意和基本的逻辑,把公平原则作为一个筐,没有法律依据就往这里面装,因此被上诉人代理人的此答辩是不成立的。

三、被上诉人代理人称被上诉人已经尽到了对上诉人的核查义务,不成立。被上诉人没有证据证明其调查核实过B的民事行为能力、工作情况、工资收入情况、征信情况、借款用途、还款能力等最基本的信息,单靠一份公积金信息是无法代替以上信息的。其代理人当庭所提供的二审证据均为复制件,不能作为真实合法有效证据采信。

四、被上诉人的重大过错是决定性的和明确的。

1. 其所称客观上无法知晓 B 系限制民事行为能力人是不成立的。《个人贷款管理暂行办法》第 15 条规定："贷款调查应以实地调查为主、间接调查为辅，采取现场核实、电话查询以及信息咨询等途径和方法。"被上诉人没有任何证据证明其向 B 单位、亲属、辖区基层组织、执法司法机构调查核实过 B 的民事行为能力。

2. 被上诉人以 2021 年 3 月 24 日查询的所谓 B 涉诉案件核查结果，充当其与 B 2019 年 7 月 3 日签订借款合同的核查行为，恰恰说明其未尽到核查义务，而且这种充当行为，有妨碍诉讼之嫌。

3. 被上诉人提供的三页所谓 B 照片复印件，照片内容没有显示 B 在借款合同上签字，而且两页照片复制件中 B 的正面形象显示，其神情呆滞、精神萎靡，明显非正常健康人士。在这种情况下被上诉人更应该实际深入调查核实他的民事行为能力，但被上诉人并没有这么做。

4. 被上诉人一审所提供 B 个人信用报告显示，B 呆账信息账户数 11 个，余额 115246 元；B 逾期信息：非循环贷账户 4 个，单月最高逾期总额 527595 元，贷记卡账户 4 个，单月最高逾期总额 79593 元。B 征信情况明显是很差的，并不具备再贷款的资格和能力。

5. 被上诉人并没有核查贷款用途的证据，其提供证据也显示被上诉人违背了消费贷款的用途，负有重大过错。被上诉人称 2019 年 7 月 14 日，B 刷卡交易，支用两笔贷款各 10 万元，合计 20 万元，2019 年 7 月 15 日贷款支付给 B 的刷卡交易对手方×××金融服务公司，被上诉人对此没有提供任何放款的原始证据，假设被上诉人所述属实，将贷款发放给一家金融服务公司，也明显与双方《个人额度借款合同》第 2 条所约定的借款用途不符，对此只能由被上诉人承担过错责任。

五、一审判决将被上诉人认定为适格的诉讼主体缺乏事实和法律依据。

被上诉人自己所提供的所谓证据显示 2019 年 7 月 5 日放款 30 万元的为××支行，而非被上诉人；2019 年 7 月 15 日两笔各 10 万元放款机构为××支行，而非被上诉人。其所提供授权文件，只是说明××支行没有签订贷款合同和诉讼的权限，那被上诉人为什么就对××支行这个独立民事主体的行为具备主张权力的原告资格呢？一审判决没有做出任何法律上和事实上的说明，而且是否为适格民事主体应当依据民诉法等法律审查，而并非靠被上诉人任意安排。

六、法院裁判文书表明，上诉人 A 2012 年即通过北京市××人民法院宣告 B 为限制民事行为能力人，这是有严肃法律效力的司法行为，也体现了 A 作为 B 监护人积极履行监护职责的负责任态度，这种法定途径和措施是最权威的认定监护人履行监护职责的依据。如果法院未将裁判文书上传裁判文书网，这并非 A 过错，况且 B 系有工作单位的在职人员，其在正常工作日由所在单位管理，更不应将其正常工作时间所作所为强加过错于A。而A没有代理B对外签约贷款，没有为B担保借款行为也恰恰是履行监护职责，对社会负责的表现，而不是相反。

七、一审判决判令A与B共同承担还款责任，这等于将A等同于借款人或担保人，这没有法律依据，也是对被上诉人极不负责任签约行为的放纵，是对社会的极不负责任，只能起到恶劣的负面示范作用。

八、被上诉人作为国有银行和其他市场主体一样，并不具备超越法律的特权。

以上代理意见请法庭考虑采纳。

代理人：×××

北京××律师事务所

2021年4月2日

【二审补充代理意见】

二审补充代理意见

尊敬的审判长、审判员：

针对本次谈话被上诉人提供的补充证据及上诉方辩论意见，作为上诉人的代理人发表如下代理意见，请法庭考虑采纳。

一、被上诉人所称参照《侵权责任法》第32条（现《民法典》第1188条）之规定判决上诉人A承担法律责任，于事实不符，于法无据。

1. 一审判决依据的是《民法总则》第145条（现《民法典》第145条），《合同法》第58条（现《民法典》第157条），《商业银行法》第38条第1款。根本未提《侵权责任法》第32条（现《民法典》第1188条）（见一审判决书第6页）。

2. 如果一审判决参照适用《侵权责任法》第32条（现《民法典》第1188条）之规定，为什么不光明正大地写入判决书？

3.《侵权责任法》调整的是侵权法律关系，本案系合同法律关系，系金融借款合同纠纷，从来没有任何一部法律、法规、司法解释规定，在合同纠纷案件要参照《侵权责任法》的规定判决，如果有这方面规定，判决书应当依法载明，否则就等于剥夺了当事人就此部分内容陈述、答辩的权利，就等于法庭调查在此部分是缺失的。

4. 监护人要为被监护人签订的合同承担合同责任，在特别法《合同法》中无相关规定，在《民法总则》中也无相关规定。

二、监护人要承担被监护人的合同责任,最高人民法院并无此类指导性案例。

1. 只有最高人民法院发布的指导性案例有参考参照意义,而最高人民法院并无此类指导性案例。

2. 被上诉人称提供了类案检索案例,如有地方性法院此类案例,也并不是本案应当参照判决的依据。而被上诉人也未就此当庭出示,如果在这种情况下庭下参照适用,等于剥夺了上诉人就此质证、答辩的权利。

三、判决上诉人 A 承担数十万元的还款责任不但于法无据,如果如此判决履行,无异于断了一个年迈体衰,退休金微薄的 85 岁老人的生路,这也不合人道主义和公序良俗。

四、被上诉人称 B 持有身份证,B 家人有纵容他的过错,系欲加之罪! 意在遮掩自己的重大过错,是不成立的。

1. B 是正常工作的在职人员,随身携带身份证再正常不过了。

2. 没有任何规定要求,限制民事行为能力人不能携带自己的身份证。

3. B 系残疾人,他随身携带身份证,有利于他获得保护和救助。

4. B 家人曾替 B 还过信用卡,系出于亲情,并不是法律义务。没有人会通过纵容别人借款来增加自己的债务,这不合基本常理,完全是欲加之罪,何患无辞!

5. 一个人只要持有身份证就具备贷款资格和条件吗? 被上诉人应当依照《商业银行法》、原银监会《个人贷款管理暂行办法》的规定,履行贷款人职责,而被上诉人恰恰没有做到。

五、被上诉人提供的补充证据,证明目的 1“被上诉人在签署涉案合同之前(2019 年 7 月 1 日)查询了 B 的个人信用报告,个人信用报告状态为正常类,且无违约、逾期等不良信息,符合审核要求”的证明目的不成立。证据 7、证据 8 不应作为合法有效证据予以采信。

1. 证据 7 B 的个人信用报告是虚假的。该材料没有征信中心的印章,没有征信中心的水印,呈现的是白纸打印内容的状态,不具备真实性,不具有证据能力。

2. 证据 7 B 的个人信用报告,没有原始卷宗页码编号。银行办理的任何一个贷款项目都有入档卷宗材料,卷宗材料每一页都有页码编号,如被上诉人在一审提供的涉诉借款合同,合同的每一页在右下角都有在整个卷宗中的页码顺序编号,依序是从 11 至 30;而该所谓征信报告却没有在卷宗中的页码编号,不能证实被上诉人在当时做了此项工作。

3. 证据 8“关于 B 征信报告的说明”。该说明系被上诉人自己给自己出具的,不具有证据能力。如前所述所谓 B 的个人信用报告,不是真实合法有效证据,因此所谓“说明”也就没有任何价值。

六、被上诉人补充证据的证明目的 2“被上诉人严格按照上级银行(北京分行)制定的标准化流程操作要点履行了审核义务，被上诉人无任何过错”，该证明目的不成立。

1. 证据9“甲银行北京分行个人信用消费贷款标准化流程操作要点”，非真实合法有效证据，不应予以采信。

甲银行系统只有一个法人单位，即甲银行，只有这个法人单位有权利和义务根据法律法规及部门规章，制定本行的贷款规程，其系统内银行应依据该规程操作。北京分行的一个下属部门是没有这个权限的。

证据9，不是总行正式下发的文件，也不是分行下发的文件，如果是正式文件，应当有文件编号，应当有制定时间、下发时间、实施时间，而这一切均没有。这仅仅是一个分行内部一个部门的证明，而该消费信贷部管的就是本银行系统内的消费信贷业务，与诉讼有重大利害关系，等于是自己为自己的职能工作出具证明，系为应付本次诉讼而炮制，不具备证据能力。

出具证据9的是甲银行北京分行消费信贷部，不具有单位作证的主体资格，根据《最高人民法院关于适用中华人民共和国民事诉讼法的解释》第115条的规定，单位向法院提出的证明材料，应当由单位负责人及制作证明材料的人签名，并加盖单位印章。而且该份证据，只有该部门印章，没有单位印章，没有单位负责人及材料制作人签名，因此不属于真实合法有效证据，不具有证明力，不应予以采信。

证据9的内容严重违背《商业银行法》及原中国银监会《个人贷款管理暂行办法》的规定。《商业银行法》第35条规定，“商业银行贷款，应当对借款人的借款用途、偿还能力、还款方式等情况进行严格审查。商业银行贷款，应当实行审贷分离、分级审批的制度”。原中国银监会发布的《个人贷款管理暂行办法》，将贷款流程分解为以下环节：(1)受理与调查，(2)风险评价与审批，(3)协议与发放，(4)支付管理，贷后管理。而证据9的内容严重缺乏《商业银行法》及《个人贷款管理暂行办法》的以上规定内容。反映出，被上诉方为了逃避自身责任，掩盖自身过错，为应对诉讼而出具此材料的心态，也有意图误导法庭之嫌。

2. 证据10被上诉人客户经理在B单位门口留存的影像。该张照片没有拍摄的时间，而且照片内容仅仅是一张在大门口的留影，反映不出来被上诉人到B的单位进行了具体调查，核实B的个人情况、工作情况、收入情况等。不具有证明力，不应予以采信。

3. 证据11个人婚姻状况承诺书。该承诺书的内容非B填写，B系智力、精神双重残疾人，不可能了解承诺书内容的含义和法律后果。该证据不具备证明力。

七、被上诉人在一审、二审数次开庭、谈话中，均未向法庭出示完整的、银行入档保存的、其与B本次金融借款项目的全部卷宗材料。

银行办理的每一笔对外贷款，都有整个流程工作的卷宗材料，材料每一页都有页码编号,如前所述借款合同,而被上诉人在一审、二审提供的其他证据材料基本全无卷宗页码编号,只是为了应付诉讼随机出具出示,既表现出被上诉人不能诚实面对法庭,也体现了被上诉人在贷款管理上的极度混乱,涉诉贷款项目整个操作流程严重违法失范。表明其对涉诉金融借款合同的签订,负有决定性的重大过错。

八、郑重请求法庭依照《商业银行法》第35条,原中国银监会《个人贷款管理暂行办法》第11条至第40条之规定,审查查明被上诉人在涉诉贷款上的过错。谢谢。

代理人:×××

北京××律师事务所

2021年5月7日

【二审判决书】

北京市××中级人民法院
民事判决书

(2021)××民终××××号

上诉人(原审被告):B,男,1969年1月17日出生,住北京市××区。

法定代理人:A(B之母),住北京市××区。

委托诉讼代理人:张某某(B之兄),住北京市××区。

委托诉讼代理人:×××,北京××律师事务所律师。

上诉人(原审被告):A,1936年10月20日出生,住北京市××区。

委托诉讼代理人:张某某(A之子),住北京市××区。

委托诉讼代理人:×××,北京××律师事务所律师。

被上诉人(原审原告):甲银行北京××支行,营业场所北京市××××号。

负责人:贾某某,行长。

委托诉讼代理人:郭某某,北京××律师事务所律师。

委托诉讼代理人:李某某,北京××律师事务所实习律师。

上诉人B、A与被上诉人甲银行北京××支行金融借款合同纠纷一案,上诉人B、A不服北京市××人民法院(2020)京××××民初××××号民事判决,向本院提起上诉。本院受理后,依法组成合议庭进行了审理。本案现已审理终结。

B、A上诉请求：依法撤销一审判决，改判驳回甲银行北京××支行的全部诉讼请求。事实和理由：一、原审判决以A作为B的监护人，应承担相应法律责任为由，判决A对甲银行北京××支行与B所签订的金融借款合同承担法律责任，于法无据。我国现行法律规定监护人承担法律责任限于两种情形，第一种情形：《民法总则》第34条（现《民法典》第34条）规定，“监护人的职责是代理被监护人实施民事法律行为，保护被监护人的人身权利、财产权利以及其他合法权益等……监护人不履行监护职责或者侵害被监护人合法权益的，应当承担法律责任”。该法条所规定的法律责任针对的是监护人损害被监护人合法权益的情形，A不存在不履行监护职责，损害被监护人人身权利、财产权利以及其他合法权益的情形。第二种情形：《侵权责任法》第32条（现《民法典》第1188条）规定，“无民事行为能力人、限制民事行为能力人造成他人损害的，由监护人承担侵权责任。监护人尽到监护责任的，可以减轻其侵权责任。有财产的无民事行为能力人、限制民事行为能力人造成他人损害的，从本人财产中支付赔偿费用。不足部分，由监护人赔偿”。该法所规定的监护人法律责任仅限于侵权纠纷，而本案系合同纠纷，显然不适用此法之规定。原审判决所依照《民法总则》第145条（现《民法典》第145条），《合同法》第58条（现《民法典》第157条），《商业银行法》第35条第1款，也均没有监护人要为被监护人承担合同责任的规定，况且A并不是涉诉合同借款人，也非担保人，对甲银行北京××支行与B签约一事毫不知情，原审判决在没有任何法律依据的情况下，仅因A系B的监护人，就强行要求A承担B签约的合同责任显然是错误的，也有充当立法机关之嫌。二、涉诉合同的签订源于甲银行北京××支行的极不负责任和重大过错，原审法院将甲银行北京××支行重大过错所造成的后果和法律责任，转嫁于不知情也无过错的A，是错误和极不公平的。1. 涉诉合同为金融借款合同，而且系信用借款，一审法庭调查表明，甲银行北京××支行没有出示任何证据证明其履行了法律所规定的对借款人的民事行为能力、借款用途、偿还能力、还款方式、资信等尽到了核实审查义务，甚至没有要求B提供工资收入、银行流水，没有给B单位打过一个电话进行检查核实，甲银行北京××支行对涉诉合同的签订负有决定性的重大过错。2. 甲银行北京××支行与B签订合同日期为2019年7月3日系星期三，是工作日，B是有工作的在职员工，其在工作时间由单位管理，A对签约一事毫不知情，也不可能知道，甲银行北京××支行在此工作日与B签约，而且不与其单位联系核实，不尽基本的调查职责，由此带来的后果和法律责任，应由甲银行北京××支行自己承担，而不应将其转嫁给无辜者A。三、原审判决让收入微薄的85岁老人承担不应有的法律责任，违背基本的公序良俗。如上所述，原审判决让A与B共同承担数十万元的支付责任于法无据；且A已经年逾84岁，凭借每月微薄收入艰难度日，即使不从法律角度来讲，这种强人所难的判决和重大经济负担压在一个无辜老人身上，是灾难性的，也违背起码的公序良俗。四、原审判决认定甲银行北京××支行向B发放了50万元贷款,证据不足,认定甲银行北京××支行为适格的诉讼主体事实不清,证据不足。一审中甲银行北京××支行称2019年7月5日其向B发放贷款30万元,但其提供的银行流水显示放款30万元的交易机构为“北京××区××支行”,甲银行北京××支行称交易机构全称为甲银行北京××支行,而该支行系有营业资质和执照的独立主体,并不是甲银行北京××支行。而甲银行北京××支行称B还通过刷卡方式支用了两笔各10万元的贷款,又没有提供其放款的原始证据予以佐证。五、B系精神智力多重残疾人系限制民事行为能力人,其签约行为系不发生法律效力的民事法律行为,甲银行北京××支行与其所签金融借款合同为不生效合同,甲银行北京××支行不应当凭借不生效合同取得收益,原审判决认定不生效的金融借款合同要有利息收入是完全错误的。综上所述,原审判决认定事实不清,证据不足,适用法律错误,于B、A系灾难性的不可承受的,希望二审法院依法主持公道,支持B、A的上诉请求,作出公正的判决。

甲银行北京××支行辩称,不同意B、A的上诉请求:1.本案是合同纠纷,一审认定A承担责任的依据是××法院的判决,B是限制行为能力人,依据《合同法》第58条(现《民法典》第157条)应返还及赔偿甲银行北京××支行。至于A的责任,一审参照的法律依据是《侵权责任法》第32条(现《民法典》第1188条),根据《侵权责任法》第32条的规定,无民事、限制行为能力人的具体监护人责任问题,B、A认为《侵权责任法》第32条不适用合同纠纷,没有任何依据。从立法目的来看,监护责任的意义是保护被监护人的权利和相对方的权利,我国司法实践中,合同纠纷中有许多监护人没有追认的情况。另外,A上诉提出其不知情、无过错,但是监护人承担的是无过错责任,不论是否存在过错,均需要承担补充责任。即便不参照《侵权责任法》第32条,司法实践中的大量案例应是被肯定的,且依照民法通则和民法总则,A也应承担责任,这是有明确规定的,应遵循公平原则。2.甲银行北京××支行提交了证据,证明甲银行北京××支行尽到了合同签订的义务;甲银行北京××支行核实了B的工作单位,也查明了B公积金,B所在单位是事业单位,对甲银行北京××支行对其身份的核查起到了决定性作用,甲银行北京××支行也上网查询了涉案情况及被执行情况,B征信没有任何问题,甲银行北京××支行尽到了审查义务。3.监护人为被监护人承担责任不涉及公序良俗的问题,而且B签合同的时候公积金有近20万元的余额,在事业单位工作,甲银行北京××支行有理由相信B具有偿还能力。4.50万元贷款发放凭据,30万元甲银行北京××支行已经提交了放贷银行出具的说明,××支行经过甲银行北京××支行的授权办理的信贷业务,但是没有经过甲银行北京××支行授权签署合同及诉讼的主体资格;20万元部分,甲银行北京××支行也提交了证据,也申请法院查明了交易的情况,7月14日发生交易的时候B账户只有100多元,如果不是走的卡贷通,B怎么可能有20万元的交易支出;交易事实已经形成了完整的证据链,涉案的50万元是没有任何问题的;5.根据合同法的规定,合同被判定无效时给对方造成损失,是要承担赔偿责任的,甲银行北京××支行的损失主要就是款项放出去后产生的利息,一审没有基于合同约定判定利息,判决的已经很低了。综上,B、A的上诉请求及事实理由没有事实和法律依据,请求二审法院驳回B、A的上诉请求。

甲银行北京××支行向一审法院提出诉讼请求:1.判令B、A共同偿还甲银行北京××支行贷款本金500000元并支付对应的利息及罚息损失14625.14元(暂计算至2020年6月5日),并清偿上述款项自2020年6月6日起至实际清偿之日止的利息罚息损失,按《个人额度借款合同》的相关约定计算;2.判令B、A共同向甲银行北京××支行支付律师费25000元;3.诉讼费由B、A承担。

一审法院认定事实:A与B为母子关系,B为北京××××职员。A为B法定代理人。

2012年12月13日,中国法医学会司法鉴定中心出具《司法鉴定意见书》,载明:B患有精神发育迟滞(轻度),其实质性的理解、辨认、分析和综合能力降低,社会功能减退。参照北京市《司法精神病学法律能力鉴定指导标准》,B不能全面自主做出主客观相一致的意思表达,不能全面保护个人利益,评定为限制民事行为能力。

2012年12月18日,北京市×××人民法院出具(2012)丰民特字第×××××号民事判决书,宣告B为限制民事行为能力人。

2019年6月27日,B填写《中国××××银行个人消费贷款申请表》。

2019年7月3日,甲银行北京××支行(贷款人)与B(借款人)签署《个人额度借款合同》,该合同载明:贷款人向借款人提供可以循环使用的借款额度50万元整。借款额度存续期限为36个月,自2019年7月3日至2022年7月3日。贷款利率以中国人民银行公布的同期同档次人民币基准利率基础上上浮30%执行。本合同订立和履行过程中产生的相关费用,包括但不限于律师费等费用,由合同各方依照法律、法规、行政规章以及其他规范性文件的要求承担,合同各方另有约定的除外。合同还约定了其他条款。

甲银行北京C支行出具的B名下尾号6115的账号历史明细载明:2019年7月5日,B名下账户收到放款30万元,当日以卡取现金方式支取。

另查,2019年7月14日,B名下尾号6115账号以POS机刷卡方式消费20万元。

截至2020年11月26日庭审辩论终结,B陆续向甲银行北京××支行支付11759.97元。

甲银行北京××支行提交的《诉讼委托代理合同》载明:北京××律师事务所与甲银行北京××支行约定代理费为25000元。

一审法院认为,《民法总则》第145条(现《民法典》第145条)规定:"限制民事行为能力人实施的纯获利益的民事法律行为或者与其年龄、智力、精神健康状况相适应的民事法律行为有效;实施的其他民事法律行为经法定代理人同意或者追认后有效。相对人可以催告法定代理人自收到通知之日起一个月内予以追认。法定代理人未作表示的,视为拒绝追认。民事法律行为被追认前,善意相对人有撤销的权利。撤销应当以通知的方式作出。”B被法院确认为限制民事行为能力人,B本人签署额度50万元的《个人额度借款合同》与其智力、精神健康状况并不相适应,B的法定代理人A对该行为并未同意、追认,故涉诉《个人额度借款合同》无效。《合同法》第58条(现《民法典》157条)规定:“合同无效或者被撤销后,因该合同取得的财产,应当予以返还;不能返还或者没有必要返还的,应当折价补偿。有过错的一方应当赔偿对方因此所受到的损失,双方都有过错的,应当各自承担相应的责任。”涉诉合同无效后,因该合同取得的财产B、A应予返还。《商业银行法》第35条第1款规定:“商业银行贷款,应当对借款人的借款用途、偿还能力、还款方式等情况进行严格审查。”涉诉贷款为信用贷款,甲银行北京××支行应审查借款人的借款用途、偿还能力、还款方式、资信等,甲银行北京××支行因自身过错未能识别B为限制民事行为能力人,对于由此造成的利息损失负有责任。B实际使用相关款项未返还,B、A对合同无效后的利息损失亦应承担责任。一审法院综合各方过错情况酌定各方应承担的利息损失。自各笔贷款收到之日至2020年11月26日,B、A应承担的利息损失一审法院酌定为15000元,扣除B已经支付的11759.97元,B、A还应支付3240.03元。自2020年11月27日起至实际清偿之日止,一审法院酌定B、A以全国银行间同业拆借中心公布的同期贷款市场报价利率的50%为标准负担未返还款项的利息损失。甲银行北京××支行主张的其他利息罚息损失一审法院不予支持。甲银行北京××支行主张的律师费没有依据,一审法院不予支持。A作为B的监护人,应承担相应法律责任,但因B有工作收入,从B财产中支付款项后不足部分由A负担。

综上,依照《民法总则》第145条(现《民法典》145条),《合同法》第58条(现《民法典》157条),《商业银行法》第35条第1款之规定,判决:一、A、B支付甲银行北京××支行500000元及利息损失(截至2020年11月26日的利息损失为3240.03元;自2020年11月27日起以全国银行间同业拆借中心公布的同期贷款市场报价利率的50%为标准计算至实际清偿之日止),于判决生效之日起七日内执行;二、驳回甲银行北京××支行的其他诉讼请求。如果B、A未按判决指定的期间履行给付金钱义务,应当依照《民事诉讼法》第253条规定,加倍支付迟延履行期间的债务利息。

二审中,B、A提交证据如下:证据一、2021年3月21日,北京市公安局××分局的受案回执,报案中列明的诈骗人是中介公司,证明本案实际是B被诈骗的刑事案件,是不是中介公司和银行人员有勾结,需要调查确定,本案应中止审理,等待刑事案件侦查完毕,再恢复审理。证据二、2014年10月26日B的个人声明表、2014年12月14日的挂号信,证明B、A向中国人民银行发了一个声明表,告知征信中心B不是一个正常人。甲银行北京××支行对于证据一、受案回执，真实性认可，关联性、证明目的不认可；证据二、真实性、关联性均不认可，不能确定是否寄送给了中国人民银行，无法核实；2014年的时候A无权替B提交这个表；甲银行北京××支行在履行合同的时候做了个人征信报告，尽到了审查的义务，B没有任何的征信问题。

甲银行北京××支行二审中提交证据如下：证据一、B身份证复印件及核查结果，证据二、B工作单位核查结果，证据三、B住房公积金核查结果，证据四、B失信执行信息核查结果，证据五、涉案合同面签照片，证据六、B涉诉案件核查结果，一并证明甲银行北京××支行在网上进行了核查，也对B的工作单位、公积金也进行了核查，网上没有查到B的被执行人案件；签署合同的照片显示B很正常，B被××法院确定为限制行为能力人的相关判决网上根本查不到，甲银行北京××支行没有任何的责任。甲银行北京××支行签署履行合同的时候，已经尽到了对B的审核义务，甲银行北京××支行没有其他的途径查到B是限制行为能力人，客观上甲银行北京××支行无法知晓B系限制民事行为能力人，证据七、B个人信用报告，证据八、关于B征信报告的说明，证据九、甲银行北京分行个人信用消费贷款标准化流程操作要点，证据十、甲银行北京××支行客户经理在B单位门口留存的影像，证据十一、个人婚姻状况承诺书。证据七至证据十一一并证明：1. 甲银行北京××支行在签署涉案合同之前（2019年7月1日）查询了B的个人信用报告，个人信用报告状态为"正常类"，且无违约、逾期等不良信息，符合审核要求；2. 甲银行北京××支行严格按照上级银行（北京分行）制定的标准化流程操作要点履行了审核义务，甲银行北京××支行无任何过错。

B、A发表质证意见称：对于证据一至证据六，核查结果，都是复制件，无法核实真实性；甲银行北京××支行所说的尽到了核实的义务，没有提交甲银行北京××支行与B单位电话核实或者现场核实的证据，根据法律规定，要对收入等情况与单位核实，最基本的应让借款人出具收入的银行流水；查询征信的证据，B办过一百多张卡，这征信都可以查到；照片是B本人，但是明显可以看出B目光呆滞、萎靡不振，完全不是健康人的形象；所谓B签约的照片，显示不出来是B签约。对于证据七，信用报告是虚假的，不属于真实合法有效的证据，没有征信中心的印章，也没有征信中心的水印。如果征信报告是真实的，是在2019年7月1日查询的，就应纳入涉诉贷款项目的原始卷宗，原始卷宗的原始材料都是有页码和编号的，而甲银行北京××支行提供的所谓的征信报告没有原始卷宗的页码编号（原始卷宗的材料即银行自身留存的基础信息）。证据八，不属于证据，是甲银行北京××支行单方出具的，因为征信报告不是真实的，所谓的说明就没有任何的意义。证据九，是不真实的，不应作为证据采信，不是正式文件，内容存在错误，且应该由甲银行制定规则。证据十，不具有真实性、合法性、关联性，照片没有日期，不知道什么时间拍摄的，证明不了甲银行北京××支行的有关人员做了具体什么工作,因此不应采信。证据十一,真实性、合法性、关联性均有异议,不能作为证据采信,填写内容不是B本人所写,签字是不是B本人也不能认可,B是精神智力残疾人员,书写的内容没有法律效力。

本院经审查认为,对于B、A提交的证据一受案回执,甲银行北京××支行予以认可真实性,本院亦不持异议,但本案金融借款系真实存在,甲银行北京××支行也实际向B放款,受案回执无法证明B被中介公司诈骗的刑事案件已经正式立案及该案与本案存在关联关系,故本院对该份证据的关联性、证明目的不予采信。对于证据二挂号信、个人声明,无法从挂号信看出收件人的信息,故对于该份证据的关联性、证明目的不予采信。对于甲银行北京××支行提交的证据一、二与B真实信息一致,本院对该两份证据的真实性予以采信,证据三有北京市住房公积金管理中心的印章,本院对其真实性予以采信,证据四、五、六均系复印件且无法核实形成时间,本院对真实性无法确认。对于证据一至证据六虽然显示甲银行北京××支行对B的贷款资质进行了审查,但难以证明甲银行北京××支行已经尽到了充分的核查义务,故本院对其证明目的不予采信,具体理由将在本院认为部分予以综合论述。对于证据七B的个人信用报告,B、A虽不认可其真实性,但亦并未提交充分的相反证据,故本院对该证据的真实性予以采信,但是因现有证据无法证明该征信报告系在借款合同签订前、审查B个人贷款资质时作出,且该个人信用报告与借款合同等材料编号并不连贯,无法证明系借款合同的审核材料档案,故对于证明目的不予采信。对于证据八系甲银行北京××支行对于证据七信用报告的摘取说明,不属于证据。证据九系甲银行北京分行信贷部出具的贷款操作要点,无法证明甲银行北京××支行本案发放贷款行为不存在过错,对其关联性、证明目的本院不予采信。证据十,照片无法证明拍摄时间以及甲银行北京××支行的人员对B所在单位进行了实地调查,对于关联性、证明目的本院不予采信。证据十一缺乏与证明目的的关联性,本院亦不予采信。

本案庭审后甲银行北京××支行向本院提交类案检索报告,以证明《侵权责任法》第32条可以在本案中参照适用。本院经审查该类案检索包含的案件为北京市朝阳区、东城区及北京市外的案件,并非具有指导性的案例,且与本案案情并不具有一致性,故不符合法定的类案参考的条件。

本院经审理查明的事实与一审法院查明的事实一致。

本院认为,根据本案中B、A的上诉意见及甲银行北京××支行的答辩意见,本院总结本案争议焦点如下:

一、甲银行北京××支行对于借款合同无效的后果是否存在过错。

B、A上诉认为甲银行北京××支行对于借贷的达成具有过错,甲银行北京××支行并未认真审核B的借贷资质,也未向B的单位询问调查,由此带来的后果和法律责任,应由甲银行北京××支行自己承担。

对此本院经审查认为,甲银行北京××支行对于借款合同无效的后果存在明显过错。作为金融机构,甲银行北京××支行在向个人发放巨额金融消费类贷款时,应当严格依照相关规定审核贷款人的个人借贷资质、消费用途及偿还能力。而本案中,甲银行北京××支行存在未能严格依照行业规定审查B的借贷资质、偿还能力等方面情况的过错。首先,根据原中国银行业监督管理委员会发布的《个人贷款管理暂行办法》第15条规定:"贷款调查应以实地调查为主、间接调查为辅,采取现场核实、电话查问以及信息咨询等途径和方法。"根据甲银行北京××支行提交的相关证据其采取查阅B个人征信报告、工作单位、公积金信息、在签约现场及B工作单位门口拍照的方式证明其审查B的贷款资质。但是在甲银行北京××支行明知B的家庭住址和工作单位的情况下,未能提供有效证据证明其前往居住地、工作地进行过现场的核实,在具备实地、直接调查条件的情况下未能直接调查,而采取简单核查公积金的形式进行调查,导致对于B的精神情况、行为能力、收入水平未能充分查实,因此甲银行北京××支行在放贷调查阶段因未尽充分审查义务对于签订无效借款合同存在明显过失。其次,根据《个人贷款管理暂行办法》第7条的规定,个人贷款用途应符合法律法规规定和国家有关政策,贷款人不得发放无指定用途的个人贷款。第30条规定:个人贷款资金应当采用贷款人受托支付方式向借款人交易对象支付,但本办法第33条规定的情形除外。第33条规定:"有下列情形之一的个人贷款,经贷款人同意可以采取借款人自主支付方式:(一)借款人无法事先确定具体交易对象且金额不超过三十万元人民币的……"本院认为根据上述规定,消费类贷款应具有明确的指定用途,且商业银行应将超过三十万元的消费类贷款直接支付至交易对象一方,但是本案中对于高达五十万元的消费贷款,甲银行北京××支行并未提供充分证据证明其审查过B的消费用途,或要求B提供过具体消费用途,仅解释为此类贷款为综合类消费贷款,不需指定贷款用途和交易对象,款项亦可以由B个人自主支付,但并未就此提交相应的规范依据,鉴于甲银行北京××支行的上述主张明显与行业规定相背离,故本院对此难以采信。最后,依照《个人贷款管理暂行办法》第11条规定:个人贷款申请应具备的条件之一即借款人具备还款意愿和还款能力。第14条明确规定:贷款调查应包括借款人还款来源、还款能力及还款方式。第35条规定:个人贷款支付后,贷款人应采取有效方式对贷款资金使用、借款人的信用及担保情况变化等进行跟踪检查和监控分析,确保贷款资产安全。而本案中,甲银行北京××支行在贷款发放时及后续监控行为方面亦存在明显过失。甲银行北京××支行并未提交充分证据证明其有效审查过B的收入能力和还款能力,亦未要求其就该笔借款提供相应的抵押或担保,亦未提交任何证据证明其对该笔借款的资金使用采取过有效方式跟踪检查和监控分析,故甲银行北京××支行对于合同无效后贷款无法立即收回的财产损失后果自身存在明显过错。

二、A 是否应当承担共同还款责任及适用侵权责任法的相关规定。

A、B 上诉提出法律并未规定监护人需要对被监护人的借款承担共同还款责任,一审法院援引的民法总则等相关法条均无相关的明确规定,《侵权责任法》第 32 条(现《民法典》第 1188 条)虽然有监护人责任的相关规定,但是适用于侵权案件,并不适用于本案。另对于借款合同的无效 A 不存在过错,A 已经 80 多岁,B 也有自己的单位要上班,借款发生在工作时间,A 无法监管亦对于借款事宜不知情,不应承担共同还款责任。甲银行北京××支行则辩称,认定 A 的责任,一审法院参照的法律依据是《侵权责任法》第 32 条(现《民法典》第 1188 条),即使本案不适用侵权责任法的规定,适用公平原则 A 也应承担责任,监护制度是为了保护被监护人、合同相对人的利益,如监护人不承担责任则合同相对人的利益无法公平的保护,可能出现监护人隐瞒被监护人精神状况签署借款合同获利的情形,对社会经济秩序造成极大影响。

对此,本院认为,首先,一审法院判决 A 对 B 的借款行为承担共同还款责任缺乏明确法律依据。本案系甲银行北京××支行以金融借款合同纠纷为由提起的诉讼,一审法院并未直接适用《侵权责任法》第 32 条的规定认定 A 对 B 的借款行为承担共同还款责任,亦未对 A 承担共同还款责任的法律依据进行明确说明,现甲银行北京××支行虽辩称,一审法院系参照的《侵权责任法》第 32 条,但并未提交充分依据证明其主张成立,故本院不予采信。再结合该条规定的内容,本院认为即使一审法院系参照该条法律规定作出的认定,亦存在明显法律适用错误。一审法院并未对 B 是否实施具体侵权行为及造成甲银行北京××支行的直接财产损失、A 是否存在监护失职的过错等事实进行审查,而根据一审法院查明的事实,造成本案合同无效的原因系由于 B 为限制民事行为能力人,现有证据无法证明 B 的签约行为构成侵权行为并因此造成甲银行北京××支行的直接财产损失,甲银行北京××支行亦未提交充分证据证明 A 对于 B 存在明显未尽到监护责任的情形,故甲银行北京××支行主张应当适用侵权责任法的相关规定判决 A 对此笔借款承担共同还款责任,明显于法无据。

其次,A 对于 B 并不存在明显监管过错,对于合同无效不存在过错,不应因此承担共同还款责任。如前文所述,对于 A 的责任认定不应适用侵权责任法的相关规定,而本案中的借款返还法律后果是基于 B 作为限制民事行为能力人签署的合同未被追认导致无效而产生,因此应当审查 A 对于借款合同的无效及行使监管职责方面是否存在过错。本院认为,第一,A 已经依法履行了相应的法律手续,对已经成年且有正常工作的 B 进行了精神鉴定并申请法院确认 B 为限制民事行为能力人,成为 B 的法定代理人。第二,B 属于有固定工作单位的成年人员,借款合同签订当天为工作日,要求已经 80 多岁的 A 对 B 工作日的行为均进行有效管控过于苛刻,亦超出了正常的监护人的监护能力和范围。第三,和谐是中国传统文化的基本理念,老有所养、老有所依是社会和谐的重要内容,A 老人 80 余岁仍需照顾患精神疾病的成年子女,为社会家庭的和谐稳定作出了贡献，再要求其承担过苛的监护责任，在无明显过错的情况下承担50万元巨额款项的返还责任，明显有违民法基本的公平原则。故本院对于A的该项上诉主张予以支持。

最后，对于甲银行北京××支行要求适用公平原则的抗辩意见，本院认为适用公平原则的前提为双方之间的权利义务分配不合理、不公平或者意思表示不真实、不自由，但是本案中不存在上述情形。第一，如前文所述甲银行北京××支行未能充分履行审查义务应对合同无效的法律后果存在明显过错，而A则并无明显的过错。第二，甲银行北京××支行出借款项时已经按照自己认为合适的审核标准对B的收入水平进行审核，对其公积金标准和工作单位、婚姻状况进行了调查，上述调查结果是其出借贷款及认为可以收回贷款的依据，因此在B偿付能力的认识上甲银行北京××支行并不存在认识障碍或者错误认识，即使合同无效甲银行北京××支行依然能通过直接向B主张权利来实现贷款回收，现要求A作为共同偿还人明显违背借款合同订立的初衷。第三，根据现行法律规定，本案债务并非无承担主体，B作为借款人应承担还款责任，且根据其工作和收入情况并非无收入来源，因此由B承担还款责任符合公平原则，并不存在当事人权利义务严重失衡有违公平的情形。第四，本院认为本案并不存在导致影响社会经济秩序的情形。如甲银行北京××支行在调查、批贷、监督环节均能严格审查、监督，则可极大限度地避免本案的后果，同时甲银行北京××支行也无证据证明A一方存在利用被监护人为限制民事行为能力人而非法获取银行贷款的情形，如在经济活动中确实存在监护人利用被监护人获取合同利益的情形也存在相应的法律法规对其进行规制。因此本案的结果并不导致甲银行北京××支行主张的损害经济秩序的情形，故本院对其该项答辩意见不予采信。

三、合同无效后的借款本金及利息损失认定标准。

B、A上诉认为本案贷款实际发放金额为30万元，且系“北京××区×××支行”发放，无法证明与甲银行北京××支行有关，其余20万元甲银行北京××支行也未提供证据证明是其发放的贷款；且在合同无效的情况下，B不应再支付利息。

对此本院认为，就款项发放问题甲银行北京××支行提交了《基本再转授权书》，该授权书显示甲银行北京××支行授权×××支行办理个人消费贷款业务，同时根据一审中甲银行北京××支行提交的B的征信报告显示，2019年7月5日和14日发放的共计50万元的消费贷款发放单位为甲银行北京××支行。上述事实足以认定甲银行北京××支行实际已经发放了B 50万元的消费贷款。因此B、A关于甲银行北京××支行未实际发放50万元消费贷款的意见缺乏事实和法律依据，本院不予采信。关于贷款的利息损失，本院认为，因B为限制民事行为能力人，其签署的借款合同未经其法定代理人追认，因此属于无效的民事法律行为，根据合同法的相关规定，合同无效后合同的一方当事人应当返还因合同取得的财产，有过错的一方应赔偿对方的损失，本案中甲银行北京××支行的损失即为借款占用期间的利息损失，由于甲银行北京××支行对于合同无效的后果存在过错，因此对于利息损失应自行承担一部分，一审法院酌定B以全国银行间同业拆借中心公布的同期贷款市场报价利率的50%为标准负担未返还款项的利息损失具有事实和法律依据，本院予以维持。

综上所述，A、B的上诉请求和理由部分成立，对其上诉请求成立部分，本院予以支持。依照《民事诉讼法》第170条第1款第2项之规定，判决如下：

一、撤销北京市××××人民法院（2020）京××××民初××××号民事判决；

二、B支付甲银行北京××支行贷款本金500000元及利息损失（截至2020年11月26日的利息损失为3240.03元；自2020年11月27日起以全国银行间同业拆借中心公布的同期贷款市场报价利率的50%为标准计算至实际清偿之日止），于本判决生效之日起七日内执行；

三、驳回甲银行北京××支行的其他诉讼请求。

如果B未按本判决指定的期间履行给付金钱义务，应当依照《民事诉讼法》第253条规定，加倍支付迟延履行期间的债务利息。

一审案件受理费4598元，由甲银行北京××支行负担182元（已交纳），由B负担4416元（于本判决生效之日起7日内交纳）；二审案件受理费8832元，由B负担（已交纳）。

本判决为终审判决。

审判长 ×××
审判员 ×××
审判员 ×××
2021年5月18日
法官助理 ×××
法官助理 ×××
书记员 ×××

办案总结

A与B上诉甲银行北京××支行金融借款合同纠纷一案，A与B系母子关系，B是限制民事行为能力人，A为B的监护人和法定代理人，一审法院认为A作为监护人要为B与被上诉人签订的金融借款合同行为承担法律责任，判决A与B共同承担还款义务，代理人认为这在法律适用上存在根本性错误，代理人将二审代理重点放在免除委托人A法律责任上，并自代书上诉状时将A作为监护人不应为被监护人合同行为承担法律责任放在首要位置，并在二审法庭调查、质证、辩论中将焦点集中于此，最终使案件改判，免除了委托人A的法律责任。具体从以下几个方面开展工作。

1. 原审判决以上诉人“A作为B的监护人，应承担相应法律责任”为由，判决A对被上诉人与B所签订的金融借款合同承担法律责任，于法无据。

阐明现有法律所规定的监护人承担法律责任仅限于两种情形：(1)监护人不履行监护职责或者侵害被监护人合法权益，应当承担法律责任；(2)监护人为被监护人的侵权行为承担法律责任。本案不涉及这两种情形。

2. 被上诉方称按照公平原则监护人A应当承担共同还款责任，这属于对民法公平原则的曲解，此说法不成立。

3. 被上诉方所称本案应参照适用侵权责任法的规定，于法无据，且最高人民法院无此类指导性案例。

4. 监护人A早在2012年通过法院宣告B为限制民事行为能力人，此证明A以法律途径和措施积极履行监护职责。

5. 被上诉人在签订涉诉金融借款合同上存在重大过错，如将其过错产生的后果转嫁给无过错的A，将纵容被上诉人的过错行为，亦有悖公序良俗。

二审判决全面采纳了律师的代理意见，改判撤销原审判决，免除了委托人A的法律责任，实现了理想的代理效果。

专家点评

一审阶段概要：

一审法院以B为限制民事行为能力人，其与甲银行北京××支行签订的借款合同与其智力、精神健康状况并不相适应，B的法定代理人A对该行为并未同意、追认，故判决涉诉借款合同无效。涉诉合同无效后，因该合同取得的财产，B和A应予返还。A作为B的监护人，应承担相应法律责任。同时因涉诉贷款为信用贷款，甲银行北京××支行因自身过错未能识别B为限制民事行为能力人，对于由此造成的利息损失亦负有责任，B和A因实际使用相关款项未还亦对利息损失应承担责任，由法院综合各方过错情况酌定各方应承担的利息损失。

二审阶段概要：

二审法院经审理查明的事实与一审法院一致。但二审法院认为甲银行北京××支行对于借款合同无效的后果存在明显过错。甲银行未能严格依照行业规定审查B的借贷资质、偿还能力，理应对其因自身存在的过错而产生的法律后果承担相应责任。

同时A对于B并不存在明显监管过错，因此其对于合同无效不存在过错，不应因此承担共同还款责任。A作为80余岁的老人仍需照顾患精神疾病的成年子女，已经为社会家庭的和谐稳定作出了贡献，在无明显过错的情况下要求A承担50万元巨额款项的返还责任，明显有违民法基本的公平原则，故二审法院对于A的上诉主张予以支持。对于利息损失按一审法院酌定的标准予以维持。

二审改判一审的主要观点分析:

本案系甲银行北京××支行以金融借款合同纠纷为由提起的诉讼,其作为金融机构应当严格依照相关规定审核贷款人的借贷资质、消费用途及偿还能力。甲银行未尽到谨慎的审核义务,对于借款合同的无效存在明显过错。B是限制民事行为能力人,其签署的借款合同,事后作为其法定代理人的A并未同意和追认,且A对B并不存在明显监管过错,因此对上述合同无效不存在过错,不应因此承担共同还款义务。

法律风险提示及建议:

自然人具备完全民事行为能力是其签订合同并承担权利义务责任的前提,限制民事行为能力人有条件的实施与其年龄、智力及精神健康状况相适应的民事法律行为,或其实施的民事法律行为经其法定代理人同意或者追认后方有效。作为金融机构,在办理金融业务时应当通过跟踪检查和监控分析等有效方式对贷款人的贷款资金使用、贷款人的信用及担保情况变化等方面进行认真研判,尽到严谨的审核义务,从而确保贷款资产安全。一旦发现贷款人民事行为能力欠缺或受限制,应及时与贷款人家属或其工作单位联系并查明相关情况,同时及时停止办理相关业务,以避免出现合同无效的法律风险。

审核人、点评人:张雪梅(北京律师智库重大复杂案件研究专家组成员)

复核人:郝萍(北京律师智库重大复杂案件研究专家组成员)

债务人通过离婚协议对财产进行恶意转移，债权人是否可以通过行使撤销权撤销离婚协议中财产分割约定

——原告李康健(化名)与被告武金宝(化名)、赵娟(化名)债权人撤销权纠纷案

争议焦点

债务人离婚协议对财产的分割是否构成恶意转移财产，是否符合债权人行使撤销权的法定情形，是否可以被撤销。

关键词

债权人撤销权　恶意转移财产

案情简介

原告李康健与被告武金宝民间借贷案件，人民法院已经作出生效判决，判决武金宝向李康健偿还本金及利息。

但武金宝名下没有任何可供执行的财产。在民间诉讼纠纷案件审理过程中，李康健的代理律师才得知武金宝已经离婚。与李康健确认武金宝是否存在已经离婚的事实时，李康健对此并不知情。

因此，代理律师在接受李康健委托之后到泰安市泰山区民政局调取了武金宝的离婚协议书，此时才得知武金宝已经通过离婚的方式将其名下唯一有价值财产(房产)分配给了其前妻赵娟。

在民间借贷纠纷案二审判决生效之后，作为李康健的代理人，立即向泰安市泰山区人民法院提起请求判决撤销"武金宝、赵娟离婚协议中有关房产处置约定"的债权人撤销

权诉讼。

在立案阶段该案诉讼请求就受到立案庭的质疑。立案庭法官认为,离婚协议不是合同,债权人无权申请撤销。代理人认为,离婚协议中主要包括两方面的内容:一是身份关系;二是财产处置。在李康健民事起诉状中已经明确了,因债务人武金宝处置房产的行为影响到李康健债权的实现,李康健申请撤销的是有关房屋处置的约定,不涉及武金宝和赵娟的身份关系。经反复沟通之后,立案庭才依法予以立案。

在一审阶段,被告武金宝和被告赵娟主要的答辩意见为:一是债务人在婚姻存续期间存在过错;二是离婚协议属于"一揽子"协议,不可分割。

关于债务人婚姻存续期间是否存在过错,李康健一方的代理人主张是否存在过错不是本案的审理焦点。即便存在过错,也属于婚姻双方的行为,不能让婚姻之外的债权人替债务人的过错买单。关于"一揽子"协议的主张,李康健的代理律师认为离婚协议中有关财产部分的约定,属于合同的一种,可以与身份关系予以分割,也同样可以被撤销。

一审法院支持了原告的主张,依法判决撤销了该离婚协议中有关房产的处置约定。被告不服,提起上诉。

二审法院纠结于,离婚协议不同于一般的民事合同,不能被撤销。多轮沟通之后,二审法官判决撤销了一审判决,改判驳回原告的诉讼请求。

原告不服,提请再审。

在再审审查阶段,由于本案并不存在新证据,只是单纯的法律适用问题,原告代理律师认为,在申请再审阶段仅仅通过论述法律适用,显得力度不够。所以,在再审审查阶段,原告方向再审审查法官提交了一份详尽的类案检索报告,其中包括《人民法院报》有关该问题的论述文章。

事后来看,这份类案检索报告,对案件成功再审起到了关键性的作用。再审合议庭最终撤销了二审判决,依法改判维持一审判决。

案件历程

【一审判决书】

山东省泰安市某区人民法院

民事判决书

(2019)鲁09××民初8××号

原告:李康健,男,1952年出生,回族,泰安市泰山区居民,住泰安市泰山区。

委托诉讼代理人:张×,北京××律师事务所律师。

委托诉讼代理人:于哲,北京凯道律师事务所律师。

被告:武金宝,男,1969年出生,回族,泰安市某某油脂有限公司经理,住泰安市泰山区。

委托诉讼代理人:吴××,山东××律师事务所律师。

委托诉讼代理人:王××,山东××律师事务所律师。

被告:赵娟,女,1973年出生,汉族,泰安市泰山区居民,住泰安市泰山区。

委托诉讼代理人:刘××,山东××律师事务所律师。

委托诉讼代理人:申××,山东××律师事务所律师。

原告李康健与被告武金宝、赵娟债权人撤销权纠纷一案,本院于2019年2月3日立案后,依法适用普通程序,公开开庭进行了审理。原告李康健的委托诉讼代理人张×、于×,被告武金宝的委托诉讼代理人吴××、王××,被告赵娟的委托诉讼代理人刘××、申××到庭参加诉讼。本案现已审理终结。

原告李康健向本院提出诉讼请求:请求法院依法撤销被告武金宝和被告赵娟《离婚协议书》中对"财产处理"的约定。事实和理由:2011年5月,被告武金宝、赵娟因需要偿还房贷,向原告借款1200000元,约定按月利率2分支付利息,并出具借条一张。因两被告一直不还款,原告于2018年4月9日向泰山区法院起诉,要求两人还款,案号(2018)鲁09××民初字第1×6×号。在诉讼期间原告才得知,两被告已经离婚,且二人将婚内所有财产都转移给了赵娟。在《离婚协议书》中,涉及财产分割的内容为,位于泰安市房产归女方(赵娟)所有,房产证号:泰安市不动产权第××号,室内所有物品归女方所有。两被告通过恶意离婚的方式,企图逃避债务的目的显而易见。

后泰山区法院作出(2018)鲁09××民初字第1×6×号民事判决书,判决被告武金宝偿还原告1200000元及利息,经二审,泰安中院作出(2018)鲁0×民终3×7×号民事判决,维持了泰山区法院的一审判决。但因被告武金宝已将全部财产转移给被告赵娟,使得武金宝名下无财产可供执行。

综上,两被告通过恶意离婚,企图逃避债务,使法院的生效判决无法执行,严重损害了原告作为债权人的合法权益。故依据我国《合同法》第74条(现已变更为《民法典》第538条、第539条)的相关规定,原告提起诉讼,行使撤销权,维护原告的合法债权。为此,望判如所诉。

被告武金宝辩称,一、原告不具备诉讼主体资格。虽然原告所称债权经过了法院的确认,但法院是因我举证不能作出的判决,我并不认可与原告之间存在债权债务关系。原告不是我的债权人,因此其无权提起本案诉讼。二、我不存在通过离婚方式恶意转移财产的情形,也不存在侵犯原告利益的情形。我离婚是因我婚内出轨,具有过错,而且从离婚协议可以看出,只是将房产分给了被告赵娟,并非将我们的全部财产转移给赵娟,而将房产分给赵娟的条件是,赵娟代我抚养我的老人。更为重要的是,现在我仍有财产可供执行,财产主要有:土地一宗,另有公司财产,因此不存在无财产可供执行的情形。三、原告是依据《合同法》第74条(现《民法典》第538、539条)起诉,但原告提起诉讼的事由并不符合该条的规定,我既没有放弃到期债权,也不存在无偿转让财产的情形。本案的财产分割是因两被告离婚而产生,且财产分配是附有条件的,因此原告依该条起诉无事实和法律依据。四、两被告离婚发生于2017年,原告提起本案诉讼是发生于2019年,原、被告是亲戚关系,原告对于两被告离婚是明知的,因此原告提起本案诉讼,超过了法定的除斥期间。综上,要求驳回原告的诉讼请求。

被告赵娟辩称,一、根据《合同法》第75条(现《民法典》第541条)的规定,原告行使撤销权已超过法定期限,撤销权已消灭。两被告于2017年3月3日登记离婚,所谓"撤销事由"形成,原告系被告武金宝的堂姐夫,两家有较近的亲属关系,且平时交往、走动频繁,离婚这样的大事,相信原告应于2017年知道或应该知道,至原告提起本案诉讼主张撤销权,已超过一年,该权利消灭。二、两被告离婚协议中关于财产的分割,系双方真实意思表示,不违反法律规定,未损害债权人的利益,原告的诉求无事实依据。两被告是因被告武金宝婚内感情出轨,导致双方感情破裂而离婚,双方的离婚协议并非对双方财产简单的分割,不是简单的数量的"公平",协议的形成包含着导致感情破裂的过错、子女抚养、老人的赡养、对家庭的付出等多个因素,正是考虑这些因素,两被告才自愿订立协议,该协议并无《合同法》第74条(现《民法典》第538、539条)规定的"债务人放弃其到期债权或者无偿转让财产"的情形。因为,1. 自2004年时,被告武金宝即与他人在外以夫妻名义共同生活,对夫妻感情造成严重伤害,武金宝系感情破裂的过错方,在离婚分割共同财产时应少分或不分。而且根据离婚协议,两名婚生子女由被告赵娟抚养,武金宝的母亲也由赵娟赡养,武金宝每月支付抚养费、生活费、赡养费共计2000元,但抚养和赡养问题,绝不是只要有钱就行的,更多的是感情、精力、时间的投入,2000元的抚养费是远远不够的,况且被告武金宝并未按约支付抚养费、生活费。可见,原告只是看到了赵娟分得一套房产,但并未看到被告武金宝对赵娟的伤害,和赵娟对家庭的付出,故此才认为武金宝是无偿转让财产给赵娟。2. 即便单纯从财产数量的分割看,离婚协议对被告赵娟也是不公平的,侵害的是赵娟的利益。如前所述,即使在被告武金宝存在过错,赵娟对家庭贡献大的前提下,也仅分得房产和轿车一辆。武金宝从商多年存在大量债权,某某油脂有限公司系其独资的一人公司,实缴注册资本90万元,且有大量资产,经营期间营业额达千万,武金宝还拥有土地使用权一宗,不断升值。上述财产都由武金宝分得。如此看来,武金宝有大量的财产,并未如原告所述"通过离婚的方式将其名下全部财产转移给了赵娟,使得武金宝名下没有财产可供执行”。

综上所述,两被告离婚协议中关于财产分割的内容并无《合同法》第74条规定的情形,离婚协议是一个一揽子的协议,双方会以财产方面的让步而换取其他方面的补偿,如子女抚养、感情亏欠的弥补等,因此,单摘出财产部分而不谈整体,对于在感情方面无过错、对家庭付出较多的赵娟来讲,是不合理、不公平的。另外,原告撤销权也已经消灭。因此,对于原告的诉讼请求,应依法判决驳回。

当事人围绕诉讼请求依法提交了证据,本院组织当事人进行了证据交换和质证。对当事人无异议的证据,本院予以确认并在卷佐证。根据当事人陈述和经审查确认的证据,本院认定事实如下:原告李康健的岳父与被告武金宝的父亲系兄弟关系,原告是被告武金宝的堂姐夫。两被告原系夫妻关系,双方于2017年3月3日登记离婚。离婚时,两被告在婚姻登记机关签订了《离婚协议书》,写明:“我俩由于男方多年在婚内感情出轨,长期以来严重影响家庭安定团结,造成两人感情完全破裂。”该协议书的“财产处理”部分写明:“(1)位于泰安市房产归女方所有,房产证号:泰安市不动产权第××号,室内所有物品归女方所有。(2)男方母亲杨某某和女方一起生活,女方自愿赡养,男方自愿每月出赡养费2000元。(3)车牌号鲁JZF×××归女方所有。(4)车牌号鲁J09×××归男方所有。(5)因男方做生意所产生的债权债务由男方享有和承担。(6)男方名下的泰安市某某油脂有限公司归男方所有,因经营此公司所产生的债权债务由男方享有和承担。”该协议书的“子女安排”部分写明:“武某甲已成年,跟随女方生活,男方每月支付生活费2000元,到女儿大学毕业。儿子武某乙2010年3月5日出生,由女方抚养,男方每月支付抚养费2000元,到儿子大学毕业。男方随时看望孩子。女儿和儿子大额的费用双方共同承担。”

2018年4月8日,原告李康健向本院起诉,告诉被告武金宝、赵娟,称2012年6月1日,武金宝向李康健借款120万元未还,要求“1. 判令武金宝向李康健归还欠款120万元;2. 判令武金宝按约定支付自2012年6月1日至实际还款之日止的利息;3. 判令赵娟对上述借款本息承担连带责任……”等。案经审理,本院于2018年9月30日作出(2018)鲁09××民初字第1×6×号民事判决书,判决:“一、被告武金宝于本判决生效之日起十日内偿还原告李康健借款本金110万元;二、被告武金宝于本判决生效之日起十日内支付原告李康健借款利息10万元;三、被告武金宝于本判决生效之日起十日内支付原告的借款利息(以本金110万元为基数,自2012年6月1日起至实际给付之日止,按月利率2%计算);四、驳回原告李康健的其他诉讼请求。”李康健不服该判决,向泰安市中级人民法院提起上诉,请求:“1. 二审法院撤销一审判决;2. 二审法院依法改判由武金宝、赵娟共同向李康健支付借款本金人民币110万元;3. 二审法院依法改判由武金宝、赵娟共同向李康健支付利息人民币10万元;4. 二审法院依法改判由武金宝、赵娟共同向李康健支付借款利息(以本金110万元为基数,自

2012年6月1日起至实际给付之日止,按月利率2%计算)……"等。2019年1月24日泰安市中级人民法院作出终审判决[案号为(2018)鲁0×民终3×7×],判决:"驳回上诉,维持原判。"二审判决作出后,本院上述(2018)鲁09××民初字第1×6×号民事判决生效。

本院审理上述(2018)鲁09××民初字第1×6×号案件期间,原告李康健申请对位于泰安市龙潭路房产一套[房权证号为:鲁(2017)泰安市不动产权第×××号]采取保全措施,本院依法裁定对该套被告赵娟名下的房产进行了查封。该案判决生效后,原告认为,两被告离婚时商定两人的主要共同财产,即上述房产归赵娟所有,使得武金宝名下无财产可供执行,两被告的这一行为损害了原告作为债权人的合法权益。因此,诉来本院,要求处理。庭审中,原告向法庭明确,其只要求撤销两被告《离婚协议书》"财产处理"部分中"位于泰安市房产归女方所有,房产证号:泰安市不动产权第××号"的约定。

针对原告的起诉,两被告均主张,两人于2017年3月3日登记离婚,而原告李康健是被告武金宝的堂姐夫,两家平时走动频繁,原告对于两被告离婚是明知的,原告2019年2月3日提起本案诉讼,已超过了法定的除斥期间,其主张的撤销权已归于消灭。对此主张,原告表示,虽然原、被告之间有亲戚关系,但因债务纠纷导致彼此间关系紧张,在原告催债时,二被告甚至都不允许原告进屋,且武金宝转移财产给赵娟就是为了让原告的债权无法实现,怎会主动告知原告,事实上,李康健是在起诉(2018)鲁09××民初字第1×6×号案件后,在2018年5月才知道两被告已离婚,至于知道武金宝将其名下财产转移给赵娟,则是在2018年5月30日,即自己从婚姻登记机关调取了两被告离婚登记的相关材料之后。为证实自己的主张,原告提交了《离婚登记审查处理表》等两被告的离婚登记材料一宗,其中第一页和最后一页均加盖了"泰山区民政局婚姻登记处查询婚姻登记记录专用章",其上显示,查询日期为2018年5月30日。两被告还主张,两被告离婚时,只是将房产分给了赵娟,并非将全部财产均转移给赵娟,现在武金宝仍有可供执行的财产,其中泰安市某某油脂有限公司(以下简称某某公司)系武金宝独资的一人公司,实缴注册资本90万元,且有大量资产,经营期间营业额达千万,至今盈利,另武金宝还拥有土地使用权一宗,现不断升值。为证实自己的主张,被告武金宝除提交《离婚协议书》外,还提交了某某公司的"企业信用信息公示报告"、位于岱岳区粥店办事处下旺村的一块出让工业用地的"不动产登记资料查询结果证明"。对两被告的此项主张,原告表示:1. 关于某某公司,(1)武金宝只是某某公司的名义上的法定代表人,并非实际股东和实际经营者,该公司实际的出资人和股东是武某丙,(2)从被告提供的该公司的"企业信用信息公示报告"即可看出,该公司早已被工商部门列入经营异常名录,已连续两年(2018年、2019年)未依照规定的期限公示年度报告,(3)某某公司三年来已没有再进行过任何经营活动,实际上，该公司现在就是一个“空壳”公司。2. 关于武金宝名下的土地一宗，(1)该土地并非武金宝自己的财产，且其他权利人已经就该土地使用权提起了诉讼，同时该土地也已经被法院查封，无法用于偿还李康健的债权，(2)该土地系工业用地，价值不高，并且是多人共同共有。

庭审后，本院工作人员到泰安市岱岳区行政审批服务局和泰安市岱岳区税务局对某某公司的工商及纳税情况进行调查。根据调取的材料显示，某某公司 2017 年、2018 年已连续两年未向工商部门提交年报进行公示，即该两年未参与年检；某某公司的税务登记信息中纳税人状态一栏则显示“非正常”，经查询“入库信息”，该公司缴纳国税截至 2016 年 12 月 31 日(2018 年 1 月 26 日曾补缴)，缴纳地税截至 2017 年 6 月 30 日。

另查明，本院 2019 年 4 月 25 日，受理原告武某丙、杨某某诉被告武金华、武金宝合同纠纷一案，两原告要求“1. 依法解除原告武某丙、杨某某与被告武金华、武金宝之间的共同购地协议；2. 判令被告武金华、武金宝向原告武某丙、杨某某返还涉案土地(泰东路中段路南，东至泰安收审所，西、南至下旺村的 8832 平方米土地)的份额……”等。案经审理，本院于 2019 年 11 月 15 日作出(2019)鲁 09 × ×民初字第 23 × ×号民事判决书，判决：“一、解除原告武某丙、杨某某与被告武金华、武金宝之间就位于泰安市岱岳区村民委员会的、宗地编号为 0100 × ×的土地订立的共同购地协议；二、被告武金华、武金宝于本判决生效之日起十日内向原告武某丙、杨某某返还泰土国用(2012)第 D－03 × × ×号、泰土国用(2012)第 D－03 × ×号国有土地使用权证所对应的土地使用权份额。”现武金宝等不服该判决，已就该判决向泰安市中级人民法院提起上诉。上述案件的涉案土地，即为本案被告武金宝、赵娟所称的武金宝名下的下旺村的土地，且该地块的使用权已因上述案件被本院依法于 2019 年 5 月 7 日查封(查封结束时间 2022 年 5 月 6 日)。

本院认为，2018 年 4 月 8 日，原告李康健因民间借贷纠纷，向本院告诉被告武金宝、赵娟，案经本院、泰安中院两审，判令被告武金宝偿还借款 110 万元及利息等，驳回了对被告赵娟的诉讼请求。而被告赵娟、武金宝在 2017 年 3 月 3 日已登记离婚，当时，两被告约定位于泰安市产(房产证号：泰安市不动产权第 × ×号)归赵娟所有。原、被告对该事实均无异议。原告基于以上事实，根据《合同法》第 74 条第 1 款(现《民法典》第 538、539 条)“因债务人放弃其到期债权或者无偿转让财产，对债权人造成损害的，债权人可以请求人民法院撤销债务人的行为。债务人以明显不合理的低价转让财产，对债权人造成损害，并且受让人知道该情形的，债权人也可以请求人民法院撤销债务人的行为”的规定，要求撤销两被告离婚时关于诉争房产处理的约定。

针对原告的该项主张，首先，虽然武金宝、赵娟对于诉争房产的约定是在两人离婚过程中作出的，但其毕竟是关于财产问题的约定，并不涉及身份关系，因此，当因该约定出现争议时,不排除《合同法》的适用,故原告要求根据《合同法》第 74 条(现《民法典》第 538、539 条)的相关规定处理本案争议,不违背法律规定。其次,根据本院业已生效的(2018)鲁 09 × ×民初字第 1 ×6 ×号判决书,原告李康健享有对被告武金宝的债权,是毫无疑问的,原告认为自己的债权受到损害,依据《合同法》第 74 条(现《民法典》第 538、539 条)提起诉讼,是依法行使诉权。针对原告的债权人身份,武金宝辩称,“法院是因我举证不能作出的判决,我并不认可与原告之间存在债权债务关系,原告不是我的债权人”。该主张明显缺乏对于人民法院行使审判权产生后果的认知和尊重,于法无据,本院不予采纳。再次,根据《离婚协议书》的记载和原、被告的相关陈述,本案诉争的房产,是两被告价值较高(可供执行)、权属没有争议且不存在抵债程序障碍的主要共同财产。两被告辩称,武金宝仍有可供执行的其他财产,但是两人所称的某某公司现查明自 2017 年即未再年检、税务缴纳也处于非正常状态,工商、税务部门均认为其经营异常,显然不是被告赵娟所称的“有大量资产,经营期间营业额达千万”的情形;两人所称的武金宝名下位于一宗土地的土地使用权,现武金宝正与他人因其该地块的权属争议进行诉讼,为此,土地使用权已被本院查封,且一审判决(虽未生效)是判令武金宝等向对方返还土地使用权证中的土地使用权份额,可见,该宗土地的土地使用权显然不是合适的可供执行财产;至于被告赵娟所称“武金宝从商多年存在大量债权”,既未出现于两人离婚时的《离婚协议书》的“财产处理”之中,也无其他证据证实,更不足信。总之,两被告关于“武金宝仍有可供执行的其他财产”的主张,本院不予采信。鉴于被告武金宝欠原告债务在前,两被告离婚协议签订在后,武金宝放弃属于自己的房产份额的行为,实质上就是恶意减少自己财产的行为,该行为应视为无偿转让财产的行为,损害了原告的债权。又次,《合同法》第 75 条(现《民法典》第 541 条)规定:“撤销权自债权人知道或者应当知道撤销事由之日起一年内行使。自债务人的行为发生之日起五年内没有行使撤销权的,该撤销权消灭。”原告从婚姻登记机关调取载有两被告离婚时“财产处理”内容的《离婚协议书》是在 2018 年 5 月 30 日,自此时起算,原告于 2019 年 3 月 2 日提起本案诉讼,并未超过法定的除斥期间。两被告均辩称,原、被告间是亲戚关系,原告对于两被告离婚之事在两人 2017 年 3 月 3 日登记离婚即已知道,或应当知道,故原告起诉,超过了法定的除斥期间。对此问题,其一,没有证据证实原告在两被告登记离婚之时就知道了此事,且知道离婚也不意味着知道离婚时如何分割的财产,故两被告称原告“知道”武金宝放弃房产份额,不应采信;其二,两被告主张因存在亲戚关系,原告应当知道两被告离婚,有一定道理,但原告主张双方因借贷纠纷导致不知道两被告离婚,同样有一定道理,既然双方的陈述均有道理,就说明认定原告应当知道两被告离婚的理由并不充分,而且,如果更进一步,认定原告应当知道两被告离婚时是如何分割财产的,则理由更显牵强,故两被告称原告“应当知道”武金宝放弃房产份额,也不应采信。总之,两被告主张原告所诉超过除斥期间，证据不足，本院不予支持。最后，两被告主张，两人离婚时对财产进行分割，还考虑了武金宝婚内出轨、赵娟代武金宝赡养老人等因素，不是简单的财产价值分割，因此是合理合法的。实际上，如不牵涉他人权益，离婚时如何分割财产，以弥补无过错方的物质或精神损失，当然可由夫妻自行协商。但是本案中，在两被告离婚时，武金宝欠原告李康健的债务已然存在，武金宝放弃诉争房产，如前所述，已影响其偿债能力，对原告的合法债权造成了侵害，因此，对两被告的上述主张，本院不予支持。

综合以上分析，原告要求撤销两被告离婚时关于诉争房产"位于泰安市房产归女方所有"的约定，于法有据，本院予以支持。为此，依照《合同法》第 74 条（现《民法典》第 538、539 条）、第 75 条（现《民法典》第 541 条）之规定，判决如下：

撤销被告武金宝和被告赵娟 2017 年 3 月 3 日签订的《离婚协议书》中"财产处理"部分"位于泰安市房产归女方所有，房产证号：泰安市不动产权第××号"的约定。

案件受理费 22800 元、财产保全费 5000 元，共计 27800 元，由被告武金宝、赵娟负担。

如不服本判决，可以在判决书送达之日起十五日内，向本院递交上诉状，并按照对方当事人或者代表人的人数提出副本，上诉于山东省泰安市中级人民法院。

审 判 长 万 ×
人民陪审员 黄××
人民陪审员 杨××
2019 年 12 月 27 日
法官助理 宋××
书 记 员 徐 ×

【上诉状或答辩状】

一审代理词

尊敬的审判长、人民陪审员：

北京××律师事务所接受李康健的委托，指派张×、于×作为李康健债权人撤销权案件的代理人，参加本案的庭审，现就本案的事实和涉及的法律问题发表如下代理意见，供合议庭参考：

1. 本案事实

被告武金宝应当向原告李康健偿还借款本金 110 万元及相应的利息,泰山区法院作出的案号为(2018)鲁 09 × ×民初字第 1 ×6 ×号一审判决、泰安市中院作出的案号为(2018)鲁 0 ×民终 3 ×7 ×号二审判决已经予确认了上述义务。在民间借贷案件一审审理过程中,原告李康健一方才得知武金宝和赵娟已经离婚。李康健代理人于 2018 年 5 月 30 日到泰山区民政局婚姻登记处调取了二被告的《离婚协议书》,此时原告李康健才得知二被告已于 2017 年 3 月 3 日离婚,武金宝"净身出户",已将全部财产通过离婚的方式转移给了赵娟,武金宝名下没有任何财产可供偿还债务。万般无奈之下,才引发本案的诉讼,本案的立案时间为 2019 年 2 月 3 日。

2. 本案是否适用我国《合同法》第 74 条(现《民法典》第 538、539 条)

债权人撤销权,是指债权人对于债务人所实施的危害债权的行为,请求法院予以撤销的权利。我国《婚姻法》第 39 条(现《民法典》第 1087 条)规定:"离婚时,夫妻的共同财产由双方协议处理……"因此,债务人夫妻二人的财产分割是双方约定完成的,而非法定的划分标准。我国《合同法》第 2 条第 2 款(现《民法典》第 464 条)规定:"婚姻、收养、监护等有关身份关系的协议,适用其他法律的规定。"

故,对于离婚协议中涉及身份关系的部分,不能适用合同法,也不能依照我国《合同法》第 74 条的规定予以撤销。但是,对于财产约定部分,根据《合同法》第 74 条规定,因债务人无偿处分财产,对债权人造成损害的,债权人可以请求人民法院撤销债务人的行为。

本案中,债务人夫妻分割财产的方式,实质上构成了武金宝无偿转让其财产,在其对外负有高额债务且未按期偿还的情形下,该种财产分配方式显然对李康健主张债权形成了阻碍,严重侵害了债权人的权益,作为债权人的李康健有权撤销债务人武金宝无偿转让财产的行为。并且代理人需要指出的是,债权人撤销债务人离婚协议中有关财产部分的约定已经被我国司法实践所认可,全国各地相应的判例十分普遍。综上,债权人李康健撤销武金宝离婚协议中有关房产的约定,有法律依据,人民法院应当予以支持。

3. 李康健是否具有原告资格提起本案诉讼

被告武金宝代理人庭审中提出"原告不具有诉讼主体资格,虽然原告主张的债权经一、二审法院确认,但法院判决该债权的事由为被告举证不能,被告不认可与原告之间存在债权债务关系,原告并非被告的债权人,因此原告无权提起本案诉讼"这一主张,是没有任何法律依据的。一审、二审法院判决确认了李康健对武金宝债权的真实存在,法院也判决武金宝向李康健偿还债务。无疑,李康健是武金宝的债权人,这无须武金宝承认是否。难道只有债务人承认的债权才是债权吗?只要债务人否认债权的存在,债权就不存在了吗?法院判决确认的债权都无效的吗?债权人不能依据法院判决确认的债权提起债权人撤销权之诉吗？显然该观点没有任何法律依据。

4. 本案是否超过我国《合同法》第 75 条（现《民法典》第 541 条）规定的法定期限

撤销权的行使期限为债权人知道或者应当知道撤销事由之日起一年，并且以债务人行为发生之日起五年为限。

武金宝代理人、赵娟代理人皆主张“原告与被告系亲戚关系，（李康健）对二被告离婚是明知的”，因此“原告（李康健）主张撤销权已超过一年，该权利已消灭”。显然这是没有任何事实根据和法律依据的。虽然原、被告之间是亲戚关系，但因民间借贷纠纷原、被告关系紧张，李康健上门催讨涉案款项时，二被告都不允许原告进屋。并且，武金宝转移财产的行为就是为了让李康健的债权无法实现，怎么可能主动告诉李康健二被告已经离婚了呢，更不可能向李康健出示二被告的离婚协议书。所以二被告这一辩解也是没有依据的。

本案中，债权人李康健知道二被告离婚这一情况是在 2018 年 5 月，知道武金宝将其名下财产全部无偿转移给了赵娟这一情况是在 2018 年 5 月 30 日。这有原告提供的《离婚协议书》第一页和最后一页上的《查询婚姻登记记录专用章》所显示的查询时间（2018 年 5 月 30 日）为证。李康健提起本案诉讼的时间是 2019 年 2 月 3 日，因此没有超过一年期限。二被告离婚登记的日期是 2017 年 3 月 3 日，本案也没有超过五年的除斥期间。

5. 武金宝在婚姻存续期间存在过错是否影响本案审理和附条件离婚财产分配协议是否能够侵害债权人利益

被告武金宝代理人和赵娟代理人在庭审中皆提出被告武金宝婚内出轨这一主张，据此认为二被告不存在恶意转移财产情形。对于武金宝婚内是否存在过错，显然不是本案审理的焦点，代理人不予评析。对于婚内是否存在过错，代理人自然尊重婚姻双方当事人的自认，但是如果这种自认严重影响到第三人的合法权益，显然不能作为本案裁判的依据。本案中，武金宝将其应享有的财产无偿转移给了赵娟，导致其名下没有任何财产可供偿还债务，这是严重侵害李康健合法债权的行为。当然了，过错方自愿放弃夫妻共同财产的份额，法律也并不禁止和干涉；但是，放弃夫妻共同财产的行为不应当以侵犯第三人的合法债权为前提。就算武金宝在婚姻存续期间存在过错，人民法院应当清楚的是，武金宝是过错方，武金宝的过错与李康健无关，李康健不是过错方，不能因为武金宝的过错而让李康健来承担责任。换句话说，李康健没有义务为武金宝的婚内过错买单。武金宝如果自认有错应当以其自己的财产来弥补自身过错，这才是人之常情，用别人的钱来弥补自己的过错，这种行为不仅可笑，更不应当被人民法院支持。人民法院无论如何也不应当纵容以牺牲债权人合法利益来弥补武金宝婚内过错的行为。

武金宝代理人和赵娟代理人皆认为涉案的离婚协议属于附条件的分配协议，赵娟履行了赡养老人和抚养子女的义务,所以才分的更多。关于离婚协议中约定由赵娟赡养武金宝母亲(也就是说赵娟的婆婆)这一约定,显然是有违常理的,这恰恰是本协议属于恶意的重要佐证之一。关于抚养子女的约定,离婚协议明确约定了武金宝有义务每月支付人民币4000元的子女抚养费,并不是赵娟单方履行抚养义务。

综上,无论是武金宝婚内是否存在过错,赵娟是否承担赡养婆婆和抚养子女的义务,都不是武金宝无偿处分名下财产,不履行偿还债务的借口。无论是依据法律规定,还是生活常理,恳请人民法院不予支持该主张。

6. 被告武金宝名下是否有财产可供执行

武金宝代理人提出武金宝名下有土地一宗、泰某油脂有限公司、车一部,因此不存在无财产可供执行的情形。但是,这一主张也是没有事实根据的。

关于武金宝名下土地的问题。该土地并非武金宝自己的财产,并且其他案外人已经就土地使用权提起了诉讼,该土地也已经被查封,无法用于偿还李康健的债权。还需要指出的是,该土地系工业用地,价值不高,并且有多名共有人。因此该土地无法用于偿还武金宝债务。

关于泰某油脂有限公司的问题。根据国家企业信用信息公示系统中的《企业信用信息公示报告》的内容:第一,泰某油脂有限公司早已被工商部门列入经营异常名录;第二,泰某油脂有限公司已经连续两年(2018年、2019年)未依照《企业信息公示暂行条例》第八条规定的期限公示年度报告。并且,事实上泰某油脂有限公司3年来没有再进行过任何经营活动。综合上述三点,泰某油脂有限公司就是一个“空壳”公司,根本不是武金宝代理人所称的“该公司……至今盈利”。据此,泰某油脂有限公司也不是武金宝可供执行的财产。

关于涉案离婚协议中提及的鲁J09×××车的问题。该车已经被武金宝转让,因此也不属于可供执行的财产。

LS花园2号楼1单元1-2层房产(也就是离婚协议书中涉及的房屋,以下简称涉案房屋)是二被告最主要的夫妻共同财产。通过离婚的方式,武金宝放弃了对该房屋所享有的一半的所有权,而将其全部无偿处分给了赵娟,显然是为了规避债务。因为武金宝一直未归还李康健的借款,李康健多次找武金宝、赵娟催讨欠款,并且明确告知二被告,如果不还钱,就会起诉。显然武金宝通过离婚的方式提前将涉案房屋转让给了赵娟,其目的就是规避偿还债权人李康健的借款,使李康健的债权无法得到实现。

债务人武金宝通过离婚的方式将涉案房屋无偿处分给赵娟的行为,对李康健债权的实现造成了严重损害。综上,武金宝名下没有可供执行的财产,李康健提起债权人撤销权之诉确属万般无奈之举。

7. 涉案债务是属于武金宝个人债务还是武金宝、赵娟二人共同债务

代理人首先明确,涉案借款系武金宝、赵娟二人在婚姻存续期间内的借款,且二

被告用该笔借款偿还了共同居住的房屋贷款，房屋贷款合同等材料中有赵娟多处签名，证明赵娟对此是知情的，武金宝、赵娟将涉案借款用于二被告的共同生活，无疑证明涉案借款是二被告的共同债务，应当由二被告共同偿还。而且李康健夫妇也多次找武金宝、赵娟催讨该笔债务，赵娟是明知该笔债务存在的。据此，赵娟是在明知武金宝债务存在的前提下，无偿分得武金宝对涉案房屋的一半所有权，显然具有主观恶意。

其次，涉案借款是否属于二被告共同债务，也不是本案审查的焦点问题。本案案由系债权人撤销权之诉，李康健对武金宝的债权已经过人民法院一审、二审判决予以确认，武金宝将其享有的一半房产无偿处分、转让给了赵娟，严重侵害到了债权人李康健的利益，这才是本案的焦点问题。至于借款是属于一方债务，还是双方共同债务并不影响本案的审理。

8. 本案不符合法律规定的中止审理情形

李康健已经向泰安市中级人民法院对案号为（2018）鲁09××民初字第1×6×号的一审判决和（2018）鲁0×民终3×7×号的二审判决提起了再审，这是事实。但这并不影响本案的审理。

我国《民事诉讼法》第150条对诉讼中止的几种情况进行了明确。而李康健提起的再审，审理的是民间借贷的事实，具体来看再审的焦点在于，到底是由武金宝偿还涉案款项，还是由武金宝和赵娟共同偿还涉案款项。而本案审理的是，二被告离婚协议中有关房产归属的约定是否应当被撤销，两个案子的性质不同，也不存在必然的联系，更不存在一案的审理结果以另一案的审结为依据，因此本案不符合诉讼中止的条件。请求人民法院依法继续审理本案并作出判决。

综上所述，债务人武金宝通过离婚的方式将其全部财产无偿转移给赵娟，系恶意转移财产，企图逃避其债务，使得债权人李康健的债权难以实现，符合我国《合同法》第74条、第75条（现《民法典》第538、539、541条）规定的可予撤销的情形，人民法院应当判决撤销武金宝、赵娟二被告《离婚协议书》中有关涉案房产归属的约定。

二审答辩意见

一审法院认定事实清楚、适用法律正确、审判程序合法，请求人民法院依法维持一审判决，驳回二上诉人的上诉请求。

一、一审审判程序合法。

因一审中二上诉人辩称武金宝名下有可供执行的财产，针对二上诉人的答辩，人民法院为了查清武金宝名下是否有财产，以及所述财产是否属于可用于执行的有效财产这一问题，依法调取了（2019）鲁09××民初23××号民事判决书和泰某油脂有限公司的工商登记、税务登记信息。因此,一审法院为了查清本案事实,依职权调取证据的审判行为合法。

二、武金宝名下没有可供执行财产。

1. 武金宝虽名义上与他人共同共有土地一宗(T路中段路的8832平方米土地),但该土地已经被查封,不是可供执行的财产。另外,该土地纠纷,一审判决已经作出,即判令武金宝向其他共有人返还土地使用权份额。该判决虽未生效,但因其争议较大,也不属于可供执行的财产。

2. 二上诉人提到的泰某油脂有限公司多年来已经不再经营,为经营异常企业,处于非正常状态,且自2017年就未再进行过年检,该企业没有任何财产。一审法院依法调取的泰某油脂有限公司的工商登记等信息对此予以证实。

据此,涉案房产系二上诉人名下价值较高、权属没有争议,不存在其他障碍的唯一、有效、可用于执行的财产。

三、李康健作为债权人行使撤销权没有经过法定期限,撤销权未消灭。

李康健与武金宝、赵娟虽系亲戚关系,但是因为民间借贷纠纷,双方关系恶化,甚至出现了李康健上门讨要欠款,二上诉人拒不开门,李康健无法进入房屋的事情发生。而且,二上诉人办理离婚的目的就是逃避债务,因此也不会主动向李康健告知其二人离婚的事情。另外,二上诉人也未提交任何证据证明,李康健知晓其二人离婚。事实上,李康健是起诉武金宝、赵娟民间借贷纠纷一审时才知悉的二上诉人已经离婚,并且当即到民政部门调取了离婚协议后,才知悉涉案房产已经变更登记至赵娟名下。所以,显然李康健的撤销权未消灭。

四、二上诉人恶意转移财产的故意明显。

民间借贷一审、二审、再审的情况,武金宝一方极力强调涉案债务属于武金宝个人债务,与赵娟无关。本案一审时,武金宝又强调因自身过错而转让房屋。并且,二上诉人用同一份上诉状提起上诉,可以清晰地看到,武金宝、赵娟通过离婚方式转让房产,恶意逃避债务的事实请求。

恳请人民法院依法驳回二上诉人的上诉请求,维持原判。

再审代理意见
李康健债权人撤销权纠纷再审阶段代理意见

合议庭:

李康健与赵娟、武金宝债权人撤销权纠纷案件,北京凯道律师事务所接受李康健的委托,指派张×、于哲律师作为该案再审阶段李康健的代理律师,根据庭审情况,现补充发表如下代理意见，供合议庭评议。

一、债务人未履行还款义务时，债权人撤销债务人与其配偶离婚协议中有关财产的约定，已被我国司法惯例所普遍接受。

代理人提交的类案检索结果，均来自于《人民法院报》、中国法院网、山东高法微信公众号等权威刊物及媒体。

上述类案均明确，债权人对债务人离婚协议中有关财产处置的约定行使撤销权是符合法律规定，事实上已经被司法实践所普遍接受。

二审判决以"用合同法理念调整婚姻家庭关系应持谦抑审慎的态度"就认定再审申请人李康健无权撤销赵娟、武金宝《离婚协议书》中有关房产份额的约定，显然是错误的。

回到本案的本质来分析：武金宝向李康健借款在先，债务人武金宝和赵娟离婚在后。债务人武金宝通过涉案《离婚协议书》将自身房产份额（唯一、有效、可供执行的大额财产）放弃。这一行为事实上减损了债务人武金宝自己的清偿债务的能力，本质影响到了债权人李康健债权的实现，客观上使李康健与武金宝之间的民间借贷案件生效判决难以执行。债权人李康健行使债权人撤销权，是正当的、合法的。

二审判决显然是对债权人李康健享有债权人撤销权的否定，是对债权人李康健权利的侵害，是对债务人逃避债务的纵容，是对在先生效判决形成事实上的否定。

据此，李康健通过本案行使债权人撤销权，合理、合法、合情，人民法院应予支持。

二、类案应当同判。

根据《最高人民法院关于统一法律适用加强类案检索的指导意见（试行）》（2020年7月27日）第9条之规定，类案应予同判。

代理人提交的《类案检索结果》已经清晰地展示了，最高人民法院、山东省高级人民法院处理类似案件的裁判观点。贵院应当依法予以参照，统一裁判尺度，依法改判本案。

综上，请人民法院正确适用法律，依法改判。

再审申请人：李康健
代理人：北京凯道律师事务所
张×律师
于哲律师
2021年4月6日

【二审判决书】

山东省泰安市中级人民法院
民事判决书

(2020)鲁0×民终12××号

上诉人(原审被告):赵娟,女,1973年8月××日出生,汉族,×××食品有限公司员工,住泰安市泰山区。

委托诉讼代理人:刘××,山东××律师事务所律师。

委托诉讼代理人:申××,山东××律师事务所律师。

上诉人(原审被告):武金宝,男,1969年11月××日出生,回族,泰某油脂有限公司法定代表人,住泰安市。

委托诉讼代理人:毕××,山东××律师事务所律师。

委托诉讼代理人:王××,山东××律师事务所律师。

被上诉人(原审原告):李康健,男,1952年1月××日出生,回族,住泰安市泰山区。

委托诉讼代理人:于×,北京××律师事务所律师。

上诉人赵娟、武金宝因与被上诉人李康健债权人撤销权纠纷一案,不服泰安市泰山区人民法院(2019)鲁09××民初8××号民事判决,向本院提起上诉。本院于2020年5月9日立案后,依法组成合议庭,公开进行了审理。本案现已审理终结。

上诉人赵娟、武金宝上诉请求:1.请求撤销泰安市泰山区人民法院作出的(2019)鲁09××民初8××号民事判决,改判驳回被上诉人的一审诉讼请求;2.本案一、二审诉讼费用由被上诉人承担。事实及理由:1.一审判决程序错误。一审法院主动调取了(2019)鲁09××民初23××号民事判决、泰某油脂有限公司的工商登记、税务登记信息。该宗证据并非"人民法院认为审理案件需要的证据",系一审法院越权调取的证据。2.被上诉人撤销权的行使已过法定期限,撤销权已消灭。二上诉人2017年3月3日协议登记离婚,被上诉人于2017年知道或应当知道这一事实,因此被上诉人提起本案诉讼时早已超过相应的除斥期间。3.一审判决认定事实错误。一审中上诉人赵娟即提出上诉人武金宝尚有土地使用权、泰某油脂有限公司股权等财产,二上诉人离婚协议中关于财产分割的约定不会影响被上诉人债权的实现。(2019)鲁09××民初23××号民事判决尚未生效,上诉人武金宝对该判决已提起上诉,故涉案土地使用权的归属尚无定论;相关工商、税务登记信息均不能否认原审被告武金宝对泰某油脂有限公司享有股权(财产权),也不能否认武金宝享有该项财产。因此,二上诉人离婚协议中财产分割的约定并未对被上诉人造成损害。4. 二上诉人离婚协议财产分割的约定并非无偿转让财产。双方感情破裂离婚是因武金宝感情出轨过错造成的，双方财产的分割也是根据过错程度、感情补偿、家庭贡献、离婚后子女老人的抚养赡养等多个因素确定的；而且，双方离婚时土地使用权、泰某油脂有限公司均处于正常状态，双方对财产的分割约定对武金宝而言完全是有利的。故双方将房产分割给上诉人并非武金宝无偿转让财产的行为。综上所述，为保障上诉人合法权益，望二审法院依法纠正一审判决的错误。

被上诉人李康健辩称，一、一审审判程序合法。因一审中二上诉人辩称武金宝名下有可供执行的财产，针对二上诉人的答辩，人民法院为了查清武金宝名下是否有财产，以及所述财产是否属于可用于执行的有效财产这一问题，依法调取了(2019)鲁09××民初23××号民事判决书和泰某油脂有限公司的工商登记、税务登记信息。因此，一审法院为了查清本案事实，依职权调取证据的审判行为合法。二、二上诉人提到的泰某油脂有限公司多年来已经不再经营，为经营异常企业，处于非正常状态，且自2017年就未再进行过年检，该企业没有任何财产。一审法院依法调取的泰某油脂有限公司的工商登记等信息对此予以证实。据此，涉案房产系二上诉人名下价值较高、权属没有争议，不存在其他障碍的唯一、有效、可用于执行的财产。三、李康健作为债权人行使撤销权没有经过法定期限，撤销权未消灭。李康健与武金宝、赵娟虽系亲戚关系，但是因为民间借贷纠纷，双方关系恶化，甚至出现了李康健上门讨要欠款，二上诉人拒不开门，李康健无法进入房屋的事情发生。而且，二上诉人办理离婚的目的就是逃避债务，因此也不会主动向李康健告知其二人离婚的事情。另外，二上诉人也未提交任何证据证明，李康健知晓其二人离婚。事实上，李康健是起诉武金宝、赵娟民间借贷纠纷一审时才知悉的二上诉人已经离婚，并且当即到民政部门调取了离婚协议后，才知悉涉案房产已经变更登记至赵娟名下，所以，显然李康健的撤销权未消灭。

原告李康健向一审法院起诉请求：请求法院依法撤销被告武金宝和被告赵娟《离婚协议书》中对"财产处理"的约定。事实和理由：2011年5月，被告武金宝、赵娟因需要偿还房贷，向原告借款1200000元，约定按月利率2分支付利息，并出具借条一张。因两被告一直不还款，原告于2018年4月9日向泰山区法院起诉，要求两人还款，案号(2018)鲁09××民初字第1×6×号。在诉讼期间原告才得知，两被告已经离婚，且二人将婚内所有财产都转移给了赵娟。在《离婚协议书》中，涉及财产分割的内容为：位于泰安市产归女方(赵娟)所有，房产证号：泰安市不动产权第××号，室内所有物品归女方所有。两被告通过恶意离婚的方式，企图逃避债务的目的显而易见。后泰山区法院作出(2018)鲁09××民初字第1×6×号民事判决书，判决被告武金宝偿还原告1200000元及利息，经二审，泰安中院作出(2018)鲁0×民终3×7×号民事判决，维持了泰山区法院的一审判决。但因被告武金宝已将全部财产转移给被告赵娟,使得武金宝名下无财产可供执行。综上,两被告通过恶意离婚,企图逃避债务,使法院的生效判决无法执行,严重损害了原告作为债权人的合法权益。故依据我国《合同法》第74条的相关规定,原告提起诉讼,行使撤销权,维护原告的合法债权。为此,望判如所诉。

一审法院认定事实:(略)

一审法院认为:(略)

本院二审期间,被上诉人李康健提交山东省泰安市中级人民法院(2019)鲁0×民再6×号民事判决书一份,用于证实生效的再审判决已明确认定李康健的债权,且明确赵娟对120万元债务中的80万元债务承担连带责任,至于李康健与其他人的债权债务关系与本案无关。本院组织双方当事人对证据依法进行了质证,二上诉人对被上诉人提交的证据的真实性无异议。根据被上诉人二审提交的证据,本院认定事实如下:二上诉人对2010年11月15日从泰安市岱岳区农村信用合作社贷款80万元用于购房具有共同举债的合意,2011年5月11日向被上诉人借款90万元当天偿还上述借款705000元,系用于夫妻共同生活,二上诉人应共同承担还款责任。

本院经二审审理查明的其他事实与原审法院一致,本院予以确认。

本院认为,双方争议的焦点问题是:一、原审程序是否错误,是否超职权调查;二、被上诉人行使撤诉权是否已经超过法定期限;三、原判认定事实是否错误,离婚协议中的财产分割是否是无偿转让财产,是否对被上诉人造成损害。

关于程序问题,根据《民事诉讼法》第64条的规定,人民法院认为审理案件需要的证据,人民法院应当调查收集。一审法院为查明案件事实依职权进行调查,并不违反法定程序,上诉人该上诉请求本院不予支持。

关于被上诉人起诉是否超撤销权行使法定期限问题,二上诉人称被上诉人应当知道二上诉人离婚、应当知道二上诉人离婚时是如何分割财产的,无相应证据支持,二上诉人主张被上诉人所诉超过撤销权行使除斥期间,证据不足,一审法院不予支持正确,本院予以支持。

关于二上诉人离婚时协议分割共同财产是否是恶意离婚企图逃避债务,损害了被上诉人利益,分割双方唯一住房给上诉人赵娟的协议是否应予撤销。

首先,上诉人双方因感情确已破裂,自愿对婚姻解除、孩子抚养、共同财产分割等协商一致后办理协议离婚,属当事人意思自治范畴,符合当事人结婚自由、离婚自由的婚姻法基本原则。离婚协议中,孩子均由上诉人赵娟抚养,共同财产中房子给了女方、男方名下公司财产给了男方,汽车两辆男女方各分得一辆。本案被上诉人无证据证实上诉人双方离婚协议中的财产分割系恶意逃避被上诉人的债务,也无证据证实双方仍以夫妻名义共同生活居住系虚假离婚。虽然离婚协议中约定由上诉人赵娟仍负责赡养上诉人武金宝母亲与常理不符,但同时协议约定对该赡养行为上诉人武金宝支付每月 2000 元赡养费，不能因此否认协议离婚的正当性，也不能以此认定二上诉人属为逃避债务恶意虚假离婚。

其次，我国合同法和婚姻法虽然都属民法的一部分，但调整的范围不同，合同法主要维护社会经济秩序，婚姻法主要维护和谐婚姻家庭关系。虽然在婚姻家庭关系中并不完全排斥合同法的适用，但用合同法理念调整婚姻家庭关系应持谦抑审慎的态度。《合同法》第 74 条第 1 款（现《民法典》第 538 条、第 539 条）规定"因债务人放弃其到期债权或者无偿转让财产，对债权人造成损害的，债权人可以请求人民法院撤销债务人的行为……"，本案中被上诉人根据该条规定，认为二上诉人为恶意逃避债务无偿转让财产，要求撤销二上诉人离婚协议中的财产分割部分。且不论合同法中的债务人无偿转让财产与婚姻法中的夫妻离婚分割共同财产存在概念上、价值取向上、行为目的上的巨大不同，单就被上诉人主张的名为分割夫妻共同财产实为恶意逃避债务无偿转让财产就需要有充分证据证实方能认定。本案被上诉人对此并未提交充分证据证实，对此请求本院不予支持。

最后，根据《最高人民法院关于适用〈中华人民共和国婚姻法〉若干问题的解释（二）》第 25 条的规定，当事人的离婚协议已经对夫妻财产分割作出处理的，债权人仍有权就夫妻共同债务向男女双方主张权利。本案两上诉人对财产的处理系双方内部关系的处理，不能以此阻却外部善意第三人债权的实现，两上诉人仍应就夫妻共同债务承担共同还款责任。本案所涉债务形成于二上诉人夫妻关系存续期间，债务形成时夫妻共同的财产即是对夫妻共同债务的担保，依据债随物走原则，无论以后财产以何人名义存在，都影响不了夫妻财产之上所负担债务的实现。因此，即使债务不属于夫妻共同债务，也不影响对原夫妻共同财产的查封执行，本案无须再行撤销二上诉人离婚协议中的财产分割部分。

综上所述，上诉人赵娟、武金宝的上诉请求于法有据，本院予以支持，被上诉人李康健的诉讼请求没有事实依据，依法应予驳回。依照《婚姻法》第 31 条、第 41 条（现已变更为《民法典》第 1076、1077、1078 条）、《最高人民法院关于适用〈中华人民共和国婚姻法〉若干问题的解释（二）》第 25 条（现已变更为《最高人民法院关于适用〈中华人民共和国民法典〉婚姻家庭编的解释（一）》第 35 条）、《民事诉讼法》第 170 条第 1 款第 2 项规定，判决如下：

一、撤销泰安市泰山区人民法院(2019)鲁 09 × ×民初 8 × ×号民事判决；

二、驳回被上诉人李康健对上诉人武金宝、赵娟的诉讼请求。

一审案件受理费 22800 元，财产保全费 5000 元。二审案件受理费 22800 元。均由被上诉人李康健负担。

本判决为终审判决。

审判长　李××
审判员　宋××
审判员　张××
2020年7月25日
书记员　白××

【再审判决书】

山东省泰安市中级人民法院
民事判决书

(2021)鲁0×民再1×号

再审申请人(一审原告、二审被上诉人):李康健,男,1952年1月××日出生,回族,住泰安市泰山区。

委托诉讼代理人:于哲,北京凯道律师事务所律师。

委托诉讼代理人:张×,北京××律师事务所律师。

再审申请人(一审被告、二审上诉人):赵娟,女,1973年8月××日出生,汉族,×××食品有限公司员工,住泰安市泰山区。

委托诉讼代理人:刘××,山东××律师事务所律师。

委托诉讼代理人:申××,山东××律师事务所律师。

被申请人(一审被告、二审上诉人):武金宝,男,1969年11月××日出生,回族,泰某油脂有限公司法定代表人,住泰安市。

委托诉讼代理人:毕××,山东××律师事务所律师。

委托诉讼代理人:王××,山东××律师事务所律师。

再审申请人李康健、赵娟与被申请人武金宝债权人撤销权纠纷一案,不服本院(2020)鲁0×民终12××号民事判决,向本院申请再审。本院于2020年12月28日作出(2020)鲁0×民申1××号民事裁定,再审本案。本院依法组成合议庭公开开庭进行了审理,再审申请人李康健及其诉讼代理人于×、张×,再审申请人赵娟及其诉讼代理人刘××、申××,被申请人武金宝及其诉讼代理人王××到庭参加诉讼。本案现已审理终结。

李康健申请再审称:(一)武金宝恶意减少财产的事实清楚,该行为严重损害李康健合法债权的实现。武金宝向李康健借款的事实发生于2011年，武金宝、赵娟离婚的行为发生在2017年3月3日。武金宝、赵娟名下的价值较高、可供执行且没有争议的财产仅为LS花园2号楼1单元1－2层房产。而武金宝通过离婚处置财产的方式，放弃属于自己的房产份额，严重影响到了债权人李康健的合法债权的实现。作为债权人的李康健有权依据《合同法》第74条（现《民法典》第538、539条）之规定请求人民法院依法撤销债务人武金宝放弃房产份额的行为。（二）撤销"位于LS花园2号楼1单元1－2层房产归女方所有"条款，不影响武金宝、赵娟的身份关系，二审判决以涉及身份关系而拒绝适用合同法的裁判观点错误。李康健从未主张去撤销武金宝、赵娟之间的任何有关身份关系的约定。李康健主张的是撤销武金宝、赵娟二人之间有关房产的处置条款。这也是因为武金宝放弃自己房产份额的处分行为，严重影响到李康健债权的实现。（三）（2019）鲁0×民再6×号民事判决书确定的是赵娟对武金宝债务承担80万元以内的连带清偿责任。依法撤销武金宝放弃房产份额之约定符合《合同法》第74条（现《民法典》第538、539条）的立法目的。基于尊重以上再审判决，由于武金宝名下没有有效的、可供执行的、高价值的财产，如果不依法撤销武金宝放弃房产份额的约定，李康健的大部分债权依旧无法实现，李康健的大部分债权仍旧被武金宝放弃房产份额的处分约定所侵害。只有撤销武金宝放弃房产份额的约定，将涉案房产恢复至武金宝、赵娟二人共同共有的状态，才能保障李康健的合法债权得以实现。

赵娟答辩称：（一）赵娟与武金宝的离婚协议正是基于原来的夫妻关系而产生的，因此离婚协议的全部内容均牵扯到双方的人身关系，因此，不应受合同法的约束。（二）双方分配夫妻共同财产，系考虑到对感情破裂的过错、对家庭的付出、对离婚后子女老人的赡养等多方因素，充分协商订立的，不存在恶意逃避债务的故意。（三）对于民间借贷纠纷，已经生效判决认定相应权利义务，如无法实际执行，是客观情况，不能以牺牲赵娟的合法权益去保障李康健债权的实现。

武金宝答辩称：（一）武金宝与赵娟协议离婚基于武金宝婚内出轨行为，存在严重过错，双方协议离婚是真实意思表示，并不存在通过离婚减少财产的行为，武金宝名下尚有土地一宗、公司两家等可供执行的财产，不需要通过对武金宝与赵娟的房产作出处理。（二）武金宝与赵娟的离婚协议不仅涉及对财产的处理，更重要的是基于双方之间的身份关系，也就是说财产的处理是以身份的关系为基础，如果按照李康健的主张撤销双方离婚协议中关于财产部分的处理，会实际影响离婚协议对其余部分的安排。（三）（2019）鲁0×民再6×号民间借贷民事判决已对三方之间债权债务关系进行了清楚确定的判决，赵娟只对武金宝在80万元以内承担连带清偿责任，李康健现提起再审申请势必影响已生效判决的即判力。综上请求驳回李康健的再审申请。

赵娟再审申请请求：（一）撤销二审判决"本院认为"部分"根据《最高人民法院关

于适用〈中华人民共和国婚姻法〉若干问题的解释(二)》第25条的规定,当事人的离婚协议已经对夫妻财产分割作出处理的,债权人仍有权就夫妻共同债务向男女双方主张权利。本案二上诉人对财产的处理系双方内部关系的处理,不能以此阻却外部善意第三人债权的实现,二上诉人仍应就夫妻共同债务承担共同还款责任。本案所涉债务形成于二上诉人夫妻关系存续期间,债务形成是夫妻共同的财产即是对夫妻共同债务的担保,依据债随物走原则,无论以后财产以何人名义存在,都影响不了夫妻财产之上所负担债务的实现。因此,即使债务不属于夫妻共同债务,也不影响对原夫妻共同财产的查封执行,本案无须再行撤销二上诉人离婚协议中的财产分割部分"的论述。该论述超出了李康健的诉讼请求,还错误的加重了赵娟的义务、负担,限制了个人财产物权的行使。况且,在已生效的(2019)鲁0×民再6×号民事判决书中,关于李康健与武金宝、赵娟之间的民间借贷纠纷相关事实有全面、详细的认定,对赵娟应承担的责任亦已作出判决,赵娟只需对80万元的债务承担连带责任。对相关债务是否为武金宝、赵娟的夫妻共同债务,在(2019)鲁0×民再6×号民事判决书已作出了认定,原审判决作为撤销权之诉无须、更不应该与该生效判决不一致的认定;(二)赵娟与武金宝协议离婚并对夫妻共同财产分割完毕后,双方即依据离婚协议的约定,对房产的权属作出变更并在房管部门作了所有权的登记,根据物权法的规定,房产已归赵娟个人所有。因此,赵娟的个人财产应因赵娟的责任而被加以物权负担,无须为他人债务承担物权负担。(三)关于债随物走的原则,该原则仅适用于企业改制这一特殊情况,夫妻对债务的承担有婚姻法明确的规定。假设一切都适用"债随物走"的原则,则整个社会经济的运行将陷入混乱,物权法的规定也将失去意义。武金宝同意赵娟的再审申请理由。

李康健针对赵娟的再审申请答辩称:(一)原判决中赵娟要求撤销的部分并没有对涉案款项是否属于夫妻共同债务进行认定,所以不存在赵娟所主张的该部分与(2019)鲁0×民再6×号再审判决认定不一致的问题。(二)夫妻共同财产系对夫妻共同债务的担保的主张,符合《最高人民法院关于适用〈中华人民共和国婚姻法〉若干问题的解释(二)》第25条的规定。(三)原判决赵娟要求撤销的部分系二审判决的部分说理内容,并不是该判决的最终判项,当事人可以不认可该判决的具体说理内容,但不应当主张撤销或者改变人民法院的说理内容。(四)李康健提起债权人撤销之诉的目的在于保障自身的债权可以得到实现,因此撤销之诉的判决对执行问题予以回应,并不超出李康健的主张。

李康健向一审法院起诉,请求法院依法撤销武金宝和赵娟《离婚协议书》中对"财产处理"的约定。

案经审理,一审法院于2018年9月30日作出(2018)鲁09××民初字第1×6×号民事判决书,判决:一、被告武金宝于本判决生效之日起十日内偿还原告李康健借款本金110万元；二、被告武金宝于本判决生效之日起十日内支付原告李康健借款利息10万元；三、被告武金宝于本判决生效之日起十日内支付原告李康健借款利息(以本金110万元为基数，自2012年6月1日起至实际给付之日止，按月利率2%计算)；四、驳回原告李康健的其他诉讼请求。李康健不服该判决，向本院提起上诉。

上诉人赵娟、武金宝对一审判决不服，提出上诉，请求撤销泰安市泰山区人民法院作出的(2019)鲁09××民初8××号民事判决，改判驳回被上诉人的一审诉讼请求；本案一、二审诉讼费用由被上诉人承担。

2019年1月24日本院作出(2018)鲁0×民终3×7×终审判决，驳回上诉，维持原判。二审判决作出后，一审法院上述(2018)鲁09××民初字第1×6×号民事判决生效。

判决：一、撤销泰安市泰山区人民法院(2019)鲁09××民初8××号民事判决；二、驳回被上诉人李康健对上诉人武金宝、赵娟的诉讼请求。一审案件受理费22800元，财产保全费5000元。二审案件受理费22800元。均由被上诉人李康健负担。

再审庭审中，双方未提交新的证据。对原审查明事实及证据予以确认。

本院认为：本案争议焦点：1.李康健在一审起诉时是否超出了撤销权行使的法定期限；2.武金宝和赵娟协议离婚时对共同财产的分割是否存在逃避债务，损害李康健权益的情形；3.涉案房屋协议归赵娟所有是否依法予以撤销；4.二审判决中对赵娟是否应当承担李康健的债务进行评判，是否超出案件受理范围。评判如下：《合同法》第75条(现《民法典》第541条)规定："撤销权自债权人知道或者应当知道撤销事由之日起一年内行使。自债务人的行为发生之日起五年内没有行使撤销权的，该撤销权消灭。"本案中，李康健自婚姻登记机关调取载有武金宝和赵娟《离婚协议书》是在2018年5月30日，至其于2019年3月2日提起本案诉讼，并未超过法定的除斥期间。武金宝和赵娟称李康健应当知道两人离婚、分割财产的主张无相应证据证实。武金宝与李康健的借贷关系成立于2011年，发生在其与赵娟婚姻关系密切存续期间，且二人有共同举债的意思表示及行为。2017年二人协议离婚。因此，武金宝和赵娟离婚时对共同财产的分割，虽然李康健主张该行为属恶意逃避债务，未有充分证据证实，但武金宝放弃自己的房产份额的行为，客观上阻碍了李康健相关权益的实现。依据《合同法》第74条(现《民法典》第538、539条)的规定，武金宝、赵娟离婚协议财产分割部分的约定应予撤销。

综上所述，再审申请人李康健主张撤销武金宝、赵娟《离婚协议书》中"财产处理"部分关于"位于LS花园2号楼1单元1－2层房产归女方所有"约定的理由存在充分的事实及法律依据，应予支持。本院二审认为，本案无须再行撤销两上诉人离婚协议中的财产分割部分的结论不当，予以纠正；本院二审判决"本院认为"中"再次……"部分，是为武金宝、赵娟离婚协议内容中关于财产分割部分是否需撤销进行的分析论证，并非超出李康健起诉请求事项的评判,且该论述在其他案件中并不产生必然的既判效力,赵娟以裁判理由中的论述不当为由申请再审,没有法律依据,不予支持;赵娟提出其与武金宝协议离婚并对夫妻共同财产分割完毕后,双方即依据离婚协议的约定,对房产的权属作出变更并在房管部门作了所有权的登记,房产已归赵娟个人所有,无须为他人负担债务的抗辩理由于法无据,不予采纳。武金宝提出的抗辩理由亦与事实不符,于法相悖,不予采纳。依照《合同法》第74条、第75条(现《民法典》第538、539、541条)、《民事诉讼法》第207条、第170条第1款第2项之规定,判决如下:

一、撤销本院(2020)鲁0×民终12××号民事判决;

二、维持泰安市泰山区人民法院(2019)鲁09××民初8××号民事判决。

一审案件受理费22800元、财产保全费5000元,二审案件受理费22800元,均由武金宝、赵娟负担。

本判决为终审判决。

审判长 侯××
审判员 张××
审判员 罗 ×
法官助理 倪××
书记员 韩××

办案总结

对于债权人撤销债务人离婚协议中有关财产的处置,显然裁判者存在不同的观点,且相互冲突。面对法律适用存在不同理解的问题,其中一个突破口就是,提交类案检索报告。

面对裁判者,律师往往显得格外的无力。作为代理律师要做的是告诉主审法官他的上级法院如何认为、他的同事如何看待这个问题、最高人民法院对此类问题如何理解。

正是基于此,在再审审查阶段,再审申请人的代理律师提交了大量类案,也正是由于该类案检索报告,该再审案子才得到再审审查法官的重视,该案才得以改判。

专家点评

债权人李康健诉债务人武金宝撤销权纠纷一案,经一审支持、二审撤销、再审再改判一波三折的过程,最终法院认定债务人利用“假离婚”转移财产属恶意逃避债务,债权人撤销权成立,债权人申请撤销债务人离婚协议中有关财产处置最终得到了法院的支持。

纵观整个办案经历，办案律师在债务人无任何可供执行财产的困境下，从得知债务人离婚处找到突破口，通过调取债务人离婚协议书，了解到债务人通过离婚恶意转移财产从而逃避偿还债务。办案律师紧抓突破口，提起债权人撤销之诉。

一审判决支持了债权人代理律师的意见，其认为：(1)离婚协议书中有关财产问题的约定，因不涉及身份关系，故不排除《合同法》(现《民法典》合同编)的适用；(2)债务人在明知存在未偿还债务的情况下，签署的离婚协议书中关于放弃房产的约定属于恶意减少自己财产的行为，该行为应视为无偿转让财产的行为，损害债权人的合法债权，故依法撤销债务人离婚协议书中关于房产分配的约定。

债务人提起上诉，二审法院审理认为用合同法的理念调整婚姻家庭关系应持谦抑审慎的态度，债权人无证据证明债务人离婚协议中对财产的分割属恶意逃避债权人债务，故二审撤销了一审判决，但同时二审认为本案无须再行撤销两上诉人离婚协议中的财产分割部分，因债务人夫妻离婚时对财产的处理系双方内部关系的处理，不能以此阻却外部善意第三人债权的实现，债务人夫妻仍应就夫妻共同债务承担共同还款责任。

再审中，在无新证据的情况下，办案律师进行了大量细致的案例检索并向法官提交了一份详尽的类案检索报告，最终再审判决支持了债权人的请求，迎来改判胜诉。

本案的审理过程的焦点始终是债权人撤销权。债权人撤销权，指债权人对债务人所为的危害债权的行为，可以申请人民法院予以撤销的权利，《民法典》第538条至第542条对其进行了规定。撤销权的成立条件包括债权人对债务人的债权已经到期；客观上，债务人通过《民法典》规定的积极行为恶意减少自己的责任财产；主观上，债务人具有侵害债权人的恶意。债权人撤销权需自债权人知道或应当知道撤销事由之日起1年内、债务人行为发生之日起5年内行使。债务人影响债权人的债权实现的行为被撤销的，自始没有法律约束力。

本案的胜诉，体现了办案律师的专业水平，有力地维护了当事人的合法权益。案件的公正判决也有力地惩治了债务人通过协议“假离婚”转移财产来恶意逃避债务的行为，对于保护债权人合法权益，构建诚信和谐社会，起到了积极的指引作用。

审核人、点评人：郝萍(北京律师智库重大复杂案件研究专家组成员)

复核人：张雪梅(北京律师智库重大复杂案件研究专家组成员)

依据《往来账项询证函》主张债权是否能够得到法律支持

——DD 影院（集团）有限公司与 FY 华影广告（深圳）有限公司广告合同纠纷案

争议焦点

原告以《往来账项询证函》为起诉依据向被告主张的债权，系原被告债权债务相互冲抵后余额，能否得到法律支持？

关键词

债权债务共同确认　《审计报告》　用途范围　复印件　瑕疵

案情简介

2019 年 1 月 9 日，DD 影院在北京市某区人民法院作为原告起诉 FY 华影公司，主要依据询证函和《审计报告》要求 FY 华影公司支付广告费 3100 余万元及逾期利息 477 万元。

2020 年 2 月 21 日，北京市某区人民法院依据形式存在瑕疵的证据询证函和《审计报告》作出一审判决，支持了原告的全部诉讼请求。后被告上诉至北京市第三中级人民法院对本案涉及的 69 份广告代理合同以及双方签订的其他同类合同重新进行系统梳理，对争议点进行细致调查，充分听取双方代理人的辩论意见。2020 年 9 月 30 日，北京市第三中级人民法院作出二审判决，认定询证函和《审计报告》存在证据瑕疵，原告 DD 影院证据不足，一审判决事实有误，判决撤销一审判决，驳回 DD 影院的全部诉讼请求。2021 年 4 月 15 日，DD 影院不服北京市第三中级人民法院的二审判决，向北京市高级人民法院提交新证据并申请再审，请求撤销二审判决。2021 年 5 月 31 日，北京市高级人民法院作出裁定，裁定驳回DD影院的再审申请。

案件历程

【一审判决书】

北京市某区人民法院
民事判决书

(2019)京01××民初49××号

原告:DD影院(集团)有限公司，住所地深圳市南山区。

法定代表人:刘×，董事长。

委托诉讼代理人:苑×，北京市××律师事务所律师。

委托诉讼代理人:任××，北京市××律师事务所实习律师。

被告:FY华影广告(深圳)有限公司，住所地深圳市罗湖区。

法定代表人:伍××。

委托诉讼代理人:陆峻熙，北京市康达律师事务所律师。

委托诉讼代理人:高××，北京市××律师事务所律师。

原告DD影院(集团)有限公司(以下简称DD影院公司)与被告FY华影广告(深圳)有限公司(以下简称FY华影公司)广告合同纠纷一案，本院受理后，依法适用普通程序，公开开庭进行了审理。原告DD影院公司的委托诉讼代理人苑×、任××，被告FY华影公司的委托诉讼代理人陆峻熙、高××均到庭参加诉讼。本案现已审理终结。

原告DD影院公司向本院提出诉讼请求:1. FY华影公司支付31683840.74元;2. FY华影公司支付逾期付款利息(以31683840.74元为基数，自2017年7月28日起算至实际支付之日，按照中国人民银行同期贷款利率的标准)。事实和理由:DD影院公司与FY华影公司签署广告代理框架合同，约定FY华影公司购买DD影院公司附属影城之银幕广告/阵地广告的独家播放发布权、招商代理及结算权，FY华影公司与DD影院公司的附属影城分别签署代理合同并结算购买费用。后，DD影院公司附属影城将其对FY华影公司的债权一并转让给DD影院公司，签署了《债权转让协议》，并向FY华影公司发出了《债权转让通知》。FY华影公司在《往来账项询证函》中承认截至2017年7月28日尚欠DD影院公司及其附属影城31683840.74元，但至今未还。

被告FY华影公司答辩称:一、本案的合同依据应是我方与DD影院公司下属的63家影城签订的合同而非与DD影院公司签订的《影城广告独家代理合同》;二、DD影院公司仅提交了45份《影城广告独家代理合同》,有18家影城的债权无合同依据;三、DD影院公司提交的《往来账项询证函》载明内容无法证明其主张;四、DD影院公司与FY华影公司曾是关联公司,存在账项往来,无法证明现在双方的债权债务情况。

本院经审理查明,2013年11月6日,甲方×××禾影城(中国)有限公司(以下简称×××禾公司)与乙方FY华影公司签订《影城广告独家代理合同》,约定甲方影城为甲方直接或间接(通过其关联公司,但仍具有一定的控制力)管辖的影城,共计46家。合作内容为银幕广告和阵地广告。银幕广告合作内容为:在合作期间,乙方购买甲方影城所有影厅所有影片所有放映场次前10分钟/家的影城银幕广告独家播放发布权、招商代理权及结算权;乙方应分别与46家甲方影城单独签订合同及自行结算。阵地广告合作内容为乙方购买甲方管辖的深圳嘉禾影城阵地广告独家播放发布权、招商代理权及结算权。合作期限为:在2014年1月1日前已开业的甲方影城,双方合作期限从2014年1月1日起至2016年12月31日止;在2014年1月1日后正式开业的甲方影城,双方合作期限从正式开业日后31日起计至2016年12月31日止。双方同意按"年度购买保底费用"作为甲方影城的最低广告独家代理购买费用,同时根据不同的影城"年度购买费用占票房比率"按照各影城实际年度票房相应核算实际年度购买费用;甲乙双方同意,乙方向甲方支付的各影城实际年度购买费用之和,以所有影城100%票房指标达成总数的120%为上限。个别影城有机会因票房成绩高而上限可变成多于120%。支付方式为按季度结算,乙方每年分四次向甲方相应已开业影城支付年度广告购买费用。合同附件一为DD影院公司下辖的46家附属影城名单。

2013年至2014年期间,DD影院公司的下属45家子公司作为甲方与乙方FY华影公司分别签订《影城广告独家代理合同》,约定在合作期间,乙方购买甲方影城所有影厅所有影片所有放映场次前10分钟的影城银幕广告独家播放发布权、招商代理权及结算权。支付方式为按季度结算,乙方每年分四次向甲方支付年度广告购买费用,并约定了逾期付款应支付迟延金。合作期限均至2016年12月31日止。

2018年12月1日,63家DD影院公司附属影城作为甲方(转让方)与乙方(受让方)DD影院公司签订《债权转让协议》,载明:鉴于乙方是依法成立的从事影城运营管理的有限责任公司,甲方均为乙方直接或间接所有的影城公司。乙方与FY华影公司于2013年11月6日签署了《影城广告独家代理合同》,FY华影公司购买甲方之银幕广告独家播放发布权、招商代理权及结算权,并约定FY华影公司与甲方单独签订合同并自行结算,合作期限自2014年1月1日或影城正式开业日后31日起计至2016年12月31日。2013年11月6日后,FY华影公司与甲方分别签署广告独家代理合同并单独进行合同款项的结算。截至2017年7月28日,FY华影公司因上述合同应付甲方的款项合计人民币42553650.81元,但至今未还。现甲乙双方经过平等协商,达成如下协议,以兹共同遵守:1.甲方自愿将其在各自广告独家代理合同项下截至2017年7月28日的债权额共计人民币42553650.81元及相应的逾期付款利息(以下简称转让标的)转让至乙方,乙方自愿受让该转让标的。相应的广告独家代理合同及债权额的清单见合同附件。2.甲乙双方共同确认转让标的的价格为人民币42553650.81元。3.本协议签订后,甲方应及时签署债权转让通知书,书面通知FY华影公司债权转让事宜。4.自本协议生效之日起,附件合同项下的全部债权权利由甲方转移至乙方,甲方应向乙方移交相应合同原件等与转让标的相关的资料。合同附件为63个转让方名称及其截至2017年7月28日的债权额,合计42553650.81元。签字页经所有转让方加盖公章确认。

2018年12月1日形成的相对方为FY华影公司的《债权转让通知书》载明:鉴于贵司与全体债权转让方分别签署了《影城广告独家代理合同》,截至2017年7月28日,在上述合同项下贵司应付全体转让方的款项为人民币42553650.81元,但贵司至今未还。现全体债权转让方已将上述合同项下对贵司的债权,包含截至2017年7月28日的债权额及相应逾期付款利息,转让给债权受让方DD影院公司(曾用名为×××禾公司)。请贵司在收到本通知后,将贵司在上述合同项下的截至2017年7月28日的应付款项及相应逾期付款利息立即支付给DD影院公司。后附全体转让方签字盖章。

单号为1067958761828的EMS邮单载明:收件地址为北京市朝阳区小亮马桥路安家楼×号院,收件单位为FY华影公司,收件人为伍××,内件品名为债权转让通知书(含×××禾63家影城公司)。该邮件查询记录显示:该邮件于2018年12月18日发出,于2018年12月20日由前台代收。

甲方×××禾公司与乙方FY华影公司签订《影城广告独家代理合同》之结算协议(一)约定,结算结果为乙方应于本协议签署后向甲方支付人民币1059501元。甲方×××禾公司与乙方FY华影公司签订《影城广告独家代理合同》之结算协议(二)约定,结算结果为甲方应于本协议签署后向乙方开具金额为647837.26元广告发布费发票,乙方同意于2017年7月20日一次性支付给甲方。第三方根据地方代理协议向乙方支付的保证金共计人民币815425元,乙方应于2017年7月20日前转账至甲方。FY华影公司称该两份结算协议进一步证明《往来账项询证函》载明的数字是当时双方各种债权互相冲抵后的合计数,除了包括本案63家影城的债权之外,双方还存在其他债权债务。

DD影院公司提交相对人为FY华影公司的《往来账项询证函》复印件,其上载明:本公司聘请立信会计师事务所(特殊普通合伙)北京分所正在对本公司2017年1月1日至2017年7月28日期间的财务报表进行审计,科目“应收账款”,截止日期

"2017年7月28日",贵公司欠32886435.97元。备注为:该往来账款询证函询证的金额为×××禾公司及其附属子公司的合并金额。"信息不符及需加证明事项"处有FY华影公司财务专用章,手写"应付×××禾公司及其附属影城合计31683840.74元"。庭审中,本院应DD影院公司申请向立信会计师事务所(特殊普通合伙)北京分所(以下简称立信会计师事务所)调取该份证据的原件,并核实复印件是否与原件内容一致,立信会计师事务所回复称"因经办项目负责人和主要现场人员已经离职,工作交接后对离职人员办公室遗留物品和底稿进行了清理,造成该往来询证函原件丢失,无法对复印件进行核实确认"。

立信会计师事务所作出的信会师京报字(2018)第40001号《×××禾影城(中国)有限公司审计报告及合并财务报表2017年1月1日至2017年7月28日》(以下简称《审计报告》)中载明:立信会计师事务所已按照国际审计准则的规定执行了审计工作,其中第33页"合并财务报表附注"载明应收及预付×××禾公司及其关联方款项详情如下,应收×××禾公司及其关联方款项:FY华影公司为31683840.74元。

庭审中,FY华影公司主张其与×××禾公司于2017年7月28日前存在其他合同法律关系项下的债权债务,其称《往来账项询证函》载明的应收账款金额是双方之间诸多债权债务相互冲抵后的合计金额,仅具有对账功能,不能证明某一合同关系项下的债权金额。FY华影公司并提交《嘉禾整合营销合作合同》及《服务合同》予以证明。DD影院公司称双方在2017年7月28日后并无合作,《往来账项询证函》中的金额是冲抵后的结果。

本院认为,当事人应当按照约定全面履行合同义务。DD影院公司及其附属公司与FY华影公司签订的数份广告代理合同系双方真实意思表示,内容不违反强制性法律规定,合法有效。DD影院公司提交《往来账项询证函》系复印件,但根据商业惯例,《往来账项询证函》作为审计原始凭据应当保存于立信会计师事务所,现原件虽因立信会计师事务保管不善丢失,但询证函内容与审计报告一致,可相互印证,本院对该份证据的真实性予以确认。根据询证函记载内容,FY华影公司确认截至2017年7月28日,尚欠DD影院公司及其附属公司31683840.74元未付。根据法律规定,债权人可以将合同权利全部或部分转让给第三人,债权人转让权利的,应当通知债务人,未经通知,该转让对债务人不发生效力。DD影院公司与其附属子公司签订的《债权转让协议》转让的债权,无不得转让之情形,FY华影公司至迟应于本案诉讼文书送达时即已知晓该转让内容,债权转让形式合法,FY华影公司应就其拖欠的债务向DD影院公司清偿。故,DD影院公司主张FY华影公司支付款项31683840.74元,有事实依据,本院予以支持。关于FY华影公司主张双方存在其他债权债务关系,其未充分举证,且退一步讲,即便双方存在其他债权债务关系,FY华影公司亦未举证双方就互抵达成了合意,故本院对其该项答辩意见不予采信。

关于逾期付款利息损失，根据在案合同约定的付款时间，FY 华影公司的付款义务已于2017年7月28日前到期，其逾期未付应支付利息损失。DD 影院公司主张的计算标准并无不妥，本院根据相应政策予以调整。

综上所述，依据《合同法》第60条、第79条、第80条、第107条（现《民法典》第509、545、546、577条），《民事诉讼法》第64条，《最高人民法院关于民事诉讼证据的若干规定》第61条之规定，判决如下：

一、被告 FY 华影广告（深圳）有限公司于本判决生效后10日内给付原告 DD 影院（集团）有限公司31683840.74元；

二、被告 FY 华影广告（深圳）有限公司于本判决生效后10日内给付原告 DD 影院（集团）有限公司逾期付款利息损失（以31683840.74元为基数，自2018年8月7日起至2019年8月19日止，按照中国人民银行公布的金融机构同期同类贷款基准利率计算，自2019年8月20日起至款项清偿之日止，按照全国银行间同业拆借中心公布的贷款市场报价利率计算）；

三、驳回原告 DD 影院（集团）有限公司的其他诉讼请求。

如果未按本判决指定的期间履行给付金钱义务，应当依照《民事诉讼法》第253条之规定，加倍支付迟延履行期间的债务利息。

案件受理费211104元，由被告 FY 华影广告（深圳）有限公司负担（已交纳）。

如不服本判决，可在判决书送达之日起15日内向本院递交上诉状，按对方当事人的人数提出副本，上诉于北京市第三中级人民法院。

审　判　长　牟××
人民陪审员　李××
人民陪审员　沈　×
2020年2月21日
书　记　员　周××

【民事上诉状】

民事上诉状

上诉人（一审被告）：FY 华影广告（深圳）有限公司（以下简称上诉人或 FY 华影公司）

住所地:深圳市罗湖区

法定代表人:伍×× 职务:董事长

被上诉人(一审原告):DD影院(集团)有限公司(以下简称被上诉人或DD影院公司)

住所地:深圳市罗湖区

法定代表人:刘× 职务:董事长

请求事项:

1. 请求判决撤销北京市某区人民法院作出的(2019)京01××民初49××号《民事判决书》(以下简称一审判决)的第一、二项判决;

2. 请求判决驳回DD影院公司的全部诉讼请求;

3. 请求判决DD影院公司承担全部诉讼费用。

事实和理由:

一、一审判决所依据的最主要的证据是原告提交的《往来账项询证函》,而该证据为复印件,根本不具有证据真实性,一审承认该复印件具有真实性是认证错误,事实认定错误,一审判决没有证据支持。一审判决(第8页)载明:DD影院公司提交《往来账项询证函》系复印件,原件丢失,但询证函内容与审计报告一致,可互相印证,本院对该份证据的真实性予以确认。

对比询证函和审计报告,所谓的"询证函内容与审计报告一致"实际上仅仅是数字一致,而数字一致是非常容易做假的,谁做假会做到连数字都不一致呢?仅仅是数字一致就可以扩大解释为"内容一致"吗?就可以据此认定《往来账项询证函》是真实的吗?其内容可以作为本案最主要的证据进行判决吗?这样认定证据不符合基本的逻辑和日常生活经验。

按照一般情况,会计师事务所出具审计报告是要对有关债权债务进行询证,但本案原告无法提供《往来账项询证函》原件,本案原告仅仅提交了一份复印件,根本无法判断其真实性,本案实际上根本无法查清是否存在《往来账项询证函》,以及该函的具体内容。原告负有举证责任,应当承担举证不能的法律后果。一审判决仅仅因为与审计报告数字一致即承认一份复印件具有真实性,并作为本案判决最主要的证据,不符合证据规则的认定标准。

二、一审判决认定的可以相互印证的《审计报告》出具人自己的书面声明已经证明该份证据与本案不具有合法性、真实性和关联性,然而一审判决却仍然采信,并根据该报告采信了一份复印件的真实性,一审判决认定的事实直接与《审计报告》的书面内容相矛盾。

《审计报告》及合并财务报表的出具人——立信会计师事务所北京分所在《审计报告》第2页载明:"本审计报告和合并财务报表仅用于……2017年1月25日订立购

买协议项下所约定的交割审计用途。除此之外,我们的报告不可用作其他用途,我们概不就本报告的内容在其他用途项下,对任何其他人士负责或承担法律责任。”

该段表述已经说明,《审计报告》仅用于特定时间发生的特定法律事务使用,不能用作其他用途,更不能用作与报告服务的法律事项无关的本案的证据,对此报告的出具人已经声明不负责《审计报告》作为本案证据使用时的真实性,因此原告将《审计报告》作为本案证据不具有证据的合法性、真实性和关联性,应当予以排除。

但一审判决(第8页)不但仍予以采信,并根据该报告仅仅因为数字一致就采信了一份复印件的真实性,并将该复印件作为最主要证据作出判决,其认证和事实认定存在严重错误。

三、一审判决将《往来账项询证函》中的数字认定是FY华影公司所欠的DD影院公司的系列广告代理合同项下款项,但实际本案原告在《民事起诉状》中连原告自己都承认该数字是不同合同项下债权债务冲抵后的金额。

原告DD影院公司的《民事起诉状》(第2页)主张“被告在上述广告代理合同项下尚欠原告附属影城款项共计42553650.81元,但至今未还”“原被告双方债权债务抵消后,截至2017年7月28日,被告尚欠原告款项应为31683840.74元”。

也即,原告自己都主张31683840.74元这个数字是不同合同项下债权债务抵消后的金额,其中有10869810.07元与系列广告代理合同无关,是其他合同项下DD影院公司的债务抵消。

但一审判决(第8页)却认定:“关于FY华影公司主张双方存在其他债权债务关系,其未充分举证,且退一步讲,即便双方存在其他债权债务关系,FY华影公司亦未举证双方就互抵达成了合意,故本院对其该项答辩意见不予采信”这与原告自己的上述主张都是矛盾的。

首先,要明确《往来账项询证函》的复印件不具有证据真实性,其次,退一步讲,即便一审判决采信《往来账项询证函》,要查清31683840.74元是否真实,必须将与该数字相关的所有合同查清,而这其中必然涉及与系列广告代理合同无关的其他合同,按照法律规定,不同合同法律关系不应同案审理。因此,该数字对本案而言没有证据意义和价值,只具有对账功能,只能证明在该时点原被告双方各项债权债务抵消后的金额,并不能证明原被告在系列广告合同项下具体欠款金额。除了原告自己的主张,《往来账项询证函》内容本身也根本没有提及该数字是哪些合同项下款项。

而关于本案广告代理合同纠纷中系列广告代理合同项下欠款的具体金额42553650.81元,原告根本没有任何证据证明其真实性,其债权转让文件也都是其子公司与自己做出的,其被转让的原始债权都是系列子公司自己计算的,没有任何证据证明。

在此情况下,一审判决就错误的将一份复印件中的债权债务抵消后金额作为本案系列广告代理合同项下被告的欠款金额予以认定,并判决被告付款,其事实认定与原告自己的主张都矛盾,即便《往来账项询证函》的复印件的内容都不支持这样的事实认定。

四、本案原告没有提供任何证据证明自己履行了合同义务,凭什么要求被告付款?其依法应承担举证不能的法律后果,然而一审判决对此完全无视。

五、本案原告连合同依据都不能完整提供,如何能支持其诉讼请求?原告DD影院公司受让债权的依据《债权转让协议》载明有63家影城转让给其63份广告代理合同项下债权,然而其一审提交的影城公司的《影城广告独家代理合同》却只有45份合同。原被告签订的《影城广告独家代理合同》写的是46家影城,而原告的证据11写的又是68家影城,然而一审判决对连合同依据都不能提供全的诉讼请求予以支持,根本没有任何的法律依据和事实依据。

综上,本案一审判决认证错误,事实认定错误,恳请贵院查明事实,支持上诉人的请求,维护上诉人的合法权益。

此致

北京市第三中级人民法院

上诉人:FY华影广告(深圳)有限公司

2020年3月×日

【二审判决书】

北京市第三中级人民法院
民事判决书

(2020)京0×民终71××号

上诉人(原审被告):FY华影广告(深圳)有限公司,住所地广东省深圳市罗湖区

法定代表人:伍××,董事长。

委托诉讼代理人:陆峻熙,北京市康达律师事务所律师。

委托诉讼代理人:高××,北京市××律师事务所律师。

被上诉人(原审原告):DD 影院(集团)有限公司,住所地广东省深圳市南山区

法定代表人:刘×,董事长。

委托诉讼代理人:张××,北京××律师事务所律师。

委托诉讼代理人:苏××,北京××律师事务所律师。

上诉人 FY 华影广告(深圳)有限公司(以下简称 FY 华影公司)因与被上诉人 DD 影院(集团)有限公司(以下简称 DD 影院公司)广告合同纠纷一案,不服北京市某区人民法院(2019)京 01××民初 49××号民事判决,向本院提起上诉。本院立案后,依法组成合议庭公开开庭进行了审理。上诉人 FY 华影公司之委托诉讼代理人陆峻熙、高××,被上诉人 DD 影院公司之委托诉讼代理人张××、苏××到庭参加了诉讼。本案现已审理终结。

FY 华影公司上诉请求:1. 撤销一审判决第一项、第二项内容;2. 驳回 DD 影院公司的全部诉讼请求;3. DD 影院公司承担全部诉讼费用。事实与理由:一、一审判决所依据的最主要的证据是 DD 影院公司提交的《往来账项询证函》,而该证据为复印件,根本不具有证据真实性,一审法院采信有误,事实认定错误,一审法院将该证据作为本案事实认定最主要的证据,不符合证据规则的认定标准。二、《审计报告》出具人立信会计师事务所(特殊普通合伙)北京分所(以下简称为立信会计师事务所)的书面声明已经证明该份证据与本案不具有合法性、真实性和关联性。三、一审判决将《往来账项询证函》中的数字认定是 FY 华影公司所欠的 DD 影院公司关于涉案广告代理合同项下款项,但实际 DD 影院公司在民事起诉状中自认该数额是不同合同项下债权债务冲抵后的金额,一审判决事实认定错误。四、DD 影院公司没有提供证据证明已履行了合同义务,无权要求 FY 华影公司付款,其依法应承担举证不能的法律后果。五、DD 影院公司不能提供完整合同依据,不能支持其诉讼请求。

DD 影院公司辩称:同意一审判决,不同意 FY 华影公司的上诉请求,请求维持原判。一、一审法院认定事实清楚,证据充分。FY 华影公司对于欠付 DD 影院公司合同款项事实予以认可,未提供已付款的证据,其亦承认 2017 年 7 月 28 日后未付款。FY 华影公司一审中承认欠付广告款,但主张有其他合同债权,却未提供相应证据予以证明。DD 影院公司所提交证据可形成完整证据链支持其诉讼请求。二、DD 影院公司附属公司将对 FY 华影公司的债权转让给 DD 影院公司,并通知 FY 华影公司,该转让合法有效,并对其发生效力,其应向 DD 影院公司履行付款义务。三、DD 影院公司提交的《往来账项询证函》虽为复印件,结合《审计报告》、法院查明事实、审计准则及 DD 影院公司提交的补充证据,足以证实《往来账项询证函》复印件效力。四、《往来账项询证函》欠款金额为 FY 华影公司确认的欠款金额。二审中,FY 华影公司虽有不同表述,但没有证据予以支持。

DD 影院公司向一审法院起诉请求:1. FY 华影公司支付 31683840.74 元;2. FY 华影公司支付逾期付款利息(以 31683840.74 元为基数,自 2017 年 7 月 28 日起算至实际支付之日,按照中国人民银行同期贷款利率的标准)。

一审法院审理查明:2013 年 11 月 6 日,甲方×××禾影城(中国)有限公司(以下简称×××禾公司)与乙方 FY 华影公司签订《影城广告独家代理合同》,约定甲方影城为甲方直接或间接(通过其关联公司,但仍具有一定的控制力)管辖的影城,共计46家。合作内容为银幕广告和阵地广告。银幕广告合作内容为:在合作期间,乙方购买甲方影城所有影厅所有影片所有放映场次前 10 分钟/家的影城银幕广告独家播放发布权、招商代理权及结算权;乙方应分别与 46 家甲方影城单独签订合同及自行结算。阵地广告合作内容为乙方购买甲方管辖的×××禾影城阵地广告独家播放发布权、招商代理权及结算权。合作期限为:在 2014 年 1 月 1 日前已开业的甲方影城,双方合作期限从 2014 年 1 月 1 日起至 2016 年 12 月 31 日止;在 2014 年 1 月 1 日后正式开业的甲方影城,双方合作期限从正式开业日后 31 日起计至 2016 年 12 月 31 日止。双方同意按"年度购买保底费用"作为甲方影城的最低广告独家代理购买费用,同时根据不同的影城"年度购买费用占票房比率"按照各影城实际年度票房相应核算实际年度购买费用;甲乙双方同意,乙方向甲方支付的各影城实际年度购买费用之和,以所有影城 100% 票房指标达成总数的 120% 为上限。个别影城有机会因票房成绩高而上限可变成多于 120%。支付方式为按季度结算,乙方每年分四次向甲方相应已开业影城支付年度广告购买费用。合同附件一为 DD 影院公司下辖的 46 家附属影城名单。

2013 年至 2014 年期间,DD 影院公司的下属 45 家子公司作为甲方与乙方 FY 华影公司分别签订《影城广告独家代理合同》,约定在合作期间,乙方购买甲方影城所有影厅所有影片所有放映场次前 10 分钟的影城银幕广告独家播放发布权、招商代理权及结算权。支付方式为按季度结算,乙方每年分 4 次向甲方支付年度广告购买费用,并约定了逾期付款应支付迟延金。合作期限均至 2016 年 12 月 31 日止。

2018 年 12 月 1 日,63 家 DD 影院公司附属影城作为甲方(转让方)与乙方(受让方)DD 影院公司签订《债权转让协议》,载明:鉴于乙方是依法成立的从事影城运营管理的有限责任公司,甲方均为乙方直接或间接所有的影城公司。乙方与 FY 华影公司于 2013 年 11 月 6 日签署了《影城广告独家代理合同》,FY 华影公司购买甲方之银幕广告独家播放发布权、招商代理权及结算权,并约定 FY 华影公司与甲方单独签订合同并自行结算,合作期限自 2014 年 1 月 1 日或影城正式开业日后 31 日起计至 2016 年 12 月 31 日。2013 年 11 月 6 日后,FY 华影公司与甲方分别签署广告独家代理合同并单独进行合同款项的结算。截至 2017 年 7 月 28 日,FY 华影公司因上述合同应付甲方的款项合计人民币 42553650.81 元,但至今未还。现甲乙双方经过平等协商,达成如下协议,以兹共同遵守:1. 甲方自愿将其在各自广告独家代理合同项下截至2017年7月28日的债权额共计人民币42553650.81元及相应的逾期付款利息(以下简称转让标的)转让至乙方,乙方自愿受让该转让标的。相应的广告独家代理合同及债权额的清单见合同附件。2. 甲乙双方共同确认转让标的的价格为人民币42553650.81元。3. 本协议签订后,甲方应及时签署债权转让通知书,书面通知FY华影公司债权转让事宜。4. 自本协议生效之日起,附件合同项下的全部债权权利由甲方转移至乙方,甲方应向乙方移交相应合同原件等与转让标的相关的资料。合同附件为63个转让方名称及其截至2017年7月28日的债权额,合计42553650.81元。签字页经所有转让方加盖公章确认。

2018年12月1日形成的相对方为FY华影公司的《债权转让通知书》载明:鉴于贵司与全体债权转让方分别签署了《影城广告独家代理合同》,截至2017年7月28日,在上述合同项下贵司应付全体转让方的款项为人民币42553650.81元,但贵司至今未还。现全体债权转让方已将上述合同项下对贵司的债权,包含截至2017年7月28日的债权额及相应逾期付款利息,转让给债权受让方DD影院公司(曾用名为×××禾公司)。请贵司在收到本通知后,将贵司在上述合同项下的截至2017年7月28日的应付款项及相应逾期付款利息立即支付给DD影院公司。后附全体转让方签字盖章。

单号为10679587618××的EMS邮单载明:收件地址为北京市朝阳区小亮马桥路安家楼×号院,收件单位为FY华影公司,收件人为伍××,内件品名为债权转让通知书(含嘉禾63家影城公司)。该邮件查询记录显示:该邮件于2018年12月18日发出,于2018年12月20日由前台代收。

甲方×××禾公司与乙方FY华影公司签订《影城广告独家代理合同》之结算协议(一)约定,结算结果为乙方应于本协议签署后向甲方支付人民币1059501元。甲方×××禾公司与乙方FY华影公司签订《影城广告独家代理合同》之结算协议(二)约定,结算结果为甲方应于本协议签署后向乙方开具金额为647837.26元广告发布费发票,乙方同意于2017年7月20日一次性支付给甲方。第三方根据地方代理协议向乙方支付的保证金共计人民币815425元,乙方应于2017年7月20日前转账至甲方。FY华影公司称该两份结算协议进一步证明《往来账项询证函》载明的数字是当时双方各种债权互相冲抵后的合计数,除了包括本案63家影城的债权之外,双方还存在其他债权债务。

DD影院公司提交相对人为FY华影公司的《往来账项询证函》复印件,其上载明:本公司聘请立信会计师事务所正在对本公司2017年1月1日至7月28日期间的财务报表进行审计,科目"应收账款",截至日期"2017年7月28日",贵公司欠32886435.97元。备注为:该往来账款询证函询证的金额为×××禾公司及其附属子公司的合并金额。“信息不符及需加证明事项”处有FY华影公司财务专用章,手写“应付×××禾公司及其附属影城合计31683840.74元”。庭审中,法院应DD影院公司申请向立信会计师事务所调取该份证据的原件,并核实复印件是否与原件内容一致,立信会计师事务所回复称“因经办项目负责人和主要现场人员已经离职,工作交接后对离职人员办公室遗留物品和底稿进行了清理,造成该往来询证函原件丢失,无法对复印件进行核实确认”。

立信会计师事务所作出的信会师京报字(2018)第40001号《×××禾影城(中国)有限公司审计报告及合并财务报表2017年1月1日至2017年7月28日》(以下简称《审计报告》)中载明:立信会计师事务所已按照国际审计准则的规定执行了审计工作,其中第33页“合并财务报表附注”载明应收及预付×××禾公司及其关联方款项详情如下,应收×××禾公司及其关联方款项:FY华影公司为31683840.74元。

庭审中,FY华影公司主张其与×××禾公司于2017年7月28日前存在其他合同法律关系项下的债权债务,其称《往来账项询证函》载明的应收账款金额是双方之间诸多债权债务相互冲抵后的合计金额,仅具有对账功能,不能证明某一合同关系项下的债权金额。FY华影公司并提交《×××禾整合营销合作合同》及《服务合同》予以证明。DD影院公司称双方在2017年7月28日后并无合作,《往来账项询证函》中的金额是冲抵后的结果。

一审法院认为,当事人应当按照约定全面履行合同义务。DD影院公司及其附属公司与FY华影公司签订的数份广告代理合同系双方真实意思表示,内容不违反强制性法律规定,合法有效。DD影院公司提交《往来账项询证函》系复印件,但根据商业惯例,《往来账项询证函》作为审计原始凭据应当保存于立信会计师事务所,现原件虽因立信会计师事务所保管不善丢失,但询证函内容与审计报告一致,可相互印证,法院对该份证据的真实性予以确认。根据该询证函记载内容,FY华影公司确认截至2017年7月28日,尚欠DD影院公司及其附属公司31683840.74元未付。根据法律规定,债权人可以将合同权利全部或部分转让给第三人,债权人转让权利的,应当通知债务人,未经通知,该转让对债务人不发生效力。DD影院公司与其附属子公司签订的《债权转让协议》转让的债权,无不得转让之情形,FY华影公司至迟应于本案诉讼文书送达时即已知晓该转让内容,债权转让形式合法,FY华影公司应就其拖欠的债务向DD影院公司清偿。故,DD影院公司主张FY华影公司支付款项31683840.74元,有事实依据,法院予以支持。关于FY华影公司主张双方存在其他债权债务关系,其未充分举证,且退一步讲,即便双方存在其他债权债务关系,FY华影公司亦未举证双方就互抵达成了合意,故法院对其该项答辩意见不予采信。

关于逾期付款利息损失,根据在案合同约定的付款时间,FY华影公司的付款义务已于2017年7月28日前到期,其逾期未付应支付利息损失。DD影院公司主张的计算标准并无不妥,法院根据相应政策予以调整。

综上所述,一审法院依据《合同法》第60条、第79条、第80条、第107条(现《民法典》第509、545、546、577条),《民事诉讼法》第64条,《最高人民法院关于民事诉讼证据的若干规定》第61条之规定,判决:一、FY华影广告(深圳)有限公司于判决生效后十日内给付DD影院(集团)有限公司31683840.74元;二、FY华影广告(深圳)有限公司于判决生效后十日内给付DD影院(集团)有限公司逾期付款利息损失(以31683840.74元为基数,自2018年8月7日起至2019年8月19日止,按照中国人民银行公布的金融机构同期同类贷款基准利率计算,自2019年8月20日起至款项清偿之日止,按照全国银行间同业拆借中心公布的贷款市场报价利率计算);三、驳回DD影院(集团)有限公司的其他诉讼请求。如果未按判决指定的期间履行给付金钱义务,应当依照《民事诉讼法》第253条之规定,加倍支付迟延履行期间的债务利息。

二审审理中,FY华影公司提交2018年FY华影公司、DD影院公司与案外人上海HS文化传媒有限公司三方签署的《〈关于FY华影广告(深圳)有限公司3D广告裸眼屏网络营销平台之管理服务合作协议书〉之三方协议》,证明目的:1. FY华影公司与DD影院公司在2018年仍有业务往来;2. 除了本案涉及的广告代理合同外,FY华影公司与DD影院公司还存在其他合同法律关系,可以与双方提交的其他证据及DD影院公司在一审起诉状中的陈述互相印证。

DD影院公司发表质证意见称:真实性认可,关联性不认可,证明目的不认可。该协议虽然是2018年签订,但却是针对2016年7月15日签订合同的后续事情的处理。从合同内容可以确认2017年7月28日之后FY华影公司从合同主体中退出,2017年7月28日之后全部款项由DD影院公司收取,而且所有合同义务均由DD影院公司履行完毕。案外人上海HS文化传媒有限公司已向FY华影公司支付截至2017年10月31日之前的费用。因FY华影公司提前收取了款项,所以合同约定FY华影公司需要将2017年7月28日至10月31日期间的全部合同项下款项支付给DD影院公司。

DD影院公司提交"×××禾交割审计"微信群聊天记录截图作为证据,证明目的:1. 大地影院公司于2018年1月20日,通过微信群自立信会计师事务所会计师顾某,取得FY华影公司盖章确认后的《往来账项询证函》照片;2.《往来账项询证函》原件保存于立信会计师事务所;3. FY华影公司于2018年1月20日前盖章确认应付DD影院公司及其附属影城共计31683840.74元,属于对广告代理合同结算金额的认可。4."×××禾交割审计"微信群人员:何某、陶某、顾某为立信会计师事务所审计人员;王某、韩某为DD影院公司当时的财务人员。

FY华影公司发表质证意见称:对聊天记录真实性不认可,微信群人员的真实身份信息无法核实,无法证明其真实身份。从微信聊天记录的内容上看信息存在删减,微信群里说第一句话的人员并不属于群成员列表截图中的6位成员。DD影院公司

一、二审陈述前后矛盾，之前说是派人去立信会计师事务所复印所得，现又称在微信中获得。对证据的真实性、关联性、证明目的不予认可。该证据与本案无关，不能证明《往来账项询证函》复印件的真实性。

综合双方当事人的质证意见，本院对《〈关于FY华影广告（深圳）有限公司3D广告裸眼屏网络营销平台之管理服务合作协议书〉之三方协议》的真实性予以认可，对“×××禾交割审计”微信群聊天记录截图不予认可。

本院另查，2018年11月26日，×××禾影城（中国）有限公司名称变更为DD影院（集团）有限公司。

2018年1月25日，立信会计师事务所出具的《审计报告》在第2页“三、审计意见”中载明：“本审计报告和合并财务报表仅用于钜满有限公司，×××禾娱乐（集团）有限公司，MSJ有限公司以及NH控股有限公司于2017年1月25日订立的股份购买协议项下所约定的交割审计用途。除此之外，我们的报告不可用作其他用途，我们概不就本报告的内容在其他用途项下，对任何其他人士负责或承担法律责任。”

根据《往来账项询证函》载明的“本公司聘请的立信会计师事务所（特殊普通合伙）正在对本公司2017年1月1日至7月28日会计期间财务报表进行审计……”内容，该询证函的发出对象系DD影院公司，且落款公章为DD影院公司原名称“×××禾影城（中国）有限公司”的公章。在《往来账项询证函》“信息不符及需加证明事项”处有手写字样“应付×××禾公司及其附属影城合计31683840.74元”，并加盖FY华影公司财务专用章，未加盖FY华影公司公章。

本院经审理查明的其他事实与一审法院经审理查明的事实一致。

本院认为，根据FY华影公司的上诉主张和DD影院公司的答辩意见，本案的争议焦点为DD影院公司依据现有证据向FY华影公司主张债权应否得到支持。

2013年11月6日，DD影院公司与FY华影公司签订《影城广告独家代理合同》，约定双方合作内容为银幕广告和阵地广告，并约定在合作期间内，FY华影公司应分别与DD影院公司的附属影城单独签订合同及自行结算。2018年12月1日，63家DD影院公司附属影城与DD影院公司签订《债权转让协议》，约定将各自广告独家代理合同项下截至2017年7月28日的债权额共计人民币42553650.81元及相应的逾期付款利息转让给DD影院公司。DD影院公司提交EMS邮单以证明将债权转让事宜通知到FY华影公司。现DD影院公司向FY华影公司主张相应债权，要求FY华影公司按照《往来账项询证函》复印件中的金额31683840.74元为准，向其支付本金和逾期付款利息。

首先，关于DD影院公司和FY华影公司的债权债务数额，应由双方共同确认。双方合同约定FY华影公司应分别与DD影院公司的附属影城单独签订合同及自行结算，但DD影院公司并未提交FY华影公司与DD影院公司附属影城之间就涉案债权债务进行对账、结算的证据。DD影院公司虽向FY华影公司邮寄63家DD影院公司附属影城与DD影院公司签订的《债权转让协议》，但《债权转让协议》载明的债权数额，并未得到FY华影公司的确认。其次，本案中DD影院公司提交的《审计报告》，系DD影院公司单方委托立信会计师事务所出具，该《审计报告》明确载明："本审计报告和合并财务报表仅用于JM有限公司，×××禾娱乐（集团）有限公司，MSJ有限公司以及NH控股有限公司于2017年1月25日订立的股份购买协议项下所约定的交割审计用途。除此之外，我们的报告不可用作其他用途，我们概不就本报告的内容在其他用途项下，对任何其他人士负责或承担法律责任。"本案中，DD影院公司据此向FY华影公司主张涉案债权超出了《审计报告》载明的用途范围。再次，DD影院公司提交的《往来账项询证函》的发出主体并非立信会计师事务所，而系DD影院公司。该询证函在"信息不符及需加证明事项"处虽加盖有FY华影公司财务专用章和手写"应付橙天嘉禾公司及其附属影城合计31683840.74元"字样，但该《往来账项询证函》为复印件，立信会计事务所明确表示因人员离职造成原件丢失，故无法对《往来账项询证函》的复印件进行核实确认，现FY华影公司对该证据复印件不予认可，故在没有原件的情况下，《往来账项询证函》复印件的证明力存在瑕疵。最后，DD影院公司提交的《影城广告独家代理合同》之结算协议（一）、《影城广告独家代理合同》之结算协议（二）等证据，虽载明FY华影公司应向其支付款项，但款项金额与其所主张的尚欠款项31683840.74元并不对应。DD影院公司提交的证据并不能直接证明FY华影公司欠付DD影院公司31683840.74元款项。FY华影公司提交的2018年FY华影公司、DD影院公司与案外人三方签署的《〈关于FY华影广告（深圳）有限公司3D广告裸眼屏网络营销平台之管理服务合作协议书〉之三方协议》等证据也说明双方之间除涉案广告合同法律关系外，还存在其他法律关系。故DD影院公司仅依据《审计报告》和《往来账项询证函》复印件请求FY华影公司支付31683840.74元本金和逾期付款利息，证据不足，本院不予支持。一审法院判决认定《往来账项询证函》复印件的效力有误，本院予以纠正。

综上所述，FY华影公司的上诉请求成立，本院予以支持。一审判决事实认定有误，本院予以纠正。依照《民事诉讼法》第64条、第170条第1款第2项，《最高人民法院关于民事诉讼证据的若干规定》第90条规定，判决如下：

一、撤销北京市某区人民法院（2019）京01××民初49××号民事判决。

二、驳回DD影院（集团）有限公司的诉讼请求。

一审案件受理费211104元，由DD影院（集团）有限公司负担（已交纳）。

二审案件受理费211104元，由DD影院（集团）有限公司负担（于本判决生效后七日内交纳）。

本判决为终审判决。

审判长 周 ×
审判员 邢 ×
审判员 江 ×
2020年9月30日
法官助理 卢××
法官助理 刘 ×
法官助理 岳 ×
书记员 陈 ×

【二审代理意见】

二审代理意见

一、DD影院公司主张受让的63家影城的债权,但只提供了45份具体影城的广告合同,差了18份合同,其中《影城广告独家代理合同》附件一影城清单的46家影城中,有11家影城的代理合同无法提供。大地公司应承担举证不能的责任。

具体见上诉人整理的《证据二〈影城广告独家代理合同〉45家影城与证据一〈影城广告独家代理合同〉附件一影城清单46家影城、证据三〈债权转让协议〉63家影城、证据十二〈审计报告〉69家影城对比表》。

DD影院公司在举证上至少应当将本案63家影城的代理合同的证据全部举证出来,合同依据是任何一个合同纠纷案件都必不可少的证据。DD影院公司的代理人在二审庭审时主张45份影城合同是全部《影城广告独家代理合同》附件一的影城的合同,新签署的影城的合同因某种原因没有收到,但一对比就发现,该代理人的陈述根本与事实不符,就是附件一的影城合同也缺了11份。DD影院公司应承担举证不能的责任。

二、一审判决认定一份无法与原件核对的复印件证据具有真实性完全违背常理,违反司法解释的规定。

一审判决第7页载明"立信会计师事务所已经按照国际审计准则的规定执行了审计工作"。第8页载明"DD影院公司提交的《往来账项询证函》系复印件,但根据商业惯例,《往来账项询证函》作为审计原始凭证应当保存于立信会计师事务所,现原件虽因立信会计师事务所保管不善丢失,但询证函内容与审计报告一致,可互相印证,本院对该份证据的真实性予以确认"。

1. 立信会计师事务所丢失询证函这一无法否认的事实本身就足以证明:立信会

计师事务所根本没有按照国际审计准则的规定执行了审计工作。一审判决认定“立信会计师事务所已经按照国际审计准则的规定执行了审计工作”是完全错误的。

2. 一审判决将《审计报告》与询证函复印件互相证明是循环论证,一审判决完全陷入了循环论证的逻辑错误之中。以《审计报告》证明询证函复印件的真实性,以询证函复印件证明《审计报告》的真实性。

3.《审计报告》不能作其他用途使用的声明证明审计报告不能作为本案证据,应当排除,一审判决刻意忽略审计报告的声明,对审计报告作为证据予以采信是完全错误的。

4.《最高人民法院关于民事诉讼证据的若干规定(2019 修正)》第 87 条规定:“审判人员对单一证据可以从下列方面进行审核认定:(一)证据是否为原件、原物,复制件、复制品与原件、原物是否相符……”本案一审判决显然违反该规定认定证据,《往来账项询证函》复印件无法与原件核实是否相符,不具有真实性。

5. 所谓询证函内容与《审计报告》一致,只是数字一致,如何能扩大解释? 推论出复印件询证函上的“印章”是真实的? 复印件询证函的“全部内容”为真实,毫无逻辑、违反常理。

三、一审判决以一份复印件证据作为唯一证据认定 FY 华影公司确认欠付 DD 公司款项违反司法解释的规定。

一审判决第 8 页载明“根据询证函记载内容,FY 华影公司确认截至 2017 年 7 月 28 日,尚欠 DD 影院公司及其附属公司 31683840. 74 元未付”。一审判决实际上将该复印件证据作为证明 FY 华影公司确认欠 DD 影院公司及其附属公司 31683840. 74 元的唯一孤证,直接违反司法解释的规定。

《最高人民法院关于民事诉讼证据的若干规定(2019 修正)》第 90 条规定:“下列证据不能单独作为认定案件事实的根据:……(五)无法与原件、原物核对的复制件、复制品。”一审判决直接违反该规定。

四、《往来账项询证函》内容上载明的是“应收帐款”,并非“广告代理费”,也没有载明是哪些合同项下款项,《往来账项询证函》复印件的内容不支持一审判决的认定。

原告《民事起诉状》(第 2 页)载明“被告在上述广告代理合同项下尚欠原告附属影城款项共计 42553650. 81 元,但至今未还”“原被告双方债权债务抵消后,截至 2017 年 7 月 28 日,被告尚欠原告款项应为 31683840. 74 元”。即原告自己都主张 31683840. 74 元这个数字是不同合同项下债权债务抵消后的金额,其中有10869810. 07 元与系列广告代理合同无关,是其他合同项下 DD 影院公司的债务抵消。

原告自己的证据 8、9 和被告的证据 1、2 也证明了这一点。该应收账款涉及各种合同,并非只是本案广告代理合同,只有对账功能,无证据价值,不能证明本案代理合同项下广告代理费欠款金额,按照法律规定,不同合同法律关系不应同案审理。

但一审判决(第8页)却认定:"关于FY华影公司主张双方存在其他债权债务关系,其未充分举证,且退一步讲,即便双方存在其他债权债务关系,FY华影公司亦未举证双方就互抵达成了合意,故本院对其该项答辩意见不予采信。"这与原告自己的主张和证据都是矛盾的,这样的事实认定岂不出现严重错误?

五、DD影院公司作为原告,应当将自己的全部合同依据、自己合同的履行情况、欠款金额的计算依据作出完整的举证,以合法的方式主张权利,而不是以一个不具有真实性的复印件证据投机取巧,希望侥幸获得成功,逃避其作为原告基本的举证责任。我方请求二审法院驳回其诉讼请求的处理方式也并没有否定其可以依据合同和具体履行情况向我方主张债权的程序权利。只是其应该寻求正当合法的方式主张债权而不应投机取巧,以一份复印件希望获得成功。

在本案中,DD影院公司连合同依据都不能完整提供,合同依据难道不是合同纠纷中必不可少的证据吗?对于自己合同的履行情况未举出任何证据证明,而自身履行完毕合同义务是要求对方付款的前提,难道不应举证证明吗?对于其所受让的债权的具体金额42553650.81元是怎么算出来的,难道不应举证证明吗?只是自己下属的63家影城自己计算多少就是多少吗?

六、其他对一审判决书有异议的部分。

对一审判决"经审理查明部分"的异议如下:

1.本案的主要争议焦点就是事实部分,即原告是否有证据证明自己履行了合同义务后被告欠付了广告费,欠付了多少,而在法律上并没有什么争议。因此,举证、质证和认证证据以及如何分配举证责任是本案的关键,但一审判决却没有对双方举证、质证情况和法院的认证情况进行任何说明,而是直接进入了"法院经审理查明部分"。这是非常不合理的,也违反《人民法院民事裁判文书制作规范》,该规范第三条第(五)项规定:"……6.在诉辩意见之后,另起一段简要写明当事人举证、质证的一般情况……7.当事人举证质证一般情况后直接写明人民法院对证据和事实的认定情况……对有争议的证据,应当写明争议的证据名称及人民法院对争议证据认定的意见和理由……"

因此,只能令人合理怀疑一审法院并不想把自己如何认证和分配举证责任交代清楚,实际一审判决认定事实和证据,以及对举证责任的追究上的确存在严重错误。

2.一审判决第3页载明原被告签订的合同含影城46家,这是合同约定的内容。但一审判决第3页认定的"2013年至2014年期间,DD影院公司的下属45家子公司作为甲方与乙方FY华影公司分别签订《影城广告独家代理合同》"。FY华影公司不知道这个事实认定是怎么来的?

原告自己主张的并不是45家影城,原告证据3和证据4债权转让是63家影城,而证据11(自己制作的表格)又变成68家,证据12《审计报告》(第13页)又变为69

家。但接下来一审判决第4页又查明“2018年12月1日,63家DD影院公司附属影城作为甲方(转让方)与乙方(受让方)DD影院公司签订《债权转让协议》”。这一影城数量上的自相矛盾实际是非常刺眼的,但一审判决完全不管,作出了不讲逻辑的认定,一审判决不追究原告的举证不能责任是违法的。

3. 一审判决第4页载明的数字原告受让的债权42,553,650.81元,对此数字原告没有任何证据证明其真实性。

4. 一审判决第7页将《审计报告》作为重要证据,但对《审计报告》的特别声明只字不提,刻意回避。《审计报告》第2页载明:“本审计报告和合并财务报表仅用于……2017年1月25日订立购买协议项下所约定的交割审计用途。除此之外,我们的报告不可用作其他用途,我们概不就本报告的内容在其他用途项下,对任何其他人士负责或承担法律责任。”根据《审计报告》自身的声明内容,该份《审计报告》不能作为本案证据,但一审判决不但不予以排除,反而作为认定《往来账项询证函》复印件具有真实性的证据,对《审计报告》的声明刻意隐瞒,其认证是违法的。

5. 原告没有举出一份证据证明63家影城自己已经履行了合同义务,而履行完毕合同义务是要求被告支付广告费并明确具体金额的前提,但一审判决的审理查明部分对此只字未提。

6. 第7页倒数第二段“DD影院公司称双方在2017年7月28日以后并无合作”是错误的。具体见原告补充的逐点回复第2点。

综上,一审判决将声明不能使用的《审计报告》作为证据,认定不能与原件核对的《往来账项询证函》复印件为真实,并将《往来账项询证函》复印件作为唯一证据认定FY华影公司自认欠付原告广告代理费31683840.74元,而《往来账项询证函》上载明的款项性质却是应收款项,不是广告代理费,也没有载明是哪些合同项下款项,而原告的起诉状,原告证据8、9,被告的证据1、2都证明31683840.74元充其量是不同合同债权债务抵消后合并计算的金额,只有对账功能,不具有证据价值。

一审判决通过上述一系列的事实和证据认定错误支持了原告的诉请。而对原告无法举证63家影城中的18家签订的18份代理合同,没有任何证据证明63家影城履行了合同义务,没有任何证据证明其自己计算出来的债权金额的真实性视而不见,没有判决原告应承担举证不能的法律责任,这是极其错误的。

上诉人:FY华影广告(深圳)有限公司

代理人:陆峻熙律师

高××律师

日期:2020年7月27日

【再审裁定】

北京市高级人民法院
民事裁定书

(2021)京民申29××号

再审申请人(一审原告、二审被上诉人):DD影院(集团)有限公司。

法定代表人:刘×,董事长。

委托诉讼代理人:刘××,该公司法务。

委托诉讼代理人:张××,北京××律师事务所律师。

被申请人(一审被告、二审上诉人):FY华影广告(深圳)有限公司。

法定代表人:伍××,董事长。

委托诉讼代理人:陆峻熙,北京市康达律师事务所律师。

委托诉讼代理人:高××,北京市××律师事务所律师。

再审申请人DD影院(集团)有限公司(以下简称DD影院公司)因与被申请人FY华影广告(深圳)有限公司(以下简称FY华影公司)广告合同纠纷一案,不服北京市第三中级人民法院(2020)京0×民终71××号民事判决,向本院申请再审。本院依法组成合议庭进行了审查,现已审查终结。

DD影院公司申请再审称:(一)二审忽略合同约定,认定债权转让需对方确认,并在FY华影公司认可欠款的情况下,不予认可我公司主张的债权,存在事实认定及法律适用错误。(二)二审割裂《往来账项询证函》与证据链的关系,不予认可《往来账项询证函》复印件的效力,不予考虑证据之间的关系,属于事实认定错误。(三)二审依据FY华影公司提交的对历史未决问题的处理协议,认定2017年7月28日后双方存在新的合作,以新增债权否认原有债权,属于认定事实错误。(四)审计机构由股权买卖双方共同委托,《往来账项询证函》由注册会计师发生并控制,二审认定审计机构由我公司委托,《往来账项询证函》由我公司发出,属于认定事实错误。据此,现依据《民事诉讼法》第200条的规定申请再审。

FY华影公司提交意见称,二审判决认定事实、适用法律正确。

本院经审查认为,DD影院公司和FY华影公司的债权债务数额,应由双方共同确认。双方合同约定FY华影公司应分别与DD影院公司的附属影城单独签订合同及自行结算,但DD影院公司并未提交FY华影公司与DD影院公司附属影城之间就涉案债权债务进行对账、结算的证据。DD影院公司向FY华影公司邮寄63家DD影院公司附属影城与DD影院公司签订的《债权转让协议》,《债权转让协议》载明的债权数额并未得到FY华影公司的确认。DD影院公司提交的《审计报告》明确载明:"本审计报告和合并财务报表仅用于JM有限公司,×××禾娱乐(集团)有限公司,MSJ有限公司以及NH控股有限公司于2017年1月25日订立的股份购买协议项下所约定的交割审计用途。除此之外,我们的报告不可用作其他用途,我们概不就本报告的内容在其他用途项下,对任何其他人士负责或承担法律责任。"DD影院公司据此向FY华影公司主张涉案债权超出了《审计报告》载明的用途范围。DD影院公司提交的《往来账项询证函》系复印件,FY华影公司不予认可,立信会计师事务所(特殊普通合伙)北京分所明确表示因人员离职造成原件丢失,无法对《往来账项询证函》复印件进行核实确认。在没有原件的情况下,《往来账项询证函》复印件的证明力存在瑕疵。DD影院公司提交的《影城广告独家代理合同》之结算协议(一)、《影城广告独家代理合同》之结算协议(二)等证据,虽载明FY华影公司应向其支付款项,但款项金额与其所主张的尚欠款项并不对应,DD影院公司提交的证据不能直接证明FY华影公司欠付31683840.74元。FY华影公司提交的2018年FY华影公司、DD影院公司与案外人三方签署的《〈关于FY华影广告(深圳)有限公司3D广告裸眼屏网络营销平台之管理服务合作协议书〉之三方协议》等证据,说明双方之间除涉案广告合同法律关系外,还存在其他法律关系。现DD影院公司依据《审计报告》及《往来账项询证函》复印件,请求FY华影公司支付31683840.74元本金和逾期付款利息,依据不足。二审结合在案证据所作认定并无不当,DD影院公司提交的证据不足以推翻二审判决。综上,DD影院公司的再审申请不符合《民事诉讼法》第200条规定的情形,本院不予支持。

依照《民事诉讼法》第204条第1款,《最高人民法院关于适用〈中华人民共和国民事诉讼法〉的解释》第395条第2款的规定,裁定如下:

驳回DD影院(集团)有限公司的再审申请。

审判长　王××

审判员　王××

审判员　李　×

2021年5月31日

法官助理　宋　×

书记员　张××

办案总结

本案二审全案逆风翻盘,实现二审全案改判,由一审判决"支持原告全部诉讼请求,一审诉讼费由被告承担"变更为二审"驳回原告的全部诉讼请求,一审、二审的全部诉讼费由原告承担"。后原告方 DD 影院(集团)有限公司(以下简称 DD 影院)不服二审判决,向北京市高级人民法院提出再审申请,2021 年 5 月 31 日,北京市高级人民法院作出再审裁定,驳回了原告方 DD 影院的再审申请。

本案在一审支持原告 DD 影院全部诉讼请求的困难情况下,二审实现全案改判并胜诉,非常罕见。据阿尔法统计,北京市第三中级人民法院 2020 年审理民事二审案件 12773 件,二审改判案件为 600 件,改判率仅为 4.7%,而二审全案改判的数字没有单独进行过统计,但二审全案改判的案件数字远远低于 4.7%。由此可见,本案二审全案逆风翻盘,实现二审全案改判相当不易。

本案案情非常复杂,涉及 69 份广告独家代理合同的梳理。需对 69 份合同的每份合同进行全面研究,对争议焦点进行深入研究,并提供了非常有说服力的代理意见,最终使二审法院撤销一审判决,由一审判决"支持原告全部诉讼请求"变更为二审"驳回原告的全部诉讼请求"。经过再审程序后,再审法院北京市高级人民法院再次确认了本案二审判决的有效性。

二审判决以司法判决的形式明确了在合同纠纷中原告应承担举证责任的程度,即原告应证明合同依据完整,并充分履行合同义务。存在证据瑕疵的询证函不能成为其主张债权的主要、唯一依据。本案的审理结果对今后公司的财务和注册会计师的审计工作的规范具有一定的指导意义,即公司财务审计工作中询证函的内容和形式需符合法律规定才能获得法院支持。

本案中,从基础的事实梳理、法律论证、司法案例收集,到之后的证据制作、证据提交、多次证据交换和质证,再到最后参与庭审、起草、修订和确认书面的质证意见及代理意见,律师团队开展了大量工作,付出了巨大的工作努力,以专业高效的业务能力和诉讼经验赢得了委托人的高度赞赏。

专家点评

一审阶段概要:原被告广告合同纠纷一案,原告依据双方签署的《影城广告独家代理合同》、债权转让通知以及《往来账项询证函》向被告主张欠款共计 31683840.74 元。后经法院审理认定,双方签订的合同合法有效,询证函虽为复印件,但可与《审计报告》相互印证。被告虽主张双方存在其他债权债务,但未提供相应证据举证。因此一审法院支持了原告的诉讼请求。

二审阶段概要:被告上诉至二审法院后,向法院新提交一份三方协议书作为证据,旨在证明双方还存在其他合同法律关系。二审法院认为,合同约定被告应与原告附属影城单独签订合同及自行结算，但原告并未提交上述主体之间的对账及结算证据，同时原告向被告邮寄的债权转让协议亦未得到被告的确认。原告主张涉案债权超出了《审计报告》载明的用途范围。《往来账项询证函》仅为复印件，其证明力存在瑕疵。同时被告补充提交的证据证明双方除涉案广告合同法律关系外，还存在其他法律关系。因此二审法院判决撤销一审判决，驳回原告的诉讼请求。

改判主要观点：二审法院认为，原告提供的现有证据不足以证明双方的债权。且双方之间还存在其他法律关系，重要证据《往来账项询证函》仅有复印件，证据《审计报告》的用途有特别限定，与《往来账项询证函》并不存在针对性和关联性，无法相互印证，因此原告起诉作为要求支付债权的依据其证明力不足。

法律风险提示及建议：债权人在主张债权时，应从合同、双方往来信函、通知、双方签署的债权债务确认书等方面入手，不仅要保证上述债权凭证拥有原件，还要对上述证据进行充分论证，形成一个完整且经得住逻辑推理的证据链。使用《审计报告》等证据一定要关注他的使用限制范围，这类证据大多是限定在特定时间针对特定的法律事务使用，一般不允许挪作他用。

作为本案被告的代理律师在一审时虽然失利，但是在二审中仍然坚持不懈，一方面继续坚持一审提出的答辩观点并进一步深入挖掘上述观点的深度，同时积极寻找并提交新证据，另一方面进一步印证双方亦存在其他法律关系，使得法院对原告主张债权的真实性和确定性产生质疑，从而促使本案在二审中得以逆风翻盘。本案对于证据证明力具有典型意义。

本案值得借鉴的意义在于作为原告律师必须对起诉证据进行充分论证并形成完整的证据链；而作为被告律师必须善于抓住对方在证据上的漏洞，不能轻易放弃自己的观点，同时积极寻找新证据对自己的观点加以佐证。

审核人、点评人：张雪梅（北京律师智库重大复杂案件研究专家组成员）
复核人：郝萍（北京律师智库重大复杂案件研究专家组成员）

保 险 类

车辆未定期进行安全技术检验，是否属于保险公司免责事由

——北京北旅时代商务汽车租赁服务有限公司与北京公共交通控股(集团)有限公司第二客运分公司与阳光财产保险股份有限公司北京分公司机动车交通事故责任纠纷案

争议焦点

被告公司车辆未定期进行安全技术检验,不是事故发生的原因,保险公司能否据此免责。

关键词

免责条款　提示说明义务

案情简介

2019 年 12 月 26 日 20 时 5 分,在北京市朝阳区东坝中路驹子房路口南侧单店路 001 号线杆处,北京公共交通控股(集团)有限公司第二客运分公司(以下简称北京客运)员工杨某新驾驶京 AC × × ×7 号“京华”牌大型铰接客车由北向南行驶时,适有段某洪醉酒后驾驶京 F0 × × × × 号“新日”牌电动自行车同方向行驶,杨某新驾驶京 AC × × ×7 号公交车右后部与段某洪及电动自行车接触,造成段某洪死亡。事故发生时,案发现场右侧非机动车道内有北京北旅时代商务汽车租赁服务有限公司员工李某山停放的京 ACM × ×2号“斯柯达”牌大型普通客车。

经北京市公安局公共交通管理局朝阳交通支队确定:杨某新为同等责任;段某洪为同等责任;李某山为次要责任。

事后,北京客运同段某洪的女儿段某馨签订的赔偿协议书约定段某馨将对被告北京北旅时代商务汽车租赁服务有限公司(以下简称北旅公司)主张民事赔偿的权利转让给北京客运,该民事赔偿的权利转让就是人身伤亡保险金请求权的转让。

在一审判决中,北旅公司的保险公司声称事发时京 ACM××2 号大客车未定期进行安全技术检验,保险不负责赔偿,提交了投保单、保险条款佐证。经核保险条款,约定发生保险事故时被保险机动车未按规定检验的,无论任何原因造成的人身伤亡、财产损失和费用,保险公司在商业三者险责任范围内均不负责赔偿。北旅公司认可投保单真实性,但称投保时保险公司并未向其出示保险条款。此为关键争议点。最后判决北旅公司按照事故情况承担 20% 责任,而因未及时按照规定检查车辆,触发免责条款,无法向保险公司提起索赔,由此提起上诉。

二审中,北旅公司就保险公司关于免责条款没有尽到提示义务提交证据,其中证据一短信记录,证明 2020 年 2 月 24 日北旅公司向保险公司报案;证据二微信聊天记录,证明保险公司查勘员添加保险代办人李××,保险代办人要求北旅公司对保险单盖章,北旅公司在保险单上盖章是在事故发生之后,保险公司投保时未尽到提示说明义务;证据三李某庆证人证言,证明投保单是 2020 年 2 月保险公司业务员给李某庆打的电话,5 月盖的章。此处需要注意,事故是发生在 2019 年,事故发生后,而北京客运和保险公司没有提交证据。为此,二审法院支持了上诉人北旅公司提出的由保险公司承担给付责任的主张,对一审判决的第一、三、四项予以改判。

案件历程

【一审判决书】

北京市某区人民法院
民事判决书

(2020)京 010×民初 33××8 号

原告:北京公共交通控股(集团)有限公司第二客运分公司,营业场所北京市朝阳区朝阳门外小庄。

负责人:田×,经理。

委托诉讼代理人:苏×,男,北京公共交通控股(集团)有限公司第二客运分公司员工。

委托诉讼代理人：白××，北京市××律师事务所律师。

被告：北京北旅时代商务汽车租赁服务有限公司，住所地北京市朝阳区朝阳北路××院××楼××××配套商业5。

法定代表人：李××，经理。

委托诉讼代理人：高雷，北京格竹律师事务所律师。

被告：阳光财产保险股份有限公司北京分公司，营业场所北京市通州区永顺镇。

负责人：李×，总经理。

委托诉讼代理人：闻×，女，阳光财产保险股份有限公司北京分公司员工。

原告北京公共交通控股(集团)有限公司第二客运分公司(以下简称原告)诉被告北京北旅时代商务汽车租赁服务有限公司、被告阳光财产保险股份有限公司北京分公司(以下简称北旅公司、保险公司，并称二被告)机动车交通事故责任纠纷一案，本院于2020年5月18日立案受理后，依法适用简易程序，公开开庭进行了审理。原告委托诉讼代理人苏×、白××，北旅公司委托诉讼代理人高×，保险公司委托诉讼代理人闻×均到庭参加了诉讼。本案现已审理终结。

原告向本院提出诉讼请求：1.二被告支付原告营运损失18630元；2.给付原告代二被告支出的死亡赔偿金520094元、丧葬费18334.8元、精神损害抚慰金30000元，合计587058.8元。事实和理由：2019年12月26日20时5分，在北京市朝阳区东坝中路驹子房路口南侧单店路001号线杆处，原告员工杨某新驾驶京AC×××7号大客车由北向南行驶时，适有段某洪醉酒后驾驶京F0××××号电动自行车同方向行驶，杨某新驾驶车辆右后部与段某洪及电动自行车接触，造成段某洪死亡。案发现场右侧非机动车道内有北旅公司员工李某山停放的京ACM××2号大客车。交通队认定杨某新与段某洪为同等责任，李某山为次要责任。交通队扣押杨某新大客车，造成车辆停运损失。原告本着社会责任及人道主义，与死者段某洪女儿达成赔偿协议，原告支付因段某洪交通事故死亡各项赔偿款140万元，原告有权追偿，段某洪女儿不再向事故各方当事人主张任何权利。原告于2020年1月20日按协议支付了140万元。

北旅公司辩称，对事发情况无异议，责任认定书认定我公司车辆没有定期检验，我公司认为与事故发生没有因果关系。京ACM××2号车辆为我公司所有，李某山为我公司员工，认可职务行为。第一，不同意赔偿运营损失，如果法院判决赔偿，应当由保险公司进行赔偿。原告在本次事故中承担同等责任，其主张营运损失的50%应当自行承担，其中另外50%中的20%应当由保险公司承担，主张金额也不认可。第二，不同意赔偿死亡赔偿金、丧葬费及精神损害抚慰金，原告主体不适格，我公司为京ACM××2号车辆投保了交强险和商业三者险，应当由保险公司赔偿。2019年12月26日原告与死者女儿签订的赔偿协议约定段某馨将主张民事赔偿的权利转让给原告，该转让权利就是人身伤亡保险金请求权的转让，根据法律规定，交强险人身伤亡赔偿金请求权转让无效。2020年8月24日才确定事故责任,本案原告同段某馨签订的权利转让声明时间在责任认定之前,保险受益人在损失责任确定前,不是一个确定的数额,是无法转让的,且在责任保险中不应存在被保险人保险收益的转让,责任保险的赔偿通常是直接支付给受害人的,如果责任保险的赔偿请求权可以转让,就会损害第三方利益,违反公共利益及责任保险目的,据保险行业协会商业保险示范条款规定,保险人对被保险人给第三者造成的损害,可以直接向第三者赔偿,并未规定向第三者以外的组织和个人赔偿。据人身损害司法解释第18条第2款,精神损害抚慰金的请求权不得让与,《合同法》第79条(现《民法典》第545条)规定原告与段某馨签订的权利转让声明据合同性质和法律规定不得转让。段某馨并未与二被告达成赔偿协议,段某馨不享有债权人权利,更无权转让,段某馨将商业三者险赔偿金请求权转让给原告的行为无效。综上,原告主体不适格且无法律依据,请求法院驳回,如果保险公司愿意在保险限额内对原告承担赔偿责任,我公司没有意见。原告对段某洪的死亡赔偿金计算时间有误,死者出生日期是1959年8月16日,事发在2019年12月26日,应当计算19年。原告向段某馨赔偿140万元金额远超法定赔偿金额,因为段某洪本身应承担50%责任,原告高额赔偿后又按法定数额向我公司追偿,没有依据。

保险公司辩称,京ACM××2号事故车辆在我公司投保交强险和商业三者险50万元,含不计免赔,事发在保险期间。原告主体资格同北旅公司意见一致,运营损失费不同意承担,金额系其单方核算,不认可,据商业险第26条第1款,因意外事故造成的间接损失免赔。死亡赔偿金、丧葬费、精神损害抚慰金不同意承担,事故认定书写明被保险车辆未按照规定进行检验,属于商业险第24条第3款第1点免赔情形,原告主张的死亡赔偿金数额计算错误,本次事故为三方事故,应当减去两车的交强险再进行分责,对责任比例也计算错误,李某山为事故次要责任,应当承担50%内的20%责任。丧葬费计算基数应当是50802元,不同意承担精神损害抚慰金。

当事人围绕诉讼请求依法提交了证据,本院组织当事人进行了证据交换和质证。对当事人无异议的证据,本院予以确认并在卷佐证。对有争议的证据和事实,本院认定如下:2019年12月26日20时5分,在北京市朝阳区东坝中路驹子房路口南侧单店路001号线杆处,杨某新驾驶京AC×××7号大客车由北向南行驶时,适有段某洪醉酒后驾驶F0××××号电动自行车同方向行驶,杨某新车辆右后部与段某洪及电动自行车接触,造成段某洪死亡。事故后杨某新驾驶车辆驶离现场,事发时案发现场右侧非机动车道内有李某山停放的京ACM××2号大客车。交通队于2020年2月24日作出道路交通事故认定书,认定杨某新未按操作规范安全驾驶机动车,负事故同等责任,杨某新事发后驾车驶离现场与事故无关,不是事发原因,段某洪醉酒后驾驶电动自行车,负事故同等责任,李某山未按规定停放车辆,负事故次要责任,李某山所驾车辆未定期进行安全技术检验,与事故无关,不是事发原因。京ACM××2号大客车登记在北旅公司名下，在保险公司投保交强险及保额50万元的商业三者险、不计免赔险，事发在保险期间。李某山系北旅公司员工，事发时为履行职务行为。二被告均称据事故责任，北旅公司一方应按20%承担赔偿责任。北旅公司称赔偿责任应由保险公司负担。

段某洪1959年8月16日出生，为北京市朝阳区城镇居民，其女段某馨。2019年12月26日，原告与段某馨达成交通事故损害赔偿协议书，协议内容为：一、此事故为三方事故，由公交方对段某洪家属先行赔偿全部费用，待赔偿后公交公司对北旅公司进行按责追偿；二、双方在不分析责任下经协商一次性赔偿段某洪家属共计人民币1400000元，包括死亡赔偿金等一切因此事故造成的损失；三、双方过款后，解除事故关系，放弃民事法律诉讼权。2020年1月20日，原告经朝阳交通支队协助执行，给付段某馨赔偿款1400000元。原告称该赔偿款已考虑段某洪一方事故责任，按交强险外30%责任比例主张二被告给付其代赔的死亡赔偿金520094元、丧葬费18334.8元、精神损害抚慰金30000元。保险公司称人身伤亡保险金请求权不得转让，协议应属无效，且原告在道路交通事故认定书作出之前即与段某馨达成赔偿协议，损害了北旅公司的权益。

京AC×××7号大客车登记在北京公共交通控股(集团)有限公司第二客运分公司名下(经整合重组后为本案原告)，登记使用性质为公交客运，因本次事故于2019年12月27日至2020年2月10日被朝阳交通支队扣留。原告主张营运损失18630元，提交619路公交车运营结算报表，证明损失标准。

二被告对营运损失均不予认可。北旅公司称应由保险公司赔偿。保险公司称事发时京ACM××2号大客车未定期进行安全技术检验，保险不负责赔偿，提交了投保单、保险条款佐证。经核保险条款，约定发生保险事故时被保险机动车未按规定检验的，无论任何原因造成的人身伤亡、财产损失和费用，保险公司在商业三者险责任范围内均不负责赔偿。北旅公司认可投保单真实性，但称投保时保险公司并未向其出示保险条款。

本院认为，原告在事发后责任未确定前与段某洪家属签署赔偿协议并实际履行了赔偿责任，事故责任确定北旅公司员工李某山负事故次要责任，原告主张二被告按事故责任承担相应赔偿责任，本院支持。

事发时京ACM××2号大客车在保险公司投保交强险及商业三者险，保险公司在交强险内应承担赔偿责任。据保险公司所供证据，本院确认其已向投保人尽到明确说明义务，免责条款具有法律效力，事发时京ACM××2号大客车未定期进行安全技术检验，属于免责事由，保险公司在商业三者险内不负赔偿责任。京AC×××7号大客车营运损失系间接损失，保险公司亦不负赔偿责任。

据查明事实，本院对原告已给付段某洪家属包含死亡赔偿金、丧葬费、精神损害抚慰金在内的各项损失赔偿款合计140万元之事实予以确认。据事故责任,本院确认交强险外,原告与段某洪一方各按40%承担赔偿责任,北旅公司一方按20%承担赔偿责任,再据段某洪生前年龄及居住情况,保险公司应在交强险内给付原告死亡赔偿金11万元,北旅公司给付原告死亡赔偿金251396元、丧葬费10616元、精神损害抚慰金10000元。京AC×××7号大客车系营运性公交客运车辆,据车辆扣押情况,本院酌情支持其营运损失10000元。

综上,依照《道路交通安全法》第76条,《侵权责任法》第6条、第16条、第35条(现已变更为《民法典》第1190、1179、1192条),《最高人民法院关于审理人身损害赔偿案件适用法律若干问题的解释》第3条之规定,判决如下:

一、被告阳光财产保险股份有限公司北京分公司于本判决书生效后七日内在交强险内给付原告北京公共交通控股(集团)有限公司第二客运分公司代为赔偿的死亡赔偿金110000元;

二、被告北京北旅时代商务汽车租赁服务有限公司于本判决书生效后七日内给付原告北京公共交通控股(集团)有限公司第二客运分公司营运损失10000元;

三、被告北京北旅时代商务汽车租赁服务有限公司于本判决书生效后七日内给付原告北京公共交通控股(集团)有限公司第二客运分公司代为赔偿的死亡赔偿金251396元、丧葬费10616元、精神损害抚慰金10000元,合计272012元;

四、驳回原告北京公共交通控股(集团)有限公司第二客运分公司的其他诉讼请求。

如果未按本判决指定的期间履行给付金钱义务,应当依照《民事诉讼法》第253条之规定,加倍支付迟延履行期间的债务利息。

案件受理费4835元,由被告北京北旅时代商务汽车租赁服务有限公司负担(于本判决书生效后七日内给付原告北京公共交通控股(集团)有限公司第二客运分公司)。

如不服本判决,当事人可在本判决书送达之日起15日内向本院递交上诉状,并按对方当事人的人数提出副本,上诉于北京市第三中级人民法院。

审判员　曹××

2020年11月27日

书记员　焦　×

【民事上诉状】

民事上诉状

上诉人（一审被告）：北京北旅时代商务汽车租赁服务有限公司。

住所地：北京市朝阳区朝阳北路22号院。

法定代表人：李××，经理，电话：13×××××××××。

被上诉人（一审原告）：北京公共交通控股（集团）有限公司第二客运分公司。

营业场所：北京市朝阳区朝阳门外小庄　电话：13×××××××××。

原一审被告：阳光财产保险股份有限公司北京分公司。

营业场所：北京市通州区永顺镇商通大道1号院。

负责人：李×，总经理。

上诉人不服（2020）京010×民初33××8号北京市某区人民法院民事判决书，现依法提起上诉。

上诉请求：1.撤销一审判决依法改判驳回北京公共交通控股（集团）有限公司第二客运分公司的全部诉讼请求或发回重审；2.一审、二审案件受理费由被上诉人承担。

事实与理由：一审法院判决上诉人承担赔偿责任，属于认定事实不清，适用法律不当，判决显失公平、公正。对于上诉人的答辩意见，一审法院的判决却回避不作任何回应而直接判决上诉人承担责任，更是有失公允，难以服人。

一、北京公共交通控股（集团）有限公司第二客运分公司作为交通事故的同等责任承担者，起诉要求同为次要责任的上诉人承担死亡赔偿金、丧葬费、精神损害抚慰金，于法无据，不具有原告主体资格。

首先，上诉人为京ACM××2号客车投保了交强险及50万元不计免赔的第三者商业险。根据《道路交通安全法》第76条：机动车发生交通事故造成人身伤亡、财产损失的，由保险公司在机动车第三者责任强制保险责任限额范围内予以赔偿，再有不足的由投保的商业第三者保险予以赔偿。

2019年12月26日，被上诉人同段某洪的女儿段某馨签订的赔偿协议书约定段某馨将对被告北京北旅时代商务汽车租赁服务有限公司主张民事赔偿的权利转让给被上诉人，该民事赔偿的权利转让就是人身伤亡保险金请求权的转让。根据《最高人民法院关于审理道路交通事故损害赔偿案件适用法律若干问题的解释》第24条的规定：交强险人身伤亡保险金请求权转让无效。故段某馨作为受害人的亲属将交强险人身伤亡保险金请求权转让给被上诉人的行为无效。

其次,2020年2月24日,道路交通事故认定书才确定事故责任(杨某新为同等责任;段某洪为同等责任;李某山为次要责任)。本案中被上诉人同责任保险的第三人签订赔偿协议以及段某洪家属段某馨出具的《关于北京北旅时代商务汽车租赁公司民事权转让声明》的时间是在确定事故责任之前,但是,责任保险的保险收益在损失发生前——法定责任确定前,不是一个可以确定的数额,是无法转让的。

而且,在责任保险中,不应存在被保险人保险金请求权——保险收益的转让。责任保险的赔偿通常是直接支付给第三方受害人的,如果责任保险的赔偿请求权可以转让,就会损害第三方受害人利益,违反了责任保险的目的、违反了公共利益。

根据《中国保险行业协会机动车综合商业保险示范条款》机动车第三者责任保险的规定,保险人对被保险人给第三者造成损害,可以直接向该第三者赔偿。但并没有规定向第三者以外的组织和个人赔偿。

《最高人民法院关于审理人身损害赔偿案件适用法律若干问题的解释》第18条第2款的规定精神损害抚慰金的请求权不得让与。

另外根据《合同法》第79条(现《民法典》第545条)规定:债权人可以将合同的权利全部或者部分转让给第三人,但根据合同性质、依照法律规定不得转让的除外。

对于赔偿问题,段某馨作为受害人的亲属并没有同上诉人达成赔偿协议,也就不享有债权人的权利,更无权转让。

为此,段某馨作为受害人的亲属将商业第三者险中的人身伤亡保险金请求权转让给上诉人的行为也是无效的。

综上,被上诉人要求北旅时代商务汽车租赁服务有限公司赔偿其代为支出的死亡赔偿金、诉讼费、精神损害抚慰金无法律依据,主体不适格。

二、一审法院认定阳光财产保险股份有限公司北京分公司在商业第三者险内不负赔偿责任,是错误的。

第一,《道路交通事故认定书》认定:李某山(司机)未按规定停放车辆的交通违法行为与本起事故的发生有因果关系,是事故发生的原因;

李某山所驾车辆未定期进行安全技术检验的交通违法行为与本起事故的发生没有因果关系,不是事故发生的原因。

由此可知,本案所涉交通事故的发生原因并非投保车辆的安全技术性能造成,即与保险车辆未在规定检验期限内进行机动车安全技术检验无关。由于车辆未年检与事故发生没有因果关系,亦不会增加机动车发生保险事故的概率,不构成保险上的近因。而且事后该车辆按照规定通过了年检,排除了车辆技术状态对交通事故风险概率的影响。若仍以未检测作为免责事由,已明显超出保险人控制经营风险的合理需要,不符合公平原则及被保险人的合理期待。故保险公司应在商业车险承保范围内赔偿。(相应判例:(2016)沪71民终20号,审理法院:上海铁路运输中级法院、《人民法院报》2017 年 3 月 30 日第 6 版)。

第二,多年来,上诉人的车辆一直由北京福斯特汽车修理站代缴保险,前几年线下投保时,上诉人在投保单上加盖过公章。近年来,投保都是线上投保,上诉人从未在相关投保单上加盖过公章。一审中,上诉人认可上诉人的公章是真实的,然而,一审法院却据此认为上诉人认可投保单真实性,显然两者是不同的概念。

另根据《保险法》第 17 条第 2 款规定:“对保险合同中免除保险人责任的条款,保险人在订立合同时应当在投保单、保险单或者其他保险凭证上作出足以引起投保人注意的提示,并对该条款的内容以书面或者口头形式向投保人作出明确说明;未作提示或者明确说明的,该条款不产生效力。”上诉人的车辆自在阳光保险公司投保起,代办人就从来没有向上诉人交付过保险条款,故上诉人并不明知投保车辆未按期检验车辆是商业第三者险免责的条款。

综上,若一审法院判决上诉人承担赔偿责任,应由保险公司在商业第三者保险赔偿范围内承担,而不是上诉人。

三、一审法院遗漏了必须参加本案诉讼的一方当事人:中国平安财产保险股份有限公司北京分公司。

一审法院既然认可被上诉人因同受害人达成赔偿协议而获得原告主体资格,可以主张死亡赔偿金、丧葬费、精神损害抚慰金。根据《道路交通安全法》第 76 条规定:机动车发生交通事故造成人身伤亡、财产损失的,由保险公司在机动车第三者责任强制保险责任限额范围内予以赔偿,再有不足的由投保的商业第三者保险予以赔偿。《最高人民法院关于审理道路交通事故损害赔偿案件适用法律若干问题的解释》第 21 条规定:多辆机动车发生交通事故造成第三人损害,损失超出各机动车交强险责任限额之和的,由各保险公司在各自责任限额范围内承担赔偿责任。本次交通事故为多辆机动车发生交通事故造成第三人损害,被上诉人承担同等责任,其肇事车辆投保的保险公司为中国平安财产保险股份有限公司北京分公司,该保险公司应当作为一方当事人参加本案的诉讼,在交强险的赔偿范围内承担赔偿责任。

四、一审法院认定上诉人按照 20% 承担赔偿责任,显失公平、公正。

本起交通事故发生系因段某洪醉酒驾驶电动自行车,杨某新未按照操作规范安全驾驶,李某山未按规定停放车辆而发生,《法大法庭科学技术鉴定研究所司法鉴定意见书》鉴定意见:事故现场遗留的块状物与京 AC4 × × × 大型铰接客车(被上诉人车辆)右后部提取的蓝色漆片的成分相同,为同种油漆。由此可知,电动自行车与被上诉人的车辆相撞,与停放在路边的上诉人车辆并没有接触。结合当前北京市城区停车难的实际情况及事故发生的原因力大小,上诉人承担责任不应超过 10%。然而,一审法院却认定上诉人承担 20% 的责任,显失公平。

五、按照一审法院的审判思路,判决上诉人承担的赔偿数额及案件受理费的具体数额也是错误的。

目前,受新冠肺炎疫情的影响,上诉人作为小微企业经营举步维艰。按照一审判决的结果,意味着上诉人直接破产清算了。该案争议较大,恳请二审法院线下开庭,查明案件事实,以维护上诉人的合法权益。

此致

北京市第三中级人民法院

上诉人:北京北旅时代商务汽车租赁服务有限公司

2020 年 12 月 4 日

【二审判决书】

北京市第三中级人民法院
民事判决书

(2021)京 0×民终 5××号

上诉人(原审被告):北京北旅时代商务汽车租赁服务有限公司,住所地北京市朝阳区朝阳北路 22 号院 12 号楼 2 层 7 单元配套商业 5。

法定代表人:李某成,经理。

委托诉讼代理人:高雷,北京格竹律师事务所律师。

被上诉人(原审原告):北京公共交通控股(集团)有限公司第二客运分公司,营业场所北京市朝阳区朝阳门外小庄。

负责人:田×,经理。

委托诉讼代理人:苏×,男,北京公共交通控股(集团)有限公司第二客运分公司员工。

委托诉讼代理人:白××,北京市××律师事务所律师。

被上诉人(原审被告):阳光财产保险股份有限公司北京分公司,营业场所北京市通州区永顺镇商通大道 1 号院 2 号楼四层 401、402。

负责人:李×,总经理。

委托诉讼代理人:闻×,女,阳光财产保险股份有限公司北京分公司法律诉讼岗。

上诉人北京北旅时代商务汽车租赁服务有限公司（以下简称北旅公司）因与被上诉人北京公共交通控股（集团）有限公司第二客运分公司（以下简称公交公司）、阳光财产保险股份有限公司北京分公司（以下简称保险公司）机动车交通事故责任纠纷一案，不服北京市某区人民法院（2020）京010×民初33××8号民事判决，向本院提起上诉。本院于2021年1月5日立案后，根据《全国人民代表大会常务委员会关于授权最高人民法院在部分地区开展民事诉讼程序繁简分流改革试点工作的决定》，依法适用第二审程序，由审判员张××独任审理，于2021年1月15日公开开庭审理了本案。上诉人北旅公司法定代表人李××及其委托诉讼代理人高×，被上诉人公交公司之委托代理人白××，被上诉人保险公司之委托诉讼代理人闻×均到庭参加诉讼。本案现已审理终结。

北旅公司上诉请求：1.撤销一审判决依法改判驳回公交公司的全部诉讼请求或由保险公司承担赔偿责任或发回重审；2.一审、二审案件受理费由公交公司承担。事实与理由：一审法院判决北旅公司承担赔偿责任，属于认定事实不清，适用法律不当，判决显失公平、公正。对于北旅公司的答辩意见，一审法院的判决却回避不作任何回应而直接判决北旅公司承担责任，更是有失公允，难以服人。一、公交公司作为交通事故的同等责任承担者，起诉要求同为次要责任的北旅公司承担死亡赔偿金、丧葬费、精神损害抚慰金，于法无据，不具有原告主体资格。首先，北旅公司为京ACM××2号客车投保了交强险及50万元不计免赔的第三者商业险。根据《道路交通安全法》第76条：机动车发生交通事故造成人身伤亡、财产损失的，由保险公司在机动车第三者责任强制保险责任限额范围内予以赔偿，再有不足的由投保的商业第三者保险予以赔偿。2019年12月26日，公交公司同段某洪的女儿段某馨签订的赔偿协议书约定段某馨将对北旅公司主张民事赔偿的权利转让给公交公司，该民事赔偿的权利转让就是人身伤亡保险金请求权的转让。根据《最高人民法院关于审理道路交通事故损害赔偿案件适用法律若干问题的解释》第24条的规定：交强险人身伤亡保险金请求权转让无效。故段某馨作为受害人的亲属将交强险人身伤亡保险金请求权转让给公交公司的行为无效。其次，2020年2月24日，道路交通事故认定书才确定事故责任（杨某新为同等责任；段某洪为同等责任；李某山为次要责任）。本案中公交公司同责任保险的第三人签订赔偿协议以及段某洪家属段某馨出具的《关于北京北旅时代商务汽车租赁公司民事权转让声明》的时间是在确定事故责任之前，但是，责任保险的保险收益在损失发生法定责任确定前，不是一个可以确定的数额，是无法转让的。而且，在责任保险中，不应存在被保险人保险金请求权保险收益的转让。责任保险的赔偿通常是直接支付给第三方受害人的，如果责任保险的赔偿请求权可以转让，就会损害第三方受害人利益，违反了责任保险的目的、违反了公共利益。根据《中国保险行业协会机动车综合商业保险示范条款》机动车第三者责任保险的规定，保险人对被保险人给第三者造成是损害,可以直接向该第三者赔偿,但并没有规定向第三者以外的组织和个人赔偿。《最高人民法院关于审理人身损害赔偿案件适用法律若干问题的解释》第18条第2款的规定精神损害抚慰金的请求权不得让与。另外根据《合同法》第79条(现《民法典》第545条)规定:债权人可以将合同的权利全部或者部分转让给第三人,但根据合同性质、依照法律规定不得转让的除外。对于赔偿问题,段某馨作为受害人的亲属并没有同北旅公司达成赔偿协议,也就不享有债权人的权利,更无权转让。为此,段某馨作为受害人的亲属将商业第三者险中的人身伤亡保险金请求权转让给公交公司的行为也是无效的。综上,公交公司要求北旅公司赔偿其代为支出的死亡赔偿金、诉讼费、精神损害抚慰金无法律依据,主体不适格。二、一审法院认定保险公司在商业第三者险内不负赔偿责任,是错误的。第一,《道路交通事故认定书》认定:李某山(司机)未按规定停放车辆的交通违法行为与本起事故的发生有因果关系,是事故发生的原因;李某山所驾车辆未定期进行安全技术检验的交通违法行为与本起事故的发生没有因果关系,不是事故发生的原因。由此可知,本案所涉交通事故的发生原因并非投保车辆的安全技术性能造成,即与保险车辆未在规定检验期限内进行机动车安全技术检验无关。由于车辆未年检与事故发生没有因果关系,亦不会增加机动车发生保险事故的概率,不构成保险上的近因。而且事后该车辆按照规定通过了年检,排除了车辆技术状态对交通事故风险概率的影响。若仍以未检测作为免责事由,已明显超出保险人控制经营风险的合理需要,不符合公平原则及被保险人的合理期待。故保险公司应在商业车险承保范围内赔偿。(相应判例:(2016)沪71民终20号、审理法院:上海铁路运输中级法院、《人民法院报》2017年3月30日第6版)。第二,多年来,北旅公司的车辆一直由北京福斯特汽车修理站代缴保险,前几年线下投保时,北旅公司在投保单上加盖过公章。近年来,投保都是线上投保,北旅公司从未在相关投保单上加盖过公章。一审中,北旅公司认可公章是真实的,然而,一审法院却据此认为北旅公司认可投保单真实性,显然两者是不同的概念。另根据《保险法》第17条第2款规定:"对保险合同中免除保险人责任的条款,保险人在订立合同时应当在投保单、保险单或者其他保险凭证上作出足以引起投保人注意的提示,并对该条款的内容以书面或者口头形式向投保人作出明确说明;未作提示或者明确说明的,该条款不产生效力。"北旅公司的车辆自在保险公司投保起,代办人就从来没有向北旅公司交付过保险条款,故北旅公司并不明知投保车辆未按期检验车辆,商业第三者险免责的条款。综上,若一审法院判决北旅公司承担的赔偿责任,应由保险公司在商业第三者保险赔偿范围内承担,而不是北旅公司。三、一审法院遗漏了必须参加本案诉讼的一方当事人,即中国平安财产保险股份有限公司北京分公司。一审法院既然认可公交公司因同受害人达成赔偿协议而获得原告主体资格,可以主张死亡赔偿金、丧葬费、精神损害抚慰金。根据《道路交通安全法》第76条:机动车发生交通事故造成人身伤亡、财产损失的，由保险公司在机动车第三者责任强制保险责任限额范围内予以赔偿，再有不足的由投保的商业第三者保险予以赔偿。《最高人民法院关于审理道路交通事故损害赔偿案件适用法律若干问题的解释》第21条规定：多辆机动车发生交通事故造成第三人损害，损失超出各机动车交强险责任限额之和的，由各保险公司在各自责任限额范围内承担赔偿责任。本次交通事故为多辆机动车发生交通事故造成第三人损害，公交公司承担同等责任，其肇事车辆投保的保险公司为中国平安财产保险股份有限公司北京分公司，该保险公司应当作为一方当事人参加本案的诉讼，在交强险的赔偿范围内承担赔偿责任。四、一审法院认定北旅公司按照20%承担赔偿责任，显失公平、公正。本起交通事故发生系因段某洪醉酒驾驶电动自行车，杨某新未按照操作规范安全驾驶，李某山未按规定停放车辆而发生，《法大法庭科学技术鉴定研究所司法鉴定意见书》鉴定意见：事故现场遗留的块状物与京AC×××7大型铰接客车（公交公司车辆）右后部提取的蓝色漆片的成分相同，为同种油漆。由此可知，电动自行车与公交公司的车辆相撞，与停放在路边的北旅公司车辆并没有接触。结合当前北京市城区停车难的实际情况及事故发生的原因力大小，北旅公司承担责任不应超过10%。然而，一审法院却认定北旅公司承担20%的责任，显失公平。五、按照一审法院的审判思路，判决北旅公司承担的赔偿数额及案件受理费的具体数额也是错误的。目前，受新冠疫情的影响，北旅公司作为小微企业经营举步维艰。按照一审判决的结果，意味着北旅公司直接破产清算了。该案争议较大，恳请二审法院查明案件事实，以维护北旅公司的合法权益。公交公司无权以主体资格提起诉讼，应该驳回；根据债权性质，精神损害赔偿的侵权之债是不能转让的；保险公司提交的投保告知单上投保人处加盖的北旅公司公章时间是在2020年2月26日之后盖的，投保当时没有加盖公章，对投保人关于免除责任没有尽到提示义务，一审中投保单只有公章，但是没有给复印件，所以对于投保单真实性不认可；根据《最高人民法院关于审理道路交通事故损害赔偿案件适用法律若干问题的解释》请求保险公司在交强险范围内赔偿法院不予支持，一审判决交强险赔偿公交公司是错误的。根据该司法解释第21条规定，本案属于多辆机动车发生交通事故，公交公司投保的保险公司是中国平安北京分公司，如果其有主体责任，那么应该把平安保险公司列为共同被告，一审程序违法。

公交公司辩称，同意一审判决，请求维持一审法院判决。

保险公司辩称，同意一审判决，请求维持一审法院判决。一审期间已经提交了投保单，保险公司应该免责。

公交公司向一审法院起诉请求：1. 北旅公司和保险公司支付公交公司营运损失18630元；2. 给付公交公司代北旅公司和保险公司支出的死亡赔偿金520094元、丧葬费18334.8元、精神损害抚慰金30000元，合计587058.8元。

一审法院认定事实:(略,详见一审判决书)

一审法院认为,(略,详见一审判决书)据查明事实,一审法院对公交公司已给付段某洪家属包含死亡赔偿金、丧葬费、精神损害抚慰金在内的各项损失赔偿款合计140万元之事实予以确认。据事故责任,一审法院确认交强险外,公交公司与段某洪一方各按40%承担赔偿责任,北旅公司一方按20%承担赔偿责任,再据段某洪生前年龄及居住情况,保险公司应在交强险内给付公交公司死亡赔偿金11万元,北旅公司给付公交公司死亡赔偿金251396元、丧葬费10616元、精神损害抚慰金10000元。京AC×××7号大客车系营运性公交客运车辆,据车辆扣押情况,一审法院酌情支持其营运损失10000元。

综上,依照《道路交通安全法》第76条,《侵权责任法》第6条、第16条、第35条(现已变更为《民法典》第1190、1179、35条),《最高人民法院关于审理人身损害赔偿案件适用法律若干问题的解释》第3条之规定,判决:一、阳光财产保险股份有限公司北京分公司于判决书生效后七日内在交强险内给付北京公共交通控股(集团)有限公司第二客运分公司代为赔偿的死亡赔偿金110000元;二、北京北旅时代商务汽车租赁服务有限公司于判决书生效后七日内给付北京公共交通控股(集团)有限公司第二客运分公司营运损失10000元;三、北京北旅时代商务汽车租赁服务有限公司于判决书生效后七日内给付北京公共交通控股(集团)有限公司第二客运分公司代为赔偿的死亡赔偿金251396元、丧葬费10616元、精神损害抚慰金10000元,合计272012元;四、驳回北京公共交通控股(集团)有限公司第二客运分公司的其他诉讼请求。如果未按判决指定的期间履行给付金钱义务,应当依照《民事诉讼法》第253条之规定,加倍支付迟延履行期间的债务利息。

二审中,北旅公司提交以下证据:证据一短信记录,证明2020年2月24日北旅公司向保险公司报案;证据二微信聊天记录,证明保险公司查勘员添加保险代办人李××,保险代办人要求北旅公司对保险单盖章。北旅公司在保险单盖章是在事故发生之后,保险公司投保时未尽到提示说明义务。证据三李××证人证言,证明投保单是2020年2月保险公司业务员给李××打的电话,5月盖的章。公交公司与保险公司没有证据提交。本院组织当事人进行证据交换和质证,公交公司发表质证意见为:证据一和证据二真实性不认可,证人不能作为新证人出庭,应该一审出庭。保险公司发表质证意见为:证据一真实性、关联性认可,证据二真实性不认可;证人证言不认可。

二审期间,本院补充查明以下事实:公交公司在一审开庭时明确其诉讼请求为:1.北旅公司、保险公司支付公交公司营运损失18630元(据客流量统计62100元,按照30%主张);2.给付公交公司代北旅公司、保险公司支出的死亡赔偿金520094元(73849元×20年,交强险外按照30%主张)、丧葬费18334.8元(10186元×6个月×

30%）、精神损害抚慰金30000元（估算），合计587058.8元。

京ACM××2号大客车车险投保单显示，投保日期为2019年5月10日，交强险和商业险保险期间均自2019年5月11日0时起至2020年5月10日24时止。第三者责任保险金额为50万元（含不计免赔）。在投保人需手书“本人确认投保勾选险种，经保险人明确说明，本人已充分了解责任免除条款的内容”处有北旅公司盖章，但手抄内容为空白。另外，该车险投保单左上角处显示日期为2020年2月26日。

另查：北旅公司在二审开庭时表示对公交公司的营运损失同意承担。

本院对一审法院查明的其他事实予以确认。

本院认为：本案二审争议焦点为保险公司就免责条款是否尽到提示说明义务。本案中根据保险公司提交的京ACM××2号大客车车险投保单显示，免责条款手抄处为空白，仅有北旅公司公章。根据投保单左上角显示日期，并结合二审北旅公司提交的短信、微信聊天记录及证人证言，北旅公司主张保险公司就免责条款未尽到提示说明义务具有高度可能性。且根据交通事故认定书查明事实，保险公司所主张的事发时京ACM××2号大客车未定期进行安全技术检验，与事故无关，不是事发原因。故保险公司要求免除保险责任，缺乏依据，且显失公平，本院不予采纳。北旅公司上诉主张要求保险公司承担责任，具有合同依据和法律依据，本院予以支持。一审法院对此认定有误，本院依法予以纠正。

《道路交通安全法》第76条规定：“机动车发生交通事故造成人身伤亡、财产损失的，由保险公司在机动车第三者责任强制保险责任限额范围内予以赔偿。不足的部分，按照下列规定承担赔偿责任：（一）机动车之间发生交通事故的，由有过错的一方承担赔偿责任；双方都有过错的，按照各自过错的比例分担责任。（二）机动车与非机动车驾驶人、行人之间发生交通事故，非机动车驾驶人、行人没有过错的，由机动车一方承担赔偿责任；有证据证明非机动车驾驶人、行人有过错的，根据过错程度适当减轻机动车一方的赔偿责任；机动车一方没有过错的，承担不超过百分之十的赔偿责任。交通事故的损失是由非机动车驾驶人、行人故意碰撞机动车造成的，机动车一方不承担赔偿责任。”本案中因涉案事故造成了段某洪死亡，亦造成了公交公司京AC×××7号大客车营运损失，故应由保险公司在机动车第三者责任强制保险责任限额范围内予以赔偿。超过责任限额的部分按照各自过错的比例分担责任。在涉案事故发生后，道路交通事故认定书认定杨某新和段某洪负同等责任，李某山负事故次要原因，杨某新与李某山事故发生时系职务行为，故由公交公司和段某洪承担同等责任，由北旅公司承担次要责任。一审法院根据事故情况，认定公交公司与段某洪各按照40%承担赔偿责任，北旅公司按照20%承担赔偿责任，并无不当，本院予以支持。北旅公司上诉主张其承担责任不应超过10%，缺乏依据，本院不予采纳。因北旅公司在保险公司投保了交强险和商业三者险50万元（含不计免赔），且保险公司并未就免责条款尽到提示说明义务,故应由保险公司在交强险和商业三者险范围内承担赔偿责任,不足部分由北旅公司承担。本院根据段某洪生前年龄及居住情况核算,一审法院认定的死亡赔偿金、丧葬费及精神损害抚慰金金额并无不当,本院不持异议。据此,保险公司应在交强险范围内给付公交公司精神损害抚慰金及死亡赔偿金共计110000元,商业三者险范围内给付公交公司死亡赔偿金及丧葬费共计272012元。由于精神损害抚慰金优先由交强险赔偿,一审法院对此认定有误,本院一并予以纠正。一审法院酌情认定的营运损失合理,且北旅公司二审期间同意承担该损失,本院对此不持异议。

另外,本院经过审查,一审程序合法,北旅公司上诉主张要求发回重审,缺乏依据,本院不予采纳。

公交公司事发后主动与死者家属和解,积极履行赔偿义务,并获得家属谅解,抚慰了家属心灵和精神,切实化解了社会矛盾和纠纷,保护了人民群众的合法权益,系践行文明、和谐、诚信、友善社会主义核心价值观的表现。本案中公交公司与死者段某洪家属签署赔偿协议并实际履行了赔偿责任,本院经过核算,上述赔偿协议系当事人自愿达成的协议,且金额并不违反法律规定,本院予以确认。因公交公司实际上代为支付了赔偿款,故保险公司和北旅公司应在赔偿范围内给付公交公司相应款项。北旅公司上诉主张公交公司不具有主体资格,缺乏依据,本院不予采纳。

综上所述,北旅公司的上诉请求部分成立,本院予以支持;一审判决认定有误,本院予以纠正。依照《道路交通安全法》第76条,《民事诉讼法》第170条第1款第2项之规定,判决如下:

一、维持北京市某区人民法院(2020)京010×民初33××8号民事判决第二项;

二、撤销北京市某区人民法院(2020)京010×民初33××8号民事判决第一、三、四项;

三、阳光财产保险股份有限公司北京分公司于本判决书生效后七日内在交强险内给付北京公共交通控股(集团)有限公司第二客运分公司代为赔偿的精神损害抚慰金及死亡赔偿金共计110000元;

四、阳光财产保险股份有限公司北京分公司于本判决书生效后七日内在商业三者险范围内给付北京公共交通控股(集团)有限公司第二客运分公司代为赔偿的死亡赔偿金及丧葬费共计272012元;

五、驳回北京公共交通控股(集团)有限公司第二客运分公司的其他诉讼请求。

如果未按本判决指定的期间履行给付金钱义务,应当依照《民事诉讼法》第253条之规定,加倍支付迟延履行期间的债务利息。

一审案件受理费4835元,由北京北旅时代商务汽车租赁服务有限公司负担(于本判决生效之日起7日内交纳)。

二审案件受理费4835元，由北京北旅时代商务汽车租赁服务有限公司负担（已交纳）。

本判决为终审判决。

审 判 员　张××

2021年3月31日

法官助理　张　×

书 记 员　屈××

办案总结

2020年2月24日，正值疫情，委托人作为一家以汽车租赁服务为主业的小微企业，经营已陷入困境，若其投保的商业三者险不能赔偿，由其公司承担赔偿责任，该公司将会直接宣布破产。

遗憾的是，一审法院没有采纳委托人的答辩意见，并确认投保人已尽到明确说明义务，免责条款具有法律效力，事发时大客车未定期进行安全技术检验，属于免责事由，保险公司在商业三者险内不负赔偿责任，判决李某成公司承担赔偿责任。

接到一审判决后，对于判决结果，委托人法定代表人李某成牢骚满腹，认为法院判决不公，但对于代理人的代理工作予以认可，并继续委托代理人代理二审。

二审中，代理人转变诉讼策略，积极寻找有利证据。询问中，李某成提到交通事故发生后，保险公司的代办人曾找到李某成，要求其在投保告知单上盖章，办理理赔。按照常理投保告知单应当在投保时加盖公章，不可能在交通事故后再加盖公章，该投保告知单可以证明保险公司对于保险单上的免责条款并未尽到明确提示义务。于是，代理人到人民法院提交该投保告知单作为新证据，并申请保险代办公司的工作人员出庭作证。

最终，二审法院采纳了上诉人的上诉意见，依法改判，维护了当事人的合法权益。当事人对判决结果相当满意，对于代理人的代理工作给予好评。

专家点评

本案是一起被认定为三方责任的机动车交通事故责任纠纷案件。北京公交同死者的女儿段某馨签订的赔偿协议书约定段某馨将对被告北旅公司主张民事赔偿的权利转让给北京公交，该民事赔偿的权利转让就是人身伤亡保险金请求权的转让。北京公交向北旅公司和保险公司进行追偿。

本案一审法院认定事发时北旅公司京ACM××2号大客车在保险公司投保交强险及商业三者险，保险公司在交强险内应承担赔偿责任。确认保险公司已向投保人尽到明确说明义务，免责条款具有法律效力，事发时京ACM××2号大客车未定期进行安全技术检验，属于免责事由，保险公司在商业三者险内不负赔偿责任。

本案二审争议焦点为保险公司就免责条款是否尽到提示说明义务。根据现有证据,二审法院认为保险公司就免责条款未尽到提示说明义务具有高度可能性。且根据交通事故认定书查明事实,保险公司所主张的事发时京ACM××2号大客车未定期进行安全技术检验,与事故无关,不是事发原因。二审法院支持了北旅公司要求保险公司承担责任的主张。

本案代理律师认真履行代理人的职责,根据事实及专业知识,依据当时有效的法律和司法解释的规定,提出委托人的抗辩及主张。尽管一审没有得到法院支持,但是,在得到委托人信任的前提下,继续代理委托人提起上诉。代理律师继续协助委托人向二审法院提交新的证据。二审过程中保险公司提交的京ACM××2号大客车车险投保单显示,免责条款手抄处为空白,仅有北旅公司公章。根据投保单左上角显示日期,并结合北旅公司提交的短信、微信聊天记录及证人证言,从而证明保险公司未就免责条款尽到提示说明义务,使委托人的上诉请求得到二审法院的支持,进而使委托人的合法权益得到保护。

通过本案二审的改判,体现出了代理律师扎实的法律功底和代理工作的显著作用。二审的改判,不仅使委托人避免了损失,也使在疫情困境中得以生存的委托人不至于雪上加霜陷入倒闭的境地。广大律师同人可以在办理类似的案件中得到启示并予以借鉴,其中部分答辩意见和上诉意见也值得在理论上以及实践中作进一步的研究和探讨。

审核人、点评人:王收(北京律师智库重大复杂案件研究专家组成员)

复核人:由莉雅(北京律师智库重大复杂案件研究专家组成员)

北京律师智库
重大复杂案件研究专家组成员简介

1. 王峥律师

吉林大学经济法硕士，北京市立天律师事务所主任。北京律师智库重大复杂案件研究专家组组长，最高人民检察院民事、行政案件专家，北京市律师协会会员事务委员会主任、北京市东城区律师协会副会长。1985 年起执业至今，是理论与实践结合的实力派律师，擅长重大、复杂案件的代理。

王峥律师办理过上千件民、刑诉讼及非诉讼案件，担任过上百家企事业单位法律顾问，主要擅长金融业、建筑工程、房地产、政府法律事务及职务犯罪刑事案件。

曾获得北京市律师协会 2009 年、2011 年优秀律师及百名优秀刑辩律师，2018 年、2021 年分别获得北京市律师协会智库贡献奖、突出贡献奖。

2017 年主持编写业内首集《刑事及民事二审、再审改判案例》、2018 年将"改判案例"缩编成故事，在《民主与法制》普法，2019 年接受"光明网"以《研究改判案例，维护司法公正》专访，2022 年主持编写《第二辑刑事、民事、行政二审、再审改判案例》。

2. 毕文胜律师

北京嘉观律师事务所合伙人、经济学博士，主要业务领域刑事辩护，商事争议解决等。第十一届北京市律师协会副会长，北京律师智库重大复杂案件研究专家组副组长，第十届中华全国律师协会常务理事。法学理论功底深厚，参与撰写《法律文书教程第三版》(法律出版社)律师法律文书部分，代理案件入选最高人民法院"一带一路"十大经典案例，多次参与全国人大常委会法制工作委员会《侵权责任法》《民事诉讼法》《公司法》等法律法规立法研讨。

3. 吴晨律师

民商法学博士、应用经济学博士后、北京宸章律师事务所主任。

吴晨博士毕业于中国社科院法学所，获民商法学博士学位，曾为美国福坦莫大学法学院(Fordham Law School)访问学者，并在中国社科院财经战略研究院完成博士后研究工作，研究方向为应用经济学。

吴晨博士主要执业领域为公司法业务、商事争议解决、跨境争议和企业合规。

吴晨博士现担任中华全国律师协会公司法专业委员会主任、北京市民商法学研究会副会长、中国国际经济贸易仲裁委员会仲裁员、中国政法大学法治与可持续发展研究中心研究员、北京市律师协会涉外法律服务研究会主任、北京律师智库重大复杂案件研究专家组副组长等协会和社会职务。

4. 谢炳光律师

毕业于中国人民大学,法律硕士。北京律师智库重大复杂案件研究专家组副组长。1983～1992 年为北京市中级人民法院审判员,1992 至今为北京市华联律师事务所主任、高级合伙人。

曾任或现任中国国际贸易仲裁委员会仲裁员与中国国际商会调解员、中国消费者协会律师顾问团成员、中华全国律师协会刑法业务委员会委员、北京仲裁委员会仲裁员、北京市律师协会民法业务委员会委员、北京法学会经济会理事、北京市律师协会房地产法专业委员会委员、北人集团股份有限公司(上市公司)独立董事。

谢炳光律师具有较深的法学理论功底和丰富的法院审判经验以及律师工作经验,并有很强的语言和文字驾驭能力,长期司法实践中,办理了大量民事、经济、刑事类诉讼案件以及大量的非诉项目,擅长证券、金融、企业改制上市等综合类案件及项目。典型成功案例,在很多媒体上刊载。

5. 许兰亭律师

北京市君永律师事务所资深律师,法学博士,中华全国律协刑事业务委员会副主任,北京市律师协会刑法专业委员会副主任。

自执业以来,承办了许多从有罪到无罪、从死刑到新生的重大刑事案件。曾在刘晓庆公司涉税案,国土资源部原部长田凤山案,国家开发银行原副行长王益案,内蒙古自治区原副主席刘卓志案,内蒙古统战部原部长王素毅案,青岛市委原书记杜世成案,云南省原副省长沈培平案,政协原副主席令计划案,河北省政法委原书记张越案,新疆维吾尔自治区原副主席栗智案,上海周正毅、张荣坤案,吉林范日旭案,崔某某职务侵占案(无罪),孙长松合同诈骗案(无罪),蔡某某诈骗案(无罪)及众多涉黑涉恶案等重大刑事案件中担任辩护人。连续多年获得北京市律师协会“优秀专业委员会主任”荣誉。

6. 马建律师

北京市嘉和律师事务所主任、高级合伙人,北京大学法律系本科毕业,在美国弗兰克林皮尔斯法学院获得知识产权法硕士学位。现任北京市律师协会商标法专业委员会副主任、北京律师智库重大复杂案件研究专家组秘书长。同时拥有中国律师执业资格、美国纽约州律师执业资格及中国土地估价师资格。曾当选为北京市十佳留学归国律师、2015～2018 年度“北京市优秀律师”。2018 年起入选司法部涉外律师人才库。2018 年 10 月 24 日起受聘为中国国际经济贸易仲裁委员会网上争议解决中心域名争议解决专家。2021 年 3 月起被最高人民检察院聘为“民事行政检察专家咨询网"专家。2021 年 12 月 15 日起受聘为北海国际仲裁院仲裁员。

马建律师已执业超过 25 年,具有较深的法学理论功底和丰富律师工作经验,擅长知识产权及涉外商贸法律业务。

7. 王文杰律师

北京大成律师事务所律师、高级工程师、工程专业律师、火灾事故专业律师。

个人著述有:《建设工程法律实务操作及疑难问题深度剖析》《建筑火灾事故民事赔偿法律实务》《建设工程施工合同解除法律实务》《建筑火灾事故原因认定法律实务》《办案手记——从案情到风情的生动叙述》,担任北京市建筑业协会调解中心调解员,北京市建设工程招标投标和造价管理协会专家委员会专家,北京市建设工程造价管理协会经济纠纷调解中心副秘书长,哈尔滨仲裁委专家咨询委员会专家,西安仲裁委员会仲裁研究院专家顾问,海南、哈尔滨、武汉、南京、长沙、西安等多地仲裁员,北京市第十届律协工程法律专委会秘书长,北京市律协智库重大复杂案件专家组民一组组长。

主要荣誉有:

美国《工程新闻记录》(简称 ENR)和中国建筑时报共同评选的"2019ENR 最值得推荐的中国工程法律专业律师",北京市第十届律协智库重大复杂案件课题组突出贡献奖。

8. 李学辉律师

民商法学博士、民商法学博士后。全国优秀律师、第二届"首都十大杰出青年法学家(提名奖)"、华中师范大学建校 110 周年百名杰出校友。最高人民检察院民事行政案件咨询专家、北京市人民政府立法工作法律专家委员会委员、北京市律师协会合同法专业委员会主任,曾任第五届中央国家机关青年联合会委员。

担任中国人民大学、华中师范大学等多所知名大学法学院兼职教授(法律硕士论文校外答辩委员),现为中国法学会案例法学研究会常务理事,并担任多家仲裁机构仲裁员。

多次接受《人民日报》、《法治日报》、人民网、法制网等新闻媒体采访。多次建言上书全国人大常委会、最高人民法院、最高人民检察院等部门,得到高度重视并被采纳。

9. 余尘律师

北京市合达律师事务所主任,法学博士。荣获过"全国五一劳动奖章""全国优秀律师""北京市优秀律师""北京市司法行政系统先进个人""新时代首都司法行政模范先进人物"等称号。现任最高人民检察院第十检察厅"控告申诉专家咨询库"专家、清华大学法学院商业犯罪研究中心副主任、清华大学社会科学学院社区治理研究中心副主任、北京市律师协会理事、北京市律师协会商事犯罪预防与辩护专业委员会主任、北京市石景山区律师协会会长、石景山区人大常委会法律顾问、石景山区人

民政府法律顾问、北京市作家协会会员等职务。在各级各类刊物发表过多篇专业论文和文学作品,出版过法学专著《企业刑事风险防范行为指引》(2017 年版)、《企业刑事风险防范行为指引》(2021 年第二版)、《商事犯罪及常见商事犯罪案件辩护要点》、《公司人格论——以公司担保制度为中心》,以及诗集《又到秋天》、《城里·城外》。

10. 郝萍律师

北京市炜衡律师事务所高级合伙人,全国律师协会军民融合法律服务工作组副组长,北京市律师协会军民融合法律专业委员会副主任,北京律师智库重大复杂案件研究专家组成员,北京市律师协会民法专业委员会原副主任,北京市海淀区人民法院特聘人民调解员。

郝萍律师曾任原第二炮兵(现火箭军)司法办主任,在部队从事司法行政及法律服务工作二十年。律师执业以来深耕民商事争议解决和涉军法律服务,拥有丰富的民商事法律服务及常年法律顾问的工作经验,受聘武警部队、战略支援部队、火箭军部队、中国融通地产北京公司等单位担任其服务律师。

多次被评为北京市律师行业优秀共产党员、海淀区优秀律师,其先进事迹曾被《法制日报》、《解放军报》以及今日头条、强军网等大型网站报道。另受聘担任北京广播电台常驻嘉宾,曾获中央电视台“社会与法”频道优秀法律顾问奖。

11. 程璇律师

北京市中闻律师事务所执委会执委、权益合伙人,北京市律师协会民法专业委员会副主任,最高人民检察院入库专家律师,北京市第三中级人民法院入库专家律师,北京市高级人民法院第三方涉诉调解中心专家律师,北京市公安局干警维权律师团维权成员,北京律师协会申请律师执业人员管理考核工作委员会副主任。

专业领域:民商事重大疑难案件及争议解决、重大疑难刑事案件的辩护、企事业单位法律顾问、公司购并及非诉讼业务。

主要著述:参与田文昌大律师、陈桂明老师担任主编的《刑事辩护学》编写小组;著有《“鸟凤之争”案件纪实》《公证在民商事案件中的重要作用》《试论有限公司股东知情权的侵害与保护》《试论律师办理涉黑案件及职务犯罪案件中的风险防范对策》《遗嘱公证服务现状与破局思路研究》。

12. 张亚梅律师

北京高文律师事务所律师,中国政法大学硕士。1999 年开始,执业 22 年。担任北京高文律师事务所主任、创始合伙人,中华全国律师协会会员,中国法学会仲裁委员会会员、仲裁员,西安仲裁委、广州仲裁委、南京仲裁委、兰州仲裁委、重庆仲裁委、淄博仲裁委、日照仲裁委、宜春仲裁委、宁波仲裁委仲裁员,北京市律师协会仲裁专业委员会副主任,北京市律协重大疑难案例小组成员,北京市朝阳区律师协会公益委员会副主任，中国国际贸易促进委员会/中国国际商会调解中心调解员。曾被授予“北京市朝阳区优秀女律师”“北京市优秀律师”“中国当代优秀律师”等称号。

13. 梁枫律师

金诚同达律师事务所高级合伙人、合规业务组组长、金诚同达研究院企业合规研究中心主任。

梁枫律师自2000年开始执业律师生涯，长期致力于公司法、劳动法、争议解决等法律领域业务，尤其精研于企业合规体系建设与合规管理、人力资源合规与用工风险管理，擅长为企业提供“法律咨询＋管理咨询”全景式合规顾问服务，是中国为数不多的兼具商业思维和管理思维的合规律师之一。

此外，梁律师熟谙诉讼、仲裁相关法律，长期处理各类复杂争议解决案件，尤其擅长处理商事争议与高管诉讼，是一位经验丰富的出庭律师。

14. 张雪梅律师

北京联合大学文法学院法律系法学学士，在校期间主要攻读民法及民事诉讼法。中国人民大学法律系经济法学专业硕士研究生，同时在中国政法大学研究生院研修美国宪法，2011年获得长江商学院高级工商管理专业硕士学位。北京市北斗鼎铭律师事务所创始合伙人和首席合伙人、北京律协征收拆迁法律服务研究会副主任、北京市朝阳区律师协会律师代表、北京律师智库重大复杂案件研究专家组民商组成员。张雪梅律师主要负责公司、房地产、金融、投资等方面的诉讼与仲裁(含国际)出庭代理业务，是律师事务所主要的出庭律师；同时担任各类政府机关、企事业单位及公司常年法律顾问；曾经为许多国内外知名企业解决法律纠纷并进行诉讼、仲裁和国际仲裁。

张雪梅律师2013年3月获首届朝阳优秀女律师称号，荣获2015～2018年度北京市朝阳区行业贡献奖，曾担任第二届北京市朝阳区律师协会理事和教育培训委员会主任。

15. 李梅律师

2001年起执业，北京市鑫诺律师事务所高级合伙人。主要业务领域：民事诉讼及仲裁，家事相关法律实务，公司法相关实务，企业法务管理、重组、并购、改制及转制业务。全国律协民法委委员、最高人民法院诉讼服务志愿专家团成员、最高人民检察院民事行政检察咨询专家团成员、中国侨联法律顾问委员会委员、“2022北京冬奥会、冬残奥会、雄安新区法律服务团”成员、北京市律师协会“矛盾纠纷化解与社会风险防范律师专家组”组长、北京市律师协会民事诉讼法专业委员会副主任。

荣获“2018北京榜样律师楷模”(团队奖)，首届“北京市律师辩论大赛”团体冠军、个人荣获“十佳辩手”。担任“马航MH370乘客家属索赔谈判律师团”成员，最终促成了50余名家属与马航及其保险公司达成和解协议,得到了委托家属及司法部的高度认可。

16. 王收律师

中共党员。从1986年起执业至今。业务范围为法律顾问、争议解决。第十一届北京市律师协会党建工作委员会副主任、第三届东城区律师协会监事会监事、北京律师智库重大复杂案件研究专家组秘书组副秘书长、南方财经法律研究院高级研究员。

17. 由莉雅律师

中共党员,中国政法大学硕士。从2005年起执业至今。业务范围为民商事案件代理、法律顾问、争议解决。北京市圣奇律师事务所主任、丰台区第十七届人民代表大会代表、最高人民检察院特邀民事行政案件咨询专家、中国劳动学会劳动保障监察专委会理事、第十一届北京市律师协会女律师工作委员会主任、北京市律师协会第十一届党委政府法律顾问事务研究会副主任、北京律师智库重大复杂案件研究专家组专家、北京市侨联法律顾问委员会委员、丰台区律师协会第三届法律援助与公益委员会主任、北京市人民监督员。2021年8月被北京市慈善义工联合会评为"最美慈善义工"、2021年12月被中华全国妇女联合会评为全国维护妇女儿童权益先进个人。

18. 丁琛律师

北京高界鹏凯律师事务所主任,法学硕士、管理学硕士。丁琛律师执业20余年,长期专注于公司法、知识产权法律事务工作,服务于多个大型企业集团,目前担任世纪金源集团总法律顾问,中国电力企业联合会、航天建筑设计院等单位常年法律顾问,农银人寿保险股份有限公司独立董事。多年来,为客户代理各类法律纠纷案件三百余件,承接并直接处理百余起公司设立、股权转让、融投资、改制、兼并重组等公司非诉讼法律事务。此外,代理的多件有重大影响的知识产权案件,分别入选最高人民法院十大知识产权案件、最高人民法院50件知识产权案件、北京市高级人民法院发布的知识产权审判新发展案例。曾荣获司法部"全国优秀律师""全国律师行业优秀党员律师""北京榜样·律师楷模""北京市优秀律师"等荣誉称号。

19. 王正志律师

高文律师事务所合伙人,主要执业领域:知识产权跨境争议解决、国际仲裁。第四届国家知识产权专家咨询委员会委员,中华全国律协知识产权专业委员会主任,北京市律师协会理事、外事委主任。兼任世界知识产权组织/中国国际经济贸易仲裁委员会/北京仲裁委员会/上海仲裁委员会/新加坡国际仲裁中心等机构仲裁员,先后主办某民用航空制造公司与法国公司技术开发合同ICC国际仲裁案、某大型国有有色金属集团与德国公司专利侵权案、广东某大型电商与美国公司商标与商品包装不正当竞争案等;2018 年 5 月代表中国专利保护协会赴华盛顿参加 301 调查听证会并发言;2019 年 4 月代表贸仲赴纽约参加联合国第四工作组立法研讨会并发言;2013 ~ 2019 年《专利法》第四次修订起草组成员,2022 年 8 月《商标法》修订专家组成员。

20. 李华律师

盈科律师事务所创始合伙人、盈科全国业务指导委员会主任,最高人民检察院第六、第七检察厅“民事行政检察专家咨询网”专家,北京律师协会并购重组法律事务专业委员会副主任,北京律师协会申请律师执业人员管理考核工作委员会副主任,朝阳区律师协会副会长。

李华律师从业 20 余年来,高度重视对实践案例、市场创新和立法进程的系统研究,专注于并购重组领域及商事领域争议解决等法律服务,着力打造精英团队,推动专业化建设,带领不同专业律师组建团队为众多大中型国有企事业单位提供专项或综合性纵深化的法律服务。为此,李华律师曾荣获全国律师行业优秀党员律师、北京市律师协会优秀律师、北京市律师行业优秀党务工作者、朝阳区律师协会首届优秀女律师、朝阳区律师协会优秀律师、朝阳区优秀党员等荣誉称号。

21. 张凤成律师

北京市三维律师事务所主任,法学本科学历。1988 年从事法律工作,1994 年从事律师工作。第七次、第九次全国律师代表,第八届、第十届北京市律师协会理事,第九届北京市律师协会监事,第九届北京市律师协会农村法律事务专业委员会主任,第一届北京市大兴区律师协会监事长,第二届、第三届北京市大兴区律师协会会长,第三届北京市大兴区政协委员,第五届、第六届北京市大兴区人大代表、法制委员会副主任委员,第四届北京市大兴商会副会长、大兴区工商联执委,第一届北京市大兴区法学会副会长,第一届北京市大兴区社会组织联合会副会长。曾被评为“全国优秀律师”“全国创优争先先进个人”“司法行政系统先进个人”“北京市法律服务先进个人”等。主要业务领域:建筑工程、房地产开发、公司法律事务等。

22. 张砾心律师

北京市中盈律师事务所合伙人。北京市律师协会宣传联络与表彰委员会副主任,西城区第三届律协副监事长,西城区人民政府第二届法律顾问团成员,青岛仲裁委仲裁员。获得全国律师行业优秀共产党员、北京市律师行业优秀共产党员奖;获得 2021 首都新时代司法行政系统先进个人;获得“西城区 2016 ~ 2017 年度优秀公益律师”奖;获得“2014 ~ 2018 年度西城区优秀律师”;获得“2015 ~ 2019 年度北京市优秀律师”;获得北京市社工委颁发“北京社会好人榜”荣誉称号;获得“2021 年北京榜样”荣誉称号。参与编写中国人民大学出版社《房地产业务律师基础实务》一书。在民商诉讼及公司法律顾问业务领域,有丰富的实践经验。

23. 裴娜律师

北京嘉观律师事务所高级合伙人、法学博士,主要业务领域:行政诉讼及行政复议、行政处罚合规、民商事争议解决等。北京市律师协会党委政府法律顾问研究会副主任、北京市法学会行政法学研究会理事、北京市律师协会惩戒委员会委员,北京律师智库重大复杂案件研究专家组成员、政府重大应急法律顾问团"北京队"成员、北京市多元调解发展促进会调解员、中华全国律师协会行政法专业委员会委员、中国法学会体育法学会常务理事、国家律师学院客座教授、中国政法大学法律专家咨询委员会委员、北京外国语大学法学院校外硕士导师。法学理论功底深厚,出版专著《城乡规划领域公众参与机制研究》,先后在《行政法学研究》《法学杂志》《中国刑事法杂志》等核心期刊发表论文数十篇。

24. 杨安进律师

北京市维诗律师事务所执行合伙人、律师、专利代理师。自 1998 年至今一直专门从事知识产权和技术转移律师工作,办理了大量重大复杂的专利、商标、著作权、技术秘密类法律业务,以及国内和跨境技术转移业务。2013 年被评为北京市"十佳知识产权律师",2019 年被《商法杂志》(China Business Law Journal)评为"The A - List 法律精英"榜单 100 位中国业务优秀律师。

2005 年担任国家知识产权战略制定工作领导小组评审专家。现兼任中国国际经济贸易仲裁委员会仲裁员、域名争议解决中心专家,中国海事仲裁委员会仲裁员,国际商会(ICC)中国国家委员会委员,北京知识产权法研究会常务理事、专利法委员会主任。同时担任北京大学、北京理工大学、首都经贸大学、北京师范大学、对外经济贸易大学等高校研究人员或兼职教授。

25. 王兆峰律师

2015 年当选《亚洲法律杂志》(ALB)中国诉讼领域杰出律师,2022 年荣登钱伯斯大中华区争议解决领域 Band5,是中国最优秀的辩护律师之一。他擅长处理复杂疑难的法律问题。在其代理的一系列重大案件中,客户的人身权益和经济利益都在其争取下得到了较为满意的维护。

正式投入律师事业之前,王兆峰曾经在检察机关担任业务领导职位,对于中国刑事司法体系的运作有着深刻地洞察和理解,他曾以学者身份访问过美国、英国和德国,对于涉外法律业务也有着宽广的视野和实践经验。王兆峰律师曾组建强有力的诉讼律师团队,其成员绝大多数拥有国内外知名高校法学专业硕士、博士学历,在王兆峰的指导之下,团队在诉讼领域取得了骄人的业绩。2020 年 7 月,王兆峰律师发起创立了北京周泰律师事务所,致力于就重大、复杂法律事务为客户提供综合性、高质量解决方案。

26. 李向辉律师

北京策略律师事务所高级合伙人，具有理工科、法学双学历和政府公务员职业经历。

执业18年，主要专注于复合型民商事争议解决；刑事辩护与刑事合规；民营企业法律风险防范及化解、合规体系建设等非诉讼法律服务。

现任第十一届北京市律师大会代表、第十一届北京市律师协会宣传联络委员会副主任、第十一届北京市律师协会法律风险与合规管理法律事务专业委员会主任、北京市律师协会重大复杂疑难案例课题组刑事组成员、全国律协青年领军人才训练营第三期学员、最高人民检察院民事行政检察咨询专家、北京市涉案企业合规第三方监督评估机制首批获聘专家。

27. 林小建律师

1977年10月出生，江西吉安人，中国社会科学院法律硕士。1999年取得律师资格证书，2000年开始执业。现为北京国舜律师事务所主任、律师，丁丁律师法律平台创始人，同时兼任中国法学会律师法研究会特邀研究员，北京市律师协会代表，北京市律师协会互联网金融专业委员会副主任，北京市西城律协理事、代表，北京市西城区法学会理事。房山套路贷受害人刘某代理律师、河北沧州杀害儿童案李某辩护律师。擅长领域：刑法、互联网金融犯罪、公司法。

28. 常铮律师

北京衡宁律师事务所创始合伙人。西南政法大学法学学士、经济学学士、中国政法大学刑事诉讼法学硕士、中国政法大学法学博士。北京市第十三次妇女代表大会代表；"首届北京市十佳青年律师"；2012～2014年度北京市优秀律师；2010年被北京市朝阳区司法局评为"社会公益法律服务先进个人"；2018年获首都司法行政系统"法治好青年"推荐提名奖。第十一届北京市律师协会刑事诉讼专业委员会副主任，律师权益保障委员会副主任。长期专业从事刑事辩护与代理工作。2006年参与创建全国首家专业刑事律师事务所，并历任主任、合伙人。2019年发起创办北京衡宁律师事务所。专注刑事法律业务10余年，成功办理了大量疑难、复杂、具有重大影响的案件，以职务犯罪、涉黑犯罪、经济犯罪辩护为专长，并长期为国内多家大型企业集团提供刑事法律风控服务，获得各方信任与好评。

29. 陈俊律师

北京市汇京律师事务所主任，北京市律师协会惩戒委员会副主任。1994年毕业于吉林大学，自1997年起在北京从事律师工作，长期为软件及生物科技类企业、建筑工程类央企提供法律服务，是中国驻前南斯拉夫大使馆遭轰炸事件法律援助律师团成员。法律实务中重视理论研究，先后在《中国法学》《法治日报》《中国律师》《出国与就业》等报刊杂志上发表法学理论和案例分析论文。

30. 孙明经律师

北京天驰君泰律师事务所高级合伙人。全国律协刑委会委员,北京律协职辩委副主任、北京律师智库重大复杂案件研究专家组成员,北京市人民检察院人民监督员。所办理职务犯罪、商事犯罪领域代表刑案主要有:公安部“7·24”专案(徐某等六人,代理中信证券刘某),红色通缉令首案戴某挪用公款案,某省公安厅前副厅长杨某贪污受贿挪用公款案,李某单位行贿中国×集团董事长孙某案,民生银行金融部前总裁余某非国家工作人员受贿案,国家开发银行前副行长姚某与胞弟共同受贿案,中国某人寿保险股份有限公司原董事长陈某违法运用资金案,中国×拍卖公司某部总经理李某走私普通货物物品案,中×(重庆)公司副总裁李某利用影响力受贿案,中国证监会国际监管处原处长刘某受贿、职务侵占案,北京×股份有限公司董事长孙某合同诈骗案,中国×集团副总裁王某内幕交易案等。

31. 刘玲律师

毕业于清华大学,法律硕士学位,北京市京都律师事务所高级合伙人,全国律师协会刑事专业委员会委员,北京市律师协会刑事诉讼法专业委员会副主任,清华大学中国司法研究中心(最高人民检察院检察案例研究基地)研究成员,司法部法律援助刑事案件质量评估专家。1994 年通过全国律师资格考试后开始执业,1997 年考入检察院,先后担任助理检察员、检察员、主诉检察官、公诉科副科长,荣获“全省人民满意检察干警”、省级“优秀公诉人”称号。2005 年再次执业律师,以刑事业务为主,先后办理了包括在国内有一定影响的刑事案件数百件(起)。从 2013 年开始担任清华大学法律硕士研究生联合导师,为研究生讲授必修课“模拟法庭训练”。出版专著《分光镜下的法治》、合著《刑辩三人谈》。

办案人简介

1. 王圣飞律师

北京高界鹏凯律师事务所合伙人，中国政法大学法学学士、对外经济贸易大学法律硕士。北海仲裁委员会/北海国际仲裁院仲裁员。擅长领域：民商事争议解决、公司治理、合规审核。14 年民商事法官审判经验及 5 年民商事律师服务经验。担任法官期间审结民商事案件 4000 余件，案件类型涵盖物权纠纷、合同纠纷、公司治理纠纷、投资融资纠纷等，具有丰富的审判经验。5 起案例被最高人民法院《人民法院年度案例》采用，一篇案例被北京市高级人民法院确定为指导案例。王圣飞律师在业务上精益求精，执业以来在法学知识的广度和深度方面都得到了极大提升，洞悉法官思维，善于以法官视角分析解决问题，在纠纷化解时能够事半功倍。曾荣获 2019 年度海淀区优秀律师，2010 年 3 月北京市法院先进法官，2008 年北京市高级人民法院记二等功。

2. 琚存旭律师

琚存旭律师毕业于中国人民大学，先后取得中国人民大学法学学士和法学硕士学位，执业 33 年。现任乾坤律所主任，首席合伙人。曾经荣获"北京市十佳律师""北京市优秀中国特色社会主义事业建设者""为首都建设做出突出贡献的统一战线先进个人""北京市杰出律师""实践三个代表重要思想先进个人""北京市海淀区政法系统十大杰出青年""2019 年度海淀区优秀律所主任""2020 年度海淀区优秀律所主任""2021 年第一届海淀区领军律师""海淀区七五普法先进个人"等荣誉称号。曾被入选为中国知识产权法学名家。

业务专长：公司、投资、金融、知识产权、涉外、证券和政府事务等经济法律业务。

3. 刘凯律师

刘凯律师毕业于河北大学，取得河北大学法学学士学位，执业 12 年。现为乾坤律所高级合伙人、管委会成员、区块链法律服务应用中心主任、企业刑事合规研究会主任。荣获 2020 年度海淀区优秀律师。现为海淀区企业刑事合规研究会会长。

业务专长：企业(企业家)刑事法律风险预防、企业合规、重大争议解决、刑事辩护、科技法律应用研究。

4. 刘滨艳律师

河北工业大学硕士，法学、管理学双学历，高级经济师、法律顾问职称，2006 年开始执业，北京市律协建设施工专业委员会、公司法专业委员会会员，北京多元调解发展促进会调解员，赣江新区国际仲裁院仲裁员。在公司运营、贸易投资、建筑施工、民商事诉讼仲裁、经济犯罪等非诉及诉讼、仲裁领域有相当的成绩。

主要业绩：负责深圳信息技术有限公司与广州海格通讯股份公司并购案，负责天津融邦发展产业有限公司“天津融邦大厦”收购项目，代理江苏永鼎投资公司与爱德检测科技有限公司投资协议纠纷案，代理河南 TH 公司股东之间股权转让纠纷案等。

5. 刘建华律师

北京维远律师事务所主任律师，中国社会科学院研究生院法学硕士，具有律师资格、专利代理人资格和机械工程师职称。

曾供职于某大型国有公司，自 2003 年开始律师执业；担任北京市律师协会教育与未成年人保护法律专业委员会委员、副秘书长、中国商业联合会媒体购物专业委员会特聘专家、中国信息协会信用专业委员会专家、《直播营销服务规范》专家起草人。

代理的某国有公司兼并改制案件作为经典案例被收录于最高人民法院编著的《企业改制案例汇编》，承办的“硅藻泥著作权纠纷第一案”，该案获得了硅藻泥行业协会以及装修行业的高度评价，并被《法制日报》、法制网、《中国知识产权报》、新浪、搜狐登载报道。

6. 董宝成律师

中国政法大学法学硕士，现为北京市中盾律师事务所高级合伙人。

社会职务：北京市第三中级人民法院专家律师团成员；北京律协第八届民诉法委员会委员；北京律协第九届、第十届消费者权益法律委员会委员、副秘书长；北京律协第十一届土地与房地产法律委员会委员。

所获荣誉：2021 年度首都律师行业优秀党员；2018 年度海淀区优秀律师；2017 年北京市第三中级人民法院首届优秀公益律师。

业务领域：重大民商事诉讼、仲裁；合同类法律事务；公司风险防控、股份制改造、并购重组、破产清算、上市等法律事务；重大刑事诉讼；重大婚姻继承法律事务等。

7. 马娟律师

中国政法大学法学学士，中国政法大学民商法学硕士。2014 年开始执业，北京双北律师事务所主任、高级合伙人，中国国民党革命委员会会员。

先后担任民革北京市海淀区工委法律专委会委员、陕西省女法律工作者协会第五届理事、北京市海淀区律师协会参政议政促进委员会委员，企业合规及法律风险管理研究会委员。

所代理的“解某甲与惠某为解某乙亲子关系鉴定案”被评为 2021 年度河北省高级人民法院十大典型案例，入选 2021 年度河北省十大典型案例。

8. 陈庆波律师

北京市康达律师事务所高级合伙人，中央民族大学法学硕士，2006 年开始律师执业，在此之前曾在知名上市公司从事法务工作，拥有近 20 年的法律工作经验。

主要执业领域包括：公司投融资及股权类纠纷、银行金融类纠纷、土地纠纷、房地产开发经营及建筑工程类纠纷、商事交易等合同纠纷、民间借贷纠纷等。

陈庆波律师尤其擅长疑难复杂商事争议案件，参与代理诸多最高人民法院、各省高级人民法院诉讼案件，累计为客户挽回上百亿元的经济损失，拥有极强的司法实践与解决问题能力。

9. 江春律师

北京市康达律师事务所执业律师，华东政法大学法学硕士，2016 年开始从事律师工作，至今拥有 5 年的律师工作经验。同时担任无讼网络科技公司旗下无讼研究院的“案例研习课”课程助教讲师，此外通过无讼研究院为全国诸多律协的律师培训讲授课程。

江春律师专注于民商事争议解决，业务领域为公司投融资及股权类纠纷、银行金融类纠纷、房地产开发经营及建筑工程类纠纷、商事交易等合同纠纷等，累计为客户挽回损失上亿元。此外，为上百家企业提供过股权设计及股权激励等非诉法律服务，具有丰富的经验。

10. 郝宽庆律师

中央财经大学法律硕士，北京市汇佳律师事务所合伙人、律师，党支部书记。曾担任第九届北京市律师协会企业法律风险管理专业委员会委员、第十届北京市律师协会公司法与企业法律风险管理专业委员会委员。郝宽庆律师自 2006 年开始执业，主要从事的专业领域为房地产、民商合同以及公司法事务。

11. 许贵淳律师

国浩律师(北京)事务所合伙人,1986年毕业于中国人民大学法律系经济法专业,天津大学EMBA硕士学位。1989年取得律师资格并开始执业,从业30多年,取得了注册企业风险管理师、投资项目分析师资格证书。先后发表了《浅析多元化解新冠肺炎事件引发民商事纠纷》《〈民法典〉与破产管理人依法履职法律保障》《EPC合同承包人法律风险管理研究》《浅析多元化解民商事纠纷中律师的作用》《企业高管的法律风险管理》《过错推定原则在司法实践中的运用》等论文文章。具有扎实的法律理论功底、丰富的处理法律事务的经验和认真踏实的工作作风,擅长民商事诉讼、仲裁、公司并购、建设工程、常年法律顾问、刑事辩护等法律业务。

12. 张晓霞律师

北京市东卫律师事务所合伙人,第十届、十一届北京市律师协会律师代表,北京市律师协会会员处分复查专门工作委员会副秘书长。1995年通过律师资格考试,1998年开始执业,主要从业领域为民商事诉讼、非诉以及企业法律顾问等法律业务。执着于专业领域内法律事务的研究与实践,取得了较好的业绩。20余年的执业经历,积累了丰富的诉讼技巧和代理经验,擅长处理各类型疑难复杂的金融纠纷案件,代理多家金融机构在最高人民法院、各高级人民法院审理的金融案件,为银行回收贷款、减少损失,赢得了当事人的信任与赞誉。

13. 李佳芯律师

法学本科,北京市炜衡律师事务所专职律师。法学功底深厚,思维敏捷,反应迅速,工作严谨负责,办案经验丰富,善于另辟蹊径解决法律问题,擅长争议解决。执业期间办理一系列有影响的案件,如在黑龙江省康亚投资有限公司与黑龙江宝宇房地产开发有限公司合资合作开发房地产纠纷再审案件中,任黑龙江省康亚投资有限公司代理人(最高人民法院);在China(Hong Kong) Goldway International Investment Limited、韩某与殷某合同纠纷仲裁案件中,任China(Hong Kong) Goldway International Investment Limited与韩某的代理人(北京仲裁委);在兰州城市学院与北京东方翔宇航空教育投资有限公司合同纠纷二审案件中,任兰州城市学院代理人(北京高院)等。

14. 孟凡娟律师

北京市炜衡律师事务所律师,法律经济学博士,炜衡合规处副秘书长,从事大型民商事诉讼、政府法律顾问、慈善法律事务以及研究企业合规、刑事合规等事务,担任社会价值投资联盟的特邀法律专家,凭着精湛的专业能力获得客户的高度认可。

15. 李玉娟律师

北京大学法学院硕士，北京市中闻律师事务所监事、合伙人。执业17年。任北京市律师协会银行金融法律专业委员会委员、对外经济贸易大学兼职法律硕士导师、中国—阿拉伯技术转移法律专家委员会执行秘书长、北海国际仲裁院仲裁员、北京东城法院专家律师调解员、北京市石景山区科技产业联盟特约讲师。李玉娟律师还获(界面金榜100强)2020年度“最佳律师”称号、获2019年中央电视台《律师来了》与北京市律师协会联合举办的“时代新人有律师”演讲活动时代风采奖、获北京市律师协会2019年“抗疫情·庆三八”原创诗歌朗诵比赛优秀奖、获中闻律师事务所2020年度最佳贡献奖、优秀共产党员、公益爱心奖，获中闻律师事务所2021年度管理贡献奖。

16. 蔡子中律师

北京圣岸律师事务所主任、律师，男，本科，执业20年，律师执业前在商业银行信贷部工作，北京市律师协会刑事实务研究会委员。

受表彰情况：

北京市百名优秀刑辩律师(北京市律师协会,2011年)。

公益法律服务先进个人(北京市朝阳区司法局,2012年)。

社会公益奖(北京市朝阳区律师协会,2018年)。

执业领域：

民商诉讼仲裁、金融法律事务、刑事辩护、民商刑交叉法律事务。

17. 于哲律师

男，1989年出生，汉族，中共党员，现执业于北京凯道律师事务所，西北政法大学法学学士，韩国西江大学法学(法社会学)硕士研究生。专注于诉讼业务，领域为行政诉讼、民商事再审。

微信公众号“法治当行”主理人。

18. 陆峻熙律师

2000年加入康达律师事务所。高级合伙人、商事争议解决委员会主任。2003年工作于香港何耀棣律师事务所。北京金融控股集团有限公司外部董事、北京住总集团有限公司外部董事。北海仲裁委员会、北海国际仲裁院仲裁员。北京市第九届律师代表大会代表，北京市律师协会公司法专业委员会委员。代表案例：暴风集团、冯鑫与光大方股权转让纠纷案、上海九龙山股份有限公司(AB股上市公司)股权和控制权争夺系列案、北京新光百货股权和控制权争夺系列案、九龙山短线交易案等、参与了中国建材装备有限公司在阿联酋建设日产1万吨水泥生产线总承包合同工程款索赔项目，该项目创下近十年来中国国资委下属企业获得的海外承包工程单项索赔最大赔偿额的纪录。

19. 高雷律师

北京格竹律师事务所创始合伙人,党支部书记。

北京市律师协会刑法专业委员会委员、顺义区律师协会惩戒委员会委员。

后　　记

完成“第二辑改判案例”的编撰工作，我的内心很不平静，作为继 2017 年年底出版的《刑事二审、再审改判案例》和《民事二审、再审改判案例》系列篇的续集，第二辑改判案例的出版，寄托了各界太多的期待和热望。回想第一辑出版时在律师界引起的广泛关注和认可，以及公、检、法、司等司法实践者给予的积极反馈，还有法学后辈翻阅案例时豁然得解、备受启发的兴奋表情，我都深深为自己能够参与这项北京律协主导下的重大复杂案件的整理编撰工作的实施感到无比自豪和欣慰。为了能够将更多更好的优秀案例集中起来，奉献给每一位司法工作者和对法律有需求的所有受众，努力践行习近平总书记的嘱托：“努力让人民群众在每一个司法案件中感受到公平正义。”我们北京律师智库重大复杂案件专家组进一步强化了队伍建设，吸纳了更多优秀律师的加入，并启动了第二辑的编撰工作。

“第二辑改判案例”一共三册，除了“第一辑改判案例”中包含的“刑事二审、再审改判案例”和“民事二审、再审改判案例”外，又新增了一册“行政、知识产权及执行异议二审、再审改判案例”。他涵盖刑事、民事、行政类的 45 个实务案例。在案例来源、案例类型、参编人员、审级制度、审判监督等方面都较之“第一辑改判案例”有了新的突破。案例辐射地域之广——包括北京律师在全国二十个省市范围内办理的改判案件；涉及案例类型之众——包括刑事、民事、行政三大类的十多类小项；参编律师之多——包括“重案专家组”成员以及办案律师将近百人；涵盖审判制度之全——包含了我国四级二审制度的四个审级，包括执行局在内的过百家各级法、检、公机关；审判监督之最——包括一审、二审、再审生效判决后，在检察院抗诉后得以改判的案例。以上，几乎涵盖了现行诉讼的所有领域。

“第二辑改判案例”的内容汇集了刑事、民事、行政案件的整个诉讼过程，包含起诉（公诉）、一审、二审、再审、抗诉、执行等整个流程，包含办案律师的起诉书、答辩状、代理词（辩护词）、办案总结、专家点评等，再现了每一个案件的办案流程及总结、评析，再现了我国四级法院、各级检察院、各级公安机关的办案理念，再现了代理律师或辩护律师的靓丽风采，再现了是与非之间、罪与非罪之间矛盾的激烈碰撞，再现了自我修正、追求真理的法律人精神。

错案追究制度的诞生,顺应时代的步伐,“有错必究”的法治原则,不只是体现在法律共同体当中,亦应有配套完善的社会监督机制,“让审理者裁判,让裁判者负责”。这是提高法律公信力、增强公民对法治信仰的助力,也符合我们“建设严密的法治监督体系,切实加强对立法、执法、司法工作的监督”的愿景。

三大类型改判案例成为系列,是众多公、检、法以及律师等法律共同体成员集体智慧的结晶,他为法律共同体成员减少错案、冤案的发生提供了很好的研讨、学习、借鉴的参照;同时也让业外广大民众直观地看到什么是正确,什么是错误,使其明辨是非曲直。“相信谬误总会迎来真理的纠正,而正义是永恒的太阳,世界从不掩延它的到来。”

新起点,新征程,国家对依法治国理念有了更深入的解读,围绕保障和促进社会公平正义,坚持依法治国、依法执政、依法行政共同推进,坚持法治国家、法治政府、法治社会一体建设,全面推进科学立法、严格执法、公正司法、全民守法,全面推进国家各方面工作法治化。这无疑给司法工作者提出了新的要求和期待,让我们勠力同心、踔厉奋发,一起向未来,为依法治国做出更大贡献!

最后,我们要特别感谢北京市司法局、北京市律师协会的相关领导的大力支持,同时,还要特别感谢我的伙伴——北京律师智库重大复杂案件专家组全体成员以及案例提供律师!是你们的专业水准最终成就了系列化的改判案例!将稿费全部捐赠给北京市法律援助基金会是我们共同的抉择,完全义务地编审和点评工作,没有一点酬劳、没有一分补助,牺牲工作时间和业余时间,还搭上节假日。这种无私的奉献精神就是我们北京律师的情怀,也是作为法律人的一种社会责任!

谨此,向所有参编“刑事、民事、行政改判案例”的律师和辅助人员,表示最崇高的敬意和衷心地感谢!

北京律师智库重大复杂案件研究专家组组长

王峥律师